Ernst Engelke

Theorien der Sozialen Arbeit
Eine Einführung

Ernst Engelke

Theorien der Sozialen Arbeit
Eine Einführung

Lambertus

Die Deutsche Bibliothek – CIP-Einheitsaufnahme

Engelke Ernst:
Theorien der Sozialen Arbeit: Eine Einführung /
Ernst Engelke. – 3. Auflage. – Freiburg im Breisgau:
Lambertus, 2002
    ISBN 3-7841-0891-1

3. Auflage 2002
Alle Rechte vorbehalten
© 1998, Lambertus-Verlag, Freiburg im Breisgau
Umschlaggestaltung: Christa Berger, Solingen
Satz: texte + töne, Emmendingen
Herstellung: Druckerei F. X. Stückle, Ettenheim
ISBN 3-7841-0891-1

Inhalt

Vorwort

Über viele Jahre hinweg haben mich Studierende des Studiengangs Sozialwesen bzw. jetzt Soziale Arbeit gebeten, nach Theorien für die Soziale Arbeit zu suchen und sie ihnen darzustellen. Sie wollten nicht länger auf Theorien und Konzepte allein von Bezugswissenschaften der Sozialen Arbeit angewiesen sein. Für diese Herausforderung und Ermutigung danke ich.

Ehemalige Studierende haben mich nach dem Abschluß ihres Studiums an ihren Praxiserfahrungen und -reflexionen teilhaben lassen und mir berichtet, was ihnen einzelne Theorien im sozialarbeiterisch-sozialpädagogischen Alltag wert sind. Für diese Rückmeldungen danke ich. Sie waren mir eine wichtige Ressource für die Entstehung und Gestaltung dieses Buches.

In meinem 1992 im Lambertus-Verlag erschienen Buch „Soziale Arbeit als Wissenschaft. Eine Orientierung" habe ich in den Teilen 3 und 4 einen ersten Versuch unternommen, solche Theorien der Sozialen Arbeit darzustellen – vorwissenschaftliche „Theorien", theoretische Konzepte um die Jahrhundertwende und in den zwanziger Jahren sowie Theorien aus der aktuellen Diskussion. Dieses Buch ermöglicht es mir, diese Darstellung und die dafür ausgewählten Ansätze gründlich zu überarbeiten und gewünschte Ergänzungen, Vertiefungen und auch Korrekturen vorzunehmen.

Der Austausch mit den Kolleginnen und Kollegen des Arbeitskreises „Theorie- und Wissenschaftsentwicklung in der Sozialen Arbeit" in der Deutschen Gesellschaft für Sozialarbeit zeigt mir, daß unterschiedlichste Theorieansätze zur Sozialen Arbeit im Bewußtsein der Koexistenz und Komplementarität diskutiert werden können; für diese Erfahrungen danke ich, und sie lehren mich, Theorien als Produkte von konkreten Menschen anzusehen und sie allein schon deswegen in ihrer Eigenart zu respektieren.

Silvia Staub-Bernasconi, Manfred Kappeler, Egon Endres, Rudi Briel, Katja Kleinheisterkamp, Felix Lamprecht, Gabriele Bätz, Karin Fella, Karin Siegel und Roland Greubel danke ich für ihre anregende, tatkräftige und ausdauernde Unterstützung.

Ganz besonders aber danke ich Alice, Hanna und Eva Engelke; ihnen widme ich dieses Buch.

Würzburg, im Herbst 1998   Ernst Engelke

Zur Einführung

Die Frage, ob es die Soziale Arbeit[1] als wissenschaftliche Disziplin bzw. ob es überhaupt Theorien der Sozialen Arbeit gibt, wird immer wieder aufgeworfen und kontrovers beantwortet. So bestimmt wie die einen behaupten, daß es weder eine Wissenschaftsdisziplin Soziale Arbeit noch Theorien der Sozialen Arbeit gibt, so selbstverständlich existiert für andere seit mehreren Jahrhunderten Soziale Arbeit als wissenschaftliche Disziplin mit zahlreichen KlassikerInnen in ihrer Theoriegeschichte. Es gilt also – so lautet die Aufgabe, der ich in diesem Buch im Sinne einer Einführung für Studierende und andere Interessierte nachgehe – die Fragen zu beantworten, ob und welche Theorien die Soziale Arbeit als Wissenschaft vorzuweisen hat, deren Kenntnis zum Selbstverständnis und zur Grundlage beruflichen Handelns von SozialarbeiterInnen und SozialpädagogInnen gehört und die in der Lehre dann auch zu vermitteln wären. Wenn beide Fragen bejaht werden, dann muß auch geklärt werden, wer zu einem solchen „Kanon" von KlassikerInnen gehört, nach welchen Kriterien die zu diesem Kreis gehörenden ausgewählt werden und was ihre Theorien beinhalten.

1. THEORIEN DER SOZIALEN ARBEIT

Allgemein anerkannte Antworten auf diese Fragen sind derzeit kaum zu erhalten. Auch wenn belegt werden kann, daß es durchaus berechtigt ist, die Soziale Arbeit eine wissenschaftliche Disziplin zu nennen, und daß sie trotz fehlender vollständiger akademischer Institutionalisierung über einen Gegenstand, ausgearbeitete Wissensbestände (Theorien) und über Forschung(-sdesigns) verfügt, bestreiten ihr viele VertreterInnen aus Bezugsdisziplinen der Sozialen Arbeit den Status einer Wissenschaft. Dieser Tatbestand hat viele Gründe. Einer davon ist, daß die vorhandenen Theorien der Sozialen Arbeit nicht oder zu wenig bekannt sind; ein zweiter ist, daß die wissenschaftstheoretischen Auffassungen darüber kontrovers sind, welche Kriterien Theorien erfüllen müssen, um als wissenschaftliche Theorien anerkannt zu werden.

---

[1] Die Bezeichnung „Soziale Arbeit" verwende ich als Begriff, der die historischen und aktuellen Traditionen von Armenpflege, Fürsorge, Caritas, Diakonie, Jugendhilfe, Wohlfahrtspflege, Sozialarbeit und Sozialpädagogik umfaßt. Aus sprachlichen Gründen benutze ich gelegentlich den Begriff „Sozialarbeit" synonym für den Terminus „Soziale Arbeit"; insbesondere dann, wenn ein Adjektiv erforderlich ist, wähle ich die Bezeichnung „sozialarbeiterisch". In der Sozialen Arbeit Tätige bezeichne ich als „SozialarbeiterInnen", beziehe dabei aber auch SozialpädagogInnen, GemeinwesenarbeiterInnen, FürsorgerInnen usw. mit ein.

Zu berücksichtigen ist bei dieser Problematik außerdem, daß der Begriff „Soziale Arbeit" vieldeutig ist. Spricht man von „Sozialer Arbeit", dann kann damit Armenpflege, Caritas, Diakonie, Fürsorge, Jugendhilfe, Sozialarbeit, Sozialpädagogik, Wohlfahrt usw. gemeint sein. Deshalb ist der Begriff „Soziale Arbeit" ein über 100 Jahre alter Klammerbegriff für die Vorgänge „aktivieren", „anleiten", „ausgrenzen", „ausmerzen", „ausschalten", „austauschen", „befrieden", „belehren", „beraten", „bevormunden", „binden", „deuten", „disziplinieren", „emanzipieren", „entwickeln", „ermutigen", „erziehen", „fördern", „fürsorgen", „fürsprechen", „helfen", „kontrollieren", „leiten", „lehren", „lieben", „normalisieren", „pflegen", „rekonstruieren", „rehabilitieren", „resozialisieren", „selektieren", „sozialisieren", „unterstützen", „versichern", „versorgen", „verstehen", „verwahren", „züchten" u.ä. Diese begriffliche Unklarheit wirkt sich sowohl für die konkret-praktische als auch für die theoretisch-wissenschaftliche Seite der Sozialen Arbeit negativ aus.[2] Bei anderen Wissenschaftsdisziplinen, selbst bei den klassischen, gibt es ähnliche begriffliche Unklarheiten. Doch historisch wie auch wissenschaftstheoretisch gesehen darf mit Recht von der Sozialen Arbeit – wie von anderen sozialwissenschaftlichen Disziplinen auch – als einer relativ selbständigen wissenschaftlichen Fachdisziplin gesprochen werden; sie kann zum einen auf eine bereits ansehnliche Tradition zurückblicken und verfügt zum anderen über (anderen Disziplinen durchaus vergleichbare) Erkenntnismethoden und Wissensbestände, die in Praxis und Lehre (Ausbildung) der Sozialen Arbeit genutzt werden. Im Unterschied zu anderen Sozialwissenschaften hat aber die Soziale Arbeit als Wissenschaftsdisziplin vor allem in Deutschland nur eine unzureichende akademische Institutionalisierung erfahren. Ihre Entwicklung und (akademische) Selbständigkeit sind über lange Zeit nicht nur nicht gefördert, sondern eher verhindert worden. Wenn ich davon spreche, daß die Soziale Arbeit eine „relativ selbständige" Wissenschaftsdisziplin ist, dann meine ich damit aber nicht, daß es dieser Disziplin mehr als anderen etablierten Disziplinen an Wissenschaftlichkeit oder an akademischer Institutionalisierung fehle, sondern daß sie – wie alle anderen Wissenschaftsdisziplinen auch – mit anderen Disziplinen eng verknüpft ist, insbesondere mit den anderen human-, sozial-, rechts- und geisteswissenschaftlichen Disziplinen. International ist es selbstverständlich, daß auch die klassischen Disziplinen der Naturwissenschaften in diesem Sinne als „relativ autonom" angesehen werden (Mayr 1997). Hinsichtlich bestimm-

---

[2] Ein Rückgriff auf den Begriff „Sozialpädagogik" – statt „Soziale Arbeit" – löst das Problem nicht, sondern potenziert die Problematik nur noch, da mit „Sozialpädagogik" nicht nur dieselben begrifflichen Unklarheiten verbunden sind, sondern darüber hinaus wird der Begriff „Sozialpädagogik" sowohl anstelle von Pädagogik als auch für ein Teilgebiet der Pädagogik und für eine eigene Wissenschaftsdisziplin verwendet (siehe Tuggener 1971; Merten 1998).

ter Fragestellungen und ihrer Behandlung zeigen die Sozialwissenschaften sowohl untereinander als auch mit den Geisteswissenschaften enge Verknüpfungen, bisweilen sogar Überschneidungen. So zählen z.b. alle geistes- und sozialwissenschaftlichen Disziplinen in Europa dieselben Personen und Werke der griechischen Philosophie zu den Wurzeln im „Stammbaum" ihrer Disziplin (siehe Abbildung 1, S. 12). Sokrates, Aristoteles und Platon werden als Urväter sowohl der Philosophie als auch der Pädagogik, der Psychologie, der Ökonomie, der Soziologie und der Politikwissenschaft angeführt. Das kann aber doch nur heißen: Jede dieser genannten Wissenschaftsdisziplinen hat offene Grenzen und kann sich zu ihren Nachbardisziplinen nur unter großen Schwierigkeiten abgrenzen. In jeder Wissenschaftsdisziplin gibt es außerdem pluriforme, heterogene und miteinander unvereinbare Auffassungen und Theorien – auch über ihr eigenes „proprium". Deshalb muß es nicht verwundern, daß die Auffassungen darüber und die Bewertungskriterien dafür, was Wissenschaft und was eine Wissenschaftsdisziplin ist, sogar innerhalb der einzelnen Disziplinen kontrovers sind. Herkömmliche Wissenschaftssystematiken mit eindeutig markierbaren Abgrenzungen und Hierarchien sind äußerst fragwürdig (geworden). In diesem Sinne ist *jede Wissenschaftsdisziplin relativ selbständig* und mit anderen Wissenschaftsdisziplinen *vielfach vernetzt* und somit *interdependent.* Deshalb bezeichne ich auch die Soziale Arbeit als eine relativ selbständige sozialwissenschaftliche Wissenschaftsdisziplin, die mit anderen relativ selbständigen Wissenschaftsdisziplinen im Sinne gleichwertiger Partner zusammenarbeitet, um der Entstehung sozialer Probleme vorzubeugen und bestehende soziale Probleme zu lösen.

Theorien der Sozialen Arbeit zusammenzustellen, ist *kein neues Unternehmen.* Ich möchte kurz an zwei Beispielen zeigen, wie man wen aufgrund welcher Kriterien für eine solche Darstellung auswählen kann: Bereits 1932 hat Alice Salomon ein Buch mit dem Titel „Soziale Führer" veröffentlicht, das sie wie folgt begründet: „Die Berührung mit sozialen Führern, ihrer Persönlichkeit, ihren Werken, ihren Ideen führt zu einem tieferen Verstehen von Menschheitsaufgaben, die zwar über die Jahrhunderte wechselnde Formen annehmen, aber in ihrem letzten Kern ewig und unveränderlich sind. Sie führt zu einem tieferen Verstehen der Pflicht zu gegenseitiger Hilfe und zum Wirken für ein Reich sozialer Gerechtigkeit in dieser irdischen Welt" (Salomon 1932, 5).

Salomon will zwar in erster Linie „Praktiker des sozialen Idealismus, nicht Theoretiker" darstellen, doch hebt sie für die Praktiker ausdrücklich hervor, daß diese durchaus auch über eine Theorie zur sozialen Frage verfügen. Diese stellt Salomon in ihrem Buch auch jeweils dar. Mit ihrer Auswahl sozialer FührerInnen möchte Salomon einerseits die Mannigfaltigkeit der Weltanschauungen der sozialen FührerInnen zeigen und andererseits Männer und Frauen verschiedener Länder und Arbeitsgebiete berücksichtigen. Die von ihr Ausgewählten sind: Franz von Assisi, Robert Owen, Florence Nightingale, Johann Heinrich Wichern, Wilhelm Emmanuel von Ketteler, Otto von Bismarck, Ferdinand Lassale, Ernst Abbe, Lew Tolstoj, Henry George und Jane Addams. Franz von Assisi (1181-1226) beispielsweise ist von ihr berücksichtigt worden, weil er ein früher Vertreter sozialen Engagements war und um zu zeigen, daß soziale Nöte auch im 13. Jahrhundert vorhanden waren und daß das Führertum auf sozialem Gebiet vor allem „aus der Fähigkeit erwächst, sich in selbständiger Weise mit den gesellschaftlichen Zuständen auseinanderzusetzen" (Salomon 1932, 6); Bismarck hat sie ausgewählt, weil er in der Sozialversicherung ein großes unvergängliches soziales Werk hinterlassen hat.

Anders ist Michael Winkler (1993) vorgegangen, der bei der Auswahl von Theorien und TheoretikerInnen der Sozialpädagogik (Soziale Arbeit) – wie dies auch in anderen Disziplinen geschieht – mit dem Begriff „Klassiker" operiert; dabei knüpft Winkler an die zwei von Hans Scheuerl herausgegebenen Bände „Klassiker der Pädagogik" (1979) an.

Als Kriterien für die Aufnahme in den Kreis der „Klassiker der Sozialpädagogik" nennt Winkler:

(a) Sie spielen nach außen für die soziale Gemeinschaft einer Profession oder einer Disziplin eine Rolle beim Markieren von Claims gegenüber anderen Disziplinen bzw. Professionen;

(b) sie haben nach innen die Funktion, eine Identität als Profession oder Disziplin zu stiften;

(c) sie begrenzen den für eine Profession oder Disziplin verbindlichen Gegenstandsbereich;

(d) sie bringen paradigmatisch gültige Tatbestände zum Ausdruck;

(e) sie ermöglichen eine Distanzierung gegenüber den gegenwärtigen sozialen Problemen;

(f) sie prägen den Denkstil, indem sie Wege bahnen, auf welchen Gedanken organisiert und interpretiert werden (Winkler 1993, 178ff.).

AutorInnen, die „aufgrund ihrer Werke die Klassik der Sozialpädagogik" ausmachen, sind für Winkler: Plato, Jean-Jacques Rousseau, Johann Gottlieb Fichte, Johann Heinrich Pestalozzi, Johann Heinrich Wichern, Don Bosco, Adolf Kolping, Karl Mager, Adolf Diesterweg, Paul Natorp, Arthur Buchenau, Otto Willmann, Paul Bergemann, Aloys Fischer, Christian Jasper Klumker, Wilhelm Polligkeit, Hans Scherpner, Gertrud Bäumer, Herman Nohl, Erich Weniger, Karl Wilker, Curt W. Bondy, Anton Makarenko, Carl Mennicke, Georg Kerschensteiner, August Aichhorn, Siegfried Bernfeld, Maria Montessori, Erving Goffman, Michel Foucault, Klaus Mollenhauer, Walter Hornstein, Hans Thiersch u.a. (Winkler 1993, 182ff.).

Mit Variationen werden von Rünger (1964), Vahsen (1975), Böttcher (1975), Lukas (1979), Marburger (1981), Schmidt (1981), Wollenweber (1983 a,b)

Abbildung 1:   Zeittafel „TheoretikerInnen der Sozialen Arbeit"

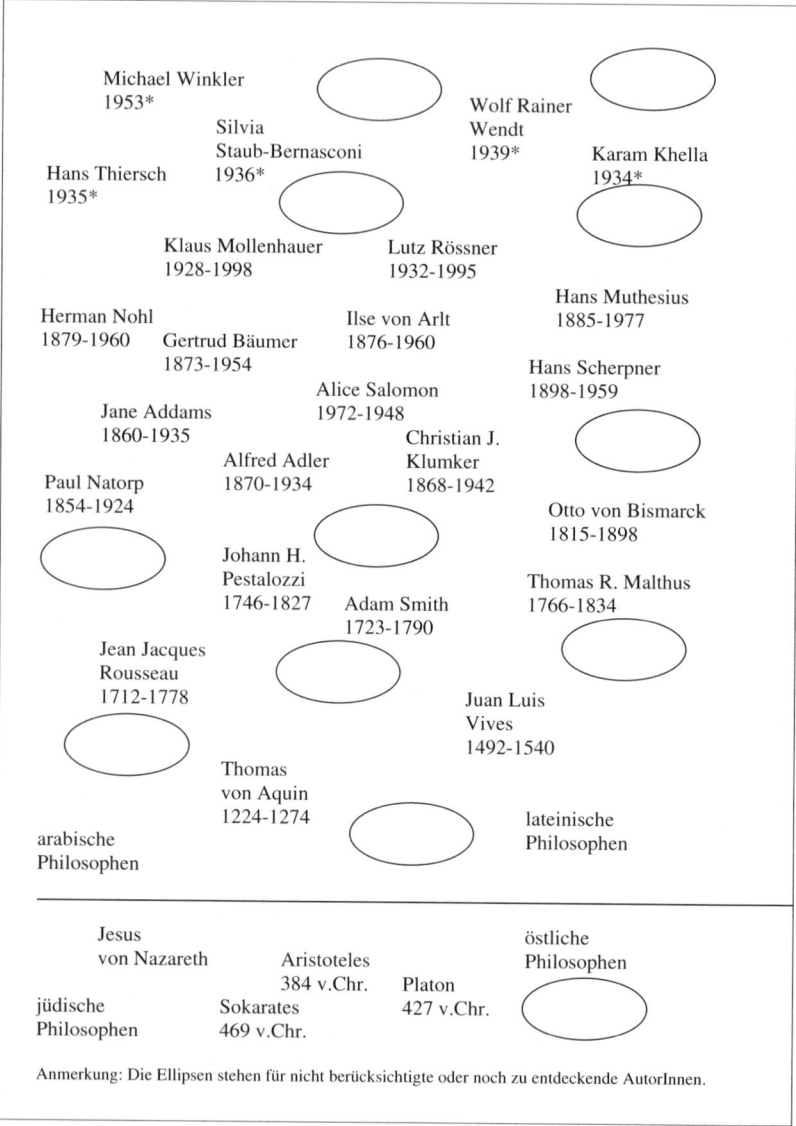

Michael Winkler
1953*
Silvia
Staub-Bernasconi   Wolf Rainer
1936*   Wendt
Hans Thiersch   1939*   Karam Khella
1935*   1934*

Klaus Mollenhauer   Lutz Rössner
1928-1998   1932-1995

Herman Nohl   Ilse von Arlt   Hans Muthesius
1879-1960   Gertrud Bäumer   1876-1960   1885-1977
             1873-1954
                                        Alice Salomon   Hans Scherpner
Jane Addams   1972-1948   1898-1959
1860-1935
                                               Christian J.
             Alfred Adler   Klumker
Paul Natorp 1870-1934   1868-1942
1854-1924   Otto von Bismarck
                                                              1815-1898
             Johann H.
             Pestalozzi   Thomas R. Malthus
             1746-1827   Adam Smith   1766-1834
                          1723-1790
Jean Jacques
Rousseau
1712-1778   Juan Luis
                                               Vives
                                               1492-1540
             Thomas
             von Aquin
             1224-1274   lateinische
arabische   Philosophen
Philosophen

Jesus   östliche
von Nazareth   Aristoteles   Philosophen
                        384 v.Chr.   Platon
jüdische   Sokarates   427 v.Chr.
Philosophen   469 v.Chr.

Anmerkung: Die Ellipsen stehen für nicht berücksichtigte oder noch zu entdeckende AutorInnen.

Buchkremer (1995), Wendt (1995c), Staub-Bernasconi (1995a), Thiersch (1996a), Mühlum (1997), Schilling (1997), Niemeyer (1998), Thole/Galuske/Gängler (1998) und anderen in etwa dieselben Personen als bedeutsam für die Theoriebildung in der Sozialen Arbeit benannt. Im deutschsprachigen Raum hat sich seit der Mitte des 20. Jahrhunderts auf diese Weise, d.h. ohne besondere Absprachen, de facto ein Kanon von AutorInnen herausgebildet, die allgemein für die Entwicklung der Sozialen Arbeit in Theorie und Praxis als wichtig und einflußreich angesehen werden. Dieser Kanon bildete für mich den Fundus, aus dem ich die in diesem Buch dargestellten Theorien und TheoretikerInnen ausgewählt habe.

Nicht zuletzt mit Blick auf die anfangs erwähnte Kritik an der Sozialen Arbeit als wissenschaftliche Disziplin und der Infragestellung der Wissenschaftlichkeit ihrer Theorien habe ich mich hinsichtlich des Auswahlkriteriums von folgenden wissenschaftstheoretischen Überlegungen leiten lassen: Mit der Frage, wann eine Theorie als wissenschaftliche Theorie gelten kann, ist eine kaum zu lösende Problematik aufgeworfen. Denn verschiedene Wissenschafts- und Theoriedefinitionen gibt es in Hülle und Fülle, nicht aber eine allgemein verbindliche und akzeptierte Definition, aus der sich Kriterien ableiten lassen. Und die präzisen *Kriterien* dafür, welche Aussagen unter welchen Voraussetzungen als *wissenschaftlich* angesehen werden, werden von AutorInnen selten offen benannt. Das jeweilige Wissenschafts- und Theorieverständnis hängt stark von persönlich gesetzten, aber nicht ausformulierten Prämissen ab. Was für den einen eine wissenschaftliche Theorie ist, ist für einen anderen nicht mehr als eine Alltagsweisheit; was hier als wissenschaftlich qualifiziert wird, wird dort als populärwissenschaftlich abqualifiziert. Wissenschaftlich nenne ich in einem weiten Verständnis das gezielte, systematische, reflektierte und kritische Bemühen um Erkenntnisgewinnung, das über das alltägliche Bemühen um Wissen hinausgeht (siehe Mittelstraß 1996, 717-724). Mit diesem Verständnis von Wissenschaft möchte ich – im Kontext dieses Buches – eine Definition vorgeben, der möglichst viele Wissenschaftsverständnisse im Grundsatz zugeordnet werden können und bei der noch genügend Raum für weitere Spezifizierungen in den jeweiligen Auffassungen bleibt. Zu unterscheiden sind außerdem zwei Aspekte bei Wissenschaft: der Prozeß der Erkenntnisgewinnung und der Wissensbestand. Soziale Arbeit ist für mich eine Handlungswissenschaft, die natürlich zu den Sozialwissenschaften gehört, mit philosophischen, empirischen, normativen und rationalen Handlungstheorien. Sozialwissenschaftliche *Theorien* sollen nach meinem Verständnis Ist-Situationen erklären und Soll-Vorstellungen möglich machen sowie ein Verständnis für historische Prozesse und Zusammenhänge schaffen. Theorien der Sozialen Arbeit können für mich dann als wissenschaftliche Theorien gelten, wenn sie die folgenden formalen Kriterien erfüllen.

(a) Der Gegenstand, auf den sich die Theorie bezieht, ist definiert und wird von der Disziplin im weiten Sinne, also nicht nur in einem Teilbereich repräsentiert.

(b) Die gewählten wissenschaftstheoretischen Zugänge (Forschungsdesigns) und die wissenschaftlichen Erkenntnismethoden (Metatheorie) sind benannt.

(c) Zum Gegenstand der Theorie werden überprüfbare Aussagen gemacht.

(d) Die Aussagen sind untereinander zu Theorien (Aussagesysteme) verbunden.

(e) Es ist ein gewisser Grad der Abgeschlossenheit des Aussagenverbundes (Objekttheorie) erreicht (siehe zum Gesamten Mittelstraß 1996, 259-290).

Die von mir für dieses Buch ausgewählten Theorien beziehen sich jeweils auf einen ähnlichen Gegenstand, im weiten Sinne auf „soziale Probleme und ihre Lösungen". Mit dieser Definition möchte ich berücksichtigen, daß sich der Gegenstand einer Wissenschaft unter dem Einfluß wechselnder Lebensbedingungen verändern kann und sich auch im Laufe der Geschichte in vielen Wissenschaftsdisziplinen verändert hat. Das gilt nicht zuletzt für die Definition dessen, was jeweils als „sozial problematisch" angesehen wird. Es sind keine geschlossenen „Welttheorien sozialer Probleme und ihrer Lösungen", sondern Theorien mit unterschiedlichen Reichweiten. Wenn die hier ausgewählten TheoretikerInnen ihre wissenschaftstheoretische Position auch nicht immer dezidiert reflektiert haben, so lassen sich bei allen doch, wenn auch bisweilen mit Vorbehalt, einige allgemeine Theoreme identifizieren. Ferner stehen die AutorInnen für bestimmte Richtungen oder „Schulen"; sie haben zwar ihre eigene Auffassung verbalisiert, dennoch gibt es genügend Indizien dafür, daß viele Menschen ihrer Zeit so oder ähnlich gedacht haben.

Die Soziale Arbeit als Wissenschaft existiert – so lautet meine These – bereits seit vielen Jahrzehnten in durchaus unterschiedlicher Gestalt. Dabei sind recht unterschiedliche Sichtweisen, Ursachenanalysen und Handlungsstrategien sozialer Probleme erarbeitet und oft auch in der Praxis umgesetzt worden. Für die wissenschaftliche Durchdringung wie auch für die Lösung gegenwärtiger sozialer Probleme können die Lösungen früherer Generationen durchaus fruchtbringend herangezogen werden. Häufig belehrt uns die Geschichte nämlich über die Folgen bestimmter Sichtweisen und Handlungsstrategien, die heute als Warnung oder auch als Ermutigung für bestimmte Lösungswege dienen können. Als Beispiel verweise ich auf die „BettlerInnenplage" im Mittelalter mit den Problemlösungen der damaligen Stadtverwaltungen und die gegenwärtige „Flut der AsylbewerberInnen" mit den Problemlösungen der heutigen Länderregierungen.

Wenn also innerhalb und außerhalb der Sozialen Arbeit immer wieder zu hören ist, „Es gibt keine Theorien (oder Wissenschaft) der Sozialen Arbeit!", dann sagt dies viel mehr über die so Redenden, ihre Literaturkenntnisse und ihre Fachkompetenz aus als über den in Frage gestellten Sachverhalt. Wer sich gründlich mit diesen Fragen auseinandersetzt und bereit ist, auch andere Auffassungen von Wissenschaft und Theorie als die eigenen gelten zu lassen, wird – wie die einschlägigen Wissensbestände und Diskussionen im nationalen wie internationalen Bereich zeigen – nicht umhin können, das Vorhandensein von Theorien der Sozialen Arbeit bzw. der Sozialen Arbeit als einer relativ selbständigen Wissenschaftsdisziplin anzuerkennen.

2. DARSTELLUNGSWEISE DER THEORIEN

Der Versuch, Theorien einer Wissenschaftsdisziplin (als Einführung in ein weites und komplexes Feld) darzustellen, kann konzeptionell unterschiedlich angelegt werden. In naturwissenschaftlich-mathematisch orientierten Wissenschaftsdisziplinen beschränken sich die AutorInnen von Theoriedarstellungen und -vergleichen in der Regel auf die Darstellung der verwendeten Paradigmen, der begründeten Thesen, der vorgenommenen Ableitungen oder Begründungen; die verschiedenen Theorien werden dann nach einem bestimmenden Aspekt oder einer grundlegenden These benannt. In den Geisteswissenschaften, etwa in der Philosophie oder Pädagogik, ist es eher üblich, die Theorien nach ihren AutorInnen zu benennen. In einschlägigen Darstellungen für die Soziale Arbeit (social work) werden beide Modalitäten benutzt. Malcolm Payne (1994) und Joyce Lishman (1994) z.B. unterscheiden die Theorien in psychodynamische, verhaltenstheoretische, systemisch-ökologische, sozialpsychologische, kognitive und humanistische Ansätze oder Modelle. Andere AutorInnen wiederum klassifizieren nach den den Theorien zugrunde liegenden wissenschaftlichen Erkenntnismethoden; so werden transzendentalphilosophische, geisteswissenschaftlich-hermeneutische, kritisch-rationale, dialektisch-kritische und marxistische Ansätze bzw. Theorien unterschieden (Lukas 1979; Schmidt 1981; Marburger 1981 u.a.). Ich habe keine derartige Klassifizierung vorgenommen, sondern bin historisch vorgegangen und habe mich an Personen, den Herausforderungen ihrer Zeit und ihre Theorien orientiert, verfahre also nach einer kritischen historisch-biographischen Konzeption.

In den gängigen Zusammenstellungen von Theorien der Sozialen Arbeit werden zwar die AutorInnen der betreffenden Theorien mit einigen Lebensdaten genannt, für gewöhnlich wird aber nichts weiter über die historischen und biographischen Zusammenhänge, in denen diese Theorien entstanden sind, mitgeteilt. In der Wissenschaftspsychologie und -soziologie wird neuerdings zunehmend auf die Zusammenhänge und Abhängigkeiten der Theoriebildung vom *persönlichen Lebenskontext des/der Autors/Autorin* und vom politischen, wirtschaftlichen und kulturellen, also *historischen Kontext* seines/ihres wissenschaftlichen Arbeitens aufmerksam gemacht. Wissenschaftliche Theorien „fallen nicht vom Himmel", sondern sind Lebensprodukte. Ein beeindruckendes Beispiel dafür finden wir bei Sigmund

Freud: Beim jungen, gesunden Freud stand die psychoanalytische Theorie-
bildung ganz im Zeichen des Sexualtriebes („libido"). Die erschütternden
Erlebnisse des Ersten Weltkrieges hatten Freud erst die Bedeutung der Ag-
gression vor Augen geführt. „Erst das Ausmaß an Zerstörung, wie der
Weltkrieg sie mit sich brachte, ließ Freud in der Aggression einen eigenen
Trieb, einen Destruktionstrieb, annehmen" (Wyss 1977, 83). Unter dem
Eindruck des Krieges und seiner eigenen Krebserkrankung – der starke
Pfeifenraucher Freud wurde über 30 Mal im Mund- und Kieferbereich operiert – widmete sich der alternde Freud ab 1920 verstärkt dem Destruktionstrieb und bezeichnete ihn als Gegenspieler des Sexualtriebes mit dem Na-
men Todestrieb („thanatos").

Daß auch WissenschaftlerInnen Alltagstheorien entwickeln, die aus den
persönlichen Erlebnissen und Erfahrungen ihres alltäglichen Lebens resultieren, ist m.E. genauso unzweifelhaft wie der Tatbestand, daß wissenschaftliche Theorien mit den Alltagstheorien und den persönlichen Lebenserfahrungen der AutorInnen zusammenhängen. Es wäre sogar zu überprüfen, ob eine sozialwissenschaftliche Theorie eines/einer Wissenschaftlers/
Wissenschaftlerin letztlich nichts anderes ist als eine Weiterführung, Vertiefung, Systematisierung und nachprüfbare Begründung seiner/ihrer All-
tags- bzw. Berufstheorie(n) (siehe dazu Mühlum u.a. 1997).

Deshalb werde ich neben den üblichen Kategorien einer solchen Darstellung (Wissenschaftsverständnis, Forschungsgegenstand/-interesse, Inhalte
der Theorie, Bedeutung) im Rahmen des hier Möglichen auch den historischen und den biographischen Kontext des/der jeweiligen Autors/Autorin
skizzieren. Der *Leitfaden*, nach dem die einzelnen Theorien vorgestellt
werden, besteht aus folgenden Kategorien:

(1) *Historischer Kontext*: Skizzen zum zeitgeschichtlichen Rahmen des/
der jeweiligen Autors/Autorin, zu den soziokulturellen und ökonomischen
Bedingungen, den sozialen Problemen, zur vorherrschenden Wissenschaftsauffassung.[3] Diese Skizzen sollen zeigen, worauf die AutorInnen
mit ihren Theorien reagieren.

(2) *Biographischer Kontext*: Darstellung der Lebensdaten des Autors/der
Autorin, Beschreibung seiner/ihrer soziokulturellen Einbindung und des
Zugangs zu Macht und Einfluß.

(3) *Forschungsgegenstand und -interesse*: Beschreibung des Gegenstandes, Zieles und erkenntnisleitenden Interesses des Autors/der Autorin.

(4) *Wissenschaftsverständnis*: Darstellung des Wirklichkeits- und Wissen-
schaftsverständnisses des Autors/der Autorin, der Erkenntnis- und Forschungsmethoden und der Denktraditionen.

---

[3] Zum historischen Kontext siehe Grundmann 1988; Kinder/Hilgemann 1991 u.a.

(5) *Theorie*: Eingehende Beschreibung der Art und des Inhalts des Aussagesystems bzw. der Theorie des Autors/der Autorin, der darin enthaltenen Grundannahmen, Ziele und Werte sowie der wichtigen Bausteine.

(6) *Bedeutung für die Soziale Arbeit*: Rezeption, Verbreitung und Einfluß der betreffenden Theorie oder Ansatzes zur Zeit der Erstveröffentlichung und heute.

(7) *Literatur zum Vertiefen*: Wichtige eigene Publikationen des Autors/der Autorin sowie von anderen AutorInnen zum betreffenden Ansatz.

Eingeleitet wird jede einzelne Darstellung mit einem für den Autor/die Autorin meiner Meinung nach charakteristischen Zitat, das bei den verstorbenen AutorInnen von Dritten und bei den lebenden AutorInnen von dem/der Autor/Autorin selbst stammt.

3.   AUSWAHL DER THEORIEN UND GLIEDERUNG DES BUCHES

Wie im Vorwort bereits erwähnt, stellt dieses Buch eine Weiterführung der Teile 3 und 4 meines Buches „Soziale Arbeit als Wissenschaft. Eine Orientierung" aus dem Jahre 1992 dar. Diese Entscheidung ermöglicht es mir, für die Zusammenstellung der Theorien der Sozialen Arbeit Ergänzungen, Vertiefungen und auch Korrekturen vorzunehmen.

Die Auswahl der TheoretikerInnen und die Gliederung des Buches folgen einer historischen Perspektive (siehe Abbildung 1):

Der erste Teil „Vom Armutsideal bis zur Gemeinschaftserziehung" besteht hauptsächlich aus vorwissenschaftlichen Theorien, Programmen und Konzeptionen. Sie stehen stellvertretend für verschiedene Arten des Umgangs mit sozialen Problemen (Armut, Krankheit, Behinderung, Alter usw.) aus der europäischen Geschichte der Sozialen Arbeit vom 13. bis zum 19. Jahrhundert. Ausgewählt habe ich AutorInnen aus verschiedenen „Ländern" (Deutsches Reich, England, Frankreich, Italien, Schottland, Spanien/Niederlande, Schweiz) und aus unterschiedlichen Fachdisziplinen (Theologie, Philosophie, Pädagogik, Nationalökonomie, Recht, Medizin, Politik), die in ihrer Zeit an der Lösung sozialer Probleme beteiligt waren. Diese Theorien und Programme haben für den europäischen Raum wichtige Impulse für die Soziale Arbeit als Praxis und ihre Reflexion gegeben. Nach heutigem Wissenschaftsverständnis kann man bei diesen Theorien – im Unterschied zum damaligen Verständnis – nicht mehr von Theorien im wissenschaftlichen (oben angesprochenen) Sinn sprechen. Sie sind deshalb als „Vortheorien" oder „vorwissenschaftliche Theorien" zu bezeichnen. Die Auswahl läßt zugleich den Weg der Sozialen Arbeit als Wissenschaft in Europa erkennen: Im Mittelalter wurden soziale Probleme vor allem im Rahmen der Theologie und der Philosophie behandelt. Bald danach wurde die Reflexion sozialer Probleme von der Theologie getrennt und erfolgte in anderen, aus der Philosophie sich herausdifferenzierenden und neu gebildeten Wissenschaftsdisziplinen. Diese Entwicklung im ersten Teil des Buches repräsentieren: der Italiener Thomas von Aquin (1224-1274), der Spanier/ Niederländer Juan Luis Vives (1492-1540), der Schweizer/Franzose Jean-Jacques Rousseau (1712-1778), der Schweizer Johann Heinrich Pestalozzi (1746-1827), der Schotte Adam Smith (1723-1790), der Engländer Thomas Robert Malthus (1766-1834) und die beiden Deutschen Otto von Bismarck (1815-1898) und Paul Natorp (1854-1924).

Der zweite Teil „Vom Kampf für Frieden und soziale Gerechtigkeit bis zur sozial-rassistischen Volkspflege" stellt Theorien der Sozialen Arbeit aus der ersten Hälfte des 20. Jahrhunderts vor. In diesem Teil stelle ich bis auf eine Ausnahme nur Theorien aus dem deutschsprachigen Raum dar. Die Theorien zeigen bereits eine deutliche Weiterentwicklung in der Disziplinwerdung der Sozialen Arbeit als Wissenschaft, weil sie teils eher als Berufstheorien, teils schon deutlicher als wissenschaftliche Theorien in einer engen Beziehung zur Verberuflichung der Sozialen Arbeit und zur Ausbildung für diese Tätigkeit stehen. Diese AutorInnengruppe eröffne ich mit der Nordamerikanerin Jane Addams, weil sie in ihrem Denken und Handeln die sozialen Bewegungen in Europa mit der amerikanischen sozialwissenschaftlichen Forschung und den amerikanischen Pragmatismus mit dem russischen Idealismus sowie die Frauen- mit der Friedensbewegung verbindet. Die anderen AutorInnen stehen für primär psychologisch, wirtschaftlich, pädagogisch, feministisch, politisch und anthropologisch orientierte Theorieansätze der Sozialen Arbeit. Als RepräsentantInnen habe ich ausgewählt: Die Sozialarbeiterin und Sozialwissenschaftlerin Jane Addams (1860-1935), den Mediziner und Psychotherapeuten Alfred Adler (1870-1934), den Theologen und Nationalökonom Christian Jasper Klumker (1868-1942), die Wohlfahrtspflegerin und Nationalökonomin Alice Salomon (1872-1948), den Philosophen und Pädagogen Herman Nohl (1879-1960), die Sozialpädagogin, Schriftstellerin und Politikerin Gertrud Bäumer (1873-1954), den Theologen und Fürsorgewissenschaftler Hans Scherpner (1898-1959) und den Fürsorgejuristen und Sozialpolitiker Hans Muthesius (1885-1977).

Der dritte Teil „Vom Befriedigen der Grundbedürfnisse bis zum gerechten Austauschen" stellt Theorien der Sozialen Arbeit in der zweiten Hälfte des 20. Jahrhunderts dar. Diese Theorien erfüllen in etwa die Ansprüche, die heute allgemein an eine wissenschaftliche Theorie gestellt werden. Die ausgewählten Theorien repräsentieren verschiedene wichtige wissenschaftstheoretische Auffassungen und spiegeln für mich das gegenwärtig im deutschsprachigen Raum (mit AutorInnen aus Ägypten, Österreich,

Schweiz und Deutschland) diskutierte Spektrum wider. Außerdem behandeln die AutorInnen den Gegenstandsbereich Soziale Arbeit insgesamt und beschränken sich nicht nur auf ein kleines Teilgebiet Sozialer Arbeit (z.b. nur auf Heimerziehung oder Bewährungshilfe). An den Anfang dieser Gruppe habe ich die Österreicherin Ilse von Arlt (1876-1960) gestellt, deren Leben und Publikationen für mich die erste Hälfte mit der zweiten Hälfte des 20. Jahrhunderts verbinden; ihr erstes Buch „Die Grundlagen der Fürsorge" erschien 1921 und ihr zweites Buch „Wege zu einer Fürsorgewissenschaft" 1958. Des weiteren stelle ich in diesem Teil vor: Klaus Mollenhauer (1928-1998), Lutz Rössner (1932-1995), Karam Khella (1934*), Hans Thiersch (1935*), Michael Winkler (1953*), Wolf Rainer Wendt (1939*) sowie Silvia Staub-Bernasconi (1936*).

4.   EINIGE SELBSTKRITISCHE VORBEMERKUNGEN

Zweck und Ziel dieses Buches führen dazu, daß es eher einem groben Holzschnitt als einer feinen Federzeichnung gleicht. Komplexes wird vereinfacht, Differenzierungen werden vernachlässigt und Details werden weggelassen, um didaktische Absichten zu erfüllen und dem vorgegebenen Rahmen gerecht zu werden. Bei der *Darstellung* der Theorien habe ich mich bemüht, möglichst nahe an der Sprache und den Denkfiguren der jeweiligen AutorInnen zu bleiben. Allein durch das Komprimieren treten in einigen Fällen deutliche Schwächen der jeweiligen Theorie zutage. Ich habe diese Mängel stehen lassen. Sie gehören zum Entwicklungsstand der jeweiligen Theorie. Meine Darstellungen lassen sich leicht überprüfen und gegebenenfalls korrigieren.
Ich bin mir bewußt, daß mein Unternehmen, Leben und Werk von 24 AutorInnen auf wenigen Seiten darzustellen, sehr couragiert ist, meine Zusammenfassungen und Darstellungen nicht immer der „herrschenden Lehre" entsprechen und andere Thesen und Leitgedanken – ebenfalls gut belegt – herausgearbeitet werden können. Die umfangreichen Publikationen von Smith, Rousseau, Pestalozzi, Mollenhauer u.a. bieten vielfältige, sich auch ausschließende Aussagen und gehören zu den Büchern, die man – wie die Bibel – völlig unterschiedlich interpretieren und sich dennoch jeweils auf eindeutige Fundstellen bei den AutorInnen berufen kann. Fehlende Kenntnisse und unzulängliche Rezeption meinerseits können bei der Materialfülle, trotz meines Bemühens um Sorgfalt und Genauigkeit, zu verzerrten oder falschen Darstellungen geführt haben. Meine ausführlichen Quellen- und Literaturangaben sollen auch der Überprüfung meiner Ausführungen dienen.
Daß die ausgewählten AutorInnen mit ihren Theorien zur Sozialen Arbeit nur einen kleinen Ausschnitt darstellen, habe ich oben bereits angemerkt. Über die von mir nach persönlich bestimmten Kriterien ausgewählten Ver-

treterInnen kann man streiten. Der zur Verfügung stehende Buchumfang hat mich zu einer *Auswahl* unter den darstellbaren Theorien gezwungen. In Teil 1, in dem ich frühe „Theoretiker" darstelle, konnte ich auch Vertreter aus dem nicht deutschsprachigen Raum berücksichtigen, allerdings um den Preis, auf wichtige und interessante deutschsprachige Vertreter verzichten zu müssen; so etwa auf Friedrich D. E. Schleiermacher (1768-1834), Johann Heinrich Wichern (1808-1881) oder Karl H. Marx (1818-1883). Anders dagegen in den Teilen 2 und 3: Diese sind stark auf deutschsprachige AutorInnen ausgerichtet, was zur Folge hatte, daß ich Theorien aus anderen Ländern, z.b. aus England, Finnland, Frankreich, Italien, Norwegen, Polen, Rußland, Schweden, Spanien, Ungarn, unberücksichtigt lassen mußte, ganz zu schweigen von den Theorien, Modellen, Ansätzen und Konzeptionen außerhalb Europas. Angesichts der Globalisierung auch der sozialen Probleme wäre es hilfreich und notwendig, auch andere europäische und außereuropäische Theorien zur Sozialen Arbeit in eine solche Darstellung einzubeziehen, wie dies in anderen Wissenschaftsdisziplinen bereits seit langem üblich ist. Deshalb sollten grundsätzlich bei solchen Unternehmungen auch Personen wie etwa Ruth E. Smalley (1967), Scott Nearing (1972), Harriett M. Bartlett (1979), Carel B. Germain und Alex Gitterman (1983), Lawrence Kohlberg (1981, 1984), Louis Fèvre (1993), Cristina de Robertis (1993), John Rawls (1993), Joyce Lishman (1994), David Howe (1994, 1995), Malcolm Payne (1994) u.a. berücksichtigt werden. Doch selbst die Beschränkung auf deutschsprachige TheoretikerInnen in Teil 2 und 3 bewahrte mich auch dort nicht davor, wichtige TheoretikerInnen der Sozialen Arbeit außen vor zu lassen; etwa Max Weber (1864-1920) und Aloys Fischer (1880-1937) für den zweiten Teil oder Hans Pfaffenberger (1922*) und C. Wolfgang Müller (1928*) für den dritten Teil, um für jeden dieser beiden Teile nur zwei Beispiele zu nennen.

Fraglich ist es für mich auch, ob sich alle von mir ausgewählten AutorInnen – insbesondere in den Teilen 1 und 2 – überhaupt damit einverstanden erklärt hätten, als AutorIn einer Theorie der Sozialen Arbeit bezeichnet zu werden. Diese Frage muß unbeantwortet stehen bleiben. Ich kann nur darauf verweisen, daß es auch in anderen wissenschaftlichen Disziplinen üblich ist, AutorInnen in die eigene Theoriegeschichte einzubeziehen, die sich zu Lebzeiten nicht ausdrücklich zu dieser Disziplin bekannt haben oder nicht bekennen konnten, weil es diese Disziplin damals so noch nicht gegeben hat.

40 Jahre hat es gedauert, ehe sich deutsche VertreterInnen der Sozialen Arbeit in einem angemessenen Rahmen mit der Sozialen Arbeit während der nationalsozialistischen Herrschaft in Deutschland von 1933 bis 1945 befaßt haben. Das „Dritte Reich" wurde und wird noch aus der Geschichte der Sozialen Arbeit schlichtweg mit der These: Die Entwicklung der Sozialen Arbeit wurde in Deutschland durch die Machtübernahme Hitlers 1933 jäh unterbrochen und setzte nach dem Zusammenbruch des Dritten Reiches 1945

wieder neu ein (siehe Schmidt 1981, 44f., Schilling 1997, 44) ausgeklammert. Den Wendepunkt vom Verschweigen zur offensiven Erforschung und selbstkritischen Auseinandersetzung markiert das Erscheinen des von Hans-Uwe Otto und Heinz Sünker herausgegebenen Sammelbandes „Soziale Arbeit und Faschismus" im Jahre 1986. Die drei Fragen: „Wie wurde die Theorie der Sozialen Arbeit in die Einheitsideologie des Dritten Reiches eingewoben? Was trat an die Stelle der im engeren Sinne sozialpädagogischen Praxis? Wie verstrickten sich das Wohlfahrts-, Fürsorge- und Fürsorgeerziehungssystem und ihre ProtagonistInnen in den totalitären Staat?" müssen heute in einem Handbuch zur Sozialen Arbeit, das sich auch mit geschichtlichen Fragen befaßt, behandelt werden (Buchkremer 1995, 174). Soziale Arbeit gehört in der Gestalt von „Volkspflege" mit ihren Institutionen und Handlungsfeldern, Organisationsformen und Programmatiken zur nationalsozialistischen Gesellschaft, insbesondere als ein gesellschaftlicher Bereich, dem eine wesentliche Bedeutung für Vergesellschaftungsprozesse im Rahmen von „Integration und Ausgrenzung" zukommt (Sünker 1996, 511). Viele Millionen Deutsche haben Adolf Hitlers sozial-rassistische Ideen – die eine lange europäische Tradition haben (siehe Kappeler 1994, 1999) – und Programme übernommen. Zu den VertreterInnen der deutschen FürsorgerInnen, SozialpädagogInnen und SozialpolitikerInnen, die in der Zeit von 1932 bis 1945 sozial-rassistische Thesen mehr oder weniger stark vertreten haben, gehören Ernst Krieck (1882-1947), Hans Muthesius, Helene Wessel (1898-1969), Franz-Josef Wuermeling (1900-1986) u.a.; und auch Christian Jasper Klumker, Herman Nohl, Gertrud Bäumer, Aloys Fischer und Hans Scherpner sind nicht frei davon (siehe Wollenweber 1983a; Cogoy/Kluge/Meckler 1989; Kappeler 1999 u.a.). Aus dieser Gruppe habe ich Hans Muthesius für dieses Buch ausgewählt, weil er vor und nach dem Dritten Reich eine hervorragende Rolle im „Deutschen Verein für öffentliche und private Fürsorge" gespielt und lange Zeit – auch international – als Leitbild der deutschen Sozialen Arbeit gegolten hat. Im Zusammenhang dieses Buches berücksichtige ich primär, wie sich Muthesius in Theorie und Praxis der Sozialen Arbeit an die nationalsozialistische Rassenideologie angeschlossen hat; andere Aspekte seines Lebenswerkes und seiner Auffassungen werden hier bewußt und ausdrücklich vernachlässigt (siehe dazu Orthbandt 1985; Schrapper 1993). Adolf Hitler (1889-1945) selbst als Vertreter einer sozial-rassistischen Theorie der Sozialen Arbeit anzuführen – wie ich das in meinem Buch 1992 noch getan habe –, bietet zu leicht die Möglichkeit, sich von sozial-rassistischen Theorien und Taten in der Sozialen Arbeit zu distanzieren, sie einem „menschlichen Ungeheuer" zuzuschreiben und die eigenen Ambivalenzen dabei zu übersehen bzw. zu verdrängen.

Bei der Auswahl für dieses Buch habe ich darauf geachtet, daß auch die *(sozial)pädagogische Denktradition* in ihrer Bedeutung für die Soziale Arbeit angemessen vertreten ist. Unter den gegenwärtigen deutschen (Sozial-)PädagogInnen könnte man wiederum anders auswählen, als ich es getan habe. Der Schein, daß eine große Gruppe von (Sozial-)PädagogInnen zur Auswahl und Aufnahme in den Kreis von TheoretikerInnen zur Verfügung steht, täuscht allerdings. Meine sorgfältigen Recherchen haben mich eines besseren belehrt. Der falsche Eindruck entsteht m.E. dadurch, daß nicht wenige AutorInnen mit griffigen und modischen Thesen und Metaphern in Zeitschriftenartikeln zwar Großes und Neues ankündigen, ihnen die Luft zu einer monographischen Ausführung aber nicht ausreicht. Der eine will Kohlbergs Thesen für die sozialpädagogische Theoriebildung heranziehen, der andere Nietzsche zu demselben Zweck konvertieren, und wieder andere preisen die „Normalität" als den Gipfel aller pädagogischen Weisheit. Doch es ist bislang bei den Absichtserklärungen geblieben. Gründliche Analysen und geduldiges Abwarten entlarven solche Manöver und zeigen bald die Quellen, aus denen das Wasser geholt wird. Die Kenntnis der sozialarbeiterischen und pädagogischen Denktraditionen erleichtert es außerordentlich, die Spreu vom Weizen zu trennen, und kann vor falschen Selbst- und Fremdeinschätzungen schützen.

Häufig haben AutorInnen mehrere Werke geschrieben, in denen sie ihre Theorie(n) vortragen und stellen in den einzelnen Werken nur verschiedene (Teil-)Aspekte der Theorie, mitunter sogar andere, früheren Thesen widersprechende Auffassungen dar. Nur selten werden alle Thesen in einem Werk systematisch zusammengefaßt und zu einer in sich geschlossenen Theorie verbunden. Bisweilen werden zudem von Werk zu Werk Positionen mehrfach verändert. Manche meiner Darstellungen und Überschriften für einzelne AutorInnen und ihre Theorien geben die vorhandenen *Wendungen und Brüche* nur unzureichend wider. Ich habe aufgrund der Quellen und unter Zuhilfenahme der Sekundärliteratur versucht, ein durchgehendes Anliegen des/der AutorIn zu finden und dazu eine entsprechende Überschrift gewählt. Ich bin mir bewußt, daß eine Festlegung auf ein einziges Thema den AutorInnen nur bedingt gerecht wird.

Auf eine ausdrückliche *kritische Kommentierung und Würdigung* der einzelnen Theorien habe ich meinerseits verzichtet. Das bedeutet nicht, daß ich die Theorien nicht kritisch reflektiere. Absolut vorrangig ist es für mich gewesen, die AutorInnen mit ihren Theorien möglichst original zu Wort kommen zu lassen. Wenn ich die Bedeutung der einzelnen Theorien für die Soziale Arbeit (siehe Punkt 6 im oben dargestellten Leitfaden) bespreche, dann gehen damit selbstverständlich meine eigenen Sichtweisen und die Bemerkungen meines Umfeldes mit ein. Ich habe zwar versucht, mich möglichst auf nachprüfbare Kriterien (wie z.B. Anzahl, Auflagenhöhe und Verbreitung der Publikationen, Beachtung in der Fachliteratur, Häufigkeit der Nennung in Literaturverzeichnissen usw.) zu stützen. Mir liegt jedoch dazu keine sozialwissenschaftlichen Anforderungen genügende Erhebung zur Rezeption und Wirkungsgeschichte der Theorien vor. Mein Bemühen um eine möglichst autorInnennahe Wiedergabe mit entsprechenden Zitaten bedeutet zudem nicht, daß ich die vorgetragenen Thesen teile. Die kritische Würdigung und Bewertung der einzelnen Theorien überlasse ich den LeserInnen. Meine hier selbst gewählte Aufgabe war und ist die der Information. Von den 24 ausgewählten AutorInnen stehen *nur fünf Frauen* 19 Männern gegenüber. Diese Auswahl orientiert sich an der Wirklichkeit. Für die Soziale Arbeit ist es typisch, daß Männer die führenden Positionen in der Theoriebildung, in der Praxis und auch in der Lehre bzw. Ausbildung inne haben, während Frauen die alltägliche Arbeit in der Praxis ausführen (müssen). Im AutorInnenverzeichnis des renommierten Handbuchs zur Sozialarbeit/Sozialpädagogik (Eyferth/Otto/Thiersch 1987) werden beispielsweise 10% Frauen und 90% Männer angeführt. Dagegen arbeiten bei den Spitzenverbänden der freien Wohlfahrtspflege circa 80% Frauen und 20% Männer. Studentinnen haben mich darauf aufmerksam gemacht, daß die ablehnende Haltung von Praktikerinnen gegenüber Theorien vielleicht auch etwas mit dieser Geschlechterverteilung zu tun haben könnte: „Die Frauen unten in der Praxis lehnen die Theorien der Männer oben im Elfenbeinturm ab." Und manche Männer haben ihre Theorien zur Sozialen Arbeit erst entwickelt, nachdem Frauen sie dazu wiederholt aufgefordert hatten; ihr eigentliches Interesse zielte nicht auf „das Soziale". Herman Nohl beispielsweise hat sich – nach seinen eigenen Angaben – erst auf Drängen seiner beiden in der Praxis der Jugendwohlfahrt tätigen Schwestern mit sozialpädagogischen Fragen befaßt; die Beschäftigung mit Philosophie, Pädagogik und Ästhetik lag ihm viel näher.

Teil 1
Vom Armutsideal bis zur Gemeinschaftserziehung – vorwissenschaftliche Theorien und Programme

Einleitung

Wir Menschen sehen uns selbst im Unterschied zu anderen Lebewesen als vernunftbegabte und unserer selbst bewußte Lebewesen an. Als vernünftige Menschen müßten wir eigentlich aus unserer eigenen Geschichte und der Geschichte anderer Menschen lernen. Doch dies tun wir kaum oder selten. Nicht anders ist es im Bereich der Sozialen Arbeit. Selten erforschen wir die Geschichte der Menschheit, um zu erfahren, wie früher jeweils mit sozialen Problemen umgegangen worden ist, und nicht häufiger befassen wir uns mit den theoretischen wie auch praktischen Lösungsversuchen unserer Eltern, Großeltern, Urgroßeltern, um daraus zu lernen. Wir scheinen eher auf die Gegenwart fixiert zu sein und vernachlässigen unsere Einbindung in die Geschichte. Wir gehen oft davon aus, daß unsere heutige Situation und die gegenwärtige Art und Weise, über soziale Probleme nachzudenken, einmalig sind. Unsere Lebenssituation hat es zwar so, wie sie jetzt ist und gesehen wird, noch nie zuvor gegeben, und dennoch ist sie nicht völlig neu. Wenn wir nach dem Neuen fragen, dann sollten wir immer auch das Alte sehen. Dann würden wir auch sehen, daß das Alte nie so alt gewesen und das Neue nie so neu gewesen ist, wie es scheint (Hans-Georg Gadamer). Die Gegenwart ist immer das Ergebnis vorhergegangener Ereignisse. Die Vergangenheit vergeht nicht, sondern wirkt weiter. Probleme, die sich in der Gegenwart stellen, sind zumeist Konsequenzen aus früheren Problemlösungen.

Wenn man aus der Vergangenheit Sozialer Arbeit für die Gegenwart Sozialer Arbeit lernen will, ist es eine berechtigte Frage, mit welcher Zeitepoche man bei einem solchen Blick zurück anfangen soll. Ein Konsens besteht unter den TheoretikerInnen der Sozialen Arbeit darüber, daß mit der vom Frühkapitalismus produzierten Massenarmut die berufliche Soziale Arbeit ihren Anfang nimmt (so z.B. Mollenhauer 1959, Staub-Bernasconi 1986). Entsprechend gehen viele AutorInnen auch vom 19. Jahrhundert als dem Beginn der Sozialen Arbeit als Wissenschaft und Praxis aus. Ich schließe mich allerdings der davon abweichenden Auffassung an, daß bereits mit dem Wandel vom Mittelalter zur Neuzeit (um 1450 bis 1500), näherhin mit der beginnenden Urbanisierung, wichtige Voraussetzungen für die heutigen sozialen Probleme und damit auch für die berufliche Soziale Arbeit als eine Antwort darauf in Europa entstehen (so z.B. Scherpner 1974; Mollenhauer 1987).

Die Auflösung der hochmittelalterlichen Gesellschaftsordnung führt zu frühen Formen des Kapitalismus und der Industrialisierung (siehe die Ausführungen S. 41ff.). Die Wurzeln heutiger Sozialer Arbeit in Theorie und Praxis reichen – aus meiner Sicht – daher bis in das hohe Mittelalter (Mitte des 12. bis Mitte des 14. Jahrhunderts) zurück (so auch Sachße/Tennstedt 1980). Im 12. Jahrhundert werden außerdem die europäischen Universitäten gegründet, an denen von Anfang an auch soziale Fragen bedacht werden (siehe die Ausführungen S. 29ff.).

Um eine umfassende und interdisziplinär-kooperativ-integrativ ansetzende Wissenschaft Soziale Arbeit zu fördern und eine engstirnige Fixierung auf Tagesfragen zu verhindern, kann die historische Vergewisserung sehr hilfreich sein; diesem geschichtlichen Selbstbewußtsein soll der Teil 1 dienen. Die in diesem Teil zusammengestellten acht „Theorien Sozialer Arbeit" sind von ihren AutorInnen nicht ausdrücklich als „Theorien der Sozialen Arbeit" verstanden und vorgelegt worden. Man kann und sollte sie daher aus heutiger Sicht – wie in der Einführung dargelegt – als vorwissenschaftliche Theorien oder – wenn man das Wissenschaftsverständnis der jeweiligen Epoche zugrunde legt – als Teiltheorien im Rahmen von Gesamttheorien oder auch nur als sozialpolitische Programme verstehen. Im übrigen betrachte ich die historischen Aussagen zur Lösung sozialer Probleme als eine umfangreiche Material- und Ideensammlung, die die heutige wissenschaftliche Theoriebildung zur Sozialen Arbeit unterstützen und bereichern kann.

Die in diesem Teil vorgestellten Autoren leben in unterschiedlichen Jahrhunderten und kommen aus verschiedenen Ländern. Der Zeithorizont reicht vom hohen Mittelalter bis in das 20. Jahrhundert. Neben Autoren aus Deutschland finden wir in diesem Teil Vertreter aus Italien, Spanien, der Schweiz, aus Frankreich, England und Flandern (Belgien). Dieser Bogen kann in der Einleitung nicht – wie ich dies in den Teilen 2 und 3 versucht habe – kompakt und überblicksartig in seiner historischen Entwicklung dargestellt werden. Vielmehr mußte ich mich auf die Beschreibung des zeitlichen und territorialen Kontextes des jeweiligen Autors beschränken. Auch wenn sich die hier vorgestellten Autoren nicht persönlich gekannt haben, bestehen untereinander vielfältige Verbindungen und Bezüge aufeinander; so hat z.B. Vives die philosophischen und theologischen Lehrbücher des Aquinaten sehr gut gekannt und sich in seinen Arbeiten auf sie bezogen; Pestalozzi hat die Thesen Rousseaus zeitweise völlig übernommen und als Ausdruck seiner Verehrung seinen einzigen Sohn nach Rousseau benannt; Natorp wiederum hat die Bücher von Rousseau und Pestalozzi intensiv studiert und ließ sich vor allem von Pestalozzis Ideen animieren; Smith hat die Arbeiten Rousseaus studiert und dessen Gedanken geschätzt und bei seiner eigenen Theoriebildung berücksichtigt; Malthus kannte als Zeitgenosse – mit denselben Studienfächern wie Smith – selbstverständlich die Werke von Smith und hat sich auch auf sie bezogen; beide haben in ihren Arbeiten – sehr verschieden – die Armengesetzgebung in Großbritannien kommentiert und bewertet; Natorp sah die Sozialpolitik Bismarcks als ein unzureichendes Mittel an, um das Deutsche Reich als Gemeinschaft zu erhalten.

1. Gott und den Nächsten lieben – Thomas von Aquin (1224-1274)

Thomas von Aquin ist, „versucht man ihn in unsere Gegenwart zu versetzen, klassische Apo, ein Aussteiger, ein Achtundsechziger – und er blieb einer, trotz übelster Verleumdungen, Drohungen, Boykotte" (Heinrich Böll 1984, 41).

1.1. HISTORISCHER KONTEXT

Die Epoche, in der Thomas von Aquin lebt, bezeichnet die Geschichtswissenschaft als das „hohe Mittelalter", das etwa von der Mitte des 11. bis zur Mitte des 14. Jahrhunderts dauert. Mit dem 11. Jahrhundert beginnt in ganz Europa ein enormer wirtschaftlicher Aufschwung. Günstige klimatische Voraussetzungen erhöhen die landwirtschaftliche Produktion. Sie geht einher mit einem deutlichen Bevölkerungswachstum und der Erschließung neuer bewirtschafteter Flächen durch Rodung von Wäldern. Die Durchsetzung der Dreifelderwirtschaft ermöglicht eine Steigerung des Ertrags der bewirtschafteten Flächen. Gleichermaßen Grundlage und Folge der wirtschaftlichen Blüte in Europa während des Hochmittelalters sind die Ausdehnung des Handels und des Handwerks. Die Ausweitung der handwerklichen Produktion, das Entstehen gewerblicher Märkte und die Ausdehnung des Fernhandels bilden die Grundlage für Stadtneugründungen und für das Aufblühen der Städte (z.B. die „Hanse" ab Mitte des 13. Jahrhunderts). Damit geht einher eine Ausdifferenzierung der Aufgaben und der Befugnisse der Verwaltung, des Handels und des Handwerks und eine zunehmende Autonomie der Stadt und der Stadtbevölkerung (Patrizier, Zunftangehörige, Kaufleute) von den feudalen Besitz- und Rechtsverhältnissen der Stadtherren. Die Marktrechte werden zu Stadtrechten. Im Sozialgefüge des hohen Mittelalters stellen die Städte das vorwärtsdrängende Element dar. Denn im ländlichen Bereich bleiben die feudalen Grundstrukturen und die ständische Ordnung trotz aller Änderungen erhalten: Das wirtschaftliche, politische und gesellschaftliche System wird zwar noch wesentlich von der (Adels-)Herrschaft über Grund und Boden bestimmt, doch zu dieser Ausstattung des Adels als herrschender Schicht mit Landbesitz und damit verbundenen politischen, militärischen und gerichtshoheitlichen Vorrechten kommt im Hochmittelalter die zunehmende Feudalisierung von Ämtern. Ministeriale steigen damit aus der Schicht der Abhängigen zu edelfreien Rittern auf. Die Grundherrschaft (neben Adeligen auch Bischöfe und Klöster) über Land und Leute sowie die genossenschaftlichen Ordnungen in den Gemeinden konstituieren sehr unterschiedliche dingliche und persönliche lehensrechtliche Bindungen (Treueverhältnis) zwischen den Beteiligten. Mit der Auflösung des alten Fronhofsystems („villikation") werden die Untertanen zu Grundholden, die ihre Abgaben an den Grundherrn in Form von Zins- und Grundrenten vornehmen. Kriege und Schlachten zerstören immer wieder ganze Landstriche und verursachen Leid und Not. Mißernten, Hungersnöte, Seuchen, Feuer- und Wasserkatastrophen verursachen Armut, Elend und Tod. Die Abhängigen und Untertanen werden trotz Besserung der Lebensverhältnisse ausgebeutet und bleiben politisch ohnmächtig. Den wenigen Herrschern und Reichen stehen viele Beherrschte und Arme gegenüber. Das sind hörige Bauern, besitzlose Tagelöhner, Angehörige „unehrlicher Berufe" (Spielleute, Huren), Witwen, Waisen, Krüppel, Kranke und Alte (siehe Sachße/Tennstedt 1980, 23-30). Wo Bedürftige sozial und rechtlich in einen grundherrschaftlichen Familienverband oder in eine zünftig verfaßte Handwerkerorganisation eingebunden sind, finden sie dort auch organisierte Hilfen. Den anderen bleibt nur die Unterstützung durch private „Liebestätigkeit". Für kranke und alte Notleidende unterhalten die Kirche und die Orden in den Städten Hospize.

Thomas verbringt sein Leben überwiegend in Italien und Frankreich; im Deutschen Reich hält er sich nur während seiner Studienzeit in Köln länger auf. Zu Beginn des Hochmittelalters befindet sich das Deutsche Kaisertum auf dem Höhepunkt der Macht. Das durch Reformen gestärkte Papsttum will nicht nur den politischen Einfluß der weltlichen Herrscher auf kirchliche Angelegenheiten zurückdrängen, sondern strebt selbst nach Weltherrschaft. Der Konflikt schwächt den deutschen Kaiser; ab Mitte des 13. Jahrhunderts verliert das Kaisertum beständig Macht an die Landesfürsten und Städte. Innerkirchlich schließen sich Gläubige im 13. Jahrhundert im Zuge einer Reformbewegung zur Vertiefung der Frömmigkeit zu (Bettel-)Orden zusammen und geloben, arm zu leben. Wegen der weltlichen Herrschaftsansprüche der Kirche wenden sich aber auch viele Gläubige von ihr ab und gründen neue Glaubensgemeinschaften (z.B. die Katharer, Albigenser), um den evangelischen Idealen – vor allem dem Armutsideal – zu folgen. Die kirchliche Inquisition bekämpft nicht zuletzt durch neue Ordensgründungen und Kreuzzüge mit Bann, Klosterhaft und Todesstrafe jede Form von „Häresie" und „Sektierertum"; zu diesen neu gegründeten Orden gehören auch die Dominikaner, denen sich der junge Thomas anschließt.

Bereits 100 Jahre früher ist die Unterwerfung der Slawen im Ostteil des Reiches weitgehend abgeschlossen (Ostkolonisation). In (Nord- und Mittel-)Italien erwerben die Städte im Zuge der Auseinandersetzung des Papstes mit dem deutschen Kaiser zunehmend Autonomie. Von großer wirtschaftlicher Bedeutung für sie sind die Kreuzzüge, die das abendländische Christentum vom Ende des 11. bis Ende des 13. Jahrhunderts zur Befreiung des „Heiligen Landes" aus den Händen des sich ausbreitenden Islam durchführt. Die Städte werden vielfach von ehrgeizigen Machthabern beherrscht, die den Einfluß der Stadt auf das Umland ausweiten, die wirtschaftliche Entwicklung fördern, die politische Ordnung demokratisieren. Das französische Königtum, das schon seit dem 10. und dann vor allem im 13. Jahrhundert an Macht gewinnt, schaltet die feudalen Partikulargewalten aus und wendet das Lehensrecht konsequent an, erweitert seine Krondomäne, reformiert die Verwaltung und betreibt eine offensive Städtepolitik. An Kloster- und Kathedralschulen bilden sich Gemeinschaften von Lehrenden und Lernenden. Auf diese Weise werden in der Mitte des 12. Jahrhunderts die ersten Universitäten gegründet (Bologna, Paris). Die große Mehrheit der Bevölkerung bleibt aber von jeglicher Bildung ausgeschlossen und kann weder schreiben noch lesen. Die Philosophie und die Theologie sind im Hochmittelalter die führenden Wissenschaftsdisziplinen. Mit der (Hoch-)Scholastik findet eine spezifische Form des wissenschaftlichen Argumentierens (Begründung der Glaubensinhalte) und der Systematisierung des Wissens seinen Höhepunkt. Diese wissenschaftlichen Bemühungen sind vor allem durch neue naturwissenschaftliche Themen hervorgerufen, die durch die Erforschung der Schriften des „heidnischen" Philosophen Aristoteles (384-324 v.Chr.) und arabisch-islamischer und jüdischer Autoren (Medizin, Astronomie, Mathematik) aufgeworfen und in Kommentaren und Summen (das sind zusammenfassende und abschließende Systeme der Welterkenntnis) reflektiert werden. Es werden aber auch kritische Stimmen gegen autoritätsorientierte Wissenschaftsauffassungen laut; so fordert der englische Franziskaner Roger Bacon (um 1214 bis um 1292) als Methode wissenschaftlichen Arbeitens das Zurückgehen auf die unmittelbare Erfahrung, d.h. auf die Beobachtung und Befragung der Natur mittels des Experiments, in dem er die Quelle allen wahren Weltwissens sieht.

1.2. BIOGRAPHISCHER KONTEXT

Thomas von Aquin wird um die Jahreswende 1224/25 als Sohn des Grafen von Aquino, eines Verwandten der hohenstaufischen Kaiserfamilie, in der Nähe Neapels geboren (siehe Chenu 1995 u.a.). Mit fünf Jahren kommt er zur Erziehung zu den Benediktinern ins Kloster Monte Cassino. Als Vierzehnjähriger beginnt er an der Universität Neapel zunächst die freien Künste, dann Theologie zu studieren (1239-1244). Zum Entsetzen seiner reichen Familie und seiner Freunde entschließt sich der 17jährige Thomas, in den gerade gegründeten Bettelorden der Dominikaner einzutreten, um Gott und der Wissenschaft in Armut zu dienen. Gegen den massiven Widerstand seiner reichen Familie setzt er seinen Entschluß durch. Kurz nach dem Tod seines Vaters (1244) reist Thomas bereits als Ordensmitglied nach Paris, um dort seine Studien fortzusetzen. Mitglieder der Familie überfallen den Reisenden in der Toscana, entführen ihn, hindern ihn mit Gewalt daran, seinen gewählten Weg zu gehen, und setzen ihn in Haft. Da Thomas sich auch nach einem Jahr Haft nicht dem Willen der Familie beugt, läßt man ihn wieder frei. Thomas nimmt sogleich sein Ordensleben wieder auf und macht sich erneut auf den Weg nach Paris.

An den Universitäten in Paris, dem damaligen Zentrum der europäischen Theologie, und in Köln vertieft Thomas seine Studien (1245-1252). Sein wissenschaftliches Interesse gilt vorrangig dem Werk des griechischen Philosophen Aristoteles, das er erforschen und für die Theologie aufarbeiten will. Die von Arabern und Juden nach Europa gebrachten Werke des „Materialisten" Aristoteles werden von der Kirche als heidnisch abgelehnt und dürfen nicht gelehrt werden. Von 1252 an ist Thomas als theologischer Lehrer in Frankreich und Italien tätig; 1254 wird er Magister der Theologie. Mit seinem Kölner Lehrer und Ordensbruder Albertus Magnus (1200-1280) verbindet ihn eine lebenslange Freundschaft. Den Höhepunkt seiner wissenschaftlichen Laufbahn erlebt Thomas bei seinem zweiten Aufenthalt in Paris von 1269 bis 1272. Während dieses Aufenthalts verfaßt Thomas auch seine „Summa theologica" („Theologische Summe"). In dieser Zeit wird Thomas in Europa als herausragender Gelehrter und Lehrer gefeiert und zugleich von Klerus und Professoren wegen seiner Lehren heftigst bekämpft. Die letzten zwei Jahre seines Lebens verbringt er wieder lehrend in Neapel an der dortigen Ordensuniversität. Thomas wird nur 50 Jahre alt und stirbt 1274 auf einer Reise, die er wie alle seine Reisen zu Fuß und bettelnd durchführt, zum Konzil von Lyon.

Er hinterläßt zahlreiche philosophische und theologische Schriften. 1322 wird Thomas von der Kirche heiliggesprochen. Seine Auffassungen werden in ihrer Radikalität „entschärft" und weitgehend amtliche Lehre („Scholastik") der Kirche.

1.3. FORSCHUNGSGEGENSTAND UND -INTERESSE

Thomas von Aquin befaßt sich in seinem umfangreichen schriftstellerischen Werk mit allen Fragen des Wissens und des Glaubens seiner Zeit. Fragend geht er an alles, was er sieht, hört und feststellt, heran und versucht, radikal denkend den Dingen auf den (göttlichen) Grund zu kommen. Auch Themen wie Armut, Almosen, Gesellschaftsordnung, Gerechtigkeit, Barmherzigkeit, Nächstenliebe, Arbeitspflicht, Lebensunterhalt und Wohltätigkeit behandelt er vor allem im Rahmen seiner Sozialethik in der Summa theologica sowie in seinen Schriften zur Rechts-, Staats- und Gesellschaftsphilosophie. Die Ausführungen sind stets in sein theologisches Weltverständnis eingebettet. Das *ewige Heil des Menschen* und sein eigenes ewiges Heil stehen im Mittelpunkt seines persönlichen Forschungsinteresses. Seine „Sozialarbeitstheorie" ist daher als christliche Sozialethik praktisch orientiert und gibt normativ an, was Menschen tun müssen, damit sie ihr Lebensziel, die ewige Gemeinschaft mit Gott, erreichen.

1.4. WISSENSCHAFTSVERSTÄNDNIS

Die Theologie ist für Thomas von Aquin die höchste Form des Wissens. Sie ist Weisheit inmitten der Wissenschaften. Die Wissenschaften führen auf ihrer Ebene nur zu einer Weisheit auf der Stufe rationaler Gewißheit. Die Überlegenheit der theologischen Weisheit kommt für ihn daher, daß sie in der Hierarchie der Stufen des Wissens und der Hierarchie der Ursachen Gott zum Gegenstand hat, die höchste Ursache der Dinge in ihrem Werden wie in ihrer Zielstrebigkeit (Chenu 1995, 44f.).

Thomas von Aquin ist fest davon überzeugt, daß das Sein als gesetzmäßig geordnete Realität vom Menschen vorgefunden wird und daß wir diese Realität mit unserem Verstand erkennen können. Die ganze Gegenstandswelt, in der der Mensch lebt und die er wahrnimmt, ist eine Schöpfung Gottes. Mit der menschlichen Vernunft kann die Welt nicht ganz erkannt werden. Über dem Reich der philosophischen Erkenntnis erhebt sich das Reich der übernatürlichen Wahrheit. Dieser Bereich bleibt dem philosophischen Erkennen verborgen und ist nur durch Glauben zugänglich. Der dreieine Gott, die Menschwerdung und die Auferstehung Jesu sind die zentralen Glaubensgeheimnisse und von Gott selbst den Menschen geoffenbart; diese Geheimnisse können nur gläubig hingenommen werden. Vernünftiges Erkennen und gläubiges Aufnehmen widersprechen sich für Thomas nicht, da die Wahrheit nur eine ist und auf Gott zurückgeht. Die Welt ist Schöpfung Gottes und auf Jesus Christus als den höchsten Herrn bezogen.

Thomas versteht die Theologie auch als praktische Wissenschaft, die den Menschen zum Handeln anleitet. Ein Dreifaches ist dem Menschen zum Heile notwendig: „Zu wissen, was er glauben, zu wissen, wonach er verlangen, und zu wissen, was er tun soll."

1.5. THEORIE

In der Schöpfung hat Gott – nach Thomas – seine göttlichen Ideen realisiert. Die *Welt* ist für ihn daher ein *Abbild Gottes* und folglich insgesamt gut, weil Gott gut ist und nichts Schlechtes schaffen kann (siehe Hirschberger 1961, 464-526). Daraus ergibt sich für Thomas eine vollständige und heilige Ordnung des Seins. Diese Ordnung ist hierarchisch gestuft aufgebaut.

(1) *Heilige Ordnung*: Der Gedanke der heiligen Ordnung, in der sich die Welt befindet, beherrscht das gesamte Denken des Aquinaten. Im Universum ist nichts planlos oder chaotisch. Alles ist hingeordnet auf das höchste Ziel der Schöpfung, nämlich auf Gott. In der Hinordnung auf dieses Höchste gibt es zielnähere und fernere, höhere und niedrigere Positionen. Dadurch kommen in der Schöpfung Gradstufen und Maße, Gattungen und Arten zustande, die eine natürliche Ordnung schaffen.

Von Gott haben die Naturen, was sie als Naturen sind. Und sie sind darum nur insoweit fehlerhaft, als sie vom Planen des Meisters, der sie erdacht hat, abweichen. Diese Abweichung ist möglich, weil der Mensch über einen freien Willen verfügt (Thomas von Aquino 1985a, 276f.). Wenn der Mensch seiner Vernunft folgt, die ihn ja den richtigen Weg erkennen läßt, ist er das edelste Wesen. Folgt er aber seiner Begierde und sündigt, dann wird er das wildeste Tier; denn in der menschlichen Natur steckt ein hohes Kraftpotential. Dieses muß in die rechten Bahnen geleitet werden. Das geschieht nach Thomas durch Gesetze und Strafandrohung; denn der Mensch ist für ihn leicht geneigt zu Willkür und Begierde.

Der *Mensch* ist, wie Aristoteles schon formuliert hat, *ein soziales Wesen* und hat eine naturhafte Anlage zur Gemeinschaft (Thomas von Aquino 1985c, XCIX-CII). Vereinzelt wäre der Mensch dem Leben gar nicht gewachsen, da er nicht über die das Leben sichernden Instinkte verfügt wie ein Tier. Er muß sich mit seiner Vernunft helfen; das geschieht am besten in der Gemeinschaft aller Menschen, in der alle zur größtmöglichen Vollendung des Ganzen beitragen.

Das „*Gemeinwohl*" geht deshalb für Thomas in jeder Weise dem Wohl des Individuums voraus und hat als Regel die göttliche Gerechtigkeit (Thomas von Aquino 1985c, CII-CVI). Der einzelne hat sich der vorgegebenen Gemeinschaftsordnung in jedem Fall unterzuordnen. Dem gemeinsamen Ziel entspricht die gemeinsame (für alle gültige) Ordnung. Thomas akzeptiert die hierarchische Gesellschaftsordnung (Ständeordnung, Monarchie) seiner Zeit voll und ganz als Ausdruck göttlicher Ordnung. Persönlich neigt er dazu, diese statische menschliche Gesellschaft vor allem im Bild der mittelalterlichen Stadt als einer rational durchformten Ordnung verwirklicht zu sehen.

Aufgabe des Staates ist es nach Thomas, seine Bürger zu einem glücklichen und tugendhaften Leben zu führen. Der Staat hat nicht nur natürliche, sondern auch übernatürliche Aufgaben. So soll das religiöse Leben vom Staat gefördert werden, damit die Menschen ihr höchstes Ziel, nämlich die Glückseligkeit bei Gott, erreichen.

Aus diesen und weiteren anthropologischen und theologischen Grundannahmen leitet Thomas Theoreme für die „Soziale Arbeit" ab: Die mittelalterliche *Ständeordnung* spiegelt für ihn die *göttliche Ordnung* wider. Sie ist zugleich eine Werteordnung und eine soziale Ordnung, ein Über- und Untereinander der Menschen in den Ständen, in die sie hineingeboren worden sind (siehe Scherpner 1974, 23-42). Die obersten Stände sind in einer auf Gott bezogenen Ordnung für Thomas selbstverständlich die geistlichen Stände. Ihnen folgen die Stände der weltlichen Herrschaft. Sodann kommen die „bürgerlichen" Stände. Und weit darunter die Armen. Die Armen sind für Thomas Menschen, die – weil sie nichts besitzen – mit den eigenen Händen für ihren Lebensunterhalt sorgen müssen. Unter der Schicht der

Armen befindet sich noch die Schicht der Bedürftigen; das sind die Menschen, die nichts besitzen (Witwen, Waisen, Krüppel, Kranke, Alte usw.), dazu auch noch arbeitsunfähig sind und deshalb von Almosen („milden Gaben") leben müssen. Ganz außerhalb der Ordnung stehen die Ehrlosen; das sind Menschen, die gegen wichtige Gesetze der Gemeinschaft verstoßen haben (z.B. öffentliche Sünder wie Diebe, Ehebrecher, Mörder usw.); sie sind geächtet und heimatlos. Diese ökonomische, soziale und politische Ungleichheit der Menschen ist nach Thomas natürlich und ursprünglich von Gott so gewollt.

(2) *Gottes- und Nächstenliebe*: Zwei göttliche Gebote, die nach Thomas als Einheit zu betrachten sind, sind nach Thomas für jeden Menschen von allerhöchster Bedeutung; weil sie sich auf Gott als den Endzweck des Lebens beziehen, hat sich ihnen auch der menschliche Verstand zu unterwerfen:

(a) Das Gebot der *Gottesliebe*: Du sollst den Herrn, deinen Gott lieben aus deinem ganzen Herzen, aus deiner ganzen Seele und aus deiner ganzen Stärke.

(b) Das Gebot der *Nächstenliebe*: Du sollst deinen Nächsten lieben wie dich selbst.

Beim Christen ist die Liebe zu Gott das Licht jeglichen Erkennens und, hinter allen Gründen, wie sie die inneren und äußeren Umstände dem Menschen vorlegen, die Regel des gesamten Handelns. Nach Thomas schulden wir jedem Nächsten die Liebe, weil diese uns Nächste sind sowohl nach dem natürlichen Ebenbild Gottes als auch nach der Fassenskraft für die Herrlichkeit (Thomas von Aquino 1985c, 200ff.).

(3) *Armut*: Die Hinordnung des Menschen im Diesseits auf das Jenseits und die grundsätzliche Erwartung, daß das eigentliche Leben erst nach dem Tode beginnt, prägen die Auffassung von Thomas über die Arbeit und die Verpflichtung zur Arbeit. Vorrang im Leben der Gläubigen hat die *Verehrung Gottes* und das Bemühen um das Heil der Seele. Alles andere ist nachrangig, auch die Arbeit. *Arbeit* ist nicht in sich selbst wertvoll, sondern dient nur dem Erwerb des Lebensunterhalts. Die Verpflichtung zur Arbeit beruht eben auf der natürlichen Notwendigkeit, sich seinen Lebensunterhalt zu beschaffen. Da es ein natürliches Gesetz ist, daß der Mensch für seinen Lebensunterhalt sorgen muß, ist es für Thomas zugleich auch ein göttliches Gebot. Diese Verpflichtung gilt für alle, die nicht von eigenem Besitz oder der Unterstützung durch andere leben können. Die Arbeitspflicht gilt besonders für die Menschen, die überhaupt nichts besitzen, also für die Armen. Die Arbeitsverpflichtung und die Wertschätzung der Arbeit als notwendiges Mittel, um sich zu ernähren, führen Thomas dazu, das *Betteln* aus Begierde nach einem müßigen Leben oder nach mühelosem Erwerb von Besitz zu verbieten. Berechtigt zum Betteln ist derjenige, der wirklich be-

dürftig ist und nicht mehr arbeiten kann oder dessen Arbeitseinkommen zum Lebensunterhalt nicht ausreicht. Thomas erlaubt das Betteln noch aus zwei weiteren Motiven: Betteln ist eine Möglichkeit für Christen, sich in Demut zu üben, da Bettler in der Öffentlichkeit mißachtet werden. Betteln wird daher, wenn es aus religiösen Motiven heraus geschieht, erlaubt, z.b. für die Büßer auf den Kreuzzügen und selbstverständlich auch für die Mitglieder der Bettelorden. Betteln ist außerdem erlaubt, wenn es wegen nützlicher Zwecke geschieht. Gemeint ist damit z.b. das Betteln einzelner oder ganzer Gruppen für Einrichtungen des Gemeinwohls, wie bei Sammlungen für gemeinnützige Brücken- oder Kirchbauten.

Für Thomas von Aquin erhalten Armut und Besitzlosigkeit eine besondere Bedeutung vom Evangelium her. Danach ist Armut sogar die Voraussetzung dafür, um überhaupt ins Himmelreich gelangen zu können: „Selig die Armen im Geiste, denn ihrer ist das Himmelreich" (Matthäus 5, 3) und „Ein Reicher wird schwer in das Himmelreich hineingelangen. ... Leichter kommt ein Kamel durch ein Nadelöhr hindurch als ein Reicher in das Reich Gottes hinein" (Matthäus 19, 23f.). Die freiwillig *um des Himmelreiches willen gewählte Armut ist eines der höchsten Ideale* in der Lehre des Thomas von Aquin.

(4) *Unterstützung der Armen*: Diese Bewertung der Armut und der Armen macht es verständlich, daß Thomas sich nicht ausdrücklich und direkt mit der Lebenssituation der Armen befaßt. Die Abschaffung der Armut und der Armen ist für ihn kein Thema und kann es aufgrund seiner Grundannahmen auch nicht sein. Über einen Umweg werden sie jedoch Gegenstand auch seines Denkens: über seine These von der *religiös-ethischen Verpflichtung*, *barmherzig* zu sein, Gutes zu tun und Almosen zu geben (Thomas von Aquino 1985c, 150-166). Im Mittelpunkt dieser These stehen die Geber, also die Habenden, und nicht die Empfänger der Gaben, die Bedürftigen. Die Bedürftigen erfüllen lediglich eine wichtige Funktion beim Bemühen der Reichen, sich mit Gott zu verbinden, ihm zu dienen und so für ihr eigenes Seelenheil zu sorgen. Über die Empfänger/Bedürftigen sagt Thomas nur aus, daß sie als Berechtigung zum Betteln auch wirklich in Not sein müssen und sich nicht selbst ernähren können. Er fordert in seinem Sinne radikal-konsequent, daß auch den öffentlichen Sündern und Staatsfeinden geholfen werden muß, wenn sie in äußerster Not sind, damit auch sie nicht verhungern oder verdursten.

Thomas befaßt sich auch mit der Frage: „Ist es einem erlaubt, *wegen eines Notstands zu stehlen?*" Für Thomas werden die Dinge, die jemand im Überfluß hat, aus dem natürlichen Recht dem Unterhalt der Armen geschuldet:

> „Es ist der Hungernden Brot, das du zurückhältst ... Falls die Not so augenscheinlich und drängend ist, daß offenkundig ist, der Not des Augenblicks müsse mit den Dingen, die einem gerade zur Hand sind, abgeholfen werden,

nimm an, es droht der Person Gefahr und anders kann nicht geholfen werden, dann kann einer erlaubter Weise mit fremden Dingen seiner Not zu Hilfe kommen, sei es, daß sie offen, sei es, daß sie geheim weggenommen werden. Im eigentlichen Sinn hat das auch nicht das Wesen von Diebstahl oder Raub" (Thomas von Aquino 1985c, 320f.).

Aus demselben Grund ist es auch Dritten erlaubt, etwas vom überflüssigen fremden Gut anderer Menschen zu nehmen und es als Almosen zu geben. Natürlich darf der Notleidende diese Hilfe annehmen, wenn ihm anders nicht geholfen werden kann. Wenn es allerdings ohne Gefahr geschehen kann, muß zunächst das Einverständnis des Besitzers eingeholt werden, und erst dann ist für den Armen, der in äußerster Not ist, zu sorgen.

(5) *Gebot zum Almosengeben*: Alle Menschen, die im Überfluß leben, sind verpflichtet, von ihrem Reichtum den Bedürftigen abzugeben. Das allgemeine Gebot zum Almosengeben leitet Thomas aus dem Gebot der Nächstenliebe und der Barmherzigkeit, die den Menschen antreibt, fremdem Elend zu Hilfe zu kommen, ab.

„Da die Nächstenliebe unter Gebot steht, so muß notwendig alles unter Gebot fallen, ohne das die Liebe zum Nächsten nicht gewahrt werden kann. Zur Nächstenliebe gehört aber, daß wir dem Nächsten nicht bloß das Gut wollen, sondern es auch wirklich tun. ... Dazu aber, daß wir jemandes Gut wollen und wirken, wird erfordert, daß wir seiner Not zu Hilfe kommen, was durch die Spendung von Almosen geschieht. Und deswegen steht das *Almosenspenden* unter Gebot" (Thomas von Aquino 1985c, 162f.).

Auf Seiten des Gebenden ist das Almosengeben nur dann geboten, wenn ihm das überflüssig ist, was als Almosen verwendet werden soll. Vorab ist es für Thomas geboten und erlaubt, daß jeder für sich und die Seinen in ausreichendem Maße sorgt. Man schuldet nicht, Almosen von dem zu geben, was schlechthin zum Leben und standesgemäß notwendig ist; es sei denn im Falle für das Gemeinwohl. Wer von dem etwas gibt, was als notwendig für seine standesgemäße Lebensführung gilt, handelt verdienstvoll, da keine Verpflichtung dazu besteht (Thomas von Aquino 1985c, 165). Der Umfang des zu gebenden Almosens richtet sich also ausschließlich nach der Lebenssituation des Gebers, nicht nach der Notlage des Empfängers. Wirklich verdienstvoll ist das Geben aber nur dann, wenn es aus der *rechten Gesinnung* erfolgt. Ohne den Glauben an Jesus Christus und die Liebe zum Nächsten fehlt der helfenden Handlung Wesentliches. Auf Seiten des Empfängers ist es für Thomas erforderlich, daß der Empfänger äußerste Not leidet. Es ist aber nach Thomas ein Fehler, so reichlich zu geben, daß der Empfänger Überfluß bekommt. „Da der Wohltäter die Ursache und eine Art von Urheit für den Genuß von Wohltat ist, so ist derjenige, welcher die Wohltat hat, dem, der sie leistet, zu Dank verpflichtet" (Thomas von Aquino 1985c, 432). Beim Empfang des *Bußsakramentes* ist das Almosengeben neben dem Beten und Fasten eine Möglichkeit für die Sünder, durch eigenes sittliches Bemühen die zeitlichen (nicht ewigen) Strafen für die begangenen Sünden auszugleichen. Das Almosengeben ermöglicht also reichen SünderInnen die Rückkehr auf den Weg zu Gottes Reich.

Daß sich die Geber Verdienste erwerben können, das ist es, was die Notleidenden als Empfänger der Almosen für die mittelalterliche Gesellschaftsordnung wertvoll macht. Sie sind für das Heil der reichen Sünder unentbehrlich, gehören zur heiligen Ordnung hinzu und leben in dieser Schöpfung, die auf das Jenseits, auf Gott, hin geordnet ist. Not und Armut werden religiös-ethisch gesehen und nicht ökonomisch-gesellschaftlich. Angesichts der wichtigen gesellschaftlichen Funktion der Bedürftigen und der theologischen Wertschätzung der Armut gab es für Thomas keinen Grund, die Gesellschaftsordnung zu ändern oder in seiner Theorie gar die Abschaffung der Armut und der Armen zu fordern. Thomas befaßt sich nur nebenbei mit der Lebenssituation der Notleidenden. Ihn interessiert die Handlung. Unter diesem Blickwinkel untersucht er auch die Barmherzigkeit und die Wohltätigkeit. Die *Barmherzigkeit* ist für ihn „eine Mitleide in unserem Herzen mit fremdem Elend; es treibt uns an, zu Hilfe zu kommen, falls wir nur können. ... Die Barmherzigkeit ist eine gewisse Traurigkeit über das zutage tretende verderbliche oder betrübende Übel." Und *Wohltätigkeit* ist nach Thomas eine Wirkung der Freundschaft oder der Liebe; sie folgt aus dem Wesen der Liebe, durch die das „Höherstehende zur Fürsorge für das Tieferstehende" bewegt wird (Thomas von Aquino 1985c, 151-161).

(6) *Werke der Barmherzigkeit*: Auf biblischer Grundlage entwickelt Thomas eine von der körperlich-seelischen Natur des Menschen ausgehende Systematik für die Handlungen und unterscheidet als Almosengattungen *die sieben leiblichen und die sieben geistlichen Werke der Barmherzigkeit*. Es sind allgemeine menschliche und zu allen Zeiten wiederkehrende existentielle Nöte und Mängel, die Thomas als menschliche Defekte ansieht. Diese Mängel lassen sich durch die sieben leiblichen und sieben geistlichen Werke der Barmherzigkeit beheben. Die sieben körperlichen Defekte sind: Hunger, Durst, Nacktheit, Obdachlosigkeit, Krankheit, Gefangenschaft und Unbeerdigtsein (Matthäus 5, 1-2; 25, 31-46). Ihnen entsprechen die sieben leiblichen Werke der Barmherzigkeit: Hungrige speisen, Durstigen zu trinken geben, Nackte bekleiden, Fremde ins Haus aufnehmen, Kranke besuchen und pflegen, Gefangene trösten und die Toten bestatten. Die sieben geistigen Werke der Barmherzigkeit sind: den Unwissenden lehren, den Zweifelnden beraten, den Traurigen trösten, den Sünder bessern, dem Beleidiger nachlassen, die Lästigen und Schwierigen ertragen und für alle beten. Aufgabe der barmherzigen Werke ist es, die Bedürfnisse der Bedürftigen zu befriedigen. Die Gründe für den Mangel und ihre Beseitigung in-

teressieren Thomas nicht. Er denkt nicht daran, den Bedürftigen nachhaltig und ein für allemal aus seiner Notsituation hinauszuführen. Helfen ist für Thomas momentan und individuell ausgerichtet (Thomas von Aquino 1985c, 161).

1.6. BEDEUTUNG FÜR DIE SOZIALE ARBEIT

Die Lehre des Thomas von Aquin baute zwar auf einer über tausendjährigen christlichen Tradition auf, dennoch waren die meisten seiner Thesen zur damaligen Zeit heftig umstritten und wurden von vielen Theologen und Bischöfen abgelehnt. Die auf Harmonie und Erfüllung der evangelischen Räte ausgerichtete Lehre des Aquinaten paßte so gar nicht zu den Herrschaftsinteressen vieler Bischöfe und Päpste und in den Kontext der todbringenden Kreuzzüge und Großinquisitionen. Für die Reichen des 13. Jahrhunderts war die Armuts- und Almosenlehre des Aquinaten ein einziges großes Ärgernis, andererseits legitimierte seine „Ordnungs- und Ständelehre" ihre Position und ihre Privilegien. Der Dominikanerorden hat wenige Jahre nach dem Tode von Thomas eine „entschärfte" Fassung seiner Lehre zur offiziellen Lehre der Dominikaner erklärt. Seitdem beeinflussen die Thesen des Aquinaten in außerordentlicher Weise bis heute das abendländische theologische Denken. Die christliche Soziallehre wurde lange Zeit fast ausschließlich auf die Thesen von Thomas von Aquin aufgebaut (siehe Kerber/Ertl/Heinz 1991). Der Gedanke der Subsidiarität wird beispielsweise auf Thomas zurückgeführt (siehe Höffner 1963, 50). Christliche Liebestätigkeit („caritas") wird bis heute noch mit den Thesen des Aquinaten begründet (siehe Scherpner 1974, 39f.). In den Sozialenzykliken haben die Päpste immer wieder auf die Werke des Thomas von Aquin zurückgegriffen, zuletzt Papst Johannes Paul II. im Jahre 1987 in seiner Enzyklika „Sollicitudo Rei Socialis" (Sekretariat der Deutschen Bischofskonferenz 1987). Soziales Tun, die Hilfe der Gläubigen für die Schwachen und das Eintreten für die Linderung der Not stehen auch nach Auffassung der heutigen deutschen Kirchenleitungen in einem unauflöslichen Zusammenhang mit dem Weg des Heils (siehe z.B. Kirchenamt der Evangelischen Kirche in Deutschland u.a. 1996, 11; Lehner 1997). Im Leitbild des Deutschen Caritasverbandes wird als erstes Ziel genannt: „Jeder Mensch ist einmalig als Person und besitzt eine ihm von Gott gegebene unverfügbare Würde. Daraus ergibt sich die Verpflichtung, menschliches Leben von Anfang bis Ende, von der Empfängnis bis zum Tod, zu achten, zu schützen und, wo Not ist, helfend zu begleiten" (Leitbild des Deutschen Caritasverbandes 1997, 347).

Heinrich Böll hat auf die politische Brisanz hingewiesen, die sich z.B. für die Lösung des Nord-Süd-Gefälles aus der Lehre von Thomas ergibt, daß nämlich ein Habenichts in existentieller Not sich vom Habenden nehmen darf, was er zum Überleben braucht (Böll 1984, 44f.). Danach dürfen beispielsweise die ärmsten Länder Afrikas sich von den reichen Ländern Europas nehmen, was sie zum Überleben brauchen, auch wenn die reichen Länder dem nicht zustimmen. Der frühere Erzbischof von Köln, Kardinal Frings, hat nach dem Zweiten Weltkrieg angesichts der großen Not der Bevölkerung diese Lehre von Thomas konkret angewendet und die frierenden Menschen aufgefordert, sich Kohlen von den Kohlehalden und -zügen zu holen, auch wenn sie diese nicht bezahlen konnten; das sei kein Diebstahl und keine Sünde. Und 1996 rief in den Niederlanden Bischof Muskens von Breda die hungernden Armen auf, sich Brot aus den Bäckereien zu nehmen, auch wenn sie es nicht bezahlen konnten.

1.7. LITERATUR ZUM VERTIEFEN

Eine umfassende Bibliographie des umfangreichen Werkes von Thomas von Aquin befindet sich unter anderem in der Biographie von Marie-Dominique Chenu (1995, 172-181). Thomas von Aquin behandelt in mehreren Schriften Fragen, die die Soziale Arbeit betreffen. Wichtige Thesen und Ausführungen stehen in der „Summa theologica", dem theologischen Lehrbuch von Thomas (Thomas von Aquino 1985). Im ersten Teil behandelt Thomas die Themen „Gott" und „Schöpfung", im zweiten Teil das sittliche Verhalten des Menschen und die spezielle Tugendlehre; im dritten Teil wird unter anderem das Bußsakrament behandelt, das für das Almosengeben wichtig ist. Zusammenfassende Übersichten und Einführungen in das Werk von Thomas sind in den einschlägigen Philosophiegeschichten zu finden (z.B. Hirschberger 1961a, 464-529; Störig 1989, 251-261). Hans Scherpner ist in seinem Werk „Theorie der Fürsorge" auf die Abhandlungen von Thomas von Aquin zur Armut und zum Almosengeben näher eingegangen (Scherpner 1974, 23-42).

2. Arme unterstützen und durch Fordern fördern – Juan Luis Vives (1492-1540)

„Fast in gleicher Weise ausgezeichnet als Philosoph, Philologe, Theologe und Jurist ist Vives besonders auf dem Gebiete der Pädagogik von der größten historischen Bedeutung. Denn mit vollem Recht kann man sagen, daß sich in ihm die gesamte Opposition der beginnenden Neuzeit gegen die pädagogischen Mißbräuche des späteren Mittelalters konzentriert und daß sich bei ihm in gleicher Weise die Keime der wichtigsten Reformen von Sturm bis Rousseau hinab vereinigt und in ein Ganzes verschmolzen finden" (Rudolf Heine 1881, VI).

2.1. HISTORISCHER KONTEXT

Im Spätmittelalter, ab der Mitte des 14. Jahrhunderts verschlechtern sich in Europa die allgemeinen Lebensbedingungen: Mit der Pest raubt (ab 1349) eine neue Seuche in immer neuen Wellen Millionen von Menschen das Leben, in der landwirtschaftlichen Produktion macht sich neben den üblichen Naturkatastrophen die Klimaverschlechterung („kleine Eiszeit") negativ bemerkbar. Der nicht zuletzt durch die Folgen der Kreuzzüge entfaltete Handel verringert die Naturalwirtschaft zugunsten der Geldwirtschaft (Bildung von Monopolen, Ausdifferenzierung der Produktion). Juan Luis Vives lebt in den ersten vier Jahrzehnten des 16. Jahrhunderts. Für Historiker gelten die Jahrzehnte vor und nach 1500 als Zeitenwende vom Mittelalter zur Neuzeit. Mit der Entdeckung Amerikas (1492) wird für Europa eine neue Epoche der Weltgeschichte eingeleitet. Nach dem „Untergang Konstantinopels" (1453) werden neue Verkehrswege (z.B. nach Indien) gesucht und gefunden – mit teilweise erheblichen Veränderungen für die mittelmeerischen Handelszentren. Kopernikus begründet das bereits in der Antike entworfene heliozentrische Weltbild neu (1514). Gutenberg entwickkelt den Buchdruck (um 1440) und verbessert damit die schriftliche Kommunikation. Nach der Kirchenspaltung von 1054 in eine griechische und eine römische Kirche führt die von Martin Luther (1483-1546) hervorgerufene Reformbewegung zu einer weiteren Spaltung der Einheit der römischen (westlichen) Kirche mit weitreichenden Folgen für ganz Europa. Die Verschlechterung der Lebensverhältnisse im Spätmittelalter kulminiert in teilweise heftigen Konflikten (Bauernaufstände um 1525). Vielfach verstärken sich wirtschaftlich-soziale und religiöse Konflikte, die wiederum von den Mächtigen genutzt werden, ihren Machteinfluß auszuweiten. Mit der aufblühenden Geldwirtschaft differenziert sich in den Städten ein „Geldadel" (Kaufleute, Handwerker, Bankiers, Produzenten) aus, dessen Wirtschaften verstärkt der „Profitmaximierung" dient. Dadurch werden die ständisch-feudalen Ordnungen in den Städten weiter aufgelöst. Mit der zurückgehenden Naturalwirtschaft verarmen Teile des Adels. Die Grundherren versuchen, ihren wirtschaftlichen und damit politischen Abstieg durch die Ausbildung neuer Grundherrschaftsformen (Absinken der Hörigen zu Leibeigenen; Ausweitung der Abgaben) zu kompensieren. Die Bevölkerung flüchtet in großen Massen vom Land in die Städte („Stadtluft macht frei"). In den Städten bildet sich ein frühes Proletariat (handwerkliche Lohnarbeiter), das in Armenvierteln in Elend und Not lebt; vielen bleibt das Betteln als einzige Einnahmequelle. Die Stadtverwaltungen entwickeln (Bettler-)Ordnungen, um der „Bettlerplage" Herr zu werden.

Das 15. und 16. Jahrhundert ist – gerade auch im Selbstbewußtsein der Menschen – die Zeit der „Renaissance" und des Humanismus. Vor allem in den Städten Oberitaliens und Flanderns ist dieser „Zeitgeist" besonders ausgeprägt. Charakteristisch ist die „Entdeckung der Welt und des Menschen" (Jakob Burckhardt). Damit verbunden sind eine stärkere Diesseitsorientierung, die starke Züge einer Säkularisierung zeigt, und die Förderung der analytischen wissenschaftlichen Betrachtung. Sie zeigen sich beispielsweise im Realismus und in der Zentralperspektive der bildenden Kunst der Renaissance oder in der biblischen Textkritik. Die Entwicklungen in der Kunst und Philosophie erfolgen durch vielfache Rückbesinnung auf antike griechische Traditionen, was wiederum eng mit der Vertreibung griechischer Gelehrter aus Konstantinopel verbunden ist. Der Buchdruck ermöglicht eine schnelle Verbreitung der humanistischen Denkansätze, etwa ihres Bildungsideals des „homo liberalis", des ganz dem Wahren, Schönen und Guten dienenden und deswegen freien Menschen. Die Grundlagen dieses Denkens und der Hintergrund dieser kulturellen Blüte ist ein wirtschaftlicher. Mit dem Erstarken der Städte und ihrer Wirtschaftskraft – in Florenz und in Flandern sind dies z.B. das Textilgewerbe – erhalten diese Gemeinwesen eine neue soziale und wirtschaftliche Verfassung. Das städtische Bürgertum entfaltet mit frühkapitalistischen Produktions- und Distributionsformen eine starke Handelsmacht und emanzipiert sich auch politisch. Sie betätigen sich nicht nur als Förderer der Kunst und Philosophie, sondern entfalten mit ihrem besonderen Leistungs- und Wirtschaftsethos (sparsame kalkulierende ökonomische Lebensführung) eine Rationalisierung und analytische Betrachtung (Statistik, doppelte Buchführung), die weit über die ökonomischen Betätigungen hinausreichen. Wir finden die ersten Anzeichen für Nationalstaaten, die den absolutistisch regierenden fürstlichen Monarchen und den „Volksstaaten" als Herrschaftslegitimation dienen. In Staatstheorien (Niccoló Machiavelli) wird der Aufbau des modernen Staatensystems (z.B. Einsatz von Diplomatie, Rationalisierung der Verwaltung) theoretisch begründet. In der Wissenschaft dominieren noch die Werke von Aristoteles und der kirchlichen (scholastischen) Ausleger, doch die Lehren dieser „Väter" gelten nicht mehr als unanfechtbar. Mit neuen Lehrmeinungen werden Aristoteles und die kirchlichen

Lehrer kritisiert, auf theologische Begründungen wird oft verzichtet. Mit der stärkeren Orientierung an der Wirklichkeit gewinnen die Naturwissenschaften an Zuspruch. Einer ihrer profiliertesten Vertreter ist der englische Philosoph und Staatsmann Roger Bacon (1561-1626), der mit der induktiven Methode (Gewinnung von allgemeinen Sätzen aus Einzelerfahrungen) neue Wege der Erkenntnisgewinnung einfordert.

In Spanien, wo Vives bis zu seinem 17. Lebensjahr lebt, werden 1492 die letzten (seit dem 8. Jahrhundert errichteten) staatlichen Strukturen der Muslime (Mauren) beseitigt. Anders als im restlichen Europa ist die Gesellschaft und der staatliche Aufbau nicht feudal strukturiert. Das Zusammenleben der führenden Muslime (Mauren, Araber), der meist christlich-hispanorömischen Bevölkerung und der Juden ist von weitgehender religiösen Toleranz geprägt und auf den Ausgleich sozialer Spannungen bedacht. Die muslimische Verwaltung ist effektiv, Landwirtschaft und Gewerbe blühen, die Kunst wird ebenso gefördert wie die Wissenschaft, die vor allem in der Astronomie und Medizin das griechisch-hellenistische Denken aufgreift und weiterentwickelt. Mit dem Zusammenschluß der Königreiche Kastilien und Aragonien wird Spanien politisch geeinigt und die Krone erstarkt. Die innere politische Einheit wird durch die religiöse erzwungen, und dem Glaubenszwang fallen vor allem Juden zum Opfer, wenn sie sich nicht durch Konversion zur Kirche oder durch Flucht entziehen können.

Flandern (südliche Niederlande, nordwestliches Belgien) mit seinen Städten Brügge, Gent u.a. entwickelt sich bereits ab dem Hochmittelalter zu einem Zentrum der europäischen Wirtschaft und des Welthandels. Die Grundlage dieser Wirtschaftskraft bilden die Tuchherstellung, der Handel, die Seehäfen und schiffbaren Flüsse. 1384/85 wird das Land Teil des Herzogtums Burgund und erfährt bis 1477, als die Habsburger das Erbe der burgunder Herzöge antreten, den größten wirtschaftlichen Aufschwung, der ein Aufblühen der Kultur (Stadt- und Bürgerkultur, Demokratisierung) zur Folge hat. Vives, der sich die letzten 30 Jahre seines Lebens überwiegend in Flandern aufhält, erlebt bereits die Anfänge des beginnenden Niedergangs dieser Region, den die Habsburger mit der Zentralisierung der Verwaltung, der Schmälerung ständischer Freiheiten und der Unterdrückung der Reformation befördern und der zahlreiche Arbeitslose und BettlerInnen in den Städten zur Folge hat (zum Ganzen siehe Sachße/Tennstedt 1980, 23-84).

2.2. BIOGRAPHISCHER KONTEXT

Juan Luis Vives wird 1492 in Valencia (Spanien) als Kind angesehener, aber armer spanischer Adeliger geboren (siehe Edelbluth 1912, 5-14; Deuringer 1966; Scherpner 1974, 78-109, 214-219). Kurz vor seiner Geburt schließen sich seine jüdischen Eltern mit ihrer Familie der katholischen Kirche an. Mit dem Vorwurf, auch nach der Taufe noch jüdische Bräuche praktiziert zu haben, werden beide Eltern später von der Inquisition verurteilt und vermutlich hingerichtet. Vives selbst bleibt trotz dieser schlimmen Erlebnisse und vieler eigener kritischer Einwände gegen die Kirche und ihre Lehre während seines ganzen Lebens Mitglied der katholischen Kirche und lehnt die lutherische Bewegung ab. Nachdem Vives zunächst in Valencia Latein und Griechisch studiert hat, wechselt er im Alter von 17 Jahren an die Pariser Universität (1509) und setzt dort sein Studium in Philologie, Philosophie und Theologie fort. Er ist zunächst eifriger Anhänger und Verfechter der Scholastik, attackiert diese aber später genauso entschieden. Im Jahre 1512 zieht Vives nach Brügge, studiert dort weiter und unterrichtet Kinder aus einflußreichen Familien. Brügge in Flandern (heute Belgien) ist damals ein Zentrum jüdisch-spanischer Kaufleute, die wegen ihrer Verfolgung Spanien verlassen mußten. Dort heiratet Vives auch seine spanische Frau. Von 1521 an lehrt Vives Latein an der neuen Universität in Löwen (Belgien) und freundet sich mit führenden europäischen Humanisten an. Vor allem der Einfluß des Erasmus von Rotterdam führt ihn zum Humanismus. Als Erasmus 1523 nach Basel übersiedelt, nimmt Vives auf Vermittlung von Thomas Morus einen Lehrauftrag für klassische Sprachen und Recht in Oxford (England) an. Angesichts der vielen Bettler in Brügge schreibt Vives 1525 seine Schrift „De subventione pauperum" („Über die Unterstützung der Armen") und widmet sie dem Magistrat der Stadt Brügge. Bis 1528 verbringt Vives jährlich mehrere Monate in England, teils als Hauslehrer am königlichen Hof in London, teils als Lehrer an der Universität in Oxford. Mit seinem gründlichen und breiten Wissen umfaßt er die Wissensbereiche seiner Zeit. Er verfaßt zahlreiche theologische, philosophische, philologische, pädagogische und sozial-kritische Abhandlungen. Am bekanntesten ist sein Werk „De scientia" („Über die Wissenschaften"), das 1531 entsteht. Er ist anerkannt und hat ein gutes finanzielles Einkommen. Wegen seines Widerstandes gegen die Ehescheidungsaffären Heinrichs VIII. wird Vives jedoch in England vom König verhaftet. Der König nimmt ihm die Hauslehrerstelle und auch die Stellung in Oxford und damit zugleich sein festes Einkommen. Als armer und verbitterter Mann kehrt Vives nach Brügge zurück und lebt dort bis zu seinem Tod. Wirtschaftliche Not und eine zerrüttete Gesundheit belasten ihn und seine Familie. Seinen Lebensunterhalt erwirbt er durch Unterrichten und Schreiben. Seine Vorliebe gilt der Pädagogik. Isoliert und mißvergnügt stirbt Vives – gerade 48 Jahre alt – 1540 in Brügge.

2.3.   FORSCHUNGSGEGENSTAND UND -INTERESSE

Vives interessiert sich für alle Fragen seiner Zeit. Die Einigkeit der christlichen Staaten gegenüber dem vordrängenden Islam, der Frieden in Europa und das Gemeinwohl aller Menschen bewegen ihn und lassen ihn nach Antworten suchen. In den Abhandlungen über „Eintracht und Zwietracht" entwirft er Utopien und fordert allgemeine Reformen (Heine 1881).

Die Not der vielen Armen in seiner Heimatstadt berührt Vives und veranlaßt ihn, sich mit deren Situation zu befassen und konkrete Vorschläge zur Verbesserung ihrer Lebenssituation zu erarbeiten. Brügge ist wie alle anderen mittelalterlichen Städte auch von Spitalinsassen, öffentlichen BettlerInnen und Hausarmen überfüllt. Die Frage „Wie kann die Not der Armen gelindert werden?" bewegt Vives. Für den Rat der Stadt Brügge analysiert er die Lage der städtischen Armen. Er will der von ihm sehr geschätzten Verwaltung seiner belgischen Heimatstadt helfen und entwirft eine Theorie darüber, wie man die Armen von ihrem schlimmen Schicksal und zugleich Brügge von seiner „Bettlerplage" befreien kann. Vives setzt bei der wirtschaftlichen Not der Armen an. Als engagierter Pädagoge berücksichtigt er aber zugleich pädagogische und sittliche Aspekte, und als überzeugter Christ ist für ihn die Religion das Endziel aller Bildung, auch bei den Armen.

2.4. WISSENSCHAFTSVERSTÄNDNIS

In seinen Abhandlungen „Über die Wissenschaft" von 1531 kritisiert Vives den Verfall der einzelnen Wissenschaften und prangert die Geldsucht der Gelehrten und den Handel mit akademischen Würden an (Vives 1912). Wissenschaft ist für Vives „die Zusammenstellung allgemein gültiger, für unser Erkennen und Handeln und Wirken dienlicher Regeln unter Zugrundelegung eines bestimmten Endzweckes" (Vives 1912, 114). Wissenschaft wird für ihn zum Nutzen des Menschen betrieben und letztlich zum Lobe Gottes. Folglich lehnt Vives Wissenschaften, die erfunden wurden, um den Menschen zu schaden, ab, wie die Kunst des Giftmischens, die Zauberei oder den Teil der Kriegswissenschaften, der den Menschen Tod und Verderben bringt (Vives 1912, 121). Die Religion bzw. die Theologie ist für Vives die Wissenschaft der Wissenschaften. Basis von Wissenschaft und Bildung ist der christliche Glaube. Vives versucht, humanistische Ideale und katholische Glaubenslehre miteinander zu verschmelzen. Jede Art von Schule und Erziehung hat für ihn nur eine Daseinsberechtigung im Dienst am sittlichen Leben. So ist es für ihn unabdingbar, daß ein guter Wissenschaftler auch ein sittlich gutes Leben führen muß.
Vives verlangt gute historische Kenntnisse, wendet sich gegen eine kritiklose Übernahme der Lehrmeinungen der Autoritäten und betont den Wert der Philologie und der Textkritik. Es lassen sich

> „deutlich entwickelte Keime baconscher Anschauungen bei Vives finden. Streben nach wissenschaftlicher Methode, die Forderung eigener Beobachtungen und des Sammelns von Erfahrungen, das Verfahren der Induktion, der Hinweis, daß die Wissenschaften für das Leben nutzbar zu machen sind und nur insofern Wert haben, also das Nützlichkeitsprinzip, sind die wesentlichsten Punkte, in denen sich die Anschauungen von Vives und Bacon begegnen" (siehe Heine 1881, LVIff.).

2.5. THEORIE

Vives steht mit seinen Grundannahmen und -aussagen auf christlichem, d.h. katholischem Boden, und folgt in vielem Thomas von Aquin (Scherpner 1974, 70-110, 214-219).

(1) *Paradies und Sündenfall*: Die Welt und die Menschen sind von Gott geschaffen und darum von Natur aus gut. Die Menschen haben aber ihre von Gott gegebene Freiheit mißbraucht und gesündigt; deswegen mußten sie das Paradies verlassen. Mit dem Sündenfall ist die menschliche Vernunft verdunkelt und sind die Triebe entfesselt worden. Trotz des Sündenfalls existieren weiterhin die natürlichen und vernünftigen Grundlagen für das Leben. Das menschliche Leben ist auf ein transzendentes *Ziel* ausgerichtet, nämlich auf die *Gemeinschaft mit Gott* im ewigen Leben. Um dieses Ziel zu erreichen, muß der Mensch das „einzige und wahre Gut" anstreben. Die „vornehmste und höchste Guttat" ist, „wenn man jemand in der Tugend unterstützt" (Vives, zit. nach Scherpner 1974, 218). Der Mensch kann nicht existieren, wenn er allein auf sich gestellt ist; er bedarf der Hilfe anderer und muß seinerseits anderen helfen. Das diesseitige gesellschaftliche Leben baut auf der vernünftigen Grundlage der gegenseitigen Hilfe auf. Die Verdorbenheit der Menschen infolge der Erbsünde (insbesondere Habgier, Herrschsucht und Hochmut) führt die Menschen aber immer wieder vom vernünftigen Weg ab. Statt sich in Frieden und Eintracht zu unterstützen, bekämpfen und berauben sie sich gegenseitig. Die Aufgabe der Kirche ist es, den Menschen in den Sakramenten Gnade zu vermitteln, durch die erst die naturgegebenen Formen der Gesellschaft erfüllt werden können. Die *christlichen Tugenden*, vor allem die Liebe, vollenden das menschliche *Zusammenleben in Frieden*.

Vives – ganz Humanist – nimmt auch für die Zeit nach dem Sündenfall ein Zeitalter an, in dem die Menschen kraft vernünftiger Einsicht miteinander in Frieden und Freundschaft gelebt, gearbeitet und sich gegenseitig unterstützt haben. Dieses gelang – für Vives – den Menschen allein dank natürlicher ethischer Motivation, also ohne Hilfe Gottes und der Kirche. Allein ihre Vernunft habe sie nach Vives dazu befähigt, eine *Gesellschaft in Liebe und Eintracht* („amor et concordia") zu schaffen. Diese ideale Gesellschaft ist für Vives das Gegenbild der Gesellschaft, die er in der Realität vorfindet. Die harmonische Gesellschaft wird seiner Meinung nach durch die menschliche Begierde, die anderen zu überragen und zu unterdrücken, von der Arbeit anderer zu leben und die übrigen Menschen zu befehlen, zersetzt. Diese menschlichen Laster zerstören für Vives die menschlichen Beziehungen. Arme und Reiche, Unterdrückte und Mächtige in einer Stadt oder in der Gesellschaft sind das Ergebnis von Habgier und Herrschsucht der Menschen. Diese *Welt spiegelt* für Vives keine göttliche Ordnung wider, sondern *Chaos*.

(2) *Arbeiten und Helfen:* Der Mensch ist als Geschöpf Gottes von Natur aus gut und untersteht dem Gebot der Nächstenliebe. Die christliche Nächstenliebe ist für Vives der tragende Grund und ihre Steigerung das letzte Ziel aller Armenpflege, der öffentlichen wie der privaten:

> „Aber alles (d.h. alle Vorteile, die bei der Durchführung seiner Vorschläge erreicht würden) übertrifft die Zunahme der gegenseitigen Liebe, welche wachsen wird durch den Austausch der Wohltaten in reiner, einfältiger Gesinnung, ohne Beargwöhnung der Würdigkeit (der Empfänger). Und daher der himmlische Lohn, der ... bereitet ist den Almosen, die aus der Liebe entspringen" (Vives, zit. nach Scherpner 1974, 81).

Menschliches Helfen ergibt sich aus dem christlichen *Hauptgebot der Liebe*. Unabhängig von dem göttlichen Liebesauftrag nimmt Vives beim Menschen *natürliche Triebe zu arbeiten und zu helfen* an. Beide Triebe sind dem Menschen angeboren. Arbeiten und Helfen sind innerweltliche Werte. Wer anderen Menschen hilft, der handelt naturgemäß und erlebt ein tiefes Wohlgefühl dabei. Der nach dem Sündenfall aus dem Paradies vertriebene Mensch muß sich seinen Lebensunterhalt selbst erarbeiten. Insofern ist die Arbeit für Vives religiös gesehen eine Strafe Gottes und doch zugleich eine natürliche Lebensnotwendigkeit für jeden Menschen. Das Arbeiten erhält einen eigenen Wert: die Menschen sind von Natur aus auf das *Arbeiten* angelegt und empfinden Freude an der Arbeit. Bei faulen Menschen ist diese Anlage verschüttet. Es ist eine Aufgabe der *Erziehung*, diese Anlage wieder freizulegen. Arbeiten, um Gewinn zu maximieren, lehnt Vives ab, da dieses Arbeitsziel ein Ergebnis menschlicher Habgier ist.

Wenn eine Gesellschaft in Liebe und Eintracht mit vernünftigen Mitteln in der Vergangenheit der Menschen erreichbar ist, dann kann es nicht sinnlos sein, das gleiche wieder für die Zukunft anzustreben. Aus dieser Annahme speist sich für Vives der Glaube an den menschlichen Fortschritt und die Hoffnung, durch *Erziehung* die Menschen von den Lastern abzuhalten. Trotz dieser Auffassung bleibt Vives aber äußerst skeptisch gegenüber dem Menschen und seiner Bereitschaft und Fähigkeit, den Nächsten zu lieben und ihm zu helfen.

(3) *Die Armenpflege:* Alle menschliche Not und Armut sind für Vives eine Folge des Sündenfalls, resultieren also aus der grundsätzlichen moralischen Verdorbenheit der Menschen. Daher kann die *Armut* auch nicht grundsätzlich beseitigt werden; sie bleibt in der Welt. Vives beruft sich auf das Jesuswort: „Arme werdet ihr immer bei euch haben." Für die Armut des einzelnen nennt Vives viele Gründe, führt sie aber letzten Endes auf den unerforschlichen Ratschluß Gottes zurück oder spricht von Schicksal, das in Demut zu ertragen ist.

Vives ist sich bewußt, daß die Armut nicht generell zu beseitigen ist; dennoch zielt er mit seinen Überlegungen darauf, daß es in seiner Heimatstadt keine

Armen mehr gibt. Durch private und öffentliche Wohltätigkeit will er zumindest für Brügge erreichen, daß die Armen aus ihrem traurigen und unglücklichen Zustand befreit werden. Das Ideal einer städtischen Gesellschaft ohne Arme ist durch *gezielte und geplante Maßnahmen in der städtischen Armenpflege* anzustreben. Diese Maßnahmen basieren auf den schon genannten anthropologischen und theologischen Grundannahmen von Vives. Pädagogische Förderung und materielle Unterstützung sollen sich nach Vives ergänzen (Scherpner 1974, 215). Die Armenpflege ist für Vives *Sache des christlichen Staates* und nicht der Kirche, denn diese ist ihm zu sehr „verweltlicht" und zu „selbstsüchtig" in der Verwaltung der Armengüter. Die Priester, Mönche und Bischöfe würden das Geld der Kirche, das den Armen gehört, für Luxus und Pomp verschwenden. „Wenn die Äbte und die anderen kirchlichen Würdenträger wollten, so könnten sie infolge ihrer großen Einkünfte dem größten Teile der Notleidenden helfen. Wenn sie es nicht wollen, wird Christus sie zur Rechenschaft ziehen" (Vives, zit. nach Heine 1881, XXII). Die einzelnen Maßnahmen der städtischen Armenpflege gruppieren sich um *drei Forderungen*:

(a) Alle Armen müssen – wie alle anderen Menschen auch – arbeiten.

(b) Die Unterstützung der Armen hat sich jeweils an dem Einzelfall zu orientieren.

(c) Die Armen müssen zu einem sittlichen Leben erzogen werden.

(4) *Arbeitspflicht für alle*: Vives entdeckt bei seinen Beobachtungen, daß die Armen in Brügge nicht arbeiten, sondern sich ihren Lebensunterhalt durch Betteln, mitunter auch durch Stehlen erwerben. Die Armen scheuen offenkundig die Arbeit. Für Vives gehört das *Arbeiten* aber zu den *natürlichen Pflichten* des Menschen; alle Menschen sind zur Arbeit verpflichtet, auch die Armen. Das *Betteln lehnt er grundsätzlich ab*; es widerspricht seiner Auffassung nach der Anlage des Menschen. Vives nimmt konsequenterweise kranke, alte und gebrechliche Arme mit in die Arbeitspflicht hinein. Sie sollen soviel tun und das tun, was ihnen möglich ist. „Nichtstun" ist allgemein verboten. Die Arbeitsfähigkeit der einzelnen Armen ist von Ärzten zu prüfen und zu dokumentieren. Alle arbeitsfähigen Armen müssen sich Arbeit besorgen, damit sie arbeiten und sich und ihre Familien ernähren können (Scherpner 1974, 88-92). Ziel des Unterstützungsplans von Vives ist es, die Armen langfristig mit Arbeit zu versorgen, um so die Armut dauernd zu beseitigen. Folglich entwickkelt Vives ein differenziertes *Programm zur Arbeitsbeschaffung*. Jugendliche arbeitsfähige Arme sollen *einen Beruf erlernen*, am besten ein Handwerk. Sie können dann in einer Werkstatt arbeiten oder sich gar selbständig machen. Erwachsene arbeitsfähige Arme, die schon einen Beruf erlernt haben, sollen wieder in ihre alte Berufstätigkeit zurückgeführt werden. Wenn

für diese Armen aufgrund des Alters oder der Krankheit eine handwerkliche Tätigkeit nicht mehr infrage kommt, dann müssen andere *einfachere Formen der Arbeit* gefunden werden, die sie leisten können, um auch sie auf Dauer der Unterstützungsbedürftigkeit zu entziehen. Dabei denkt Vives auch an so einfache Arbeiten wie Wasser aus dem Brunnen zu schöpfen und in die Häuser zu tragen. Es kommt ihm nicht auf den wirtschaftlichen Nutzen der Tätigkeit an, sondern auf die konsequente Durchführung der Arbeitspflicht. Vives geht grundsätzlich davon aus, daß die Armen freiwillig arbeiten, wenn sie nur Gelegenheit dazu bekommen und darin durch Erziehung unterstützt werden. Er rechnet aber auch mit verkommenen Armen, die sich jeder Arbeit gegenüber verweigern. Diese *Verweigerer* sind zu harter und mühseliger Arbeit zu zwingen und karg zu ernähren. Eine solche *Zwangsbehandlung* soll andere abschrecken und zur freiwilligen Arbeit animieren; außerdem soll sie die arbeitsfaulen Armen durch körperliche Schwächung daran hindern, wieder in ihr altes lastervolles Leben zurückzukehren. Über die konkrete Form der Zwangsarbeit sagt Vives (meines Wissens) nichts weiter aus. Vives geht davon aus, daß *Arbeitsstellen für die Armen* nicht ohne weiteres zur Verfügung gestellt werden. Deshalb soll die *städtische Obrigkeit* eingreifen, um die erforderlichen Arbeitsstellen zu beschaffen, falls die Produzenten und Handwerksmeister nicht freiwillig bereit sind, arbeitsfähige Arme aufzunehmen. Einzelnen Handwerksmeistern soll eine bestimmte Zahl von Armen zur Arbeit zugewiesen werden, die selber keine Arbeitsstelle finden können. Handwerksmeister, die Arbeiter und Lehrlinge aufnehmen (mußten), sollen bei der Vergabe von Aufträgen durch die Stadt und kirchliche Einrichtungen bevorzugt behandelt werden. Die Stadt selbst soll ihrerseits Stellen für arbeitsfähige Arme schaffen bzw. die Armen bei der Besetzung von Stellen besonders berücksichtigen. Vives legte aus pädagogischen Gründen Wert darauf, daß die Stadt *keinen festen Unterstützungsfond für die Armen* in ihrem Etat einrichtet. Den Armen soll jede wirtschaftliche Absicherung verwehrt werden, damit der Arbeitswille und die Bereitschaft, sich den Lebensunterhalt selbst zu verdienen, geweckt werden und wach bleiben (Scherpner 1974, 92-101).

(5) *Materielle Unterstützung in besonderen Notlagen*: Trotz der Maßnahmen zur Arbeitsbeschaffung – so meint Vives – wird es auch weiterhin Arme geben, die sich ihren Lebensunterhalt nicht selbst durch Arbeit erwerben können. Die besondere Notlage dieser Armen ist zu untersuchen und ihre Unterstützung an den individuellen Untersuchungsergebnissen auszurichten. Alle Armen sind in ein Verzeichnis einzutragen; erfaßt werden sollen alle Armen, sowohl diejenigen, die in Hospitälern der Kirche und der Stadt untergebracht sind, als auch die Hausarmen und die umherziehenden Armen. Mit dem *Armenverzeichnis* soll weder eine armenpolizeiliche Kontrolle noch die Absonderung der Armen, sondern eine planmäßige Versorgung der Armen mit Arbeit und Unterstützungsmitteln ermöglicht werden. Die Notlage, die Art

ihres früheren Lebensunterhaltes, der Anlaß ihrer Verarmung, die Lebensart, die Moral und die Arbeitsfähigkeit sollen genau festgestellt und in das Verzeichnis eingetragen werden. Diese Angaben sollen eine *individuelle Förderung* ermöglichen. Es sollen die Heilmittel angewendet werden, die am besten helfen. In den psychisch kranken Menschen, die damals als gemeingefährliche Irre angesehen und eingesperrt werden, sieht Vives ebenfalls arme Menschen, die es zu unterstützen und zu behandeln gilt.

Der Geber von Almosen hat seine Hilfe nach seiner eigenen Lage abzuwägen; er bestimmt, was, wieviel und wann er geben will. Dennoch ist die Aufmerksamkeit vor allem auf die Notsituation des Armen zu richten, die ja die Voraussetzung für jede Hilfe ist. Aus der Art der Notlage ergibt sich für den Geber, was nützlich ist; nach der Notlage sind Art, Umfang und Zeitdauer der Unterstützung zu richten (Scherpner 1974, 101-109).

(6) *Erziehung der Armen und ihrer Kinder*: „Nicht das, was einer fordert, sondern das, was ihn fördert, muß man ihm geben," sagt Vives und setzt seine pädagogischen Überlegungen auf zwei Ebenen an, der übernatürlichen und der natürlichen Ebene. Man kann auch von einer theologischen und von einer anthropologisch-pädagogischen Ebene sprechen. Die Menschen haben sowohl den übernatürlichen Auftrag als auch den natürlichen Trieb zu helfen. Es ist Aufgabe der Kirche, das Gebot der Nächstenliebe zu verkünden, und es ist *Aufgabe der Pädagogen, die Menschen zu einem guten Leben zu erziehen*. Mit dem Erziehungsauftrag gegenüber den Armen und ihren Kindern integriert Vives seine Gedanken zur Armenpflege in seine gesamte pädagogische Theorie: Aufgabe der Pädagogen ist es, zu einem sittlichen Leben zu erziehen, in dem der Weg des Lasters gemieden und der Weg der Tugenden gegangen wird (siehe die pädagogischen Schriften von Vives 1912). Die Menschen sollen moralisch gefördert und zu *guten Bürgern und frommen Christen* erzogen werden. Besondere Aufmerksamkeit erhält die Erziehung der Kinder zur Arbeit. Die Stadt soll Censoren ernennen, die das Leben und die Sitten der Armen und ihrer Kinder, aber auch die Kinder der Reichen überwachen und darauf achten, daß sie zur Schule gehen und die nötige Erziehung erhalten. In der *Erziehung der Armen und aller Kinder* sieht Vives den einzigen brauchbaren Weg, Armut in der Gesellschaft erfolgreich zu verhindern (Scherpner 1979, 27-30). Diese optimistische Sicht der Erziehung steht in krassem Gegensatz zu seiner pessimistischen Einschätzung der Fähigkeiten und Bereitschaft des Menschen, sittlich gut zu leben. Die Hoffnung auf ein neues Zeitalter in Liebe und Eintracht konkurriert bei Vives mit seinen düsteren Erfahrungen menschlicher Habgier und Herrschsucht.

2.6.   Bedeutung für die Soziale Arbeit

Die im Jahre 1525 von Vives dem Magistrat der Stadt Brügge gewidmete Schrift „Über die Unterstützung der Armen" ist eine für die damalige Zeit bedeutsame Leistung. „Sie ist historisch denkwürdig als die erste durchdachte und mit nötiger Klarheit hingestellte Theorie einer allgemeinen bürgerlichen Armenpflege" (Heine 1881, XXII). Das Werk scheint damals viel Anklang gefunden zu haben, denn es wurde sehr bald aus dem Lateinischen ins Französische und Spanische übersetzt.

Vives wird heute vielfach als Wegbereiter der Anthropologie des 17. Jahrhunderts und der modernen (empirischen) Psychologie angesehen. Aus seiner Freundschaft mit Erasmus von Rotterdam und Thomas Morus hat er viele Anregungen und Impulse für seine Lehren erhalten. Beide haben sich wie Vives in ihren Werken intensiv mit den sozialen und humanitären Fragen ihrer Zeit befaßt. In einigen süddeutschen Städten (z.b. in Augsburg und Nürnberg) und in Straßburg war durch humanistisch gebildete Mitarbeiter der städtischen Verwaltungen das Armenwesen neu geordnet worden (Sachße/Tennstedt 1980, 23-84); diese Reformen waren Erasmus bekannt und sind vermutlich über Erasmus zu Vives nach Brügge gelangt. Vives hat einige der bereits praktizierten und erprobten Maßnahmen in seine Abhandlung aufgenommen. Insofern besteht eine enge Verbindung zwischen der praktischen Armenpflege süddeutscher Städte und der Unterstützungstheorie für die Armen („Subventionstheorie") von Vives. „Vives ist eine charakteristische Gestalt einer Übergangszeit, in der die verschiedenen Auffassungen sich mischen und keineswegs in vollem Einklang miteinander gebracht sind," urteilt Hans Scherpner (1974, 79).

Einzelne Maßnahmen aus der *Subventionstheorie* von Vives sind Vorläufer von Maßnahmen in der heutigen Sozialen Arbeit: Die Arbeitspflicht, die Arbeitsbeschaffungsmaßnahmen, die Registrierung der Armen, die schriftliche Erfassung der jeweiligen Notlage der einzelnen Armen, die ärztliche Begutachtung, die individuell orientierte Unterstützung und eine Erziehungskontrolle durch die städtische Obrigkeit (Jugendamt) sind heute nicht aus der Sozialen Arbeit wegzudenken. Der Gedanke, die Armen zu erziehen, d.h. die Pädagogisierung der Sozialen Arbeit, hat sich über Pestalozzi (siehe S. 78ff.) und Nohl (siehe S. 199ff.) bis in die Gegenwart, z.B. bei Winkler (siehe S. 338ff.), hinein erhalten und gilt vielen auch heute als wesentliche Aufgabe und Bestimmung Sozialer Arbeit.

Die Verschmelzung von christlicher Tradition mit humanistischen Idealen ist Vives nicht gelungen. „Glaubenslehre" und „Handlungstheorie" stehen bei ihm ziemlich unverbunden nebeneinander. Doch beginnt mit Vives eine Theoriebildung für die „Soziale Arbeit", bei der auf eine theologische Fundierung verzichtet wird. Es werden „säkulare" Theorien der „Sozialen Arbeit" mit einer eigenen wissenschaftlichen Grundlegung entwickelt; dieser Prozeß beginnt nicht erst mit Rousseau (siehe S. 53ff.).

Wegweisend für die gegenwärtige Diskussion über die Soziale Arbeit ist m.E. zudem die von Vives in seiner Theorie vorgelegte enge Verknüpfung von pädagogischen und fürsorgerischen Aspekten, also von Sozialpädagogik und Sozialarbeit (siehe Zeller 1995).

2.7.   LITERATUR ZUM VERTIEFEN

Es ist nicht ganz einfach, an die Schriften von Vives heranzukommen. Meines Wissens sind nur einige seiner Werke zu Beginn des 20. Jahrhunderts letztmalig verlegt worden und nur noch in wenigen Exemplaren vorhanden. Die für die Soziale Arbeit wichtigste Schrift „De subventione pauperum" liegt zudem nur in lateinischer Sprache vor. Scherpner hat eine umfangreiche Aufbereitung der Subventionstheorie von Vives – mit vielen Auszügen aus dem lateinischen Originaltext – unter dem Titel „Armenpflegetheorie" in seiner „Theorie der Fürsorge" vorgelegt (Scherpner 1974, 78-109). In deutscher Sprache kann auf „Ausgewählte Schriften" – aus dem Lateinischen übersetzt und mit einer einleitenden Abhandlung über Vives Leben und Werk versehen – zurückgegriffen werden (Vives 1881; Vives 1912).

3. Zur reinen Natur zurück – Jean-Jacques Rousseau (1712-1778)

„Obwohl in manchen Gedanken nicht originell, ist Rousseau als Verkünder des Evangeliums der Freiheit, der Natur und des Herzens, der Menschenrechte und der Menschenwürde eine der großen, bewegenden Gestalten in der Geschichte des europäischen Geistes" (Albert Reble 1981, 145).

3.1. HISTORISCHER KONTEXT

Das Leben von Jean-Jacques Rousseau deckt sich fast mit der Regentschaft Ludwigs XV. (1715-1774). Unter dessen Vorgänger Ludwig XIV. erreicht der zielgerichtete Aufbau der absolutistischen Macht seinen Höhepunkt. Nach außen sind die Grenzen abgesichert, neue Territorien werden unmittelbar oder als Kolonien dem Staatsgebiet einverleibt, ein intaktes Heer sichert auch nach innen die staatliche Autorität und Ordnung, die Wirtschaft wird staatlich gefördert (Merkantilismus), ebenso Wissenschaft und Kultur. Die französische Hofhaltung wird zum Vorbild in ganz Europa. Der Verstaatungsprozeß erfährt im 16. Jahrhundert in Frankreich einen ersten modellhaften Durchbruch: Aufbau eines organisierten Staatsapparates, Errichtung von Zentralverwaltungsbehörden mit einer Beamtenschaft, Etablierung des Militärwesens mit stehendem Heer, Ausgestaltung eines (Staats-)Wirtschaftssystems, Aufbau des Justizwesens, Aufrichtung eines Staatskirchensystems u.ä. Doch die Eroberungskriege lassen zu Beginn des 18. Jahrhunderts die Staatsschulden anwachsen, das Land ist erschöpft, militärische Niederlagen sind die Folge, der Seehandel bricht zusammen, die inneren Auseinandersetzungen wachsen. Das absolutistische System erweist sich als reformunfähig und den neuen geistigen und sozialen Herausforderungen nicht gewachsen. Seit Beginn des 18. Jahrhunderts übernimmt England, der Kontrahent Frankreichs, die politische und wirtschaftliche Vorherrschaft in der Welt. Die merkantilistische Wirtschaftspolitik der absolutistischen Herrscher läßt zwar das Handwerk und die – in ersten Ansätzen vorfindliche – industrielle Produktion aufblühen. Doch noch immer bilden Grund und Boden die Hauptquelle für den Reichtum und den Wohlstand der wenigen Adligen, die darüber verfügen. Die Bauernfamilien machen etwa zwei Drittel der Bevölkerung aus. Mehr als die Hälfte der Bevölkerung verfügt über kein eigenes Land, arbeitet (z.T. als Leibeigene) für die Großgrundbesitzer und ist arm. Die veraltete Feudalordnung des „Ancien régime" löst zunehmend in allen Ständen Unzufriedenheit und soziale Spannungen aus, zumal die Aristokraten zumeist einen sehr aufwendigen Lebensstil („Barock") vorführen und über eine Vielzahl von Privilegien verfügen, die zu Lasten der übrigen Bevölkerung gehen. Trotz der kriegerischen Auseinandersetzungen im 17. und 18. Jahrhundert wächst in Frankreich wie in den anderen Ländern die Bevölkerung, auch die Zahl der Städte nimmt zu. Als Barock bezeichnet die Kunstgeschichte den bis Mitte des 18. Jahrhunderts gerade auch in Frankreich sich ausbildenden Stil in der Kunst, in der Literatur und in der Musik. Der Hang zur Übersteigerung und zu kühner Bildhaftigkeit, die Betonung von Kraft und Dynamik, das reiche symbolträchtige Schmuckwerk, die Spannung von Leben und Tod, Zeit und Ewigkeit, Diesseitsfreude und Jenseitssehnsucht, inbrünstigem Weltgenuß und höfischer Zucht sind einige der Kennzeichen des Kunst- und Lebensstils der Gegenreformation und des Absolutismus. Er wird im 18. Jahrhundert von der Aufklärung abgelöst. Auch hier spielt Frankreich neben England und Deutschland eine zentrale Rolle. Ihr Kennzeichen ist das Bewußtsein zunächst von wenigen einzelnen Protagonisten, daß die menschliche Vernunft das Wesen des Menschen ausmacht und daher den allgemeingültigen Wertmaßstab für alle menschlichen Tätigkeiten und Lebensverhältnisse in sich enthält. Deshalb lassen sich daraus auch Grundsätze für die Gestaltung des Gemeinschaftslebens und die Kultur ableiten. Die Aufklärung durchwirkt als machtvolle Geistesbewegung fast alle kulturellen Bereiche: die Geschichtsauffassung (Fortschrittsglaube), das Rechts- und Staatsleben und die Verfassungslehre (Naturrecht, Menschenrechte, Gewaltenteilung, Staatsaufbau auf der Grundlage von Vereinbarungen), das Erziehungswesen (Erziehung zu naturgemäßer, von der Vernunft bestimmter sittlicher Lebensweise, Erziehungsanspruch für alle Schichten), die Theologie und Religion (Kampf gegen dogmatische und kirchliche Bevormundung, Säkularisation, Wissenschaftsgläubigkeit) und die Philosophie (Rationalismus, Empirismus). Diese neue Weltanschauung fördert die (Natur-)Wissenschaften (siehe etwa Isaac Newton), die zahlreiche Entdeckungen machen (Wahrscheinlichkeitsrechnung, Wellentheorie des Lichts, Samenfäden, natürliches System der Lebewesen, Zuckergehalt der Rübe, Wasserstoff, Sauerstoff usw.) und technische Erfindungen hervorbringen (Quecksilberthermometer, Thermometereinteilung, Porzellan, Gußstahl, Eisenwalzwerk, Spinnmaschine, Dampfmaschine usw.). Die Folgen der Verstaatung zeigen sich nicht nur in den wissenschaftlich-technischen Fortschritten und in den Veränderungen des Weltbildes, sondern auch darin, daß die Bürokratie und die Wirtschaftspolitik ein kapitalkräftiges Bürgertum hervorbringen, d.h. sie verändern die gesellschaftlich-sozialen Strukturen. Auf dieser Grundlage mündet die Besinnung auf die Vernunft bei den Bürgern in eine Kritik an den herrschenden Machtverhältnissen und der geistigen Unfreiheit bzw. in Forderungen nach wirtschaftlicher Liberalisierung, politischer Partizipation, religiöser Toleranz und sozialer Gleichheit. Neben Aufklärern in England (John Locke, David Hume) sind es in Frankreich die Enzyklopädisten (Denis Diderot, François-Marie Voltaire, Charles-Louis Montesquieu, Jean-Jacques Rousseau), die an den herrschenden Zuständen scharfe Kritik üben und damit nachhaltig die öffentliche Meinung beeinflussen. Das wachsende Selbstbewußtsein führt zu zahlreichen Konflikten und Aufständen. Bürger, Bauern, Industriearbeiter und die Armen in Stadt und Land wehren sich zunehmend gegen soziale Ungerechtigkeit, Ausbeutung und Unterdrückung. Am Ende des Jahrhunderts steht die Französische Revolution (1789).

Genf, wo Rousseau geboren wird und einen Teil seines Lebens verbringt, gehört bereits seit dem Jahre 1526 zur alten Eidgenossenschaft (Schweiz), die sich 1648 von der Zugehörigkeit zum Deutschen Reich auch formell befreit hat. Sie besteht im 17. Jahrhundert aus 13 Orten (Kantonen), die ihre Angelegenheiten weitgehend selbständig regeln. Ihre außenpolitische Neutralität resultiert vor allem aus den Verfahrensschwierigkeiten, sich für ein gemeinsames Vorgehen (Außenpolitik) abzustimmen sowie aus dem Umstand, daß die Eidgenossenschaft konfessionell gespalten ist. Während die Reformation sich im 16. Jahrhundert in der deutschen Schweiz nur teilweise durchsetzen kann, siegt sie in der Westschweiz mit Genf als Zentrum des Calvinismus, in dem von der Mitte des 16. Jahrhunderts bis 1798 jeder katholische Gottesdienst untersagt ist. Von 1798 bis 1814 gehört Genf zu Frankreich. Turin, wo sich Rousseau ebenfalls zeitweise aufhält, ist der Mittelpunkt des zum Deutschen Reich gehörenden Herzogtums Savojen-Piemont. Als Folge des Spanischen Erbfolgekrieges werden dem Herzogtum 1713 große Gebiete (unter anderem das Königreich Sardinien) zugeschlagen. Dies läßt das Herzogtum zu einem wichtigen politischen und kulturellen Faktor in Oberitalien werden.

3.2. BIOGRAPHISCHER KONTEXT

So viele und so intime Details, wie sie über das Leben von Jean-Jacques Rousseau bekannt sind, sind kaum über das Leben eines anderen Menschen bekannt (siehe Rang 1979; Holmsten 1996). Sein Werk ist angefüllt mit schonungslos offenen autobiographischen Aufzeichnungen (z.B. „Die Bekenntnisse", „Rousseau als Richter über Jean-Jacques" und „Träumereien des einsamen Spaziergängers"). Rousseau wird 1712 als Sohn eines von Hugenotten abstammenden Uhrmachers und seiner calvinistischen Ehefrau in Genf geboren. Die Mutter stirbt eine Woche nach Rousseaus Geburt. Der Vater kümmert sich intensiv um seinen Sohn, verläßt Genf aber 1724 nach einem Streit mit Mitbürgern und übergibt seinen Sohn Jean-Jacques einem Onkel zur Erziehung. Dieser reicht den Pflegling weiter an einen Pfarrer. Rousseau wird zunächst Lehrling bei einem Gerichtsschreiber, dann bei einem Graveur. Im Alter von 16 Jahren reißt er aus und wandert nach Turin. Dort tritt er zum katholischen Glauben über und lebt als Lakai in Turiner Adelshäusern. Nach einem kurzen Aufenthalt in einem Priesterseminar und einer Lehre als Musikschüler vagabundiert er als Landstreicher, Musiklehrer und Musikant durch die Schweiz und Frankreich. Durch autodidaktische Studien verschafft Rousseau sich sehr gute Literatur- und Musikkenntnisse. 1741 siedelt er nach Paris über und nimmt Stellungen als Hauslehrer und Privatsekretär an. Aus der Verbindung mit Thérèse Levasseur wird 1746 sein erster Sohn geboren. Dieses Kind und vier weitere Kinder aus dieser Lebensgemeinschaft, die er erst kurz vor seinem Tode legalisieren läßt, werden gleich nach der Geburt dem Findelhaus übergeben. Damit verhält Rousseau sich so wie viele Eltern seiner Zeit. Ständige finanzielle Notlagen und zahlreiche Erkrankungen (so plagt ihn ein chronisches Blasenleiden) prägen den Alltag Rousseaus. Durch die Veröffentlichung des „Discours sur les sciences et les arts" („Diskurs über die Wissenschaften und die Künste"), einer äußerst kritischen Abhandlung im Jahre 1750, wird Rousseau berühmt. In dieser Zeit kehrt Rousseau zum Calvinismus zurück. Weil Rousseau mit seinen politischen Auffassungen in schroffem Gegensatz zum „Ancien régime" steht, wird er angeklagt, verurteilt und polizeilich verfolgt. Gezwungenermaßen wechselt er häufig seine Aufenthaltsorte; reiche Gönnerinnen beherbergen und unterstützen den Flüchtenden. In großen Notzeiten verdient er seinen Lebensunterhalt als Notenkopist. Trotz dieser widrigen Lebensverhältnisse ist er sehr kreativ und produktiv; zahlreiche literarische und musikalische Werke entstehen. 1762 erscheinen seine beiden berühmtesten Werke: „Émile ou de l'éducation" („Émile oder über die Erziehung") und „Du contrat social" („Der Gesellschaftsvertrag"). Die meisten seiner Werke bringen ihm vor allem neue Gegner; einer davon ist Voltaire. In beider Heimatstadt Genf werden Rousseaus Bücher verbrannt. Rousseau zieht sich seit 1772 immer mehr zurück; er wird zunehmend einsam, und schließlich isoliert ihn ein Verfolgungswahn vollends. 1782 stirbt er plötzlich. Zwölf Jahre nach seinem Tod wird er im Pariser Panthéon, dem Ehrentempel bedeutender Franzosen, beigesetzt.

3.3. FORSCHUNGSGEGENSTAND UND -INTERESSE

Das Leben und das Werk Rousseaus sind spannungsreich und voll konträrer Neigungen und Interessen. Auf der einen Seite ist die Begeisterung für die patriotische Tugend und das Interesse für politische Probleme, auf der anderen Seite ist die Empfindsamkeit und der Hang zu einsamer Träumerei (Rang 1979, 117). Aus der Fülle der Fragen, die Rousseau bewegen, nenne ich nur einige wenige: Wie kommt es, daß ein Volk ein Volk ist? Was läßt politische und rechtliche Ungleichheit entstehen und was läßt sie beseitigen? Was legitimiert das Handeln des Staates? Was ist die Natur des Menschen in seiner konkreten und freien Existenz? Wie sind Menschen oder Bürger zu erziehen? Wie sind Individuum und Gesellschaft miteinander verbunden? Was sind die Bedingungen und Strukturen für eine erfolgreiche Zusammenarbeit der Menschen? Wie findet man eine Gesellschaftsform, die mit der ganzen Kraft aller die Person und den Besitz jedes Gesellschaftsgliedes verteidigt und schützt und kraft dessen jeder einzelne, obwohl er sich mit allen vereint, gleichwohl nur sich selbst gehorcht und so frei bleibt wie vorher?

Die Frage der Dijoner Akademie hat bei Rousseau eine Inspiration ausgelöst, die er wie folgt beschreibt:

„Mit einem Schlage fühlte ich meinen Geist durch tausend Lichter geblendet, zahllose lebensvolle Ideen strömten auf mich ein, mit einer Kraft und Fülle, die mich in unaussprechliche Verwirrung brachte. ... hätte ich damals den vierten Teil dessen niederschreiben können, was ich unter dem Baum empfand, mit welcher Klarheit hätte ich dann die Widersprüche der gesellschaftlichen Ordnung darlegen können, mit welcher Geradlinigkeit hätte ich bewiesen, daß der Mensch von Natur aus gut ist und daß die Menschen allein durch unsere Einrichtungen böse werden. Das Wenige, was ich von der Fülle der großen Wahrheiten festhalten konnte, die mich in jener Viertelstunde unter dem Baum erleuchteten, findet sich in abgeschwächter Form zerstreut in meinen Hauptschriften. Auf diese Art bin ich, ohne daran zu denken, fast wider meinen Willen zum Schriftsteller geworden" (Rousseau, zit. nach Holmsten 1996, 64).

3.4. WISSENSCHAFTSVERSTÄNDNIS

Die Akademie von Dijon schreibt 1750 die Preisfrage aus: „Hat die Wiederherstellung der Wissenschaften und der Künste zur Verfeinerung der Sitten beigetragen?" Rousseau antwortet in seiner Schrift „Diskurs über die Wissenschaften und die Künste" mit einer eindringlichen Verurteilung der Vernunft, der Wissenschaften und der Künste. Mit Beispielen aus der Geschichte versucht Rousseau zu beweisen, daß zunehmende Zivilisation und Gelehrsamkeit stets zu Lasterhaftigkeit und Ungleichheit unter den ursprünglich natürlichen und tugendhaften Menschen geführt haben. Die Blüte der griechischen Wissenschaften und der Künste habe in Athen mit einem Sittenzerfall geendet; fortschreitendes Wissen und Aufklärung hätten Argwohn, Haß und Verrat mit sich gebracht. Die Triebfeder der wissenschaftlichen und künstlerischen Tätigkeit ist in den Augen von Rousseau eitle Neugier, deren Befriedigung sich nur Müßiggänger, also die Privilegierten, erlauben könnten. „Luxus, Zügellosigkeit und Knechtschaft" so behauptet Rousseau,

„sind zu allen Zeiten die Strafe für die hochmütigen Anstrengungen gewesen, die wir gemacht haben, um aus der glücklichen Unwissenheit herauszugelangen, in die uns die göttliche Weisheit versetzt hatte. ... Die Wissenschaften sind unnütz durch das, was sie erstreben, und noch viel gefährlicher durch die Wirkungen, die sie hervorbringen. Im Müßiggang entstanden, fördern sie diesen ihrerseits" (Rousseau, zit. nach Holmsten 1996, 66).

Rousseau beschließt seinen Traktat mit einem Hymnus auf die Tugend („vertu") des einfachen, unverbildeten Menschen. Um die Tugend als erhabene Wissenschaft der schlichten Seelen kennenzulernen, bedürfe es nicht vieler Mühen. Man finde ihre Grundlagen in allen Herzen eingegraben. Es genüge, in sich zu gehen und die Stimme des Gewissens zu hören, wenn die Leidenschaften schweigen. Rousseau behauptet auch später noch,

> „daß die Mehrzahl unserer Leiden unser eigenes Werk ist und daß wir sie beinahe vermieden hätten, wenn wir die einfache, gleichförmige und solitäre Lebensweise beibehalten hätten, die uns von der Natur vorgeschrieben wurde. Wenn die Natur uns dazu bestimmt hat, gesund zu sein, so wage ich beinahe zu versichern, daß der Zustand der Reflexion ein Zustand wider die Natur ist und daß der Mensch, der nachsinnt, ein depraviertes Tier ist" (Rousseau 1990, 89).

3.5. THEORIE

Die Akademie von Dijon stellt – angeregt durch Rousseaus ersten Diskurs – 1753 eine weitere Preisfrage: „Welches ist der Grund der ungleichen Bedingungen unter den Menschen, und sind diese durch das Naturgesetz gerechtfertigt?" Hierauf antwortet Rousseau 1755 erneut mit einer – nun nicht mehr ausgezeichneten – Abhandlung, dem „Discours sur l'inégalité" („Diskurs über den Ursprung und die Grundlagen der Ungleichheit unter den Menschen"). Zur Begründung der Ungleichheit greift Rousseau auf Vorstellungen aus der Ideengeschichte der Menschheit über einen *Urzustand der Menschheit*, einem Paradies oder einem „goldenen" Zeitalter, und über einen *Urvertrag*, einem Gesellschaftsvertrag aller Menschen, zurück; insbesondere verarbeitet er dabei Überlegungen des englischen Empiristen und Staatstheoretikers John Locke (1632-1704). Rousseau unterscheidet *zwei Arten von menschlicher Ungleichheit*:

> (a) „... die eine, die ich natürlich oder physisch nenne, weil sie durch die Natur begründet wird, und die im Unterschied der Lebensalter, der Gesundheit, der Kräfte des Körpers und der Eigenschaften des Geistes oder der Seele besteht ...",

> (b) „... und die andere, die man moralische oder politische Ungleichheit nennen kann, weil sie von einer Art Konvention abhängt und durch die Zustimmung der Menschen begründet oder zumindest autorisiert wird. Die letztere besteht in den unterschiedlichen Privilegien, die einige zum Nachteil der anderen genießen – wie reicher, geehrter, mächtiger als sie zu sein oder sich sogar Gehorsam bei ihnen zu verschaffen" (Rousseau 1990, 67).

Rousseau geht dem Ursprung der zweiten Art von Ungleichheit nach. Für seine Untersuchung läßt er ausdrücklich alle geschichtlichen Tatsachen beiseite, denn sie berühren seiner Meinung nach diese Frage nicht. Vielmehr nimmt er einen ursprünglichen Naturzustand des Menschen an, um daraus hypothetische und bedingungsweise geltende Schlußfolgerungen abzuleiten und die Natur der Dinge zu erhellen. In der *reinen Natur*, die niemals lügt, glaubt Rousseau die Geschichte des Menschen zu erkennen. Alles, was von ihr kommt, ist wahr. Und darum ist die *Natur die Quelle der Erkenntnis*. Rousseau ist sich bewußt, daß der von ihm angenommene vorgesellschaftliche Naturzustand nicht wirklich existiert hat. Trotzdem sei es notwendig, einen klaren Begriff von ihm zu haben, um von diesem natürlichen Zustand aus über unseren gegenwärtigen Zustand urteilen zu können.

(1) *Die „Natur der Dinge"*: Den ursprünglichen Menschen sieht Rousseau wie ein Tier, das weniger stark als die einen, weniger flink als die anderen, aber alles in allem genommen am vorteilhaftesten von allen organisiert war. *Freiheit – nicht Vernunft –* macht den Menschen aus und unterscheidet ihn vom Tier. Dieser natürliche Mensch lebte selbstgenügsam, friedlich und glücklich, zumeist als Einzelgänger mit einer losen Bindung an eine Familie. Gesetze waren für das Zusammenleben nicht nötig, da jeder Mensch der natürlichen Ordnung folgte, sich ganz auf sein Gefühl verlassen konnte und von der Liebe zu sich selbst („amour de soi") geleitet wurde, die auch immer das Wohl der anderen im Auge hatte.

Der ursprüngliche Mensch lebte aus sich selbst. Der gegenwärtige Mensch lebt nach Rousseau hingegen stets außerhalb seines Selbst, kennt kein anderes Leben mehr als das in der Meinung anderer. Und nur noch aus dem Urteil der anderen gewinnt er das Gefühl seiner eigenen Existenz. Die Unterscheidung in eigenen und fremden Besitz war *im Urzustand* unbekannt. Zunächst entwickelten sich kleine primitive gesellschaftliche Ordnungen, die weiterhin Freiheit und Gleichheit für alle garantierten. Erst mit dem Seßhaftwerden wurde Eigentum gebildet, und dadurch kam es zu Ungleichheiten:

> „Der erste, der ein Stück Land eingezäunt hatte und es sich einfallen ließ zu sagen: *dies ist mein* und der Leute fand, die einfältig genug waren, ihm zu glauben, war der wahre Gründer der bürgerlichen Gesellschaft. Wie viele Verbrechen, Kriege, Morde, wie viel Not und Elend und wie viele Schrecken hätte derjenige dem Menschengeschlecht erspart, der die Pfähle herausgerissen oder den Graben zugeschüttet und seinen Mitmenschen zugerufen hätte: ‚Hütet euch, auf diesen Betrüger zu hören; ihr seid verloren, wenn ihr vergeßt, daß die Früchte allen gehören und die Erde niemandem'" (Rousseau 1990, 173).

Mit der *Bildung von Eigentum* schlug für Rousseau die ursprüngliche Selbstliebe in Selbstsucht („amour propre") um. Es entstand ein zügelloser Kampf um Besitz, Macht und Recht. Dieser Kampf wurde mit allen nur erdenklichen Mitteln geführt. Es ist nun einmal so, so stellt Rousseau fest, daß wir beim Schaden unserer Nächsten unseren Vorteil finden; der Verlust des einen ist fast immer das Glück des anderen. Die Menschen sind nach

Rousseau *böse geworden*, obgleich sie *von Natur aus gut* sind. Nach der Erkenntnis von Rousseau hat das Leben in Gesellschaft, Erziehung, Kultur und Wissenschaften alles das bewirkt. Die Reichen verbündeten sich sodann gegen die Armen und schufen Gesetze, um durch sie ihren Besitz und ihre Privilegien zu schützen. Die natürliche Freiheit und Gleichheit der Menschen wurden auf diese Weise gesetzlich beseitigt. Den Schwachen wurden durch die Rechtsprechung neue Fesseln angelegt. Die Reichen haben sich neue Möglichkeiten eröffnet, die Ungleichheit zu ihren Gunsten festzuschreiben. Die zunächst gesetzlich begründete Herrschaft wurde schließlich sogar – ohne Widerstand der Armen – in eine willkürliche gewandelt. Nach Rousseau verstößt es aber gegen das Gesetz der Natur, daß eine Handvoll Menschen im Überfluß erstickt, während es der ausgehungerten Menge am Notwendigsten fehlt. Die Entstehung von Privateigentum war das *erste Unheil*: sie schuf Reiche und Arme. Die Einsetzung einer Regierung war das *zweite Unheil*: sie schuf Herrschende und Beherrschte. Die Ausartung der Macht in Willkür war das *dritte Unheil*: sie schuf Herren und Sklaven (siehe Störig 1989, 376).
Rousseau schlägt als Ergebnis seiner *Betrachtung bzw. Analyse* der „Natur der Dinge" zwei Wege vor, *um die Freiheit und Gleichheit aller Menschen* wiederherzustellen: ein Erziehungsideal und eine Gesellschaftstheorie. Beide Wege gehören für Rousseau zusammen, ergänzen sich und stellen ein Ganzes dar.

(2) *Der erste Weg zur Natur zurück: die Erziehung des einzelnen Menschen*: Um die Gesellschaft von Grund auf zu sanieren, ist eine rechte, d.h. eine natürliche Erziehung der Menschen notwendig. In seinem fünf Bücher umfassenden pädagogisch-psychologischen Roman „Émile oder über die Erziehung" von 1762 fordert Rousseau, daß die *„natürliche Erziehung"* des Kindes an Stelle der nur schädlichen herkömmlichen Erziehungsmethoden treten soll. Denn in der falschen Erziehung wurzele letztlich die Verkommenheit der Gesellschaft. Die erste Erziehung ist nach Rousseau die unbestreitbare *Sache der Frauen*; sie sind vom Schöpfer der Natur dafür ausersehen und sorgen sich mehr darum als die Männer.
„Alles ist gut, wie es aus den Händen des Schöpfers kommt; alles entartet unter den Händen der Menschen" (Rousseau 1981, 9). Mit dieser Feststellung beginnt Rousseau sein Erziehungsbuch. Ein von Geburt an mitten unter den anderen Menschen sich selbst überlassener Mensch würde das entstellteste von allen Lebewesen sein, denn

> „Vorurteile, Macht, Notwendigkeit, Beispiel und alle gesellschaftlichen Einrichtungen, unter denen wir leben müssen, würden die Natur in ihm ersticken, ohne etwas anderes an ihre Stelle zu setzen. Sie gliche einem Baum, der mitten im Wege steht und verkommt, weil ihn die Vorübergehenden von allen Seiten stoßen und nach allen Richtungen biegen" (Rousseau 1981, 9).

Rousseau beschreibt sein Erziehungsideal am Beispiel von Émile, einem Waisenkind aus dem Stand der Reichen. Émile braucht weder Vater noch Mutter. Der Erzieher hat ihre Pflichten übernommen, und so tritt er auch ihre Rechte an. Émile soll seine Eltern ehren, aber nur dem Erzieher soll er gehorchen und eine enge Bindung mit ihm eingehen. Dieses ist die erste und einzige Bedingung für die Erziehung. Rousseau wählt den Sohn reicher Eltern, weil der Arme nach Rousseau keine Erziehung braucht:

„Zwangsläufig hat er die seines Standes, und eine andere könnte er nicht haben. Der Reiche hingegen erhält schon durch seinen Stand eine Erziehung, die ihm für sich selbst und für die Gesellschaft am wenigsten nützt. Die natürliche Erziehung soll aber für alle Lebensumstände tauglich machen. ... Wählen wir also einen reichen Zögling, dann können wir sicher sein, einen Menschen mehr erzogen zu haben, während der Arme aus sich selbst Mensch werden kann" (Rousseau 1981, 27).

Am Anfang der Erziehung steht nach Rousseau ein genaues *Studium der kindlichen Wesensart.* Die besten Lehrmeister des Kindes sind sein Instinkt, die ersten Eindrücke und Gefühle sowie die frühesten spontanen Schlußfolgerungen, mit denen das Kind auf die Natur reagiert. Diese instinktiven Reaktionen und Gefühle des Kindes sind zu beobachten, zu fördern und zu entwickeln, keinesfalls zu verbieten und abzugewöhnen, wie es die traditionelle Erziehung tut.

Seine Art der Erziehung nennt Rousseau „*negative Erziehung*". Die „negative Erziehung" vermittelt nach Rousseau – im Gegensatz zur „positiven Erziehung" – keine Tugenden, sondern schützt gegen das Laster; sie lehrt keine Wahrheiten, sondern bewahrt vor Irrtümern; sie entwickelt in dem Kind die Fähigkeit, der Wahrheit und dem Guten zu folgen, sobald der Verstand in der Lage ist, beide zu erkennen und zu lieben. Der Erzieher schirmt das Kind gegen schädliche Einflüsse aus seiner Umgebung ab und hat für ein gesundes Umfeld zu sorgen, in dem das Kind sich auch körperlich gesund entwickeln kann. Das Kind soll selbst an Erfahrungen lernen, seine Unabhängigkeit behalten und an den Dingen selbst lernen. Erziehung soll nach Rousseau die Organe des Erkennens vervollkommnen und den Weg zur Vernunft durch eine richtige *Übung der Sinne* ebnen. Rousseau ermahnt den Erzieher, die Worte „Gehorsam", „Pflicht" und „Schuldigkeit" aus dem Wörterbuch des Kindes zu streichen. So mag es gelingen, bei den Menschen Bewußtsein und Verantwortung für die Gemeinschaft, ein *soziales Gewissen* und die Bereitschaft, sich in die Gemeinschaft einzuordnen, zu erreichen.

Die Erziehung hat sich der natürlichen kindlichen Entwicklung anzupassen. Rousseau unterscheidet *vier Stufen der natürlichen Entwicklung*:

(a) das Kindesalter, das durch die egozentrische Haltung bestimmt ist,

(b) das Knabenalter, in dem sich das sachliche Interesse bildet,

(c) das frühe Jugendalter, in dem die Religiosität, das Gefühlsleben und der moralische Sinn sich bilden,

(d) das späte Jugendalter, in dem das Erlebnis der Liebe in den Mittelpunkt rückt (siehe Rang 1979, 131).

Schließlich gehört für Rousseau zur Sicherung der individuellen Existenz, der Freiheit und Unabhängigkeit des einzelnen auch das Erlernen eines Handwerks, weil der Handwerker nach Rousseaus Meinung freier als ein Bauer ist. Als Erstlektüre – mit dem Ziel, ein Vorbild der Erziehung zu vermitteln – empfiehlt Rousseau Daniel Defoes Roman „The Life and Strange Surprizing Adventures of Robinson Crusoe" aus dem Jahre 1719, in dem das Leben und die seltsamen Abenteuer des Robinson Crusoe, eines Seemanns aus York, der 28 Jahre ganz allein auf einer von weißen Menschen unbewohnten Insel vor der amerikanischen Küste lebte, wohin er nach einem Schiffbruch, bei dem die ganze Besatzung außer ihm selbst ums Leben kam, verschlagen wurde, beschrieben wird. Die farbigen Bewohner der Insel sind für Defoe – entsprechend und typisch für die Blütezeit des Kolonialismus im damaligen Frankreich und England – „Wilde" und „Kannibalen", also im Grunde keine (gleichwertigen) Menschen, und der einzige Farbige, der Robinson nahekommen darf, wird sein Diener.

(3) *Der zweite Weg zur Natur zurück*: *der gemeinsame Gesellschaftsvertrag*: Rousseau beginnt im Jahre 1762 seine politisch-staatsphilosophische Schrift über den Staatsvertrag provokativ:

> „Der Mensch wird frei geboren, aber überall liegt er in Ketten. Manch einer glaubt, Herr über die anderen zu sein und ist ein größerer Sklave als sie. Wie ist es zu dieser Entwicklung gekommen? Ich weiß es nicht. Was kann sie rechtmäßig machen? Ich glaube, daß ich dieses Problem lösen kann. ... Die Gesellschaftsordnung ist ein heiliges Recht, das die Grundlage für alle übrigen Rechte ist. Diese Ordnung entspringt aber nicht der Natur. Sie ist durch Vereinbarungen begründet" (Rousseau 1995, 61).

Für Rousseau ist die *Familie* die älteste und einzig *natürliche Gesellschaft*; wenn die Kinder ihren Vater nicht mehr zur Erhaltung brauchen und beide unabhängig voneinander werden, dann gründet auch die Familie nur noch auf Vereinbarungen zwischen den Mitgliedern. Die Familie ist für Rousseau das erste Muster der politischen Gesellschaft; daraus leitet er seine Idee von der Gesellschaft ab.

Alles nach seiner Meinung Unwesentliche weglassend führt Rousseau den Gesellschaftsvertrag auf folgende Grundsätze zurück:

> „Jeder von uns unterstellt gemeinschaftlich seine Person und seine ganze Kraft („puissance") der höchsten Leitung des Gemeinwillens („volonté générale"), und wir empfangen als Körper jedes Glied als unzertrennlichen Teil des Ganzen. Im gleichen Augenblick entsteht aus dieser Vergesellschaftung, anstelle des einzelnen Vertragspartners, ein Moral- und Kollektivkörper, der aus so vielen Mitglie-

dern besteht, wie die Versammlung Stimmen hat; aus diesem Akt hat er seine Einheit, sein gemeinsames *Ich*, sein Leben und seinen Willen" (Rousseau 1995, 74).

Rousseau hält das völlige Aufgehen jedes Gesellschaftsgliedes mit allen seinen Rechten in der Gesamtheit („communauté") wie in einer Familie für geboten.

Ein politischer Organismus lebt nach Rousseau von einer „ursprünglichen" Übereinkunft („convention"), der alle Mitglieder in völliger *Entscheidungsfreiheit* zugestimmt haben. Mit seiner Zustimmung hat ein jedes Mitglied sich der Allgemeinheit und jedem ihrer einzelnen Glieder bedingungslos verpflichtet. Diese Übereinkunft

„ist keine Abmachung zwischen einem übergeordneten und einem untergeordneten Partner, sie ist eine Vereinbarung zwischen einem Ganzen und seinen Gliedern, und sie ist rechtsgültig, weil sie auf dem Gesellschaftsvertrag beruht. Dieser Vertrag ist gerecht, weil er alle gleich behandelt. Er ist zweckmäßig, weil er nur das Wohl der Allgemeinheit zum Ziele haben kann. Er ist dauerhaft, weil die Macht der Öffentlichkeit und die höchste Gewalt ihn garantieren. Solange die Vertragspartner keinen weiteren Abmachungen unterliegen, haben sie niemand zu gehorchen als ihrem eigenen Willen" (Rousseau 1995, 92).

Der einzelne Mensch wird zum Bürger einer Gesellschaft, indem er auf seine natürliche Unabhängigkeit verzichtet. Die *natürliche Unabhängigkeit* bedeutet für die einzelnen zugleich Abhängigkeit von der Ungleichheit ihrer natürlichen Gaben. Durch den Verzicht auf seine natürliche Unabhängigkeit nimmt der einzelne teil an der absoluten rechtlichen und moralischen *Gleichstellung* mit allen anderen Menschen. Diese Gleichstellung charakterisiert eine wirkliche Gesellschaft.

Die einzelnen Menschen stimmen dem Gesellschaftsvertrag frei zu; sie überantworten und unterwerfen sich damit keinem Herrscher. Der Gesellschaftsvertrag kann niemals Ursprung von Ungerechtigkeiten und Privilegien sein, weil die gegenseitige Verpflichtung von den einzelnen als absolut verbindlich anerkannt wird. Durch den Gesellschaftsvertrag wird eine Gesellschaft geschaffen, die sich nicht selber dadurch schaden wollen kann, indem sie einem ihrer Mitglieder schadet. Die Gesellschaft ist *souverän* („Volkssouveränität") und äußert sich in einem „*Gesamtwillen*" („volonté générale"). Dieser Gesamtwille drückt sich in den Gesetzen aus, die allen zum allgemeinen Wohle der Gesellschaft erlassen werden. Die Glieder der Gemeinschaft sind Regent und Regierter in einem. Die Aufgabe der natürlichen Freiheit des einzelnen ermöglicht das Erreichen der rechtlichen Freiheit. Das gleiche gilt für das Eigentum. Die Abgabe an die Gemeinschaft sichert erst das gesetzliche Eigentum. Die Eigentümer werden zu Verwaltern der Sachen.

Von dem Gesamtwillen ist der „Wille aller" („volonté de tous") als Summe der Einzelbestrebungen zu unterscheiden. Der „*Wille aller*" resultiert allein aus dem Bemühen, eigene Interessen – auf Kosten anderer – durchzusetzen.

Der Herrschaftsanspruch, den der Gesamtwille ausdrückt, ist wie dieser selbst unteilbar und unübertragbar. Ihm obliegt die Verkündung von Gesetzen, die ausschließlich dem allgemeinen und öffentlichen Wohl dienen. Einer Regierung ist es aufgegeben, die allgemeinen Gesetze auf die einzelnen Fälle anzuwenden. Das ausführende Organ darf die Gesetze jedoch nicht ändern. Die in den Gesetzen sich ausdrückende Freiheit der Bürger und des Staates ist von der Regierung zu schützen. Wenn die Regierung (die Exekutive) die eigene Macht auf Kosten des Gesamtwillens (der Legislative) vermehrt, gibt es kein freies Volk mehr, sondern lediglich Herren und Sklaven.

Alle Bürger einer Gesellschaft sollen den Sitten nach einfach sowie nach Recht und Besitz gleich sein. Der *Glaube* an Gott, an Lohn und Strafe in einem zukünftigen Leben und an die Heiligkeit des Gesellschaftsvertrages und der Gesetze sind für Rousseau Voraussetzungen, damit die Bürger auch wirklich gute Bürger sein können. Was der einzelne darüber hinaus noch glauben will, ist ihm nach Rousseau freigestellt. *Toleranz* ist eine entscheidende bürgerliche Tugend, da Intoleranz nach Rousseaus Auffassung stets eine der Hauptquellen für Streitereien in einer Gesellschaft war.

Rousseau nennt verschiedene Regierungsformen, die für eine Gesellschaft in seinem Sinn möglich sind. Seinem Ideal einer Demokratie entsprechen zahlenmäßig kleine Gemeinschaften (Staaten) am ehesten, da dort am leichtesten der Gesamtwille festgestellt werden kann.

3.6. BEDEUTUNG FÜR DIE SOZIALE ARBEIT

Wie kühn Rousseaus Thesen zur damaligen Zeit waren, kann heute, da viele von ihnen, wie z.b. die Bildsamkeit des Menschen, selbstverständlich geworden sind und zum Allgemeingut gehören, kaum noch nachempfunden werden. Rousseaus Schriften haben seine Zeitgenossen überrascht und schockiert. Im Zeitalter der Vernunft und der Wissenschaften war die radikale Verurteilung der Wissenschaften und der Künste eine ungeheuere Provokation. Die Auffassung Rousseaus, der Mensch sei primär ein Einzelwesen, das sich selbst genügt, stand in scharfem Gegensatz zu der in der Aufklärung geläufigen Überzeugung, der Mensch sei ein von Natur aus ein geselliges Wesen.

Für die Pädagogik war die Betonung der Lebenssituation des einzelnen Kindes, die Berücksichtigung der altersgemäßen Bedürfnisse genauso revolutionär wie das Eingehen auf die innere Natur des Kindes, seine individuelle Erlebnisfähigkeit, seine eigenen Erfahrungen, Gefühle und Leidenschaften, vor allem aber auf die Stadien seines Lebensweges, auf Kindheit und Jugend als eigene Erlebnis- und Existenzweisen (siehe Rang 1979, 122). Rousseau hat außerdem die Erziehungstheorie von weltanschaulichen

bzw. ethischen Bildungssystemen getrennt (Mollenhauer 1996, 182). Die politisch-staatsphilosophischen Thesen aus dem „Gesellschaftsvertrag", die z.t. im Gegensatz zu seinen pädagogischen Thesen stehen, beeinflußten maßgeblich die Zielsetzungen der Französischen Revolution. Manfred Kappeler macht unter dem Titel „Wie Robinson war, soll Émile werden" kritisch auf den Zusammenhang von Aufklärung, Rassismus und Erziehung bei Rousseau aufmerksam (1994, 83-109), indem er in Defoes Roman „Robinson", auf den sich Rousseau als Ideal seiner Erziehung bezieht, zahlreiche sozial-rassistische Anteile nachweist.
Viele PädagogInnen und SozialpädagogInnen haben sich in den letzten zwei Jahrhunderten ausdrücklich auf Rousseaus Werke bezogen, z.b. Johann Heinrich Pestalozzi, Friedrich Fröbel, Johann Friedrich Herbart u.a. Überlegungen Immanuel Kants, Johann G. Fichtes und anderer Sozialphilosophen knüpfen bei Rousseau an. Auch in der Gegenwart werden seine Theorien aufgegriffen und berücksichtigt. Im Jahre 1971 hat der Amerikaner John Rawls eine „Theorie der Gerechtigkeit" (1993) unter Rückgriff auf die Vertragstheorie von Locke und Rousseau veröffentlicht und ein weltweites Echo mit seiner rationalen Begründung von sozialer Gerechtigkeit erhalten. In Frankreich wurde im Jahre 1993 in der „Collection Travail Social" von Cristina de Robertis ein Sammelband mit dem Titel „Le contrat en travail social" herausgegeben. In den Beiträgen wird „le contrat" sowohl für die Reflexion als auch für praktisch-methodische Aspekte Sozialer Arbeit aufbereitet und genutzt.

3.7. Literatur zum Vertiefen

Aus dem umfangreichen Werk Rousseaus handeln insbesondere vier Arbeiten über Fragestellungen, die für die Soziale Arbeit von Bedeutung sind: der „Diskurs über die Wissenschaften und die Künste", der „Diskurs über den Ursprung und die Grundlagen der Ungleichheit unter den Menschen" (Rousseau 1990), „Émile oder über die Erziehung" (Rousseau 1981) – nach Rousseaus Selbsteinschätzung ist das sein Hauptwerk – und „Der Gesellschaftsvertrag" (Rousseau 1995, 59-208). Mehrere Bibliographien geben eine gute Übersicht über die Werke Rousseaus (z.B. Rousseau 1995, 291-296; Holmsten 1996, 168-176).

4. Glück und Wohlstand für alle –
Adam Smith (1723-1790)

„Die unzerstörbare Lebenskraft von Smiths Politischer Ökonomie, d.h. seinem integrierten ethischen, ökonomischen und politischen System (mit historischer Dimension) wurzelt tief in seiner realistischen Beobachtung und nüchternen Einschätzung der menschlichen Natur – dem selbstbezogenen Handeln des einzelnen in der Gemeinschaft" (Horst Claus Recktenwald 1993, XIII).

4.1. HISTORISCHER KONTEXT

England gewinnt am Ende des 17. Jahrhunderts die Auseinandersetzungen mit Frankreich um die Vorherrschaft in der Welt. Die seit 1603 bestehende königliche Personalunion von England und Schottland wird durch die Vereinigung der Parlamente 1707 zur Realunion („Großbritannien"). Eine konstitutionelle Monarchie löst den Absolutismus ab. Politische Parteien übernehmen Regierungsaufgaben mit einem Premierminister an der Spitze. Unter den hannoverschen Königen Georg I. (1714-1727) und Georg II. (1727-1760) werden die zerrütteten Staatsfinanzen konsolidiert. Das politische System erfährt nachhaltige Stabilisierung. Im Grunde funktioniert das britische Staatswesen im „Georgian age" als ausgeprägtes Zwei-Parteien-System mit den liberalen „Whigs" und den konservativen „Tories" fast von allein, und die Funktion des Premierministers wird immer bedeutsamer. Wirtschaft, Handel und Industrie blühen – nicht zuletzt durch eine expansive Kolonialpolitik. Großbritannien ist im 18. Jahrhundert die führende Handels-, Finanz- und Militärmacht der Welt. Die neue Weltmacht wird im Laufe des Jahrhunderts allerdings durch drei unterschiedliche revolutionäre Bewegungen herausgefordert: durch die Industrialisierung und die Agrarrevolution ab 1750, durch den nordamerikanischen Unabhängigkeitskrieg ab 1775 und durch die Französische Revolution ab 1789. Großbritannien erobert riesige, wenig besiedelte und ressourcenreiche Gebiete in der ganzen Welt, kolonisiert sie und nutzt sie primär als Wirtschaftskolonien, weniger als Siedlungskolonien. Vorrangig ist die Kolonisation von Nordamerika, bei der allerdings der alte „Erbfeind" Frankreich ein mächtiger Konkurrent ist. Diese Konkurrenz führt zum britisch-französischen Kolonialkrieg von 1754 bis 1763, der mit einem Sieg Großbritanniens und dem Frieden von Paris (1763) beendet wird, wonach Nordamerika angelsächsisch wird. Gegen Handelseingrenzungen und Steuererhebungen durch das Mutterland wehren sich die nordamerikanischen Siedler mit Gewalt. Im Frieden von Versailles (1783) muß Großbritannien nach langen kriegerischen Auseinandersetzungen, in die auch andere europäische Länder eingreifen, den „Abfall" der nordamerikanischen Kolonien (außer Kanada) vom Mutterland hinnehmen. Damit wird das britische Atlantikreich zerstört.

Die Machtposition Großbritanniens nach außen wie auch die innere Stabilität werden durch die aufklärerischen Ideen, die Französische Revolution und den „Eroberungsdrang" Napoleons gleichermaßen bedroht. Letztlich kann sich Großbritannien aber in vielen kriegerischen Auseinandersetzungen gegen die Bedrohungen aus Frankreich erfolgreich wehren.

In Verbindung mit der Entwicklung der Naturwissenschaften sorgen bislang unvorstellbare technische Fortschritte in Großbritannien für den Übergang von einem Agrarstaat zu einer großkapitalistischen Industriewirtschaft mit einem Industrieproletariat. Die Menschen müssen völlig neue Fertigkeiten und Berufe erlernen, um ihren Lebensunterhalt zu erwerben. Die Arbeiter organisieren sich in Gewerkschaften; neue Sozial-, Bildungs- und Verwaltungssysteme entstehen.

Am Ende des 17. Jahrhunderts ist Schottland wegen anhaltender Mißernten und englischer Handelsverbote noch ein armes Land: 10% der Bevölkerung verhungern, weitere 40% betteln. Um 1720 hat die Kaufmannsstadt Glasgow circa 12.000 Einwohner. 1745 – Adam Smith ist gerade 22 Jahre alt – landet Prinz Charles Edward Stuart mit französischer Unterstützung in Schottland und beansprucht den britischen Thron für sich. Die Erhebung der Highlands wird 1746 in der Schlacht bei Culloden niedergeschlagen, und das siegreiche England geht mit äußerster Grausamkeit gegen die Aufständischen vor. Dudelsack, Kilt und Tartans werden verboten, viele Clans von ihrem angestammten Land vertrieben. Dennoch gilt das 18. Jahrhundert, in dem Adam Smith lebt, für Schottland als „Goldenes Zeitalter". Die Schotten stellen Wolle und Tücher her, exportieren Lachs und Hering und importieren Salz, Tabak und Branntwein. Der Handel mit Holland, Frankreich und den baltischen Ländern nimmt zu. Mit der Teilnahme am Überseehandel nach der Vereinigung mit England wird Glasgow reich und zur schönsten Stadt Großbritanniens. Die schottischen „Tabakbarone" erwerben ihren Reichtum allerdings nicht nur aus dem Warenhandel, sondern auch aus dem Sklavenhandel. Der amerikanische Unabhängigkeitskrieg beendet den Tabakhandel; die daraus resultierenden Verluste werden durch vermehrten Textilhandel ausgeglichen.

In dem großen England gibt es nur zwei, in dem kleinen Schottland hingegen vier Universitäten mit herausragenden Wissenschaftlern. Mehr als auf dem Kontinent befördert hier die Aufklärung das Aufblühen der Naturwissenschaften und deren Anwendungen in der Technik. Empirismus und Liberalismus bestimmen die Auffassungen der englischen und schottischen Wissenschaftler. In dieser Übergangsepoche werden die Wissenschaften zunehmend vom Bewußtsein der Berechenbarkeit aller Dinge getragen. Empirismus und Rationalismus fördern immer mehr naturwissenschaftliche Entdeckungen und die Entwicklung technischer Verfahren und Geräte.

1790 kommt die erste maschinelle Spinnerei nach Schottland. Die Wissenschaftler zielen auf eine exakte, möglichst in mathematischen Gesetzen ausformulierte Erforschung und Feststellung der sinnlich wahrnehmbaren Tatsachen. Politiker, Unternehmer und Wissenschaftler drängen zusammen auf die technische Anwendung und praktische Nutzung des Erkannten. Glauben und Wissen werden strikt getrennt. Der Einfluß der Kirchen auf Wissenschaft und Forschung verschwindet. Theologie und Philosophie verlieren gegenüber den Naturwissenschaften und der Technik an Bedeutung.

4.2. BIOGRAPHISCHER KONTEXT

Adam Smith wird 1723 in Kirkcaldy, einer schottischen Kleinstadt, geboren (siehe Streminger 1989; Recktenwald 1993; Eckstein 1994). Der Vater, ein Jurist, ist wenige Monate vor der Geburt seines Sohnes gestorben. Die tiefreligiöse Mutter zieht ihr einziges Kind allein auf. Smith bleibt zeitlebens eng an seine Mutter, die er innig verehrt, gebunden. Seine Mutter, seine Freunde und seine Bücher sind ihm während seines ganzen Lebens seine engsten Vertrauten. Der kleine Adam ist ein zartes Kind und fällt in seiner Umgebung auf, weil er häufig geistesabwesend ist und laut mit sich selbst spricht; auch als Smith längst ein berühmter Wissenschaftler ist, ist er häufig mit seinen Gedanken nicht bei den Anwesenden und spricht laut mit sich selbst. Smith besucht die Grundschule in Kirkcaldy, 1732 ziehen Mutter und Sohn nach Glasgow.

An der Glasgower Universität studiert Smith Latein, Griechisch, Mathematik und Moralphilosophie und schließt das Studium mit dem „Master of Arts" ab. Der bedeutendste Philosoph der Zeit, Francis Hutcheson (1694-1746), ist einer seiner Lehrer. An der Oxforder Universität führt Smith seine Studien – vor allem der antiken Klassik – weiter. Der junge Student ist von David Humes Abhandlung „Treatise of Human Nature" begeistert, erhält aber wegen dieser „schädlichen" Lektüre – das Buch ist wegen „Gottlosigkeit" verboten – einen Verweis von der Universität. 1746 kehrt er – enttäuscht vom rückständigen Oxford – nach Kirkcaldy zurück und strebt einen Lehrstuhl an einer schottischen Universität an.

1748 wird Smith Dozent für englische Literatur und Nationalökonomie in Edinburgh und freundet sich mit seinem Kollegen David Hume (1711-1776) an. Zwei Jahre später wird Smith Dozent für Logik an der Universität von Glasgow. 1752 erhält er in Glasgow einen Lehrstuhl für Moralphilosophie. Smith übernimmt verschiedene Universitätsämter; so ist er Dekan seiner Fakultät und Prorektor der Universität. Als Smith 1759 sein philosophisches Werk „The Theory of Moral Sentiments" („Theorie der ethischen Gefühle" [Smith 1994]) publiziert, ist er bereits ein angesehener Dozent. Danach wendet sich Smith verstärkt nationalökonomischen und juristischen Fragen zu. Das moralphilosophische Werk macht Smith in ganz Europa bekannt.

Smith verläßt 1764 die Universität und wird Privatlehrer des Herzogs von Buccleugh. Diese Stelle ist weitaus besser dotiert als die Stelle eines schottischen Professors und zusätzlich mit einer Altersversorgung versehen. Auf Bildungsreisen mit dem Herzog durch Frankreich und die Schweiz trifft Smith mit führenden europäischen Wissenschaftlern (Voltaire, Turgot, Quesnay u.a.) zusammen. Smith kennt Rousseaus Werke und schätzt dessen Ideen; die beiden begegnen einander jedoch nicht. 1766/67 ist Smith als Berater des britischen Schatzkanzlers in London und forscht im British Museum. Von 1767 bis 1776 lebt und arbeitet er in Kirkcaldy und London an seinem Hauptwerk „An Inquiry into the Nature and Causes of the Wealth of Nations" („Der Wohlstand der Nationen" [Smith 1993]), in dem er seine sozialen und ökonomischen Erkenntnisse darlegt. Das Buch wird 1776 veröffentlicht und bringt Smith viel Lob und Anerkennung ein. Bei der Abfassung dieses Buches konnte Smith die sozialen Folgen der industriellen Revolution noch nicht erkennen und bei seinen Überlegungen berücksichtigen.

1776 kehrt er nach Schottland zurück, um seinem sterbenden Freund Hume nahe zu sein. Hume stirbt noch in demselben Jahr. 1778 wird Smith zum Zollrevisor von Schottland ernannt und zieht mit seiner Mutter und einer Cousine nach Edinburgh. Diese Ernennung bringt ihm so hohe Jahreseinkünfte, daß er auch weiterhin keinerlei finanzielle Sorgen hat. In Edinburgh überarbeitet er „An Inquiry into the Nature and Causes of the Wealth of Nations". Der für ihn unerwartete Tod seiner 89jährigen Mutter im Jahre 1784 trifft Smith schwer und macht ihn krank. Bis wenige Monate vor seinem eigenen Tode im Jahre 1788 arbeitet er an einer Neuauflage von „The Theory of Moral Sentiments". Viele – seiner Meinung nach unfertige – Manuskripte läßt er kurz vor seinem Tode von Freunden vernichten. Sein materieller Nachlaß ist gering, da er große Teile seines Einkommens Armen gegeben hat.

4.3. FORSCHUNGSGEGENSTAND UND -INTERESSE

Das lebenslange Beobachten, Forschen und Nachdenken von Smith gilt dem Verhalten und Zusammenleben der Menschen. Er beobachtet, was seine Mitmenschen und er selbst tun, und fragt nach den Beweggründen für dieses Verhalten. Smith interessiert sich für die psychologischen, wirtschaftlichen und politischen Zusammenhänge und Bezüge der Gesellschaft, in der er lebt, und fragt: Welches sind die Ursache, die Ordnung und die Grundsätze im menschlichen Streben nach Wohlstand? Wie kommt es, daß der Mensch ständig danach strebt, sein Los in der Welt der Knappheit und materiellen Enge zu verbessern? Warum bemüht sich der Mensch, von seinen Mitmenschen anerkannt zu werden? Weshalb achtet der Mensch darauf, seine Umgebung und seine Umwelt nicht zu schädigen? Inwieweit ist der Mensch disponiert und darauf vorbereitet, in Gemeinschaften zusammenzuleben? Wie kann man Wohlstand und Reichtum des Staates erhöhen? Smith möchte die persönliche Freiheit des einzelnen mit der wirtschaftlichen Leistung so verknüpfen, daß alle Menschen auf friedliche Weise zusammen leben können; bei höchstmöglicher Freiheit erstrebt er Wohlstand und Zufriedenheit für alle, nicht zuletzt für die arme Bevölkerung eines Staates.

4.4. WISSENSCHAFTSVERSTÄNDNIS

Smith beherrscht als in vielen Fächern bewanderter Gelehrter das Wissen seiner Zeit und betrachtet die wissenschaftlichen Methoden der Geistes- und Naturwissenschaften als zusammengehörig und als eine Einheit. Von der englischen, an der sinnlichen Erfahrung als Erkenntnisquelle orientierten Philosophie (Empirismus) seiner Zeit geprägt, baut Smith seine Theorien auf historische Kenntnisse, psychologische Beobachtungen und sozialempirische Daten auf: „Man möge ferner auch in Betracht ziehen, daß die gegenwärtige Untersuchung nicht eine Frage des Sollens betrifft, sondern ... eine Frage nach Tatsachen" (Smith 1994, 113). Mit großer Sorgfalt beschreibt und mit strenger Logik analysiert er das Erkannte und verbindet induktive und deduktive Analysen zu allgemeinen Aussagen über die Wirklichkeit. Ein System von Aussagen ist für ihn eine „imaginäre Maschine", die wir erfinden, um in Gedanken die verschiedenen Bewegungen und Wirkungen miteinander zu verbinden, die bereits in der Wirklichkeit vorhanden sind (siehe Recktenwald 1993, XXXIV). Die Theorien von Smith sind geprägt durch große Lebensnähe und getragen von einem angelsächsischen Pragmatismus.

Von der Qualität der Wissenschaft und der Bildung an den öffentlichen Schulen und Universitäten hält Smith wenig. Das meiste, was an Schulen und Universitäten unterrichtet wird, scheint ihm nicht die beste Vorbereitung für das Berufsleben zu sein (Smith 1993, 656). Er plädiert für eine Bildungsreform, denn:

> „Je gebildeter die Bürger sind, desto weniger sind sie Täuschungen, Schwärmerei und Aberglauben ausgesetzt, ... Außerdem ist ein aufgeklärtes und kluges Volk stets zurückhaltender, ordentlicher und zuverlässiger als ein unwissendes und ungebildetes. Jeder einzelne fühlt sich selbst achtbarer und kann auch eher mit dem Respekt seiner rechtmäßigen Vorgesetzten rechnen" (Smith 1993, 667).

4.5. THEORIE

In der „Theorie der ethischen Gefühle" (Smith 1994) entwickelt und untersucht Smith psychologische und soziologische Annahmen zum menschlichen Verhalten und Handeln. Diese Untersuchungen bilden die Grundlage für seine ethischen, politischen und ökonomischen Theorien in seinem Werk „Der Wohlstand der Nationen" (Smith 1993). Smith verknüpft dort eine sozialpsychologische Entwicklungstheorie der Gesellschaft mit einer ökonomischen Wachstumstheorie, die erklären soll, wie in einer Tausch- und Marktwirtschaft der Wohlstand zunehmen wird. Die „Theorie der ethischen Gefühle" bildet die Grundlage für Smiths Entwicklungstheorie der Gesellschaftsorganisation, und diese stellt wiederum das Fundament für die Tausch- und Markttheorie dar, die er in „Der Wohlstand der Nationen" entfaltet. Zwischen beiden Untersuchungsfeldern bestehen für Smith enge Wechselbeziehungen. In gemeinsamen Grundregeln über das Verhalten des Menschen und über die Errichtung und Nutzung gemeinsamer Einrichtungen zeigen sich diese Wechselwirkungen. Erkennbares *Ziel* aller Theorien von Smith ist es, *Gegensätze aufzuheben und Gleichgewichte herzustellen* (siehe Eckstein in: Smith 1994, LIII-LXVI).

(1) *Das Eigeninteresse der Menschen*: Smith stellt an den Anfang seiner „Theorie der ethischen Gefühle" folgende These:

„Mag man den Menschen für noch so egoistisch halten, es liegen doch offenbar gewisse Prinzipien in seiner Natur, die ihn dazu bestimmen, an dem Schicksal anderer Anteil zu nehmen, und die ihm selbst die Glückseligkeit dieser anderen zum Bedürfnis machen, obgleich er keinen anderen Vorteil daraus zieht, als das Vergnügen, Zeuge davon zu sein" (Smith 1994, 1).

Wir freuen uns, wenn sich andere freuen, wir leiden mit, wenn andere leiden. Nach Smith ist es möglich, sich aufgrund der eigenen Vorstellungskraft in die Lage eines anderen zu versetzen und ihn durch Nachdenken zu verstehen. Die Anteilnahme an dem Erleben anderer nennt Smith *Sympathie*: Wir selbst empfinden nach, was der andere fühlt, indem wir uns im Geist an seine Stelle setzen. Smith setzt Sympathie niemals mit Wohlwollen gleich.
Handlungen und Haltungen anderer werden nach Smith moralisch gebilligt, wenn man mit den Gefühlen des Handelnden sympathisieren kann. Unsere eigenen Handlungen bewerten wir, indem wir uns fragen, ob ein unparteiischer Zuschauer mit unseren Motiven sympathisieren würde. Durch Abstraktion und Verallgemeinerung gelangt man von der individuellen Billigung bzw. Mißbilligung zu einem übergeordneten Maßstab für allgemein gültige moralische Urteile.

„Wie das erhabene Gesetz des Christentums ist, unseren Nächsten zu lieben, wie wir uns selber lieben, so ist es das erhabene Gebot der Natur, uns selbst nur so zu lieben, wie wir unseren Nächsten lieben, oder was auf das Gleiche heraus-kommt, wie unser Nächster fähig ist, uns zu lieben" (Smith 1994, 29).

Das auf *Eigenliebe* beruhende Streben der Menschen – für Smith ist es ein „ethisches Gefühl" – wird *auf vierfache Weise begrenzt* (siehe Reckten-wald 1993, XLI):

(a) Das *natürliche Mitgefühl* oder Interesse für den anderen (Sympathie) schränkt egoistisches Handeln ein. Es hält den einzelnen davon ab, einem anderen Unrecht zu tun, ihm etwas wegzunehmen oder vorzuenthalten, was ihm gehört. Dieser Sinn für Gerechtigkeit ermöglicht Gemeinschaft.

(b) Darüber hinaus müssen freiwillig *Regeln der Ethik und Gerechtigkeit* anerkannt werden, da die Sympathie als Kontrollinstrument nicht ausreicht. Die Menschen vermögen diese Regeln aus Erfahrung im Zusammenleben und durch Vernunft herauszufinden.

(c) Da diese Regeln letztlich auch noch nicht ausreichen, muß ein System positiver Gesetze durch *Sanktionen* die Einhaltung der Regeln der Gerech-tigkeit erzwingen. Diese Aufgabe ist von einer gemeinsamen Einrichtung, dem Staat, zu übernehmen.

(d) Im wirtschaftlichen Bereich begrenzt die *Konkurrenz* ausuferndes Stre-ben.

Smith führt den Ursprung der ethischen Gefühle auf Gott oder die Vorse-hung zurück, keineswegs aber auf die Vernunft des Menschen. Vernunft und Nutzen werden von Smith als Mittel in seine Theorie integriert. Die Re-geln der Gerechtigkeit werden zwar durch Erfahrung und aufgeklärte Ver-nunft entdeckt und auch ihr Nutzen erkannt, aber letztlich ist es *Gottes Weisheit*, die das Handeln der Menschen lenkt. Smith schließt sich hier ei-nem optimistischen Welt- und Gottesbild an, wie es Thomas von Aquin und andere vor ihm gelehrt haben.

(2) *Die Entwicklung der Gesellschaft*: In seiner Entwicklungstheorie unter-scheidet Smith analytisch-erklärend *vier Zustände oder Stadien in der ge-sellschaftlichen Entwicklung* und begründet die jeweiligen Veränderungen:

(a) Die Menschen erwerben auf der untersten Entwicklungsstufe, der „*Jagd*", ihren Lebensunterhalt, indem sie frei lebende Tiere jagen und im übrigen nehmen, was sie finden können. Die Lebensgemeinschaften sind klein und leicht überschaubar. Da Privateigentum keine Rolle spielt, bedarf es auch keiner besonderen gemeinsamen Einrichtungen, um es zu schützen. Armut ist weit verbreitet und macht die Menschen gleich.

(b) Im zweiten Stadium, dem „*Hirtentum*", zähmen die Menschen Tiere und halten sie zur Nutzung. Hierzu sind größere Menschenverbände und Weideplätze notwendig. Das Halten von Herden führt zwangsläufig zu Pri-vateigentum an Vieh. Dieses Privateigentum kann vermehrt oder verringert werden. Daraus entstehen Ungleichheiten in den Gemeinschaften. Es entstehen einseitige Abhängigkeiten und alle Arten von sozialen Spannungen und Konflikten zwischen Armen und Reichen. Eine gemeinsame Einrichtung der Reichen wird notwendig, um den erworbenen Besitz gegen Übergriffe zu schützen. Da angehäuftes Vermögen vererbt wird, entstehen Über- und Unterordnung durch Eigentum und Geburt bzw. Familienzugehörigkeit. Ansehen, Einfluß und Macht einzelner Familien können dadurch größer werden.

(c) Im dritten Stadium, dem „*Ackerbau*", bearbeiten die Menschen den Boden und nehmen ihn in Besitz. Das Bodeneigentum wird von Menschen systematisch und gezielt zum Lebensunterhalt genutzt und in der Familie weitervererbt. Besitz und Nutzung des Bodens führen zu Macht und Ungleichheit. Der Grund- und Bodenbesitz einzelner hat erhebliche soziale und politische Folgen: Besitzlose werden von den Besitzenden ökonomisch und rechtlich abhängig. Die Besitzlosen können ihren Lebensunterhalt nur noch durch den Tausch mit persönlichen Diensten erhalten. So wird die Macht der Herren in ihren Ländereien unbegrenzt. Die besitzenden Herren sorgen für gemeinsame Einrichtungen, um sich selbst und ihren Wohlstand zu beschützen.

(d) Im vierten Stadium, der modernen „*Tausch- und Handelswirtschaft*", kann der Lebensunterhalt durch Tausch auf dreierlei Weise gewonnen werden: Für die Leistung von Arbeitskraft wird Lohn, für die Nutzung von Boden Rente und für die Nutzung von Kapital Gewinn gezahlt. Mit seinem Einkommen kauft der einzelne die notwendigen und angenehmen Dinge des Lebens, also alles das, was er benötigt, um seine ökonomische und soziale Position zu verbessern (Smith 1993, 3). Die Besitzverhältnisse und die Struktur der Gesellschaft verändern sich. An die Stelle einseitiger Abhängigkeit tritt nun eine gegenseitige Abhängigkeit. Dadurch wächst die rechtliche und persönliche Freiheit des einzelnen und der gesellschaftlichen Schichten.

(3) *Die Tausch- und Handelswirtschaft und der Staat*: In der modernen Tausch- und Handelswirtschaft übernimmt für Smith der *Austausch* von überschüssigen (den Eigenbedarf wesentlich übersteigenden) Erzeugnissen auf sich ausbreitenden Märkten die zentrale Funktion in der Versorgung der Menschen mit allen notwendigen und erwünschten Waren. Der Wohlstand liegt in der Arbeit begründet, aus der sich der Wert einer Ware ergibt. Jeder Mensch lebt durch Tausch und ist bis zu einem gewissen Grad Händler. Der menschliche Tauschtrieb und die Arbeitsteilung sind die Basis der Produktivität.

(a) Nach Smith entsteht die *Arbeitsteilung* – genauso wie das Streben nach ökonomischem und sozialem Aufstieg – zwangsläufig aus einer natürlichen Neigung des Menschen zu handeln und Dinge gegeneinander auszutauschen. In einer zivilisierten Gesellschaft ist der Mensch ständig und in hohem Maße auf die Mitarbeit und Hilfe anderer angewiesen. Durch Wohlwollen der anderen wird er diese Hilfe nicht erreichen, viel eher, wenn er deren *Eigenliebe* zu seinen Gunsten zu nutzen versteht, indem er ihnen zeigt, daß es in ihrem eigenen Interesse liegt, das für ihn zu tun, was er von ihnen wünscht. Jeder, der einem anderen irgendeinen Tausch anbietet, schlägt vor: „Gib mir, was ich wünsche, und du bekommst, was du benötigst." Smith sagt:

> „Nicht vom Wohlwollen des Metzgers, Brauers und Bäckers erwarten wir das, was wir zum Essen brauchen, sondern davon, daß sie ihre *eigenen Interessen* wahrnehmen. Wir wenden uns nicht an ihre Menschen-, sondern an ihre Eigenliebe, und wir erwähnen nicht die eigenen Bedürfnisse, sondern sprechen von ihrem *Vorteil*. Niemand möchte weitgehend vom Wohlwollen seiner Mitmenschen abhängen, außer einem Bettler, und selbst der verläßt sich nicht darauf" (Smith 1993, 17).

Das entscheidende Motiv für die Bildung von Wohlstand in einem Land ist, daß der einzelne danach strebt, seine ökonomische Lage und seinen sozialen Rang zu verbessern: *Materielle und ungreifbare Werte bestimmen menschliches Verhalten.* Dadurch werden die produktiven Kräfte eines Landes wirtschaftlich und kulturell entwickelt, und der öffentliche Wohlstand nimmt zu. „Es handelt sich dabei um einen geläuterten, einen aufgeklärten und einen sozialen und rechtlichen Regeln unterworfenen Egoismus" (Recktenwald 1993, XLI). Die der Arbeitsteilung folgende Spezialisierung fördert durch wiederholte Übung und Konzentration die Geschicklichkeit bei der Arbeit und damit die Produktivität. Die Arbeitsteilung ist für Smith – unterstützt durch das Eigeninteresse – der eigentliche Motor der Entwicklung. Sie stößt dort an Grenzen, wo der Tauschmarkt nicht mehr ausgeweitet werden kann, denn ohne Gelegenheit zum Austausch verliert die Arbeitsteilung ihren Sinn. Smith sieht in einer öffentlich geförderten Erziehung und Bildung breiter Schichten ein wirksames Mittel gegen die aus der Arbeitsteilung resultierende Monotonie und Entfremdung bei der Arbeit.

(b) Das Wirtschaftsleben wird nach Smith durch einen Mechanismus gesteuert, der immer wieder zum *Ausgleich* drängt. Smith nimmt an, daß die Eigeninteressen jedes einzelnen, seine Situation zu verbessern, durch ein in der Natur wirkendes (teleologisches) Ordnungsprinzip das Gesamtwohl optimieren, wenn man diesen Kräften freies Spiel läßt. Dieses Ordnungsprinzip wird bisweilen mit der Metapher „*von einer unsichtbaren Hand geleitet*" beschrieben (Recktenwald 1993, LXXII). Die Vorstellung von einer in der Welt bestehenden *natürlichen Ordnung*, die trotz gelegentlicher Störungen unser Leben zum besten wendet, und die dieser Vorstellung vorausgehende Idee, daß eine „unsichtbare Hand" die höchst egoistischen Eigeninteressen kombiniert, um das Gemeinwohl zu verbessern, ziehen sich durch sein ganzes Buch „Der Wohlstand der Nationen" hindurch. Mit diesen Vorstellungen knüpft Smith wiederum an die Vorstellungen von Thomas von Aquin und anderen an:

> „Der einzelne ist stets darauf bedacht, herauszufinden, wo er sein Kapital über das er verfügen kann, so vorteilhaft wie nur irgend möglich einsetzen kann. Und tatsächlich hat er dabei den eigenen Vorteil im Auge und nicht etwa den der Volkswirtschaft. Aber gerade das Streben nach seinem eigenen Vorteil ist es, das ihn ganz von selbst oder vielmehr notwendigerweise dazu führt, sein Kapital dort einzusetzen, wo es auch dem ganzen Land den größten Nutzen bringt" (Smith, 1993, 369).

(c) Auf die „unsichtbare Hand" vertrauend, die alles zum besten lenkt, fordert Smith höchstmögliche *Freizügigkeit im Wirtschaftsleben* innerhalb eines Staates und im Handel zwischen den verschiedenen Staaten. Der Staat, d.h. die Regierung, soll möglichst nicht in das Wirtschaftsgeschehen eingreifen:

> „Gibt man daher alle Systeme der Begünstigung und Beschränkung auf, so stellt sich ganz von selbst das einsichtige und einfache System der natürlichen Freiheit her. Solange der einzelne nicht die Gesetze verläßt, läßt man ihm völlige Freiheit, damit er das eigene Interesse auf seine Weise verfolgen kann und seinen Erwerbsfleiß und sein Kapital im Wettbewerb mit jedem anderen oder einem anderen Stand entwickeln oder einsetzen kann" (Smith 1993, 582).

Unter der Bedingung, daß natürliche Freiheit in einem Lande herrscht, der moralische Selbstschutz im Volke intakt ist und Wettbewerb und Rechtsordnung das ökonomische Verhalten disziplinieren, sind *Staatseingriffe in den Wirtschaftsablauf*, aber keinesfalls der Staat selbst, überflüssig, weil sonst der Wohlstand des Gemeinwesens abnimmt (siehe Recktenwald 1993, LXII). In der Regel beeinträchtigt nach Smith jede sektorale und gruppenegoistische Interessenpolitik des Staates den Wohlstand aller. Der Staat muß nach Smith aber gemeinsame Einrichtungen schaffen, die mächtig genug sind, um das Land gegen Angriffe anderer Staaten zu schützen und jedes einzelne Mitglied der Gesellschaft soweit wie möglich vor Ungerechtigkeit oder Unterdrückung durch andere Mitbürger zu schützen, um Streit gerecht zu schlichten und jene lebensnotwendigen Güter – wie Schulen, Universitäten, Straßen, Brücken usw. – anzubieten, die von Privatpersonen nicht angeboten werden, weil sie daraus keinen Eigennutz ziehen können (Smith 1993, 612). Die Liste der von Smith für gerechtfertigt gehaltenen Staatseingriffe ist lang. Sie reicht von der Regulierung des Bankgeschäfts und der Kontrolle der Zinsen über Steuern zur Eindämmung des Alkoholkonsums bis hin zur Förderung von Kunst und Kultur. Der „unsichtbaren Hand" ist also eine deutlich sichtbare zur Seite gestellt (Kurz 1991).

(4) *Die Armen und die Armut*: Naturgemäßes, an der Eigenliebe orientiertes Handeln ist für Smith zugleich nützlich, vernünftig und sittlich. Einzel- und Gemeinwohl werden von Smith gleichgesetzt. Wenn der Staat es zu Wohlstand gebracht hat, dann nehmen alle Mitglieder des Staates am Wohlstand teil. Nach der optimistischen Theorie von Smith darf es eigentlich keine Armut und keine Armen in einem Staat geben. Nach Smith kann man es nämlich nicht als Nachteil für ein Land betrachten, wenn auch für Dienstboten, Tagelöhner und Arbeiter die Lebenslage verbessert wird, denn keine Nation kann blühen und gedeihen, deren Bevölkerung weithin in Armut lebt. „Es ist zudem nicht mehr recht als billig, wenn diejenigen, die alle ernähren, kleiden und mit Wohnung versorgen, soviel vom Ertrag der eigenen Arbeit bekommen sollen, daß sie sich selbst richtig ernähren, ordentlich kleiden und anständig wohnen können" (Smith 1993, 68). Eine großzügige Entlohnung der Arbeiter ist daher Bedingung für den Wohlstand der Nationen. Fragen der Armenpflege und Fürsorge spielen in diesem Wirtschaftsliberalismus keine Rolle, da für Smith *Armut das Ergebnis einer nur vorübergehenden Arbeitslosigkeit* ist. Wenn Menschen *dennoch arm und hilfebedürftig* sind, muß ihnen – so meint Smith – von den Gemeinden, in denen sie wohnen, *zweckmäßig geholfen* werden. Das vorrangige Ziel muß dabei aber immer bleiben, ihnen Arbeit zu beschaffen und sie wieder in den Produktionsprozeß einzugliedern. Für Smith bleibt jemand arm, weil er keine Arbeit hat, und es für ihn schwierig ist, sich außerhalb seiner Heimatgemeinde anzusiedeln und dort eine Arbeitserlaubnis zu bekommen; denn die Gemeinden – sie sind zum *Unterhalt der Armen* verpflichtet und befürchten, daß die neuen Zuwanderer weiterhin arbeitslos bleiben – wollen Arbeitslose nicht aufnehmen, um so eine zu erwartende finanzielle Belastung zu vermeiden. Wenn jemand aus einer Gemeinde von der Gemeinde schuldhaft vertrieben und in einer anderen Gemeinde nicht aufgenommen wird, so verstößt das für Smith gegen die natürliche Freiheit und gegen die Gerechtigkeit, weil diesem Menschen damit die Lebensgrundlage genommen worden ist (Smith 1993, 118ff.).

4.6. BEDEUTUNG FÜR DIE SOZIALE ARBEIT

Smiths Beitrag zur ökonomischen und sozialen Wissenschaft galt schon zu seinen Lebzeiten als außerordentlich anregend, fruchtbar und wegweisend. Seine Theorie von der natürlichen Freiheit und Gerechtigkeit, von Glück und Wohlstand für alle gehört zu den sozialphilosophisch-ökonomischen Entwürfen, die bis in die Gegenwart hinein Einfluß in Wissenschaft, Wirtschaft und Politik haben. Die weltweite Bedeutung wird nicht zuletzt in der fundamentalen Argumentation von Smith gegen jedes kollektivistische System gesehen. Die theoretische Begründung einer freien und sozialen Marktwirtschaft – wie in Deutschland beispielsweise – wird weitgehend auf Erkenntnisse von Smith zurückgeführt. Es geschieht aber auch nicht selten, daß Smith Thesen zugeschrieben werden, die sich wirklich nicht mit seinem Werk begründen lassen. So hat Smith weder den Primat der Ökonomie gegenüber der Politik vertreten noch einen schrankenlosen Egoismus gerechtfertigt. Von Smiths Denken führt der Weg zu einem Liberalismus, der am Prinzip der sozialen Gerechtigkeit orientiert ist – diese Grundtatsache sollten sich alle, die sich auf ihn berufen, immer wieder vor Augen halten.

Die Theorie von Smith ist für viele eine in ihrer Art einmalige Analyse der menschlichen Natur, so, wie sie ist, nicht wie sie nach unserem begrenzten Verstande sein sollte, eine Analyse des moralischen und ökonomischen Verhaltens des einzelnen in der Gemeinschaft und eine Auswirkung dieses Verhaltens auf die sozialen und politischen Einrichtungen, also den Staat. Dieses lebensnahe Grundmodell ist in Methode und Inhalt einzigartig, und Smiths Beitrag zur Erklärung eines tolerablen Zusammenlebens unverlierbar und unzerstörbar, welche neuen Erkenntnisse auch immer hinzugewonnen worden sind und hinzugewonnen werden (siehe Recktenwald 1993, LXXVff.). Die Vorstellung von einer natürlichen Harmonie, die alles zum besten wendet, und von den korrigierenden Eingriffen einer „unsichtbaren Hand" erweist sich angesichts der tatsächlichen Ereignisse allerdings eher als Wunschdenken denn als sozialempirisch nachweisbare Kraft.

Einige nicht primär pädagogisch oder psychologisch, sondern mehr soziologisch und ökonomisch ausgerichtete Autorinnen (z.B. Salomon [siehe S. 185ff.] und Staub-Bernasconi [siehe S. 363ff.]) haben zwar das Austausch-Paradigma für ihre Theorien der Sozialen Arbeit gewählt, doch die Erkenntnisse und die Ideen von Smith sind für die Theoriebildung in der Sozialen Arbeit erst noch zu entdecken. Die grundsätzliche moralphilosophische Infragestellung des menschlichen Altruismus durch Smith mag bei vielen sozial Tätigen wenig Anklang finden. Diese Infragestellung wird jedoch durch die psychologische Theorie vom hilflosen Helfer („Helfersyndrom") gestützt; danach handeln auch HelferInnen nicht altruistisch, sondern aus einem – ihnen selbst häufig verborgenen – Eigeninteresse (Schmidbauer 1977).

4.7. LITERATUR ZUM VERTIEFEN

Zur Einführung in Leben und Werk von Adam Smith bietet sich eine Auswahl an Biographien an. Aus der Fülle der Literatur nenne ich die Biographien von Horst Claus Recktenwald (Recktenwald 1976) und Gerhard Streminger (Streminger 1989). Die zwei Hauptwerke von Smith liegen in deutscher Sprache vor: „Die Theorie der ethischen Gefühle", mit einer Einleitung von Walter Eckstein und einer Bibliographie von Günter Gawlick (Smith 1994), und „Der Wohlstand der Nationen" mit einer Würdigung von Recktenwald (Smith 1993).

5. Für ein Leben in Armut erziehen – Johann Heinrich Pestalozzi (1746-1827)

Pestalozzi „hat im 19. Jahrhundert den Sinn und die Methodik unserer Volksschule bestimmt und im 20. Jahrhundert unsere Sozialpädagogik beseelt wie niemand sonst, und er ist so tief in die deutsche Geistigkeit eingedrungen, daß das Wesen des Pädagogischen seit ihm bei uns nicht mehr an Socrates gefunden wird wie im 18. Jahrhundert, sondern an dem Symbol seiner leidvollen Gestalt mit dem starken Herzen" (Herman Nohl 1983, 283).

5.1. HISTORISCHER KONTEXT

Mit den Ideen der Aufklärung wird im Frankreich des 18. Jahrhunderts die Revolution vorbereitet. Die privilegierte Oberschicht aus Adel und Klerus hält zwar an den Feudalrechten (ihren eigenen Privilegien) fest, fordert aber zugleich die Beschränkung der absoluten Monarchie. Die Bourgeoisie (Bankdirektoren, Fabrikanten, Kaufleute, Juristen, Ärzte) gewinnt zunehmend an Macht und fordert als dritter Stand soziale Gleichberechtigung und politische Mitbestimmung. Die Pariser Arbeiter revoltieren gegen zu hohe Brotpreise. Ludwig XVI. (1774-1792) entschließt sich zwar zu Reformen; diese werden aber durch das Parlament und andere Interessierte verhindert. Mit Spanien als Verbündetem greift Frankreich gegen Großbritannien in den nordamerikanischen Unabhängigkeitskrieg ein. Die Kosten dieser Intervention belasten die ohnehin schon zerrütteten französischen Staatsfinanzen noch mehr. Großbritannien erkennt 1783 im Frieden von Versailles die amerikanische Unabhängigkeit an. Der amerikanische Freiheitserfolg ermutigt die Regimekritiker in Europa zum Sturz der feudalen Ordnung. Im Mai 1789 beginnt die Französische Revolution. Die Bastille (als Gefängnis für politische Gefangene Symbol für den Despotismus) wird gestürmt, das Heer löst sich auf. Das Volk siegt über den Absolutismus, die Revolutionäre schaffen die Feudalordnung ab und befreien die Bauern aus ihrer Abhängigkeit. Der Ständestaat wird ein Klassenstaat mit Ämter- und Gewerbefreiheit. Die Menschenrechte „liberté, égalité, fraternité" werden deklariert. In die neue französische Verfassung von 1790 werden die Menschenrechte, die Rechtsgleichheit und das Recht auf Privateigentum aufgenommen. Doch Hungersnot und Furcht vor Gegenrevolutionen führen zu weitflächigen Unruhen und zahlreichen Gewalttaten. Statt Frieden und Zufriedenheit eskalieren Terror und Schreckensherrschaft. Das Fallbeil („Guillotine") wird eingeführt, um die zahllosen Hinrichtungen zu humanisieren. Der Kult der Vernunft soll den christlichen Glauben ablösen. 1799 greift sich Napoleon Bonaparte (1769-1821) die Macht; 1804 wird er Kaiser der Franzosen. Der „Code civil" garantiert persönliche Freiheit, Rechtsgleichheit, privates Eigentum, Zivilehe und Ehescheidung.

Zürich – die Geburtsstadt Pestalozzis – ist seit 1351 Mitglied der Schweizer Eidgenossenschaft, und die 1336 in Zürich eingeführte Zunftverfassung besteht bis 1798. Alle Gewalt, die gesetzgebende, die ausführende und die richterliche Gewalt, liegt bei den Bürgern der 10.000 Einwohner zählenden Stadt, die ein umliegendes Landgebiet mit 200.000 Einwohnern beherrscht. Landleute können nur untergeordnete Ämter einnehmen, ihre Bürgerrechte sind stark eingeschränkt, sie dürfen keinen eigenen Handel treiben und keine eigene Industrie errichten. Die systematische Unterdrückung der verarmten Landbevölkerung führt zu Unruhen und Aufständen (1794). Unter dem Einfluß der Französischen Revolution wird 1798 das feudalistische Gesellschaftssystem in einen bürgerlichen Staat, die helvetische Republik, umgewandelt. Französische Truppen besetzen die Schweiz. Auf dem Wiener Kongreß, der die europäischen Staaten nach den Napoleonischen Kriegen neu ordnet, wird dem Staatenbund Schweiz 1814/15 immerwährende Neutralität garantiert. Zürich besitzt im 18. Jahrhundert Elementarschulen, in denen die Kinder der Bürger die ersten Kenntnisse in Schreiben, Lesen, Rechnen und im Katechismus erhalten. Wie in allen anderen Schulen der Zeit müssen sich die Kinder alle Kenntnisse weitgehend ohne Erläuterungen des Lehrers durch bloßes Auswendiglernen der vorgeschriebenen Lektionen aneignen. Die Schüler lernen auswendig, indem sie die Texte laut lesen ebenso wiederholen, ohne sich dabei von den ebenfalls laut lernenden Mitschülern stören lassen zu dürfen (Liedtke 1989, 13f.).

Die Reformation geht in der Schweiz im 16. Jahrhundert von Zürich aus, und das 18. Jahrhundert ist wieder eine Zeit der kulturellen Blüte (Johann Jakob Bodmer, Johann Caspar Lavater u.a.). Der Barock (1600-1750) ist die Kunst der Gegenreformation und des Absolutismus. Mit der Aufklärung und Revolution macht sich ein neuer Klassizismus (Empirestil) breit. In der Wissenschaft gewinnen auf der Suche nach vernünftigen Erkenntnismethoden, die sich nicht auf religiöse und kirchliche Lehren stützen, die Erfahrungswissenschaften zunehmend Gestalt. Im Empirismus geht man von beobachteten Erfahrungen aus. Der Rationalismus postuliert, die Wahrheit allein durch Denken und allgemeine Prinzipien zu finden. Die Aufklärung des 18. Jahrhunderts basiert auf Humanismus; Vernunft, Mut zur Kritik, geistige Freiheit und religiöse Toleranz sollen die religiöse Dogmatik und die kirchliche und staatliche Autorität überwinden. Religiöse Bewegungen wie der Pietismus wollen die Kirche durch frommes Leben zu einer Liebesgemeinschaft reformieren und betonen das subjektiv-persönliche Verhältnis des Menschen zu Gott.

5.2.   BIOGRAPHISCHER KONTEXT

Johann Heinrich Pestalozzi wird 1746 in Zürich geboren (siehe Schumann 1899; Nohl 1983; Liedtke 1989; Hebenstreit 1996 u.a.). Sein Vater ist Arzt und stirbt, als Pestalozzi fünf Jahre alt ist. Pestalozzi wird zusammen mit seinen Geschwistern von seiner Mutter und der Magd „Babeli" als „Mutterkind" aufgezogen. Ständige wirtschaftliche Sorgen bestimmen den Alltag. Pestalozzi besucht zunächst die Elementar- und danach die Lateinschule. Die Schulkameraden hänseln und verspotten ihn wegen seiner langen Nase und seiner Träumereien. Mit 17 Jahren geht er auf eine Züricher Akademie, um Pfarrer zu werden. Im Kreis einer kleinen politischen Vereinigung (den „Patrioten") studiert Pestalozzi intensiv die Werke Rousseaus. Nach zwei Jahren bricht Pestalozzi seine Ausbildung ab. Unter dem Einfluß der Schriften Rousseaus entscheidet er sich zunächst, Landwirt zu werden, verläßt die Stadt und geht aufs Land. 1769 übernimmt er das Gut Neuhof bei Brugg als Versuchswirtschaft und heiratet Anna Schultheß. 1770 wird ihr gemeinsamer Sohn Hans Jakob („Jacqueli") geboren. Ihr einziges Kind erhält den eingedeutschten Vornamen von Pestalozzis großem Vorbild Jean-Jacques Rousseau und soll im Geiste des „Émile" erzogen werden. Eine Erkrankung (vermutlich Epilepsie) verhindert aber die vom Vater erwartete Entwicklung seines Sohnes. Pestalozzi scheitert nach eigenem Urteil mit der Erziehung. Zeitlebens wirft er sich dieses Versagen vor. Hans Jakob stirbt bereits mit 31 Jahren.

Wegen Mißerfolge in der Landwirtschaft macht Pestalozzi hohe Schulden. Deshalb weitet Pestalozzi den Neuhof 1774 zu einer Armenerziehungsanstalt aus, in die er arme Kinder aus der Umgebung aufnimmt. Die Kinder müssen zum einen in der Landwirtschaft arbeiten und werden zum anderen unterrichtet. Doch auch dieses Projekt scheitert 1780 aus finanziellen Gründen.

Vor allem um sich Geld für den Lebensunterhalt zu verdienen, beginnt Pestalozzi zu schreiben. In der 1780 entstandenen „Abendstunde eines Einsiedlers", seinem ersten größeren Werk, skizziert er bereits das Gedankengebäude, das er in seinen späteren Schriften ausweitet. Berühmt wird Pestalozzi über die Eidgenossenschaft hinaus durch seinen pädagogischen Volksroman „Lienhard und Gertrud" aus dem Jahre 1781, mit dem er das Volk belehren will.

Obgleich Pestalozzi 1792 französischer Ehrenbürger wird, ernüchtern ihn die negativen Folgen der Französischen Revolution so stark, daß er von Rousseaus Ideen abrückt. Nach dem Zusammenbruch und Neuaufbau der Schweizer Eidgenossenschaft 1798 wendet sich Pestalozzi neben dem Schreiben auch wieder praktisch-pädagogischen Aufgaben zu. Nach kurzen Aufenthalten in Stans und Burgdorf wirkt er von 1805 bis 1825 in Iferten (Yverdon). Hier gründet Pestalozzi eine Erziehungsanstalt mit einem Lehrerseminar, das bald ein pädagogisches Zentrum in Europa wird und den weltweiten Ruhm Pestalozzis begründet. Die preußische Universität Breslau anerkennt 1817 die Leistungen Pestalozzis mit der Verleihung der

Ehrendoktorwürde. Streit innerhalb der Lehrerschaft und Streit einzelner Mitarbeiter mit Pestalozzi verursachen den Niedergang des Institutes. Pestalozzi kommt über die Streitereien und die ihm zugefügten Verletzungen nicht hinweg und versucht bis zu seinem Tode, sich für sein Verhalten zu rechtfertigen. Ein Jahr vor seinem Tod verfaßt Pestalozzi seinen „Schwanengesang", eine systematische Darstellung seiner Pädagogik ohne die ihm sonst eigenen Übertreibungen. Im Jahre 1827 stirbt Pestalozzi – von Geburt an schwächlich, ständig an Atembeschwerden leidend und während seines ganzen Lebens seinen baldigen Tod erwartend – im Alter von 81 Jahren in Brugg.

5.3. FORSCHUNGSGEGENSTAND UND -INTERESSE

Vielfältige Fragen und Interessen bestimmen das Lebenswerk Pestalozzis. Da ist einerseits die philosophische Frage nach dem Wesen des Menschen und der menschlichen Gemeinschaft: Was bin ich, und was ist das Menschengeschlecht? Mit Pestalozzis eigenen Worten:

> „Befriedigung unseres Wesens in seinem Innersten, reine Kraft unserer Natur, der Segen unseres Daseins, du bist kein Traum. Dich zu suchen und nach dir zu forschen ist Ziel und Bestimmung der Menschheit, und auch mein Bedürfnis bist du und Drang meines Innersten, dich zu suchen, Ziel und Bestimmung der Menschheit. Auf welcher Bahn werde ich dich finden, Wahrheit, ...? Der Mensch, von seinen Bedürfnissen angetrieben, findet die Bahn zu dieser Wahrheit im Innersten seiner Natur" (Pestalozzi, zit. nach Schumann 1899, 220).

Da sind andererseits die politischen und pädagogischen Fragen, die alle um die Frage nach der Bildung des Menschen kreisen. Die Erforschung von Lösungen für die Frage „Wie kann die Auferziehung der Armen erleichtert und durch einfache Anstalten erzielt werden?" hat Pestalozzi sich nach eigenen Angaben allerdings zum „einzigen Geschäft seines Lebens bestimmt". Weitere eng damit zusammenhängende Forschungsfragen Pestalozzis sind: Durch welche Ursachen sinkt das Volk in das Verderben? Welche Mittel liegen im Volke selbst zu seiner geistigen, sittlichen und bürgerlichen Wiedergeburt? Was muß getan werden, um das Volksleben in allen Ständen zu veredeln? Wie können Erziehung und Unterricht planmäßig aufgebaut und diesem Ziel angepaßt werden? Die genaue Kenntnis der Menschennatur und der menschlichen Bedürfnisse ist für Pestalozzi die Voraussetzung, um diese Fragen beantworten zu können.
Pestalozzi will eine durchgreifende innere Reform des ganzen Lebens. Ihn bewegen politisch-soziale, ökonomische, religiöse und pädagogische Motive. Allen Menschen soll durch Bildung und Entwicklung ihrer „Grundkräfte" („Volkserziehungswunsch") ein erfülltes Leben ermöglicht werden,

denn zu leben, in seinem Stande glücklich zu sein und in seinem Kreise nützlich zu werden, ist für ihn die Bestimmung der Menschen und das Ziel der Auferziehung der Kinder.

5.4. WISSENSCHAFTSVERSTÄNDNIS

In der philosophischen Literatur seiner Zeit findet das Werk Pestalozzis zunächst keinen Niederschlag (Nohl 1983, 291). Pestalozzi teilt Rousseaus Skepsis gegenüber den etablierten Wissenschaften und ihrem Selbstverständnis. Alle Menschenweisheit beruht nach Pestalozzi auf der Kraft eines guten, der Wahrheit folgsamen Herzens, und aller Menschensegen auf Einfalt und Unschuld. Oberflächliche Vielwisserei taugt in seinen Augen nichts, nur gründliches Wissen befriedigt und gibt festen Halt. Die Methode der wahren Menschenbildung ist die „Bahn der Natur". Sie nimmt alle Kräfte in Übung und Gebrauch und entwickelt sie. Jede Abweichung von der Natur stört. Darum stehen keine Worte und Meinungen, sondern Anschauungen und damit Realkenntnis wirklicher Gegenstände am Anfang der Erkenntnis und der Bildung. Die naturgemäße Methode entwickelt die Geisteskräfte ungezwungen, allseitig, stetig und lückenlos. Wahrheit ist für Pestalozzi die Erkenntnis davon, was der Mensch für seinen Standpunkt und sein Leben braucht. Menschenweisheit beruht auf den Kenntnissen der „nächsten Verhältnisse des Menschen" (Pestalozzi 1945, 143-164). Pestalozzis Theorien erscheinen häufig als konstruiert und spekulativ. Dennoch ist er so weit Empiriker, daß er sich niemals scheut, seine Ansichten unter dem Druck der Erfahrungen zu verändern. Ihm geht es um eine möglichst sorgfältige Nachahmung der Natur, deswegen führt er „Erfahrungsversuche" durch (siehe Liedtke 1989, 81). Ab 1800

> „reift auch seine Methode, mit der dieser irrationale Mensch sich nun doch in den großen Zug des Rationalismus einstellte. Immerfort mit den Kindern experimentierend und dabei die Anfangsgründe immer weiter vereinfachend, kommt er schließlich auf die Frage: Wie macht es der Mensch, wenn er die verworrene Anschauung klären will?" (Nohl 1983, 294).

5.5. THEORIE

Pestalozzis Pädagogik basiert einerseits auf anthropologischen und soziologischen Setzungen, die durch Polarisierungen und Widersprüchlichkeiten gekennzeichnet sind und von ihm im Laufe seines Lebens immer wieder verändert werden, andererseits finden sich bei ihm auch weithin konstante Grundaussagen; so besteht der Mensch nach Pestalozzi aus den beiden Substanzen „Natur" und „Geist" und das „Individuum" steht der „Gesellschaft" gegenüber, für die Erziehung eines Kindes betont er sein Leben lang die herausragende Bedeutung der Mutter („Muttertrieb").

(1) *Anthropologische Grundannahmen*: Das Wesen des Menschen ist nach Meinung Pestalozzis der Ordnung der Natur zu entnehmen; und der einzelne Mensch ist individual bestimmt. Der Mensch ist zum einen das Werk der Natur, zum anderen der Gesellschaft und dann schließlich seiner selbst. Die Individualbestimmung des Menschen folgt aus dem Zusammenspiel von Natur, Gesellschaft und dem jeweiligen Menschen selbst.

Pestalozzi erkennt – wie er in seinem Werk „Meine Nachforschungen über den Gang der Natur in der Entwicklung des Menschengeschlechts" von 1797 darlegt – sowohl bei der Entwicklung der gesamten Gesellschaft als auch bei der Entwicklung der einzelnen Individuen drei *Entwicklungsstufen*: den Naturzustand, den gesellschaftlichen Zustand und den sittlichen Zustand (Pestalozzi 1946a, 377-564). Die Entwicklungsstufen lassen sich zwar voneinander unterscheiden, sind aber nicht voneinander unabhängig und können beim einzelnen Menschen und bei der Gesellschaft ineinander übergehen. Daraus folgt für Pestalozzi, daß man den Menschen nur als Ergebnis eines Zusammenspiels von Natur (Naturzustand), Gesellschaft (gesellschaftlichem Zustand) und seiner selbst (sittlichem Zustand) ansehen kann.

(a) Der *Naturzustand* des Menschen (Pestalozzi nennt diesen Zustand auch „tierisch") ist zu unterscheiden in einen unverdorbenen und in einen verdorbenen Zustand. Der *unverdorbene Naturzustand* ist gekennzeichnet durch einen völligen Ausgleich zwischen den Bedürfnissen des Menschen und ihrer Befriedigung sowie zwischen dem Individuum und der Gesellschaft. Der Mensch ist ein mit viel Liebe und Wohlwollen versehenes Wesen, das zwar völlig ungebildet ist, damit aber unwissend gut und in völliger Unschuld harmonisch mit der Natur lebt. Der *verdorbene Naturzustand* beginnt dann, wenn beim Menschen die Bedürfnisse ins Unendliche wachsen und die Kräfte, die dieses verhindern können, fehlen. Der Mensch wird so zum Barbaren, egoistisch, selbstsüchtig. Die Menschen konkurrieren miteinander, und dadurch schlägt der unverdorbene Naturzustand in einen verdorbenen um. Die Menschen verhalten sich zunehmend egozentrisch und überlassen sich ihren Begierden und ihren (Macht- und Besitz-)Trieben.

(b) Aus Sorge um das eigene Selbst und um die egozentrischen Interessen abzusichern, vereinigen sich die Menschen und sprechen Verträge miteinander ab, denn – so Pestalozzi – erst aus der Verdorbenheit entsteht der Wunsch nach Recht und Vertrag. So entsteht der *gesellschaftliche Zustand*, in dem zwar Freiraum und Schutz gewährt, aber viele Freiheiten weggenommen werden. Es bleibt jedoch beim *Krieg aller gegen alle*, der gegenüber dem verdorbenen Naturzustand lediglich seine Form geändert hat. Der gesellschaftliche Zustand kann für den Menschen niemals das sein, was er erhofft hat.

(c) Erst im *sittlichen Zustand* wird es dem Menschen möglich, sich von egozentrischen Beweggründen zu lösen, sittliche Verhaltensnormen zu entwickeln und sich auch danach in seinem Verhalten zu richten. Der sittliche Zustand ist deshalb erreichbar, weil jeder Mensch eine Kraft in sich selbst besitzt, alle Dinge dieser Welt sich selbst, unabhängig von seiner tierischen Begierlichkeit und von seinen gesellschaftlichen Verhältnissen, gänzlich nur unter dem Gesichtspunkt, was sie zu seiner inneren Veredelung beitragen, vorzustellen, und dieselbe nur in diesem Gesichtspunkte zu erlangen oder zu verwerfen (Pestalozzi 1946a, 449-511). Gott ist für Pestalozzi die „nächste Beziehung der Menschheit", denn alle innere Kraft der Sittlichkeit, der Erleuchtung und Weltweisheit ruht auf dem Glauben der Menschheit an Gott. Gottes Erleuchtung ist Liebe, Weisheit und Vatersinn. Und „Gottesvergessenheit, Verkenntnis der Kinderverhältnisse der Menschheit gegen die Gottheit, ist die Quelle, die alle Segenskraft der Sitten, der Erleuchtung und der Weisheit in aller Menschheit auflöst." Der *Glaube an Gott* ist für Pestalozzi die „Stimmung des Menschengefühls in dem obersten Verhältnis seiner Natur". Der Glaube ist vertrauender Kindersinn der Menschheit auf den Vatersinn der Gottheit. Glaube an Gott ist die Quelle aller Weisheit und daher das erste Ziel des Menschen (Pestalozzi 1945, 153-159).

Der Verlauf der Französischen Revolution veranlaßt Pestalozzi, seine Auffassungen zu ändern. Er sieht nun eine tiefe Zwiespältigkeit in der menschlichen Natur und geht davon aus, daß die Macht und alles Politische das Sittliche bedrohen. Pestalozzi ist davon überzeugt, daß Macht immer wesensmäßig gefährdet ist, zur Despotie zu werden, und daß im Menschen ein unausrottbarer und verhängnisvoller *Trieb zum Herrschen* liegt. Ebenso verderblich wie der Machttrieb ist für ihn aber auch der *Sklaventrieb*; damit meint Pestalozzi die Neigung, sich despotisch beherrschen zu lassen, wenn man dabei nur halbwegs „glücklich", d.h. versorgt ist. Je größer eine Gesellschaft ist, desto krasser zeigen sich für Pestalozzi im Zusammenleben der Menschen beide Triebe.

(2) *Grundzüge der Pädagogik*: Erziehung ist für Pestalozzi die *Entfaltung der in der menschlichen Natur liegenden Kräfte mit ihnen gemäßen Bildungsmitteln*. Die Erziehung sollte von der Anschauung des Kindes als dem inneren Sinn des Menschen für die Ordnung der Welt sowie von Liebe und Glauben ausgehen. Zugleich betont Pestalozzi in seinem Buch „Abendstunde eines Einsiedlers" (1780), das schon die Grundzüge seiner Pädagogik enthält, die bildende Kraft der *Arbeit* und des *Gemeinschaftslebens*. Vorbild aller Erziehung ist ihm das *Leben in der Familie*. *Hauserziehung* („Wohnstuben-Pädagogik"), Unterweisung und sittliche Selbstveredelung sollen einander ergänzen. Die allgemeine Menschenbildung ist die Grundlage aller Berufsbildung. Da Pestalozzi in den Kindern die unverdorbenen Repräsen-

tanten der Menschheit sieht, führt die Erziehung immer auch zu kritischer *Distanz gegenüber der verdorbenen gesellschaftlichen Realität.*

Pestalozzi baut seine Erziehungsmethoden auf einem psychologischen Fundament auf und unterscheidet drei Seiten der Menschenbildung:

(a) die Ausbildung des *„Kopfes"* als intellektuelle Bildung entspricht dem *„Wissen"*;

(b) die Ausbildung des *„Herzens"* als sittliche Bildung entspricht dem *„Wollen"*;

(c) die Ausbildung der *„Hand"* als körperliche und handwerkliche Bildung entspricht dem *„Können"*.

Die sittliche Bildung als Bildung des Herzens ist für Pestalozzi zwar die wahre Mitte aller Bildung, aber keine der beiden anderen Bildungsseiten darf ihr gegenüber vernachlässigt werden. Die allgemeinsten Prinzipien für alle drei Bildungsformen sind die *Selbsttätigkeit,* der Zusammenhang und das Prinzip, daß alles Geistige aus dem Sinnlich-Natürlichen herauswachsen und daran „angekettet" werden soll. So wurzelt alle Körperkultur und Handfertigkeit in der natürlichen Bewegung der Körperglieder, alle sittlich-religiöse Bildung in der innigen Fürsorge- und Vertrauensbeziehung zwischen Mutter und Kind, alle Weltdeutung und -erkenntnis schließlich in der „Anschauung", d.h. dem unmittelbaren Angesprochensein des Kindes durch die Welt (Reble 1981, 220f.).

Von Rousseau beeinflußt lehnt Pestalozzi zunächst sowohl die Schule seiner Zeit als auch überhaupt jede Methode des Unterrichtens ab, sofern sie nicht von Natur aus gegeben ist. Später fordert Pestalozzi allerdings, daß die Rousseausche Freiheit in der Erziehung unter dem Aspekt der gesellschaftlichen Erfordernisse durch planvolle und Zucht fordernde Einübung der notwendigen Fertigkeiten ergänzt wird. Das Individuum muß mit seinen individuellen, naturgegebenen Anlagen und besonderen Umständen zwar als die erste und grundlegende Aussage des „Buches der Natur" über Richtung und Art der Bildung des Menschen gelten, „aber du lebst nicht für dich allein auf Erden. Darum bildet dich die Natur auch für äußere Verhältnisse und durch sie" (Pestalozzi 1945, 152). Ausgangspunkt aller Erziehung bleibt für Pestalozzi – wie bei Rousseau – stets die unverdorbene Natur des Kindes.

Die zeitlich, örtlich und emotional „nächsten äußeren Verhältnisse" eines jeden Menschen sind die *häuslichen, familiären Verhältnisse.* Die häuslichen Verhältnisse der Menschheit sind für Pestalozzi die ersten und vorzüglichsten Verhältnisse der Natur. Jede menschliche Entwicklung geht für Pestalozzi aus der Familie hervor und muß auch immer an diese Grundlage gebunden sein, wenn das menschliche Leben erfüllt sein soll. Die Wohnstube ist nach Pestalozzi der Mittelpunkt für das Volk, in dem und durch den sich alle Kräfte seines Lebens bewegen und ruhen. Wegen dieser zentralen Funktion ist für Pestalozzi die „Wohnstube" die erste und wesentlichste Schule aller Erziehung und allen Unterrichts. Der Unterricht der Schule baut darauf auf und ist in enger Verbindung mit der Familie durchzuführen. Die Erfahrungen in den familiären Beziehungen sind nach Pestalozzi prägend für das ganze weitere Leben: „Die ausgebildete Kraft einer näheren Beziehung ist die Quelle der Weisheit und Kraft des Menschen für entferntere Beziehungen." „Vatersinn bildet Regenten, Brudersinn Bürger. Beide erzeugen Ordnung im Hause und im Staate" (Pestalozzi 1945, 152). Aus der Vatererfahrung erwächst nach Pestalozzi der Glaube an Gott, wie umgekehrt dieser Glaube den Glauben an den Vater sichert. Pestalozzi spricht zwar regelmäßig über die Bedeutung des Vaters in der Erziehung, die entscheidende Bedeutung weist er aber der Mutter zu, die für ihn in einer „naturgegebenen Urbeziehung" zum Kind steht („Mutterpädagogik").

Die Erkenntnis, daß alle gesellschaftlichen Beziehungen des Menschen bei seinen familiären Beziehungen anknüpfen und die Familie der ursprüngliche Ort jeder Erziehung ist, führt Pestalozzi dazu, von einer vollständigen *Pädagogisierung des Lebens* zu sprechen. Die lebenslange Erziehung in allen Lebensbereichen hängt nicht zuletzt damit zusammen, daß nach Pestalozzi jeder Fürst oder Herrscher die Rolle eines Landesvaters inne hat (siehe Liedtke 1989, 67). Pestalozzi ergänzt seine Idee der Volksbildung – im Unterschied zu einer vorherrschenden Gelehrtenbildung in seiner Zeit – mit einer großen Fülle von Überlegungen und Vorschlägen für die Methode des Erziehens; z.B.: Versichere dich des Herzens deines Kindes; das Leben selbst ist das Fundament des Unterrichts; die Menschensprache muß der Büchersprache vorausgehen; die Lernmittel sollen einfach sein; Erziehung muß ohne Härten und Demütigungen erfolgen; die Unterrichtsmethoden sollen spielerisch und kindgerecht sein; je mehr Sinne eine Sache erforschen, desto richtiger wird die Erkenntnis (Pestalozzi 1946, 241ff.).

(3) *Zum pädagogischen Umgang mit Armen, Verfolgten, Gestrauchelten usw.*: Den Begriff „Sozialpädagogik" kennt und benutzt Pestalozzi nicht, dennoch können seine Ausführungen zum pädagogischen Umgang mit Armen, Verfolgten, Gestrauchelten usw. in einem weiten Sinne als „sozialpädagogisch" bezeichnet werden. Er plädiert dafür, daß die Pädagogen Anwälte für die Benachteiligten und Randständigen der Gesellschaft sein, emanzipatorisch bilden und von wirtschaftlicher Abhängigkeit befreien, arme Kinder schützen und für diejenigen Partei nehmen sollen, die unter den Druck der gesellschaftlichen Verhältnisse in Konflikt mit den bestehenden Gesetzen geraten sind. Die Grundzüge seiner „Sozialpädagogik" hat er vor allem in seinen vielen Briefen (u.a. über seinen Aufenthalt in Stans im Jahre 1799) skizziert:

(a) Den Armen kann nicht geholfen werden, wenn man sie zeitweilig in eine karitative Armenanstalt aufnimmt und sie dann wieder in eine Umwelt entläßt, die völlig anderen Gesetzen unterliegt als der geschützte Raum der Anstalten. So lange zu erwarten ist, daß die Armen nach dem Anstaltsaufenthalt wieder in eine Umwelt zurückkehren müssen, die durch Armut gekennzeichnet ist, kann es nach Auffassung Pestalozzis nur ein taugliches Prinzip für die Armenerziehung geben: *„Der Arme muß zu Armut auferzogen werden"* (Pestalozzi, 1945, 39ff.). Damit will Pestalozzi keinesfalls die Situation der Armen festschreiben. Er ist stark an Verbesserungen interessiert (Pestalozzi 1945, 39-93). Dauerhafte Verbesserungen der menschlichen Situation sind aber nur zu erwarten, wenn mit der Verbesserung der äußeren Lebensbedingungen auch eine Verbesserung des Wissensstandes und der Einstellung der Menschen einhergeht. Für Pestalozzi ist es wichtig, daß die jungen Menschen solche Fertigkeiten und Kenntnisse erwerben, die sie in ihrem zukünftigen Leben gebrauchen, um ihren Lebensunterhalt zu erwerben und diesen abzusichern. Die Armenanstalt soll daher ein möglichst getreues Abbild der künftigen Umwelt der Kinder sein. Selbst der ständige Druck aus der Abhängigkeit von ihren Herren soll den Kindern so früh wie möglich bewußt sein. Sie müssen lernen, sich nach dem Willen anderer zu verhalten. Und die Kinder sollen arbeiten, um dadurch zu ihrem Lebensunterhalt beizutragen. Der Arme müsse lernen, sich selber zu helfen, da ihm sonst niemand helfen werde. Pestalozzi bedauert die Härte, die seine Theorie mit sich bringt. Aber die „wohltätige" Erziehung armer Kinder in begüterten Armenanstalten hält er für nachteiliger, weil diese „unglücklichen" Kinder durch „unweise Wohltätigkeit" nicht gelernt haben, mit ihrer Armut, der sie ausgesetzt sein werden, zurechtzukommen (Pestalozzi 1945, 39-93).

(b) Pestalozzi greift in seiner Schrift „Über Gesetzgebung und Kindermord" von 1783 (Pestalozzi 1945, 353-558) auch brisante sozialpolitische Probleme, die das *Strafrecht,* die *Strafvollstreckung* und die *Verbrechensvorbeugung* betreffen, auf und ergreift *Partei für die ledigen Mütter, die ihr Kind getötet haben.* Er verurteilt zwar einerseits die Tötung unehelich geborener Kinder, setzt sich aber andererseits vehement für die ledigen Mütter ein, die ihr unehelich geborenes Kind töten, und nimmt sie vor einseitigen Schuldzuweisungen aus der Gesellschaft in Schutz. Pestalozzi klagt sogar die Obrigkeiten und die Gesetzgebung an und weist ihnen Mitschuld zu. Den Muttertrieb, das eigene Kind zu schützen und es aufzuziehen, hält Pestalozzi für so stark, daß seiner Meinung nach nur erhebliche äußere Einflüsse eine Mutter dazu bringen können, ihr Kind zu töten. Das könne nur aus größter Verzweiflung geschehen. Die bestehenden Gesetze und die Sitten der Gesellschaft – Heuchelei, entehrende und furchterregende Strafen (auf Kindermord steht die Todesstrafe), fehlendes Verständnis für die ledigen Mütter, doppelte Moral, Prüderie, gesellschaftliche Ächtung statt Rat und mangelnde Unterstützung für nichteheliche Mütter – seien, so klagt Pestalozzi, an der Verzweiflung der Frauen mitschuldig. Die Gesellschaft, die sich so unerbittlich als Richter aufführe, sei in Wahrheit selbst angeklagt, zumindest aber mit angeklagt.

Wenn man etwas verbessern wolle, könne man nur bei der allgemeinen gesellschaftlichen Verderbnis ansetzen. Die Bedeutung der Familie müsse anerkannt und das reine Hausglück gefördert werden. Die „Wohnstube" müsse „Heiligtum" sein, und dafür solle der Staat sorgen. Vor allem aber müsse sich die Erziehung auf die *Familie* und die *Liebe* stützen.

(4) *Die Bedeutung prophylaktischen Handelns*: Prophylaktische Maßnahmen sind für Pestalozzi unabdingbar, um Elend und Aufruhr der Armen gegen die Obrigkeit zu verhindern. Die zunehmende Verarmung der ländlichen Tagelöhnerschaft und der Industriearbeiter muß nach seiner Einschätzung zu schweren gesellschaftlichen Konflikten führen. Die „Emporhebung der niederen Menschheit aus ihren Tieffen ist die Pflicht der civilisierten Menschheit, wenn sie nicht alle ihre Lebensgenießungen verlieren will" (Pestalozzi, zit. nach Liedtke 1989, 58).
Und Pestalozzi fordert:

> „Man kann nicht genug sagen: man muß immer eher die Fundamente der Lebensgenießungen sicherstellen, als allerorten Ordnung machen. Und den Leuten in ihren Siechtagen helfen, ist ein armseliger Dienst, wann man den Siechtagen der Leute selber vorbiegen kann. Spitäler, Finderhäuser, Kammern, Zuchthäuser sind allenthalben Quacksalberhülfsmittel, wo man sie gegen Leute braucht, die, von unserer schönen Civilisation der einfachen Genießungen ihrer Naturbedürfnisse beraubt, Verbrecher werden, weil der Staat ihnen nicht Gerechtigkeit widerfahren lassen und zur Befriedigung ihrer Naturbedürfnisse geholfen" (Pestalozzi, zit. nach Liedtke 1989, 58).

Pestalozzi plädiert zudem für eine *freiheitliche Wirtschaftsordnung*, in der jeder zu seinem Brot kommen kann (Pestalozzi 1945, 95-141):

> „Daß Freiheit Brot schafft, daß der Mensch um des Brotes willen Freiheit sucht, daß Hindernis in Gewinn und Gewerbssachen die Tyrannei ist, die den Wunsch der Freiheit in den meisten Völkern rege gemacht, das vergißt der stolze Großbürger des freien Staats, der den ausartenden Landessegen so oft ausschließend nutzt, nur gar zu gerne, und es ist doch so wahr" (Pestalozzi 1945, 107f.).

5.6. BEDEUTUNG FÜR DIE SOZIALE ARBEIT

Aus allen Teilen Europas kommen um 1810 bereits zahlreiche BesucherInnen nach Iferten, um Pestalozzis Unterrichtsmethoden kennenzulernen; und die preußische Schulreform wird auf Pestalozzis Ideen aufgebaut. Fichte, Fröbel, Diesterweg u.a. verbreiten seine Thesen zum erziehenden Unterricht und setzen sie in die Tat um. Dann läßt das Interesse allerdings wieder schnell nach, und Pestalozzis Methodik wird sogar als überholt angesehen. Bereits 1845 wird bei der Feier zum 100. Geburtstag Pestalozzis mehr von seiner positiven Wirkung auf die Volksbildung gesprochen als von seinen konkreten Reformideen (siehe Liedtke 1979, 185). Zu Beginn des 20. Jahrhunderts wird die sozialpädagogische Bedeutung Pestalozzis entdeckt und hervorgehoben; so befassen sich Paul Natorp und Herman Nohl nicht nur ausführlich mit Pestalozzis Schriften, sondern setzen bei ihm mit ihren eigenen Theorien an. Zum 250. Geburtstag Pestalozzis wird für eine Pädagogik, die sich auf Pestalozzi bezieht, festgestellt:

„Statt wie die modernen Wissenschaften objektivierende Distanz zu erzeugen, baut sie fiktional zumindest auf bewundernde Unmittelbarkeit und erzieht. Statt eine öffentlich verfahrende moderne Wissenschaft ist die Pädagogik in der Tradition Pestalozzis ein von innen heraus verkündendes Zeugnis. Statt auf Erfahrung, Irrtum und Korrektur setzt sie auf gute Absicht, wiederholten Mißerfolg und Beharrlichkeit" (Osterwalder 1996, 162).

Auf die Schriften Pestalozzis berufen sich heute viele (Sozial-)PädagogInnen; es dürfte kaum ein anderes pädagogisches Werk geben, das derart ideologisiert und kanonisiert, d.h. jedes historischen Bezuges enthoben worden ist (Osterwalder 1996). Und es können für kontroverse Auffassungen stützende Passagen in Pestalozzis Schriften gefunden werden. Das umfangreiche und unsystematische Werk Pestalozzis enthält ja selbst zahlreiche Widersprüche: seine Erziehungsgrundsätze sind einmal patriarchalisch und autoritär, dann wieder partnerschaftlich und liebevoll; sein Denken ist einmal rational aufklärend und dann wieder kindlich gläubig; mitunter revoltiert er gegen den Staat und eine ungerechte Regierung, dann fügt er sich brav in das Machtgefüge ein usw. Die Begründung von Erziehung aus einer vorgegebenen, alles umfassenden abgeschlossenen Ordnung ist allerdings eine Konstante in Pestalozzis politischem, pädagogischem und religiösem Denken (siehe Osterwalder 1996). Das sozialreformerisch-sozialpädagogische Engagement Pestalozzis kann heute weiterhin herausfordernd und warnend zugleich wirken. Seine Aussagen über Gesetzgebung und Kindermord bergen auch heute noch politischen Sprengstoff in sich, werden aber – wie viele andere seiner gesellschaftskritischen Äußerungen – nicht zur Kenntnis genommen. Eine Herausforderung für sozial Tätige ist die von Pestalozzi gelebte Verknüpfung von privatem Leben, beruflicher Praxis und Theorie der Sozialen Arbeit. Und eine Warnung ist das Leben Pestalozzis für jeden, der strahlenden Triumph für sich in der Sozialen Arbeit gewinnen möchte, besteht doch Pestalozzis Wirkung vermutlich nicht zuletzt im „Triumph des Scheiterns" (Albert von Schirnding).

5.7. LITERATUR ZUM VERTIEFEN

Die 1927 begonnene kritische Ausgabe von Pestalozzis Werken umfaßt 28 Bände; die mehr als 6.000 Briefe liegen in 13 Bänden vor. Die Literatur über Pestalozzi und sein Werk füllt ihrerseits viele Bücherwände. Die Biographie von Max Liedtke (Liedtke 1981) führt anschaulich in Pestalozzis Leben und Werk ein; Liedtkes umfassende Bibliographie der Primär- und Sekundärliteratur bietet viele Ansatzmöglichkeiten für ein vertiefendes Studium. Von den Werken Pestalozzis, die allerdings heutigen LeserInnen einiges an Geduld und Toleranz abverlangen, bieten sich die „Abendstunde eines Einsiedlers" (Pestalozzi 1945, 143-164), „Meine Nachforschungen über den Gang der Natur in der Entwicklung des Menschengeschlechts" (Pestalozzi 1946a, 377-564), „Über Gesetzgebung und Kindermord" (Pestalozzi 1945, 353-558) und „Über die Erziehung der armen Landjugend" (Pestalozzi 1945, 39-76) an, um sich ein eigenes Bild von Pestalozzi und seiner Theorie zu machen. Pestalozzis „Brief an einen Freund über seinen Aufenthalt in Stans" ist in Auszügen bei Thole/Galuske/Gängler (1998, 43-63) abgedruckt.

6. Arme verschwinden natürlich – Thomas Robert Malthus (1766-1834)

„Alles, was ich weiß, ist, daß man keinen schlichteren, tugendhafteren, mehr von häuslichen Neigungen erfüllten Mann in ganz England finden konnte als Malthus, und daß sein Herzenswunsch und Arbeitsziel war, häusliche Tugend und Glück in der Reichweite aller zu sehen" (Harriet Martineau, zit. nach Barth 1977, 197).

6.1. HISTORISCHER KONTEXT

Die Anzahl der Menschen in Europa nimmt im 18. Jahrhundert schnell zu (siehe Schnerb 1983, 19); allein auf den Britischen Inseln wächst die Bevölkerung im Laufe des Jahrhunderts nahezu um das Doppelte. Der größte Teil der Europäer ist unterernährt und in einem schlechten Gesundheitszustand. Schon eine Mißernte reicht aus, daß Tausende von Armen einer Region verhungern müssen. Die verheerenden Wirkungen von Typhus, Pest und Cholera werden durch die unzureichenden hygienischen Verhältnisse in den proletarischen Elendsvierteln sowie durch die Unterernährung und die Kriege gefördert; viele hunderttausend Menschen werden auch noch im 18. Jahrhundert Opfer dieser Seuchen. Hinzu kommen die Folgen der „industriellen Revolution", die große Massen von ArbeiterInnen insbesondere in den industriellen Zentren hervorbringen. Diese fristen unter unvorstellbaren Bedingungen ihr Leben.

Als Thomas Robert Malthus geboren wird, hat die lange Regentschaft von König Georg III. (1760-1820) in Großbritannien gerade erst begonnen, und Adam Smith ist Berater des britischen Schatzkanzlers in London, sein Buch über den Wohlstand der Nationen ist noch nicht erschienen. Demokratisierung, Industrialisierung, Agrarrevolution und der Kampf um die Weltmacht mit Frankreich sind die vier großen Herausforderungen, mit denen Großbritannien konfrontiert ist. Die oben (S. 66ff.) beschriebene Entwicklung der Naturwissenschaften und Technik beschleunigt sich und findet einen ersten Höhepunkt. In England ist dieser Prozeß am weitesten fortgeschritten. Die alten arbeitsintensiven Produktionsmethoden (Handwerk, Verlagssystem, Manufaktur usw.) werden durch neue ersetzt (Mechanisierung, maschinelle Massenproduktion usw.). Durch den Einfluß der calvinistischen Ethik wird die Arbeit neu bewertet. Fleiß, Sparsamkeit und nüchternes Gewinnstreben über den Eigenbedarf hinaus gelten als tugendhaft und schaffen die religiös-ethische Basis für eine kapitalistische, an Profitmaximierung orientierte Gesellschaft. Die Gesellschaft spaltet sich in neue Klassen: in Unternehmer („Kapitalisten") und in ungelernte ArbeiterInnen („ProletarierInnen"). Ein Überangebot an freigesetzten ArbeiterInnen ermöglicht es den Unternehmern, die Arbeitslöhne und -bedingungen niedrig zu halten. Geringes Einkommen, geschundene Gesundheit, Arbeitslosigkeit und anderes mehr haben erbärmliche Lebensbedingungen zur Folge. Die weit verbreiteten sozialen Mißstände führen zu Not und Verelendung weiter Kreise der Bevölkerung; trotzdem wächst die Bevölkerung in Großbritannien ungewöhnlich rasch von 6,3 Millionen Einwohnern im Jahre 1750 auf 21 Millionen im Jahre 1850 an. Die Regierung versucht durch Reformgesetze den sozialen Problemen die Sprengkraft zu nehmen. In den „Fabrikgesetzen" (1833) werden z.b. die Arbeitsbedingungen und Arbeitszeiten in den Fabriken der verschiedenen Industriezweige geregelt, und in der „Poor Law Amendment Act" von 1833 wird die Armengesetzgebung grundlegend reformiert. Die wohlhabenden Mitglieder jeder Gemeinde werden in der Armengesetzgebung verpflichtet, ihren armen Mitmenschen finanziell zu helfen.

Die Französische Revolution mit ihren Zielen Freiheit, Gleichheit und Brüderlichkeit löst starke politische Bewegungen in Europa aus, und der Expansionsdrang Frankreichs unter der Herrschaft Napoleons zwingt auch Großbritannien zu Abwehrmaßnahmen, die zu Steuererhöhungen, Getreidesubventionen, Verlust europäischer und überseeischer Märkte führen und diese wieder zu Arbeitslosigkeit und Hungersnöten der Bevölkerung. Neue Staatsideen werden entwickelt, die den Klassenstaat zugunsten von Staatsformen ablösen sollen, in denen das Volk der Souverän ist und ein hohes Maß an gleichen Lebensbedingungen für alle geschaffen wird. In Großbritannien und auf dem europäischen Festland bestimmen die liberalen Thesen von Adam Smith die politische Ökonomie. Die auf Vernunft und Natur als ihre geistigen Grundlagen ruhenden Ideen der Aufklärung dringen auch nach Großbritannien vor. In Frankreich fordert beispielsweise der Mathematiker und Politiker Jean Marie Condorcet (1743-1794) eine Nationalerziehung zur Beseitigung der Klassenunterschiede im Bildungswesen und eine umfassende Weiterbildung der Erwachsenen. Der Politiker und Schriftsteller William Godwin (1756-1836) macht in England die Forderungen der Französischen Revolution nach Freiheit und Gleichheit für alle Menschen populär und verbreitet sie durch seine vielgelesenen Publikationen. So führt Godwin in seinem 1793 erschienen Werk „An Essay Concerning Political Justice and its Influence on General Virtue and Happiness" („Eine Untersuchung über die politische Gerechtigkeit und ihren Einfluß auf die allgemeine Tugend und Glückseligkeit") aus, daß die moralischen Qualitäten des Menschen in einem kaum zu überschätzenden Maß das Produkt der Regierungsform und der staatlichen und gesellschaftlichen Einrichtungen sei, weil der menschliche Geist nicht frei, sondern weitgehend durch die sozialen und rechtlichen Verhältnisse und Institutionen bestimmt sei. Auf die Vernunft aller Menschen vertrauend, glaubt Godwin, daß sich eine fast vollkommene soziale Gerechtigkeit für alle Menschen ergeben würde, wenn die politischen Strukturen geändert würden. Außerdem ist für Godwin jedes menschliche Lebewesen mit der Fähigkeit ausgestattet, eine größere Menge von Nahrungsmitteln zu produzieren, als für den eigenen Unterhalt jeweils notwendig ist (siehe Malthus 1977).

6.2. BIOGRAPHISCHER KONTEXT

Thomas Robert Malthus wird 1766 in der englischen Grafschaft Surrey als Sohn wohlhabender Eltern aus dem Mittelstand geboren (siehe Barth 1977). Der Vater ist Jurist, schwärmt für die französische Aufklärung und verehrt Jean-Jacques Rousseau. Zunächst unterrichtet er seinen Sohn selbst, später bereiten ihn verschiedene Privatlehrer, darunter anglikanische Geistliche, auf den Studienbeginn vor. Malthus soll nach dem Willen der Eltern Geistlicher werden. 1784 beginnt Malthus ein breit angelegtes Studium mit Schwerpunkten in Mathematik und Theologie an der Universität in Cambridge. Nach seinen mit Auszeichnung bestandenen Examina wird er 1788 zum anglikanischen Priester geweiht. Malthus übernimmt kurz darauf eine Stelle als Hilfsgeistlicher. Dieser einträgliche Posten in der Staatskirche gibt ihm eine finanzielle Absicherung, ist mit wenig Aufgaben verbunden und ermöglicht ihm seine weiteren Studien.

Vor allem der Bevölkerungszuwachs und das Elend der Armen in England bewegen ihn; nicht zuletzt deswegen, weil seine Familie infolge der Armengesetze Arme finanziell unterstützen muß. Die Sozialtheorien seiner Zeit, nach denen die Armut die Folge einer falschen gesellschaftlichen Ordnung ist, fordern den jungen Geistlichen, der sich in seinen Studien vor allem mit nationalökonomischen Fragen befaßt, zu einer polemischen Stellungnahme heraus. Malthus schreibt als 32jähriger sein provozierendes Werk „An Essay on the Principle of Population as it Affects the Future Improvement of Society, with Remarks on the Speculations of Mr. Godwin, Mr. Condorcet, and Other Writers" („Versuch über das Bevölkerungsgesetz und seine Auswirkungen auf die künftige Verbesserung der Gesellschaft. Mit Bemerkungen über die Theorien Mr. Godwins, Mr. Condorcets und anderer Autoren") und veröffentlicht die erste Auflage seines Essays 1798 anonym. Die Thesen hat er in Diskussionen mit seinem Vater entwickelt, einem Anhänger der progressiven Lehren von William Godwin. Die heftigen Angriffe auf seine Thesen und weitere Studien veranlassen Malthus, seine Streitschrift im nachhinein mit passenden Daten aufzubereiten. 1803 veröffentlicht Malthus dann als zweite Auflage eine revidierte und nicht mehr so plakativ-polemische Fassung unter seinem Namen und mit einem leicht veränderten Titel.

Von 1804 an ist Malthus Professor für Geschichte und politische Ökonomie an der Akademie der Ostindischen Kompanie in Hertfordshire; zugleich übernimmt er eine neue Pfarrstelle, die er bis zu seinem Lebensende inne hat. In demselben Jahr heiratet er; mit seiner Frau hat er drei Kinder.

Malthus ist von der Ungleichzeitigkeit der Lebenslagen fasziniert: In China ist ein Arbeiter froh, irgendwelche faulen Abfälle als Nahrung zu ergattern, während auf deren Genuß europäische Arbeiter verzichten oder lieber verhungern würden. Ein Wunschtraum von Malthus ist es, eine kulturvergleichende Geschichte der Sitten ärmerer Chinesen zu schreiben (Lepenies 1984, 126-129). Für ihn ist die bisherige Geschichtsschreibung lediglich eine Darstellung der Ereignisse aus der Sicht der oberen Schichten; das will er ändern. Der politisch engagierte Wissenschaftler ist ein entschiedener Gegner der englischen Armengesetzgebung und wird deswegen von den Sozialisten der Labour Party heftig bekämpft. Das recht konventionelle und bürgerliche Leben des Gelehrten und Familienvaters wird nur von kurzen Reisen unterbrochen. Malthus stirbt 1834 und wird in Bath Abbey beerdigt. Ein Jahr vor seinem Tod werden in England neue Armengesetze erlassen, danach besteht für alle Armen Arbeitszwang und in den Armenhäusern sind die Geschlechter voneinander zu trennen und getrennt zu halten.

6.3.   FORSCHUNGSGEGENSTAND UND -INTERESSE

Die Thesen von Malthus provozieren bei seinen Zeitgenossen Widerspruch und Ablehnung, und viele behaupten ärgerlich, daß Malthus seine Thesen lediglich aus seinem persönlichen wirtschaftlichen Eigeninteresse heraus verfaßt habe. Ein wissenschaftliches Interesse wollte/konnte niemand bei ihm entdecken. Sein gesamtes Werk wird häufig allein unter diesem Gesichtspunkt des Egoismus bewertet. Er habe das Pamphlet geschrieben, so werfen ihm seine Gegner vor, weil er das Armengesetz abschaffen wollte, um nicht länger von seinem Wohlstand den Armen etwas abgeben zu müssen, wie es das Gesetz vorschreibt.

Läßt man diese m.E. unzulässige Reduzierung seines erkenntnisleitenden Interesses weg, dann hat sich Malthus mit Fragen befaßt, die heute wie damals in gleichem Maße bedenkenswert sind. Malthus untersucht das Wachstum der Bevölkerung, die Hindernisse, die sich zu verschiedenen Zeiten und in verschiedenen Ländern dem Wachstum der Bevölkerung entgegengestellt haben, und die Neigung aller Lebewesen, sich in höherem Maße zu vermehren, als es die ihnen zur Verfügung stehende Nahrungsmenge zuläßt. Er stellt sich in seinem demographischen Werk so unbequemen Fragen wie: Warum werden so viele Menschen in eine Welt hineingeboren, die sie bloß zu einem frühen Tod oder einer kläglichen Existenz verurteilt? Welche Funktion haben Krankheit, Leid, Katastrophen und Tod im Leben der Menschen? Wie wahrscheinlich ist es, daß sich die Menschen eine so vollkommene Gesellschaftsordnung geben, in der niemand mehr Not leiden muß? Was müssen die Menschen und der Staat tun, damit die Bevölkerung sich nicht weiter vermehrt? (siehe Malthus 1977).

6.4. WISSENSCHAFTSVERSTÄNDNIS

Der umfassend wissenschaftlich gebildete Malthus greift bei seinen Publikationen auf empirische, ethische, ökonomische, politische, philosophische und theologische Erkenntnismethoden und Arbeitsweisen zurück und verknüpft sie miteinander. Für den Mathematiker und Ökonom Malthus ist aber die Erfahrung die eigentliche Quelle und Grundlage allen Wissens, und für den Theologen und Geistlichen sind die göttliche Offenbarung in der Bibel und die Lehre der anglikanischen Kirche maßgebend (Malthus 1977, 19). Beide Erkenntnisquellen verknüpft Malthus, um seine Theorie zu beweisen.

Die zuerst veröffentlichte Auflage vom „Bevölkerungsgesetz" (1798) ist eine polemisierende Streitschrift, in der Malthus seine Thesen ohne jede wissenschaftliche Fundierung aufstellt. Ihr wurde beim Erscheinen allgemein jede Wissenschaftlichkeit abgesprochen. Die zweite, revidierte Fassung (1803) ist als wissenschaftliche Abhandlung weithin akzeptiert worden; in dieser setzt sich Malthus mit den Thesen seiner Widersacher in wissenschaftlicher Form auseinander und bemüht sich, seine Thesen mit empirisch gewonnenen Daten und statistischem Material über die Bevölkerungsentwicklung in England und der Welt und die Produktion von Nahrungsmitteln für die Bevölkerung zu belegen. Aus seinen Daten leitet er das auf einer abstrakten mathematischen Wahrscheinlichkeit basierende Bevölkerungsgesetz ab. Mit diesem Gesetz und einigen anthropologischen, philosophischen und theologischen Lehrsätzen begründet er seine Ablehnung der englischen Armengesetze und seine Forderungen nach präventiven sozialpolitischen und moralischen Maßnahmen.

6.5. THEORIE

Malthus schreibt sein Werk als Streitschrift gegen die sozialen Utopien, die von Godwin und anderen vertreten wurden und gegen die von William Pitt unterstützten gesetzlichen Maßnahmen („Poor Law Bill") zur Bekämpfung des durch die beginnende Industrialisierung wachsenden Massenelends.

(1) *Das Bevölkerungsgesetz*: In der ersten Fassung seines Essays stellt Malthus zwei Postulate auf, die für ihn festgefügte Bestandteile der menschlichen Natur sind:

(a) Die *Nahrung* ist für die Existenz des Menschen notwendig.

(b) Die *Leidenschaft zwischen den Geschlechtern* ist notwendig und wird in etwa gleich bleiben (Malthus 1977, 17).

Malthus hält seine beiden Postulate von der Erfahrung her für gesichert und behauptet weiter, daß die Vermehrungskraft der Bevölkerung unbegrenzt größer sei als die Kraft der Erde, die Mittel für den Lebensunterhalt der Menschen hervorzubringen. Das verschieden starke Wachstum der beiden Größen stellt er mathematisch dar und erkennt darin eine mathematische Gesetzmäßigkeit, das Bevölkerungsgesetz: Die *Bevölkerung wächst* für Malthus, wenn keine Hemmnisse dem Wachstum entgegenwirken, *in geometrischer Reihe* (2-4-8-16-32-64 usw.); und er glaubt beobachtet zu haben, daß sich die Bevölkerung alle 25 Jahre verdoppelt. Die *Nahrungsmittel* wachsen dagegen für ihn nur *in arithmetischer Reihe* (2-4-6-8-10-12 usw.). Die natürliche Folge der unterschiedlichen Entwicklungen ist, daß beide Reihen wie eine geöffnete Schere immer weiter auseinandergehen (2:2-4:4-8:6-16:8-32:10-64:12 usw.). Malthus will eigentlich keine mathematisch exakten Gesetzmäßigkeiten angeben, sondern die mathematischen Reihen vor allem zur Veranschaulichung seiner These nutzen. Die immer weiter auseinander gehenden Entwicklungen sind für ihn aber ein Naturgesetz, das sich aus der Konstanz des menschlichen Geschlechtstriebs und der Begrenztheit der Nahrungsmittelressourcen ergibt. Das Mißverhältnis zwischen dem Bevölkerungswachstum einerseits und der Zunahme der Lebensmittel andererseits führt konsequenterweise zu Not und Elend, weil die Nahrungsmittel für die Bevölkerung nicht mehr ausreichen und viele (ver-)hungern müssen. Not und Elend aber erzeugen nach Malthus Laster (z.B. Begierden des Hungers, Raub, Lust auf Branntwein, das Verlangen, eine schöne Frau zu besitzen usw.) und verursachen so den sittlichen Niedergang der Bevölkerung. Aufgrund des Gesetzes der menschlichen Natur, nach dem die Nahrung für den Menschen lebensnotwendig ist, muß die Entwicklung der beiden ungleichen Größen mit ihren fatalen Auswirkungen im Gleichgewicht gehalten werden. Dies ist nach Malthus nur dadurch möglich, daß die Bevölkerungszunahme ständig und energisch gehemmt wird, z.B. durch Schwierigkeiten, Mittel für den Lebensunterhalt zu bekommen, die unweigerlich irgendwo auftreten müssen und notwendigerweise von einem beachtlichen Teil der Menschheit empfindlich gespürt werden.

Die natürliche Ungleichheit, die zwischen den beiden Kräften – der Bevölkerungsvermehrung und der Nahrungserzeugung der Erde – besteht, und das große Gesetz unserer Natur, das die Auswirkungen dieser beiden Kräfte im Gleichgewicht halten muß, bilden die gewaltige, für Malthus *unüberwindlich erscheinende Schwierigkeit auf dem Weg zu einer vollkommenen Gesellschaft.* Weder eine erträumte Gleichheit aller Menschen noch landwirtschaftliche Maßnahmen von äußerster Reichweite können den Druck des Bevölkerungsgesetzes auch nur für ein einziges Jahrhundert zurückdrängen. Deshalb spricht dieses Bevölkerungsgesetz für Malthus entschieden gegen die mögliche Existenz einer Gesellschaft, deren sämtliche Mitglieder in Wohlstand, Glück und verhältnismäßiger Muße leben und sich nicht um die Beschaffung von Mitteln zum Lebensunterhalt für sich und ihre Familien zu sorgen brauchen (Malthus 1977, 18f.). Soziale Reformversuche können für Malthus den Zwang der Naturgesetzlichkeit nicht aufheben.

(2) *Vorbeugende und nachwirkende Hemmnisse der Bevölkerungsvermehrung*: Malthus stellt jedoch bei seinen statistischen Erhebungen fest, daß sich die Bevölkerung in den modernen Staaten Europas nicht – wie ursprünglich von ihm angenommen – alle 25 Jahre verdoppelt hat, sondern daß die Bevölkerung weitaus langsamer wächst. Die Ursache für dieses verlangsamte Wachstum liegt nun für Malthus keineswegs im „Verlöschen der geschlechtlichen Leidenschaft". Malthus nimmt vielmehr an, daß diese natürliche Neigung in unverminderter Stärke andauert, und erklärt seinen Befund damit, daß in allen Klassen die Voraussicht der Schwierigkeiten, eine Familie zu ernähren, als *vorbeugendes Hemmnis* („preventive check") wirkt, etwa indem Männer und Frauen dadurch vom Heiraten – und infolge dessen vom Zeugen von Kindern – abgehalten werden, weil sie z.b. erkennen, daß sie ihre Ausgaben einschränken müssen, falls sie eine Familie gründen, und damit ihrer Vergnügungen, die sie für sich ausmalen, beraubt werden. In den unteren Klassen, wo die Kinder nicht die nötige Nahrung und Pflege zum Leben erhalten, steht jedoch noch zusätzlich als *nachwirkendes Hemmnis* („positive check") das vorhandene Elend dem natürlichen Anwachsen der Bevölkerung entgegen (Malthus 1977, 36f.). Die nachwirkenden Hemmnisse haben nach Malthus eine viel größere Bedeutung als die vorbeugenden Hemmnisse, da sie sich als unmittelbare Folgen des Bevölkerungsgesetzes für die Armen ergeben und direkt zu spüren sind. Malthus nennt als Beispiele für nachwirkende Hemmnisse die hohe Kindersterblichkeit infolge mangelhafter Ernährung, Krieg, Pest, Seuchen, Hungersnot und Naturkatastrophen, die besonders die arme Bevölkerung immer wieder treffen.

> „Die Kraft zur Bevölkerungsvermehrung ist um so vieles stärker als die der Erde innewohnende Kraft, Unterhaltsmittel für den Menschen zu erzeugen, daß ein frühzeitiger Tod in der einen oder anderen Gestalt das Menschengeschlecht heimsuchen muß. Die Laster der Menschheit sind eifrige und fähige Handlanger der Entvölkerung. Sie stellen die Vorhut im großen Heer der Zerstörung dar; oftmals vollenden sie selbst das entsetzliche Werk. Sollten sie aber versagen in diesem Vernichtungskrieg, dann dringen Krankheitsperioden, Seuchen und Pest in schrecklichem Aufgebot vor und raffen Tausende und Abertausende hinweg. Sollte der Erfolg immer noch nicht vollständig sein, gehen gewaltige, unvermeidliche Hungersnöte als Nachhut um und bringen mit einem mächtigen Schlag die Bevölkerungszahl und die Nahrungsmenge der Welt auf den gleichen Stand" (Malthus 1977, 67f.).

Not und Elend sind für Malthus letztlich die *einzigen wirksamen Mittel*, eine bereits begonnene Bevölkerungszunahme aufzuhalten. Das Problem wird so zwar nicht wirklich gelöst, doch die Spannung wird etwas vermindert. Malthus folgert daraus, daß Not und Elend der Massen ökonomisch-ökologisch gesehen für den Erhalt der menschlichen Gesellschaft notwendig sind und nicht durch eine wirtschaftliche Unterstützung der Armen beseitigt werden dürfen.

(3) *Eine theologische Begründung für Not und Elend in der Welt*: Der anglikanische Pfarrer Malthus findet aber noch eine andere – theologische – Begründung dafür, daß die Existenz von Not und Elend in der Welt berechtigt sei. Damit beantwortet er Fragen, die von Menschen angesichts des Leids in der Welt („Theodizee-frage") immer wieder neu gestellt werden. Seine Erklärung ist: Die Natur darf nicht aus der Phantasie über einen unendlich mächtigen Gott angesehen und bewertet werden. Gott ist – frei von allen Vorstellungen und Phantasien – aus den tatsächlichen Ereignissen in der Natur zu erschließen. Die Natur, d.h. die konkret erfahrbare Welt und das Leben, wird von Malthus als ein machtvoller Prozeß Gottes angesehen, der nicht der Prüfung des Menschen, sondern der Schöpfung und Gestaltung des Geistes dient. Dieser Prozeß ist notwendig, um träge und chaotische Materie, die das Ergebnis des Sündenfalls ist, zum Geist zu erwecken und zu himmlischer Freude zu führen. Die Ursünde des Menschen besteht nach Malthus nämlich in seiner *Trägheit und Verderbtheit*, und der Mensch entstammt einer chaotischen Materie. Aus diesem theologischen Blickwinkel sieht und rechtfertigt Malthus Not und Elend in der Welt. Auf die Frage „Wie kann Gott das Elend der Menschen und das Sterben der Kinder in seiner Schöpfung zulassen?" antwortet Malthus: Das Elend gibt es in der Welt, um *Tätigkeit hervorzurufen* und keine Verzweiflung. Deshalb brauchen sich die Menschen dem Elend und der Not aber nicht geduldig zu unterwerfen, sondern sie müssen sich anstrengen, um es zu vermeiden. Not und Elend sind für Malthus in der Welt unbedingt notwendig, weil sie allein den Menschen zur Arbeit antreiben. Der Mensch ist von Natur aus faul und träge; er arbeitet nur, wenn Not und Gefahren ihn bedrohen. Not und Elend treiben die Entwicklung der Menschheit voran und garantieren den Fortschritt. Sie sind unter Berücksichtigung der Entwicklung der ganzen Menschheitsgeschichte etwas Gutes, denn ohne sie gäbe es keine Entdeckungen und Erfindungen. Es liegt nicht nur im Interesse jedes einzelnen, es ist vielmehr jedermanns Pflicht, sich der äußersten Anstrengung zu befleißigen, um das Übel von sich selbst und von seiner Umgebung, so weit er sie nur beeinflussen kann, fernzuhalten. Je mehr der Mensch der Ausübung dieser Pflicht obliegt, desto klüger richtet er seine Bemühungen aufs Ziel, und je erfolgreicher seine Bemühungen sind, desto wahrscheinlicher wird er seinen eigenen Geist stärken und erheben und um so vollständiger den Willen seines Schöpfers erfüllen (Malthus 1977, 170). Leid und Not sind für Malthus außerdem notwendig, um die Herzen der *Menschen empfindungsfähiger und menschlicher* zu machen, das soziale

Mitgefühl zu wecken, all die christlichen Tugenden zu entfalten und Spielraum für die umfassenden Bemühungen der Nächstenliebe zu geben. Der Antrieb aus einem sozialen Mitgefühl läßt oftmals hochrangige Menschen entstehen. Gott läßt Not und Elend nicht nur zu, sondern er hat ihnen einen festen Platz und eine wichtige Funktion in seiner Schöpfung gegeben (Malthus 1977, 143-170).

(4) *Sozialpolitische und sittliche Forderungen*: Mit seiner wirtschaftlichen und theologischen Begründung des Elends und der Not der vielen Armen und Schwachen rechtfertigt Malthus die Gesellschaftsordnung seiner Zeit, einschließlich der realen Verteilung der Güter und der *Aufteilung der Bevölkerung in Reiche und Arme*. Sozialen Reformen jeder Art spricht er, da sie nach seiner Meinung ja der Naturgesetzlichkeit des Bevölkerungsgesetzes widersprechen, jede Aussicht auf Erfolg ab. Da Armut und Elend gesellschaftspolitisch, ökonomisch und theologisch „in Ordnung" sind, gibt es für Malthus keinen Grund, die Armen zu unterstützen. Jede Form der staatlichen oder anderen öffentlichen Armenunterstützung – selbst die Arbeitsbeschaffungsmaßnahmen des Staates – lehnt er folgerichtig rigoros ab. Er fordert nicht nur, daß *keine Gesetze mehr zur Unterstützung der Armen* beschlossen werden dürfen, sondern verlangt konsequenterweise auch die Aufhebung der seit dem 17. Jahrhundert in England geltenden Armengesetze. Als Konzession an die englische Armenpflegetradition will er höchstens einige *Arbeitshäuser* („work-houses") mit härtester Arbeit und schlechtester Ernährung bestehen lassen. Alle Maßnahmen, die Armen zu unterstützen und die Not zu lindern, sind zu verbieten. Denn – so Malthus – die Armengesetze bilden die Grundlage dafür, den Armen Unterhaltsmittel zu gewähren. Diese führen nur dazu, daß jedermann einer bequemen Versorgung seiner Familie sicher sein könnte und damit fast jeder eine Familie gründen und unterhalten würde. Somit wäre die heranwachsende Generation frei von dem „tödlichen Frost" des Elends, und die Bevölkerung würde sich noch rascher vermehren (Malthus 1977, 72).

Das natürlichste und naheliegendste Hemmnis für ein übermäßiges Bevölkerungswachstum scheint für Malthus darin zu bestehen, jedermann für seine eigenen Kinder sorgen zu lassen (Malthus 1977, 93). Malthus bezieht ausdrücklich die Kinder der Armen in seine Überlegungen mit ein. Seinen allgemeinen Thesen konsequent folgend, lehnt er auch die Unterstützung der Kinder in Not und Elend ab. Malthus befürchtet sogar, daß eine Versorgung der Kinder der Armen die Bevölkerungsvermehrung nur noch mehr anreizen würde. Wenn den Armen die Sorge um ihre Kinder genommen würde, so glaubt er, würden sie nur noch hemmungsloser weitere Kinder zeugen und die Bevölkerung noch stärker vermehren.

Die *Wohltätigkeit privater Einrichtungen und Personen* läßt Malthus jedoch zu. Die private Wohltätigkeit sei sowieso nicht auszurotten, meint er, und außerdem sei sie ethisch positiv zu bewerten, trotz ihrer fatalen Auswirkungen. Von der zweiten, überarbeiteten Auflage seines Werkes an verläßt Malthus den Standpunkt des reinen „laissez faire" seiner liberalen Theorie. Malthus schlägt statt dessen vor, die Diskrepanz zwischen dem Bevölkerungswachstum und den Nahrungsmittelressourcen dadurch auszugleichen, daß man der Vermehrung der Menschen bewußt Schranken setzt. Er fordert als *Mittel gegen eine hemmungslose Bevölkerungsvermehrung*, daß die Menschen sich sexuell enthalten, auf Geschlechtsverkehr verzichten, und so jede Zeugung von Kindern ausschließen sollen. *Moralische Zurückhaltung* („moral restraint") soll damit an die Stelle einer öffentlichen Unterstützung der Armen treten. Sie ist für Malthus das wirksamste Mittel der Armenpflege. Insbesondere die Armen sollen die Eheschließung hinauszögern und nur sehr spät oder am besten aber gar nicht heiraten. Dadurch sollen der Geschlechtsverkehr und die Zeugung von Kindern unterbunden werden. Durch die Verschiebung seiner sexuellen Bedürfnisbefriedigung soll jeder Mensch dazu beitragen, die Armut zu beseitigen und die Menschheit überlebensfähig werden zu lassen. Sollten solche Präventivmaßnahmen, die dem moralischen Bewußtsein des einzelnen anheimgestellt werden müßten, versagen, so bleiben als Alternative nach Malthus nur verhängnisvolle Unterdrückungsmaßnahmen. Der Mensch hat nur die Wahl zwischen diesen beiden Möglichkeiten.

Die Bevölkerung, vor allem die Armen, müßte über die Wirkungen des Bevölkerungsgesetzes und die notwendige geschlechtliche Enthaltsamkeit („sittliche Disziplin") als *präventiv mögliche Maßnahme*, um Hunger und Not infolge Übervölkerung und mangelnder Nahrungsmittel zu verhindern, aufgeklärt werden. In den weiteren Auflagen seines Essays betont Malthus immer stärker die Bedeutung des „moral restraint" für die Verhinderung von Massenelend. Letztlich macht er jedoch auch immer wieder die Armen selbst für ihre Notsituation verantwortlich, wenn und weil sie sich nicht beherrschen können, sondern Geschlechtsverkehr haben und Kinder zeugen. Das Elend trifft die Armen wegen dieser sittlichen Unbeherrschtheit – so sagt Malthus provokant – zu Recht.

6.6. BEDEUTUNG FÜR DIE SOZIALE ARBEIT

Malthus löste mit seiner Theorie Empörung und Ablehnung aus und führte zu einer heftigen bis in die Gegenwart andauernden „Malthus-Debatte". Vielen erschienen seine Thesen als überzeugender Beweis für die soziale Kälte und Unmenschlichkeit eines rein auf Nutzen ausgerichteten egoistischen Denkens, das für Kapitalisten typisch sei. Malthus hat mit seinen pessimistischen und – im Grunde – sehr anspruchsvollen Thesen in jedem Fall

eine fruchtbare Auseinandersetzung über das Problem der Bevölkerungsvermehrung und die sozio-ökonomische Situation der Armen in der industriellen Gesellschaft und in der Welt erzwungen. Sehr ausführlich hat sich
in der Tradition der Sozialen Arbeit Christian Jasper Klumker mit Malthus
und seinen Thesen auseinandergesetzt (siehe S. 159ff.), Hans Scherpner
stellt ebenfalls die Armutsthesen von Malthus in seinem Buch „Theorie der
Fürsorge" (1974, 114-118) dar.

Obgleich sich das Bevölkerungsgesetz von Malthus im Sinne eines mathematisch exakten Gesetzes als Irrtum herausgestellt hat, ist die Diskussion
über das Bevölkerungswachstum in der Welt und die fehlenden Nahrungsmittelressourcen heute intensiver und existentieller als zur Zeit von Malthus. Die Frage, ob Arme vom Staat unterstützt werden sollen, und wenn
sie unterstützt werden sollen, in welcher Höhe diese Unterstützung geleistet
werden soll bzw. kann, gehört zu den umstrittensten sozialpolitischen Problemen in vielen Staaten der Welt, nicht nur in Deutschland (siehe z.B.
Dupâquier 1983). Unter der Überschrift „Stehplatz für Milliarden?" setzt
sich Theo Sommer im Editorial zu einem Sonderdruck der Zeit zum Bevölkerungswachstum und der Weltbevölkerungskonferenz von Kairo 1994 mit
den Thesen von Malthus auseinander:

> „In der Begründung seiner Ideen mag Malthus sich geirrt haben. Das Problem
> hat er richtig erkannt. Heute steht die Weltgemeinschaft unausweichlich vor der
> Frage, ob sie die Begrenzung der Erdbevölkerung Kriegen, Hungerkatastrophen
> und Plagen wie Aids überlassen will, oder ob sie lieber durch konsequente
> Familienplanung und Entwicklungspolitik versucht, dem Gebot demographi-
> scher Selbstbegrenzung zu folgen" (Sommer 1994).

Der gegenwärtige öffentliche Streit über Einsparungen im Staatshaushalt
und über die Höhe der Sozialhilfe in Deutschland bezeugt die Aktualität des
sozialen Problems der Unterstützung Armer durch Wohlhabende. Täglich
kann man in den Medien die Thesen von Malthus mit allen seinen Argu-
mentationen lesen und hören.

Unter dem Namen von Malthus werden mitunter aber auch Auffassungen
diskutiert, die Malthus selbst abgelehnt hat. So fordert der Neomalthusia-
nismus beispielsweise, daß die Bevölkerungsvermehrung durch die Anwendung empfängnisverhütender Mittel und durch die Freigabe des
Schwangerschaftsabbruchs eingeschränkt werden soll. Beides hat Malthus
jedoch scharf abgelehnt; da folgt er als Pfarrer ganz und gar der Lehre seiner Kirche.

6.7.   LITERATUR ZUM VERTIEFEN

Die These vom Bevölkerungsgesetz wird häufig plakativ benutzt, selten
werden die näheren Ausführungen und Erläuterungen von Malthus berück-

sichtigt. Es lohnt sich angesichts der Bedeutung der von Malthus benannten und behandelten Probleme, „An Essay on the Principle of Population" zu lesen. Dieses Hauptwerk von Malthus liegt auch in deutscher Übersetzung vor (Malthus 1977). Leider ist das Buch vergriffen und soll nach Auskunft des Verlages nicht wieder aufgelegt werden. Ausführliche Literaturangaben zum Werk von Malthus sind als Anhang in der deutschen Ausgabe zu finden, aber auch in den Sammelbänden „Malthus in Past and Present" (Dupâquier 1983) und „Malthus and his Time" (Turner 1986).

7. Arme absichern – Otto von Bismarck (1815-1898)

„Bismarcks Stellung zur Arbeiterfrage ist zwiespältig und wechselvoll
gewesen; aber niemand kann bestreiten, daß er ein neues Instrument zur
Bekämpfung sozialer Not geschaffen, daß er der Welt ein großes soziales
Werk hinterlassen hat. Er ist der Führer bei dem Aufbau der deutschen
Arbeiterversicherung gewesen" (Alice Salomon 1932, 65).

7.1. Historischer Kontext

Viel später als in England und Frankreich erfolgt in Deutschland die industrielle Revolution und die Herausbildung des Nationalstaates (Bildung des
Deutschen Reiches 1871). Diese sozio-ökonomischen Veränderungen und
die politischen Einigungsversuche prägen das 19. Jahrhundert in Deutschland (siehe hierzu auch die Einleitung in Teil 2, S. 127ff.).
Mit der Regentschaft von Wilhelm I. (1861-1888) und der Berufung von
Otto von Bismarck zum preußischen Ministerpräsidenten im Jahre 1862 beginnt eine neue Ära in Preußen. Das Ziel der beiden ist die Festigung der
Monarchie zur Stärkung Preußens. Nach erfolgreichen kriegerischen Auseinandersetzungen (wie dem Deutsch-Dänischen Krieg von 1864 und dem
Deutsch-Französischen Krieg von 1870/71) unter preußischer Führung
nutzt Bismarck die nationale Kriegsbegeisterung zur nationalen Einigung
und gründet 1871 das (zweite) Deutsche Kaiserreich; Wilhelm I. wird im
Spiegelsaal von Versailles zum Deutschen Kaiser proklamiert. Das Deutsche Reich ist ein Bundesstaat unter Hegemonie Preußens. Das Reich kontrolliert die Streitkräfte, Zoll, Handel, Verkehr und Post; den 25 Bundesstaa-
ten unterstehen Verwaltung, Justiz und Kultur. Der Deutsche Kaiser vertritt
den Bund nach außen, führt den militärischen Oberbefehl und ernennt und
entläßt den Reichskanzler, der zugleich preußischer Ministerpräsident ist.
Durch eine Vereinheitlichung des Rechts (Strafgesetzbuch von 1872) und
der Wirtschaft (Maß-, Gewichts- und Münzgesetze von 1873) auf liberaler
Grundlage wird das Reich innen ausgebaut und gefestigt.
Die Industrialisierung verläuft in Deutschland insbesondere in der zweiten
Hälfte des Jahrhunderts in einem rasanten Tempo. Großunternehmer, Akti-
en- und Kommanditgesellschaften treiben den Bergbau und die Eisen- und
Maschinenindustrie voran. Das Banken-, Versicherungs-, Verkehrs- und
Nachrichtenwesen wird ausgebaut. Zu Beginn des 19. Jahrhunderts gibt es
nur 300.000 FabrikarbeiterInnen, 1872 sind es bereits 6 Millionen und um
1900 sogar 12 Millionen. Die Arbeits-, Wohn- und Lebensbedingungen der
Arbeiter und ihrer Familien sind meist menschenunwürdig. Schwere körperliche Arbeit, lebensgefährliche Arbeitsplätze, geringer Lohn, Kinder-
und Frauenarbeit, viele Unfälle und Erkrankungen bestimmen ihren Alltag.

Die Arbeiter wohnen mit ihren Familien unter katastrophalen Bedingungen auf engstem Raum in städtischen Elendsvierteln. Den vielen Armen (Arbeitslosen, Kranken, Alten, Invaliden, Bettlern, auch Lohnabhängige) steht eine kleine Gruppe mächtiger Reicher (Großgrundbesitzer und Fabrikanten) gegenüber. Die ArbeiterInnen sammeln ab Mitte des Jahrhunderts ihre Kräfte, um sich gegen ihre Ausbeutung zu wehren; sie gründen Gewerkschaften, Arbeiterparteien, Konsumvereine und Genossenschaften, um für sich politische und wirtschaftliche Macht zu erlangen. Der politische und wissenschaftliche Sozialismus wird zur großen Bewegung gegen Liberalismus und Kapitalismus. Auch die katholische Kirche und der Staat kämpfen gegeneinander um Macht, Einfluß und Eigenständigkeit („Kulturkampf"). Um Armut und Not in der Bevölkerung zu lindern, sind die kommunale Armenfürsorge und die privaten, insbesondere die kirchlichen Träger der Wohlfahrt aktiv.

Der industrielle Aufschwung in Deutschland geht einher mit einer Explosion der (Natur-)Wissenschaften. Staatliche Forschungsförderung und private Investitionen in die Wissenschaft ermöglichen eine Vielzahl (natur)wissenschaftlicher Entdeckungen und technischer Entwicklungen (wie Fernsprecher, Telefon, Elektro- und Benzinmotor, Motorflugzeug und vieles andere mehr). Der wissenschaftliche Fortschritt in der Physik, Biologie, Chemie und Medizin führt zu einem Glauben an Wissenschaft und Technik. Selbst neue Wissenschaften wie die Soziologie oder die Psychologie orientieren sich an den naturwissenschaftlichen Formen der Erkenntnisgewinnung und Theoriebildung. Der wissenschaftliche Fortschrittsglaube wird für viele zu einer Weltanschauung, die die traditionellen Wertordnungen in Frage stellt (siehe zum Ganzen Sachße/Tennstedt 1980, 179-367; Sachße/Tennstedt 1988).

7.2. BIOGRAPHISCHER KONTEXT

Fürst Otto von Bismarck wird im Jahre 1815 in Schönhausen (Bezirk Magdeburg), dem Sitz des altmärkischen Adelsgeschlechts von Bismarck-Schönhausen, geboren. Nach der Erziehung durch Privatlehrer (neben anderen durch den evangelischen Theologen und Philosophen Friedrich Schleiermacher) beginnt Bismarck 17jährig sein Jurastudium an der Universität in Göttingen und setzt es in Berlin fort. Seine Referendarszeit verbringt er von 1836 bis 1839 in Aachen. Danach bewirtschaftet Bismarck seine Güter in Pommern. Von pietistischen Nachbarn beeinflußt, wird Bismarck protestantischer Christ, erhält sich aber lebenslang seine Freiheit gegenüber der Kirche. 1847/48 wird er für die Konservativen Mitglied des Vereinigten Landtags, dann Abgeordneter, schließlich preußischer Abgesandter im Frankfurter Bundestag. Der junge Abgeordnete erstrebt die

Gleichberechtigung Preußens gegenüber der österreichischen Präsidialmacht und die Vorherrschaft Preußens im Norden Deutschlands. Nach Diplomatendiensten in St. Petersburg und Paris ernennt der preußische König Wilhelm I. Bismarck 1862 zum preußischen Ministerpräsidenten. Bismarck setzt sich in den Auseinandersetzungen mit den erstarkenden liberalen Parteien hartnäckig für die Rechte des Königs ein. Nach dem Ende des deutsch-französischen Krieges (1870/71) erreicht Bismarck die lang angestrebte nationale Einigung Deutschlands und die Stärkung der Krone, d.h. des preußischen Königtums. Die Reichsgründung gilt als eines der bedeutendsten Ereignisse des 19. Jahrhunderts und als geniale staatsmännische Leistung Bismarcks. Die Rolle des Reichskanzlers ist in der Verfassung auf ihn und seine Machtinteressen zugeschnitten, er nimmt eine Schlüsselposition ein. Als einziger Minister ist nur er allein dem Monarchen verantwortlich und ist nach dem Kaiser der mächtigste Mann im Deutschen Reich. Bismarck nimmt dieses Amt von der Reichsgründung an fast zwanzig Jahre lang wahr. Die Sicherung der Reichsgründung, der innere Ausbau des Reiches und der Aufbau des Deutschen Reiches zu einer Großmacht in Europa sind seine politischen Ziele. Die gesellschaftliche Konsolidierung des Deutschen Reiches wird zwar durch den Kulturkampf, den Bismarck mit der katholischen Kirche führt, zunächst noch stark erschwert. Nach dessen Beendigung geht er nicht zuletzt mit Unterstützung katholischer Sozialpolitiker daran, mit seinem sozialpolitischen Reformwerk der Sozialversicherung die Sozialisten politisch ins Leere laufen zu lassen. Im Konflikt um die Arbeiterpolitik unterliegt Bismarck dem jungen Kaiser Wilhelm II. (1888-1918) und wird von ihm 1890 wegen persönlicher und sachlicher Gegensätze aus dem Amt entlassen. 1898 stirbt Bismarck in Friedrichsruh bei Hamburg.

7.3. FORSCHUNGSGEGENSTAND UND -INTERESSE

Für den Staatsmann und Politiker Bismarck ist die Sozialpolitik nur ein kleiner Ausschnitt seines weiten Tätigkeits- und Interessenfeldes. Anfangs geht es ihm um die Stärkung der Kräfte, die der Einigung Deutschlands dienen könnten. Nach der Einigung interessiert er sich für die Erhaltung des geeinten Reiches und für die Vernichtung aller Kräfte und Bestrebungen, die der Sicherheit des Staates gefährlich werden könnten.

Das Elend und die Not der deutschen Bevölkerung interessieren Bismarck nur im Kontext seiner gesamtpolitischen Ziele. Schon als junger Abgeordneter warnt er vor dem Parlament: „Die Fabriken bereichern den einzelnen, erziehen aber eine Masse von schlecht genährten, durch die Unsicherheit ihrer Existenz dem Staate gefährlichen Proletariern" (Salomon 1932, 66). Erst als die sich organisierenden ArbeiterInnen zur Gefahr für Staat und

Monarchie werden, wird die soziale Frage für Bismarck relevant. Bismarck sucht politische Lösungen für die zwei Fragen: Wie kann man verhindern, daß eine parteipolitisch organisierte Arbeiterschaft die bestehende Gesellschaftsform der Monarchie zugunsten des Sozialismus umstürzt? und: Wie kann man die Staatskasse nachhaltig von den hohen Kosten der Armenfürsorge entlasten? (Siehe auch die unten, in Abschnitt 7.4. genannte Einschränkung hinsichtlich der Wissenschaftlichkeit und wissenschaftlichen Grundlagen der Bismarckschen Sozialpolitik).

7.4. WISSENSCHAFTSVERSTÄNDNIS

Bismarcks Sozialpolitik stellt keine (sozial)wissenschaftliche Theorie im wissenschaftlichen Sinne dar. Ich möchte hier Alice Salomon folgen und von „einem originären Programm sozialer Sicherheit" sprechen, das Bismarck und Kaiser Wilhelm I. den in der Welt bestehenden Theorien über sozialen Fortschritt hinzugefügt haben (Salomon 1983, 10). Bismarck kümmert sich nicht um eine wissenschaftliche Fundierung und theoriegebundene Reflexionen seines Programms und setzt sich auch nicht mit dem wissenschaftlichen Sozialismus, z.B. mit den Werken von Karl Marx, auseinander. Bekannt ist allerdings, daß Bismarck mit dem Sozialistenführer Ferdinand Lassalle viele Jahre in engem Gedankenaustausch gestanden hat. Als Jurist und Minister benutzt Bismarck pragmatisch das Instrument der parlamentarischen Gesetzgebung, um seine Vorstellungen von der Lösung der sozialen Frage politisch durchzusetzen und in der Praxis zu verwirklichen.

7.5. THEORIE

Bismarcks Sozialpolitik basiert nicht auf einer sozialwissenschaftlichen Theorie; bei seiner „Theorie" handelt es sich um ein *politisches Programm*, mit dem er handfeste realpolitische Ziele verfolgt. Doch auch dieses Programm ist nicht als geschlossener Entwurf ausgearbeitet und in die Praxis umgesetzt worden. Sein Programm ist vielmehr in politischen Auseinandersetzungen entstanden. Erst im nachhinein ist es in Diskussionen der damaligen Zeit als ein stimmiger „Theorieansatz" herausgearbeitet worden. Diese Eigenart verlangt im folgenden auch eine eigene Form der Darstellung.

(1) *Die Arbeiterbewegung als Gefahr für den Staat*: Die Zünfte und Gilden verlieren mit der wachsenden Industrialisierung ihre Bedeutung für die soziale Sicherung der Arbeiter. Die Arbeitslöhne sind gering, vielfach liegen

sie unter der Grenze der Lebenssicherung. Wer wegen Krankheit, Invalidität oder Alter nicht mehr arbeiten kann, hat keinerlei Absicherung gegen Armut und Not; wer keine Arbeit hat, hat auch keine Absicherung, denn die Armengesetzgebung bietet nur selten eine wirksame Unterstützung. Die *Arbeiterbevölkerung* sinkt insbesondere in Zeiten großer Arbeitslosigkeit zur *Armenbevölkerung* herab, deren Absicherung die öffentliche und private Armenpflege überfordert. Das Massenelend erfordert neue Maßnahmen, um das vorhandene Elend zu beseitigen und weiteres Elend zu verhindern. Die Arbeiter selbst schließen sich zu politischen und wirtschaftlichen Solidargemeinschaften zusammen, um ihre Lage zu verbessern (siehe Wendt 1995c).

Der Vereinigungsparteitag des Allgemeinen Arbeitervereins (von Ferdinand Lasalle 1863 gegründet) mit der Sozialdemokratischen Arbeiterpartei (von August Bebel 1869 gegründet) im Jahre 1875 in Gotha ist ein Höhepunkt der politischen *Arbeiterbewegung*. Das Gothaer Programm der neuen Sozialistischen Arbeiterpartei Deutschlands (SAPD) fordert nicht nur sämtliche politischen Freiheiten für die Arbeiter, sondern auch eine Lösung der sozialen Frage sowie die Errichtung von sozialistischen Produktionsgenossenschaften mit Staatshilfe unter der Kontrolle des arbeitenden Volkes. Für Bismarck und die konservativen Parteien ist damit der Zeitpunkt gekommen, Entscheidendes gegen die deutschen Sozialisten, die in eine internationale sozialistische Bewegung eingebunden sind, zu unternehmen. Die Revolutionsdrohung, die hinter dem Programm der Sozialisten steht, wird von den konservativen Politikern ernstgenommen und gefürchtet; denn es gehören mehr als zwei Drittel aller Deutschen zur Lohnarbeiterklasse. Die meisten von ihnen leben in dauernder Not und Armut am Rande des Existenzminimums oder, falls arbeitslos, von der öffentlichen oder privaten Fürsorge ohne Aussicht auf eine bessere Zukunft. Die schweren und blutigen Bürgerkriege von 1848/49 liegen erst wenige Jahrzehnte zurück; sie sind allen politisch Verantwortlichen eine abschreckende Erinnerung (siehe Orthbandt 1980, 42).

Auf Kaiser Wilhelm I. werden im Frühjahr 1878 ohne Erfolg zwei Attentate unternommen. Die Täter können nicht festgestellt werden, doch Bismarck legt die Attentate den Sozialdemokraten zur Last. Nach der Auflösung des Reichstages und Neuwahlen setzt Bismarck 1878 im Reichstag das „Gesetz gegen die gemeingefährlichen Bestrebungen der Sozialdemokratie" durch. Die Sozialistische Arbeiterpartei wird mit diesem „*Sozialistengesetz*" verboten. Die Parteiorganisation und alle sozialistischen Vereine werden aufgelöst. Die Parteimitglieder gehen in den Untergrund (siehe Landwehr/Baron 1991, 11-138).

(2) *Sozialgesetze zur Besserung der Arbeiterschicksale*: Am 15. Februar 1881 eröffnet Kaiser Wilhelm I. die Session des Reichstages mit einer

Thronrede, in der er auf Anregung Bismarcks den festen Willen des Staates ausdrückt, das Arbeiterelend zu lindern: „Diese Heilung (sozialer Schäden) wird nicht ausschließlich im Wege der Repression sozialistischer Ausschreitungen, sondern gleichmäßig auf dem der *positiven Förderung des Wohles der Arbeiter* zu suchen sein" (Bismarck 1929). In seiner Rede vor dem Reichstag am 15. März 1881 erläutert Bismarck die kaiserliche Ankündigung:

„Bei der Einbringung des Sozialistengesetzes hat die Regierung ... Versprechen gegeben dahin, daß als Corollär dieses Sozialistengesetzes die ernsthafte Bemühung für eine Besserung des Schicksals der Arbeiter Hand in Hand mit demselben gehen sollte. Das ist meines Erachtens das *Komplement für das Sozialistengesetz*. Denn es ist eine Ungerechtigkeit, auf der einen Seite die Selbstverteidigung einer zahlreichen Klasse unserer Mitbürger zu verhindern und auf der anderen Seite ihr nicht die Hand entgegenzureichen zur Abhilfe desjenigen, was unzufrieden macht" (Bismarck 1929).

Die erste Vorlage für eine *Unfallversicherung* begründet Bismarck im Reichstag wie folgt:

„Vor dem Verhungern ist der invalide Arbeiter durch unsere heutige Armengesetzgebung geschützt. Nach dem Landrechte wenigstens soll niemand verhungern, ob es nicht dennoch geschieht, weiß ich nicht. Das genügt aber nicht, um den Mann mit Zufriedenheit auf sein Alter und seine Zukunft blicken zu lassen, und es liegt in diesem Gesetze auch die Tendenz, das Gefühl menschlicher Würde, welches auch der ärmste Deutsche meinem Willen nach behalten soll, wach zu erhalten, daß er nicht rechtlos als reiner Almosenempfänger dasteht. Wer den Armenverhältnissen in großen Städten selbstprüfend näher getreten ist, ... hat beobachten können, wie ein Armer, namentlich wenn er körperlich schwach und verkrüppelt ist, unter Umständen behandelt wird ..., der muß eingestehen, daß jeder gesunde Arbeiter, der dies mit ansieht, sich sagt: es ist doch fürchterlich, daß ein Mensch auf diese Weise ... herunterkommt, wo der Hund seines Nachfolgers es nicht schlimmer hat" (Landwehr/Baron 1991, 36).

Monate später, am 17. November 1881, sagt Kaiser Wilhelm I. in einer weiteren Thronrede, der berühmt gewordenen „Kaiserlichen Botschaft":

„Schon im Februar d. J. haben Wir Unsere Überzeugung aussprechen lassen, daß die Heilung der sozialen Schäden nicht ausschließlich im Wege der Repression sozialdemokratischer Ausschreitungen, sondern gleichmäßig auf dem der positiven Förderung des Wohles der Arbeiter zu suchen sein werde. Wir halten es für Unsere Kaiserliche Pflicht, dem Reichstage diese Aufgabe von Neuem ans Herz zu legen, und würden Wir mit um so größerer Befriedigung auf alle Erfolge, mit denen Gott Unsere Regierung sichtlich gesegnet hat, zurückblicken, wenn es Uns gelänge, dereinst das Bewußtsein mitzunehmen, dem Vaterlande neue und dauernde Bürgschaften seines inneren Friedens und den Hilfsbedürftigen größere Sicherheit und Ergiebigkeit des Beistandes, auf den sie

Anspruch haben, zu hinterlassen. In Unseren darauf gerichteten Bestrebungen sind Wir der Zustimmung aller verbündeten Regierungen gewiß und vertrauen auf die Unterstützung des Reichstages ohne Unterschied der Parteistellungen. In diesem Sinne wird zunächst der von den verbündeten Regierungen in der vorigen Session vorgelegte Entwurf eines Gesetzes über die Versicherung der Arbeiter gegen Betriebsunfälle mit Rücksicht auf die im Reichstage stattgehabten Verhandlungen über denselben einer Umarbeitung unterzogen, um die erneuthe Beratung desselben vorzubereiten. Ergänzend wird ihm eine Vorlage zur Seite treten, welche sich eine gleichmäßige Organisation des gewerblichen Krankenkassenwesens zur Aufgabe stellt. Aber auch diejenigen, welche durch Alter oder Invalidität erwerbsunfähig werden, haben der Gesamtheit gegenüber begründeten Anspruch auf ein höheres Maß staatlicher Fürsorge als ihnen bisher hat zu Theil werden können. Für diese Fürsorge die rechten Mittel und Wege zu finden, ist eine schwierige, aber auch eine der höchsten Aufgaben jedes Gemeinwesens, welches auf den sittlichen Fundamenten des christlichen Volkslebens steht. Der engere Anschluß an die realen Kräfte dieses Volkslebens und das Zusammenfassen der letzteren in der Form kooperativer Genossenschaften unter staatlichem Schutz und staatlicher Förderung werden, wie Wir hoffen, die Lösung auch von Aufgaben möglich machen, denen die Staatsgewalt allein in gleichem Umfange nicht gewachsen sein würde. Immerhin wird auch auf diesem Wege das Ziel nicht ohne die Aufwendung erheblicher Mittel zu erreichen sein" (Bismarck 1929, 271f.).

Die „Kaiserliche Botschaft" heißt zwar kaiserlich, ist aber von Bismarck entworfen worden und wird von ihm vor dem Reichstag vertreten (siehe Peters 1978). Gegen den Widerstand der Liberalen greift Bismarck mit seiner Antwort auf die soziale Frage zwei stärker werdende Strömungen in der Sozialpolitik auf: Arbeiter und auch einzelne Betriebe, die sich freiwillig in Solidargemeinschaften – in Form von Versicherungen (z.B. die Bergleute in den Knappschaftskassen) – zusammengeschlossen haben, um sich gegen Armut abzusichern; Sozialpolitiker (die sogenannten „Kathedersozialisten" und der „Verein für Sozialpolitik"), die mit konkreten Vorschlägen auf eine gesetzliche Sozialpolitik drängen, um die Klassenunterschiede zu mildern und den sozialen Aufstieg der Lohnarbeiterschaft zu fördern.

Das „Gesetz betreffend die *Krankenversicherung* der Arbeiter" wird im Mai 1883 im Reichstag verabschiedet. Das Kernstück des Gesetzes liegt in der Einführung des *Versicherungszwangs*, der mit einem *Rechtsanspruch auf Unterstützung* gekoppelt ist. Gegen Gehalt oder Lohn beschäftigte Personen sind gegen Krankheit zu versichern (siehe Orthband 1980, 44-49). Auch das Unfallversicherungsgesetz vom Juli 1884 beruht auf dem Prinzip des Versicherungszwangs. Unterstützt werden Unfallopfer unabhängig von der Schuldfrage. Der bei der Arbeit verunglückte Arbeiter oder seine Hinterbliebenen können jetzt Rente von der Berufsgenossenschaft erhalten, die für die Unfallversicherung zuständig ist.

Das Gesetz über die *Invaliditäts- und Altersversicherung* vom Juni 1889 gewährt nach dem 70. Lebensjahr eine Altersrente oder bei Erwerbsunfähigkeit eine Invalidenrente. An die Stelle öffentlicher oder privater Armenfürsorge tritt für die Arbeiter ein *Recht auf Versicherungsleistungen*, das der einzelne Arbeiter durch seine Beitragszahlung erwirbt. Die Beiträge werden zu zwei Dritteln von den Arbeitern und zu einem Drittel vom Arbeitgeber gezahlt. Die Versicherten werden an der *Selbstverwaltung* der Kassen beteiligt und damit in die gesellschaftliche Verantwortung eingebunden.

(3) *Die politischen Auswirkungen*: Bismarck bekennt vor dem Reichstag am 26. November 1884 offen: „Wenn es keine Sozialdemokratie gäbe und wenn nicht eine Menge sich vor ihr fürchtete, würden die mäßigen Fortschritte, die wir überhaupt in der Sozialreform bisher gemacht haben, auch noch nicht existieren" (Bismarck 1929, 443). Die Arbeiterversicherungsgesetzgebung erweist sich bei der Bekämpfung des Elends als *ein durchaus wirkungsvolles Instrument*: 1885 sind über 10% der Bevölkerung des Deutschen Reiches versichert, 1911 sind es schon 21%. Eine Umfrage bei den Armenverwaltungen ergibt 1895, daß eine Entlastung der öffentlichen Armenpflege stattgefunden hat und eine große Zahl von Personen vor Verarmung bewahrt worden ist. Damit hat Bismarck für die eine der beiden ihn drängenden sozialpolitischen Fragen eine für ihn befriedigende Antwort gefunden: die Arbeiter sollen durch die Arbeiterversicherung davor bewahrt werden, der öffentlichen Armenpflege anheim zu fallen (Sachße/Tennstedt 1980, 264). Bismarck schafft sich mit der Arbeiterversicherungsgesetzgebung zudem ein wirksames Instrument für seine *Arbeiterpolitik*. Für die Arbeiter wird erreicht, daß ihre soziale Unsicherheit gemindert, ihre wirtschaftliche Kraft gestützt und ihre Lebenschancen durch einen Rechtsanspruch auf Beistand in der Not geschützt werden. Durch die Eigenart der Sozialversicherung werden die Versicherten *in den Staat verantwortlich eingebunden*. Mit der Ausweitung der Gruppe der Versicherten und der Verbesserung der Leistungen sinkt die Armenfürsorge „zum Unterstock des sozialen Sicherungssystems" herab (siehe Sachße/Tennstedt 1980, 262ff.). Doch bei dieser versicherten Personengruppe handelt es sich um Arbeiter, die bereits eine gewisse beruflich-betriebliche und zeitliche Stetigkeit erreicht haben, also um eine „privilegierte Klasse" unter den Arbeitern, die mit festem Arbeitsplatz und relativ hohem Lohn in der Fabrikindustrie und im Handwerk beschäftigt sind (siehe Sachße/Tennstedt 1980, 264). Die *Armen* (Arbeitslose, Behinderte usw.) haben im Unterschied zu den Versicherten keinen Rechtsanspruch auf eine Unterstützung. Sie erhalten weiterhin *Unterstützung nach dem Bedarfsprinzip* und den Bedingungen der Armenpflege und müssen darum bitten.
Die Lösung des zweiten ihm wichtigen sozialpolitischen Problems gelingt Bismarck dagegen nur zum Teil: der parteipolitischen Arbeiterbewegung

durch die Sozialgesetzgebung den Wind aus den Segeln zu nehmen. Der befürchtete *Umsturz* durch die Arbeiter *findet* allerdings auch *nicht statt*. Das Sozialistengesetz wird nach Bismarcks Sturz (1890) aufgehoben, und die ArbeiterInnen organisieren sich noch in demselben Jahr wieder öffentlich in der Sozialdemokratischen Partei Deutschlands (SPD). Mit der SPD und den neu aufgebauten Gewerkschaften setzen die ArbeiterInnen ihren Kampf um bessere Arbeitsverhältnisse und einen gerechten Lohn fort. Auf Initiative der ehemaligen Schneiderin und sozialdemokratischen Parteisekretärin in Köln Marie L. Juchacz (1879-1956) – Mitglied der Nationalversammlung und des Reichstags – gründen in der Wohlfahrtspflege engagierte SozialdemokratInnen 1919 die *Arbeiterwohlfahrt*. Der in den zwanziger Jahren rasch wachsende und politisch einflußreiche Wohlfahrtsverband sieht seine Hauptaufgabe in dem Kampf zur Überwindung des demütigenden Charakters der Armenpflege und in der Demokratisierung der Wohlfahrtspflege.

7.6.   BEDEUTUNG FÜR DIE SOZIALE ARBEIT

Die Widerstände gegen Bismarcks Sozialpolitik sind zu seiner Zeit riesig. ArbeiterInnen und UnternehmerInnen haben beide kein Verständnis für die Versicherungen; die Fortschrittsparteien halten den Versicherungszwang für unvereinbar mit den Grundgesetzen einer modernen Volkswirtschaft; die Sozialdemokraten wollen von „Bettelrenten" und „Almosen des Staates" nichts wissen. Bismarck hat zusammen mit Kaiser Wilhelm I. seine Sozialpolitik dennoch gegen alle Widerstände durchgesetzt.
Die sozialen Versicherungen wurden in der Reichsversicherungsordnung (RVO) im Jahre 1911 neu zusammengestellt und neu geordnet. Die RVO ist seitdem die grundlegende gesetzliche Ordnung für die Sozialversicherungen in Deutschland, deren Materie seit 1976 im Sozialgesetzbuch (SGB) neu kodifiziert wurde. Die soziale Absicherung bewahrt(e) viele ArbeiterInnen und ihre Familien vor Armut und Not. Die Kassen der öffentlichen Armenpflege/Fürsorge werden in den Folgejahren durch das Versicherungsprinzip spürbar entlastet (auch wenn zugleich neue Kosten durch eine bessere Versorgung der Armen in den zwanziger Jahren entstehen). Durch die Selbstbeteiligung und Selbstverantwortung sind die ArbeiterInnen, vielfach als „vaterlandslose Gesellen" diffamiert, in die Gesellschaft und den Staat integriert und übernehmen soziale Verantwortung.
In vielen Fällen genügen jedoch die generellen Sozialversicherungsgesetze den tatsächlichen Notwendigkeiten nicht. Nach wie vor muß die Armenfürsorge in zahlreichen von den Versicherungen nicht abgedeckten Notfällen individuell orientiert aushelfen. „Die individuelle Hilfe der Fürsorge verschwisterte sich mit der generellen Hilfe der Sozialpolitik" (Orthbandt

1980, 52). Diese Verschwisterung besteht auch heute noch, wenn auch unter veränderten Rechtsbedingungen.

Bismarcks „Theorie Sozialer Arbeit" bestimmt in vielen Bereichen ganz entscheidend die Praxis Sozialer Arbeit, was kaum ein „Theoretiker" von seiner Theorie behaupten kann.

Das deutsche Sozialversicherungssystem gilt heute weithin als erfolgreiches Modell für eine sozialpolitische Lösung sozialer Fragen und ist vielfach von anderen Staaten übernommen worden. Manche WirtschaftsführerInnen, liberale PolitikerInnen und SozialwissenschaftlerInnen sehen allerdings auch heute noch in den vom Staat angeordneten Sozialversicherungen einen Irrweg, fordern die Privatisierung der sozialen Sicherungen, mindestens aber einschneidende Kürzungen der Leistungen und geben Bismarck die Hauptschuld an der „Fortsetzung des Sozialismus mit reformerischen Mitteln" (Habermann 1994).

7.7. LITERATUR ZUM VERTIEFEN

Einen guten Überblick über Bismarcks Umgang mit der sozialen Frage geben neben den einschlägigen Monographien (z.b. Peters 1978) die entsprechenden Kapitel zu den Sozialversicherungen in den Werken zur Geschichte der Sozialen Arbeit. Ich nenne folgende fünf Beispiele: „Geschichte der Armenfürsorge in Deutschland" von Christoph Sachße und Florian Tennstedt, Bd. 1: „Vom Spätmittelalter bis zum Ersten Weltkrieg" (1980, 179-324) und Bd. 2: „Fürsorge und Wohlfahrtspflege 1871-1929" (1988); „Der Deutsche Verein in der Geschichte der deutschen Fürsorge" von Eberhard Orthbandt (1980, 1-171); „Die Entwicklung der Armenpflege in Deutschland vom Beginn des 19. Jahrhunderts bis zum ersten Weltkrieg" von Rüdeger Baron, in: Rolf Landwehr/Rüdeger Baron (Hrsg.): „Geschichte der Sozialarbeit" (1991, 11-71); „Geschichte der sozialen Arbeit" von Wolf Rainer Wendt (1995c). Zum Quellenstudium bietet sich auch Band 12 aus Bismarcks „Gesammelte Werke" an (1929).

8. In, durch und zur Gemeinschaft erziehen – Paul Natorp (1854-1924)

„Natorps Verständnis der Sozialpädagogik als einer erziehungswissen-schaftlichen Kategorie ist ... vor allem historisch zu werten, als Natorps pädagogische Antwort auf die gesellschaftliche und pädagogische Situation seiner Zeit – des ausgehenden 19. Jahrhunderts –, die von einer sehr starken, aber vor allem einseitigen Betonung der Individualpädagogik gekennzeichnet ist" (Helmut Rünger 1964, 15).

8.1. HISTORISCHER KONTEXT

Mit dem Aufschwung der industriellen Produktion verändern sich in der zweiten Hälfte des 19. Jahrhunderts die Lebensbedingungen im Deutschen Reich, in die Paul Natorp hineingeboren wird, radikal (siehe dazu auch die Ausführungen zu Bismarck, S. 103ff., und die Einleitung in Teil 2, S. 127ff.). Dank einer verbesserten medizinischen Versorgung wächst die Bevölkerung schnell. Die Lebens- und Arbeitsbedingungen vieler Menschen sind unmenschlich, viele finden keine Arbeit; auch wer alt oder krank ist, gerät in Not. Das Massenelend bedroht die mit der Gründung des Deutschen Reiches 1871 neu geschaffene staatliche Ordnung. Die ArbeiterInnen wehren sich gegen ihre Ausbeutung und organisieren sich. Die Sozialistische Arbeiterpartei Deutschlands (SAPD) und später die Sozialdemokratische Partei Deutschlands (SPD) formulieren ihre Ziele und ihre Programme auf der Grundlage des Materialismus und der ökonomischen Theorie von Karl Marx (1818-1883). Bismarck und die konservativen Parteien bekämpfen die Sozialisten. Um die Lage der Arbeiter zu verbessern und damit deren Forderungen nach Gesellschaftsveränderungen zu befrieden, werden unter anderem die Sozialversicherungen eingeführt. Diese betreffen aber nur die arbeitende Bevölkerung. Die Lebensbedingungen der Arbeitslosen und Armen bleiben davon unberührt. Neben den sozialen Gegensätzen entzweien auch politische Konfrontationen Staat und Gesellschaft. Proletariat (LohnarbeiterInnen) und Bourgeoisie (Kapital- und Großgrundbesitzer) sind miteinander verfeindet. „Sturz der Bourgeoisieherrschaft!" und „Alle politische Macht dem Proletariat!" heißen die Parolen bei den ProletarierInnen; die „soziale Frage" als Auslöser der „sozialistischen Gefahr" bedrängt das Großbürgertum. Die zwei Revolutionen in Rußland, der Erste Weltkrieg (1914-1918) mit seinen schrecklichen Folgen und die politischen Aufstände in Deutschland (1918/19) lösen Furcht und Schrecken nicht nur unter den BürgerInnen aus, sondern auch in den „unteren Schichten". In den ersten Jahren der Weimarer Republik drohen Staat und Gesellschaft im Chaos zu versinken.

Pädagogische Bemühungen zur Verbesserung der Volksbildung werden von vielen Initiativen entwickelt. Dank der Volksschulen und einer intensivierten Lehrerausbildung verbessert sich das Bildungsniveau der Bevölkerung ab 1870 zwar beachtlich (siehe Reble 1981, 258-265), doch konservative Kreise mißtrauen dieser Volksbildung; sie sehen in der ihrer Meinung nach zu hoch getriebenen Bildung des Volkes und der Lehrer eine wesentliche Ursache dafür, daß das Volk politisch unzufrieden ist und sich auflehnt. Volksschule und Lehrerausbildung werden in der Folge stark vereinfacht; statt einer allseitigen Menschenbildung im Sinne Pestalozzis wird den Kindern nur noch Schreiben, Lesen, Rechnen und Religion beigebracht. Auswendiglernen und Abhören sind die dominierenden Unterrichtsmethoden. Die Schulaufsicht liegt weitgehend in den Händen der Kirchen. Den „Proletarierschulen" stehen die Gymnasien (mit eigenen Vorschulen) als Schulen der Bürger gegenüber. Das geteilte Schulsystem spiegelt eine geteilte Gesellschaft wider. In Konfrontation zu „Individualpädagogik" benutzt Karl Mager 1844 erstmals den Begriff „Social-Pädagogik"; sechs Jahre später nimmt Friedrich A. Diesterweg diesen neuen Begriff auf. Die (Sozial-)Pädagogen fordern Bildungsreformen; sie wollen insbesondere die Klassenunterschiede in Bildung und Erziehung aufheben. Die Philosophen des 19. Jahrhunderts stehen noch ganz im Banne des transzendentalen Idealismus von Immanuel Kant (1724-1804) aus Königsberg. Man streitet über die Antwort auf seine drei Fragen: Was können wir wissen? Was sollen wir tun? Was dürfen wir hoffen?

8.2. BIOGRAPHISCHER KONTEXT

Paul Natorp wird 1854 in Düsseldorf als Sohn eines protestantischen Pfarrers geboren (siehe Ruhloff 1966; Natorp 1974; Pippert 1983). Von 1871 bis 1876 studiert er Geschichte, Philologie, Theologie und Philosophie in Berlin, Bonn und Straßburg. Nach seiner Promotion in Philosophie 1876 verdient er seinen Lebensunterhalt als Haus- und Privatlehrer in Dortmund, Straßburg und Worms. 1881 habilitiert er sich an der Universität Marburg mit einer Arbeit über die Erkenntnistheorie von Descartes und wird in demselben Jahr Privatdozent und zwei Jahre später außerordentlicher Professor für Philosophie an der Universität in Marburg. Bis 1892 befaßt sich Natorp fast ausschließlich mit philosophischen Fragen (vor allem mit Erkenntnistheorie, Logik und Ethik). An der Marburger Universität wird dann 1892 dem jungen Philosophen ein Lehrstuhl für Philosophie und Pädagogik angeboten. Natorp erbittet sich Bedenkzeit für seine Entscheidung, studiert zur Entscheidungshilfe die Schriften von Pestalozzi und entscheidet sich 1893, den Lehrstuhl mit der Auflage anzunehmen. Von da an befaßt er sich intensiv mit Pädagogik als konkreter Philosophie und wird zu einem entschiedenen Bildungsreformer. In den meisten seiner Publikationen greift Natorp auf die Werke von Plato, Jean-Jacques Rousseau, Jean-Marie Condorcet, Johann Heinrich Pestalozzi und Immanuel Kant zurück. Natorp veröffentlicht mehrere umfangreiche Schriften über Pestalozzi, in denen er versucht, Pestalozzis Thesen als pädagogische Antwort auf die soziale Frage darzustellen. Mit seinen philosophischen Studien und Theorien gehört Natorp neben Hermann Cohen (1842-1918) zu den Begründern der „Marburger Schule", die in Ablehnung der „Berliner Schule" und der Lebensphilosophie von Wilhelm Dilthey (1833-1911) den kantianischen transzendentalen Idealismus weiterführt.

In seiner „Einleitung in die Psychologie nach kritischer Methode" (1888) und in seiner Studie „Religion innerhalb der Grenzen der Humanität" (1894) formuliert Natorp bereits zentrale Theorieelemente seiner (sozial-) pädagogischen Konzeption. 1899 erscheint die erste Auflage seines pädagogischen Hauptwerkes „Sozialpädagogik. Theorie der Willensbildung auf der Grundlage der Gemeinschaft". „Sozialpädagogik" ist für Natorp ein Kampftitel, mit dem er sich für eine Reform der Pädagogik zur sozialen Pädagogik einsetzt. Gegen die Angriffe seiner zahlreichen Gegner wehrt er sich in mehreren Aufsätzen (Natorp 1922), in dem Aufsatz: „Der Streit um den Begriff der Sozialpädagogik" (Natorp 1907) hat er seine Hauptargumente zusammengefaßt. Die Kritik vieler Pädagogen an Natorp zielt insbesondere auf seinen erkenntnistheoretischen Ansatz, der ganz im Gegensatz zu der um die Jahrhundertwende vorherrschenden Lebensphilosphie steht. Seine philosophischen Grundgedanken faßt Natorp in seinem Werk „Philosophie. Ihr Problem und ihre Probleme. Einführung in den kritischen Idealismus" (1911) zusammen.

Natorp kooperiert eng mit der Vorstandschaft des Deutschen Lehrervereins (DLV) und publiziert als Verfechter der Einheitsschule praxisorientierte Artikel in „Die Deutsche Schule", der Zeitschrift des DLV. Er fordert eine nationale Einheitsschule mit sechsjähriger Grundschule, die allgemein für jeden verbindlich sein soll.

Mit dem Beginn des Ersten Weltkrieges schreibt Natorp eine Reihe von nationalistisch ausgerichteten Aufsätzen, in denen er die deutsche Position zum Krieg rechtfertigt und den Krieg für eine politische und pädagogische Notwendigkeit hält, z.B. „Über den gegenwärtigen Krieg. Brief eines deutschen Universitätsprofessors an einen amerikanischen Kollegen" (1914), „Vom Beruf des Deutschen" (1915), „Philosophie im Schützengraben" (1916), „Die große Stunde – Was sie der Jugend kündet" (1914) u.a. (siehe Natorp 1974, 380-384, 403).

Natorp stirbt 1924 im Alter von 70 Jahren in Marburg. Wenige Wochen vor seinem Tod wird ihm noch ein Ehrendoktor in Theologie verliehen.

8.3. FORSCHUNGSGEGENSTAND UND -INTERESSE

Die konkreten sozialen Probleme seiner Zeit bewegen Natorp. So wie viele seiner ZeitgenossInnen befürchtet er, daß die Gemeinschaft des Volkes durch sozialistische Revolutionen der Arbeiterschaft bedroht ist. Aus dieser empfundenen Bedrohung leitet Natorp für sich und die Pädagogik den Auftrag ab, eine pädagogische Antwort auf die soziale Frage zu finden. Natorp hält die Frage „Wie muß sich unter der nun einmal grundsätzlichen Voraussetzung des Lebens in menschlicher Gemeinschaft die Bildung des Menschen, insbesondere des menschlichen Willens, gestalten?" für eine der ersten und wichtigsten Fragen, die die Pädagogik aufzuwerfen und zu beantworten hat.

Natorp selbst sieht darüber hinaus für sich die Aufgabe, nach der letzten Begründung des für ihn tatsächlich unzweifelhaft bestehenden Verhältnisses zwischen Erziehung und Gemeinschaft zu fragen (Natorp 1974, 90). Dafür möchte er eine erkenntnistheoretische Grundlegung für die Pädagogik entwerfen. Er will zeigen, daß die Erziehungs- und die Gesellschaftslehre eine gemeinsame Wurzel haben und untrennbar zusammengehören.

Zugleich ist er daran interessiert, unabhängig von der konkreten historischen Situation, in der sich die Gemeinschaft befindet, ein Ideal der Gemeinschaft zu entwerfen, um daran die konkrete Gemeinschaft zu messen und auch daran die Erziehung auszurichten.

Obgleich das Forschungsfeld Natorps nicht nur auf solche Grundsatzfragen eingegrenzt ist, sondern auch bildungspolitische und didaktische Fragen umfaßt, möchte er keine unmittelbaren Anweisungen für die Praxis geben. Unmittelbar praktische Fragen sozialer Pädagogik stehen bei Natorps Forschungen nicht im Vordergrund:

> „Allein ich nahm mir das Recht der Theorie, die nun einmal das Einfache braucht, um der Verwicklungen Herr zu werden, die gerade Linien geradezu als Koordinaten nötig hat, um das Ungerade selbst dadurch zu Begriff bringen zu können" (Natorp 1974, 19).

8.4. WISSENSCHAFTSVERSTÄNDNIS

Der Philosoph Natorp schließt sich in vielem teils den Ideen Platos und teils den Ideen Kants an, hält sich aber nur bedingt an die Denksysteme der beiden und verläßt sie, wenn es seine Einsicht und seine Ziele erfordern.

Im Bereich der Erkenntnistheorie hat nach Natorp die Philosophie das Leben in all seinen mannigfaltigen Bezügen in einem nie vollendeten Forschungsprozeß begrifflich zu durchdringen (siehe Pippert 1983). Der Mensch erkennt nach Natrop von den Dingen nur das a priori, was er selbst in diese hineinlegt. Die Tatsachen werden von ihm also nicht als Gegebenheiten betrachtet, die der formenden Gestaltung des Menschen gegenübertreten, sondern als Denkprozesse, in denen sich der Gegenstand in Frage und Antwort selbst entfaltet. Zu unterscheiden sind der Inhalt des Bewußtseins und sein Bezug zum Gegenstand der Erkenntnis. Durch die Logik als der Grammatik des Denkens werden nach Natorp methodische Denk- und Begründungszusammenhänge des Seins erzeugt. Produktives Denken und Urteilen baut die Welt als das zu Bestimmende in einem kategorialen und funktionalen Stufengang auf. Der Philosoph ragt für Natorp durch seine Genialität aus der Masse der Menschen heraus und gewinnt aufgrund seines Genies wahre Einsichten in die Wirklichkeit. Sache des Philosophen ist nicht die analytisch-kritische Erforschung der gegebenen Wirklichkeit, sondern die deduktive Grundlegung von Wissen. Mit Rückgriff auf die für ewig und übergeschichtlich gehaltenen Prinzipien als Erkenntnismethode konstruiert der Philosoph ein theoretisches System. Damit liefert die Philosophie den exakten Wissenschaften einschließlich der Psychologie und der Pädagogik die theoretische Grundlegung. Die Einzelwissenschaften und die Philosophie durchdringen und bedingen sich wechselseitig. Der induktiv arbeitende Empiriker kommt dem deduktiv arbeitenden Philosophen von der „anderen Seite", der sinnlich erfahrbaren Wirklichkeit, her entgegen. Die beiden Erkenntnismethoden widersprechen sich für Natorp nicht, sondern ergänzen einander und sind aufeinander angewiesen (Natorp 1974, 10).

In der Ethik, die die Frage „Was sollen wir tun?" beantwortet, wird für Natorp die Logik des Sollens thematisiert. Das Gesetz des Sollens ruht nicht im subjektiven Willen des einzelnen, sondern in objektiver Begründung. In schöpferischem Vorgriff verbindet das Gesetz des Sollens Zweck und Erfahrung miteinander. Die Welt muß vom Standpunkt eines Ideals, d.h. von der Idee, wie etwas sein soll, beurteilt werden. Natorp ist überzeugt, daß die Gesetzmäßigkeit der Erkenntnis auch den sicheren Erkenntnisfortschritt kritischer Philosophie garantiert und damit zugleich jede Dogmatik ausschließt.

8.5. THEORIE

Pädagogik ist für Natorp „konkrete Philosophie"; sie hat für ihn einen konstruktiv-normativen Charakter. Natorp möchte die individualistische, aus der Psychologie abgeleitete Pädagogik eines Johann Friedrich Herbart (1776-1841), die er für den schlechten Zustand der Gesellschaft mitverantwortlich macht, durch eine neue soziale Pädagogik ablösen. In seinem Buch „Sozialpädagogik. Theorie der Willensbildung auf der Grundlage der Gemeinschaft" (1974) macht er deshalb die *Wechselbeziehungen zwischen Erziehung und Gemeinschaft* zum zentralen Inhalt der Pädagogik. Für Natorp ist die Erziehung, deren *Kern er in der Erziehung des Willens* sieht, durch die Gemeinschaft bedingt, und die Erziehung bedingt für ihn wiederum die Gestaltung der Gemeinschaft. Mit dieser Art der Betrachtung sieht Natorp gleichzeitig die Tatsachen der Erziehung im weitesten Sinne und die Tatsachen des sozialen Lebens, das unter diesem Gesichtspunkt als ein großer Organismus zur Menschenbildung sich darstellt, vielfach neu beleuchtet. Für Natorp bedeutet das:

> „Indem also zwei sonst getrennte Wissenschaften, *Gesellschaftslehre* und *Erziehungslehre*, nicht bloß äußerlich aneinander zu bringen, sondern als in der tiefsten Wurzel eins und untrennbar zusammengehörig zu erweisen waren, wurde es notwendig, bis zu den philosophischen Gründen beider zurückzugehen. Ein deduktiver Aufbau mußte gewagt werden" (Natorp 1974, 7).

(1) *Philosophische Grundlagen*: Um das Ganze der Erziehung erfassen zu können, formuliert Natorp folgende theoretischen Grundlagen:

(a) *Erziehung und Bildung*: Das Wort „*Erziehung*" bedeutet für Natorp eigentlich „*Bildung des Willens*".

> „Es hat zwar einen hinlänglich weiten Sinn, um zu gestatten, daß man auch von intellektueller, ästhetischer, religiöser Erziehung spricht. Aber auch dabei denkt man vorzugsweise an die Abhängigkeit der intellektuellen, der ästhetischen, der religiösen Bildung von der Bildung des Willens oder an ihre Rückwirkung auf diese. Andernfalls spricht man von Unterricht oder gebraucht das allgemeine Wort Bildung, Ausbildung. ... (Die „Bildung des Willens" scheint für Natorp am geeignetsten,) um das Ganze der pädagogischen Aufgabe zugleich dem Umfang nach erschöpfend und dem Inhalt nach bezeichnend auszudrücken. ... Doch behält daneben das Wort ‚Erziehung' seinen eigentümlichen und hinreichend allgemeinen Sinn. Es ist bezeichnend gerade nach der Seite, die das Wort ‚Bildung' unentschieden läßt. Es weist darauf hin, daß die menschliche Bildung, wie sehr auch Sache natürlicher Entwicklung, doch zugleich einer auf Förderung oder wenigstens Schutz dieser planvoll gerichteten Bemühung bedarf" (Natorp 1974, 25).

Natorp sieht die Erziehung in Analogie zum *Wachsen* und *Züchten* der Pflanzen und Tiere und erkennt darin zwei Voraussetzungen für die Erziehung:

> „Erstens, es gibt ein Wachstum, eine stetig wie nach innerem Plan fortschreitende Entwicklung mitgebrachter Anlagen zu einer gewissen Höhe, die unter bestimmten, normalen Bedingungen sicher erreicht wird;
> zweitens aber, es ist möglich und notwendig, dies Wachstum zu unterstützen, mindestens Störungen desselben hintanzuhalten durch eigens darauf gerichtete planmäßige Vorsorge, ohne welche die gleiche Höhe der Ausbildung nicht, oder nicht ebenso rasch, oder nur mit sonstigen Nachteilen erreicht wird" (Natorp 1974, 26).

Bilden heißt für Natorp etwas aus dem Chaos formen und gestalten, etwas zu seiner eigentümlichen Vollkommenheit bringen. Vollkommen aber ist etwas, das ist, wie es sein soll.

(b) *Idealbildung, Bewußtsein, Wirklichkeit*: Woher schöpfen die Menschen nun die Erkenntnis, wie etwas sein soll? Der gewöhnliche Weg der Erkenntnis, die Erfahrung, scheint darauf keine Antwort zu geben; sie langt nur dafür, das zu erkennen, was ist. Natur weiß nichts von Zwecken, von Ideen; in ihr soll nichts sein, sondern in ihr ist nur. „Allein der Mensch setzt sich Zwecke, z.b. als Erzieher; er stellt eine Idee dessen auf, was sein soll, obgleich es nicht ist" (Natorp 1974, 27). In der Idee von etwas vereinigen sich alle Zwecke. Die Frage Natorps führt weiter nach dem, wie die Menschen sich selbst denken, wie sie sein sollen, also letztlich nach dem *Bewußtsein* des Menschen von sich selbst, nach seinem Selbstbewußtsein. Das Bewußtsein der Menschen schließt sich kraft der dem Bewußtsein als solchem eigenen Tendenz zur Einheit zusammen, nämlich zur Einheit der Idee.

Der Begriff „*Idee*" bezeichnet für Natorp auf der erkenntnistheoretischen Ebene die „Gestalt einer Sache, die wir in Gedanken haben als die sein sollende, zu der der gegebene Stoff sei es gestaltet werden oder sich selbst gestalten soll" (Natorp 1974, 27). Eine Idee ist für Natorp die gedankliche Vorwegnahme der Gestalt, der Form, die ein Ding annehmen soll. Die Idee ist folglich ursprünglich nicht das Ziel, sondern der Ausgangspunkt, nicht das Ende, sondern der wahrste Anfang, nämlich Ursprung: das Prinzip. „Das letzte Sein, das Sein der Idee, begründet erst das Sollen, nämlich in der praktischen Erkenntnis. Der Inhalt der Idee ist eins mit dem des Sollens, nämlich Einheit, Einheit unbedingt" (Natorp 1974, 27).

Das unmittelbar im Bewußtsein der Menschen Gegebene schließt sich zu einer „Idee" (z.B. der Gemeinschaft) zusammen. Dieses Ideal (z.B. einer Gemeinschaft) wird ohne Rücksicht auf die *Wirklichkeit*, das historisch Konkrete und empirisch Erfahrbare (z.B. den bedrohten Zustand der Gemeinschaft), entwickelt und dann benutzt, um die geschichtliche Wirklichkeit moralisch zu bewerten.

(c) *Wille und Willensbildung*: Die menschliche Bildung ist für Natorp *Willenssache*.

> „Denn unmittelbar Sache des Willens ist nur die Erziehung des Willens selbst; während auf alle anderen Seiten der Bildung der erziehende Wille nur dadurch Einfluß erlangt, daß er den Willen des Zöglings zu gewinnen und auf das gewollte Ziel hinzulenken weiß" (Natorp 1974, 26).

Natorp unterscheidet einerseits das Gebiet des Intellekts (der Vernunft) als *theoretische Erkenntnis* oder Erfahrung und andererseits das Gebiet des Willens als *praktische Erkenntnis* oder Idee. Die praktische Erkenntnis durch den Willen ist nicht bloß Erkenntnis des Ziels, sondern auch das Streben zum Ziel. Wille heißt zuletzt nichts anderes als Zielsetzung, Vorsatz einer Idee und Streben nach dem Gesollten.

Für das Gebiet des Willens nimmt Natorp *drei Stufen der Aktivität* an: den Trieb, den Willen im engeren Sinn und den Vernunftwillen. Der Trieb zielt noch ohne einheitliche Richtung auf etwas und ist nicht frei. Der Wille im engeren Sinn setzt sich bewußt ein – empirisches – Ziel. Der reine Vernunftwille strebt das Sein-Sollende, das prinzipiell Begründete, das Ideal an. Den einzelnen Gebieten und Stufen weist Natorp Tugenden zu. Die Tugend der Vernunft ist die Wahrheit, die Tugenden des Willens sind Reinheit oder Maß, Tapferkeit oder sittliche Tatkraft und Gerechtigkeit.

(2) *Konstitutionselemente der Theorie*: Sämtliche Fragen der Pädagogik sind für Natorp unter den obersten Gesichtspunkt der *Grundbeziehung der Individuen und der Gemeinschaft* zu ordnen und zu beantworten. Denn die Erziehung hat es zwar mit Individuen zu tun, die stehen aber eben nicht für sich, sondern sind Glieder der Gemeinschaft (Natorp 1907, 22).

(a) *Das Wechselverhältnis von Gemeinschaft und Individuum*: Individuum und Gemeinschaft stehen für Natorp weder nebeneinander noch einander gegenüber:

> „Die Gemeinschaft ist nichts außer den Individuen; sie ist ihrem ganzen Begriff nach nur Gemeinschaft der Individuen; sie besteht allein im Verein der Individuen, und dieser Verein allein im Bewußtsein der Einzelnen, die daran teilnehmen. Aber umgekehrt gibt es kein menschliches Individuum anders als in menschlicher Gemeinschaft. Ohne den Menschen wird der Mensch gar nicht Mensch" (Natorp 1907, 19).

Für Natorp kann man vom Individuum ohne ausdrücklichen Bezug zur Gemeinschaft nur durch Abstraktion reden. Natorp nennt seine Auffassung *monistisch*, d.h. daß weder Individuum noch Gemeinschaft für sich besteht, sondern „beide ihrem ganzen Begriff nach so zueinander gehören, daß weder eine Gemeinschaft anders als in den Individuen, noch ein Individuum anders als in der Gemeinschaft existiert" (Natorp 1907, 21).

(b) *Erziehung und Entwicklung*: Erziehung oder Menschenbildung ist für Natorp Willensbildung, Unterstützung des Wachstums und der Entwicklung mitgebrachter Anlagen zu einer gewissen Höhe. Erziehung ist für Natorp das Instrument, um den Fortschritt in der Gemeinschaft zu bewirken. Wenn man von Erziehung spricht, so spricht man nach Natorp eigentlich von der *Entwicklung des Menschlichen im Menschen*; darum ist der Begriff „Erziehung" auf den Begriff „Entwicklung" auszudehnen. Das *Entwicklungs- bzw. Erziehungsprinzip* gilt sowohl für den einzelnen als auch für die Gemeinschaft. Das Individuum und die Gemeinschaft sind wandelbar und der Entwicklung unterworfen. Das Gemeinschaftsleben ist auf keiner gegebenen Stufe abgeschlossen, es ist beständig im Werden begriffen. So wird für Natorp die sittliche Ordnung des Gemeinschaftslebens zur ewigen Aufgabe, ihre Tugend zur Idee, d.h. zum bloßen Richtpunkt einer unendlichen Entwicklung (Natorp 1974, 165).

Die sittliche Ordnung ergibt sich aus dem Grundgesetz der sozialen Entwicklung, die einem idealen Ziel des Gemeinschaftslebens folgt und die soziale Pflicht eines jeden ihrer Glieder vorzeichnet. Dem System der individuellen Tugenden entspricht das System der *Tugenden der Gemeinschaft*: Die Tugend der Wahrhaftigkeit, d.h. der Herrschaft des Bewußtseins; die Tugend der sozialen Tapferkeit, d.h. des Einstehens für Gesetzlichkeit; die Tugend des Maßes, d.h. der sozialen Ordnung auf der Grundlage der Gleichheit und Gemeinschaftlichkeit; die Tugend der Gerechtigkeit faßt die anderen drei Tugenden zusammen und betrifft alle Beziehungen innerhalb der Gemeinschaft.

(c) *Die Wechselbeziehung von Erziehung und Gemeinschaft*: Die entscheidenden Bedingungen der Erziehung liegen für Natorp in der Gemeinschaft, die entscheidenden Bedingungen der Gemeinschaft in der Erziehung (Natorp 1907, 18), denn:

„Der Mensch wird zum Menschen allein durch menschliche Gemeinschaft. Um sich davon auf kürzestem Weg zu überzeugen, vergegenwärtige man sich, was wohl aus ihm würde, wenn er außer allem Einfluß menschlicher Gemeinschaft aufwüchse. Es ist gewiß, daß er zum Tier herabsinken, daß wenigstens die eigentümlich menschliche Anlage sich nur äußerst dürftig, nicht über die Stufe einer ausgebildeten Sinnlichkeit hinaus in ihm entwickeln würde.

Aber der Mensch wächst nun nicht vereinzelt auf, auch nicht bloß der eine neben dem andern unter ungefähr gleichen Bedingungen, sondern jeder zugleich unter vielseitigem Einfluß anderer und in beständiger Rückwirkung auf solchen Einfluß. Der einzelne Mensch ist eigentlich nur eine Abstraktion, gleich dem Atom des Physikers. Der Mensch hinsichtlich alles dessen, was ihn zum Menschen macht, ist nicht erst als Einzelner da, um dann auch mit Andern in eine Gemeinschaft zu treten, sondern er ist ohne diese Gemeinschaft gar nicht Mensch" (Natorp 1974, 90).

Natorp findet, in der Geschichte der Pädagogik sei die Gegenposition zu seiner Theorie, nämlich daß allein der einzelne erziehe und nicht die Gemeinschaft, niemals aufgestellt worden. Aber ihm reicht es nicht, wenn die Wechselbeziehung von der Erziehung und der Gemeinschaft nur irgendwie mit berücksichtigt wird. Diese Wechselbeziehung muß seiner Meinung nach grundsätzlich und radikal beachtet werden und so sagt er: *Erziehung als Idee bezieht sich wesentlich auf Gemeinschaft als Idee.* Gemeinschaft besteht allerdings nur im Bewußtsein der in der Gemeinschaft Stehenden.

„Nicht als Bewußtsein bloß von etwas, das ist, sondern das sein soll; nicht also als Bewußtsein eines gegebenen Faktums, sondern von etwas, das wird und sich entwickelt; nicht als bloßer mechanischer Resultante der jeweils gegebenen

Kräfte, sondern als einer Aufgabe, und zwar einer unendlichen Aufgabe" (Natorp 1907, 22).

(d) *Gleichsetzung von Pädagogik und Sozialpädagogik bzw. soziale Pädagogik*: Sozialpädagogik ist für Natorp nicht nur ein Teil der gesamten, den sozialen und individualen Gesichtspunkt vereinigenden Pädagogik; auch hat sie nicht nur eine bestimmte, einseitige Ansicht der pädagogischen Probleme zum Gegenstand. Vom Charakter her ist für ihn jede Pädagogik eine soziale Pädagogik bzw. Sozialpädagogik. Mit dem Begriff „Sozialpädagogik" für die ganze Pädagogik wird grundsätzlich anerkannt, daß die Erziehung des Individuums in jeder wesentlichen Richtung sozial bedingt ist, wie andererseits eine menschliche Gestaltung sozialen Lebens fundamental bedingt ist durch eine ihm gemäße Erziehung der Individuen, die an ihm teilnehmen sollen. Die sozialen Bedingungen der Bildung und die Bildungsbedingungen des sozialen Lebens sind Thema und Gegenstand der Wissenschaft „Sozialpädagogik" alias „Pädagogik" (Natorp 1974, 98).

(3) *Aufgabe und Ziel der Sozialpädagogik*:

„Meine Sozialpädagogik hat es gewagt, an den vorhandenen Gemeinschaften, so wie sie sind, einschneidende Kritik zu üben, den gegebenen sozialen Zustand lediglich als Durchgang zu betrachten zwischen vergangenen sozialen Ordnungen, die längst unhaltbar geworden sind, und kommenden, die erst von ferne sich ankündigen, und hat dann die ganze Arbeit der Erziehung auf diese kritische Stellung zu den gegebenen sozialen Ordnungen orientieren wollen" (Natorp 1974, 91f.).

Die auf Gemeinschaft gerichtete Erziehung soll nach Natorp der „sich bedrohlich steigernden geistigen und seelischen Zerklüftung der Nation – der ‚Schroffheit, man kann beinahe sagen, Grausamkeit der abstrakten Gegensätze', in welche die verschiedenen Volksschichten jetzt auseinandertreten" entgegenwirken (siehe Marburger 1981, 37). Natorp will, daß „eine tiefgründige, der vollständigen Idee des Menschentums entsprechende Bildung allen zuteil werde, einzig nach dem Maß ihrer Fähigkeit" (siehe Marburger 1981, 37). Die gemeinschaftliche Bildungsarbeit würde die stärkste Stütze auch der wirtschaftlichen und politischen Gemeinschaft sein.

„Erst wenn die Sozialpädagogik auf der ganzen Linie gesiegt hätte, dürfte sie sich schlichtweg Pädagogik nennen; solange dagegen um die volle Anerkennung der Rolle der Gemeinschaft in der Erziehung noch zu kämpfen ist, ist jener Name gleichsam als Losung in diesem Kampf nicht zu entbehren" (Natorp 1907, 21).

(4) *Organisation und Methode der Willensbildung*: Das wesentliche Mittel zur Willensbildung ist die *Organisation der Gemeinschaft*; darin ist alles zusammengefaßt: die Organisation der Arbeit, die rechtliche Organisation, die Organisation der Bildung (Natorp 1974, 193). Die gegebene Gemein-

schaft hat ein Recht auf die Gestaltung der Erziehung genau nur so weit, als sie einen Fortschritt darstellt auf der unendlichen Bahn der Entwicklung menschlicher Gemeinschaft überhaupt und damit der Höherbildung des Menschentums (Natorp 1907, 22).

Soziale Organisationen zur Willensentwicklung und -erziehung sind das Haus (d.h. die Familie), die Schule und die freie Selbsterziehung im Gemeinleben der Erwachsenen. Formen der willensbildenden Tätigkeit, also der Erziehung, sind Übung und Lehre. Unterricht muß für Natorp erziehender Unterricht sein. Aus der Gemeinsamkeit des Bildungsinhaltes folgt für Natorp die Möglichkeit einer *Gemeinschaft der allen Inhalt gestaltenden, mithin aller bildenden Tätigkeit.* Der Empfangende wird durch die Lebendigkeit seiner Empfängnis auch wieder zum Anregenden, also Gebenden; das ist das Geheimnis, daß wir durch Lehren lernen, durch Erziehen auch selber erzogen werden. Wenn es nicht diese Gemeinschaft von Bewußtsein zu Bewußtsein gäbe, so bliebe allein übrig, daß der eine dem anderen den toten Stoff zuschöbe und es ihm überließe, ob und wie er ihn verarbeitet. „Dann freilich würde das Lehren und Lernen notwendig zu dem verächtlichen Treiben, zu dem nur beiderseitige Geistesträgheit es leider oft werden läßt" (Natorp 1974, 93f.).

8.6.   BEDEUTUNG FÜR DIE SOZIALE ARBEIT

Die Entwicklungen im sozialen Bereich in der letzten Hälfte des 19. Jahrhunderts und der Wunsch nach einer „pädagogischen Antwort" haben nach Natorps Auffassung den mächtigen Aufschwung der Sozialwissenschaften und das Aufkommen einer sozialen Pädagogik hervorgerufen. Daraus ergibt sich für ihn eine enge Beziehung zwischen Erziehungswissenschaft und Sozialwissenschaft, eine Beziehung, die seiner Meinung nach von Pädagogen wie von Sozialforschern kaum je in grundsätzlicher Klarheit beachtet worden ist (siehe Pippert 1983, 23). Die von Natorp gestellten Fragen, wie sich die einmal als notwendig erkannte enge Beziehung zwischen der Erziehungswissenschaft und den Sozialwissenschaften in Theorie und Praxis der Sozialen Arbeit (heute) auswirken wird, ob diese Beziehung (heute) in der gebührenden Klarheit gesehen und beachtet wird, und welche Theorien und welche Modelle es dafür gibt, können zugleich Anlaß, Anregung und Maßstab für weitere Forschungen in der Gegenwart sein.

Zu Beginn des 20. Jahrhunderts hat Natorp mit seiner Theorie einer sozialen Pädagogik, die Erziehungswissenschaft und Sozialwissenschaft miteinander verbindet, die Diskussion um die theoretischen und praktischen Probleme der Bildung entscheidend mitgestaltet. Sein (sozial-)pädagogisches Hauptwerk „Sozialpädagogik. Theorie der Willensbildung auf der Grundlage der Gemeinschaft" war sehr gefragt und erreichte in den ersten 20 Jahren nach seinem Erscheinen fünf Auflagen, danach sank das öffentliche Interesse jedoch schnell. 1974 erscheint eine neue, die siebte Auflage der „Sozialpädagogik". Die nach dem Ersten Weltkrieg dominierenden PädagogInnen der Göttinger Schule um Herman Nohl erwähnen Natorp in ihren Schriften nicht, befassen sich wohl mit seiner Theorie und verwerfen sie. Nohl erwähnt Natorp m.w. nur einmal und gibt für ihn als Vornamen „Friedrich" an (Nohl 1988, 134, 299). Während des Dritten Reiches und nach dem Zweiten Weltkrieg ist Natorp beinahe ganz vergessen worden. Hans Scheuerl zählt Natorp in seinem zweibändigen Werk „Klassiker der Pädagogik" (1979) nicht zu den Klassikern der Pädagogik.

In der gegenwärtigen Diskussion über Gegenstand und Selbstverständnis der Sozialpädagogik und über das Verhältnis von Sozialpädagogik und (Allgemeiner) Pädagogik wird immer wieder auf die Thesen von Natorp zurückgegriffen (siehe unter anderen Winkler 1988; Oelkers/Schulz/Tenorth 1989; Niemeyer 1992, 1998; Krüger/Rauschenbach 1994; Gruschka 1996). Manche sprechen sogar von einer „Natorp-Renaissance", doch bezieht sich diese primär auf den einen Aspekt, daß Pädagogik immer Sozialpädagogik sei; sein umfangreiches pädagogisch-philosophisches Werk wird auch heute nur marginal zur Kenntnis genommen.

8.7. LITERATUR ZUM VERTIEFEN

Es liegen mehrere Bibliographien über Natorps Werk vor (z.b. Ruhloff 1966; Natorp 1974, 374-394; Pippert 1983, 32-35). Das pädagogische Hauptwerk „Sozialpädagogik. Theorie der Willensbildung auf der Grundlage der Gemeinschaft." ist zuletzt in siebten Auflage (Natorp 1974) von Richard Pippert herausgegeben, textkritisch aufbereitet und kommentiert worden. Natorp hat seine Hauptthesen zur Theorie der Sozialpädagogik in seiner Entgegnung auf seine Kritiker in dem Aufsatz „Der Streit um den Begriff der Sozialpädagogik" (Natorp 1907) zusammengefaßt und pointiert; der Aufsatz ist abgedruckt in dem von Horst Wollenweber herausgegebenen „Quellenband Sozialpädagogische Theoriebildung" (1983), verkürzt bei Thole/Galuske/Gängler (1998, 91-96).

Teil 2
Vom Kampf für Frieden und soziale Gerechtigkeit bis zur sozial-rassistischen Volkspflege – Theorien der Sozialen Arbeit in der ersten Hälfte des 20. Jahrhunderts

Einleitung

In diesem Teil stehen Theorien der Sozialen Arbeit im Mittelpunkt, die in der ersten Hälfte des 20. Jahrhunderts konzipiert worden sind. Mit den zwei Jahrzehnten vor dem Ersten Weltkrieg nimmt nach übereinstimmender Meinung vieler AutorInnen die Soziale Arbeit als Wissenschaft im deutschen Sprachraum ihren Anfang und findet in den zwanziger Jahren auch ihren ersten Höhepunkt. Wer die biographischen Kontextbedingungen derjenigen verstehen will, die in dieser Zeit ein theoretisches systematisches Gebäude Sozialer Arbeit entwerfen, muß die Hintergründe des Aufbaus des Wohlfahrtsstaats insbesondere im Ersten Weltkrieg und danach in der Weimarer Republik studieren und die fachlichen Diskussionen und fachpolitischen Vorgänge der damaligen Jahre kennen. Zum besseren Verständnis dieser Zusammenhänge ist es aber erforderlich, den Blick bis in das letzte Viertel des 19. Jahrhunderts zu werfen, das bereits oben im Zusammenhang mit den Konzepten von Otto von Bismarck (S. 105ff.) und Paul Natorp (S. 115ff.) angesprochen worden ist.

In diesem einführenden Abschnitt soll der Verlauf der wirtschaftlich-politischen und gesellschaftlichen Zusammenhänge und damit der historische Kontext der (AutorInnen von) Theorien Sozialer Arbeit im Zeitraum von der Gründung des Deutschen Reiches 1870/71 bis 1945 in großen Zügen skizziert werden. In den einzelnen Kapiteln dieses Teils werde ich mich im Abschnitt „Historischer Kontext" jeweils auf diese Einleitung beziehen und nur dort, wo zusätzliche Informationen zum Verständnis einer Theorie oder Biographie erforderlich sind, weitergehend informieren.

(1) DAS DEUTSCHE REICH VON 1870/71 BIS 1914

Nach einer kurzen Phase wirtschaftlicher Erfolge („Gründerzeit") dauert der wirtschaftliche Abschwung fast bis Ende der siebziger Jahre des letzten Jahrhunderts, bis Otto von Bismarck mit Hilfe einer Schutzzollpolitik der schwachen Wirtschaft auf die Beine hilft (zu Bismarck siehe die Ausführungen S. 103ff.). Der ab 1879 anhebende Wirtschaftsboom (Elektro-, Chemie- und Schwerindustrie) macht das Deutsche Reich am Ende des 19. Jahrhunderts zur stärksten europäischen Industrienation. Wesentlichen Anteil an diesem Aufschwung hat die ab 1890 von der Regierung betriebene Freihandelspolitik sowie der von 1898 ab vorgenommene Aufbau einer strategischen Hochseeflotte. Nach der Entlassung von Bismarck fahren die Verantwortlichen ab 1890 einen „neuen Curs" („Wilheminische Ära" 1890-1914). In Abkehr von der Bismarckschen Bündnispolitik betreiben die verschiedenen Reichskanzler und Wilhelm II. eine imperiale Kolonial- und Rüstungspolitik; sie streben nach Weltgeltung. Dies wird flankiert von einer massiven Militarisierung der Gesellschaft (siehe Kriegervereine, Sedantage). Das Deutsche Reich ist ein Staatenbund von 24 Staaten und 4 Städten. Die preußische Vorherrschaft in nahezu allen politischen Bereichen sowie die unvollständige Parlamentarisierung sind zwei wesentliche Merkmale des Staates. Das Deutsche Reich hat 1870 41 Millionen Einwohner, 1910 sind es bereits 65 Millionen.

Auch nach dem Wirtschaftsaufschwung machen den Menschen zahlreiche soziale Probleme zu schaffen. Der Umbruch von der feudalen Agrar- zur kapitalistischen Industriegesellschaft ist noch voll im Gange. Doch die agrarisch-konservativ geprägten aristokratischen Großgrundbesitzer werden im wirtschaftlichen, politischen und sozialen Bereich immer mehr zurückgedrängt; das geht nicht ohne Konflikte ab. An Einfluß gewinnen VertreterInnen des modernen Industrie- und Finanzkapitals. 1895 übertrifft die Beschäftigtenzahl in der Industrie erstmals die in der Landwirtschaft. Die IndustriearbeiterInnen rekrutieren sich vor allem aus der Landbevölkerung, die sich von der Lohnarbeit in der Stadt eine Alternative zu ihrer ärmlichen Existenz auf dem Dorf erhoffen. Die Lebensbedingungen der Menschen sind insbesondere in den ArbeiterInnen-Ghettos der Industriezentren elendig: Arbeitslosigkeit (in Zeiten der Hochkonjunktur zumeist saisonal), lange Arbeitszeiten, verschleißende Arbeitsbedingungen, geringe Löhne, teure Mieten, Wohnungsnot, Obdachlosigkeit, unhygienische Verhältnisse, Krankheiten, Arbeitslosigkeit, Armut – ein Teufelskreis selbst für die Arbeitsfähigen. Noch um 1900 lautet im Deutschen Reich die Todesursache in 40% der Sterbefälle „Tuberkulose"; die Säuglingssterblichkeit liegt über 20%, die durchschnittliche Lebenserwartung bei 43 Jahren. Kinder und Jugendliche sind besonders von den durch die Industrialisierung bedingten neuen Lebensbedingungen betroffen: Sie – und zumeist auch ihre Mütter – müssen unter härtesten Bedingungen arbeiten, um den notwendigsten Lebensunterhalt für sich und ihre Familien zu erwerben. Noch elender ist meistens das Schicksal der Behinderten, der Kranken (ohne Familie), der Alten (ohne Angehörige) und der elternlosen Kinder. Im Deutschen Kaiserreich gibt es zu Beginn des 20. Jahrhunderts über eine Million uneheliche Kinder unter 14 Jahren. Mit der Stadtflucht lösen sich für die meisten Menschen die alten sozialen Bindungen in Familie und Verwandtschaftssystem auf. Allein 20% der weiblichen Erwerbstätigen verdingen sich als Haus- und Dienstmädchen; nicht wenige geraten infolge fehlenden Arbeitsschutzes, der Geburt eines unehelichen Kindes oder der Prostitution als Einkommensquelle in soziale Nöte.

Mit der Beseitigung der alten feudalen und zünftigen Ordnungen um 1800 fallen die alten Formen (Familie, Zunft, Grundherr) sozialer Einbindung und Hilfeleistung weitgehend weg. Das Recht auf Freizügigkeit und die „Binnenwanderung zur Arbeit" haben zur Folge, daß um 1900 etwa 48% aller EinwohnerInnen im Deutschen Reich außerhalb der Gemeinde ihrer

Geburt leben. Die erhöhten Reproduktionsrisiken können immer seltener vom Individuum gelöst werden (Notwendigkeit zur „Vergesellschaftung der Risiken"; C. Wolfgang Müller). Die Gemeinden, denen die Aufgabe der Hilfestellung nun obliegt, bekommen im 19. Jahrhundert schnell zu spüren, daß der rapide anwachsende Hilfebedarf mit den überkommenen öffentlichen (geschlossenen) Einrichtungen (Waisenhäuser, Bewahranstalten, Zucht- und Arbeitshäuser) nicht mehr zu bewältigen ist. Ab Mitte des 19. Jahrhunderts schaffen fast alle deutschen Staaten neue Rechtsgrundlagen und Organisationsformen für die Unterstützung der Armen, die nicht mehr an den Geburtsort des Betreffenden gebunden ist („Unterstützungswohnsitz-Gesetz", Aufbau von Orts- und Landesarmenverbänden). Teilweise versuchen auch die Städte, mit neuen Formen der Armenfürsorge auf den riesigen Hilfebedarf zu reagieren. So entwickelt die Stadt Elberfeld (Wuppertal) ein System, durch entsprechende Verfahren zu ermitteln, welche der Armen und Notleidenden würdige und welche unwürdige Hilfebedürftige sind – bis heute werden die Armen für deren Notlage zumeist selbst verantwortlich gemacht –, um ersteren entsprechende öffentliche Unterstützungen zu vermitteln („Elberfelder System" ab 1852/53). Auf die im gesamten 19. Jahrhundert anwachsenden sozialen Mißstände („soziale Frage", Pauperismus) reagieren immer mehr Menschen einzeln oder in Form von Zusammenschlüssen (Vereine) mit Bemühungen, der sozialen Misere beizukommen. Eine wahre Flut von Vereinen entsteht, den Bedürftigen Hilfe zu leisten („Privatwohltätigkeit"). Im kirchlichen Bereich zeigen sich mit der Gründung von Orden und ordensähnlichen Vereinigungen mit gleicher sozialer Zielsetzung vergleichbare Entwicklungen. Diese Vielfalt der Hilfen wird im letzten Viertel des 19. Jahrhunderts öffentlich kritisiert. Reformvorschläge (z.B. Zentralisierung, Kooperation) werden unterbreitet (siehe z.B. die Gründung des „Deutschen Vereins für Armenpflege und Wohltätigkeit", des „Deutschen Vereins für öffentlichen Gesundheitspflege", von „Centralen für private Fürsorge" in Berlin und Frankfurt [siehe die Ausführungen S. 159ff.], die Reorganisation des Hilfesystems im „Straßburger System" u.a.m.). Die kommunale Armenfürsorge wird teilweise in besondere Zweige ausdifferenziert („sociale Ausgestaltung": Gesundheits-, Säuglings-, Jugend-, Erwerbslosenfürsorge). Auch auf Reichsebene sieht sich die Regierung unter Bismarck gezwungen, auf „die soziale Frage" zumindest für die ArbeiterInnen und Arbeitsfähigen eine Antwort zu geben, zumal die proletarischen Massen trotz Verbot („Sozialistengesetz" 1878-1890) zunehmend über Parteiorganisationen (z.B. „Sozialistische Arbeiterpartei Deutschlands" 1873) politische Teilhabe einfordern. Mit der Einführung der Kranken-, Unfall- und Invaliditätsversicherung (1883-1889), der Neugestaltung und Ausweitung der Leistungsansprüche (1911 Reichsversicherungsordnung) wird zwar ein bedeutsamer Anfang einer staatlichen Sozialpolitik gemacht (siehe auch die Ausführungen S. 103ff.), und schließlich werden auch die sozialistischen Parteien und die Gewerkschaften der Arbeiter weitgehend in das Staatsgefüge integriert, doch zunächst erhalten im Bedarfsfall nur wenige eine Hilfe von den Versicherungen. Zum anderen wird mit dieser Lösung die „Arbeiterfrage" von der „Armenfrage", die „Sozialversicherung" von der „Armenfürsorge" abgetrennt (typische Doppelstruktur des deutschen sozialen Sicherungssystems). Trotz aller Reformen sind in der deutschen Bevölkerung Armut und Elend noch weit verbreitet.

Hatte die Aufgabe des Personals in den Arbeits- und Zuchthäusern zumeist darin bestanden, für die Einhaltung der Hausordnung zu sorgen – und entsprechend bedurften die vielfach aus Offizieren und Witwen rekrutierten AufseherInnen keiner besonderen fachlichen Qualifikation –, erfordert das Hilfesystem, das auf einer besonderen Ermittlungs- und Vermittlungsarbeit beruht, bestimmte fachliche Kenntnisse und dementsprechende Qualifikationen. Das Ende des 19. Jahrhunderts stellt damit den eigentlichen Anfang der Sozialen Arbeit als Wissenschaft, als berufliche Praxis und als Ausbildung dar.

Schneller als in Deutschland verzeichnen diese Formen der Verberuflichung (Ausbildung, Qualifizierung) und Verwissenschaftlichung (Theoriebildung) im Ausland, in Großbritannien und in den USA, ihre ersten Erfolge. Dort fordern engagierte und über das Leiden der Armen empörte SozialarbeiterInnen wie Henrietta Barnett, Jane Addams (siehe die Ausführungen S. 144ff.), Octavia Hill und Mary Richmond, das Massenelend in den Slums der Großstädte zu beseitigen und dazu die Notlagen wissenschaftlich zu reflektieren. Für sie reicht angesichts des Ausmaßes der sozialen Probleme eine Almosen gebende Sozialarbeit nicht mehr aus. Die Empörung der Frauen verbindet sich mit sehr konkreten wissenschaftlichen Anliegen, vor allem im Hinblick auf die Problemerfassung. Als Vorbild, für die Problemanalyse die richtigen Fragen zu stellen und die richtigen Daten zu sammeln, dient ihnen anfänglich die Arbeitsweise der Ärzte und Rechtsanwälte. Das Instrumentarium und die Mittel hierzu sind: eine zuverlässige, unverzerrte, überprüfbare, sich auf Fakten und nicht auf Gerüchte, kirchliche Moralvorstellungen und bürgerliche Ressentiments verlassende Ermittlung sowie eine Analyse und Diagnostizierung der vorhandenen Probleme. Die Amerikanerin Mary Richmond (1861-1926) fordert 1897 eine Ausbildung der SozialarbeiterInnen mit dem Hauptziel, den professionellen Helfern (charity workers) bessere „kognitive Gewohnheiten und höhere Ideale" im Umgang mit Individuen und Familien zu vermitteln. Es kommt ihr bei der Ausbildung der SozialarbeiterInnen darauf an, Theorie und Praxis in der richtigen Weise zu kombinieren. Allein auf den guten Charakter der SozialarbeiterInnen sich zu verlassen, reicht ihr für eine qualifizierte Arbeit nicht aus. Eine qualifizierende Ausbildung und reichlich Erfahrungen sollen – so ihre Vorstellungen – hinzutreten.

Auch im Deutschen Reich werden kurz vor der Jahrhundertwende die ersten Ausbildungsstätten für Frauen eingerichtet, die in der (Armen-)Für-
sorge und Wohlfahrtspflege tätig sein wollen. Ab 1899 geben Jeanette
Schwerin und Alice Salomon in Berlin die ersten „Jahreskurse zur beruflichen Weiterbildung in der Wohlfahrtspflege" (siehe die Ausführungen S.
185ff.). Ab 1905 beginnt die Phase des Aufbaus einer berufsspezifischen
Lehre und einer Wissenschaft der Wohlfahrtspflege: In vielen Städten
(Hannover, Berlin) werden Soziale Frauenschulen eingerichtet; 1913 sind
es bereits 14. Mit der Reorganisation des Hilfesystems im „Straßburger System" (1905) werden nicht nur Armenämter geschaffen, sondern auch
hauptberufliche Armenpfleger eingesetzt. Ähnlich wie in Großbritannien
und in den USA finden wir im deutschen Sprachraum nach 1900 zahlreiche
Versuche einer ausdrücklichen Theoriebildung für die Soziale Arbeit (Berufstheorien und wissenschaftliche Theorien). Eine wesentliche Grundlage
der Verwissenschaftlichung Sozialer Arbeit und ihrer Disziplinwerdung ist,
daß es ab 1910 an einzelnen deutschen Universitäten Lehrstühle gibt, die
sich mit der sozialen Fürsorge (Frankfurt a.M.; siehe die Ausführungen S.
159ff.), der allgemeinen Wohlfahrtspflege (Münster i.W.) oder der Caritaswissenschaft (Freiburg i.Br.) befassen. Auch Gruppierungen wie z.B. der
„Verein für Socialpolitik" sind Orte wissenschaftlicher Analysen zur Pro-
blemverursachung und der Entwicklung von Lösungskonzepten (siehe
Mühlum u.a. 1997). Ein wesentlicher Motor der Verberuflichung dieser Tätigkeit ist die Frauenbewegung. Sie fordert die Einlösung der in der Französischen Revolution 1789 proklamierten Ideen von Freiheit, Gleichheit
und Brüderlichkeit ein. Mädchen und Frauen sind im gesamten Bildungswesen benachteiligt, zum Teil ganz ausgeschlossen. Den Frauen wird deutlich und sie machen öffentlich, daß sie eine den Männern untergeordnete
Rolle spielen (müssen) und gesellschaftlich diskriminiert werden. Im Deutschen Reich streben sie – wie in den USA und anderen Ländern Europas –
nach ihrer Emanzipation (siehe die Ausführungen S. 144ff.). Die ge-
schlechtsrollenspezifische Arbeitsteilung weist den (bürgerlichen) Frauen
die Zuständigkeit für den Haushalt und die Kindererziehung zu, während
die Männer das Einkommen zum Lebensunterhalt verdienen. Es ist die
(bürgerliche) Frauenbewegung, die zur Lebenserfüllung das Recht auf au-
ßerhäusige berufliche Tätigkeiten fordert und die fraulichen und mütterlichen Werte aktiv in die Gesellschaft, in die soziale Tätigkeit einbringen
will. Die „Mütterlichkeit" wird zu einem zentralen Wert der bürgerlichen
Frauenbewegung. „Mütterlichkeit" befähigt nach damaliger Auffassung
nicht mehr nur für den Familienbereich, sondern stellt auch für die Wahrnehmung bestimmter gesellschaftlicher Aufgaben, insbesondere in der Fürsorge, Erziehung und Pflege ein wesentliches Potential dar. Vor und nach
1900 schließen sich (bürgerliche) Frauen in Vereinen und Gruppen zusammen und dienen der Wohlfahrt, zunächst ehrenamtlich, dann auch haupt-

amtlich. Die Soziale Arbeit wird so zunehmend zur Berufsarbeit für Frauen. Aus ihren praktischen Erfahrungen heraus fordern die in der Sozialen Arbeit engagierten Frauen, soziale Hilfe systematisch und auf wissenschaftlicher Grundlage auszuüben. Auf diesem Wege kann gewissermaßen zwei Notlagen abgeholfen werden: der gesellschaftlichen und beruflichen Benachteiligung der Frauen und der Not der Kranken, Behinderten, Armen, Kinder und Alten. 1901 dürfen sich erstmals an deutschen Universitäten Studentinnen – mit dem Status von Gasthörerinnen – immatrikulieren (siehe zum Gesamten Sachße 1983, 30-36; C.W. Müller 1988a, 9-175; Sachße/Tennstedt 1988, 15-67; Landwehr/Baron 1991, 27-71).

Die kulturellen, die geistigen und ideologischen Kräfte Ende des letzten Jahrhunderts und in den ersten Jahrzehnten nach 1900 darzustellen, ist nahezu unmöglich. Die Blüte der Natur- und Geisteswissenschaften hat im 19. Jahrhundert zu einem fast unerschöpflichen Reservoir an neuen Erkenntnissen und an Wissen geführt, das nun zunehmend von industrieller Technik genutzt wird und den Lebensalltag aller BürgerInnen umwälzt. Die sich wandelnde und sich verändernde Welt und deren Einfluß auf das sich ändernde fortschreitende-fortschrittliche Denken können geradezu als ein Kennzeichen des 19. Jahrhunderts angesehen werden.

Vor allem die im letzten Jahrhundert mit ihren unermeßlichen neuen Einsichten und Theorien aufblühenden Naturwissenschaften üben vor und nach 1900 auf das Alltagsleben der Menschen großen Einfluß aus. Zum einen setzen sie den überkommenen metaphysischen Weltbildern ein völlig neues Weltbild (Positivismus, Materialismus) gegenüber, zum anderen belegen sie, wie ertragreich die neue erkenntnistheoretische Methode des analytisch-empirischen, experimentellen Vorgehens ist, insbesondere dort, wo dieses Wissen technisch umgesetzt werden kann: Kaum wird die als Energiequelle erfundene Dampfmaschine in Lokomotiven genutzt und ist im Deutschen Reich ein flächendeckendes Eisenbahnnetz gebaut, erweist sich diese Technik als überholt. Die revolutionären Entdeckungen und Theorien der Physik zur Natur des Lichts und der Elektrizität werden mit der Entdeckung des Dynamos (Werner von Siemens), von Transformatoren sowie der Glühlampe und von Elektromotoren praktisch verwertbar und wälzen die Produktions- und Lebensweisen der Menschen völlig um. Auch in der Übertragungstechnik als Telephon und drahtlose Telegraphie (Rundfunk) werden diese Erkenntnisse der Physik genutzt, wenngleich deren Auswirkungen auf die alltäglichen Lebensverhältnisse zunächst noch ebenso gering sind wie die das herkömmliche physikalische Weltbild revolutionierenden Quantentheorie (Max Planck) und Relativitätstheorie (Albert Einstein). Neben der Schwerindustrie dominieren im Deutschen Reich vor allem die Elektroindustrie und die chemische Industrie. Auch die Kenntnisse und Theorien der Chemie (Atomtheorie, physikalische und organische Chemie) werden in neuen Technologien genutzt, wie z.B. in der Agrikulturchemie (Dünger), in der Arzneimittelproduktion oder in der Herstellung neuer (Werk-)Stoffe (Vulkanisierung des Gummis, Formaldehyd für Kunststoffproduktion, Zellulosegewinnung, Sprengstoffe). Mit der Erfindung von Verbrennungsmotoren und des Automobils werden um 1900 ebenfalls Prototypen einer neuen (allerdings erst später in großem Stil sich auswirkenden) Technologie entwickelt. Für den Sozialbereich sind aus der Medizin noch bedeutsamer als Entdeckungen wie z.B. die Röntgenstrahlen (Wilhelm C. Röntgen) die Einsichten der Bakteriologie (Robert Koch) und der wissenschaftlichen Hygiene (Max Pettenkofer). Damit ist es möglich, nach und nach den zahlreichen Infektionskrankheiten beizukommen, die sich als Epidemien in den beengten und unhygienischen Lebensverhältnissen der unteren sozialen Schichten besonders ausbreiten konnten. Nicht weniger revolutionär in den Auswirkungen sind die von Darwin vorgelegten Befunde und Theorien zur Evolution, die in Deutschland besonders Ernst Haeckel vor 1900 populär macht und weiterentwickelt. Francis Galton verbindet diese Befunde mit den Erkenntnissen der Vererbungslehre und entwirft mit der Eugenik Anwendungsmöglichkeiten im gesellschaftlichen und sozialen Bereich. Daß mit der Evolutionstheorie eine naturwissenschaftliche Disziplin – die Biologie – den Entwicklungsgedanken, das Wandelnde und Wachsende betont, hat der „Historisierung" des Denkens und dem Fortschrittsglauben um 1900 gewaltigen Vorschub geleistet.

Das aus dem 19. Jahrhundert ererbte Verständnis des gesamten Weltprozesses als ein Werden und als eine Wandlung spiegelt sich nicht nur im Auf- und Ausbau der Geschichtswissenschaft wider. Die Historisierung des modernen Denkens zeigt sich in nahezu allen nicht naturwissenschaftlichen Disziplinen („Historische Schule"). Es ist vor allem Wilhem Dilthey, der um 1900 mit dem (geschichtlichen) Verstehen (Hermeneutik) eine Erkenntnismethode entwirft und begründet, die für die sogenannten „Geisteswissenschaften" konstitutiv ist und diese den Naturwissenschaften und deren empirisch-analytischen (erklärenden) Forschungsmethodik gegenüberstellt; eine ähnliche, aber weiterführende Begründung für eine Differenzierung natur- und kulturwissenschaftlicher Forschungslogik gibt wenig später Max Weber. Zwar finden sich in den Wirtschaftswissenschaften/ Volkswirtschaftslehre, in der Soziologie und in der Psychologie zahlreiche VertreterInnen des naturwissenschaftlichen Weltbildes und Erkenntnisideals („älterer Positivismus": Auguste Comte, John S. Mill, Gustav Th. Fechner, Wilhelm Wundt), die z.T. wegweisend für die Disziplinwerdung dieser Wissenschaften gewesen sind. Es finden sich in allen diesen Wissenschaftsdisziplinen aber auch namhafte AnhängerInnen eines hermeneutischen Forschungsansatzes (Volkswirtschaftslehre: Gustav Schmoller, Soziologie: Max Weber, Psychologie: Hermann Ebbinghaus, Wilhelm Dilthey); gleichwohl unterscheiden sich diese Positionen teilweise erheblich (z.B. methodologisch in der Frage der Wertfreiheit), dennoch tragen auch sie zur Disziplinwerdung dieser Wissenschaften entscheidend bei, was wiederum ein entscheidendes Element für die Konstitution einer Sozialen Arbeit als Wissenschaft bildet. Vielfach weisen die VertreterInnen hermeneutischer (erkenntnis-)theoretischer Positionen Zusammenhänge zur sogenannten „Lebensphilosophie" auf, die in den Jahrzehnten in vielgestaltiger Form um 1900 „in Mode" ist. Sie betont die Bedeutung des Irrationalen, Innerlichen, Seelischen, Erlebnismäßigen und Dynamischen und versteht sich als Gegenbewegung zu einem mechanistisch-schematischen, mathematisch-rationalen, statischen Wirklichkeitsverständnis der Naturwissenschaften. Einflüsse der Lebensphilosophie lassen sich nicht nur bei Friedrich Nietzsche und seiner Philosophie der „Umwertung aller Werte", sondern ebenso in der (Tiefen-)Psychologie (Sigmund Freud) und dem von ihr hervorgerufenen neuen Menschenbild wie auch bei den verschiedenen ProtagonistInnen der Lebensreformbewegungen finden; diese verbreiten mit ihren Visionen und lebenspraktischen Alternativkonzepten nicht nur eine Aufbruchstimmung (z.b. in der Pädagogik), sondern wenden sich mit „Blut- und Bodenideologien" bisweilen auch kulturpessimistisch gegen Industrialisierung, Verstädterung und Intellektualismus (z.b. die „Heimatkunstbewegung"). Eine der Erneuerungsbewegungen ist die nach 1900 aufblühende sogenannte „Jugendbewegung" („Wandervogel").

(2) DER ERSTE WELTKRIEG (1914-1918)

Die Ermordung des österreichischen Thronfolgers von bosnischen Serben am 28. Juli 1914 führt zur militärischen Konfrontation. In den ersten Augusttagen 1914 erklärt das Deutsche Reich Rußland und Frankreich den Krieg. Der nationalistische Taumel der Kriegsbegeisterung erfaßt in den ersten Wochen im Deutschen Reich nahezu alle gesellschaftlichen Gruppen, auch bedeutende VertreterInnen der Sozialpädagogik (z.B. Paul Natorp, Gertud Bäumer) und der Fürsorge (z.B. Alice Salomon, Christian Jasper Klumker). Die politischen Kontrahenten im Reichstag begraben ihre Auseinandersetzung um das (Frauen-)Wahlrecht und die verfassungsrechtliche Verankerung des parlamentarischen Systems und schließen einen „Burgfrieden". Der Reichstag überträgt in einem Ermächtigungsgesetz wesentliche Teile der Legislative auf die Exekutive (Bundesrat). Die Stimmen der Friedensbewegung (siehe die Ausführungen S. 144ff.) verhallen ungehört. Schon nach wenigen Monaten verfliegen die anfängliche Siegesgewißheit und die Kriegsbegeisterung. Die Kämpfe eskalieren zu einem Stellungskrieg an zwei Fronten. Die Militärs bemächtigen sich der neuesten Techniken (Einsatz von Tankern, Flugzeugen, Unterseebooten, Schrabnellgranaten, Giftgas). Der erste technisierte Krieg der Weltgeschichte wird zu einer unvorstellbaren Material- und Menschenschlacht und läßt die Träume vom Heldentum und vom Überleben des Tüchtigsten rasch vergehen.

Mit Kriegseintritt steigt im Deutschen Reich die Arbeitslosigkeit und damit die Armutsproblematik massiv an: Die Männer werden eingezogen, viele Betriebe müssen schließen und ihre Angestellten werden entlassen. Zwar werden die Störungen der Produktion und Distribution durch Umverteilung von Arbeitskräften (Anstieg der Erwerbstätigkeit von Frauen und Jugendlichen) teilweise ausgeglichen, doch der Ausfall des Ernährers in vielen Familien und steigende Preise verschlechtern die Einkommenssituation in den unteren wie in den mittelständischen Bevölkerungsgruppen (Selbständige) dramatisch.

Unter diesen Bedingungen wird – zumeist auf Initiative des Staates – das bestehende Fürsorgewesen um- und ausgebaut. Es sind zum einen die kriegsbedingten sozialen Verwerfungen in breiten Bevölkerungskreisen, die – zusätzlich zu den Leistungen für die Kriegsversehrten, Kriegerwitwen und Kriegswaisen – den Aufbau einer öffentlichen Kriegsfürsorge notwendig machen und auch forcieren: Die Familien der zum Militärdienst Eingezogenen erhalten staatliche Unterstützung (zuständig: das Reich; Ausführung: die Gemeinden). Da diese Maßnahmen völlig unzureichend sind, um ein weiteres soziales Absinken vieler Familien zu verhindern, flankieren die Kommunen die staatliche Kriegsfürsorge durch freiwillige Leistungen der Kriegswohlfahrtspflege. Diese erfolgt zumeist in Form kommunaler Dienst- und Naturalleistungen (zunächst Lebensmittel und Kleidung; später durch Sicherstellung der Versorgung der Gesamtbevölkerung: Regelung der Beschaffung und Verteilung; die Kosten werden teilweise vom Reich erstattet). Die Leistungen der Armenfürsorge gehen um 30% zurück. Von zentraler Bedeutung sind dabei die vaterländischen Hilfsvereine, insbesondere die Frauenorganisationen, angeführt von Marie E. Lüders, Gertrud Bäumer, Alice Salomon u.a. Sie werden für die Kommunen zur wichtigsten Stütze bei den Unterstützungsbemühungen. Allen voran der Bund deutscher Frauenvereine mit seinen 600.000 Mitgliedern, der mit dem Nationalen Frauendienst ein flächendeckendes Netz von Hilfen organisiert: Die Mitglieder der Vereine arbeiten in den kommunalen Hilfestellen mit, überprüfen Anträge, nehmen Ermittlungstätigkeiten vor, leisten Außendienste und bringen eigene Ressourcen in Form von Lebensmittelspenden oder Massenspeisungen in Kriegsküchen ein; besonders prekär ist die Lage für die Bevölkerung im sogenannten „Kohlrübenwinter" 1916/17. Diese Hilfsstellen sind eine Art „gemischter Betrieb", in denen die öffentliche Fürsorgeverwaltung und die Organisationen der Privatwohltätigkeit lernen, ihre Tätigkeiten aufeinander abzustimmen, und wo diese Zusammenarbeit gewissermaßen erstmals institutionalisiert wird. Hier liegt die Keimzelle für die später weiterentwickelten korporativen Formen der Zusammenarbeit dieser beiden Akteure.

Zum zweiten geht – nicht weniger paradox als der eben dargestellte Zusammenhang – der Ausbau staatlich betriebener „Sozial"politik damit einher, daß im Dezember 1916 die Oberste Heeresleitung die politischen Zügel an sich reißt und die Politik zur Umstellung der gesamten Volkswirtschaft auf eine planmäßige Kriegs(be)wirtschaft(ung) zwingt (Zustimmung durch Reichstag; Gegenleistung: Einführung von Organen innerbetrieblicher Mitbestimmung). Mit dem „Gesetz über den vaterländischen Hilfsdienst" werden alle Männer arbeitsverpflichtet (Einschränkung der freien Wahl des Arbeitsplatzes zugunsten der Rüstungsindustrie), der Staat erhält Befugnisse zur Lenkung der Wirtschaft, Reichsministerien zur Durchsetzung der Maßnahmen werden aufgebaut: Kriegsamt, Ernährungsamt/später: Reichswirtschaftsamt, Reichsarbeitsamt. Im Kriegsamt auf Reichsebene wie auch in den regionalen Kriegsamtsstellen wird zur Koordination der Frauenerwerbstätigkeit eine Frauenarbeitszentrale installiert. Die Exekutivgewalt geht an das Kriegsministerium über. Die Frauen werden zwar nicht zwangsverpflichtet, in der Rüstungsindustrie zu arbeiten, doch zur Steigerung der Arbeitsfähigkeit und -willigkeit der weiblichen Arbeitskräfte werden alle Arbeitshemmnisse abgebaut: Im ganzen Land werden Kriegskindergärten eingerichtet. Der Staat beginnt nun, für viele bislang ungeregelte Fürsorgebereiche Normen zu erlassen; so erläßt das Kriegsamt Richtlinien für die Säuglings- und Kinderfürsorge und für die Fürsorge der erwerbstätigen Frauen (Fabrikfürsorge), auch die Ausbildung von Fachkräften für die Kindertagesstätten wird geregelt; die sozialen Frauenschulen koordinieren ihre Arbeit (Gründung der Konferenz der Wohlfahrtsschulen 1917); die Sammlungstätigkeit der Wohlfahrtsverbände wird 1915, die Verbände selbst werden 1917 unter staatliche Aufsicht gestellt. Die sozialen Maßnahmen zur Linderung der Not und zur Förderung der Erwerbstätigkeit sind für das deutsche Wohlfahrtssystem (bis in die Gegenwart) höchst bedeutsam: Die Leistungen staatlicher Wohlfahrtspflege werden planmäßig ausgebaut, der Wohlfahrtsstaat nimmt Konturen an, die öffentlichen und freien Leistungsträger lernen ihre Hilfen zu koordinieren und Formen der Zusammenarbeit zu entwickeln – kurz: „Der Krieg ist der Schrittmacher des deutschen Wohlfahrtsstaats und Wohlfahrtssystems". Hinzu kommt, daß der Krieg das Vorurteil beseitigt, Armut sei individuell durch Fehlverhalten verschuldet oder gar angeboren. Denn die gesellschaftliche und wirtschaftliche Verursachung von Not und Elend hat sich offenbart. Und alle, Angehörige der unteren wie der mittleren Schicht, brauchen Hilfe und nehmen sie in Anspruch, wenn sie welche erhalten. Dieser andere Fürsorgestil führt – wie es damals genannt wird – zu einer „Veredelung der Klangfarbe" der Fürsorge. Der planmäßige Ausbau der Fürsorgetätigkeit des Staates im Ersten Weltkrieg führt auch bei den Akteuren der Privatwohltätigkeit, z.B. bei den bestehenden freien Wohlfahrtsverbänden, zu Reorganisationsprozessen. Zum einen sehen sie sich gezwungen, ihre Handlungs- und Leistungsfähigkeit zu verbessern, um im Konkurrenzkampf der Akteure zu bestehen und um die „Schlagkraft nach außen", gegenüber dem Staat, zu vergrößern.

Der weitere Kriegsverlauf wendet sich 1917: Im April verkündet die Oberste Heeresleitung den totalen U-Bootkrieg, um die Seeblockade zu durchbrechen; dies richtet sich auch gegen Handelsschiffe der USA, die als neue Weltmacht sich nicht einschränken lassen wollen und daraufhin den Kriegseintritt verkünden. Anstelle eines Verständigungsfriedens streben die Militärs – nicht nur auf deutscher Seite – einen Siegfrieden an, der auf allen Seiten zu hohen Verlusten führt. Der Kriegseintritt der USA verändert das Gleichgewicht der Kräfte. 1918 greift im deutschen Heer und unter der Bevölkerung Kriegsmüdigkeit um sich, die schlechte Versorgungslage bewirkt Unruhen nicht nur unter den Soldaten, sondern auch Massenstreiks in der heimischen Produktion. In einer Art „Revolution von oben" kaschieren die Militärs die absehbare Niederlage, indem sie im Herbst 1918 eine parlamentarische Regierung etablieren und diese zur Annahme des von den Alliierten diktierten Waffenstillstands am 10./11. November 1918 zwingen. Von den in die Kampfhandlungen weltweit einbezogenen 65 Millionen Soldaten sind 21 Millionen (darunter 4,2 Millionen deutsche) verwundet oder verstümmelt, 8,5 (1,8) Millionen lassen ihr Leben. Am 9. November dankt der Deutsche Kaiser ab und geht nach Holland ins Exil; damit endet das Deutsche Reich (siehe zum Gesamten Sachße/Tennstedt 1988, 15-45; Landwehr/Baron 1991, 11-71).

(3) DIE WEIMARER REPUBLIK (1918/19 BIS 1933)

Unter turbulenten Bedingungen wird eine Regierung („Rat der Volksbeauftragten") gebildet, werden im Reich Wahlen zur Nationalversammlung abgehalten und eine Verfassung verabschiedet (1918/19). Diese enthält erstmals einen Grundrechtekatalog und legt einen föderalistischen Staatsaufbau fest; erstmals dürfen Frauen wählen. Gleiches erfolgt in den Ländern. An der Spitze des demokratisch-parlamentarischen Rechts- und Verfassungsstaats steht ein vom Volke gewählter Reichspräsident (zunächst Friedrich Ebert, später Paul von Hindenburg). Damit ist die erste Republik auf deutschem Boden etabliert. Die Wahlen zum Reichstag ergeben zunächst eine regierungsfähige Mehrheit für die „Weimarer Koalition" aus der Sozialdemokratischen Partei (SPD), dem Zentrum und der Deutschen Demokratischen Partei (DDP). Mit der Übernahme von Regierungsfunktionen gewinnt die Arbeiterschaft an politischem Einfluß. Doch die Durchsetzung des parlamentarischen Systems ist schwierig: Die Reichsverfassung zeigt Mängel (korporative Elemente, Notverordnungen), die Parteien bringen keine stabilen Regierungsmehrheiten zustande und vor allem: die Demokratie verfügt über keine breite geistig-moralische Basis. Die ideologischen Auseinandersetzungen entladen sich in den frühen zwanziger Jahren in bürgerkriegsähnlichen Auseinandersetzungen der politischen Lager und ihrer Freikorps (Ermordung Erzbergers und Walter Rathenaus; Kapp-Putsch, Hitler-Putsch; Reichswehr schießt auf Aufständische).

Weitreichend sind die wirtschaftlichen und sozialen Folgen des Krieges und des Versailler Friedensvertrages (1919): Sechs Millionen Soldaten müssen demobilisiert und in Arbeit und Brot gebracht werden, die Kriegswirtschaft muß auf eine Friedenswirtschaft umgestellt werden. Gebietsabtrennung und Besetzung wichtiger Gebiete wie des Ruhrgebiets, hohe Reparationsforderungen der Alliierten, Arbeitslosigkeit, Verschuldung, schlechte Versorgungslage, Inflation – überall herrschen Not und Elend. Ein Millionenheer von Bedürftigen benötigt Hilfe und Unterstützung – zunächst wirtschaftliche Hilfen: Heizmaterial, Kleidung, Essen. Durch den Krieg und die Wirtschaftskrise sind die meisten Familien beschädigt oder völlig zerstört. Vielfach können sie ihre Erziehungsaufgaben nicht mehr wahrnehmen. Viele Kinder und Jugendliche wachsen faktisch ohne den Schutz und die Unterstützung einer Familie auf. Die kriegsbeschädigten und zu militärischen Zwecken umfunktionierten sozialen Einrichtungen sind reparaturbedürftig; die Inflation frißt die finanziellen Reserven der Einrichtungsträger auf. Nach der Währungsreform im November 1923 stabilisiert sich mit der Einführung der Rentenmark die Währung. Durch den Dawesplan werden die Reparationsforderungen entschärft. Ausländisches Kapital fließt nach Deutschland. Die Wirtschaft faßt wieder Tritt, Arbeitskräfte werden angestellt, die Produktion modernisiert. Mit der wirtschaftlichen Stabilisierung geht auch die politische einher (Aufnahme in den Völkerbund 1927).

Die Folgen des Ersten Weltkriegs verändern die politischen, wirtschaftlichen und sozialen Lebensbedingungen auch in den anderen Ländern Europas. Aus den 17 Monarchien und 3 Republiken Europas werden nach dem Krieg 13 Republiken und 13 Monarchien. Der Sieg auf Seiten der Alliierten bestärkt die USA in ihrem imperialen Bestreben und stellt einen wichtigen Schritt zur Durchsetzung ihrer Vormachtstellung auch in Europa dar. Mit der Oktoberrevolution (1917) errichten die Bolschewiken die Diktatur des Proletariats in Rußland.

Zunächst sind es in den ersten Nachkriegsjahren vor allem die unmittelbar kriegsbedingten, dann aber generell die allgemeinen Lebensverhältnisse in der „Weimarer Republik", die den Rahmen der traditionellen Fürsorge („Notbedarf") sprengen und den Staat eine weitergehende Verantwortung für die Lebensbedingungen der Gesamtbevölkerung übernehmen lassen. Ist doch nun völlig offensichtlich geworden, daß das Elend und die Not weitgehend „den Verhältnissen" geschuldet sind. Zunächst versucht der Staat – anknüpfend an seine Sozial- und Fürsorgetätigkeit im Krieg – in den ersten Nachkriegsjahren mit einem Bündel von Sonderfürsorgen dem Massenelend zu begegnen. 1922 und 1924 werden vor allem mit dem Reichsjugendwohlfahrtsgesetz (RJWG) und der Reichsverordnung über Fürsorgepflicht (RFV) in Verbindung mit den Reichsgrundsätzen (RGr) die Grundlagen wohlfahrtsstaatlicher Tätigkeit geschaffen. Die Erwerbslosenfürsorge bleibt zunächst noch durch besondere Gesetze geregelt. Mit der wirtschaftlich-politischen Konsolidierung zeigen sie Mitte der zwanziger Jahre die ersten Früchte, z.b. im Ausbau und in der Differenzierung fürsorgerischer Einzelbereiche, im Aufbau von (Jugend-, Gesundheits- und Wohlfahrts-)Ämtern oder in der Entwicklung fachlicher Konzepte. Mit der Konstituierung des öffentlichen Wohlfahrtsstaats weiten sich die Eingriffsverwaltung und damit die Sozialbürokratie aus (Erlaß von Richtlinien, Einstellung von Verwaltungsbeamten).

Damit einher gehen die weitere Verfachlichung (Professionalisierung) der Handlungsformen Sozialer Arbeit. Berufs- und Interessenverbände werden gegründet (unter anderem der Deutsche Verband der Sozialbeamtinnen 1926). Die Zahl der Ausbildungsstätten erhöht sich; 1927 sind es bereits 33. 1925 gründet Alice Salomon die Deutsche Akademie für soziale und pädagogische Frauenarbeit. Zu den theoretischen Grundlagen und zur methodischen praktischen Gestaltung der Sozialen Arbeit erscheinen in großer Zahl Veröffentlichungen (z.b. von Christian Jasper Klumker – siehe Ausführungen S. 159ff.; Alice Salomon – siehe Ausführungen S. 185ff.; Herman Nohl – siehe Ausführungen S. 199ff.; Gertrud Bäumer – siehe Ausführungen S. 212ff.). Mit den rechtlichen und organisatorischen Strukturierungen erfährt die institutionelle und konzeptionelle Trennung von Fürsorge und Wohlfahrtspflege (Sozialarbeit) auf der einen und der Jugendhilfe und Sozialpädagogik auf der anderen Seite die für deutsche Verhältnisse typische Ausprägung. Das im Krieg eingespielte arbeitsteilige System von öffentlicher und freier Wohlfahrtspflege wird rechtlich fixiert. Eine große Zahl von speziellen Fachvereinigungen wird gegründet (z.b. Deutsche Zentrale für freie Jugendwohlfahrt 1924). Die freigemeinnützigen Träger und Verbände der Wohlfahrtspflege werden zu Kooperationspartnern des Staates aufgewertet („Dritter Sektor"). Neue Wohlfahrtsverbände werden gegründet (Deutsches Rotes Kreuz 1921, Hauptausschuß für Arbeiterwohlfahrt 1919, Fünfter Wohlfahrtsverband [Vorläufer das Paritätischen Wohlfahrtsverbandes] 1920). Mit dieser Stellung der freien Wohlfahrtspflege sind besondere rechtliche (Status) und finanzielle Privilegien (Bezuschussung) verbunden. In den Verbänden der freien Wohlfahrtspflege wächst ein neues Verständnis ihrer Aufgaben. Sie schließen sich 1924 zur Deutschen Liga der freien Wohlfahrtspflege zusammen und gründen 1923 eine Hilfskasse (Wohlfahrtsbank), die an Anstalten für Renovierungs- und Erweiterungsinvestitionen Kredite vergibt.

Wirtschaftsboom und Konsumsteigerung zeigen bereits ab der zweiten Hälfte der Zwanziger ihre Kehrseiten: die Modernisierungsinvestitionen haben eine wachsende Zunahme der rationalisierungsbedingten Arbeitslosigkeit zur Folge. Mit der Wirtschaftsbaisse ab 1929 („Börsenkrach") werden die ausländischen Kredite abgezogen, die Firmenkonkurse nehmen drastisch zu und damit auch die Arbeitslosigkeit. 1933 gibt es offiziell 4,8 Millionen Arbeitslose bei 32 Millionen Erwerbspersonen im Deutschen Reich; das ist eine Arbeitslosenquote von ca. 15%. Die 1927 eingeführte Arbeitslosenversicherung ist überfordert, die Deflationspolitik der Regierung führt zu Kürzung sozialer Leistungen und zu Steuererhöhungen. Die Parteienzersplitterung verhindert den Konsens der demokratischen Parteien, das rechte Lager findet immer mehr Zuspruch. Nach den Reichstagswahlen 1932 wird eine rechts stehende Regierung unter Einschluß der Nationalsozialistischen Deutschen Arbeiterpartei (NSDAP) gebildet. Die sich anbahnende Diktatur der NSDAP unter der Führung Adolf Hitlers wird nicht verhindert (siehe zum Gesamten C.W. Müller 1988a, 176-221; Sachße/Tennstedt 1992; Landwehr/Baron 1991, 173-217).

Mit der Oktoberrevolution (1917) errichten die Bolschewiken in Rußland eine Diktatur des Proletariats. Immer deutlicher schälen sich die USA und die Sowjetunion als die Protagonisten zweier grundverschiedener Politik-, Wirtschafts- und Weltanschauungssysteme heraus.

In der Philosophie, aber auch in der Psychologie und Soziologie findet eine Zweiteilung der Erkenntnistheorie und Ontologie in empirisch-analytisch („erklären") ausgerichtete, häufig positivistische (materialistische) Systeme auf der einen und in hermeneutische („verstehen") Systeme auf der anderen Seite statt. In der Philosophie expliziert der „Wiener Kreis" eine positivistische Logik der Forschung, mit der Phänomenologie (Edmund Husserl) etabliert sich eine philosophische Schule, die mit der Wesensschau die Frage nach der Übereinstimmung von Bewußtsein und Realität überwinden will, und mit der Existenzphilosophie (Martin Heidegger) ein Ansatz, dessen Ziel die Begründung einer Seinsphilosophie aus der Analyse des menschlichen Daseins ist. Auch in der Psychologie und Soziologie differenzieren sich die Schulen und Ansätze aus: Behaviorismus (John Watson), Psychoanalyse (Sigmund Freud), Gestaltpsychologie (Max Wertheimer), Feldtheorie (Kurt Lewin), Persönlichkeitspsychologie (William Stern), (Akt-)Psychologie (Karl Bühler), Wissenssoziologie (Karl Mannheim), Kulturanthropologie (Bronislaw Malinowski) u.a. Im Bereich der Technologie finden die neuen Werkstoffe und Verfahrenstechniken nach dem Krieg Anwendung z.B. beim Bauen („Funktionalismus"; Internationaler Stil), im Verkehrswesen (Straßenbahnen, Automobile) oder in der Vergnügungsindustrie (Rundfunk, Kino).

(4) DIE NATIONALSOZIALISTISCHE DIKTATUR (1933 BIS 1945)

1933 wird Adolf Hitler zum Reichskanzler ernannt, und er erwirkt sogleich vom Reichspräsidenten die Auflösung des Reichstages. Mit dem Ermäch-

tigungsgesetz und der Gleichschaltung beseitigt er – ohne die Weimarer Reichsverfassung formell aufzuheben – die parlamentarische Demokratie und den Rechtsstaat und schaltet die verfassungsmäßigen Kontrollorgane aus. Kaum zwei Jahre benötigen die Nationalsozialisten teils mit scheinlegalen Mitteln, teils mit offenen Rechtsbrüchen zur Errichtung des totalitären Führerstaates. Mit Hilfe der Notverordnungen werden die politischen Grundrechte außer Kraft gesetzt, die Pressefreiheit eingeschränkt und der Beamtenapparat „gesäubert", staatsstreichförmig die Länder gleichgeschaltet und die Selbstverwaltung der Gemeinden beseitigt. Nach Verbot und Selbstgleichschaltung der Parteien ist der „Einparteienstaat" Wirklichkeit. Damit sind die äußeren Voraussetzungen zur Realisierung der expansionistischen und rassistischen Zielsetzungen des NS-Faschismus und ihres „Führers" geschaffen. Mit zahlreichen weiteren Maßnahmen wirbt das Regime erfolgreich um die Zustimmung der Deutschen: Es reduziert mit der Einführung des Reichsarbeitsdienstes (1935), durch Aufbau der Rüstungsindustrie (auch Einführung der Wehrpflicht 1935) und der Entfernung der Frauen von Arbeitsplätzen die Arbeitslosigkeit und entfaltet eine wirtschaftliche Scheinblüte. Ein Kündigungsschutz wird eingeführt und über die NS-Gemeinschaft „Kraft durch Freude" werden Angebote zur Urlaubs- und Freizeitgestaltung („Reisen für Volksgenossen") gemacht. In der Bevölkerung weit verbreitete antiparlamentarische Haltungen und Antisemitismus finden öffentliche Unterstützung. Die Wiederherstellung von Recht und Ordnung und des Ansehens Deutschlands ist ein ebenso wirkungsvolles Thema der Propaganda wie z.B. die Verleihung des Mutterkreuzes an Mütter mit vielen Kindern oder die Einführung des Muttertages. Ziel der Propagandamaschinerie sind auch die Kinder und Jugendlichen (Einrichtung der „Hitlerjugend"). Der Unrechtsstaat setzt von Anfang an Gewalt und Terror gegen Andersdenkende und alles, was dem rassisch-arischen Ideal nicht entspricht, ein. Bereits 1933 werden die ersten KommunistInnen, GewerkschaftlerInnen, ChristInnen u.a. in Konzentrationslagern interniert, mit Boykott-Maßnahmen beginnt die Verfolgung der Juden: in über 250 Gesetzen werden sie ihres Rechtsschutzes beraubt und im Alltag gedemütigt. Die Pogrome 1938 in der sogenannten „Reichskristallnacht" bilden einen Vorboten des kommenden nationalsozialistischen Terrors.
Auch die Beseitigung der sozialen Probleme steht auf der Tagesordnung: Nunmehr werden – wie es in der NS-Sprachregelung heißt – „die Ursachen bekämpft" – durch Betonung der Selbsthilfe, Entlastung der Fürsorge durch Abbau der Arbeitslosigkeit und durch Leistungskürzungen (wobei die überkommenen Rechtsgrundlagen formal meist eingehalten werden), durch Ablehnung der „Befürsorgung Minderwertiger, Asozialer und Arbeitsscheuer" u.a.m. Die Fürsorge wird in den Dienst der „Gesunderhaltung des Volkskörpers" gestellt, die Wohlfahrtspflege nach rassenhygienischen und bevölkerungspolitischen Grundsätzen instrumentalisiert (siehe auch

das Hilfswerk „Mutter und Kind"). Das wichtigste Instrument hierbei ist die nationalsozialistische Volkswohlfahrt (NSV), die nach der Deutschen Arbeitsfront mit 17 Millionen Mitgliedern die zweitgrößte Massenorganisation ist. Sie organisiert auch das „Winterhilfswerk des Deutschen Volkes", das mit seinen 566 Millionen RM Umsätzen einen beachtlichen Wirtschaftsfaktor darstellt. Sofern die Einrichtungen und Verbände der freien Wohlfahrtspflege nicht gänzlich aufgelöst oder mit der Volkswohlfahrt gleichgeschaltet werden, beginnen für die MitarbeiterInnen harte Zeiten (Reglementierungen, Wegfall von Zuschüssen).

Ab 1936 wird die Wirtschaft auf Kriegsvorbereitung umgestellt (Vierjahresplan), die Verbrauchsgüterindustrie und der private Konsum werden zugunsten der Aufrüstung eingeschränkt. Mit der Gleichschaltung der Wehrmacht und der Umstrukturierung des Auswärtigen Amts (1938) sind die Voraussetzungen für die kriegerische „Lebensraum-Politik" geschaffen: 1939 wird Polen und in den Jahren danach Frankreich, England und Rußland der Krieg erklärt. Der von Deutschen angezettelte Zweite Weltkrieg nimmt weltweite Dimensionen an. Zum Jahreswechsel 1942/43 wendet sich das Blatt – Stalingrad markiert den Beginn des Rückzugs der Deutschen aus den besetzten Gebieten, der noch mörderische zwei Jahre lang dauert.

Mit Kriegsbeginn forcieren die Nationalsozialisten ihre bereits 1933 („Gesetz zur Verhütung erbkranken Nachwuchses") begonnene Sterilisationspolitik. Der „kranke Erbstrom" wird nun auch bei „Alkoholkranken", „Gewohnheitsverbrechern" und „rassisch Minderwertigen" unterbrochen. Zudem werden Menschen mit erb- und anlagebedingten schweren Leiden erfaßt und zumeist ermordet („Euthanasie"). Mit Kriegsbeginn nehmen die Nazis auch den systematisch betriebenen Völkermord an den Juden und an anderen Völkern auf. Nach Ende des Krieges sind über sechs Millionen Juden vergast oder auf andere Weise getötet worden. Mit der Kapitulation und Befreiung 1945 endet das „Tausendjährige Reich" (siehe zum Gesamten Landwehr/Baron 1991, 174-217; Sachße/Tennstedt 1992).

Kunst und Kultur schalten die Nationalsozialisten auch gleich („Reichskulturkammer"). Sie diffamieren alles „Undeutsche" („entartete Kunst") und hetzen auf mißliebige SchriftstellerInnen, MusikerInnen und WissenschaftlerInnen. Dem kann sich ein Großteil der kritischen Intelligenz, darunter eine große Zahl jüdischer DenkerInnen und ForscherInnen, nur durch Flucht ins Exil entziehen. Die nationale Ausrichtung der Wirtschaft, der Technologie und Forschung, aber auch der Krieg haben zur Folge, daß – von wenigen Ausnahmen abgesehen – neue Erfindungen und technische Fortschritte in anderen (außereuropäischen) Ländern gemacht werden.

Die ProtagonistInnen in der Theorie und Praxis der Sozialen Arbeit, die ich in diesem Teil vorstelle, kennen sich zumeist persönlich und arbeiten in den zahlreichen nationalen und internationalen Bewegungen, Konferenzen und

Vereinigungen zusammen. Sie tauschen sich untereinander aus und stützen sich nicht selten gegenseitig, stehen einander aber auch als GegnerInnen gegenüber. Addams und Salomon treffen sich beispielsweise auf Kongressen in Europa und in den USA. Beide verehren den Russen Lew Tolstoj und werden nicht zuletzt durch ihn und die Lektüre seiner Bücher zu ihrem sozialen Engagement motiviert und inspiriert. Obgleich Salomon in ihrem Buch „Soziale Führer" Jane Addams als leuchtendes Beispiel für die Gegenwart herausstellt, lehnt sie – genau wie Gertrud Bäumer – ihren Einsatz für die Frauenfriedenskonferenz von Den Haag zur Beendigung des Ersten Weltkrieges völlig ab. Salomon steht mit Bäumer in enger Beziehung, z.b. bei der Organisation des Nationalen Frauendienstes im Ersten Weltkrieg, in der Frauenbewegung und in der Konferenz der Sozialen Frauenschule; Bäumer und Nohl sitzen zusammen als Studierende bei Dilthey im Seminar der Berliner Universität; Natorp, ein entschiedener Gegner Diltheys, wird dagegen von Nohl und seinen SchülerInnen schlichtweg ignoriert; Bäumer schreibt in dem von Nohl mitherausgegebenen „Handbuch der Pädagogik" die wichtigen Beiträge zur Sozialpädagogik; beim Entwurf des Reichsjugendwohlfahrtsgesetzes in den frühen zwanziger Jahren arbeiten Nohl, Bäumer, Klumker und Muthesius zusammen; Scherpner ist ein Schüler von Klumker. Unter dem nationalsozialistischen Regime verlieren Bäumer und Nohl zwar ihre Ämter, bleiben aber letztlich genauso wie Scherpner und Nohl unbehelligt; nur Salomon muß emigrieren. Muthesius paßt sich am stärksten von ihnen an und übernimmt eine leitende Aufgabe im Reichsministerium des Inneren. Nach dem Ende des Dritten Reiches arbeiten Muthesius und Scherpner als Mitglieder des Hauptausschusses vom Deutschen Verein in Frankfurt a.M. wieder zusammen, und Nohl übernimmt eine führende Rolle beim Neuaufbau der PädagogInnenausbildung. Adler unterrichtet wie Arlt in der gleichen Zeit in Wien Fürsorgerinnen und wandert nach Nordamerika aus; vieles spricht dafür, daß sich Addams und Adler bei Aufenthalten in Chicago treffen. Zur Auswahl der in diesem Teil (nicht) vorgestellten Theorien und Personen verweise ich auf meine Ausführungen in der Einführung (siehe S. 8ff.).

1. Frieden und soziale Gerechtigkeit – Jane Addams (1860-1935)

„Jane Addams' character and achievements are a very proud part of the history of social work. The reach of her mind and the breath of her courage brought new dimensions to the profession. Her superb powers of interpretation played a large part in public understanding of social work when it was feeling its way to greater competence, evolving new disciplines, and taking on new responsibilities" (Helen Hall, zit. nach Addams 1960, 2).

1.1. HISTORISCHER KONTEXT

Jane Addams entwickelt ihre Theorie zur Sozialen Arbeit Ende des 19. und Anfang des 20. Jahrhunderts in den Vereinigten Staaten von Nordamerika (USA). Ähnlich wie die Industriestaaten Europas macht auch Nordamerika im 19. Jahrhundert in wirtschaftlicher, sozialer, politischer und demographischer Hinsicht eine rasante Entwicklung durch. Die USA steigen in der Zeit von 1865 bis 1920 zu einer Weltmacht auf. Eine gewaltige Bevölkerungsvermehrung – von 1860 bis 1914 wächst die Bevölkerungszahl der USA von 31,3 auf 91,9 Millionen, rund 21 Millionen davon sind Einwanderer, die meisten von ihnen stammen aus Europa – ein noch stärkeres, durch zunehmend kapitalintensive, organisatorisch und technisch bedingte Produktivitätssteigerung getragenes Wirtschaftswachstum und die letzte Phase der Erschließung des Kontinents bestimmen diese Entwicklung. Trotz erheblicher Schwierigkeiten in der Landwirtschaft (z.B. durch Überangebot und Absatzprobleme) bringen die Verstädterung und die Industrialisierung eine gesteigerte Inlandsnachfrage und der Erste Weltkrieg gewaltige Exportmöglichkeiten. Ungehemmt und mit starker Tendenz zur Kapitalkonzentration entwickelt sich unter hohem Zollschutz eine starke Grundstoff- (Kohle, Stahl, Erdöl) und Verbrauchsgüterindustrie, begleitet von einem enormen Ausbau des Verkehrswesens (Eisenbahnen) und schnellem Wachstum der Städte. Die Zahl der ArbeiterInnen steigt in der angegebenen Zeitspanne um 700%, die Produktion um 2.000% und das Investitionskapital um 4.000%. In der Produktion von Eisen, Kohle, Erdöl, Kupfer und Silber stehen die USA an der Weltspitze. Kleine Wirtschaftsunternehmen entwickeln sich vielfach zu Riesenkonzernen, z.B. Standard Oil (Rockefeller) oder Steel Corporation (Carnegie), die das Volksvermögen weitgehend kontrollieren. Die in großer Menge produzierten Massengüter heben den Wohlstand der Mittelschicht. Die Arbeiterorganisationen fordern bessere Arbeitsbedingungen und höhere Löhne und wehren sich ziemlich erfolglos gegen die unbarmherzige Ausbeutung der ArbeiterInnen, weil schlagkräftige Gewerkschaften fehlen. Die aufblühenden Industrieunternehmen in den amerikanischen Großstädten (Maschinenbau, Textil, Glas) ziehen vor allem die Einwanderer mit ihren Familien an; diese hoffen, dort Arbeit und Wohnung zu finden. Der Konkurrenzkampf der Arbeitssuchenden ist jedoch äußerst hart; zwischen 1870 und 1880 sinkt das Durchschnittseinkommen von 400 auf 300 Dollar pro Jahr. Da eine Familie aber mindestens 720 Dollar zum Leben braucht, müssen auch die Frauen und Kinder in den Betrieben und Fabriken arbeiten. Korruption, Spekulation, Ausbeutung, demütigende Diskriminierung der AfroamerikanerInnen („Neger") und gewalttätige rassistische Aktionen führen zu sozialen Spannungen und Protestbewegungen (Progressive Movement), die politisch-soziale Reformen anstreben. Die nordamerikanische Gesellschaft ist auf soziale Probleme dieser Art nicht vorbereitet. Die wohlhabenden BürgerInnen fühlen sich in ihren vornehmen Stadtvierteln von den Armen aus den Elendsvierteln bedroht. Zynisch schreibt die Chicago Tribune in jenen Tagen: „Der einfachste Plan ist, den Arbeitslosen anstatt Butter Arsen aufs Brot zu streuen. Das bewirkt in kürzester Frist den Tod und ist den anderen Bettlern eine Warnung, sich in respektvoller Entfernung zu halten" (Stratenwerth 1990, 42f.).

Nach Abschluß der Westexpansion initiieren Wirtschafts- und Finanzkreise eine imperiale Außenpolitik, die zunächst nur mit finanziellen Mitteln betrieben wird (z.B. Ankauf Alaskas von Rußland). Zu Beginn des Ersten Weltkrieges 1914 verhalten sich die USA zunächst neutral. 1917 erklären sie, nachdem Deutschland den totalen U-Boot-Krieg erklärt hat, den Mittelmächten den Krieg und greifen aktiv in die Kriegshandlungen ein – mit der Folge, daß die Alliierten schließlich die Kapitulation Deutschlands und seiner Verbündeten erzwingen können (siehe auch die Ausführungen S. 127ff.). Die Vorbereitungen zum Eintritt in den Krieg lösen im Land starke – pazifistische – Gegenbewegungen aus (siehe Nearing 1972); insbesondere Frauen aus der Frauenbewegung engagieren sich zusätzlich in der Friedensbewegung. Der Erste Weltkrieg macht die USA zum reichsten Staat der Welt und zum Gläubiger der meisten Staaten Europas. Die Wirtschaft des Landes blüht auf und mit dem wirtschaftlichen Aufschwung wächst auch die militärische Stärke.

Chicago brennt 1871 zum größten Teil ab, wächst aber trotzdem bis zur Jahrhundertwende rasch zur bedeutendsten Stadt des „Mittleren Westens" mit dem größten Getreide-, Vieh-, Fleisch- und Holzmarkt der USA. In riesigen Industrieanlagen werden Stahl, Maschinen und Fleischwaren produziert. Die Einwohnerzahl verdoppelt sich innerhalb von zehn Jahren, und drei Viertel der EinwohnerInnen sind Einwanderer. Es herrschen katastrophale Wohnungsnot, untragbare hygienische Zustände, Mangel an Nahrungsmitteln, politische Korruption und zunehmende Kriminalität (siehe Eberhart 1995, 4, 49-63).

1.2. BIOGRAPHISCHER KONTEXT

Jane Addams wird 1860 in Cedarville, einem kleinen Dorf im nordamerikanischen Bundesstaat Illinois, geboren (siehe Addams 1913, 1960, 1981;
Müller 1988a; Stratenwerth 1990; Eberhart 1995). Zwei Jahre nach Janes
Geburt stirbt ihre Mutter; ihr Vater, der eine Selfmademan-Karriere vom
einfachen Müller zum vermögenden Landbesitzer, Bankdirektor und bedeutenden republikanischen Regionalpolitiker gemacht hat, ist ihr großes
Vorbild. Jane Addams studiert am Rockford-Seminar für Frauen (unter anderem Geschichte, Philosophie, Mathematik und Sprachen); sie beendet ihr
Studium mit dem Bachelor-Grad. Danach beginnt sie mit dem Medizinstudium; sie möchte später als Ärztin unter den Armen leben. Der Tod ihres
Vaters (1881) und eine Rückenerkrankung – ihr Rücken ist infolge einer
frühen Knochentuberkulose gekrümmt – rauben ihr ihre Kräfte; sie gibt das
Medizinstudium auf und unternimmt zu ihrer Erholung mehrmonatige Bildungsreisen mit Sprach- und Kunststudien durch Europa. Dabei lernt sie in
London auch die „Settlementbewegung"[4] kennen. Zwischenzeitlich leidet
sie immer wieder an dem Zwiespalt zwischen ihrem Anspruch und ihren
realen Handlungsmöglichkeiten und zieht sich mitunter entmutigt zurück.
Mit 25 Jahren läßt sie sich taufen und wird Mitglied der presbyterianischen
Kirche.

Am 18. September 1889 bezieht sie mit ihrer Freundin Ellen G. Starr in einem der Chicagoer Elendsviertel ein Haus – nach seinem Erbauer „Hull-
House" genannt –, um am Leben der Armen teilzuhaben und zugleich die
Lebensbedingungen der notleidenden Bevölkerung zu verbessern. Addams
und ihre zahlreichen MitarbeiterInnen kämpfen gegen die Resignation und
Lethargie der Armen, gegen das Desinteresse und die Korruption der Stadt-
verwaltung, gegen die Trägheit und Gleichgültigkeit der wohlhabenden
BürgerInnen für eine Gestaltung des alltäglichen Lebens in Chicago nach
demokratischen Regeln und sozialen Werten. 1902 erscheint ihr Werk „Democracy and Social Ethics". Hull House wird zu einem internationalen Zentrum sozialer und kultureller Reformen sowie zum Gründungsort der sogenannten „Chicagoer Soziologie-Schule".[5] 1910 beschreibt sie die Entwicklung und Arbeit in Hull House in ihrem Werk „Twenty Years at Hull House"
(„Zwanzig Jahre Hull House" 1913). 1895 erhält sie die Doktorwürde der
Universität Wisconsin. Viele Aufgaben und Ämter werden Addams ange-

---

[4] Settlements sind Siedlungen von BürgerInnen in Armenvierteln einer Großstadt,
um Brücken zwischen den Klassen einer Gesellschaft zu schlagen, wie sie Ende
des 19. Jahrhunderts in London und anderen europäischen Großstädten in
Umsetzung neuer Ideen der Sozialen Arbeit praktiziert worden sind.
[5] Chicagoer Schule nennt man eine einflußreiche Gruppe von SoziologInnen an
der Chicagoer Universität um die Jahrhundertwende.

tragen: Sie wird unter anderem Müllaufsichtsbeamtin des 19. Chicagoer Stadtbezirks, Vizepräsidentin des nationalen Bündnisses der Frauenvereinigung, Mitglied des Chicagoer Kollegiums für Erziehung und Bildung, Mitglied der American Sociological Society, Mitbegründerin der nationalen Vereinigung zur Förderung farbiger Menschen, erste Präsidentin der National Conference for Charities and Correction (später umbenannt in National Conference for Social Work), erste Präsidentin der Vereinigung für das nationale Frauenstimmrecht, Leiterin der Vereinigung der settlement- und Nachbarschaftszentren, Mitbegründerin der Frauen-Friedens-Partei, Präsidentin des Internationalen Frauenkongresses gegen den Krieg 1915 in Den Haag, Präsidentin der Internationalen Frauenliga für Frieden und Freiheit (1919).

Neben ihren vielen praktischen Tätigkeiten nimmt sich Addams Zeit für wissenschaftliches Arbeiten und ergänzende Studien (z.B. in Ökonomie). Außerdem unterrichtet sie an verschiedenen Colleges und an der Chicagoer Universität. Sie publiziert Monographien und mehrere Hundert Aufsätze über soziale und politische Probleme. Addams wird von ihren Zeitgenossen wegen ihres Pazifismus, ihres Kampfes für den Frieden und gegen den Eintritt der USA in den Ersten Weltkrieg sowie für die Frauenrechte zeitweise als „rote Hexe" verspottet und verfolgt; sie erhält sogar ein staatliches Rede- und Schreibverbot. Ihrer Monographie „Newer Ideals of Peace" von 1902 folgt 1922 „Peace and Bread in Time of War".

Trotz ihrer in weiten Teilen sehr erfolgreichen Aktivitäten ist Addams bisweilen enttäuscht und verzweifelt über die vielen Unzulänglichkeiten und zahlreichen Konflikte in ihrer Umgebung. An einem solchen Tiefpunkt reist sie zu dem von ihr sehr verehrten Lew N. Tolstoj, um sich von ihm Unterstützung zu holen.[6] Doch Tolstoj konfrontiert sie mit ihrem – in seinen Augen – luxuriösen Lebensstil. Addams finanziert ihren Lebensunterhalt aus dem Erbe ihres Vaters (Aktien, Ländereien u.a.). Sie kann Tolstojs Forderung nach einem Leben in Armut nicht folgen und sucht einen eigenen Weg, den Kontrast zwischen dem persönlichen, finanziell gesicherten Leben und dem ungesicherten Leben der Armen auszuhalten.

1931 erhält sie als erste Amerikanerin den Friedensnobelpreis. Jane Addams stirbt 1935 in Chicago und wird an ihrem Geburtsort Cedarville beerdigt.

---

[6] Angesichts der Hungersnöte in der Welt verkündet der russische Schriftsteller und Gutsbesitzer Lew N. Tolstoj (1828-1910) in Moskau, daß ein Leben in materiellem Wohlstand nicht mehr vertretbar sei, lehnt jeden Luxus ab und lebt ärmlich wie die einfache bäuerliche Bevölkerung Rußlands auf dem Land. Vielen idealistischen Menschen in der ganzen Welt ist er Prophet und ein lebendes Vorbild.

1.3. FORSCHUNGSGEGENSTAND UND -INTERESSE

Jane Addams führt ihr Interesse an sozialen Fragen auf ein frühes Erlebnis in ihrer Kindheit zurück. Sie habe erstmals im Alter von sieben Jahren beim Besuch eines Nachbarortes wirkliche Armut, die für sie damals ein verkommenes Leben einschloß, erlebt. Ihren Vater habe sie entrüstet gefragt, warum die armen Leute in so entsetzlich kleinen Häusern und so dicht beieinander leben müssen. „Auf seine Antwort erklärte ich mit großer Bestimmtheit, wenn ich groß wäre, würde ich selbstverständlich in einem großen Hause wohnen; aber das sollte nicht zwischen andern großen Häusern stehen, sondern mitten zwischen schrecklichen kleinen wie diesen hier" (Addams 1913, 3). Addams berichtet außerdem mehrfach von einem merkwürdigen Verantwortungsgefühl, „die Welt ein Stück weiter bringen zu müssen", das sie von Kindheit an angetrieben habe.

In der Stiftungsurkunde von Hull House nennt Addams als ihre Interessen, „den Mittelpunkt für ein höheres kommunales und soziales Leben zu bilden; erzieherische und philanthropische Einrichtungen zu schaffen und zu fördern und die Lebensbedingungen der arbeitenden Bevölkerung Chicagos zu untersuchen und zu verbessern" (Addams 1913, 79). Addams möchte durch praktische Soziale Arbeit ein Gleichgewicht zwischen ihrem Denken und Handeln herstellen und durch das Leben selbst etwas über das Leben lernen. Sie will Ungerechtigkeit und Unrecht aus der Welt schaffen, Frieden zwischen den Angehörigen verschiedener Gruppen, Rassen und Geschlechter, zwischen Unternehmer und Arbeiter ermöglichen, und sie will Frieden zwischen den Völkern (siehe Salomon 1932, 147).

1.4. WISSENSCHAFTSVERSTÄNDNIS

Addams möchte die freiwillige Philanthropie („Menschenliebe") durch eine „wissenschaftliche Philanthropie" ersetzen. Die Soziale Arbeit sieht sie als angewandte Soziologie, in der Theorie und Praxis eng miteinander verknüpft sind. Wissenschaft bedeutet für Addams ein Zugang zu leidenden Menschen. Mit dieser praxisorientierten Auffassung unterscheidet sie sich gründlich von der Wissenschaftsauffassung ihrer Kollegen der damaligen Chicagoer Soziologie-Schule, die Denken und Handeln, Theorie und Praxis, Ethik und Politik voneinander trennen (siehe Staub-Bernasconi 1989, 1995b). Addams verurteilt alle Versuche, die Elendsviertel und Hull House als soziales Laboratorium zu behandeln und die Bevölkerung als „Exemplare" zu analysieren. Für sie sollen die settlements etwas Humaneres und Spontaneres sein als das, was das Bild des Laboratoriums suggeriert. Addams greift auf die soziologische Forschung und ihre Methoden zurück, um aussagekräftige empirische Daten zur Fundierung der eigenen praktischen Arbeit und zur Legitimierung von Reformvorhaben zu erhalten. Letztlich betreibt sie bereits vor 100 Jahren nichts anderes als eine – wie wir heute sagen würden – „ökologisch orientierte Aktionsforschung" (siehe Addams 1960, 24).

Forschung und Theoriebildung sollen nach Addams nicht nur an der Universität, sondern auch „vor Ort" durchgeführt werden, um hierauf in konstruktive Soziale Arbeit umgesetzt zu werden. Die Geschichte der Gründerinnen von Hull House ist die einer ständigen Auseinandersetzung mit einem sozialen und kulturellen Kontext, der von ihnen ein permanentes (Um-)Lernen über den Einfluß dieses Kontextes auf das Denken und Handeln der in ihm Arbeitenden, Lebenden, Leidenden und Politisierenden fordert (Staub-Bernasconi 1995b, 44f.). Addams steht vor allem im Austausch mit dem Philosophen und Pädagogen John Dewey (1859-1952) und dem Philosophen und Sozialpsychologen George Herbert Mead (1863-1931) (siehe Eberhart 1995, 107-113). Von den Theorien dieser amerikanischen Wissenschaftler eignet sich Addams das an, was sie für richtig hält. Für ein neues Wohlfahrtsdenken verlangt Addams die radikale Absage an apriorische Denkmethoden der männlichen Philosophen des 18. Jahrhunderts und neue wissenschaftliche Forschungsmethoden.

1.5. THEORIE

Wer in den Werken von Jane Addams eine ausformulierte, gar monographisch vorgelegte Fassung ihrer „Theorie der Sozialen Arbeit" sucht, sucht vergeblich. Addams entwickelt ihre Theorie in der hautnahen Auseinandersetzung mit den sozialen Problemen der Großstadt Chicago, d.h. ihre Theorie entsteht aus der Reflexion der praktischen Tätigkeit und muß auf dem Hintergrund dieser Tätigkeit gesehen werden. Addams hat ihre Theorie im Kontext ihrer erzählenden Schriften über *Hull House* und den von dort ausgehenden Initiativen aufgeschrieben. Das *settlement* stellt einen theoretisch fundierten lebenspraktischen Versuch dar, zur Lösung der sozialen und industriellen Probleme beizutragen.

(1) *Soziale und industrielle Probleme als Gegenstandsbereich*: Am Anfang steht bei Addams die *persönliche Begegnung mit Armut und Elend*, und bei den konkreten sozialen Problemen hat nach Addams jede Soziale Arbeit anzusetzen. Die *Hull House Maps and Papers*, die Addams und ihre MitarbeiterInnen erstellen und publizieren, *erfassen mit sozialempirischen Methoden sowohl die Umwelt als auch die in ihr lebenden und von ihr abhängigen Menschen* (Addams 1981, 116). Addams legt großen Wert auf präzise Daten über die tatsächlichen Zustände in den Elendsvierteln Chicagos. Die Daten werden bei Hausbesuchen von Hull House-MitarbeiterInnen er-

hoben, in „Sozial-Berichte" über die individuellen Haushalte und über die dort lebenden Menschen zusammengestellt und statistisch ausgewertet. In den Berichten von Hull House werden unter anderem *folgende soziale Probleme* aufgezählt: zu ungesundes Wohnen, riesige Müllberge auf den Straßen und Hinterhöfen, giftige Abwässer, verdorbene Nahrungsmittel, unreine Milch, Ungeziefer als Krankheitsüberträger (für Diphtherie, Pocken, Typhus usw.), unerträglicher Rauch im Wohngebiet, schlechte Luft und ohrenbetäubender Lärm in den Fabriken, lebensgefährliche Arbeitsplätze. Damit sind verbunden: hohe Säuglingssterblichkeit, verkrüppelte, unterernährte, kranke Kinder, Jugendliche und Erwachsene. Außerdem: keine Lern- und Bildungsmöglichkeiten, Arbeitslosigkeit, Alkoholismus, Prostitution, Gewalttaten auf offener Straße, Raub, Totschlag und Mord (Addams 1960, 113f.). Die Beschreibungen der sozialen Wirklichkeit der Armen sollen nach Addams stets den *Lebenskontext der Menschen* berücksichtigen; ihre Bildsamkeit oder ihr Desinteresse an Bildung und Wissen, ihre Hoffnungen oder ihre Hoffnungslosigkeit, ihr Wollen oder ihre Apathie sind für Addams mitbestimmt durch die sozio-ökonomische, ökologische und kulturelle Umwelt und folglich nicht allein „innere Eigenschaften" (Staub-Bernasconi 1995b, 48). Um diese Interessen und Ziele verwirklichen zu können, erforscht Addams mit ihren zahlreichen MitarbeiterInnen in Hull House die *Bedingungen, die zu den offensichtlichen sozialen Problemen führen*, und auch die *Möglichkeiten, diese sozialen Probleme nachhaltig zu beseitigen*. Forschungsthemen in Hull House sind beispielsweise der Analphabetismus bei Kindern und Jugendlichen, die hohe Kindersterblichkeit, die Jugendkriminalität, der Drogenkonsum, die Prostitution, die Arbeitslosigkeit, die Ernährung und der Wohnungsbau.
Hunger und Krieg stellen für Addams die größte Bedrohung der Menschen und ihrer Umwelt dar; zugleich sind sie auch wesentliche Bedingungen und Ursache für zahlreiche soziale Probleme (Addams 1960, 251). Für Addams ist das Ausmaß der physischen und psychischen Leiden am Arbeitsplatz (z.B. beim Bau großer Brücken und Wolkenkratzer) zahlenmäßig mit den amerikanischen Verwundeten von Kriegen, an denen die USA beteiligt waren, durchaus vergleichbar. Sie fordert daher eine Problembeschreibung, die *keine „doppelte Buchführung"* und damit eine Trennung zwischen nationalen und internationalen Problemen erlaubt: Ihrer Meinung nach sollen sowohl die – offiziell als Helden gefeierten – Toten oder Verletzten der internationalen Kriege als auch die – allzu gerne verschwiegenen – Arbeitskrüppel und -toten der nationalen Wirtschaftsbetriebe gleichermaßen erwähnt werden (siehe Staub-Bernasconi 1995b, 47f.).

(2) *Drei große Erklärungslinien*: In dem Gesamtwerk von Addams lassen sich drei Erklärungslinien für die sozialen Probleme erkennen (siehe Staub-Bernasconi 1995b, 51-55):

(a) *Die ökologisch-territoriale Aufspaltung der Klassen/Schichten*: Die Arbeitsweise von Hull-House und der settlements, nämlich in den Elendsvierteln unter den Armen zu leben, ergibt sich als Konsequenz dessen, wie die Entstehung der Armut in den Städten erklärt wird (Addams 1960, 10f.). Die soziale Organisation der großen Städte ist nach Addams dadurch zerstört worden, daß die Städte in große Distrikte bzw. Wohnviertel aufgeteilt worden sind und darin unterschiedliche Gruppierungen der Bevölkerung räumlich und sozial voneinander getrennt leben. In dem einen Stadtteil wohnen wohlhabende Leute, in einem anderen – möglichst weit entfernt und durch einen Fluß getrennt – arme Leute; hier leben farbige Menschen und dort Menschen mit weißer Hautfarbe. Der einzige Berührungspunkt zwischen den BewohnerInnen einer Stadt ist nach Addams die unternehmerische Organisation der ArbeiterInnen in den Fabriken, d.h. hier treffen sich alle bei der Arbeit, aber auch wieder getrennt nach Positionen und Funktionen. Die Reichen haben Zeit und Geld für Kultur, Bildung und Vergnügen. Soziale und kulturelle Güter wie Bildung und Eigentum werden den unteren Schichten dagegen vorenthalten. Die Oberschicht entwirft und pflegt aus der Distanz das Bild von den dummen, apathischen und bildungsunfähigen sowie rohen und zu Gewalt neigenden Menschen in den Elendsvierteln. Dieses Bild läßt die Frage nach möglichen Aufstiegschancen der SlumbewohnerInnen gar nicht erst aufkommen und rechtfertigt jedes harte Durchgreifen im Falle von Unruhen oder Übergriffen.

(b) *Die männlich-militaristische Organisation der Städte*: Die Stadt wird nach Addams von einer städtischen und bürokratischen Elite, zu der nur Männer gehören, beherrscht. Diese Elite hat ein defensiv-militaristisches Leitbild von der Stadt. Die Stadt wird danach als eine militärische Festung angesehen, die sich gegen Feinde von außen (fremde Kaufleute, Konzerne usw.) und von innen (Kriminelle, Arme, Arbeitslose usw. aus den Elendsvierteln) verteidigen muß (Addams 1907, 31-61; 1960, 113-123). Die ökologischen Probleme der städtischen Bevölkerung sind die Folge dieses – nach Meinung von Addams – nicht der Realität entsprechenden Städteleitbildes und der hiervon abgeleiteten Regeln für den Aufbau einer Kultur- und Sozialordnung der Stadt und ihrer Teilsysteme. Die Geschäftswelt der Stadt – und damit die städtische Führung – denkt und handelt wettbewerbs- und kampforientiert, verhält sich nach den Regeln der Kriegsführung und ist folglich nicht in der Lage, hilfreiche Sozialordnungen aufzubauen und für das Wohlergehen der BürgerInnen zu sorgen, denn ihre Ziele sind Eroberung und Ausbeutung. Soziale städtische Haushaltsaufgaben wie die Pflege von Bibliotheken, Parkanlagen, Müllabfuhr usw. und die Sorge um gesunde Luft, funktionierende Abwässersysteme, Kindergärten, Schulen und Bildungsmöglichkeiten werden nicht erledigt. Zu diesem männlich-kriegerischen Leitbild gehört auch, daß Frauen aus allen (politischen) Geschäften herausgehalten und in die Familien zurückgedrängt werden.

(c) *Das Geschäftsinteresse internationaler Wirtschaftskonzerne*: Addams fragt, weshalb die Arbeitsplätze vieler ArbeiterInnen in den Fabriken so unfallträchtig und gefährlich sind, obgleich doch ausreichend Schutzmöglichkeiten bekannt seien. Auch geht sie den Gründen nach, weshalb kleine Kinder unter härtesten Bedingungen in den Fabriken und sonstigen Anlagen der Industrie den ganzen Tag und die ganze Woche über sehr gefährliche Arbeiten verrichten müssen, so daß sie erkranken und früh sterben, obgleich genügend erwachsene Arbeitslose vorhanden sind, die diese Arbeiten übernehmen könnten. Bei den Bemühungen, nationale ArbeiterInnen-schutzgesetze und ein nationales Verbot der Kinderarbeit zu erreichen, stoßen die Hull House-MitarbeiterInnen auf den heftigsten Widerstand bei den hierfür verantwortlichen Politikern (Addams 1960, 109ff., 156ff.). Für Addams ist es erwiesen, daß die Geschäftsinteressen der Firmen und Konzerne, die die riesigen Kapitalansammlungen repräsentieren und die ohne Bezug auf die Grenzen der Bundes- und Nationalstaaten zusammengekommen sind, eine Anpassung der nationalen Gesetzgebung an die industrielle Problematik verhindern. Um des Profits willen tut diese Industrie nach Addams Erkenntnissen alles, um sich im Niemandsland zwischen staatlicher Unwirksamkeit bzw. Ohnmacht und nationaler Gesetzlosigkeit unbehelligt von jeder nationalen Gesetzgebung, die der Ausbeutung der ArbeiterInnen Grenzen setzen könnte, aufhalten und entfalten zu können (Addams 1960, 157).

(3) *Ziele und Aufgaben der Sozialen Arbeit*: Die Soziale Arbeit, die sich mit dem Namen „settlement" verbindet, unterscheidet sich deutlich von der sonst damals in den USA üblichen behördlichen und privaten Sozialen Arbeit. Soziale Arbeit in Gestalt der settlements soll nach Addams ganz allgemein neue Lebenschancen für Menschen eröffnen, die durch das Feudalsystem benachteiligt und ausgegrenzt werden. Addams differenziert in ihren Werken mehrfach und zu unterschiedlichen Zeitpunkten die Ziele und Aufgaben der Sozialen Arbeit; ihre drei durchgängig wichtigsten *Ziele* sind:

(a) Die Demokratie ins soziale Leben zu übertragen,

(b) zum Fortschritt der Menschheit beizutragen und

(c) Christi Lehre menschlich aufzufassen und anzuwenden (Addams 1913, 88 bzw. 1981, 98).

Die generelle *Aufgabe* der Sozialen Arbeit sieht Addams darin, zur Lösung bei den sozialen und industriellen Problemen beizutragen, die durch die Lebensbedingungen einer modernen Großstadt hervorgerufen werden. Dabei ist von dem Grundsatz auszugehen, daß nicht nur einseitig die eine Hälfte der Bevölkerung darunter zu leiden hat, sondern es ist ein *Ausgleich zwischen dem Zuviel auf der einen und dem Zuwenig auf der anderen Seite herbeizuführen*, wobei diese Forderung auf der Annahme beruht, daß sich die Übervölkerung und die Armut am verhängnisvollsten in den sozialen und bildungsmäßigen Vorrechten auswirken (Addams 1981, 98ff.). Die Soziale Arbeit ist für Addams von seiner ganzen Natur her weder politische noch soziale Propaganda; sie baut auf einer Philosophie der Zusammengehörigkeit (*solidarity*) aller Menschen auf, die nicht schon dadurch erschüttert wird, daß auch „einmal eine betrunkene Frau oder ein blödsinniger Junge die Menschheit repräsentiert".

Die Soziale Arbeit muß bereit sein, sich in ihrer Arbeitsweise den Bedürfnissen ihres Aufgabenfeldes anzupassen und mit wissenschaftlicher Geduld Tatsachenmaterial für ihre Arbeit sammeln, an dem eine neue Gesetzgebung ansetzen kann. Und sie muß ihren Einfluß gebrauchen, um die notwendigen Maßnahmen durchzusetzen und allgemeines Interesse für gemeinschaftliche Aufgaben zu wecken und zu pflegen. Die Soziale Arbeit soll das gesamte Leben einer Stadt als ein organisches betrachten, danach streben, es gleichförmig zu gestalten, dem Überhandnehmen der Unterschiede vorzubeugen und die BürgerInnen zu gemeinsamer Arbeit zusammenzubringen.

Der Weg zu diesen Zielen ist für Addams nicht die Revolution, sondern das *Aushandeln von Vereinbarungen, Verträgen und Bündnissen* zwischen den gesellschaftlichen Gruppen und zwischen Nationen; z.B. durch Mitwirken bei der Konzeption und der politischen und unternehmensbezogenen Durchsetzung der Fabrik-, Frauen- und Kinderschutzgesetze, in der Übernahme von städtischen Ämtern für die Fabrikinspektion und Müllabfuhr, in der Unterstützung von politischen Parteien und in der Beteiligung am Wahlkampf, in der Mitarbeit bei Frauen- und Friedensorganisationen u.a. (Addams 1960, 112).

(4) *Eine dynamische Friedenstheorie*: Als *Hauptthindernis* für den Frieden in der Welt sieht Addams die generell hohe *Akzeptanz des Krieges und seine moralische Rechtfertigung* in der Gesellschaft an (siehe Addams 1907; Staub-Bernasconi 1995b). Der Krieg wird – insbesondere von Männern – als wohltätige Aktivität moralisch gerechtfertigt, etwa wenn argumentiert wird, daß es die Zivilisation zu entwickeln bzw. zu retten gelte, und dies als Begründung dafür genommen wird, um in ein Land mit dem Zweck einzufallen, es der zivilisierten Zone der Welt einzugliedern. Die bisherigen Versuche, eine Ächtung des Krieg zu erreichen, sind nach Addams Auffassung gescheitert. Dafür macht sie auch unzulängliche, weil „taubenähnlich-sanfte" Friedensideale mitverantwortlich. An die Stelle dieser alten Friedensideale sollen neue, aktive und streitbare treten. Die alten Ideale folgen ihrer Meinung nach dem überholten Leitbild des alleinigen Nährens, Pflegens und Wiederherstellens, und gegen das Kriegführen habe man sich zwar aufgelehnt, aber erfolglos. Dies liegt nach Addams daran, daß die alten Ideale auf „Glauben" basiert haben und sich oft in bloßer Sentimentalität und ohne jeden Bezug zur konkreten und greifbaren Problematik der sozialen Ge-

rechtigkeit verlaufen haben. *Frieden und soziale Gerechtigkeit (social justice)* hängen für Addams eng zusammen. Frieden ist für Addams etwas Dynamisches und ist sowohl unter sozialen als auch internationalen Aspekten zu betrachten.

Die *Destruktivität* moderner (sozial zivilisierter) Industriegesellschaften ist der *Feind des Friedens und der menschlichen Wohlfahrt*. Moderne Städte geben nach Addams nur Beispiele für den Triumph der Stärksten, für die erfolgreiche Ausbeutung der Schwachen, für Regellosigkeit und versteckte Verbrechen als Folge des Kampfes ums Überleben. Um Frieden zu erreichen, muß diese Destruktivität überwunden werden; und das kann nach Meinung von Addams nur auf wissenschaftlicher Grundlage geschehen, indem die sozialen Probleme mit wissenschaftlichen Methoden erforscht werden. Es gibt für Addams viele Menschen, die unabhängig davon, was sie gelitten haben und was ihnen als starre Moral gelehrt wurde, den unzerstörbaren Wunsch haben, daß Barmherzigkeit und Gerechtigkeit die Beziehungen der Menschen regeln sollen (Addams 1907, 12f.). *Soziale Empathie und Einfühlsamkeit* sind für Addams notwendige Bedingungen einer neuen sozialen Ethik, einer *„kosmopolitischen Liebe"*.

Damit könnte die Epoche des Industrialismus in eine *Zeitepoche der Wohlfahrt* überführt werden. Die persönliche Wohlfahrt der einzelnen wäre das legitime Ziel einer Regierung. In einer industrialisierten – im Unterschied zu einer militarisierten – Gesellschaft wird nach Addams der Staat damit beginnen müssen, seine zivilen menschlichen Ressourcen zu beschützen, und zwar so wie er früher seine BürgerInnen in Kriegszeiten gegen direkte Gewalt von außen verteidigt hat. So wie in der Gesellschaft Militarismus durch Industrialismus abgelöst wird, so muß die Eroberung als Tugend des Militarismus durch Pflege und Sorge als Tugenden der Wohlfahrt ersetzt werden. Auf der Handlungsebene geht es darum, sich für die Erfüllung der einfachsten und grundlegendsten Bedürfnisse von Kindern, Frauen und Männern einzusetzen, und zwar mit einer Energie und einem Enthusiasmus, die nur durch alltagsnahes Wissen und stabile Gefährtenschaft (*fellowship*) aufrechterhalten werden können.

Die Ideale der Kriegsführung verführen junge Männer dazu, sich nicht sozial zu entwickeln, sondern andere Menschen auszubeuten. Die aus der Kriegsführung entstammenden Tugenden mit dem Ziel der Eroberung sollten nach Addams *neuen Tugenden* weichen, die von kraftvoller, spontaner und brüderlicher Aktivität geprägt sind. Die geduldige, tätige Korrektur der industriellen Probleme muß als genauso der Verherrlichung und Wertschätzung für würdig angesehen werden wie der Kampf für die Rechte der Nation. Der Militarismus ist nach Addams dazu da, Ordnung zu schaffen, zu unterdrücken und zu herrschen, wenn nötig auch zu zerstören. Eine Nation, die sich daran gewöhnt hat, die fragwürdigen Geschäftsmethoden eines reichen Mannes dank seines Erfolges nachzusehen bzw. zu verzeihen, wird keine Probleme haben, wenn es darum geht, die moralischen Fragen zu verdunkeln, die an irgendein erfolgreiches Unternehmen zu stellen wären. Auf diesem Hintergrund ist es nur ein kleiner Schritt, die moralische Basis demokratischer Selbst-Regierung abzulehnen und sie durch Militarismus zu ersetzen. Industrialismus befreit latente Kräfte und Ressourcen, bringt sie mit neuen Bedingungen in Einklang und paßt die entstehenden Aktivitäten einer größeren Sozial- und Lebensordnung an. Addams verlangt von einer *Demokratie* mehr als nur die Erhaltung der Ordnung, das Bauen von Brükken und das Einziehen von Steuern, sie fordert eine konstruktive Soziale Arbeit und eine Abdämpfung der destruktiven Kriegsarbeit – bis hin zu ihrem Verschwinden.

Addams fordert weiterhin, daß Menschen aller Nationen darüber bestimmen sollten, wie Armut, Krankheit und geistige Armut, die die Menschen entwürdigen, abgeschafft und auch wie die schwächsten BürgerInnen eines Staates versorgt und unterhalten werden sollen. An dieser gemeinsamen Anstrengung teilzuhaben heißt für Addams, *nationale Grenzen zu durchbrechen* und die latente Gefährtenschaft zwischen Mensch und Mensch zum Tragen zu bringen. Die Massen von Menschen sollten aus ihren engen nationalen Sichtweisen und Vorsichtsmaßnahmen herausgeholt werden.

Der Prophet Jesajah ist mit seiner Botschaft für Addams so modern, fundamental und einschlägig wie sonst niemand. Für Jesajah ist die *Sache des Friedens auf sozialer Gerechtigkeit aufgebaut*, nicht nur im Sinne politischer Beziehungen. Er war davon überzeugt, daß Frieden nur erreicht werden kann, wenn die Menschen auf Gewinne verzichten, die ihnen aus Unterdrückung und Armut erwachsen. Schwerter könnten zu Pflugscharen und Gartensicheln werden, nicht weil die Menschen fähig zum Frieden wären, sondern: wenn alle Metalle der Erde einen produktiven Zweck erfüllen, können die Armen und die Kinder hinreichend ernährt werden (Addams 1907, 237f.).

(5) *Bedeutung und Rechte der Frauen*: Wie ein roter Faden zieht sich die „Geschlechterproblematik" durch das gesamte Werk von Addams. An vielen Stellen äußert sie sich zum Verhältnis von Frauen und Männer und verlangt, daß die Männer damit aufhören sollen, Frauen weiterhin zu benachteiligen. Die Männer macht sie mit ihrem „männlich-militaristischen" Kampf- und Eroberungsverhalten außerdem für die Entstehung von Hunger und Krieg verantwortlich. Hunger und Krieg in den Industriestädten und auf der ganzen Welt zwingen nach Addams die Frauen dazu, ihre spezifische Verpflichtungen für „Brot und Frieden" ernstzunehmen und sich gegen die Männer und ihre Interessen durchzusetzen:

(a) Frauen haben sich für die Sättigung der Hungernden einzusetzen, weil sie wegen ihrer spezifischen Bestimmung, Menschen zu ernähren, eine alte und gute Beziehung zu den Nahrungsmitteln haben.

(b) Frauen müssen sich für die kommunalpolitischen Belange ihres Viertels und ihrer Stadt einsetzen, damit sie mit ihren Familien gut wohnen können.

(c) Frauen müssen sich für gute Schulen einsetzen, denn sie sind verantwortlich für die Erziehung der Kinder.

(d) Frauen müssen für eine gesunde Umwelt kämpfen, damit ihre Kinder nicht krank werden.

(e) Frauen müssen sich für eine adäquate Gesetzgebung zum Schutze der Kinder einsetzen und ihre Einhaltung überprüfen, falls ihre Kinder arbeiten müssen.

(f) Frauen ist der Kampf für den Frieden aufgegeben, weil sie aufgrund ihrer Beziehung zum Leben von jeher besser in der Lage sind, Kriege zu verhindern.

Männer haben nach Addams Frauen viele ihrer Rechte genommen oder enthalten sie ihnen vor, so daß Frauen ihre Aufgaben nicht wahrnehmen und sich nicht für das Wohl ihrer Familien und Städte einsetzen können. Da Männer in den USA und anderswo den Frauen ihre traditionellen Aufgaben in der Politik und in den Regierungen abgenommen haben, ist es für Addams selbstverständlich, das Stimmrecht und die vollständige politische Gleichberechtigung für Frauen einschließlich der Teilhabe an den politischen Entscheidungen nicht nur zu fordern, sondern darum entschieden zu kämpfen, damit Frauen an entscheidender Stelle für Frieden und soziale Gerechtigkeit tätig werden können (Addams 1960, 100-135).

(6) *Kinderfürsorge und soziale Erziehung*: Die Familien und der Staat gelten als die wichtigsten Institutionen, die die Menschheit für ihre Sicherheit und ihren Schutz geschaffen hat. Die Familienmitglieder sollen sich untereinander demokratisch verhalten und füreinander Verantwortung tragen, und die Kinder sind nach demokratischen Regeln zur Demokratie zu erziehen (siehe Eberhart 1995, 93-120). Mit der demokratischen Veränderung der Gesellschaft gewinnt jeder einzelne Mensch an Wert, der demütige und der brutale, der junge und der alte. Wichtig sind für Addams die soziale Erziehung der Kinder und Jugendlichen, das Verbot der Kinderarbeit, angemessene Kinder- und Jugendgesetze sowie ausreichend Raum in den Städten für alle Arten von Bewegung, Spiel und Kultur (Addams 1913, 75; 1960, 137-170):

> „Wir können das göttliche Feuer der Jugend entweder ersticken oder unterstützen. Wir können entweder dumm zuschauen, wie es durch Verbrechen düster wird und wie ein ausgehendes Feuer der Torheit flackert oder wir können es entflammen zu einem kräftigen Feuer, um die schmuddeligen Straßen der Stadt zu reinigen und aufzuhellen" (Addams 1960, 170).

1.6. BEDEUTUNG FÜR DIE SOZIALE ARBEIT

Die Theorien und das Engagement von Jane Addams haben zu ihrer Lebenszeit sehr viel bewirkt; man kann sagen, in Nordamerika und in Europa sind die Ziele der Sozialen Arbeit und das Ansehen der Profession von Addams neu bestimmt worden. Die 1913 von Else Münsterberg, der Tochter von Emil Münsterberg, dem Vorsitzenden des Deutschen Vereins, vorgelegte deutsche Übersetzung von „Twenty Years at Hull-House" (1910) hat auch in Deutschland frühzeitig für die Verbreitung der Theorie von Addams gesorgt. Alice Salomon hat Addams 1932 als große soziale Führerin ihrer Zeit beschrieben. Danach ist Jane Addams mit ihrem Werk über sechs Jahrzehnte lang in der deutschsprachigen Sozialen Arbeit völlig verschwunden. Erst in den achtziger Jahren wird sie von C. Wolfgang Müller (1988a, 60-98) wieder in die deutsche Fachliteratur eingeführt und angemessen gewürdigt. Silvia Staub-Bernasconi hat etwa zur selben Zeit auf Jane Addams und ihre ökologische Theorie aufmerksam gemacht und zugleich deren große Bedeutung für die gegenwärtige nationale und internationale Soziale Arbeit aufgezeigt (siehe Staub-Bernasconi 1989, 1995b). Vor 100 Jahren hat Addams bereits in vorbildhafter Weise nicht nur eine enge Verbindung von Praxis und Theorie gelehrt, sondern im Alltag Sozialer Arbeit sozialempirische Forschungsmethoden und wissenschaftliche Reflexion mit praktischer Tätigkeit verknüpft. Für die heutige Soziale Arbeit gilt die Verbindung von sozialer Gerechtigkeit, Sozialbewußtsein und Frieden sowie die unabdingbare Verknüpfung von Sozialer Arbeit mit politischem Handeln wie zur Zeit von Addams. Große Teile der Friedensbewegung in den achtziger Jahren beziehen sich wie Addams auf den Propheten Jesajah („Schwerter zu Pflugschare"). Nicht zuletzt hat Addams die Geschlechterproblematik (in Politik, Wirtschaft und Kultur) radikal thematisiert und in der Gesellschaft herrschende männlich-kriegerische Ideale heftig attackiert. Viele ihrer Thesen und Forderungen treffen m.E. auch die gegenwärtige Situation: die sozialen und industriellen Probleme sind heute weder national noch international gelöst. Schließlich zeigt das Leben von Addams, daß sich jede(r), die/der sich aktiv für Frieden und soziale Gerechtigkeit einsetzt, mit erheblichen persönlichen Benachteiligungen – bis hin zu Verfolgungen – rechnen muß.

1.7. LITERATUR ZUM VERTIEFEN

Die vier Monographien „Democracy and Social Ethics" (1902), „Newer Ideals of Peace" (1907), „Twenty Years at Hull-House" (1981) und „Peace and Bread in Time of War" (1922) repräsentieren die wichtigen Überlegungen und Theorien von Jane Addams verbunden mit umfangreichen autobiographischen Angaben. Nur das Buch „Twenty Years at Hull-House" (1981) liegt in einer deutschen Übersetzung (von Else Münsterberg 1913) vor. In „A Centennial Reader" (1960), anläßlich ihres 100. Geburtstages vom Macmillan-Verlag in New York herausgegeben (vergriffen), sind repräsentative Texte aus den Werken von Addams zusammengestellt worden. Leider liegt von den Originalwerken nur „Twenty Years at Hull-House" in einem Reprint vor (1981). Eine engagierte Einführung in Addams' Leben und Werk gibt C. Wolfgang Müller (1988a, 60-98), die sozialökologischen Aspekte ihrer Theorie sowie ihre Friedens- bzw. Gesellschaftstheorie arbeitet Silvia Staub-Bernasconi heraus (1989, 1995b), der Artikel von Irene Stratenwerth (1990) und die Dissertation von Cathy Eberhart (1995) über Jane Addams befassen sich mit der Biographie und ihren Überlegungen zu Erziehung und Bildung, Sozialarbeit, Sozialpädagogik und Sozialpolitik.

2. Bevormunden und leiten – Christian Jasper Klumker (1868-1942)

„Man wird Klumker noch am ehesten als für unsere Zeit und Situation aktuell empfinden, wenn man das Augenmerk zunächst weniger auf die Inhalte jener seiner Bemühungen richtet, die der Weiterentwicklung des gesamten Fürsorgewesens galten. Freilich haben wir wenig Grund, diese Inhalte einfach als historisch abzutun ... Sicherlich ist jedoch für uns Heutige bedeutsamer, *wie* er auf die fürsorgerischen Probleme seiner Zeit eine Lösung zu finden suchte" (Gerd Neises 1968, 12).

2.1. HISTORISCHER KONTEXT

Christian J. Klumker übernimmt zu Beginn unseres Jahrhunderts Verantwortung zunächst in der konkreten praktischen Sozialen Arbeit sowie in der Ausbildung, später – mit Beginn des Ersten Weltkrieges und seiner Berufung zum Professor für Armenpflege und soziale Fürsorge – für die Soziale Arbeit als Wissenschaft und durch seine Mitwirkung an der Formulierung von Rechtsgrundlagen an der Sozialgesetzgebung des Staates. Die Themen seines theoretischen Interesses betreffen vor allem Fragen der Verursachung und Behebung wirtschaftlicher Not, bei seinen praktischen Bemühungen sind es insbesondere die unehelich geborenen Kinder.

Im Deutschen Kaiserreich gibt es zu Beginn des 20. Jahrhunderts über eine Million uneheliche Kinder unter 14 Jahren. Zu diesen Kindern kommen noch viele Mündel zwischen 14 und 21 Jahren hinzu, die ebenfalls einen Vormund haben. Weit über 250.000 der unter Vormundschaft stehenden Kinder werden von der Armenpflege der deutschen Gemeinden vollständig wirtschaftlich versorgt und erhalten eine mehr schlechte als rechte Erziehung. Um diese Kinder kümmert sich im Grunde niemand. Alle diese Kinder sind auf die Unterstützung und den Schutz ihrer Vormünder angewiesen. Für die Aufgaben der Vormundschaft aber fehlen ausreichend qualifizierte Menschen. Zudem sind die entsprechenden Rechtsgrundlagen und Leistungen noch unzureichend (z.B. Bürgerliches Gesetzbuch 1900) oder werden erst in den zwanziger Jahren im Zuge der Etablierung des Wohlfahrtsstaats geschaffen (z.B. Reichsjugendwohlfahrtsgesetz 1922; siehe die Ausführungen S. 127ff.).

Das aus Arbeitslosigkeit und anderen sozialen Mißständen resultierende massenhafte Elend vieler Menschen wird diesen zumeist als selbstverursacht angelastet. Zwar werden – auf politischem Druck der Arbeiterschaft und ihrer Organisationen – mit der Einrichtung und dem Ausbau einer Sozialversicherung die Not und das Elend der ArbeiterInnen nicht mehr als individuell verursacht angesehen und staatlicherseits die Voraussetzungen für eine Unterstützung bei Krankheit, Invalidität und im Alter geschaffen; doch noch bleibt ein Großteil der Armen, auch der Arbeitswilligen und -fähigen, vor dem Ersten Weltkrieg auf sich selbst angewiesen, und auch die bisweilen vorgenommene „sociale Ausgestaltung" der Fürsorge bleibt noch sehr verhalten. So zählt Frankfurt a.M. im Jahre 1896/97 beispielsweise rund 200.000 EinwohnerInnen; davon gehören zu denen, die allein oder mit der Familie aus öffentlichen Mitteln von der Armenbehörde oder/ und von Vereinen und Anstalten unterstützt werden, 25.000 Personen; die Hälfte aller EinwohnerInnen gehört Haushaltungen an, die steuerfrei sind, weil sie ein Jahreseinkommen von weniger als 900 Mark haben (Klumker 1918,10f.). Nach dem Ersten Weltkrieg sind allein circa acht Millionen Kriegsteilnehmer auf dem Arbeitsmarkt unterzubringen. Die meisten von ihnen befinden sich infolge des Krieges in einer bedürftigen Lage und finden keine Arbeit. Ein weiteres Problem ergibt sich daraus, daß circa vier Millionen Menschen „kriegsbeschädigt" sind und versorgt werden müssen (siehe die Ausführungen S. 127ff.).

2.2. BIOGRAPHISCHER KONTEXT

Christian Jasper Klumker wird 1868 auf der Nordseeinsel Juist als Sohn des dortigen Pastors geboren (siehe Neises 1968). An den Universitäten in Leipzig, Erlangen und Göttingen studiert er evangelische Theologie, Philosophie und Nationalökonomie. Im Kloster Loccum bei Hannover wird er von 1892-1894 zum evangelischen Pastor ausgebildet. Gerhard Uhlhorn, der Abt des Klosters und der Verfasser der „Geschichte der christlichen Liebesthätigkeit", beeindruckt den jungen Seminaristen. Klumker übernimmt aber kein Pastorenamt, sondern studiert weiter Geschichte, Nationalökonomie und Statistik in Leipzig. Dieses Studium schließt er 1897 mit der Dissertation „Der friesische Tuchhandel zur Zeit Karls des Großen und sein Verhältnis zur Weberei jener Zeit" ab, in der er historische, nationalökonomische und statistische Aspekte berücksichtigt. Zeitlich parallel dazu erstellt Klumker für einige deutsche Städte Armenstatistiken und schreibt sozialpolitische Beiträge für Zeitungen.
1897 übernimmt Klumker die Leitung der Abteilung für Armenpflege und Wohltätigkeit in dem „Institut für Gemeinwohl" des sozial engagierten Metallindustriellen Wilhelm Merton in Frankfurt a.M., das Wissenschaft und Praxis, Theorie und Anschauungen der Wohltätigkeitsbestrebungen zusammenfassen sollte und von dem viele Sozialeinrichtungen ausgingen.
1899 wird die „Centrale für private Fürsorge" – eine Art „Diagnosezentrum" über die Lage der BittstellerInnen im Auftrag der Gebewilligen – gegründet und Klumker zu ihrem Vorsitzenden bestellt. An der ebenfalls zu der Zeit in Frankfurt eröffneten „Akademie für Sozial- und Handelswissen-

schaften" hält er von 1901 an Vorlesungen. Ab 1902 ist Klumker Mitglied im Hauptausschuß des Deutschen Vereins für öffentliche und private Fürsorge in Frankfurt a.M. Der erste Ausbildungskurs für freiwillige und berufsmäßige MitarbeiterInnen der Fürsorge beginnt in der „Centrale für private Fürsorge" unter Klumkers Leitung 1903.

Das Schicksal der unehelichen Kinder steht im Mittelpunkt von Klumkers praktischer Tätigkeit. Zusammen mit seinem Freund Othmar Spann führt Klumker sozialempirische Untersuchungen über die unehelich geborene Bevölkerung durch. Die mangelhafte Qualität des deutschen Vormundschaftswesens veranlaßt ihn, sich für Reformen und die Einrichtung von Berufsvormundschaften einzusetzen. Klumkers Bemühungen führen 1906 zur Gründung des „Archivs deutscher Berufsvormünder", in dem jugendfürsorgerische Bestrebungen und Organisationen zusammengefaßt werden. Eine Studienreise nach Dänemark bringt ihm viele neue Anregungen.

1911 wird Klumker Dozent für soziale Fürsorge an der „Akademie für Sozial- und Handelswissenschaften", 1914 wird er zunächst als außerordentlicher Professor für Armenpflege und soziale Fürsorge an die neu gegründete Frankfurter Universität berufen und dort 1920 zum ordentlichen Professor für Fürsorgewesen und Sozialpädagogik ernannt; zugleich gründet er das „Forschungsinstitut für Fürsorgewesen und Sozialpädagogik" und wird Direktor dieses Institutes. In seinen Studien zu einer „Theorie der Armut und der Verarmung" setzt er sich intensiv mit der Theorie von Robert M. Malthus, der wie er selbst Theologie und Nationalökonomie studiert hat, und ihrem Einfluß auf die Gestaltung von Kinderfürsorge und Armenpflege im 19. Jahrhundert auseinander (siehe die Ausführungen S. 91ff.). Aus dieser Auseinandersetzung entsteht seine eigene Theorie, die er in seinem Buch „Fürsorgewesen. Einführung in das Verständnis der Armut und der Armenpflege" (1918) veröffentlicht. Klumker publiziert viel; circa 500 Titel werden angegeben (siehe Neises 1968, 3). Dabei handelt es sich zumeist um Essays oder Artikel für Tageszeitungen. Bedeutsam für die Entwicklung der Sozialen Arbeit sind Klumkers Beiträge für diverse wissenschaftliche Handbücher und Lexika.

Von 1918 bis 1933 ist Klumker Mitglied im Vorstand des Deutschen Vereins, und ab 1921 arbeitet er in der Sachverständigenkommission zur Erarbeitung des Reichsjugendwohlfahrtsgesetzes (zusammen mit Gertud Bäumer, Hans Muthesius u.a.) mit. Klumker wird 1934 wegen Erreichen der Altersgrenze emeritiert. So wie andere Verantwortliche im Deutschen Verein auch arrangiert sich Klumker mit der Machtergreifung durch die NSDAP (siehe S. 238ff.); sein Geschäftsführer im „Archiv deutscher Berufsvormünder" steht schon lange vor 1933 der NSDAP nahe, und für Klumker hat der nationalsozialistische Pädagoge Ernst Krieck als einer der wenigen erkannt, daß die „Erforschung der formenden und bildenden Kraft gesellschaftlicher Gebilde" erste und wichtigste Aufgabe der Erziehungswissenschaft sei (siehe Schrapper 1993, 246). Die Schließung seiner „Centrale für private Fürsorge" durch die Nationalsozialisten 1937 verletzt ihn stark und bringt ihn auf Distanz zu den NS-Machthabern. Klumker stirbt 1942 in Hedemünden a.m.

2.3. FORSCHUNGSGEGENSTAND UND -INTERESSE

„Wie kann ich diesem armen Manne wirklich helfen?" fragt Klumker konkret. Er sucht nach Maßstäben, nach denen die unmittelbar erfahrene, oft höchst komplizierte menschliche und soziale Situation eines Bittstellers beurteilt werden kann. Sein Interesse gilt dem Bemühen, ein allgemeines System zu finden, mit dessen Hilfe man Ordnung in die Fülle der beobachteten Details bringen und schließlich die wirklich entsprechenden Hilfsmittel auszuwählen vermag. Wenn es sich um wirtschaftliche Not handelt, kann nach Klumker die Lösung dieses Problems nur von einer tiefgreifenden, sorgsam entwickelten und begründeten Theorie der Armut und Verarmung erwartet werden. Dieser Theorie gilt Klumkers Bemühen über viele Jahre (Neises 1968, 6f.). Klumkers Denken und Handeln ist „bestimmt von einer tiefen, leidenschaftlichen Hingabe an die Menschen, die sich in sozialer Lebensnot befinden" (Friedrich Trost, zit. nach Neises 1968, 3). Mit seiner Theorie möchte er das Wesen und den Wert der Armenpflege darlegen,

> „zur Einführung in die Hilfstätigkeit selbst wie zum Verständnis ihrer Bedeutung. Je öfter man der Armenpflege, der Fürsorge jeden höheren Wert abzusprechen sucht, um so bedeutsamer schien es mir, die neueren Versuche, sie wissenschaftlich anders einzuordnen, wenigstens mit kurzen Strichen wiederzugeben. ... Große Gebiete der Fürsorge hat erst der Krieg uns wieder verstehen gelehrt; möchte er helfen eine neue, zielbewußte Fürsorgearbeit nach dem Kriege gedeihen zu lassen. Dazu ein Scherflein beizutragen ist mein Wunsch gewesen" (Klumker 1918, 3).

Eine solche Theorie in der Auseinandersetzung mit vorhandenen Theorien und Systemen der Armenfürsorge zu erarbeiten, das interessiert Klumker und dieses sieht er als eine seiner Hauptaufgaben an. Klumker möchte Wissenschaft und Praxis, Theorie und Anschauung in einer wirkungsvollen, reformkräftigen Synthese zusammenfassen.

2.4. WISSENSCHAFTSVERSTÄNDNIS

Klumker ist ein für seine Zeit außerordentlich umfassend wissenschaftlich gebildeter Mann; er hat evangelische Theologie – das bedeutet zugleich ein Studium der Philosophie sowie der alten Sprachen Hebräisch, Griechisch und Latein -, Geschichte, Statistik und Nationalökonomie studiert. Seine wissenschaftlichen Arbeiten gehen immer von Fragestellungen und Aufgaben aus der Praxis der Sozialen Arbeit aus. Dabei geht er stets ausgesprochen pragmatisch vor, indem er sich je nach Eigenart seiner Fragestellung der ihm aufgrund seiner Studien zur Verfügung stehenden philosophischen, hermeneutischen, historischen, statistischen und/oder nationalökonomischen Methoden bedient. Im Grunde ist es für Klumker aber die Aufgabe der Volkswirtschaftslehre und der Gesellschaftswissenschaften, sich theoretisch mit der Armut und der Verarmung zu befassen.

Um aus dem vor und nach dem Ersten Weltkrieg herrschenden Wirrwarr der Auffassungen über Armut und Fürsorge, aus dem Durcheinander und Gegeneinander der praktischen Arbeit herauszukommen, plädiert Klumker dafür, das Wesentliche herauszuarbeiten und eine bestimmte Einstellung zur Praxis zu haben. Mehr noch als in Theorie, Geschichte und Rechtsfragen der Armenpflege zeigt sich für ihn die Bedeutung begrifflicher Klarheit in der eigentlichen Fürsorgetätigkeit (Klumker 1918, 75). „Die völlige Begriffsverwirrung, die auf diesem Gebiete heute überall zutage tritt, ist das beste Zeichen dafür, wieweit wir noch von einer Fürsorgewissenschaft, wie sie unter anderem Max Weber gefordert hat, entfernt sind" (zit. nach Neises 1968, 77). Klumkers Vorliebe gilt allerdings weniger tiefgehenden theoretischen Erörterungen als vielmehr dem knappen, allen Anschein von Gelehrsamkeit vermeidenden Essay.

2.5. THEORIE

Eine Darstellung des öffentlichen und privaten Fürsorgewesens muß nach Klumker zwei verschiedene Aufgaben erfüllen:

> „Sie wird die *Technik der Fürsorge* zu schildern haben, die Methoden und Mittel, durch die man Hülfsbedürftige zu versorgen und ihnen aufzuhelfen versucht; sie wird aber zugleich die ganze *Fürsorgearbeit als Teil unserer gesellschaftlichen Einrichtungen* begreifen müssen, um sowohl ihr Bestehen zu erklären, als ihr Verfahren aus seinen gesellschaftlichen Zusammenhängen zu beurteilen" (Klumker 1918, 5).

Das letztere ist für Klumker eine wissenschaftliche Aufgabe, zu deren Lösung seiner Meinung nach erst noch die Grundsteine gelegt werden müssen. Diese Aufgabe hat aber für die praktische Arbeit einen großen Wert:

> „Wird doch kaum eine gesellschaftliche Tätigkeit so sehr von den verschiedensten Seiten angegriffen, wenigstens aber in ihrem gesellschaftlichen Wert angezweifelt, wenn man sie schon als unvermeidlich gelten lassen muß, wie eben alles, was mit Fürsorge zusammenhängt, im besonderen alles, was sich unmittelbar Armenpflege und Wohltätigkeit nennt" (Klumker 1918, 5).

(1) *Armut und Verarmung*: Die Thesen von Malthus, alle Armenpflege des Staates sei zu beseitigen und die private Wohltätigkeit sei möglichst einzuschränken, haben nach Klumker dazu beigetragen, der „ganzen Armenpflege den Charakter eines notwendigen Übels" zu geben. Die *einzelne Not* ist für Klumker auf die mannigfaltigste Weise *mit den allerschwierigsten Fragen der Wirtschaftsordnung verknüpft*. Klumker fordert deshalb, daß die Fürsorge in den Rahmen allgemeiner volkswirtschaftlicher und soziologischer Auffassungen einzufügen sei; eine Theorie der Armut und Verarmung unterhalb dieser Dimensionen lehnt er ab.

> „Erst wenn unter den Erscheinungen des Wirtschafts- und Gesellschaftslebens die Armut als notwendig begriffen und die Fürsorge für die Armen als vollberechtigtes Glied gesellschaftlicher Betätigungen anerkannt wird, kann ihr selbständiger Wert bestimmt werden. ... Die Darstellung der Kunst der Fürsorge muß sich aufbauen auf einen wissenschaftlichen Nachweis ihrer gesellschaftlichen Bedeutung und ihrer volkswirtschaftlichen Beziehungen" (Klumker 1918, 8).

Der Arme ist demzufolge nicht der letzte *Gegenstand der Fürsorge*; dieses ist *die Sicherung, der Schutz der gesamten Gesellschaft*. Die Sicherung der Gesellschaft kann nach Auffassung Klumkers auch auf anderem Wege, in rein äußerlichen, etwa polizeilichen Abwehrmaßnahmen erfolgen; dabei muß den Armen nicht unbedingt wirklich geholfen werden (Klumker 1918, 10).

Bei den Armen handelt es sich keineswegs um eine gleichmäßige, in sich fest abgeschlossene Masse von Bedürftigen, die sich selbst kräftig vermehrt, wie Malthus meint. Es ist für Klumker im Wesen der Verarmung sogar begründet, daß die Bedürftigen sich vermutlich in geringerer Zahl als die übrige Bevölkerung verheiraten und weniger Nachkommen haben. Insofern ist für Klumker entgegen der Auffassung von Malthus eine große Kinderzahl keine der Hauptursachen der Verarmung (Klumker 1918, 24). Innerhalb der Gruppe der Armen bestehe ein ständiger Wechsel, von dessen Umfang man sich gewöhnlich nur eine unzureichende Vorstellung mache. Aus allen Schichten der Gesellschaft können Menschen arm und bedürftig werden, und sie werden es nach Klumker auch.

Armut und Verarmung sind für Klumker vielfach mit seelischer Not und mit sittlichen Mängeln verbunden,

> „aber ihr wesentliches Kennzeichen liegt auf wirtschaftlichem Gebiet; der Mangel wirtschaftlicher Güter ist ihr Hauptmerkmal. Die *Verarmung* erscheint stets als *Verlust wirtschaftlicher Selbständigkeit*, und so muß ihre Untersuchung von dem Begriffe der Wirtschaftlichkeit ausgehen" (Klumker 1918, 13).

(2) *Wirtschaftlichkeit und Unwirtschaftlichkeit*: „Wirtschaftlich" nennt die Wissenschaft nach Klumker ein Verfahren,

„bei dem mit geringstem Aufwand der größte Erfolg erreicht wird. Wirtschaftlich aber, wenn dies Wort auf die Lebensführung des einzelnen angewandt wird, geht auf persönliche Eigenschaften und Fähigkeiten des Menschen, soweit diese mit einer Versorgung seines Lebens mit wirtschaftlichen Gütern zu tun haben. Wirtschaftlich ist dann, wer sich selbst aus eigenen Kräften zu erhalten versteht. Wirtschaftlichkeit ist der Inbegriff der Fähigkeiten, durch die der einzelne sich selbständig im Wirtschaftsleben erhalten kann.

Wird das Wort so gefaßt, dann zieht Unwirtschaftlichkeit wirtschaftliche Mißerfolge nach sich und führt zur Verarmung; *die Armen* sind dann allgemein gefaßt *der unwirtschaftliche Teil der Bevölkerung*" (Klumker 1918, 13).

Unwirtschaftlich kann ein Mensch erst dann genannt werden,

„wenn seine wirtschaftlichen Fähigkeiten in ihrer Mischung den tatsächlichen Wirtschaftsverhältnissen gegenüber nicht ausreichen. Diese erfordern aber nicht nur in den verschiedenen Klassen und Berufen ganz verschiedene Maße bestimmter Wirtschaftlichkeit, sondern zu verschiedenen Zeiten verändern sich diese Anforderungen gar sehr" (Klumker 1918, 18f.).

Eine so verstandene Unwirtschaftlichkeit, die in Klumkers Überlegungen die Ursache der Verarmung ist, erscheint ihm als *notwendiger Teil der Wirtschaftsordnung*; daher ist die Verarmung mit der Wirtschaftsordnung unlöslich verbunden.

Die einfachste Form der Verarmung ist jene, bei der jemand aus körperlichen oder geistigen Gebrechen keine wirtschaftliche Arbeit zu leisten vermag. Oft verfügt der Arme sehr wohl über Kräfte, aber er kann sie in dem Wirtschaftssystem, in dem er lebt, nicht genügend anbringen. Das Faktum der Unwirtschaftlichkeit selbst erlaubt daher noch kein Urteil über die wirtschaftliche Leistungsfähigkeit und die tatsächliche Leistung des Betroffenen, noch weniger über die gesamte Persönlichkeit (Klumker 1918, 18).

Bei den Armen aller Zeiten sieht Klumker als gemeinsamen Charakterzug eine Neigung zu Lüge und Schwindeleien, Faulheit und Leichtsinn und dergleichen. Für Klumker ist dieser Charakterzug eigentlich nur ein psychologisches Ergebnis, das sich aus der wirtschaftlichen und gesellschaftlichen Lage der Betroffenen ergibt, also meist sekundärer Natur ist, d.h. erst in der Verarmung und durch die Verarmung erworben wird. Die wirkliche Ursache der Verarmung kann für Klumker zum größten Teil erst aus einer sorgsamen Analyse der Wirtschaftlichkeits- und Unwirtschaftlichkeitsformen jeder Zeit gewonnen werden. Die Verarmung ist eine Begleiterscheinung von volkswirtschaftlichen Wandlungen einer Gesellschaft und vielleicht mehr als vieles andere geeignet, das innere Wesen dieser Wandlungen aufzuhellen und verstehen zu lernen (Klumker 1918, 19).

Aus diesen Überlegungen leitet Klumker ab, daß in der Fürsorge nicht länger zwischen verschuldeter und unverschuldeter Armut unterschieden werden soll. Aus einer solchen Unterscheidung resultiert in seinen Augen kein

Fortschritt. Viel entscheidender ist es ihm zu fragen, ob eine Verarmung *heilbar oder unheilbar* ist. Es gehört für Klumker zu den Aufgaben der Fürsorge, durch eine Diagnose der Lage des Verarmten zu befinden, ob die Verarmung heilbar ist oder nicht.

(3) *Gesellschaftliche Bedeutung der Fürsorge*: Die Fürsorge als Gesamtheit aller Maßnahmen für die Armen, die unterstützungsbedürftigen Unwirtschaftlichen, spielt in der Volkswirtschaft eine Rolle, deren Bedeutung meist übersehen wird. Die Unwirtschaftlichen verfügen oft über Kräfte, die in der jeweiligen Wirtschaftsform von ihnen selbst nicht oder nicht genügend eingebracht werden können. Die Fürsorge soll die Armen nicht nur versorgen, sondern sie soll die vielfachen Kräfte ihrer Schützlinge in das Wirtschaftsleben einbringen, im besonderen also *volkswirtschaftlich nutzbar machen*.

Das spezifische Charakteristikum aller Fürsorge besteht für Klumker darin, daß sie es mit unwirtschaftlichen Menschen einer Gesellschaft zu tun hat, deren Unselbständigkeit bzw. deren Unfähigkeit, selbst ihren Platz im Leben zu finden und ihre Aufgabe im Wirtschaftsleben und in der Gesellschaft zu erfüllen, die Grundlage aller fürsorglichen Maßnahmen bildet. Die allgemeine Wirtschaftspolitik rechnet nach Klumker umgekehrt nur mit denen, die selbständig, allein oder organisiert ihren Platz auszufüllen wissen. Daraus bestimmt sich der wesentliche Inhalt aller Fürsorge, der ihren gesamten Leistungen, einerlei wohin gerichtet, den Stempel aufdrückt. Sie rechnet mit unwirtschaftlichen Menschen und gibt ihnen das, was ihnen allen fehlt, nämlich „die wirtschaftliche Überlegung und Leitung ihres Lebens". Alle *Fürsorge* ist *folglich Bevormundung und Leitung*, während die allgemeine Wirtschaftspolitik diese Bevormundung und Leitung nicht braucht, ja nicht brauchen kann, da sie selbständige Menschen voraussetzt (Klumker 1918, 25f.).

Die *Fürsorge* ist für Klumker keine Ansammlung minderer politischer Maßnahmen, die nur geringe, nebensächliche Beachtung erfordern, sondern sie ist *ein vollwertiges, gleichberechtigtes Gebiet der praktischen Politik*. Ihre Geringachtung, so vermutet Klumker, entspringt zum Teil aus der Unkenntnis ihrer erzieherischen und ihrer produktiven Aufgaben:

> „Der Fortschritt der Wirtschaft wie der Kultur baut sich auf dem Zusammenwirken der Menschen auf, und seine wesentliche Grundlage heißt Gemeinschaftsgefühl und gegenseitige Hülfe, die wie im Pflanzen- und Tierleben so auch im Menschenleben eine längst nicht genug erkannte Rolle spielen. Die unmittelbare Wirkung des Gemeinschaftsgefühls, die älteste und einfachste Form gegenseitiger Hülfe, aus der sich erst ihre höchsten Gestaltungen bis zum Staat hinauf entwickelt haben, ist die Armenpflege, die Fürsorge" (Klumker 1918, 27f.).

Aus jenem Trieb der Gemeinsamkeit, des Zusammenwirkens, der erst den Menschen zum Menschen macht, entspringen für Klumker notwendigste Tugenden menschlicher Gesellschaft wie z.B. das gegenseitige Fürsorgen:

„Immer aber ist nach wie vor die Armut, die Bedürftigkeit der Mitmenschen der unmittelbarste, einfachste und wirksamste Anlaß, der diese Gefühle auslöst; die Fürsorge bildet heute noch die anschaulichste Form der gegenseitigen Hülfe. In ihr und ihrer Betätigung wird das Gemeinschaftsgefühl in zahllosen Gemütern geweckt, wachgehalten und gestärkt, denen es im Getriebe des modernen Erwerbslebens kaum zum Bewußtsein käme. Von der familienhaften, der nachbarlichen Hülfe angefangen, über die vielen Vereinsgründungen bis zu den großen Leistungen öffentlicher Verbände, überall kommt in der Fürsorge jenes Gefühl gegenseitiger Verpflichtung zum Ausdruck, durch sie alle wird es wieder genährt und fortgepflanzt" (Klumker 1918, 28).

Hilfsgesinnung und gegenseitige Schutzverpflichtung verleihen nach Klumker jeder Kultur und Zivilisation erst Bestand.

(4) *Das Wesen der Fürsorgetätigkeit*: Die Fürsorge ist für Klumker „Erziehung Unwirtschaftlicher, Versorgung Unwirtschaftlicher, Verwertung Unwirtschaftlicher". Das Ziel der Fürsorge ist rein wirtschaftlich bestimmt; darin liegt für Klumker ihre Selbständigkeit und Unabhängigkeit, darin auch ihre sichere Umgrenzung (Klumker 1918, 73). Erst wenn man sich auf *das wirtschaftliche Ziel für alle Armenpflege* einstellt, „entsteht wieder ein stärkeres Bemühen um einheitliche Gestaltung und Zusammenfassung dieser Fürsorge, was nur dann Erfolg haben kann, wenn man in ihr eine klare, einheitliche Aufgabe aller Volksgenossen erkennt" (Klumker 1918, 74). Religiöse „Auferbauung", sittliche Besserung und politische Einflußnahme auf die Bedürftigen sind für Klumker keine Aufgaben der Fürsorge. Die Vermischungen der wesentlichen Aufgaben der Fürsorge mit religiösen, moralischen oder politischen Nebenzwecken ist nach Klumker zu seiner Zeit keineswegs überwunden; es ist für ihn eine wichtige Aufgabe der Fürsorge, diese Vermischungen zu beenden.

Um die Unwirtschaftlichkeit des Armen zu beheben, bedarf es aber nach Einsicht Klumkers fast stets neben der Unterstützung noch eines weiteren Einflusses auf den Unterstützten: Zur richtigen Einstellung des Armen ist eine *wirtschaftliche Erziehung* nötig. Da alle Erziehung des persönlichen Einflusses von Mensch zu Mensch bedarf, bildet die persönliche Beeinflussung des Hilfebedürftigen einen wesentlichen Teil jeder Fürsorge. „*Das persönliche Verhältnis* des Helfenden zum Bedürftigen, *des Armenpflegers zum Armen* erscheint als *Kern der Armenpflege*" (Klumker 1918, 75). Dieses Verhältnis baut sich auf der Unselbständigkeit des Hilfsbedürftigen auf. Daraus folgt, daß der Arme vom Armenpfleger stets in gewissem Maße abhängig ist. *Eine Art Herrschaft des einen Menschen über den anderen* liegt für Klumker im Wesen der Fürsorge. Diese Abhängigkeit darf nur genutzt werden, um den Zweck der Fürsorge, der ja rein wirtschaftlicher Natur ist, zu erreichen. Die Unfähigkeit, sich wirtschaftlich im Leben zu verhalten, beruht manchmal auf einer Unfähigkeit, sich den Anforderungen des Lebens überhaupt richtig zu stellen. Die wirtschaftliche Erziehung wird deshalb gar oft eine weitergehende Einwirkung auf den Bedürftigen nötig machen; sie wird nicht selten erleichtert, wenn es gelingt, seine seelische Stimmung zu heben und eine starke, feste Lebensauffassung in ihm zu wecken (Klumker 1918, 81).

Die wichtigste Forderung Klumkers an die *Persönlichkeit des Armenpflegers* ist, daß er eine *selbstlose, wahrhaft menschliche Güte* besitzt, die allein jene wirtschaftliche Unfreiheit des Armen beheben will, ohne ihn für diese oder jene Gesinnung gewinnen zu wollen. Es darf dem Pfleger nur darum gehen, in der wirtschaftlichen Hilfe die Grundlage zur freien Gestaltung persönlichen Lebens zu schaffen. Die Gestaltung dieses Lebens ist keine Aufgabe der Armenpflege. Neben selbstloser Güte sind für Klumker *Lebenserfahrung und wirtschaftliches Verständnis* des Pflegers unentbehrlich. Da er Erwachsene wirtschaftlich leiten und erziehen soll, muß er vor allem andere Menschen verstehen, mit den Köpfen anderer Leute denken und sich für sie im Wirtschaftsleben zurechtfinden können. Die Rücksicht auf die Persönlichkeit des Armen darf den Pfleger nicht abhalten, die Lage des Armen schonungslos zu prüfen. Klumker fordert das *Recht der Zeugnisverweigerung* für dem Pfleger im Beruf anvertraute Dinge, um dem Vertrauen des Bedürftigen zum Pfleger eine feste Grundlage zu geben. Die Achtung vor der Persönlichkeit des Armen muß das Verhalten des Pflegers überall durchdringen.

Hilfe zur Selbsthilfe ist nach Klumker eine der ältesten Forderungen der Fürsorge. So muß man alles, was der Selbständigkeit der Armen dienen kann, sorgsam schonen und alles vermeiden, was den Armen irgendwie unterdrücken und unselbständiger machen könnte. Da alle Armenpflege ein Teil des gesellschaftlichen Auftrages ist, ist der Bedürftige nicht von der Person des Pflegers abhängig, sondern vom Amt (Klumker 1918, 89).

(5) *Die Gestaltung der Fürsorgearbeit*: Von vorbeugender Armenpflege zu reden ist für Klumker sprachlich und gedanklich verfehlt, weil man einen wirtschaftlich Selbständigen nicht in Armenpflege nehmen kann. *Gründliche und rechtzeitige Hilfe* aber ist eine der wesentlichsten Forderungen für alle Fälle, in denen eine Heilung, eine Rückkehr zur wirtschaftlichen Selbständigkeit möglich ist.

Alle Mittel der Hilfe müssen sich nach den Aufgaben der wirtschaftlichen Erziehung und Versorgung des Bedürftigen richten. Das wichtigste und bedeutsamste Mittel ist für Klumker immer der *persönliche Einfluß* auf den Armen durch Rat und Führung und durch freundschaftliche und ernste Leitung. Nur in Verbindung damit gewinnen alle sachlichen Mittel (Arbeit, Geld, Sachmittel, Krankenfürsorge usw.), die sich in der vielseitigsten Weise entwickelt haben, ihren richtigen Wert. Von den ihm besonders *wichtigen Elementen der Fürsorgearbeit* erörtert Klumker folgende:

(a) das Zusammenwirken beruflicher und freiwilliger Kräfte,

(b) Mitarbeit der Frauen in der Fürsorge,

(c) Aktenführung,

(d) Zusammenarbeit verschiedener Organisationen, Behörden und Vereine,

(e) Aufklärung und Werbearbeit,

(f) Doppelte Vermittlerrolle zwischen den Bedürftigen und dem übrigen Volke.

(6) *Zur Theorie der Jugendfürsorge*: Klumker setzt „Kinderfürsorge" mit „Sozialpädagogik" gleich und meint zum Begriff „Sozialpädagogik": „Allein dieser Ausdruck, einst unter dem Schutze Natorps und seiner Philosophie scharf umrissen, schillert heute wie ein Chamäleon, und ... Klarheit ist damit nicht gewonnen" (Klumker, zit. nach Neises 1968, 54). „Erziehung" im umfassenden Sinne sind für Klumker „alle die formenden und bildenden Kräfte, die den jungen Nachwuchs zum Gliede der Gesellschaft, zur Mitarbeit in Volk und Staate gestalten" (Klumker, zit. nach Neises 1968, 55). Erziehung ist sodann für Klumker ein Ineinander von inneren Anlagen und äußeren Einwirkungen. Die Familie erzieht ihren Nachwuchs einfach durch die Teilnahme am Familienleben, in das das Kind hineingeboren worden ist und durch die es ohne jeden Erziehungsplan erzogen wird. Jede andere gesellschaftliche Gruppierung, in die das Kind dann noch eintritt, beeinflußt das Leben des Kindes ebenfalls durch ihre Art der Lebensgestaltung. Absichtliche und bewußte Ziele, den Nachwuchs zu gestalten, kommen erst zu diesen Einflüssen hinzu.

Durch gesellschaftliche und wirtschaftliche Wandlungen bedingt leiden *viele Kinder Not an ihrer Erziehung*. Aufgabe der Kinderfürsorge ist es, für diese Kinder einzutreten und ihnen zur rechten Erziehung zu verhelfen. Es geht Klumker dabei nicht so sehr um unmittelbare Erziehung durch die Kinderfürsorge selbst, sondern um *Erziehungsleitung* (Erziehungsauswahl und Erziehungsaufsicht). Deshalb macht Klumker auf die große gesellschaftliche Leistung der Pflegefamilien aufmerksam und in diesem Zusammenhang auch auf die wichtige Bedeutung der Berufsvormundschaft bei der Kinderfürsorge (siehe Klumker 1931).

Eine Arbeitsform, bei der die Fürsorge unmittelbar die Erziehung in die Hand nimmt, ist die *Anstaltserziehung*. Für Klumker ist es falsch, wenn dort davon ausgegangen wird, daß die Anstalt die Familie zu ersetzen habe. Die Anstalt ist in seinen Augen eine besondere Welt für sich, ein künstliches Leben, das gerade nur für Zwecke der Erziehung eingerichtet wurde, aber keine Familie sein kann.

(7) *Zur Ausbildung*: Die Fürsorgearbeit bildet für Klumker kein gesondertes, selbständiges Gebiet, das von dem übrigen geistigen, gesellschaftlichen und wirtschaftlichen Leben des Volkes getrennt wäre. Überall greift die

Fürsorge in Fragen allgemeiner Art ein; sie erfordert daher auch in weitem Maße besondere Kenntnisse. Die Fragen der Ausbildung sind als Teile der Gesamtordnung des Fürsorgewesens zu betrachten. Klumker betont zunächst, daß die Auswahl der Bewerber wichtiger ist als die Ausbildung, weil die Ausbildung auf den Charaktereigenschaften und den Lebenserfahrungen aufbaut. „Wir brauchen hier abgeschlossene Persönlichkeiten. Persönlichkeit aber wird man überhaupt nicht durch Erziehung und Unterricht, sondern durch Leben und Arbeit selber" (Klumker, zit. nach Neises 1968, 72). Die Ausbildung sollte von der Praxis selbst in die Hand genommen werden. Klumker mißtraut generell der Ausbildungskompetenz von Schulen, Akademien und Universitäten für soziale Tätigkeiten. Nur unter der Bedingung, daß das Studium in einem eigenen Bildungsgang auf die besonderen Belange der Fürsorgetätigkeit ausgerichtet wird, sieht er Bedarf und Sinn einer Hochschulausbildung.

2.6. BEDEUTUNG FÜR DIE SOZIALE ARBEIT

Klumker gehörte im ersten Drittel des 20. Jahrhunderts zu den in Theorie und Praxis führenden VertreterInnen der Fürsorge im Deutschen Reich. Durch seine zahlreichen Publikationen, seine Mitgliedschaft im Vorstand des Deutschen Vereins, seine Lehrtätigkeit an der Frankfurter Universität und seine Vorstandschaft im Archiv der Berufsvormünder hat er das deutsche Fürsorgewesen seiner Zeit an entscheidenden Stellen mitgestaltet. Erfolgreich hat er die Benachteiligung unehelicher Kinder, ihrer Mütter, Väter und Stiefväter bekämpft und sich für die Einführung der Amtsvormundschaft eingesetzt. An der Ausarbeitung und Verabschiedung des Reichsjugendwohlfahrtsgesetzes (1922) hat er maßgeblich mitgewirkt, auch wenn er sich kritisch dazu geäußert hat. Seiner Meinung nach ist der Erziehungsgedanke in dem Gesetz zu wenig beachtet worden. Klumker hat mit seiner Theorie entscheidend daran mitgewirkt, daß das bis dahin geltende Prinzip von Verschuldung und Unverschuldetheit von Notlagen abgelöst wurde. Klumker hat wichtige Impulse für die Entwicklung der Heimerziehung, die Einrichtung von sozialdiagnostischen Zentren zur Erfassung individueller Erziehungsbedürfnisse, für die Gerichtshilfe und für die Systematisierung des Almosenwesens und auch für die Öffentlichkeitsarbeit in der Sozialen Arbeit gegeben (siehe Buchkremer 1995, 66-70).

Mit seiner nationalökonomisch fundierten Theorie der Armut unterscheidet sich Klumker stark von den (Sozial-)PädagogInnen seiner Zeit; geradezu einen Kontrapunkt bildet er mit seiner Auffassung von sozialen Berufen zu den Frauen, die den sozialen Beruf als einen Frauenberuf („Mütterlichkeit") ansehen.

Vermutlich haben seine Auffassung über die Qualifizierung zur Fürsorge-arbeit – die persönliche Eignung ist danach wichtiger als die Ausbildung – und sein bildungspolitischer Einfluß mit dazu beigetragen, daß die Fürsor-ge bzw. Soziale Arbeit als Studiengang an deutschen Universitäten nicht etabliert wurde. Das Werk von Klumker ist zwar von seinem Schüler und Nachfolger Hans Scherpner weitergeführt worden (siehe Ausführungen S. 225-237), den-noch wurden seine Thesen und sein Wirken nach dem Zweiten Weltkrieg fast völlig vergessen; das ändert sich erst in jüngster Zeit mit einer verstärk-ten Rückbesinnung auf die Theoriegeschichte der Sozialen Arbeit (siehe Thole/Galuske/Gängler 1998).

2.7. Literatur zum Vertiefen

Klumkers lesenswerte „Theorie der Armut und Verarmung" ist unter dem Titel: „Fürsorgewesen. Einführung in das Verständnis der Armut und der Armenpflege" (Klumker 1918) veröffentlicht worden; es gibt m.w. keinen Reprint dieses Werkes. Die Schrift „Vom Werden deutscher Jugendfürsor-ge" (Klumker 1931) ist zugleich eine Geschichte der deutschen Be-rufsvormundschaft. Gerd Neises hat unter dem Titel „Christian Jasper Klumker" in den „Schriften des Deutschen Vereins für öffentliche und pri-vate Fürsorge" (Neises 1968) Schriften von Klumker zur Jugendhilfe und Fürsorge zusammengestellt; außerdem führt er in diesem Buch in Klum-kers Leben und Werk (mit einer Bibliographie) ein. Klumkers Artikel „Kinderfürsorge und Erziehung" (1931) ist in Auszügen bei Thole/Galus-ke/Gängler (1998, 199-217) neu abgedruckt worden.

3. Erziehen und heilen – Alfred Adler (1870-1937)

„Wenn die kommenden Generationen, individualpsychologisch erzogen, froher, besser werden leben können, weil sie dem Leben und seinen Anforderungen besser gewachsen sein werden als es die Menschen unserer Zeit mit ihrer übermäßigen Machtgier sind, so werden sie dies vor allem Alfred Adler zu danken haben" (Manès Sperber, zit. nach Rattner 1978, 150).

3.1. HISTORISCHER KONTEXT

Die Grundlagen für seinen theoretischen Ansatz erarbeitet Alfred Adler in Wien in den Jahren vor dem Ersten Weltkrieg; in der Ausbildung von Fürsorgerinnen und in der Erziehungsberatung ist er ebenfalls in Wien nach dem Krieg in den zwanziger Jahren tätig.

Österreichs politische Eigenständigkeit resultiert aus der nicht zuletzt von Otto von Bismarck betriebenen kleindeutschen Lösung, die nach dem Deutschen Krieg 1866 zur Auflösung und zum Ausscheiden Österreichs aus dem Deutschen Bund führt. Trotz der Verständigung mit Ungarn (Schaffung einer Doppelmonarchie) gärt es im Vielvölkerstaat Österreich, weil insbesondere die slawischen (Balkan-)Völker im Taumel der nationalistischen Bewegungen Ende des letzten Jahrhunderts das deutsche Kronland („Zisleithanien") verlassen und eigene Staaten errichten wollen. Ähnlich wie im Deutschen Reich, demgegenüber nach dem Abgang Bismarcks 1890 eine gewisse Annäherung möglich wird („Zweibund"), gelingt es der Regierung, mit Hilfe einer Schutzzollpolitik die Binnenwirtschaft (Industrie, Landwirtschaft) zu beleben. Die Lebensbedingungen der Bevölkerung insbesondere in den Industriegebieten machen es erforderlich, daß durch gesetzliche Regelungen die Reproduktionsrisiken gemindert werden. So werden die Unfall- und Krankenversicherung und andere Sozialgesetze zum Schutz der ArbeiterInnen geschaffen. In Wien, der Hauptstadt Österreichs, leben zu Beginn des 20. Jahrhunderts 2,2 Millionen EinwohnerInnen, das sind etwa 20% der gesamten Wohnbevölkerung Österreichs. Um die Jahrhundertwende entwickelt der Arzt Sigmund Freud (1856-1938) in Wien eine naturwissenschaftlich orientierte tiefenpsychologische Theorie, die unter dem Namen Psychoanalyse sehr schnell bis heute weltweite Anerkennung und Bedeutung für die Behandlung psychisch kranker Menschen erfährt. In Wien und um Freud sammelt sich eine Vielzahl weiterer PsychotherapeutInnen, die zum Teil Freuds Theorie folgen, zum Teil aber auch eigene Wege gehen und sich von ihm lösen (siehe Wyss 1977).

Die Ermordung des österreichischen Thronfolgers in Sarajewo nehmen das Deutsche Reich und Österreich zum Anlaß, gegen die Nachbarstaaten einen Krieg zu beginnen. Dessen Verlauf zwingt das Land, im Herbst 1918 mit den Alliierten einen Waffenstillstand abzuschließen.

Auch in Österreich begleiten innenpolitische Unruhen das Ende des Krieges. Die Reichsratsabgeordneten in der deutschsprachigen Reichshälfte konstituieren eine provisorische Nationalversammlung und rufen die Republik Deutschösterreich aus. Die Wahlen 1919 bringen eine Koalititionsregierung unter Führung der Sozialdemokratie, die nicht nur die von den Alliierten diktierten Bedingungen des Friedensvertrages (Gebietsabtretungen, Alleinschuld) annehmen und die territorialen Ansprüche der Nachbarstaaten abwehren muß, sondern auch den Aufbau des Staates und der Verwaltung beginnen, die darbende Wirtschaft in Schwung bringen und vor allem die überall herrschenden sozialen Notlagen (katastrophale Ernährungslage) beheben muß (siehe dazu die Ausführungen S. 255ff.). Die Regierung versucht, durch zahlreiche Sozialgesetze (Einführung des Acht-Stunden-Tages und des Arbeitsurlaubs, Regelungen zur Begrenzung der Frauen- und Kinderarbeit u.a.) die sozialen Spannungen abzubauen und die revolutionären Strömungen zurückzudrängen. Während die Koalititon von Sozialdemokraten und Bürgerlichen auf Bundesebene schon 1920 zerbricht und die innere und äußere Konsolodierung noch lange Probleme bereitet, kann die Sozialdemokratie ihre Macht in Wien ausbauen. Dort werden in den zwanziger Jahren zahlreiche sozial- und bildungspolitische Reformen durchgeführt, an denen auch Adler mitwirkt. Schon 1927 nehmen die innenpolitischen Polarisierungen wieder zu: antimarxistisch-rechtsradikale und austromarxistisch-sozialdemokratische Gruppen bekämpfen sich ideologisch und setzen zur Einschüchterung ihrer Gegner paramilitärische Korps ein. Aufstände von Arbeitern werden blutig niedergeschlagen. Wie auch in anderen Ländern Europas gewinnen autoritäre antiparlamentarische Kräfte zunehmend die Oberhand und werden an der Regierungsbildung beteiligt. Die Weltwirtschaftskrise 1929 führt zu einem drastischen Anstieg der Arbeitslosigkeit und zur Zerrüttung der Staatsfinanzen. Mit der staatsstreichartigen Ausschaltung des Nationalrats führt Bundeskanzler Engelbert Dollfuß 1932 ein mit Notverordnungen operierendes autoritäres Regierungssystem ein. Die AnhängerInnen der Sozialdemokratie und der Gewerkschaften werden verfolgt und – nach dem blutigen Niederschlagen von Aufständen – später sogar verboten. Politische Häftlinge werden interniert, Notpolizei greift willkürlich ein, sozialdemokratische Landes- und Gemeinderegierungen werden abgesetzt. Mitte 1934 wird Dollfuß von rechtsradikalen Nationalsozialisten ermordet.

3.2. BIOGRAPHISCHER KONTEXT

Alfred Adler wird im Jahre 1870 in Wien als zweiter Sohn jüdischer Eltern geboren (siehe Rattner 1978; Bornemann 1982). Sein Vater ist als wohlhabender Getreidehändler aus dem Burgenland nach Wien gekommen. Nach dem Abitur studiert Adler an der Wiener Universität Medizin. 1895 wird er zum Dr. med. promoviert; danach läßt er sich zum Augenarzt, später zum Internisten und Neurologen ausbilden. Als Dreißigjähriger eröffnet Adler in Wien eine ärztliche Privatpraxis. Sigmund Freud, der ebenfalls an der Wiener Universität Medizin studiert hat, 14 Jahre älter als Adler ist und an dem Entwurf einer Triebpsychologie arbeitet, fordert Adler 1902 auf, seiner psychoanalytischen Studiengruppe beizutreten. Im Laufe der gemeinsamen Arbeit entwickelt Adler jedoch eigene Lehrmeinungen, so daß es 1911 zum Bruch zwischen den beiden kommt. Adler und Freud versöhnen sich nach ihrer Trennung nicht wieder. Adler vertritt nun seine eigene Auffassung als Individualpsychologie mit einer eigenen Schule und einer eigenen Zeitschrift. Nach seiner Teilnahme am Ersten Weltkrieg als Militärarzt entwickelt Adler unter dem Eindruck der schrecklichen Erlebnisse seine Theorie weiter. Von 1920 an bildet er als Dozent am Pädagogikum der Stadt Wien LehrerInnen und FürsorgerInnen aus. Die Stadt Wien ermöglicht es Adler, rund 30 Erziehungsberatungsstellen, die nach seiner individualpsychologischen Theorie arbeiten, einzurichten. 1914 veröffentlicht er den Sammelband „Heilen und Bilden", der von ihm und seinen MitautorInnen als „Ein Buch der Erziehungskunst" bezeichnet wird. Auf der Grundlage seiner psychologischen Erkenntnisse plädiert Adler darin für eine neue Erziehung, die in Einklang steht mit der Entwicklung des öffentlichen Lebens. 1930 erscheint sein Buch „The Pattern of Life" („Das Leben gestalten. Vom Umgang mit Sorgenkindern" 1979) mit sozialpädagogischen Fallberichten.

Adlers Lehre genießt vor allem in sozialistischen Kreisen Sympathien. Weltanschaulich steht Adler zeit seines Lebens dem Sozialismus sehr nahe, ohne sich dogmatisch auf den Marxismus festzulegen. Nur im Sozialismus bleibt für ihn der Gemeinsinn als Forderung des ungehinderten menschlichen Zusammenlebens letztes Ziel und Ende. Im Wiener sozialistischen Studentenverein lernt er seine russische Frau Raissa Timofejwna kennen; sie stammt aus Moskau, studiert in Wien und nimmt frühzeitig Kontakt zu der revolutionären Bewegung in Rußland auf. Adler lehnt die Herrschaft der Bolschewiken in Sowjetrußland ab, weil sie für ihn wie alle bisherigen Regierungen auch auf dem Besitz der Macht gegründet ist. Zur sozialistischen Grundhaltung Adlers kommt noch eine konsequent atheistische Lebenseinstellung. Adler ist als junger Mann vom jüdischen Glauben zur protestantischen Kirche übergewechselt. Es ist jedoch mehr ein Bruch mit dem Judentum als ein Bekenntnis zum lutherischen Christentum. Er gilt seinen Freunden als entschieden ungläubig.

Adler hat ein missionarisches Sendungsbewußtsein und – um seine Lehre zu verbreiten – reist er viel und hält in zahlreichen europäischen Ländern Vorträge. Adler redet am liebsten frei und demonstriert an Fallbeispielen vor Zuschauern seine Theorie. Von 1925 an besucht Adler regelmäßig die Vereinigten Staaten von Amerika und siedelt 1934 mit seiner Familie ganz in die USA über. Hier setzt er seine klinische Tätigkeit sowie seine Vorlesungen und die Veröffentlichung seiner Schriften fort. Seit 1932 ist er Professor für medizinische Psychologie an der Columbia University in New York. Seine Bücher „Studie über Minderwertigkeit von Organen" und „Praxis und Theorie der Indiviualpsychologie" erscheinen 1907 und 1920; 1933 faßt er seine Theorie in dem Buch „Der Sinn des Lebens" zusammen. Adler stirbt 1937 plötzlich auf einer Vortragsreise in Aberdeen (Schottland). Die Nationalsozialisten verbieten die Individualpsychologie Adlers und schließen alle Erziehungsberatungsstellen, die nach der individualpsychologischen Theorie arbeiten.

3.3. FORSCHUNGSGEGENSTAND UND -INTERESSE

Adler interessiert sich für alle medizinischen, psychologischen und pädagogischen Aspekte des menschlichen Lebens. Die Persönlichkeit des Menschen und seine Sozialentwicklung sind folglich der Gegenstandsbereich seines generellen persönlichen Forschungsinteresses und zugleich seiner individualpsychologischen Theorie. Adler möchte „die geheimnisvolle schöpferische Lebenskraft verstehen, die sich in dem Verlangen nach Entwicklung, Anstrengung und Leistung zum Ausdruck bringt" (Adler 1981a, 13). Außerdem stehen das Gemeinschaftsgefühl der Menschen und das menschliche Streben nach Vervollkommnung im Mittelpunkt seines Forschens.
Speziell bezieht sich Adlers tiefenpsychologische Forschung auf die Entstehung von Neurosen und Psychosen, die Heilung von Schwererziehbaren und Kriminellen sowie auf die Gestaltung des Geschlechterverhältnisses. Adler fragt im einzelnen: Wie werden Kinder zu Sorgenkindern? Was treibt einen Verbrecher zum Verbrechen? Was macht einen Süchtigen süchtig? Was kann/muß getan werden, damit sich das Gemeinschaftsgefühl der Menschen entwickelt? Wie können Kinder ermutigt und zu einem Leben in der Gemeinschaft erzogen werden? Was muß getan werden, um seelisch kranke Menschen zu heilen?

3.4. WISSENSCHAFTSVERSTÄNDNIS

Die Individualpsychologie zählt zu den geisteswissenschaftlichen, subjektorientierten und ganzheitlichen Psychologien mit teleologischer und verstehender Betrachtungsweise (siehe Ansbacher/Ansbacher 1982, 15). Das Prinzip der Ganzheit wird von Adler als wesentliche Grundlage für das Verstehen der Bewegung von Energie und Leben angenommen. Solidarität, Mitgefühl und Wohlwollen gegenüber dem Mitmenschen lehren wahrhaft verstehen, was diesen umtreibt und bewegt. Auch Geduld, echtes Interesse, lebenslanges Bemühen sind für die „Wissenschaft der Menschenkenntnis" notwendig. Sowohl Hans Vaihingers (1852-1933) Philosophie des „Als-ob" als auch Immanuel Kants (1724-1804) und Friedrich Nietzsches (1844-1900) Ideen beeinflussen Adler, der sich auch intensiv mit den Theorien von Jean-Marie Lamarck (1744-1829), Charles Darwin (1809-1882), Karl Marx (1818-1883) und Ludwig Klages (1872-1956) auseinandersetzt. Adler bezieht sich auf William James (1842-1910), wenn er sagt, daß nur eine in unmittelbarem Bezug zum Leben stehende Wissenschaft eine wahre Wissenschaft sei. Theorie und Praxis bilden für Adler eine weitgehend unauflösliche Einheit. Adler weist seine SchülerInnen immer wieder darauf hin, daß sie am besten bei den Dichtern lernen könnten, wie das Gemüt des Menschen beschaffen sei. Jene Psychologie, die „mit gekünstelten Experimenten, Statistiken und weltfremden Fragestellungen" an den Menschen herantritt, ist für Adler weniger ergiebig als die große Dichtung; Adler verehrt vor allen anderen Dichtern Fjodor M. Dostojewski (1821-1881) (siehe Rattner 1978, 87; Adler 1980, 881-290).

Adler will sich an der Wiener Universität mit seiner Theorie der Individualpsychologie habilitieren. Seine Habilitationsschrift wird aber mit der Bewertung „unwissenschaftlich" abgelehnt. Adler kommentiert diese Ablehnung mit den Worten:

> „Die Anschauungen unserer Individualpsychologie verlangen den bedingungslosen Abbau des Machtstrebens und die Entfaltung des Gemeinschaftsgefühls. Ihre Losung ist der *Mitmensch*, die mitmenschliche Stellungnahme zu den immanenten Forderungen der menschlichen Gesellschaft. Vielleicht gibt es ehrwürdigere Lehren einer älteren Schulwissenschaft. Vielleicht neuere ausgeklügeltere. Sicherlich aber keine, die der Allgemeinheit größeren Nutzen brächten" (Adler, zit. nach Rattner 1978, 131).

3.5. THEORIE

Die von Adler für seine tiefenpsychologische Theorie gewählte Bezeichnung „Individualpsychologie" ist für das Verständnis seines Ansatzes irreführend, läßt sie doch vermuten, daß sie im Gegensatz zur *Sozialpsychologie* steht. Das Gegenteil ist aber der Fall. Adlers Theorie ist der Sache nach eine Sozialpsychologie, die der Frage nachgeht, wie die Integration von Menschen in Gemeinschaften erfolgt und wie sich verhindern läßt, daß sie in Isolation geraten (siehe Ansbacher/Ansbacher 1982).

(1) *Minderwertigkeitsgefühl, Minderwertigkeitskomplex und Kompensation*: Adler wählt die Bezeichnung „Individualpsychologie", um seine Lehre von der psychoanalytischen Theorie Freuds abzugrenzen, die den Men-

schen – seiner Meinung nach – in einzelne Elemente, Schichten (Es, Ich und Über-Ich) oder Triebe zerlegt („dividiert"). Er betont gegen Freud, daß der *Mensch eine unteilbare Einheit* ist, ein *Individuum*. Bewußtes und unbewußtes Leben sind für Adler innig miteinander verbunden (Adler 1980, 19-32). Die Frage nach dem Motor menschlicher Entwicklung beantwortet Adler aufgrund von Beobachtungen, die er als praktischer Arzt gemacht hat. Adler hat beobachtet, daß bei seinen PatientInnen die gleichen Organe und Organsysteme eine sehr unterschiedliche Funktionsfähigkeit haben können; vor allem beeinträchtigte Organe führen zu psychisch-physischen Auffälligkeiten und sind häufig ganz oder teilweise in ihrem Wachstum gehemmt oder verändert. Adler spricht von diesen Organen als „minderwertigen Organen", die dazu drängen, ihre Minderwertigkeit zu überwinden (Adler 1977). Diese Überwindung („Kompensation") kann durch ein anderes Organ erfolgen; bei einem Herzklappenfehler schwillt z.b. der Herzmuskel soweit an, daß er durch Mehrleistungen den Mangel wettmachen kann. Der Mensch kann Organmängel rein biologisch, aber auch psychisch kompensieren.

Was macht ein Kind, fragt Adler, wenn es sich schwächer fühlt als andere Kinder? Für ihn hängt es von der Erziehung ab, ob ein solches Kind in Mutlosigkeit und sozialer Abhängigkeitshaltung versinkt oder ob es sich produktiv mit seinen Schwächen befaßt. „Organgestörte Kinder rekrutieren das Heer der Neurotiker, Delinquenten, Arbeits- und Liebesunfähigen. In anderen Fällen wird der Mangel zum dauernden Stachel, der den Betroffenen auf der Bahn der kulturellen Leistung vorantreibt" (Adler, zit. nach Rattner 1978, 35). Als Beleg für diese These führt Adler beispielsweise die Komponisten Beethoven und Smetana an, die beide an Gehörfehlern gelitten haben.

Das Erleben von Hilflosigkeit, das Gefühl des Schwächerseins und die Erfahrung der Abhängigkeit von anderen Menschen wecken nach Adler in jedem Säugling und Kind das Gefühl der Minderwertigkeit. Dieses *Minderwertigkeitsgefühl* ist für Adler eine der wichtigsten Tatsachen menschlichen Lebens (siehe Adler 1981a, 1981b). Mensch zu sein bedeutet für ihn, von Natur aus ein Mängelwesen zu sein, das sich alle seine Vorteile und Vorzüge erst selbst schaffen muß, weil es unzureichend für das Leben ausgestattet ist. Mensch sein heißt für Adler, sich minderwertig zu fühlen. Kultur ist in seinen Augen das Ergebnis menschlichen Bemühens, diese Unvollkommenheit zu überwinden. Sich minderwertig zu fühlen geht einher mit der gleichzeitigen Tendenz, dieses Gefühl zu kompensieren. Die Individualpsychologie geht von *zwei verschiedenen Kompensationsrichtungen* aus: auf die Mitmenschen hin, in die *Gemeinschaft*, und von den Mitmenschen weg, in die *Isolierung*. Das Minderwertigkeitsgefühl ist nach Auffassung Adlers ein Segen für den Menschen, da es ihn aus einer Minussituation in eine Plussituation – nach Überwindung und Sicherung – drängt. Das

Minderwertigkeitsgefühl treibt nach Adler das Kind dazu, sich ein Lebensziel zu setzen, von dem es alle Beruhigung und Sicherstellung seines Lebens für die Zukunft erwartet, und einen Weg einzuschlagen, der ihm zur Erreichung dieses Zieles geeignet zu sein scheint.

Zu einem *Minderwertigkeitskomplex* wird das Minderwertigkeitsgefühl für Adler dann, wenn das Kind in dem Gefühl der Entmutigung haften bleibt und es nicht überwindet. Das so gehemmte Kind verharrt ängstlich und pessimistisch in dem Gefühl, minderwertig zu sein und sucht untaugliche Lösungen – Scheinlösungen –, mit denen es seine Umwelt, die es für sein Versagen verantwortlich macht, zu unterwerfen versucht. Der Minderwertigkeitskomplex ist die Ursache für seelische und soziale Störungen aller Art. Minderwertigkeitskomplexe bedingen ihrerseits *psychopathologische Überkompensationen*. Gesund ist in den Augen von Adler eine Entwicklung, die gemeinschaftsbezogen und auf den Mitmenschen hin orientiert ist. Eine krankhafte Entwicklung ist demgegenüber gegen den Mitmenschen gerichtet oder bewegt sich von ihm weg.

(2) *Gemeinschaftsgefühl und Aggressionstrieb:* Die Lehre vom *Gemeinschaftsgefühl* ist für Adler der Grundpfeiler der Individualpsychologie (siehe Rattner 1978, 40; Adler 1981a; Ansbacher/Ansbacher 1982, 134-165). Zunächst hält Adler das Gemeinschaftsgefühl für eine biologisch gegebene Tatsache. Später sieht er in ihm *eine angeborene Disposition des Menschen*. Das gesamte Individuum muß innerhalb eines umfassenderen Ganzen gesehen werden. Dieses umfassendere Ganze wird von Gruppen gebildet, zu denen der einzelne Mensch gehört, beginnend bei den kleinsten Gruppenbildungen (Paar, Familie) bis hin zur Gesamtmenschheit. Dieses größere Ganze ist die soziale Situation, in der jeder Mensch lebt. Niemand kann ihr entfliehen, denn jeder Mensch ist wegen seiner konstitutionellen Schwäche notwendig auf die Hilfe der anderen Menschen angewiesen. Jeder muß die *Aufgaben des menschlichen Zusammenlebens* lösen: die Herausforderungen, die der *Beruf*, die *Gesellschaft* im allgemeinen (Freundschaft) und die *Liebe* (Ehe) stellen. Wer nützliche Arbeit für die anderen leistet, wer die anderen berücksichtigt, sich den anderen anpaßt und sich für sie interessiert, unterstützt das Leben der Gemeinschaft. Wer die Liebe (Ehe) als Mitglied eines der zwei Geschlechter kooperativ lebt, erhält und entwickelt in seiner Umgebung Leben. Die Hauptprobleme im Leben sind für Adler Probleme des menschlichen Zusammenlebens. Die Stellung zu den Lebensaufgaben, die immer sozialer Natur sind und zu ihrer befriedigenden Lösung ein gut entwickeltes Gemeinschaftsgefühl bedürfen, gibt untrüglich Aufschluß darüber, wieweit jemand bereit ist, sein Leben als Mitmensch zu führen.

Gemeinschaftsgefühl besagt für Adler vor allem ein Streben nach einer Gemeinschaftsform, die für ewig gedacht werden muß, wie sie gedacht werden könnte, wenn die Menschheit das Ziel der Vollkommenheit erreicht hat: Alle Fragen des Lebens und der Gemeinschaft wären dann gelöst. Es kann sich für Adler dabei niemals um eine gegenwärtige Gemeinschaft oder Gesellschaft handeln, auch nicht um politische oder religiöse Formen des Gemeinschaftslebens, sondern das Ziel, das zur Vollkommenheit am besten geeignet ist, müßte ein Ziel sein, das die ideale Gemeinschaft der ganzen Menschheit bedeutet, mithin die Erfüllung der Evolution darstellen würde (Adler 1973b, 166f.).

Das Gemeinschaftsgefühl des Menschen hat einen *Gegenspieler*. Zunächst spricht Adler von einen *Aggressionstrieb* beim Menschen, der als übergeordnete dynamische Kraft die anderen Triebe bündelt und auf ein Ziel, nämlich die Befriedigung der Primärtriebe, ausrichtet. Später nennt Adler dieses übergeordnete Prinzip den männlichen Protest; zuletzt spricht er vom Geltungsstreben oder Streben nach Vollendung. *Macht- und Geltungsstreben* des Menschen entstehen aus seinem Minderwertigkeitsgefühl mit dem Ziel, jede gefühlte Unsicherheit zu kompensieren.

Der Mensch strebt von unten nach oben, um seine subjektiv verstandenen Mängellagen zu überwinden. Eine *natürliche Kompensation* liegt in dem *Streben nach Kenntnissen, Fähigkeiten und Fertigkeiten*. Das Streben nach Größe, Geltung und Anerkennung gerät solange nicht in Widerspruch zur Gemeinschaft, als es auf der Linie von Mitarbeit und Mitleben bleibt. *Alle seelischen Erkrankungen* (Neurosen, Kriminalität, Perversionen, Psychosen usw.) entstehen für Adler *aus einem übersteigerten Geltungsstreben und einem unterentwickelten Gemeinschaftsgefühl*.

Im Vorwort zur zweiten Auflage seines 1919 erschienenen Buches „Über den nervösen Charakter" deutet Adler die konkrete geschichtliche Situation von diesen Aussagen her:

> „Zwischen den beiden Auflagen dieses Buches liegt der Weltkrieg mit seinen Fortsetzungen, liegt die furchtbarste Massenneurose, zu der sich unsere neurotisch-kranke Kultur, zerfressen von ihrem Machtstreben und ihrer Prestigepolitik, entschlossen hat. Der entsetzliche Gang der Zeitereignisse ... entschleiert sich als das dämonische Werk der allgemein entfesselten Herrschsucht, die das unsterbliche Gemeinschaftsgefühl der Menschheit drosselt oder listig mißbraucht" (Adler 1972, 26).

(3) *Zielgerichtetes Leben*: Die menschliche Persönlichkeit ist für Adler eine zielgerichtete Einheit. Kein Mensch kann denken, fühlen, wollen oder träumen, ohne daß all dies bestimmt, bedingt, eingeschränkt, gerichtet wäre durch ein ihm vorschwebendes Ziel. *Menschliches Handeln ist dynamisch und zielgerichtet*; es folgt einem teleologischen Prinzip. Die wichtigste Frage im menschlichen Seelenleben lautet nicht: „Woher kommt das?" – so fragt die Psychoanalyse Freuds – sondern: „*Wohin* soll das führen?" Erst wenn das wirkende und richtende Ziel eines Menschen bekannt ist, ist es möglich, sein Verhalten zu verstehen (Adler 1981a).

Jeder Mensch hat sich ein Persönlichkeitsideal geschaffen, auf das er bewußt oder unbewußt hinstrebt. Dieses wird bereits in der Kindheit aufgrund frühkindlicher Erfahrungen frei gebildet. Die kindliche Psyche spannt Gedankenfäden von dem Gefühl seiner Minderwertigkeit zu den Zielen seiner Sehnsucht: groß zu sein, stark zu sein, oben zu sein. Von diesem Endzweck her werden nach Adler alle Handlungen des Kindes und später auch die Handlungen des Erwachsenen geleitet. Allerdings diktieren nicht die Erlebnisse eines Kindes seine Handlungsweisen, sondern die *Schlußfolgerungen*, die es aus diesen Erlebnissen zieht.

Das Ziel *der Überlegenheit* ist für jedes Individuum ein persönliches und einmaliges Ziel. Dieses Ziel hängt von dem Sinn ab, den der Mensch seinem Leben gibt. Dieser Sinn ist keine Sache von Worten. Er wird im Lebensstil eines Menschen aufgebaut und zieht sich durch sein ganzes Leben hindurch. Der Mensch ist ein ganzheitlich zu verstehendes, zielgerichtetes und schöpferisches Individuum, welches im gesunden Zustand in einer positiven, konstruktiven ethischen Beziehung zu seinen Mitmenschen steht (Ansbacher/Ansbacher 1982, 20f.).

(4) *Krankheitslehre*: Adler stellt seine Auffassungen über die erkrankte Seele („Neurose") in folgende Leitsätze zusammen:

(a) Jede *Neurose* kann als ein kulturell verfehlter Versuch verstanden werden, sich aus dem Gefühl der Minderwertigkeit zu befreien, um ein Gefühl der Überlegenheit zu gewinnen.

(b) Der Weg der Neurose führt nicht auf die Linie der sozialen Aktivitäten und zielt nicht auf die Lösung der gegebenen Lebensfragen ab, vielmehr mündet er in den kleinen Kreis der Familie und erzwingt die *Isolierung* der Patienten.

(c) Der große Kreis der Gemeinschaft wird durch ein Arrangement von Überempfindlichkeit und Intoleranz ganz oder weitgehend ausgeschaltet. Dadurch bleibt nur ein kleiner Kreis für die *Kunstgriffe zur Überlegenheit* und für deren Artung übrig. Zugleich wird so die Sicherung und der Rückzug von den Forderungen der Gemeinschaft und den Entscheidungen des Lebens ermöglicht, während gleichzeitig meist der Schein des Wollens erhalten bleibt.

(d) Der Wirklichkeit zum großen Teil abgewandt führt der Nervöse ein Leben in der *Einbildung* und *Phantasie* und bedient sich einer Anzahl Kunstgriffe, die es ihm ermöglichen, realen Forderungen auszuweichen und eine ideale Situation anzustreben, die ihn von einer Leistung für die Gemeinschaft und der Verantwortlichkeit enthebt.

(e) Diese Enthebungen und die *Privilegien der Erkrankung*, des Leidens, bieten ihm den Ersatz für das ursprüngliche, riskante Ziel der realen Überlegenheit.

(f) Die Neurose und die neurotische Psyche sind ein Versuch, sich jedem Zwang der Gemeinschaft durch einen *Gegenzwang* zu entziehen. Letzterer ist derart zugeschnitten, daß er der Eigenart der Umgebung und ihren Forderungen wirkungsvoll entgegentritt.

(g) Der Gegenzwang hat einen *gegen die Gemeinschaft* revoltierenden Charakter, holt sein Material aus geeigneten affektiven Erlebnissen oder aus Beobachtungen, präokkupiert die Gedanken und die Gefühlssphäre mit solchen Regungen, aber auch mit Nichtigkeiten, die geeignet sind, den Blick und die Aufmerksamkeit des Patienten von seinen Lebensfragen abzulenken. So können, je nach Bedarf der Situation, Angst- und Zwangszustände, Schlaflosigkeit, Ohnmacht, Perversionen, Halluzinationen, krankhafte Affekte, neurasthenische und hypochondrische Komplexe und psychotische Zustandsbilder als Vorwände fertiggestellt werden.

(h) Auch die Logik gelangt unter die Diktatur des Gegenzwanges. Dieser Prozeß kann bis zur *Aufhebung der Logik*, wie in der Psychose, gehen und *eine private Logik* an die Stelle der Vernunft, des „common sense" setzen.

(i) Die Logik, Ästhetik, Liebe, Mitmenschlichkeit, Mitarbeit und Sprache entstammen der Notwendigkeit des menschlichen Zusammenlebens. Gegen sie richtet sich automatisch die Haltung des *zur Isolierung strebenden, machtlüsternen Nervösen*.

(j) Alles wirkliche Wollen und alles Streben des Nervösen steht unter dem *Diktat seiner Prestigepolitik*, greift immer Vorwände auf, um *Lebensfragen ungelöst* zu lassen, und wendet sich automatisch gegen die Entfaltung des Gemeinschaftsgefühls. Was er im Munde führt und was seine Gedanken sagen, hat keinerlei praktische Bedeutung. Seine starre Tatrichtung spricht sich nur in seiner Haltung aus.

(k) Die *Heilung* der Neurose und Psychose erfordert die *erzieherische Umwandlung* des Patienten, die *Korrektur seiner Irrtümer* und seine endgültige *Rückkehr in die menschliche Gemeinschaft* ohne Phrase (Adler 1980, 40f.).

Vielfältig sind nach Adler die Bilder, Formen, Gestalten und Charakterzüge, in denen die kranken Menschen ihre seelischen Störungen und verfehlten Lebensstile ausdrücken und leben; Adler führt alle Verhaltensweisen auf dasselbe Grundmuster zurück.

(5) *Schwererziehbare und kriminelle Kinder*: Die Erziehbarkeit des Kindes stammt nach Adler aus der Breite seines angeborenen, differenzierten und wachsenden Gemeinschaftsgefühls, damit gewinnt es den Anschluß an die Gesellschaft, in der es lebt. Auf diesem Wege werden „die Forderungen der Allgemeinheit zu persönlichen, die immanente Logik der menschlichen Gesellschaft, ihre Selbstverständlichkeiten und Notwendigkeiten zur individuellen Aufgabe für das Kind" (Adler 1973a, 379). Die Erziehbarkeit kann

nach Adler erschüttert werden durch ein verstärktes, intensiveres und länger anhaltendes Minderwertigkeitsgefühl und durch ein Lebensziel, das nicht bloß Beruhigung, Sicherheit und Gleichwertigkeit gewährleisten soll, sondern ein Streben nach Macht entwickelt, das dazu bestimmt ist, zur Überlegenheit über die anderen Menschen zu führen. Diese Kinder fühlen sich unter allen Umständen zurückgesetzt, glauben sich von der Natur benachteiligt und sehen sich oft auch von den Menschen – mit Recht oder zu Unrecht – zurückgesetzt und ihre Empfindlichkeit ist immer auf die Spitze getrieben. Ihre Sehnsucht geht nach Befriedigung einer durchaus unstillbaren Eitelkeit, ein meist unlösbares Problem, das sie zwingt, die normalen Wege zu meiden. Schwererziehbar ist ein Kind für Adler nur dann, wenn es sich über längere Zeit nicht als gleichberechtigter Partner zur Mitarbeit einstellt.

Adler teilt die schwererziehbaren Kinder ein in *mehr passive*, wie faule, indolente, gehorsame, aber abhängige, schüchterne, ängstliche, lügenhafte und ähnliche Kinder, und *mehr aktive*, wie herrschsüchtige, ungeduldige, aufgeregte, zu Affekten neigende, störende, grausame, prahlerische, Davonläufer, diebische, sexuell leicht erregte usw. (Adler 1973a).

(6) *Erziehen und Heilen*: Ziel und Aufgabe der *Erziehung* ist es nach Adler, die Fähigkeit zur Gemeinschaft und das Gemeinschaftsgefühl zu wecken und zu entwickeln. Die Verbesserung der Erziehung des Kindes dient der Neurosenprophylaxe. Besondere Verantwortung tragen die Eltern, die Geschwister und die LehrerInnen. Ihre gemeinsame Aufgabe ist es, das Kind *zu einem Leben in und mit der Gemeinschaft zu ermutigen*. Eltern- und LehrerInnenschulung sind unerläßlich, um sie wiederum bei ihrer verantwortungsvollen Aufgabe zu unterstützen (siehe Adler 1981c). Ziele der von Adler geforderten Erziehung sind:

(a) Allgemeine Haltungen, aus denen in Auseinandersetzungen mit den je besonderen Lebenslagen in selbständiger, freier Entscheidung das sachlich angemessene Verhalten hervorwächst.

(b) Menschen, die auch die Spannung eines unbefriedigten Bedürfnisses aushalten, auf die Befriedigung ihrer Wünsche warten und deren Aufschub ertragen können.

(c) Die Kinder zum selbständigen Urteil zu bringen, sie von Meinungen anderer unabhängig zu machen und das Ehrgefühl der Kinder zu erhalten.

(d) Allgemeine Umstände herzustellen, durch die die erwünschten Verhaltensweisen ermöglicht und begünstigt werden.

(e) Eine ausreichende Befriedigung des kindlichen Zärtlichkeitsbedürfnisses, insbesondere durch das Erlebnis einer Mutter als erstem Mitmenschen, dem man vertrauen kann.

(f) Großzügige Duldung und Förderung jedes kindlichen Versuchs, selbständig zu werden.

(g) Einigkeit (d.h. Verträglichkeit und Versöhnlichkeit) und dazu Gerechtigkeit der Eltern, LehrerInnen und ErzieherInnen den Kindern gegenüber, vor allem keine Herabsetzung des weiblichen Geschlechts (siehe Adler 1973a).

Die Erarbeitung des Lebensstils der PatientInnen steht im Zentrum individualpsychologischer *Heilbehandlung*, die in Erziehungsberatungsstellen, Praxen und Kliniken durchgeführt wird. TherapeutInnen und PatientInnen versuchen gemeinsam und partnerschaftlich sowohl erlebnismäßig als auch rational einen Zugang zur Lebenswelt der PatientInnen und ihren Leitlinien zu finden und sie zu verstehen. Ziel ist es, daß den jungen und erwachsenen PatientInnen ihr übersteigertes Minderwertigkeitsgefühl und ihre überkompensatorischen Antworten darauf bewußt werden, um dann den *Lebensplan neu zu strukturieren*. Auch hier gilt es, die Entmutigten zu ermutigen und durch Vertrauen Selbstvertrauen zu schaffen.

3.6. BEDEUTUNG FÜR DIE SOZIALE ARBEIT

Adlers Individualpsychologie wurde im deutschsprachigen Wohlfahrts- und Schulwesen zu Beginn des 20. Jahrhunderts bereitwillig aufgenommen, da Adler durchweg nicht nur auf einen starken Praxisbezug seiner Theorie geachtet, sondern persönlich an der Ausbildung in sozialen Berufen mitgearbeitet hat (siehe Bornemann 1982, 35ff.; Schille 1997). Die Gründung von zahlreichen Erziehungsberatungsstellen in Österreich und Deutschland und Adlers ständige persönliche Mitarbeit in der sozialen Beratung bezeugen seine enge Verbundenheit mit der Sozialen Arbeit. Erziehungsberatungsstellen gibt es heute in fast allen Ländern der Welt, allein in Deutschland mehr als 1.000.

Adler bezieht sich in seinen Werken mehrfach auf Pestalozzi und findet sich durch ihn unterstützt, wenn er wie Pestalozzi z.B. die herausragende Bedeutung der Mutter für die Entfaltung der Persönlichkeit, die Bedeutung des Gemeinschaftsgefühls und des Widerstands gegen die Aufdeckung geheimer Lebensziele lehrt (siehe Rattner 1978, 79, 97f.). Eine enge Verbindung wird auch zwischen den Theorien des Münchener (Sozial-) Pädagogen Aloys Fischer (1880-1937) und der Lehre Adlers gesehen (siehe Ansbacher/Ansbacher 1982, 37); Herman Nohl lobt 1926 die große Bedeutung der „Adler-Schule" für die Reformpädagogik" (Nohl 1965, 28-35, 77).

Die Persönlichkeitstheorie Adlers ist heute weltweit verbreitet. Individualpsychologische Vereinigungen führen Adlers Theorie und Praxis weiter, vertiefen und aktualisieren sie. Einzelne Theoreme (z.B. das des Minderwertigkeitskomplexes) sind Allgemeingut geworden; die BenutzerInnen dieser Theoreme wissen häufig nicht einmal, daß diese Begriffe von Adler und aus der Individualpsychologie stammen (siehe Seidel 1983, 391-393).

Adler hat mit seinen Auffassungen über Mensch und Gemeinschaft viele bedeutende PsychologInnen und PsychotherapeutInnen unseres Jahrhunderts in persönlichen Begegnungen oder durch seine Publikationen angeregt, z.b. Abraham H. Maslow, Eric Berne, Erich Fromm, Kareen Horney, Viktor E. Frankl, Jakob L. Moreno, Carl R. Rogers, Fritz Perls und Raymond J. Corsini (siehe Ansbacher/Ansbacher 1982, 27-39; Corsini 1983, 177). In der Sozialen Arbeit werden häufig Beratungs- und Therapiemethoden dieser AutorInnen angewendet. Viele PraktikerInnen der Sozialen Arbeit arbeiten folglich nach Adlers Individualpsychologie, auch wenn dieser Bezug nicht immer ausdrücklich benannt wird und/oder bekannt ist.

In englischsprachigen Publikationen über Theorien der Sozialen Arbeit werden selbstverständlich psychologische – psychodynamische, tiefenpsychologische, verhaltenstheoretische, sozialpsychologische u.a. – Modelle mit berücksichtigt (siehe Payne 1994, Howe 1994 u.a.); in deutschsprachigen werden sie – m.E. zu Unrecht – vernachlässigt bzw. sogar ausdrücklich ausgegrenzt (siehe Thole/Galuske/Gängler 1998, 22).

3.7. LITERATUR ZUM VERTIEFEN

Einen guten Einblick in Leben und Werk Alfred Adlers vermittelt Josef Rattner in seiner Biographie über Alfred Adler (1978). Adler selbst hat zwar sehr viel publiziert, jedoch keine auch nur einigermaßen abgeschlossene Systematik seiner Theorie verfaßt. Alle Publikationen Adlers liegen m.W. als Taschenbücher – jeweils mit einer Einführung von Wolfgang Metzger – vor. Viele von Adlers Publikationen sind aus Vorträgen entstanden, die seine SchülerInnen mitgeschrieben haben. Mit seinem letzten größeren Werk „Der Sinn des Lebens" (1973b) hat Adler eine (letzte) Zusammenfassung seiner zentralen Gedanken vorgelegt. Heinz L. Ansbacher und Rowena R. Ansbacher haben Adlers Publikationen in ihrem Buch „Alfred Adlers Individualpsychologie" (1982) systematisch aufbereitet und darin auch eine umfassende Bibliographie seiner Publikationen vorgelegt.

4. Mütterlich helfen und führen – Alice Salomon (1872-1948)

„Die Mädchen- und Frauengruppen für soziale Hilfsarbeit, innerhalb deren 1893 das Werk von Alice Salomon begann, entstehen am Knotenpunkt von drei geistig-sozialen Bewegungen: einer ethisch-liberalen, einer sozialpolitisch-reformerischen und der Frauenbewegung. ... An der Feier ihres (60., E.E.) Geburtstages wird im Bereich des Internationalen Frauenbundes der ‚Erdball‘ teilnehmen, und die kommende internationale Konferenz für die Wohlfahrtspflege in Frankfurt a.M. wird auch auf deutschem Boden ihre internationale Geltung zeigen" (Gertrud Bäumer, zit. nach Bach 1989, 18).

4.1. HISTORISCHER KONTEXT

Das Wirken Alice Salomons erstreckt sich in Deutschland über drei Jahrzehnte hinweg; sie hat die Soziale Arbeit in Deutschland in den ersten 30 Jahren des 20. Jahrhunderts entscheidend mitgeprägt. Als sie ihre Tätigkeit in der Wohlfahrtspflege beginnt, ist im Deutschen Reich von den 1789 von der Französischen Revolution proklamierten Ideen „Gleichheit, Freiheit und Brüderlichkeit" noch wenig eingelöst. Die staatlichen Bemühungen im Sozialbereich konzentrieren sich noch stark auf die Arbeitsfähigen und -willigen. Die Umgestaltung der traditionellen Armenpflege, ihre Ausgestaltung als „sociale Fürsorge" und die Professionalisierung dieser Tätigkeit (siehe Straßburger System 1905) befinden sich noch in den Anfängen. Es sind – paradoxer Weise – die Bedingungen im Ersten Weltkrieg und dann in der Weimarer Republik, die in Deutschland den Wohlfahrtsstaat und den Auf- und Ausbau des Wohlfahrtssystems mit sich bringen (siehe die Ausführungen S. 127ff.). Daran wirkt Salomon in Theorie und Praxis entscheidend mit.

Einen nicht unerheblichen Teil dieser Veränderungen macht die Ausbildung (Qualifizierung) der Fachkräfte für die soziale Tätigkeit aus. Diesen Bereich sehen Salomon wie auch viele andere als ein geradezu ideales Feld für die berufliche Tätigkeit von Frauen an, was die sich entfaltende Soziale Arbeit eng mit der (bürgerlichen) Frauenbewegung verknüpft. Die Frauenbewegung sieht in der Ausbildung und in der beruflichen Tätigkeit einen wichtigen Baustein der Emanzipation der Frauen: Wie in den USA so fordern auch in den Ländern Europas die Frauen Gleichheit und Freiheit für sich und wollen ihre geschlechtsrollenspezifischen Benachteiligungen in allen Bereichen des gesellschaftlichen und politischen Lebens beseitigen. Dabei finden wir bei der proletarisch ausgerichteten Frauenbewegung durchaus nicht dieselben Zielsetzungen wie bei der bürgerlichen Frauenbewegung. Die bürgerlichen Frauen sind für Haushalt und Kindererziehung – darin häufig von Dienstmädchen unterstützt – zuständig und ihre Männer, die außer Haus arbeiten, verdienen das Einkommen zum Lebensunterhalt; das ermöglicht den Frauen insgesamt nur eine begrenzte Lebenserfüllung und Mitwirkung im gesellschaftlichen Bereich. Demgegenüber sind die Arbeiterfrauen wegen des geringen Einkommens ihrer Männer gezwungen, selbst in Fabriken oder als Dienstmagd ihre Arbeitskraft zu verkaufen. Dieses Element der erzwungenen Lohnarbeit unterscheidet beide Bewegungen in ihrem gemeinsamen Ziel, einer (bezahlten) gesellschaftlichen Betätigung nachgehen zu können. Zur Rechtfertigung außerhäusiger Erwerbsarbeit drehen die Frauen die biologistische Argumentation ihrer Gegner um: Was diesen als Legitimation zur „Verbannung" der Frauen in den Haushalt dient, verwenden jene nun zur Begründung für ihre berufliche Tätigkeit in bestimmten Bereichen. Die natürliche Disposition der Frauen insgesamt, nicht nur die der Mütter, befähigt sie zum „mütterlichen", d.h. wärmenden, hegenden und pflegenden Umgang mit Menschen, die krank oder in Not sind. Diese für den Familienbereich akzeptierten Fähigkeiten reklamieren sie nun auch für gesellschaftliche Aufgaben, insbesondere für soziale Tätigkeiten, wie etwa Kranken und Notleidenden zu helfen. Das Prinzip „Mütterlichkeit" wird als spezifisch frauliche Kritik an den männlichen Prinzipien von Konkurrenz, Eigennutz und Spezialisierung verstanden, die die kapitalistische Gesellschaft beherrschen. Diese Frauen wollen ihre fraulichen und mütterlichen Werte auch außerhalb des Hauses in die Gesellschaft aktiv – in Übereinstimmung mit den Zielen der bürgerlichen Frauenbewegung – einbringen. In diesem Sinne wird „Mütterlichkeit" zu einem zentralen Wert insbesondere der bürgerlichen (und mittelbar auch der proletarischen) Frauenbewegung. Wie in anderen europäischen und überseeischen Ländern schließen sich vor und nach 1900 bürgerliche Frauen in Vereinen und Gruppen zusammen und dienen der Wohlfahrt. Ist für diese Tätigkeiten kennzeichnend, daß sie zunächst noch überwiegend ehrenamtlich erbracht werden, so finden sich im Wohlfahrtsbereich mit dessen zunehmender Verberuflichung Ende des letzten und Anfang dieses Jahrhunderts immer häufiger hauptamtliche Helferinnen. Sie erschließen damit für Frauen ein wichtiges Feld für berufliche Betätigung und eigenständige Erwerbsarbeit. Die praktischen Erfahrungen, die diese Frauen machen, aber auch legitimatorische Absichten, veranlassen die ProtagonistInnen der Frauenbewegung im Wohlfahrtsbereich, für diese Tätigkeit entsprechend ausgebildet zu werden und das für die Gestaltung der sozialen Hilfestellung und Unterstützung erforderliche Wissen zu schaffen. Um die Jahrhundertwende und dann verstärkt im und nach dem Ersten Weltkrieg werden in Deutschland – wie bereits zuvor auch in den USA und in England – Frauenschulen für soziale Arbeit gegründet. Salomon hat daran einen wesentlichen Anteil. Ziel der Frauenschulen ist es, die Frauen für die Arbeit in der Wohlfahrtspflege auszubilden. Damit müssen für dieses Praxisfeld auch die entsprechenden Grundlagen (Wissen: Berufstheorien, wissenschaftliche Theorien; siehe Mühlum u.a. 1997) geschaffen werden. Auf diesem Wege werden gewissermaßen zwei „Notlagen" miteinander verbunden: die gesellschaftliche und berufliche Benachteiligung von Frauen und die Not der Armen, Alten, Kinder usw. (siehe Sachße 1983, 1986; Zeller 1987).

4.2. BIOGRAPHISCHER KONTEXT

Alice Salomon wird 1872 in Berlin als viertes von sechs Kindern geboren (siehe Salomon 1983; Wieler 1987). Ihr Vater ist ein wohlhabender jüdischer Kaufmann; er stirbt, als sie 14 Jahre alt ist.

1893 schließt sie sich Jeanette Schwerin und den „Mädchen- und Frauengruppen für soziale Hilfsarbeit" in Berlin an, um eine sinnvolle Tätigkeit zu finden, und kümmert sich um junge Arbeiterinnen. Sie ist von den Ideen der Frauenbewegung angetan, die sie begeistert aufnimmt (Sachße 1985, 25). Das neue Aufgabenfeld „Wohlfahrtspflege" fasziniert Salomon ganz und gar. Dieser Aufgabe widmet sie ihr Leben und verzichtet auf Ehe und Familie. 1899 wird sie Nachfolgerin der verstorbenen Schwerin und Vorsitzende der „Gruppen".

Im gleichen Jahr beginnt sie den ersten Jahreskurs für Frauen zur Ausbildung in der sozialen Arbeit, weil sie erkannt hat, „daß soziale Arbeit systematischer Vorbereitung bedurfte, daß Kenntnisse der rechtlichen und ökonomischen Struktur der Gesellschaft sowie der menschlichen Seite der Armut nötig waren" (Salomon 1983, 55). Damit beginnt in Deutschland die systematische Ausbildung für die berufliche Soziale Arbeit.

Um sich selbst besser theoretisch zu qualifizieren, studiert sie – ohne Abitur – an der Berliner Universität als Gasthörerin Nationalökonomie. Frauen sind damals noch nicht zum ordentlichen Studium zugelassen. Salomon schließt ihr Studium 1906 mit der Promotion (Dissertationsthema: „Die Ursachen der ungleichen Entlohnung von Männer- und Frauenarbeit") ab. 1908 eröffnet sie in Berlin die Soziale Frauenschule, deren erste Leiterin sie ist. 1917 erscheint ihr Buch „Soziale Frauenbildung und soziale Berufsarbeit". Mit dem 1926 veröffentlichten Buch „Soziale Diagnose" greift Salomon zur methodischen Konzeptualisierung der Sozialen Arbeit, insbesondere zur Ermittlungstätigkeit der Fürsorgerinnen auf Vorarbeiten aus den USA zurück, wo Mary Richmond das aus England stammende Konzept der „Charity Organisation Societies"[7] zu großer Verbreitung gebracht hat. 1925 gründet Salomon die Deutsche Akademie für soziale und pädagogische Frauenarbeit, in deren Vorstand sie Hans Muthesius, Gertrud Bäumer, Marie Baum, Wilhelm Polligkeit, Eduard Spranger, Siddy Wronsky u.a. holt. Drei Jahre später veröffentlicht Salomon den „Leitfaden der Wohlfahrtspflege" (1928). National wie international nimmt Salomon führende Positionen sowohl innerhalb der bürgerlichen Frauenbewegung als auch innerhalb der Vereinigungen der Schulen für Soziale Arbeit ein. 1914 tritt sie zum evangelischen

Glauben über und schließt sich der Bekennenden Kirche an. Während des Ersten Weltkrieges arbeitet Salomon mit Gertrud Bäumer und anderen führenden Frauen der bürgerlichen Frauenbewegung beim Berliner Kriegsamt in der Frauenzentrale mit, zu deren Hauptaufgaben die fürsorgerische Betreuung und die Erhöhung der Arbeitsfähigkeit der in der Kriegsindustrie beschäftigten Frauen gehören.

Salomon wird wegen ihrer jüdischen Abstammung bereits in den zwanziger Jahren diskriminiert. Zu ihrem 60. Geburtstag 1932 wird sie noch vielfach öffentlich geehrt, aber bereits ein Jahr später werden ihr alle öffentlichen Ämter genommen. Die Nationalsozialisten stellen 1937 der für viele unbequemen Frau die Alternative: Ausreise oder Konzentrationslager.

Sie emigriert über England in die USA und lebt dort in New York. Nach der Aberkennung der deutschen Staatsbürgerschaft 1939 erwirbt sie 1944 die amerikanische Staatsbürgerschaft. Sie wird Ehrenpräsidentin des „Internationalen Frauenbundes" und der „Internationalen Vereinigung der Schulen für Sozialarbeit".

Alice Salomon stirbt 1948 in New York, ohne je wieder in Deutschland gewesen zu sein.

4.3. FORSCHUNGSGEGENSTAND UND -INTERESSE

Die Wohlfahrtspflege ist für Salomon neben der Frauenemanzipation in einer umfassenden Weise Gegenstand ihres gesamten wissenschaftlichen und publizistischen Werkes. Die Organisation der Wohlfahrtspflege, die Entwicklung der sozialen Ausbildung in Deutschland, die Aufgaben der Frau in der Wohlfahrtspflege und die Versöhnung der verschiedenen Klassen der Gesellschaft untereinander sind näherhin die Interessen und Themen, die sie ihr Leben lang begleiten.

Gegenstand der Wohlfahrtspflege ist für Salomon ganz allgemein der Mensch, der Not leidet. Dieser Hilfebedürftige ist als Einheit zu sehen, nicht aufgespalten in seine wirtschaftliche Lage, seine Gesundheit und seine Sittlichkeit. Der einzelne Hilfebedürftige wird mit seinem ganzen Wesen, seinem körperlichen und geistigen Zustand und seinem Charakter als Glied seiner Familie in seinen natürlichen Zusammenhängen betrachtet. Ihren Lebensinhalt faßt Salomon wie folgt zusammen:

---

[7] 1869 werden in England die ersten „Charity Organisation Societies" (COS) gegründet. Diese Vereinigungen ermitteln beim Klienten zunächst den individuellen Hilfebedarf und vermitteln und koordinieren danach den jeweiligen Hilfebedarf. Sie arbeiten mit ehrenamtlichen, durch die praktische Tätigkeit ausgebildete Helferinnen („friendly visitors"). Prominenteste Vertreterin dieses Ansatzes in den USA ist Mary Richmond, die dieses Konzept in ihrem 1917 veröffentlichten Buch „Social Diagnosis" darlegt.

„Alles, was ich während meines Lebens getan habe, hatte einen Inhalt: beizutragen zur Entstehung einer sozialen Ordnung mit mehr Gerechtigkeit, Chancengleichheit und einem tieferen Empfinden der Solidarität und Brüderlichkeit" (Salomon 1983, 271).

4.4. WISSENSCHAFTSVERSTÄNDNIS

Gegen die zu ihrer Zeit weit verbreitete Auffassung, daß vom biologischen Standpunkt aus gesehen jeder gesellschaftliche Zustand gebilligt werden kann und die Schwachen kein Recht haben, sich zu beklagen oder eine Änderung zu verlangen, plädiert Salomon für den Schutz der Schwachen (Salomon 1928, 14). Dieses ist ihrer Meinung nach die spezielle Aufgabe der Wohlfahrtspflege, und daher gehört die Wohlfahrtspflege in ihren Augen zu den elementaren Aufgaben einer Gesellschaft. Mit dieser These lehnt sie jede Form eines Sozialdarwinismus ab. Die Wohlfahrtspflege kann für sie folglich nur auf einer Weltanschauung basieren, nach der alle Menschen ein Lebensrecht haben. Wissen und Handeln, Denken und Tun in der Sozialen Arbeit müssen nach Salomon auf einer Weltanschauung ruhen, die alle Menschen als gleichwertig ansieht und behandelt. Ethik und Religion gehören daher für sie unbedingt zu einer wissenschaftlichen Wohlfahrtspflege hinzu.

Für Salomon entsteht zu Beginn des 20. Jahrhunderts „eine Wissenschaft von der Wohlfahrtspflege – oder jedenfalls der Anfang einer solchen Wissenschaft" (Salomon 1927, 2). Und diese Wissenschaft von der Wohlfahrtspflege zählt nach Salomon zu den praktischen (bzw. Handlungs-) Wissenschaften:

> „Es ist das wesentliche Merkmal der Sozialen Schulen, daß sie eine theoretisch-wissenschaftliche Ausbildung mit einer praktischen Lehre verbinden, daß sie eine praktische Arbeit in einen geistigen Rahmen hineinstellen. Das Wissen, das vermittelt wird, soll sich in Tun und Handeln umsetzen. Das Tun soll durch Wissen, Denken, Urteilen geleitet und geprüft werden. Theorie und Praxis müssen eng miteinander verflochten und auf eine Kulturleistung eingestellt werden, die in einem bestimmten Geist und mit einem ursprünglichen Ethos vollzogen werden muß" (Salomon 1927, 109).

4.5. THEORIE

Als geistigen Leitfaden für ihre soziale Philosophie gibt Salomon – wie Jane Addams auch (siehe S. 144ff.) – das Werk „Was sollen wir nun aber tun?" von Lew N. Tolstoj (1828-1910), dem sozialkritischen russischen Schriftsteller, an. Das Buch habe sie gelehrt, „das Unrecht zu erkennen, das wir anderen durch pure Nachlässigkeit zufügen" (Salomon 1983, 44). Die Werke des englischen Dichters und Idealisten Thomas Carlyle (1795-1881), in denen u.a. die Bedeutung führender Persönlichkeiten für den Verlauf der Geschichte herausgestellt wird, beeinflussen ihr Denken und Handeln aber mindestens in gleicher Weise.

(1) *Zur Entstehung von Not und Elend*: Für die Nationalökonomin Salomon regeln – idealtypisch gesehen – *Austauschprozesse* das Zusammenleben in einer Gesellschaft. Der einzelne tauscht seine eigene Leistung gegen andere Leistungen oder Güter ein, die ihm nach seinen persönlichen Bedürfnissen wertvoller oder nützlicher erscheinen. Er läßt sich dabei von seinem privaten Vorteil leiten und bezweckt auf diese Weise durch Leistung und Tausch die Förderung seiner Wohlfahrt. Die verschiedenen Gruppen einer Gesellschaft ordnen die Leistungs- und Tauschverhältnisse unter sich. Der Staat fordert Leistungen von einzelnen und Gruppen, damit er wiederum etwas für die Wohlfahrt der Bevölkerung leisten kann. Die *allgemeine Wohlfahrt der Gesamtheit* ist die Triebkraft dieser Austauschprozesse.

Für Salomon aber gibt es immer *einzelne Menschen* und ganze *Bevölkerungsgruppen*, die außerstande sind, durch eigene wirtschaftliche Leistungen für sich selbst zu sorgen, und daher *auf die Hilfe anderer angewiesen* sind. *Gesellschaftliche Verhältnisse oder die Natur des Hilfebedürftigen* – geistige oder körperliche Minderwertigkeit, Verlust der versorgenden Angehörigen – können der Grund dafür sein. Je entwickelter und vielseitiger die Kultur einer Gesellschaft ist, sagt Salomon, desto weniger werden alle seine Glieder imstande sein, auch nur mit den durchschnittlichen Ideen, Vorstellungen und Anforderungen Schritt zu halten, desto größer wird die Zahl derer, die sich nicht anpassen können, und desto geringer werden die Möglichkeiten natürlicher, familienhafter, nachbarlicher Hilfe und Förderung. In früheren Epochen war es – für Salomon – die Not einzelner Menschen, die aus persönlichen Gründen nicht mehr durch eine Familie oder Gruppe versorgt wurden. Ausnahmen bildeten Katastrophen oder Seuchen, die große Bevölkerungsteile in Not brachten. Moderne Industriegesellschaften bringen für Salomon allerdings dauernde Not hervor durch Ursachen, auf die der einzelne keinen Einfluß hat (soziale Ursachen), weil sie durch allgemeine gesellschaftliche Zustände bedingt sind.

Nach Salomon führt die *Klassenschichtung* und die Form *lebenslänglich-unselbständiger Lohnarbeit* dazu, daß weite Schichten der Bevölkerung in Zeiten von Krankheit, Alter, Arbeitslosigkeit oder bei Verwitwung oder Verwaisung unversorgt bleiben, also in wirtschaftliche Not geraten. Diese *Massennot* trifft vor allem die Städter. *Geistig-sittliche Not* entsteht dort, wo die Kinder und Jugendlichen heimat- und wurzellos sind. Die häufig wechselnden Wohn- und Arbeitsplätze, die wirtschaftliche Selbständigkeit der früh arbeitenden jungen Menschen entzieht sie erzieherischen Einflüssen. Ihnen fehlt geistig-sittliche Führung in einem Alter, das gerade der Führung bedarf. Das Zusammenballen großer Menschenmassen auf kleinem Raum, beengte Wohnverhältnisse, ungenügende Hygiene, ungesunde Arbeitsbedingungen und überlange Arbeitszeiten führen zu gesundheitlichen Schäden, zu Seuchen und hoher Sterblichkeit, also zu *gesundheitlicher Not*.

Das „Milieu" ist für Salomon allerdings nicht die einzige Ursache des Elends und damit allein für alle Not verantwortlich zu machen. Es gibt auch Ursachen für Not, die *im einzelnen Menschen selbst* liegen. Das sind z.b. wirtschaftliche Unfähigkeit, Charakterfehler, Willensschwäche und Trägheit. Die Unfähigkeit, mit den wirtschaftlichen Erfordernissen des Lebens fertig zu werden, beruht manchmal auch auf der Unfähigkeit, sich überhaupt richtig zum Leben zu stellen.

(2) *Wohlfahrt und Wohlfahrtspflege*: Für Salomon haben soziale Bewegungen, die vom *Gleichberechtigungsgedanken* aller Menschen erfüllt sind, stets die Wohlfahrtspflege gefördert. Der von der Religion entwickelte *Gedanke der Brüderlichkeit* aller Menschen bildet für sie die älteste Grundlage der Wohlfahrtspflege. Von ihm ist nach Meinung Salomons der *Solidaritätsgedanke* ursprünglich abgeleitet. Nur der Mensch kann vernünftigerweise an der Hebung der Armen und der Befreiung der Entrechteten arbeiten, der an den absoluten Wert der menschlichen Seele glaubt. Jede Art der Wohlfahrtspflege entspringt dem Gemeinschaftsgefühl und dem Zusammenwirken der Menschen. Der *Trieb zur Gemeinsamkeit*, zum Zusammenwirken, der erst den Menschen zum Menschen macht und der ihm das Leben ermöglicht, entwickelt in der Wohlfahrtspflege wertvolle und unentbehrliche Tugenden der menschlichen Gesellschaft, bringt tiefste menschliche Instinkte und seelische Werte zur Äußerung und Wirkung. Zeiten, in denen die Menschen sich an sozialen Idealen orientieren, sind für Salomon „aufbauende Zeiten". Sie werden abgelöst von „zerstörenden Zeiten", in denen die Prinzipien der Ichsucht und des Machtkampfes herrschen. Das Zusammenwirken im Staat und in der Gesellschaft erwächst erst aus dem gegenseitigen Helfen in Familien und Gemeinden. Mit dem *Prinzip der gegenseitigen Hilfe* ist eine positive Haltung zur Wohlfahrtspflege gegeben. Die Wohlfahrtspflege fördert die Entwicklung der Menschheit und der Kultur, indem sie die Anpassung des einzelnen an die Umwelt erleichtert. Die Wohlfahrtspflege kann leichter als alle anderen Lebensgebiete die Menschen zusammenführen und verbinden, weil sie in ihrem innersten Kern *Versöhnungsarbeit* ist (Salomon 1928, V).

Wohlfahrt ist für Salomon das *Ziel fast allen menschlichen Handelns* (siehe Salomon 1928, 1-16). Der einzelne Mensch erstrebt und verfolgt sein eigenes Wohlergehen, ebenso die Mitglieder einer Familie oder Gemeinde. *Volkswohlfahrt* ist das *Ziel aller öffentlichen Tätigkeit und allen gesell-*

schaftlichen Handelns, sie bezieht sich auf alle Lebensgebiete. Die Volkswohlfahrt wird durch politische Maßnahmen angestrebt. Alle politischen Maßnahmen beeinflussen die gesellschaftlichen Rechts- und Machtverhältnisse. Auf Not wird fast zu allen Zeiten und in den meisten Kulturkreisen aus Mitgefühl oder aufgrund religiöser Vorschriften spontan wohltätig reagiert. Unter *Wohlfahrtspflege* versteht Salomon dagegen „die planmäßige Förderung der Wohlfahrt von Bevölkerungsgruppen in bezug auf solche Bedürfnisse, die sie nicht selbst auf dem Wege der Wirtschaft befriedigen können, und für die auch nicht deren Familie oder der Staat durch allgemeine öffentliche Leistungen sorgt" (Salomon 1928, 7).

Die Wohlfahrtspflege ist für Salomon nur ein Ausschnitt aus den vielen Bestrebungen für die Volkswohlfahrt. Im Unterschied zur Volkswohlfahrt, Kulturpolitik, Wirtschafts- und Sozialpolitik bezieht sich Wohlfahrtspflege nicht auf ein fest abgrenzbares Sachgebiet, sondern wird vielmehr durch den Kreis der in irgendeiner Beziehung auf soziale Hilfe angewiesenen Menschen bestimmt und erhält durch ihn ihr eigentliches Merkmal. Gemäß der ergänzenden Natur der Wohlfahrtspflege verändert sich der Umfang ihrer sachlichen Aufgaben mit den gesellschaftlichen Verhältnissen und Anschauungen.

Nach Salomon sind die *Einzelgebiete der Wohlfahrtspflege* folgende:

(a) Wohnungsfürsorge (Baupolitik, Mieterschutz, Wohnungsämter, Wohnungspflege usw.)

(b) Gesundheitsfürsorge (Säuglings- und Mutterschutz, Kranken- und Krüppelfürsorge usw.)

(c) Jugendwohlfahrt (Reichsjugendwohlfahrtsgesetz, Jugendamt, Jugendpflege usw.)

(d) freies Volksbildungswesen (Arbeiterbildung, Volkshochschule, Volksbühnen usw.)

(e) Wirtschaftsfürsorge (Fürsorgerecht, Sozialrentner, Blinde, Wanderer, Gefährdete usw.)

(f) Arbeitsfürsorge (Arbeitsvermittlung, Arbeitslose, Betriebswohlfahrtspflege, Versicherungen usw.) (siehe Salomon 1928).

(3) *Ziele und Aufgaben der Wohlfahrtspflege*: Vorrangiges Ziel der Wohlfahrtspflege ist es für Salomon, Armut und Not zu verhindern und deren Ursachen zu bekämpfen. Das bedeutet, daß die Wohlfahrtspflege an der *Lösung der großen wirtschaftlichen Probleme* beteiligt ist. Die Menschen sind so zu fördern und zu unterstützen, daß sie ihre wirtschaftlichen Aufgaben in der Volksgemeinschaft wahrnehmen können.

Des weiteren geht es Salomon darum, mit Hilfe der Wohlfahrtspflege die *soziale Einheit* des Volkes herzustellen, die Klassengrenzen durchlässig zu machen und darauf hinzuwirken, daß alle gleichberechtigt in Freiheit nebeneinander stehen. Alle arbeiten und alle ernten als Herrscher über die Natur, aber untereinander sind sie Brüder und Schwestern, Genossen und Genossinnen. Und schließlich müssen der *innere Frieden im Volk und der Weltfrieden* gewonnen werden. Die Verantwortung des einzelnen für das Schicksal des Ganzen ist zu wecken. Die Gegensätze im Inneren müssen im Interesse der Erhaltung der Nation überbrückt werden. Da jedes Volk ein Stück des Ganzen der Menschheit ist, muß durch Austausch der Kulturen zum Weltfrieden beigetragen werden.

Die *Aufgaben* der Wohlfahrtspflege ergeben sich aus dem Kreis der Personen, deren Wohlfahrt gefördert werden soll. Sie *beziehen sich auf alle Seiten des menschlichen Daseins, auf alle menschlichen Bedürfnisse.* Jede Soziale Arbeit hat es mit der wechselseitigen Anpassung von Menschen und Lebensumständen zu tun. Die Soziale Arbeit muß entweder Einzelwesen oder Familien fördern und beeinflussen, damit sie sich in ihrer Umgebung behaupten können; oder sie muß die Lebensumstände, die Umwelt der Menschen so gestalten, daß sie dadurch geeigneter für die Erfüllung und Erreichung ihrer Lebenszwecke werden.

Die Wohlfahrtspflege hat daher *wirtschaftliche Aufgaben und Aufgaben, die das Wirtschaftsleben nur mittelbar berühren.* Die Wohlfahrtspflege soll die Hilfebedürftigen einerseits materiell unterstützen, aber auch andererseits ihre wirtschaftliche Selbständigkeit wieder herbeiführen. Auf die Lebensgestaltung der Hilfebedürftigen ist so einzuwirken, daß sie sich wieder in die Volkswirtschaft eingliedern. Die Wohlfahrtspflege hat es aber auch mit *Erziehungs- und Bildungsaufgaben, gesundheitlicher Fürsorge und Förderung* zu tun, da es ja immer um den ganzen Menschen geht. Sie soll *Gesundheit, geistiges und sittliches Leben* den Kulturideen entsprechend erhöhen und vervollkommnen.

Diese Aufgaben sind nicht durch einseitige Handlungen an „Objekten der Wohlfahrtspflege" zu lösen, sondern nur durch das *Zusammenwirken* verschiedener Subjekte.

Die Wohlfahrtspflege soll nach Salomon dem einzelnen die bestmögliche Entwicklung seiner Persönlichkeit und dadurch der Gesamtheit die höchstmögliche Steigerung der Volkskraft gewährleisten. Sodann ist die *Sicherung der Persönlichkeit und die Entfaltung aller in ihr ruhenden Kräfte* der Wohlfahrtspflege aufgegeben. Der Mensch soll nach Salomon gesichert werden in seiner äußeren Existenz und in seinem inneren Wesen. Der Hilfebedürftige soll nicht nur äußerlich an die Gesellschaft angepaßt, sondern durch innere Kräfte mit ihr verbunden werden.

„Das bedeutet nicht nur Kampf gegen die Armut, sondern wirtschaftliche Förderung. Nicht nur Bekämpfung von Volkskrankheiten und hygienischen Mißständen, sondern Schutz der Mutter für ihre generativen Aufgaben, allgemeine

Steigerung von Gesundheit und Lebenskraft. Es bedeutet Einrichtungen, die allen Gliedern des Volkes nach ihren Fähigkeiten Teilnahme an den Bildungs- und Wissensschätzen der Menschheit ermöglichen. Es fordert ein soziales Erziehungswesen, das allen Kindern Entwicklung ihrer Kräfte verheißt, das die Befähigten fördert und für die ihren Gaben entsprechenden Arbeitsplätze geeignet macht" (Salomon 1928, 5).

Die Wohlfahrtspflege soll

(a) vorhandene Kräfte nach Möglichkeit fördern und entwickeln,

(b) die vorhandenen Kräfte erhalten und schützen, Schädigungen verhüten und ihnen vorbeugen,

(c) geschädigte Kräfte nach Möglichkeit wieder herstellen, die Schäden heilen oder ausgleichen,

(d) wo keine Heilung oder Besserung mehr möglich ist, die Hilflosen versorgen und bewahren (Salomon 1928, 5f.).

In der praktischen Arbeit *überschneiden sich diese verschiedenen Aufgaben oftmals und sind nebeneinander auszuführen.* Salomon unterscheidet zwischen *heilbaren und unheilbaren Notständen.* Es gibt Menschen mit gesellschaftsfeindlichen (asozialen) Anlagen. Die Menschen sind nicht nur ein Ergebnis ihrer äußeren Lebensumstände; die einen kommen mit Anlagen und Willenskräften zur Welt, die für das Gemeinschaftsleben förderlich sind, und die anderen mit Eigenschaften und Neigungen, die zwar bekämpft werden, die aber der Anlage nach der Gemeinschaft gefährlich, feindlich sind. In einer vollkommeneren Gesellschaftsordnung werden die gesellschaftsfeindlichen Regungen in der Menschheit sehr wahrscheinlich herabgesetzt, denn die wirtschaftliche Not ist vielfach die Ursache einer moralischen Gefährdung, und die moralische Schwäche ist ihrerseits Ursache von Mangel, Elend und Unglück. Die *Aufgaben der Wohlfahrtspflege gegenüber asozialen Menschen*, die eine Gefahr für sich selbst oder die Umwelt bilden, können ohne *Zwang* nicht gelöst werden. Salomon macht die Unterstützung von der Erfüllung bestimmter Auflagen abhängig. Asoziale Elemente der Gesellschaft werden vor sich selbst geschützt, und die Gesellschaft wird vor dem Schaden bewahrt, den sie ihr zufügen können. *Bewahranstalten* dienen dieser Aufgabe. Für Massennotstände, Massenbedürfnisse sind allgemeine Maßnahmen der Wohlfahrtspflege von seiten der öffentlichen Körperschaften, der Vereine, der Kirchen und anderer Organisationen zu gegenseitiger Hilfe notwendig.

(4) *Methoden der Wohlfahrtspflege*: „Persönlichkeitsentwicklung durch bewußte Anpassung des Menschen an seine Umwelt" und „Anpassung der Umwelt an die besonderen Bedürfnisse und Kräfte des betreffenden Menschen" machen für Salomon den Inhalt des Helfens aus. Daraus ergeben sich auch die Methoden des beruflichen Handelns. Die Methoden der

Wohlfahrtspflege teilt Salomon in Fürsorge für einzelne, für Gruppen und in schematische Versorgung ein (Salomon 1928, 24-38). Die Fürsorge für einzelne ist ihrem Wesen nach *individualisierende Fürsorge*, um dem jeweiligen Individuum, das in Not geraten ist, zu helfen. Grundlage der Hilfe ist die *soziale Diagnose* (Salomon 1926). In der sozialen Diagnose müssen die Beobachtungen über Tatsachen und Symptome und die erhaltenen Aussagen geprüft, verglichen und bewertet werden. Aus dem sich so ergebenden Gesamtbild der sozialen Schwierigkeiten eines Menschen oder einer Familie werden die notwendigen Hilfsmaßnahmen gefolgert. Bei der *Gruppenfürsorge* wird berücksichtigt, daß die Menschen trotz aller Verschiedenheiten einander doch auch ähnlich sind; insofern zielt Gruppenfürsorge immer auf die Versorgung mehrerer Menschen zugleich. Werden bei der Einzel- und Gruppenfürsorge individuelle Aspekte der Notsituation berücksichtigt, so wird darauf bei der *schematischen Versorgung* völlig verzichtet. Bei der schematischen Versorgung werden aus gesetzlichen oder praktischen Gründen alle Hilfebedürftigen gleich – im Sinne von „nach demselben Schema" („bürokratisch") – behandelt. Differenzierungen je nach der individuellen Notlage finden nicht statt.

Die *Ursachen jedes einzelnen Notstandes* sind *zu erforschen* und zu *benennen*, weil die einzuleitenden Maßnahmen davon abhängen, ob eine individuelle oder soziale Veranlassung des Notstandes vorliegt. Die Wohlfahrtspflege muß, wenn einzelne sich im Leben nicht bewähren und sich nicht der Gemeinschaft und der Umwelt anpassen können, andere Mittel anwenden als in den Fällen, in denen diese scheitern, weil die Gesellschaft ihnen ungünstige Lebensbedingungen geboten hat.

Alle Fürsorge besteht für Salomon darin, daß man entweder einem Menschen hilft, sich in der gegebenen Umwelt einzuordnen, zu behaupten, zurechtzufinden, oder daß man die Umwelt des Menschen so umgestaltet, verändert und beeinflußt, daß er sich darin bewähren und seine Kräfte entfalten kann.

Die *beste Methode* der individualisierenden Fürsorge ist es, einem Menschen den Glauben daran zu geben, daß er *sich selbst helfen* kann. Man soll ihn *ermutigen*, selbst für sich zu denken und zu planen, und keine plötzlichen Veränderungen und Heilungen von ihm erwarten, die er überhaupt nicht erbringen kann.

(5) *Soziale Arbeit als Beruf*: Alle Wohlfahrtspflege hängt von *lebendigen Kräften* ab. Diese Kräfte rufen Vereine und Anstalten ins Leben, arbeiten in ihnen mit, bereiten Gesetze vor und beeinflussen sie, verwalten und führen aus, übertragen Absichten, Vorschriften und Bestimmungen in das Leben (Salomon 1928, 171). Diese ausführenden Kräfte bilden im Hinblick auf ihre eigene Lebensstellung verschiedene Gruppen in der Sozialen Arbeit: *soziale BerufsarbeiterInnen und ehrenamtlich Tätige* sowie Personen,

die in einem anderen Beruf (z.B. als RichterIn oder Verwaltungsfachleute) stehen, diesen aber in einem sozialen Amt ausüben. Eine weitere Differenzierung ergibt sich für Salomon aus der Stellung, die jemand im Aufbau des Vereins, der Behörde oder Anstalt einnimmt.

Die Berufsarbeit in der Wohlfahrtspflege verlangt nach Auffassung von Salomon mehr als andere berufsmäßige Arbeit; sie setzt voraus, daß man sich zu dieser Arbeit auch *innerlich berufen* fühlt, denn sie ist kein Erwerbsberuf in dem Sinne, daß er allein um des Erwerbs willen ausgeübt wird. Man nimmt zwar Geld für seine Tätigkeit, weil man seinen Unterhalt dadurch erwirbt; aber man arbeitet nicht allein um des Geldes willen, sondern aus Freude an edlem Schaffen und Vollbringen, *aus Hingabe an eine Aufgabe*, zum Dienst für die Menschheit. Dienst für die Gesamtheit ist der Gedanke, der für die SozialarbeiterInnen im Mittelpunkt des Berufes stehen muß. Der soziale Beruf ist ein *Eignungsberuf*, der vielfältige Begabungen und Anlagen erfordert. Er braucht die psychologisch-künstlerische Gabe der Einfühlung, des Verstehens und die pädagogisch-politische Gabe, Einfluß zu gewinnen. Er braucht einen klaren Verstand und eine sichere Urteilskraft, die sich nicht von Aufwallungen des Gefühls hinreißen läßt. Aber mehr als das und vor allem braucht der soziale Beruf *sittliche Kraft*, eine starke sittliche Anlage, die von innen her zur Entfaltung treibt (Salomon 1928, 183). Sozialarbeiterinnen haben für Salomon sowohl die Aufgabe zu *führen* als auch *Vorbild* zu *sein*.

Es sprechen für Salomon mehrere Gründe dafür, daß die Wohlfahrtspflege ein *vorwiegend weiblicher Beruf* sei. So finden Frauen in der Sozialen Arbeit ein Feld, auf dem sie durch ihre (geistige) Mütterlichkeit zu besonderen Kulturleistungen fähig sind. Und die fürsorgenden, pflegenden, erziehenden Arbeiten der Wohlfahrtspflege entsprechen den besonderen Anlagen von Frauen eher als den Kräften von Männern. Die Wohlfahrtspflege hat es außerdem überwiegend mit Frauen und Kindern zu tun, deren Bedürfnisse besser von einer Frau als von einem Manne erfaßt werden können (Salomon 1928, 176).

Ein geregeltes *Ausbildungswesen* muß die notwendigen theoretischen und praktischen Qualifikationen vermitteln. Die Ausbildung in den verschiedenen Bereichen der Sozialen Arbeit hat sich stets an den Aufgaben der Wohlfahrtspflege auszurichten. Der Stoff aller Unterrichtsfächer (z.B. Medizin, Nationalökonomie usw.) ist unter den besonderen Gesichtspunkten, die sich aus der Wohlfahrtspflege ergeben, zu behandeln und zu unterrichten (Salomon 1927, 52ff.).

4.6.   BEDEUTUNG FÜR DIE SOZIALE ARBEIT

Alice Salomon hat mit ihrem umfangreichen Werk und mit ihrem persönlichen Engagement die Soziale Arbeit in Deutschland im ersten Drittel des

20. Jahrhunderts wie kaum jemand sonst beeinflußt. Ihre internationale Präsenz und ihr Austausch mit führenden Persönlichkeiten der Sozialen Arbeit und der bürgerlichen Frauenbewegung gehören zu den wichtigen Verknüpfungen der deutschen mit der internationalen Sozialen Arbeit. Viele ihrer Bücher (vor allem die Lehrbücher) sind damals in kurzen Zeitabständen mehrfach aufgelegt worden. Die Entstehung und die erfolgreiche Ausweitung der Schulen für Soziale Arbeit zu einem flächendeckenden Ausbildungssystem für soziale Berufe in Deutschland ist nicht zuletzt Salomons Verdienst. Man muß ihrem Einfluß aber wohl auch zuschreiben, daß die Ausbildung für soziale Berufe nicht an die Universitäten kam, sondern an eigenen Ausbildungsstätten durchgeführt wurde.

Für Salomons herausragende Bedeutung mögen auch so marginale Vorkommnisse wie die, daß die von ihr gegründete Schule, ein Platz in Berlin und sogar ein ICE-Zug der Deutschen Bundesbahn nach ihr benannt sind, sprechen. Und unter dem Titel „Frauenemanzipation und soziale Verantwortung" gibt Adriane Feustel ausgewählte Schriften von Alice Salomon in drei Bänden (Band I: Schriften 1896-1908; Band II: Schriften 1909-1918; Band III: Schriften 1919-1948) heraus; der erste Band ist 1998 erschienen, die beiden anderen sind angekündigt.

Salomons Zugang zu einer Theorie der Sozialen Arbeit mit Hilfe des Austausch-Paradigmas, ihre Ausführungen zum Verständnis der Wohlfahrtspflege aus nationalökonomischer Perspektive, ihre sozialarbeitsspezifischen Anforderungen an die Ausbildung in sozialen Berufen und ihre Überlegungen zu den Aufgaben der Frau in der Sozialen Arbeit tragen auch für die gegenwärtige Diskussion über die Soziale Arbeit in Theorie, Praxis und Lehre Grundsätzliches und Wegweisendes bei (siehe Hasenclever 1985; Sachße 1983, 1986; Zeller 1987; Wintergerst 1995; Berger 1998 u.a.m.).

Nach Salomons Tod wurde versucht – vor allem in der Biographie ihrer ehemaligen Sekretärin Dora Preyser (1958) – sie zu einer „lieben Frau" zu stilisieren (siehe Muthesius 1958). Auf die Ideale und das Widersprüchliche im Leben Salomons und in ihrer Theorie einer mütterlichen Sozialen Arbeit wird in den letzten Jahren vermehrt aufmerksam gemacht (siehe Wieler 1987; Bauer 1989; Berndt 1997 u.a.).

4.7. LITERATUR ZUM VERTIEFEN

Eine vorzüglich kommentierte Bibliographie über Alice Salomon und ihre Schriften ist von Renate Orywa und Annette Dröge im Auftrag der Rektorin der Fachhochschule für Sozialarbeit und Sozialpädagogik in Berlin (heute Alice-Salomon-Fachhochschule für Sozialarbeit und Sozialpädagogik) 1989 herausgegeben worden. Einen guten Zugang zu Leben und Werk von Alice Salomon verschafft die von Rüdeger Baron und Rolf Landwehr herausgegebene Autobiographie „Charakter ist Schicksal" (Salomon 1983) und ergänzend dazu das Buch von Joachim Wieler „Er-Innerung eines zerstörten Lebensabends. Alice Salomon während der NS-Zeit (1933-1937) und im Exil (1937-1948)" (Wieler 1987). Empfehlenswert ist es, dazu ergänzend die Rezensionen von Christoph Sachße und Christa Hasenclever zu lesen (Sachße 1985; Hasenclever 1985). Aus dem umfangreichen Schrifttum von Salomon bietet sich der „Leitfaden der Wohlfahrtspflege" (1928) zum vertiefenden Studium an, in dem zentrale Sätze ihrer Theorie zusammengefaßt sind. In „Soziale Frauenbildung und soziale Berufsarbeit" (1917) verbindet sie ihren sozialreformerischen Ansatz mit ihren Emanzipationsbestrebungen für Frauen. In der Monographie „Die Ausbildung zum sozialen Beruf" (1927) stellt Salomon unter historischen und systematischen Aspekten Probleme der sozialen Berufsausbildung und die sozialen Schulen des Auslandes mit einer Liste der ausländischen Schulen für Soziale Arbeit dar.

5. Bewußt leben lehren und binden – Herman Nohl (1879-1960)

„Die pädagogische Reformbewegung im ersten Drittel unseres Jahrhunderts hatte in Herman Nohl einen ihrer bedeutendsten Interpreten. Als akademischer Lehrer hat er ihr nicht nur mit kritischer Reflexion zur Seite gestanden, er hat auch selbst neue Formen der praktischen Universitätserziehung entwickelt. Am Aufbau einer von der Realität der Erziehung ausgehenden und auf ihren eigenen Füßen stehenden geisteswissenschaftlichen Pädagogik war er maßgeblich beteiligt" (Georg Geißler 1979, 223).

5.1. HISTORISCHER KONTEXT

Herman Nohl beginnt seine Tätigkeit im Sozialbereich erst nach dem Ersten Weltkrieg in der Zeit der Weimarer Republik, d.h. zu einem Zeitpunkt, als der Staat im Zuge der sozialen Bedingungen im Ersten Weltkrieg seine wohlfahrtliche Tätigkeit bereits ausgeweitet hatte und das kooperative System organisierter privater und behördlich-öffentlicher Fürsorge etabliert war – ein System wohlfahrtlicher Tätigkeit, das aufrecht zu erhalten sich alle sozialen Akteure nach dem Krieg aufgrund der trostlosen Situation breiter Bevölkerungskreise gezwungen sehen. Die behördliche öffentliche Fürsorge wie auch die organisierte „Privatwohltätigkeit" sowie die gewachsene korporative Zusammenarbeit von Staat und Verbänden finden auf der Grundlage des rechts- und verfassungsstaatlichen Aufbaus ihre rechtliche und administrative Gestalt (siehe Ausführungen S. 127ff.).

Die (nach-)kriegsbedingten sozialen Probleme, denen sich die sozialen Akteure gestellt sehen, sind unermeßlich groß: Besonders nachhaltig wirken sich die erbärmlichen Lebensbedingungen in den Arbeitervierteln der Großstädte auf die Familien, Kinder und Jugendliche aus. Vielen Familien ist wirtschaftlich, sozial und psychisch die Grundlage entzogen, die Kinder zu erziehen und die Jugendlichen zu begleiten. Viele Kinder und Jugendliche müssen gänzlich ohne Eltern aufwachsen. So „verwahrlosen" (wörtlich: werden nicht wahrgenommen) immer mehr Kinder und Jugendliche. Die Zahl der Kranken-, Pflege- und Erziehungsanstalten nimmt im Deutschen Reich von 8.775 im Jahre 1922 auf 15.556 im Jahre 1929 zu. Die Zahl der Erziehungsanstalten im engeren Sinn des Wortes steigt von 141 (mit 19.485 Betten) 1912 über 191 (mit 24.285 Betten) 1922 auf 1.798 (mit 131.773 Betten) 1929. Davon sind circa 6% in staatlicher oder kommunaler, circa 71% in konfessioneller und circa 23% in sonstiger privater Trägerschaft (siehe Sachße/Tennstedt 1988, 107). Die Perspektive, mit der Herman Nohl diese Zustände betrachtet, ist zum einen geprägt von der Jugendbewegung und der Volkshochschulbewegung, zum anderen von dem philosophischen System Wilhelm Diltheys (1833-1911) beeinflußt. Die Jugendbewegung, eine pädagogische, geistige und kulturelle Erneuerungsbewegung, die um 1900 entsteht, ist ja in hohem Maße auch ein Protest und Gegenentwurf zur herrschenden Pädagogik. In der Absicht, aus eigener Kraft eine wahrhaftige Lebensgestaltung zu finden, bilden junge Menschen Gruppen, die durch Wanderfahrten, Lagerleben und Heimatabende, Pflege des Volkstanzes und -liedes, des Laienspiels und die Bevorzugung natürlicher, jugendlicher Kleidung das Erlebnis der Einfachheit und Naturverbundenheit und eine auf Freundschaft gegründete Gemeinschaft suchen (Bündische Jugend, Pfadfinder, Wandervögel, Freischärler usw.). Die Volkshochschulbewegung entsteht parallel dazu aus Kräften, die aus der Jugendbewegung kommen und sich für Bildungsarbeit in ihrem Sinne (Erwachsenen- und Volksbildung) innerhalb des bürgerlichen Lebens einsetzen. Volkshochschulen, in denen sich Menschen aus allen Schichten zusammenfinden und miteinander über die zentralen Lebensfragen sprechen, werden nach dem Ersten Weltkrieg in großer Zahl gegründet. Ziel der nach dänischen Vorbildern gegründeten und staatlich geförderten Volkshochschulen ist in der Weimarer Republik die Erhaltung und Verjüngung der deutschen Kultur in völkischer Einheit auf demokratischer Grundlage.

Die philosophischen Grundlagen, die Dilthey zur Begründung seiner gegen die naturwissenschaftlichen Erkenntnisverfahren gerichteten geisteswissenschaftlichen Methode (Verstehen) geschaffen hat, enthalten ein Menschenbild, das die vom menschlichen Geist geschaffene Wirklichkeit betont – eine Sichtweise, die Nohl in die Pädagogik einführt und worauf er einen eigenständigen (sozial-)pädagogischen Ansatz entfaltet. Gewissermaßen durch diese Brille die Ursachen und die Lösung der sozialen Probleme in der Weimarer Republik zu sehen, und sie als (sozial-)pädagogische zu interpretieren, damit begründet Nohl die spezifisch deutsche Akzentuierung der Sozialen Arbeit, die im Zuge ihrer Institutionalisierung sowohl theoretisch als auch praktisch bis in unsere Tage „Schule macht".

5.2. BIOGRAPHISCHER KONTEXT

Herman Nohl wird 1879 in Berlin geboren (siehe Nohl 1965, 1967, 112-138; Geißler 1979; Wollenweber 1983a, 37-61; Niemeyer 1998, 125-157); er erhält den Namen seines Vaters Hermann Nohl, der als Lehrer für alte Sprachen und durch philologische Publikationen bekannt ist. Später streicht Hermann Nohl junior zur Unterscheidung von seinem Vater das zweite „n" aus seinem Vornamen. Nohl studiert ab 1898 Geschichte, deutsche Literatur und Philosophie an der Universität in Berlin und schließt sich dem dort lehrenden Philosophen Wilhelm Dilthey an. Von Dilthey angeregt und betreut schreibt Nohl seine Dissertation über „Sokrates und die Ethik" (1904). In den Jahren danach ediert Nohl die Werke des Pädagogen der Aufklärung und Goethefreundes Johann Gottfried Herder (1744-1803) und – nach seinem Umzug nach Jena – habilitiert er sich dort an der Universität über „Die Weltanschauungen der Malerei" (1908). In Jena lehrt er als Privatdozent Philosophie, lernt die Jugendbewegung kennen und beteiligt sich aktiv an der Volkshochschulbewegung. Als erster publizistischer Beitrag zur Pädagogik erscheint sein Aufsatz: „Die pädagogischen Gegensätze" (1914). Von 1915 bis 1918 nimmt Nohl bei der Militärverwaltung in Gent (Belgien) am Krieg teil. Die schrecklichen Eindrücke und Erfahrungen aus dem Krieg und die fatalen Kriegsfolgen öffnen Nohl noch mehr für pädagogische Probleme. Zu Beginn des Jahres 1920 wird er auf den außerordentlichen Lehrstuhl für praktische Philosophie mit besonderer Berücksichtigung der Pädagogik und 1922 auf den neu geschaffenen Lehrstuhl für Pädagogik – beide an der Göttinger Universität – berufen. Seine beiden Schwestern und andere in der Fürsorge Tätige fordern Nohl auf, sich mit den Nöten der Jugend zu befassen, die (sozial-)pädagogische Praxis zu reflektieren und Theorien für die Praxis zu entwickeln (Nohl 1927, X). Nohl hält daraufhin zahlreiche Vorträge und schreibt Artikel über „Aufgaben und Wege der Sozialpädagogik" und arbeitet maßgeblich in der „sozialpädagogischen Bewegung" mit, die für ihn ein Teil der „pädagogischen Bewegung" ist. Ein Höhepunkt seiner Arbeit ist die zusammen mit Ludwig Pallat besorgte Herausgabe des fünfbändigen „Handbuch der Pädagogik" (1925-1933), einer Bilanz der Reformpädagogik. Der fünfte Band enthält nur Aufsätze zur Jugendwohlfahrt und hat den Titel „Sozialpädagogik"; in diesem Band gibt es allerdings keinen eigenen Beitrag von Nohl. Sein Buch „Die pädagogische Bewegung in Deutschland und ihre Theorie" erscheint 1935 erstmals; 1938 erscheint seine pädagogische Menschenkunde „Charakter und Schicksal". Ab 1932 widmet sich Nohl wieder verstärkt Fragen der Lebensphilosophie, der Bildungstheorie, der Ästhetik, der Ethik und der Anthropologie.

Wegen seiner ablehnenden Haltung gegenüber dem NS-Regime wird Nohl 1937 zwangsweise in den Ruhestand versetzt. Die Kriegszeit verbringt er zurückgezogen mit Studien. Nach dem Ende des Zweiten Weltkrieges nimmt Nohl seine Lehrtätigkeit in Göttingen wieder auf. Regulär steht 1947 seine Emeritierung an, doch Nohl besetzt den Lehrstuhl noch solange – bis 1949 –, bis es ihm gelingt, Erich Weniger als seinen Nachfolger durchzusetzen.

Zusammen mit Ludwig Pallat gründet er das „Institut für Erziehung und Bildung" in Göttingen, fördert die Gründung der Pädagogischen Hochschule in Göttingen und arbeitet bis kurz vor seinem Tode an der pädagogischen Zeitschrift „Die Sammlung. Zeitschrift für Kultur und Erziehung" federführend mit. Nohl erhält zahlreiche akademische Auszeichnungen und hinterläßt einen großen SchülerInnenkreis („Göttinger Schule"), als er 1960 in Göttingen stirbt.

5.3. FORSCHUNGSGEGENSTAND UND -INTERESSE

Obgleich Nohl aus einer „Pädagogen-Familie" stammt, interessiert er sich zunächst und auch später immer wieder vorrangig für Fragen der Philosophie, Kultur und Ästhetik und in diesem Zusammenhang für eine Theorie der Bildung. Als Philosoph möchte er erreichen, daß die „Herrschaft des Verstandes" zugunsten einer wieder zu gewinnenden „Einheit des ganzen Lebens" abgelöst wird. Das Erleben der inneren Not der Menschen und die Zerrissenheit seines Volkes in und nach dem Ersten Weltkrieg führt Nohl jedoch in die praktische und theoretische pädagogische Arbeit hinein (Nohl 1967, 113). Für ihn handelt es sich um eine universale und das ganze Leben betreffende Not, die er in seiner Zeit erlebt, und er möchte zu ihrer Überwindung beitragen. Für ihn gibt es zwei Wege, ein Volk zu gestalten und damit gegen die Not anzugehen: die Politik und die Pädagogik (Nohl 1988, Vorwort). Er selbst entscheidet sich für den pädagogischen Weg, der für ihn ein „Praktischwerden der Philosophie" bedeutet. Er möchte seine besten Kräfte in die neue Erziehung der Jugend des deutschen Volkes setzen. Und inmitten eines Zeitalters der „diktatorischen Massenführung" möchte Nohl dem einzelnen Menschen („Subjekt") wieder zu seinem Recht auf eigenes Glück und eigenes Wohl verhelfen.

5.4. WISSENSCHAFTSVERSTÄNDNIS

Nohl folgt dem Wissenschaftsverständnis seines Lehrers Wilhem Dilthey (1833-1911), der sich für eine geisteswissenschaftliche Pädagogik und Kulturpädagogik ausspricht. Wie Dilthey geht es Nohl um eine eigenständige wissenschaftstheoretische Grundlegung der Geisteswissenschaften – in Abgrenzung zu den Naturwissenschaften. Die Geisteswissenschaften beziehen sich – im Unterschied zu den Naturwissenschaften – nach Auffassung von Dilthey und Nohl auf eine Wirklichkeit, die vom Menschen selbst hervorgebracht worden ist, d.h. der Geist des Menschen befaßt sich mit seinen eigenen Produkten. Aufgabe der Geisteswissenschaften ist es daher, den ganzen Menschen und das ganze Leben zu begreifen. Geisteswissenschaftliches Forschen sucht Einsicht in die Geschichtlichkeit des Menschen und in die Erzeugnisse der Menschen zu gewinnen. Die Trias „Erleben, Ausdruck und Verstehen" bestimmt das geisteswissenschaftliche Erkenntnisverfahren. Anders als die physikalischen Vorgänge, die sich, wie in den Naturwissenschaften, von außen her erklären lassen, kann das Leben nur von einer erlebenden Seele von innen heraus verstanden werden. Aus dem Einzelnen ist das Ganze zu verstehen, und das volle Verständnis des Einzelnen setzt schon das des Ganzen voraus („hermeneutischer Zirkel").

Aufgabe der Pädagogik als Wissenschaft ist es, klare Einsicht in die Struktur der pädagogischen Arbeit, in den Zusammenhang ihrer Begriffe und Methoden und in ihre Stellung im Ganzen der Kultur und zu den anderen Systemen und Gemeinschaften zu gewinnen und zu vermitteln. Der Praktiker, dem diese Kenntnisse fehlen, bleibt schließlich nur ein „Kunsthandwerker". Für Nohl geht allem analytischen „isolierenden" und konstruierenden Denken die konkrete pädagogische Geschehenswirklichkeit mit ihren Erfahrungen, Begegnungen, Schicksalen und Entscheidungen immer schon voraus; diese Lebenswirklichkeit gilt es zu erforschen. Eine Wissenschaft als solche bewirkt für Nohl (noch) nicht den pädagogischen Anstoß und die pädagogische Produktivität; das Beispiel eines Menschen kann nach Nohls Auffassung stärker als viele Bücher wirken (Nohl 1988, 153f.).

5.5. THEORIE

Nohl knüpft mit seiner Theorie der Bildung an Diltheys Frage nach der Möglichkeit einer allgemeingültigen pädagogischen Wissenschaft an: „Was kann geschehen, die Pädagogik zum Range einer wirklichen Wissenschaft zu erheben?" Seitdem diese Frage gestellt ist, so meint Nohl, „steht am Eingang jeder Theorie der Erziehung die Frage: ,Gibt es überhaupt Pädagogik als Wissenschaft, und in welchem Sinn gibt es sie?'" (Nohl 1988, 133f.).

(1) *Die Erziehungswirklichkeit als Grundlage der Theorie*: Am Anfang von Nohls Pädagogik steht die Frage: Wie *wird* erzogen? Damit unterscheidet sich Nohl radikal vom Ansatz und von der Ausgangsfrage Paul Nartorps (siehe oben, S. 113ff.): Wie *soll* erzogen werden? Nohl erörtert verschiedene *Ausgangspunkte* für eine wissenschaftliche Pädagogik (Nohl 1988, 133-150) und stellt schließlich fest:

> „Der wahre Ausgangspunkt für eine allgemeingültige Theorie der Bildung ist die Tatsache der Erziehungswirklichkeit als eines sinnvollen Ganzen. Aus dem Leben erwachsend, aus seinen Bedürfnissen und Idealen, ist sie da als ein Zusammenhang von Leistungen, durch die Geschichte hindurchgehend, sich aufbauend in Einrichtungen, Organen und Gesetzen – zugleich sich besinnend auf ihr Verfahren, ihre Ziele und Mittel, Ideale und Methoden in den Theorien – eine große objektive Wirklichkeit, wie Kunst und Wirtschaft, Recht und Wissenschaft ein relativ selbständiges Kultursystem, unabhängig von den einzelnen Subjekten, die in ihm tätig sind, und von einer eigenen Idee regiert, die in jedem echt erzieherischen Akt wirksam ist und doch wieder nur faßlich wird in ihrer geschichtlichen Entfaltung" (Nohl 1988, 150f.).

Pädagogik ist für Nohl ohne Zweifel eine Wissenschaft mit einer allgemeingültigen Theorie für alle Zeiten. In der Geschichte der Pädagogik entfaltet sich für ihn die *Kontinuität der pädagogischen Idee*, die in sich selbst gründet, eigengesetzlich ist und innerlich zusammenhängt. Mit der Methode des Verstehens wird diese Idee bzw. Theorie ins theoretische Bewußtsein gehoben. In der Erziehungswirklichkeit sind *Polaritäten, Gegensätze bzw. Doppelseitigkeiten* wie der Mensch als Naturwesen und als Produkt der Geschichte, Lebensnöte und geistige Gegenbewegungen, pädagogisches Erlebnis und pädagogische Objektivationen, der einzelne Mensch und die Masse der Menschen, der Zögling und der Erzieher, Lebensgeschichte und abstrakte Analyse, Theorie und Praxis usw. vorgegeben. Diese Gegensätze durchziehen die gesamte Geschichte der Pädagogik, bilden eine Einheit und bestimmen sowohl die Eigenart als auch die Eigengesetzlichkeit der Pädagogik. Die wissenschaftliche Theorie der Bildung hat von diesen Gegensätzen und ihren zirkulären Bezogenheiten aufeinander auszugehen.

Was Erziehung eigentlich ist, verstehen wir nach Nohl – wenn wir nicht bei dem beschränkten persönlichen Erlebnis stehenbleiben wollen – nur aus der *systematischen Analyse ihrer Geschichte.* In dem geschichtlichen Zusammenhang arbeitet sich der Sinn der erzieherischen Leistung immer deutlicher heraus; ihr reines Wesen, ihre Eigenart und ihre Eigenwertigkeit werden vor ihr selbst immer klarer, zugleich auch ihre Stellung in dem *allgemeinen Kulturzusammenhang,* ihre Verflechtung mit den anderen Kultursystemen, ihre Abhängigkeit von ihnen und ihre Rückwirkungen auf sie; das eine ist von dem anderen nicht zu trennen (Nohl 1988, 152). Nur in solcher *wechselseitigen Erhellung von Erlebnis und Objektivation* bekommt die eigene Stellungnahme in der pädagogischen Auseinandersetzung der Zeit jene Überlegenheit und Freiheit, die aus der Einordnung der Gegenwartsforderungen in die großen geschichtlichen Zusammenhänge entsteht. Eine ähnliche wechselseitige Abhängigkeit besteht auch zwischen der *geschichtlichen und der systematischen Einsicht.* Die geschichtliche Untersuchung arbeitet überall mit systematischen Kategorien, die auch nur durch die Besinnung auf das Leben und seine Entwicklung gewonnen werden. Der schöpferische Lebensprozeß selbst besteht darin, daß das einzelne Erlebnis aufgefaßt, ergänzt, gedeutet und durch den erinnerten Besitz früherer Erfahrungen, auf den er selbst wieder umformend zurückwirkt, umgestaltet wird. Die Besinnung ist dem geistigen Leben immanent; das System der Geschichte und ihre Trennung sind immer nur relativ und vorläufig, ein Prozeß im Leben, der immer wieder aufgehoben wird. Die systematische Untersuchung der Pädagogik geht für Nohl von dem eigenen Sinn des pädagogischen Lebens aus und analysiert den Bildungsvorgang auf die in ihm enthaltenen Bezüge hin, in denen der Zögling und seine Bildsamkeit, der Erzieher oder die führende und bildende Kraft, ihre Bildungsgemeinschaft, ihr Bildungsideal und ihre Bildungsmittel zu einem dynamischen Zusammenhang miteinander verbunden sind (Nohl 1988, 152).

(2) *Die pädagogische Autonomie*: Das Verhältnis von *Subjekt und Objekt* ist für Nohl die Grundantinomie des pädagogischen Lebens, die auch die Grenze der Pädagogik sehen läßt:

„Hier ist das Ich, das sich aus sich und seinen Kräften entwickelt und sein Ziel zunächst in sich selbst hat, und dort sind die großen objektiven Inhalte, der Zusammenhang der Kultur und die sozialen Gemeinschaften, die dieses Individuum für sich in Anspruch nehmen und ihre eigenen Gesetze haben, die nicht nach Wille und Gesetz des Individuums fragen" (Nohl 1988, 161).

Für den Pädagogen heißt das, daß das Kind nicht bloß Selbstzweck ist, sondern auch den objektiven Gehalten und Zielen verpflichtet ist, zu denen hin es erzogen wird. Diese objektiven Gehalte sind nicht nur Bildungsmittel für den individuellen Menschen, sondern haben einen eigenen Wert, und das Kind darf nicht bloß für sich erzogen werden, sondern muß auch auf die Kulturarbeit, den Beruf und die nationale Gemeinschaft hin erzogen werden. Diese Polarität durchdringt nach Nohl alle einzelnen pädagogischen Verhältnisse und Leistungen, und für Nohl gehört es zu den großen Leistungen der Pädagogik „im Haushalt des geistigen Lebens", daß sie die regelmäßig einsetzenden Verobjektivierungen in der neuen Jugend aufhebt. Die Antinomie löst sich für Nohl da, wo das Subjekt in dem „Gesetz der Sache", d.h. in den objektiven Gehalten, seine höchste Freiheit und Vollendung findet. Die alte Pädagogik stand nach Nohl ganz im Dienste fremder Mächte, die neue Pädagogik handelt dagegen autonom. Die *Autonomie* gibt der Pädagogik einen von allen anderen Kultursystemen unabhängigen Maßstab, mit dem sie ihnen allen – auch den anderen Wissenschaften – kritisch gegenübertreten kann. Die pädagogische Grundeinstellung ist so, daß der Zögling, *das Subjekt, unbedingt im Mittelpunkt* steht, d.h. die Pädagogik fühlt sich nicht als Vollzugsbeamtin irgendwelcher objektiven Mächte, weder des Staates noch der Kirche, weder des Rechtes noch der Wirtschaft, auch nicht einer Partei oder Weltanschauung, dem Zögling gegenüber. Die Pädagogik erblickt ihre Aufgabe nicht in dem Hinziehen des Zöglings zu bestimmten vorgegebenen objektiven Zielen, sondern erblickt sie vielmehr zunächst in dem Subjekt selbst und seiner körperlich-geistigen Entfaltung. „Daß *dieses* Kind hier zu seinem Lebensziel komme, das ist ihre selbständige Aufgabe, die ihr niemand nehmen kann" (Nohl 1965, 28f.).

(3) *Der pädagogische Bezug*: Die *Auflösung aller Bindungen*, die den einzelnen Menschen halten – ohne die er ins Bodenlose fällt – und die sich daraus ergebende *völlige Wertlosigkeit des Menschen*, ist nach Nohl *die neue soziale und sittliche, körperliche und geistige Not*, wie sie im Laufe des 19. Jahrhunderts durch die Entwicklung der Industrie, der Großstädte, der Arbeits- und Wohnverhältnisse, aber auch der allgemeinen Aufklärung über die Völker hereingebrochen ist. Diese allgemeine Lebensnot ist die *Grundlage aller Gegenbewegungen* und bestimmt auch das gesamte *pädagogische Denken* (Nohl 1965, 10).
Die pädagogische Hilfe gilt zunächst und vor allem „dem einsamen Ich, dem verschütteten, hilferufenden Menschentum". Mensch sein dürfen heißt

für Nohl nichts anderes als die Kräfte, in denen der Sinn unseres Lebens sich erfüllt, in sich zur Entfaltung bringen zu dürfen. Und in diesem Menschsein wird nun von Nohl als wesentlichstes Moment die *neue Verbundenheit* gesehen, wie sie die geschichtlichen Bewegungen gegen die Lebensnot entwickelt haben,

> „die Solidarität mit jedem Arbeitsgenossen, die staatsbürgerliche Gemeinschaft, der innige Zusammenhang der Familie, wie ihn die Mutter repräsentiert, die Freundschaft der Generation, das Verantwortlichsein für jedes wachsende Leben und das letzte Sichenthaltenwissen in einer Einheit des Sinns, die über alles Begreifen ist und alle Gemeinschaften umfaßt" (Nohl 1965, 16).

Das Geheimnis der erfolgreichen pädagogischen Arbeit ist der richtige *pädagogische Bezug*, d.h. das eigene schöpferische Verhältnis, das Erzieher und Zögling miteinander verbindet. Liebe und Haltung auf der einen Seite, Vertrauen, Achtung und ein Gefühl eigener Bedürftigkeit, ein Anschlußwille auf der anderen Seite. Das Resultat ist die *Bindung des Zöglings an den Erzieher.* Der pädagogische Bezug und die in ihm gegebene Bindung sind für Nohl im einzelnen sehr verschieden; sie sind jedem Individuum gegenüber ganz individuell zu gestalten; zum normalen Kind anders als zum kranken Kind. Die pädagogischen Bindungen sind für Nohl die Voraussetzungen für jede fruchtbare pädagogische Arbeit (Nohl 1965, 29).

Eine weitere unentbehrliche Voraussetzung für die pädagogische Arbeit ist die *Kenntnis des zu erziehenden Individuums*, „seines äußeren und inneren Zustandes, seines äußeren und geistigen Milieus und insbesondere seiner personalen und seiner pädagogischen Situation" (Nohl 1965, 31). Die alte Pädagogik ging nach Nohl von den Schwierigkeiten aus, die ein Kind *macht*, die neue geht im Unterschied dazu von den Schwierigkeiten aus, die ein Kind *hat*. Die *Methode des Verstehens* ist der pädagogische Weg zu den Kindern und zu den Jugendlichen.

(4) *Pädagogische Menschenkunde*: Die Grundeinstellung, mit der der Pädagoge dem Kinde gegenübersteht, ist für Nohl eine eigentümliche Mischung von realistischem und idealem Sehen, die sich aus der Einsicht in die *Zweiseitigkeit im Wesen des Menschen* ergibt. Die Natur des Menschen läßt sich – hier folgt Nohl dem französischen Philosophen Blaise Pascal (1623-1662) – in zwei Weisen betrachten: einmal in bezug auf seine *Bestimmung*, und dann erscheint er groß und unvergleichlich, das andere Mal in Hinblick auf seine mit dem Geist nicht zusammenhängenden *Lebensgewohnheiten*, wie man die Natur eines Pferdes oder eines Hundes beurteilt, und dann ist der Mensch niedrig und gemein. Der Mensch ist für Nohl ein Doppelwesen, dem wir uns auf zwei verschiedenen Wegen nähern können, von außen erklärend (d.h. naturwissenschaftlich) und von innen verstehend (d.h. geisteswissenschaftlich). Wer erzieht, muß beide Wege gehen. Gei-

steswissenschaftliche (verstehende) Psychologie ist von drei *Voraussetzungen* geleitet:

(a) In irgendeiner Weise trägt jeder Mensch im Wesentlichen den ganzen Menschen, das System des Menschen, in sich; nur deshalb können wir andere Menschen verstehen.

(b) In jedem Ausschnitt (Einzelzug) des geistigen Lebens sind, wenn auch in ungleicher Stärke, sämtliche geistigen Grundrichtungen (das Ganze) eines Menschen enthalten.

(c) In jeder Individualität gibt es einen Einheitspunkt, der die seelische Mannigfaltigkeit von innen her formt (Nohl 1970, 21ff.).

In der pädagogischen Menschenkunde sind für Nohl *Geschlechter- und Rassenunterschiede* von großer Bedeutung. Die Pädagogik ist auch hierbei nach Nohl den Geisteswissenschaften verpflichtet und muß hermeneutisch an die Lebensformen der Geschlechter und Rassen herangehen; Biologie, Erblehre, Rassenkunde und Psychiatrie haben naturwissenschaftliche Methoden zu benutzen. Die realistische (biologische) und die ideale (geisteswissenschaftliche) Bestimmung der Geschlechter liegt für Nohl in der *Mütterlichkeit* als Wesensfunktion des weiblichen Geschlechts und in der *Ritterlichkeit* als Wesensfunktion des männlichen Geschlechts (Nohl 1970, 127-137).

„*Rasse*" ist für Nohl ein biologischer Begriff, kein geschichtlicher, und die Biologie entscheidet über ihre Bestimmung und Gesetze. Unter Rasse versteht man nach Nohl Körperformgruppen mit einer Anzahl von charakteristischen erbgleichen Merkmalen. Diese Merkmale seien nicht von innen her strukturell verständlich, aber in einem Typus anschaulich verbunden, und dieser anschauliche Typus ist für Nohl der Leitfaden. Die entscheidende Ursache für die Rassebildung, d.h. die Wandlung der Anlagen selbst, ist nach Nohl nicht die Mutation, sondern die *Auslese*; deshalb erklärt er:

> „Hier allein können auch Eugenik und Pädagogik einsetzen. Solche Auslese verlangt aber zugleich, wie der bekannte Rassenforscher F. Lenz auf der Naturforscherversammlung in Stuttgart (1938) sagte, ,ein geistiges Klima, worin Menschen von Einsicht, Initiative und Leistungsfähigkeit gedeihen'" (Nohl 1970, 163).

(5) *Die pädagogische Aufgabe*: Für Nohl besteht die *pädagogische Aufgabe* der Gegenwart darin, neue Formen der sozialen Erziehung zu entwickeln, weil die beiden herkömmlichen Erziehungsorte „Familie" und „Schule" nicht mehr ausreichen. Vor allem aber wird ein „neuer Kulturwille gebraucht, der an die Stelle des unbewußten Wachsens in der Familie tritt und die elementaren Lebensverhältnisse in allen ihren Dimensionen bewußt entwickelt und gestaltet, der *bewußt leben lehrt*" (Nohl 1965, 65).

Die ganze pädagogische Wirklichkeit ist neu zu durchdenken. Von der Geburt an bis zur Lebensreife der Jugendlichen müssen die gesamten Möglichkeiten so gestaltet werden, daß sie der gegenwärtigen Not tatkräftig und durchschlagend begegnen. Die *Lebenshilfe* durch die Erziehung in der Schule muß durch Lebenshilfe, *durch Erziehung außerhalb von Familie und Schule ergänzt* werden. Nohl nennt als neue Maßnahmen hierfür beispielsweise Mütterberatungsstellen, Mütterschulung, Pflichtkindergarten, Tagesheimschulen, Arbeitsdienst (Nohl 1965, 57ff.).

(6) *Aufgaben und Wege der Sozialpädagogik*: Den neuen, dritten Ort der Erziehung – neben Familie und Schule – im weiten pädagogischen Arbeitsfeld nennt Nohl *Sozialpädagogik*; er benutzt für diesen Teilbereich der Allgemeinen Pädagogik verschiedene Bezeichnungen. Statt „Sozialpädagogik" gebraucht Nohl auch die Begriffe „Notstandspädagogik", „Jugendwohlfahrt" und „Jugendwohlfahrtsarbeit". Nohl geht auch hier von einer bereits bestehenden sozialpädagogischen Praxis aus, formuliert sie, begründet sie und zeigt die Konsequenzen, die sich aus ihr ergeben. Die Sozialpädagogik ist für Nohl „*das spannungsreiche System der geistigen Energien, die die Lebensnot der Zeit, insbesondere der Jugend, aufgeweckt hat*" (Nohl 1965, 10). Eine geistige Bewegung wie die Jugendwohlfahrtsarbeit entspringt für Nohl nicht wie ein Bergquell aus einem Überfluß des Herzens, sondern sie hat das Schicksal einer Not.

> „Diese Not in ihrer ganz konkreten grausamen Gestalt diktiert auch die Züge der geistigen Gegenwirkung, die sie überwinden soll. Ist diese Not eine wirkliche Lebensnot, die das Ganze angefaßt hat, so wird auch die Gegenwehr aus dem ganzen Leben kommen müssen. So vielseitig die Not ist, so viele Gegenkräfte wird sie aus dem System des Lebens wachrufen. Wenn es die Art des Lebens ist, daß in jeder seiner Seiten immer das Ganze mitenthalten ist, so wird auch jede Seite dieser Not ins Ganze reichen und jede dieser Gegenkräfte wieder die *ganze* Not heilen wollen. Und wenn die Seiten des Lebens dann doch antinomisch zueinander sind, so wird auch das System dieser Gegenwirkungen voll der schwersten Spannungen sein" (Nohl 1965, 10).

Diese *fünf Gegenbewegungen* (geistigen Energien) in der Geschichte sind:

(a) Der Sozialismus der *Arbeiterbewegung* als Reaktion auf die Not der Arbeiter,

(b) die innere *Mission* der Kirchen als Reaktion auf den Verlust des Glaubens,

(c) die *Frauenbewegung* als Reaktion auf den fehlenden Einfluß der Frauen,

(d) die *sozialpolitische* Bewegung als Reaktion auf die sozialen Fragen und Konflikte und

(e) das Gemeinschaftsbewußtsein und die Gemeinschaftskraft der *neuen jugendlichen Verbindungen* als Reaktion auf die Auflösungserscheinungen der menschlichen Bindungen.

Diese Bewegungen und ihre geistigen Energien fließen in die Jugendwohlfahrtsarbeit ein. Die neue Einheit, *das geistige Zentrum der Jugendwohlfahrtsarbeit* besteht für Nohl darin, daß das pädagogische Ethos sich zunächst jedenfalls immer auf den einzelnen Menschen richtet, denn *diesen* Menschen will es als Individuum jeweils fördern. „Das pädagogische Verhalten, die erzieherische Hingabe an den einzelnen Menschen, den ‚Menschen im Menschen‘, ist der feste Grund aller aufbauenden Wohlfahrtsarbeit" (Nohl 1927, 11ff.). Die Jugendwohlfahrtsarbeit ist für Nohl *Diakonie* im Dienste dieser *neuen Humanität*, dieses *neuen personalen Lebens*. Ihre *tragende pädagogische Kraft* ist nach Nohl „die *Liebe*, die auf den fremden Menschen gerichtet ist", und ihr stärkstes Mittel ist der Geist solcher weckenden und formenden Gemeinschaften, in denen sich das höhere Menschentum realisiert. „*Hingabe an den einzelnen* ist die wahre Grundlage für die Jugendwohlfahrtsarbeit" (Nohl 1927, 11ff.).

(7) *Ziele und Aufgaben der Wohlfahrtspflege*: Nohl berücksichtigt, daß es neben der Sozialpädagogik als Jugendwohlfahrtsarbeit bereits eine „Wohlfahrtspflege" gibt, d.h. eine soziale Tätigkeit, die nicht von PädagogInnen, sondern von WohlfahrtspflegerInnen bzw. FürsorgerInnen durchgeführt wird. Er hebt die Sozialpädagogik wie folgt von der Wohlfahrtspflege ab: Das *Ziel der Wohlfahrtspflege* ist für Nohl das *Wohl des ganzen Menschen*. Die neue Einstellung der Wohlfahrtspflege ist die Anerkennung des Lebensrechts eines jeden Individuums, zu seinem Wohlsein zu kommen. Grundsätzlich ist die *sachliche Hilfe die primäre*, die Mittelsorge, nationalökonomisch gesprochen, Unterstützung, Wohnung, ärztliche Hilfe, Arbeitsbeschaffung usw. Dieses ist die eine Seite der Wohlfahrtspflege.

> „Die Sozialpädagogik tritt dann als die andere Seite hervor, ohne die die Wohlfahrtspflege ihr letztes Ziel wie ihre entscheidenden Mittel verfehlte, die persönliche Stützung und den Wiederaufbau des Menschen selbst und seiner geistigen Umwelt. ... Und darum ist Fürsorge und Wohlfahrtspflege im letzten also doch Sozialpädagogik, und der Wohlfahrtspfleger ‚führt nicht bloß aus‘, sondern er muß auch ‚führen‘, wie Alice Salomon in ihrem geistvollen Büchlein von der ‚Sozialen Diagnose‘ formuliert hat" (Nohl 1965, 19).

Die tiefere *Aufgabe der Wohlfahrtspflege* besteht für Nohl darin, die Masse zu personalisieren und den einzelnen dadurch zu heben und ihm geistige Inhalte, Kraft und Bindung zu geben, daß er wieder einen Platz in Gemeinschaften findet, als deren Glied er sich fühlt, aus denen ihm Aufgaben und Verantwortlichkeiten erwachsen und die ihn beseelen und formen. „Von hier aus gesehen, bleibt das Wort, daß das letzte Ziel der Wohlfahrtspflege die Höherbildung der Menschheit sei und die *Fürsorge in der Sozialpädagogik gipfele*, in gewissem Sinne doch wahr" (Nohl 1965, 19). Die größte Not liegt für Nohl nämlich stets in der Seele selber, und deswegen muß die größere Hälfte aller Hilfe Erziehungshilfe sein mit dem Ziel: Weckung des

Willens zur Selbsthilfe und der Verantwortlichkeit für sich selbst wie für die Gemeinschaft. Jugendhilfe und Erziehung müssen nach Nohl dahin zielen, den einzelnen die Kraft und den Mut zur Selbsthilfe zu verschaffen. Nohl *kritisiert* mehrfach an der *Wohlfahrtspflege,* daß sie in seinen Augen das *Verantwortungsgefühl der Menschen herabsetze* und so zur „Knochenerweichung des Willens zur Selbsthilfe" führe, weil sie auf die Krankheit konzentriert sei. Nach Nohl sollte sie sich aber auf die Gesundheitserhaltung konzentrieren, d.h. für ihn, daß die Wohlfahrtspflege nicht von der Idee des Mitleids, sondern von der pädagogischen Idee getragen werden sollte (Nohl 1965, 46). Auch die Jugendhilfe werde erst dann tätig, so klagt Nohl, wenn bereits ein Unglück passiert sei. Dieses soll dann wieder gutgemacht werden. Darin liegt für Nohl ein *schwerer Konstruktionsfehler im Aufbau der ganzen Arbeit.* Nohl kam es darauf an, der Jugendhilfe eine *positive* Wendung zu geben, die

> „das Jugendamt zu einem selbständigen Organ der Volkserziehung machte, dessen große Aufgabe natürlich auch das Heilen aufgebrochener Schäden wäre, dessen vorangehende, primäre Leistung aber eine aufbauende Arbeit an unserer Jugend – soweit sie nicht in der Schule stattfindet – im Zusammenhang unserer Volksbildung ist" (Nohl 1965, 45).

(8) *Sozialpädagogik als Beruf:* Die SozialpädagogInnen sollten ihre Tätigkeit sowohl als *Liebesdienst am Nächsten* als auch als *Profession* verstehen und beiden Aspekten gleichermaßen gerecht werden. Nohl setzt sich dafür ein, daß PädagogInnen und auch SozialpädagogInnen an Universitäten ausgebildet werden. Die Universität soll die wissenschaftliche Forschung für die soziale Jugendarbeit organisieren und entwickeln, sie soll die beruflichen Fachleute für die leitenden Stellen auf dem Gebiet der Jugend- und Wohlfahrtspflege ausbilden, und sie soll sozialpädagogische Einstellung und Erkenntnis an alle Studierenden vermitteln, die in ihren späteren Berufen einmal mit der Jugend in Berührung kommen (Nohl 1965, 71).

5.6.   BEDEUTUNG FÜR DIE SOZIALE ARBEIT

Nohl hat sich mit seinen wissenschaftlichen Arbeiten und seiner Theorie vor allem an die LehrerInnen gewandt, ihnen wollte er vornehmlich pädagogische Mittel für ihre neue Arbeit in die Hand geben. Heute kann man sagen, daß nur wenige PädagogInnen die pädagogische Entwicklung des 20. Jahrhunderts – in der LehrerInnenbildung wie in der Sozialpädagogik – so stark beeinflußt haben wie Herman Nohl und sein SchülerInnenkreis (siehe Geyser 1979, 225; Niemeyer 1992, 1998 u.v.a.m.). Das einigende Moment dieser „Nohl-Schule" war nach Georg Geyser eine unorthodoxe Übereinstimmung in den pädagogischen Grundauffassungen und den Lebensformen, ein gemeinsamer Stil des pädagogischen Verhaltens und Denkens; und natürlich die persönliche Verbundenheit mit dem gemeinsamen Lehrer, der für viele von ihnen ein ungewöhnlich geistvoller und aktiver Mann war.

Für die gegenwärtige Diskussion ist das Verständnis Nohls von Sozialpädagogik (im Sinne von Jugendwohlfahrt) als einer Teildisziplin der Pädagogik von großer Bedeutung. Nohls These, daß „jede Fürsorge in der Sozialpädagogik gipfele", wird als Ausdruck eines übersteigerten Selbstbewußtseins bzw. als Anmaßung eines Pädagogen insbesondere von denen heftig abgelehnt, die sich für eine eigenständige, sozialwissenschaftlich fundierte Sozialarbeitswissenschaft einsetzen (siehe Wendt 1994; auch unten, S. 255ff.).

Die Betonung der Subjektivität des Menschen als Bezugspunkt der Pädagogik, der Anspruch auf die Autonomie der Pädagogik und die These von der Hilfe zur Selbsthilfe gehören zum Allgemeingut der gegenwärtigen VertreterInnen der Sozialpädagogik (siehe z.b. Thiersch 1986, 1992a und unten, S. 324ff.; Winkler 1988 und unten, S. 338ff.; Merten 1997).

Kritisch wird heute vor allem angemerkt, daß Nohl die Sozialwissenschaften mit ihren Theorien und empirischen Methoden nicht in seinen Ansatz einbezogen, sondern die Pädagogik und damit auch die Sozialpädagogik ausschließlich geisteswissenschaftlich verstanden und gelehrt hat.

5.7.   LITERATUR ZUM VERTIEFEN

Die Werke Nohls sind bibliographisch gut aufbereitet (siehe z.B. Nohl 1967; Wollenweber 1983), und viele seiner Aufsätze sind in Sammelbänden veröffentlicht worden. Eine treffliche Einführung gibt das Nohl-Buch von Josef Offermann; er hat in seinem Buch Texte wichtiger pädagogischer Abhandlungen von Nohl ausgewählt und abgedruckt, das Leben und Werk Nohls beschrieben sowie eine Bibliographie und eine Zeittafel angefügt (Nohl 1967). Nohls Monographie „Die pädagogische Bewegung in Deutschland und ihre Theorie" aus dem Jahre 1935 (Nohl 1988) beinhaltet seine – auch die Sozialpädagogik einschließende – Theorie der Bildung. Der Band 5 „Sozialpädagogik" vom „Handbuch der Pädagogik" (1929) interessiert in diesem Zusammenhang wenig, da dort kein eigener Beitrag von Nohl enthalten ist. In dem Sammelband „Aufgaben und Wege der Sozialpädagogik" (Nohl 1965) sind speziell für die Sozialpädagogik wichtige Vorträge und Aufsätze Nohls – mit einem kurzen Vorwort seiner Schülerin Elisabeth Blochmann – publiziert worden. Die pädagogische Menschenkunde Nohls „Charakter und Schicksal" von 1937 liegt nun in der 1970 erschienen siebenten Auflage vor.

6. Sich um gesellschaftlich notwendige Aufgaben kümmern – Gertrud Bäumer (1873-1954)

„Die Erscheinung Gertrud Bäumers ist fast unbegreiflich vielgestaltig: neben der großen Menschenbildnerin, der Pädagogin, steht der praktische sozialschöpferische Mensch, steht die Frauenführerin, dann wieder die Politikerin und Beamtin, aber auch die Schriftstellerin und Schriftleiterin, und endlich die dichterische Geschichtsschreiberin" (aus dem Kreis von Bäumers Schülerinnen und Mitarbeiterinnen; Bach 1989, 372).

6.1. HISTORISCHER KONTEXT

Gertrud Bäumer entfaltet ihr Engagement im Sozialbereich ab den zehner Jahren in unserem Jahrhundert und dann vor allem in der Zeit der Weimarer Republik. Ähnlich wie bei Alice Salomon verknüpfen sich bei ihr das Engagement in der Frauenbewegung mit der Arbeit im sozialen Bereich. Auch bei ihr bildet die Ausbildung von Frauen für eine berufliche Tätigkeit in der Sozialen Arbeit das Verbindungsglied zwischen diesen beiden Feldern (siehe Ausführungen S. 185ff.).

In der Fürsorge ein Feld beruflicher Tätigkeit von Frauen zu sehen, hängt eng zusammen mit dem Bedeutungswandel, den die Armenpflege vor allem im Ersten Weltkrieg und danach durch den rapiden Rückgang des Volkswohlstandes erfährt. Als Symptome für diesen Rückgang gelten: Aufbrauchen der Vorräte, Zehren vom „Kapital"; Verlust an Menschen (1,5 Millionen Männer im arbeitsfähigen Alter, das führt zu einer Veränderung der Altersstruktur und bedeutet eine Erweiterung der Kinder- und Altenfürsorge); Wohnungsnot; qualitative Verschlechterung der Arbeitskraft durch lange Arbeitsentwöhnung und Unterernährung; Geburtenrückgang; Verschlechterung des Gesundheitszustandes insbesondere bei Kindern; Absinken der Reallöhne unter das Existenzminimum (Zuschüsse der Fürsorge). Um ihren Lebensunterhalt zu sichern, müssen viele Arbeiter entweder erhebliche Überstunden leisten, oder durch „Schwarzarbeit" das Defizit ausgleichen, Frauen und Kinder müssen ebenfalls arbeiten (siehe Landwehr/Baron 1991, 106-138). Eine wichtige Rolle in der Fürsorge nimmt die Familienfürsorge ein, nicht nur wegen der materiellen Notlage der Familien, sondern auch deswegen, weil sich unter dem Einfluß der gesellschaftlichen Veränderungen die Struktur und die Funktion der Familie verändern. Die Kirchen sehen die Familien generell in Gefahr. Der deutsche Katholikentag 1929 in Freiburg i.Br. hat „Die Rettung der Familie" zum Thema. Die Kirche fühlt sich als eigentlicher und letzter Anwalt eines durch eine kirchliche bzw. staatliche Trauung legitimierten monogam-ehelichen, unauflöslichen Zusammenlebens von Mann und Frau mit ihren in der Ehe von ihnen gezeugten Kindern.

Die desolate Situation der Bevölkerung hat zur Folge, daß der Staat seine fürsorgerischen Tätigkeiten ausweiten muß und sich dabei auch der Unterstützung durch organisierte private Wohltätigkeit (Frauenvereine, Wohlfahrtsverbände) bedient. Wegen der Notlage breiter Bevölkerungskreise nach dem Krieg kann dieses gewachsene wohlfahrtsstaatliche System öffentlicher und privater Fürsorge nicht einfach zurückgefahren werden. Auf der Grundlage des rechts- und verfassungsstaatlichen Aufbaus finden die sozialen Tätigkeiten des Wohlfahrtsstaats ebenso ihre rechtliche und administrative Gestalt wie der Ausbau der Wohlfahrtsverbände (Rechtsstatus, Finanzierung) und die Institutionalisierung der Zusammenarbeit beider Akteure (siehe Ausführungen S. 127ff.). Beim Ausbau der Verwaltung und der Ämterstruktur ergeben sich einige typische Schwierigkeiten, die sich auf die Spannung zwischen „Verwaltung" (Innendienst) und „Fürsorge" (Außendienst) reduzieren lassen.

Ähnlich wie Herman Nohl und darin ebenfalls von dem lebensphilosophischen Ansatz Wilhelm Diltheys beeinflußt (siehe die Ausführungen S. 199ff.) hat Bäumer vor allem die sozialen Probleme der Kinder und Jugendlichen in der Weimarer Republik im Blick (siehe die Ausführungen S. 159ff.). Mit dem Aufbau von Jugendämtern und durch die verschiedenen Jugendpflege- und Jugendfürsorge-Angebote der freien öffentlichen Träger sollen diejenigen Kinder und Jugendliche eine Unterstützung und Hilfe erfahren, die ohne den Schutz und die Unterstützung einer Familie aufwachsen oder deren Familie nicht die Voraussetzungen für eine normale Persönlichkeitsentwicklung garantieren können.

An der Spitze des von ihr gegründeten Allgemeinen Deutschen Lehrerinnen-Vereins (ADLV) stellt Helene Lange (1848-1930) ein Frauenbildungsprogramm auf, mit dem sie die geistige Führung der deutschen bürgerlichen Frauenbewegung übernimmt. In Deutschland erhalten die Frauen 1919 das volle aktive und passive Wahlrecht. Bahnbrechend ist hierfür seit 1902 der „Deutsche Verband für Frauenstimmrecht", nachdem bereits 1891 die SPD das Frauenstimmrecht in ihr Programm aufgenommen hatte. Vertreterinnen der sozialistischen Frauenemanzipation (wie die Lehrerin Clara Zetkin 1857-1933) sehen die Problematik der proletarischen Frauen als einen Aspekt der Klassenlage. Frauen übernehmen in großer Zahl hauptberuflich Aufgaben im Fürsorgewesen, für die sie an Sozialen Frauenschulen ausgebildet werden (siehe Sachße 1986; Zeller 1987).

6.2. BIOGRAPHISCHER KONTEXT

Gertrud Bäumer wird 1873 in Hohenlimburg bei Hagen i.W. geboren; ihr Vater ist protestantischer Pfarrer und in der Schulinspektion tätig (siehe Bach 1989; Hering 1998). Als sie zehn Jahre alt ist, stirbt ihr Vater. Nach dem Tod des Vaters zieht die Familie nach Halle a.d. Saale.

Bäumer besteht 1891/92 das Lehrerinnen-Examen in Halberstadt und arbeitet sechs Jahre als Lehrerin in Kamen und Magdeburg. Sie legt die Prüfung zur Oberlehrerin ab und erhält damit die Zulassung zur Universität. 1898 geht sie nach Berlin zum Studium und wohnt mit Helene Lange, einer der führenden Frauen der bürgerlichen Frauenbewegung, zusammen. Die Freundschaft und Lebens- und Arbeitsgemeinschaft mit Lange bestimmt Bäumers weiteren Lebensweg. Die beiden Frauen werden die markantesten Führerinnen der deutschen bürgerlichen Frauenbewegung. Bäumer studiert zunächst evangelische Theologie, Germanistik und Philosophie, später auch Sozialwissenschaften; mitunter sitzt sie gemeinsam mit Herman Nohl (siehe oben, S. 199ff.) in Seminaren des Philosophen Wilhelm Dilthey, allerdings stumm, weil sie als Frau an der Universität nur geduldet ist (Nohl 1967, 129). 1904 wird Bäumer mit einer Dissertation über Goethes „Satyros" zur Dr. phil. promoviert.

In vielen Vorträgen und Artikeln setzt sie sich für die Rechte der Frauen und die Verbesserung ihrer Lebensbedingungen ein und arbeitet mit vielen in der Frauenbewegung engagierten Frauen (z.B. auch mit Alice Salomon) und nationalen wie internationalen Verbänden zusammen. Bäumer arbeitet – z.B. als Mitglied des Allgemeinen Deutschen Lehrerinnen-Vereins – zeitlebens dafür, daß die Mädchenbildung und das Mädchenschulwesen verbessert sowie Jungen und Mädchen, Frauen und Männer gleich behandelt werden. Zusammen mit Helene Lange gibt sie 1901/02 das große fünfbändige „Handbuch der Frauenbewegung" und von 1893 bis 1944 die Zeitschrift „Die Frau" heraus. Von 1910 bis 1919 ist Bäumer Vorsitzende des interkonfessionellen Bundes deutscher Frauenvereine, in dem sich die deutschen Frauenvereine zusammengeschlossen haben. Während des Ersten Weltkrieges arbeitet Bäumer im Nationalen Frauendienst für die Unterstützung des „bedrohten Vaterlandes" mit und arbeitet gegen die pazifistischen Strömungen in der (internationalen) Frauen- und Friedensbewegung an.

Zusammen mit Marie Baum (1874-1964) leitet sie von 1917 bis 1920 die Soziale Frauenschule und das „Sozialpädagogische Institut" in Hamburg. Bäumer wird Mitglied der Deutschen Demokratischen Partei (DDP) und 1919, nachdem das Reichswahlgesetz von 1918 den Frauen Stimmrecht eingeräumt hat, in den Reichstag gewählt; sie arbeitet eng mit führenden Mitgliedern der DDP (Friedrich Naumann 1860-1919, Theodor Heuss 1884-1963) zusammen, beispielsweise bei der gemeinsamen Herausgabe der Zeitschrift „Hilfe".

Von 1920 bis 1932 ist Bäumer Ministerialrätin der kulturpolitischen Abteilung im Reichsministerium des Innern in Berlin und dort zuständig für pädagogische, soziale und jugendpolitische Fragen; zeitweilig ist sie für Jugendpolitik zum Völkerbund delegiert. Bäumer arbeitet an vielen Gesetzesvorhaben der „Weimarer Republik" mit, unter anderem an dem Jugendgerichtsgesetz (JGG) und am Reichsjugendwohlfahrtsgesetz (RJWG). Zusammen mit Rudolf Hartmann und Hans Becker (Mitarbeitern aus dem Ministerium) gibt Bäumer 1923 das 301 Seiten umfassende Materialienbuch „Das Reichsgesetz für Jugendwohlfahrt" heraus. Für den fünften Band „Sozialpädagogik" des von Herman Nohl und Ludwig Pallat herausgegebenen „Handbuchs der Pädagogik" (1929; siehe oben, S. 199ff.) trägt sie drei grundlegende Artikel über die Sozialpädagogik bei.

1932 gibt sie ihre parlamentarische Arbeit unter dem Druck der politischen Verhältnisse auf und wird 1933 durch das „Gesetz zur Wiederherstellung des Berufsbeamtentums" als „politisch unzuverlässig" mit reduziertem Gehalt in den Ruhestand versetzt; trotzdem ist ihre Stellung zum Nationalsozialismus mehr als umstritten (siehe Hering 1998). Bäumer zieht sich gezwungenermaßen aus dem öffentlichen Leben auf das Schloß Obergießmannsdorf in Schlesien zurück und erschließt sich in der literarischen Arbeit (Briefe, Romane und Biographien) ein neues Wirkungsfeld; sie reist viel und hält Vorträge; ihre Bücher erscheinen in hohen Auflagen. Nach ihrer Flucht 1945 setzt sie von Bamberg und Godesberg aus ihre Tätigkeiten fort. Kurz vor ihrem Tod erscheint ihre Autobiographie „Im Licht der Erinnerung" (1953).

Bäumer stirbt 1954 nach einem mehrmonatigen Klinikaufenthalt in Bethel bei Bielefeld und ist dort auch beerdigt worden.

6.3. FORSCHUNGSGEGENSTAND UND -INTERESSE

Gertrud Bäumer ist selbst schon sehr früh von den Benachteiligungen in einer von Männern bestimmten Gesellschaft in vielfacher Hinsicht persönlich stark betroffen. Vor allem daraus resultiert ihr praktisches, politisches, wissenschaftliches und schriftstellerisches Interesse an allen Fragen und Problemen, die das Leben von Frauen betreffen; damit eng verbunden interessiert sie sich ebenso für alle Fragen und Probleme von Familien, Kindern und Jugendlichen. Die kulturellen Aufgaben von Mädchen und Frauen in der Öffentlichkeit durch Romane und Biographien herauszustellen, ist das Interesse der „Schriftstellerin". Die Rechte von Frauen und Kindern in der Gesellschaft einzufordern, diese durch eine entsprechende Gesetzgebung und durch die Einrichtung sozialer Institutionen festzuschreiben und die Herstellung des Friedens sind das Interesse der „Frauenfunktionärin", der „Politikerin" und der „Ministerialrätin".

Das wissenschaftliche Interesse Bäumers zielt zum einen ganz allgemein auf den Verlauf der Geschichte überhaupt und zum anderen auf die Geschichte, die Aufgaben, die Theorie und die Ausbildung der Sozialpädagogik bzw. der staatlichen Erziehungsfürsorge.

6.4. Wissenschaftsverständnis

Ähnlich wie bei Herman Nohl (siehe oben, S. 199ff.) hinterläßt auch bei Gertrud Bäumer das Philosophiestudium bei Wilhem Dilthey seine Spuren. Einerseits weisen ihr Werk und ihr Wirken zahlreiche Entsprechungen zur Position von Nohl auf, andererseits aber lassen sich auch deutliche Unterschiede zwischen beiden finden. Gemeinsam ist ihnen die Überzeugung, daß die Grundlage allen Forschens die Einsicht in die Geschichtlichkeit des Menschen und seiner Erzeugnisse ist. Die gegebene Geschehenswirklichkeit mit ihren Erfahrungen, Begegnungen, Schicksalen und Entscheidungen ist Gegenstand der Wissenschaft. So entwickelt Bäumer ihre Thesen für die Sozialpädagogik im wesentlichen durch Rückgriffe auf die historischen und sozialen Voraussetzungen. Daraus leitet sie auch ihre Definitionen, den Aufbau, die Aufgaben und die Ziele der Sozialpädagogik ab.
Im Unterschied zu Nohl sprengt Bäumer aber die „exklusive Fachlichkeit der Philosophie" und bezieht das mit ein, „was in der großen Bewegung der Zeit mitschwang, vor allem (die) Sozialwissenschaften" (Bach 1989, 11). Für Bäumer hat die Wissenschaft als solche durch ihre Ausdifferenzierung in Disziplinen ihren Gegenstand immer mehr isoliert; so hat sich z.b. nach Meinung Bäumers die Nationalökonomie zunehmend nach Gebieten, nach Beziehungen und Betrachtungsweisen aufgegliedert und darüber die Zusammenhänge der Lebenswirklichkeit vernachlässigt.
Aufgabe der Sozialpädagogik als Wissenschaft ist es für Bäumer, die komplexen Erscheinungen des Lebens in ihrer im Leben gegebenen Einheit zu erfassen; so müssen beispielsweise die wirtschaftlichen Verhältnisse als Lebensbedingungen verstanden werden. Dabei kann es für Bäumer nicht nur um „das Verstehen der lebendigen Synthesen von vielen äußeren und inneren, materiellen und seelischen Tatsachen" gehen, wie sie das Leben des einzelnen oder der Klasse darstellen. Die Wissenschaft hat darüber hinaus neue fruchtbarere Synthesen zu schaffen, die in der Praxis verwirklicht werden können (Bäumer 1929c, 220f.).

6.5. Theorie

Gemäß Bäumers wissenschaftstheoretischer Auffassung findet man bei ihr keine systematisch ausgeformte Theorie der Sozialen Arbeit. Sie beschreibt vielmehr – darin Nohl ähnlich – geschichtliche Prozesse und arbeitet so die historischen und sozialen Voraussetzungen für eine Theorie der Sozialpädagogik heraus.

(1) *Sozialpädagogik – Inbegriff der gesellschaftlichen und staatlichen Erziehungsfürsorge*: Ihre Ausführungen zur Theorie der Sozialpädagogik be-

ginnt Bäumer mit einer knappen Definition. Darin wendet sie sich ausdrücklich gegen Natorps Verständnis von Sozialpädagogik (siehe oben, S. 113ff.), allerdings ohne ihn beim Namen zu nennen. Sie greift die Position Nohls auf und sagt, daß der Begriff *„Sozialpädagogik"* ganz grundsätzlich in einem bestimmten Sinne gebraucht wird:

> „Er bezeichnet nicht ein Prinzip, dem die gesamte Pädagogik, sowohl ihre Theorie wie ihre Methoden, wie ihre Anstalten und Werke – also vor allem die Schule – unterstellt ist, sondern *einen Ausschnitt: alles was Erziehung, aber nicht Schule und nicht Familie ist.* Sozialpädagogik bedeutet hier den Inbegriff der gesellschaftlichen und staatlichen Erziehungsfürsorge, sofern sie außerhalb der Schule liegt" (Bäumer 1929a, 3).

Dieses Verständnis von Sozialpädagogik leitet Bäumer *aus der Geschichte* ab. Die Sozialpädagogik ist für sie *gesellschaftliche Erziehungsfürsorge* und entstand als *„Nothilfe"* zu einer Zeit, in der Schule und Familie als Erziehungsträger nicht mehr ausreichten. Unter normalen und gesunden Verhältnissen reichen – nach ihrer Meinung – die Familie und die Schule als Erziehungsträger aus. Was neben diesen beiden als Erziehungsfürsorge entstanden ist und entsteht, das füllt Lücken, die aufgrund fehlender Leistungen der Familien und Schulen entstanden sind und entstehen. Weil in der Ausfüllung der Lücken eine *„besondere Mehrleistung der Gesellschaft"* zu sehen ist, ist hier von einer *sozialen Tätigkeit* zu sprechen. Darum handelt es sich hier auch für Bäumer um einen eigenen Bereich.

Den Aufbau des Systems der öffentlichen Erziehungsfürsorge bzw. Sozialpädagogik kann man nach Bäumer nur dann verstehen, wenn man sich klarmacht, daß es sich hierbei um einen der Entstehung und dem Aufbau der Schule analogen Prozeß handelt:

> „Die öffentliche Fürsorge entstand gewiß zunächst als Nothilfe, um für die Familie einzutreten da, wo sie nicht vorhanden war (Waisen und Uneheliche); oder um sie zu stützen und zu ergänzen, wo aus Gründen ihrer sozialen Lage oder ihrer Minderwertigkeit oder der besonderen Schwierigkeiten des Erziehungsproblems ihre Erziehungsmittel nicht ausreichten. Dann aber entwickelte sich auf diesen Gebieten erzieherischer Tätigkeit außerhalb der Schule ein neues System mit einem neuen Träger, dem *normaler* Weise – und nicht nur ausnahmsweise – gewisse Leistungen in dem Ganzen der von Familie, Gesellschaft und Staat getragenen Bildung des Nachwuchses zufielen. Mit dieser Entwicklung änderten sich dann auch Auffassung, Wesen und Methode der sozialen Erziehungsfürsorge" (Bäumer 1929a, 3f.).

Die Schwierigkeit, diese Linie zu erkennen, liegt für Bäumer einmal darin, daß Ausgangspunkte, Aufgaben und Leistungen der sozialen Erziehungsfürsorge unendlich vielgestaltig sind. Für die Schule sei das einfacher zu erkennen, weil die Ausgangspunkte dort innerhalb einer Institution mit einheitlicher Organisation, geschlossenem Aufbau und innerem Zusammenhang liegen. Die *soziale Erziehungsfürsorge* wuchs jedoch nach Bäumer zusammen *aus zunächst nicht zusammenhängenden Bedürfnissen*, für deren Befriedigung sich die verschiedensten Organe darboten. Die *Einheit* sei – trotz des 1922 geschaffenen Reichsgesetzes zur Jugendwohlfahrt (RJWG) und des Ausbaus des Jugendamtes als für dieses Arbeitsfeld zuständige Behörde – *äußerlich nicht vollständig und innerlich noch nicht durchgearbeitet und gestaltungsfähig.* Bäumer vermutet sogar, daß die Einheit der Erziehungsfürsorge voraussichtlich weder organisatorisch noch innerlich jemals so vollendet sein wird wie die Einheit der Schule und sie muß „in einer späteren Entwicklung, nachdem die Erziehungsfürsorge sich selbst ausgestaltet, durchgebildet und abgerundet hat, ... mit der Schule von neuem in einer Synthese zusammenwachsen" (Bäumer 1929a, 4).

Die Sozialpädagogik setzte für Bäumer ein bei einzelnen Mißständen, die sich aus der wirtschaftlichen und sozialen Entwicklung ergaben:

> „Sie wurde durch Gefahren gerufen, die dem Kinderschicksal drohten, und versuchte zu schützen und zu heilen. Aber dies Stadium negativer Aufgaben ist das Provisorium eines anderen: mit der gesellschaftlichen Struktur ändert sich die Grundlage eines öffentlichen Erziehungssystems. Breiteren Nöten und Mißständen, die durch die Massenformationen des gegenwärtigen Wirtschaftssystems geschaffen sind, stehen auch andere gesellschaftliche Mächte gegenüber. Der Familie erwachsen Hilfen bei ihrer Erziehungsaufgabe. Das Jugendleben selbst fließt früher als ehemals aus der familienhaften Enge in die gesellschaftliche Weite. Sein Leben wird – im Guten und Bösen – von ferner her, aus größeren Zusammenhängen entschieden. Diese Mittel weitschichtiger, vorauswirkender Organisation dafür einzusetzen, daß das Leben der Jugend bildend sei, ist die wahrhaftig nicht hoffnungslose Aufgabe, der neue positive Sinn der Sozialpädagogik" (Bäumer 1929a, 15).

(2) In der *Geschichte der Erziehungsfürsorge* unterscheidet Bäumer zwei Ausgangspunkte:

(a) *Die Notwendigkeit des Staates, ergänzend einzugreifen, wo die Leistung der Familie gegenüber dem Kinde ausfiel*: Für Kinder, denen der juristisch verantwortliche Elternteil fehlte, mußten immer schon besondere Vorkehrungen getroffen werden. Die *verwaisten und die unehelichen Kinder* bilden dabei aber zwei verschiedene Ansatzpunkte: Für die Mündel ist die öffentliche *Waisenfürsorge* sowohl in rechtlicher als auch in sozialer Hinsicht immer schon tätig geworden. Die *Vormundschaft* über uneheliche Kinder mit der besonderen Aufgabe, diese von der Familie nicht oder unzulänglich beschützten Mitglieder der Gesellschaft gegen Mißbrauch, Ausnutzung und Verelendung zu sichern, entstand dagegen erst im Laufe des 18. Jahrhunderts; sie ist ein Stück sozialer Nothilfe.

(b) Die *Kindernot schlechthin*, die stets mit Armut verbunden erscheint, die wiederum ihren wesentlichen Grund in der wirtschaftlichen Hilflosigkeit des Kindes oder seiner Familie hat: Hier setzt die *Caritas als Armenpflege* ein, die Hungernden Brot gibt. Innerhalb dieser Armenpflege differenziert sich die Hilfe nach ihren Methoden und Einrichtungen aus, „danach ob die Eltern durch ihre wirtschaftlich-soziale Lage dem Kinde die normale Leistung der Familie bieten konnten, ob sie es wegen ihrer sittlichen Minderwertigkeit nicht zu tun vermochten, oder ob der Grund für den Mißerfolg oder die Unzulänglichkeit der Familienerziehung im Kinde selbst, in seiner körperlichen oder seelischen Beschaffenheit lag" (Bäumer 1929a, 5). Für Bäumer gehen von den drei zuletzt genannten Ursachen der Kindesnot, mit denen sich die Praxis konfrontiert sieht, die drei entscheidenden Linien in der Entwicklung und Durchbildung der sozialen Erziehungsfürsorge aus: Kritik der rechtlichen Voraussetzungen, Einsicht in soziale Probleme und Ausbildung der Erziehungshilfe bei Fehlentwicklungen.

(3) *Die Umgestaltung des Familienrechts*: Die Auseinandersetzung mit der *faktischen Minderwertigkeit der Familie als Erziehungsfaktor* führt nach Bäumer zur Kritik der rechtlichen Voraussetzungen, die bisher das Schicksal des Kindes ausschließlich der Familie überantworten, und zur grundsätzlichen Einschränkung der Macht der Familie über das Kind und zur *neuen Verteilung der Aufgaben und Verantwortungen zwischen Familie, Gesellschaft und Staat*. Viele Jahrhunderte lang sind alle Rechte und Pflichten den Kindern gegenüber uneingeschränkt den Familien bzw. dem Vater als ihrem Oberhaupt übertragen worden. Die Macht des Vaters wird später dadurch eingeschränkt, daß die Sippe eine Schutzpflicht den Kindern gegenüber einnimmt. Diese „Gesamtvormundschaft der Sippe verwandelt sich in die Vormundschaft der staatsbürgerlichen Gesellschaftsordnung, sie geht an den Staat über. Der *Staat übernimmt* die *Obervormundschaft*" (Bäumer 1929a, 5). Diese Vormundschaft hat *eine doppelte Aufgabe*:

(a) Überwachung der väterlichen Gewalt und Eingreifen, wenn sie mißbraucht wird.

(b) „Schutzherrschaft" über all diejenigen, die überhaupt keiner väterlichen Gewalt unterstehen.

Das bedeutet, daß prinzipiell der Vater vom Staat mit der Schutzaufgabe betraut und dem Staat gegenüber verantwortlich dafür ist, wie er diese Aufgabe wahrnimmt. Die frühere Funktion der Familie wird einem neuen Prinzip unterstellt, sie wird sozialpädagogisch eingeordnet. Die *staatliche Fürsorgeerziehung (Sozialpädagogik)* ist für Bäumer *ideell und grundsätzlich mit der Idee der Obervormundschaft des Staates verbunden* und insofern eine Art von praktischer Auswirkung dieser Idee. Der das Elternrecht überwachende Staat nimmt sich nicht nur das Recht, die Elternrechte bei Vernachlässigung der mit ihnen verbundenen Pflichten zu beschränken oder aufzuheben, sondern übernimmt selbst in einer gesetzlich geregelten Form die weitere Erziehung der Kinder. Der Staat verwandelt sich in diesem Fall aus dem Vormund in den Erzieher und übernimmt vollständig die Aufgaben und Pflichten der Familie. Der Staat beschränkt und kontrolliert die Elternrechte auch noch dadurch, daß er die Verfügungsmacht der Eltern auf einzelnen Gebieten einschränkt, auf denen der Jugend Schädigungen und Gefahren drohen.

(4) *Sozialpädagogik kümmert sich um gesellschaftlich notwendige Aufgaben*: Die Erkenntnis, wie bedeutsam die wirtschaftliche Lage der Eltern und die sozialen Umstände der Familie als Erziehungsfaktoren sind, führt nach Bäumer zur Einsicht, daß die sozialen Probleme als Folge gesellschaftlicher Strukturveränderungen über dem Schicksal des einzelnen walten und ihre Wirkungen zeigen. Eine der geläufigsten Erkenntnisse aus der Entwicklung der Wohlfahrtspflege ist nach Bäumer die Einsicht, daß mit bestimmten Veränderungen gesellschaftlicher Strukturen soziale Probleme entstanden sind; dadurch haben sich die Grundlagen und das Wesen der Hilfebedürftigkeit verändert, und damit sind neue Methoden der sozialen Hilfetätigkeit erforderlich geworden. Der neue Leitspruch *„Sozialpolitik statt Caritas"* belegt nach Bäumer diese Einsicht. Folglich richtet sich die Aufmerksamkeit auf die Lebensumstände des Kindes, so wie diese durch die Strukturveränderungen der Gesellschaft beeinflußt werden. An sie ist die kritische Frage zu stellen, wie weit sie noch Bildungsmächte seien bzw. wie weit sie geradezu bildungszerstörend wirken (Bäumer 1929a, 12).
Die Kinderarbeit, die Frauenerwerbsarbeit und die Wohnungsverhältnisse der Großstädte haben nach Bäumer in der Vergangenheit und in der Gegenwart viel zur *Verkümmerung der Familien* und wenig zur gesunden Entwicklung der Kinder beigetragen. Man habe zwar versucht, der Kinderarbeit eine positive pädagogische Funktion zuzuschreiben; letztlich seien aber in der Art und Weise, wie Kinder zur Arbeit herangezogen worden sind, allein die Interessen der Wirtschaft durchgesetzt worden, sogar gegen die Schule. Für die ausgebeuteten Kinder hat „das Leben aufgehört, bildend zu sein". Durch Kinderschutz- und Arbeitsschutzgesetze muß der *Staat das Recht auf Kindheit und Jugend wiederherstellen und durch soziale Fürsorge unterstützen*.
Die außerhäusliche Arbeit von Frauen führt zur Familienlosigkeit vieler Kinder, da die Männer sowieso schon außerhäuslich erwerbstätig sind. Der Zehn-Stunden-Arbeitstag für die Frauen ist erst 1906 erkämpft worden, vorher war ihr Arbeitstag noch sehr viel länger. Daraus folgt für Bäumer, daß sich die Erziehungsfürsorge um die Kinder, die ihre Mütter – und damit ihr Heim – entbehren müssen, sorgen muß. Säuglingsfürsorge, Kindergärten, Horte und Tagesheime für Schulkinder nehmen von hier ihren Anfang, „aber alle diese Einrichtungen füllten hier *die klaffendste Lücke* und gewannen hier ihr praktisches sozialpädagogisches Schwergewicht" (Bäumer 1929a, 13).

Daraus erwächst für Bäumer *die pädagogische Durchdringung des häuslichen Lebens, der häuslichen Arbeit und des familiären Pflichtenkreises.* Die *Wohnungsfrage*, zu der für Bäumer auch Laubengarten, Spielplätze, Erholung, Genuß und Ferien gehören, ist für sie die sozialpädagogische Frage schlechthin. Die Wohnverhältnisse der Großstädte zerstören nach Bäumer die Bildungskraft des Familienlebens für weite Kreise von Kindern oder schränken sie doch zumindest ein. „Es wäre gesünder, wenn man die Familien als solche in Umstände versetzen könnte, die das Leben des Kindes bildend gestalten, statt ihm außerhalb der Familie anzuflicken, was ihm innerhalb ihrer verloren gegangen ist" (Bäumer 1929a, 14).

Bäumer sieht, daß die Sozialpädagogik darüber hinaus auch Einrichtungen und Organisationen anbietet, die *ein Plus gegenüber dem Jugendleben früherer Zeiten* darstellen und kollektive Leistungen für die Jugend ermöglichen, die ihr früher auch die Familie nicht zu bieten vermochte.

(5) *Erziehungshilfe bei Fehlentwicklungen*: Die Erforschung der *im Kinde selbst gegebenen Schwierigkeiten*, die von den normalen Erziehungsfaktoren der Familie und Schule nicht überwunden werden können, führt zur Aus- und Durchbildung der Erziehungshilfe bei Fehlentwicklungen. Aufgrund des anfänglichen Charakters der Sozialpädagogik als „Nothilfe" folgt für Bäumer, daß die Heilversuche der Pädagogen zunächst rein sozial oder moralisch motiviert sind und zwischen verwaisten, verlassenen und gefährdeten Kindern nicht unterschieden worden ist. Mit der erst allmählich sich ausdifferenzierenden Versorgung der Kinder werden spezifische Erziehungsmethoden erarbeitet. Die Entdeckung des *Typus „schwer erziehbares Kind"* verlangt nach Bäumer, die *Medizin* (Psychiatrie) in die Erziehung einzubeziehen. Die wissenschaftliche Erkenntnis von Fehlentwicklungen sei nicht von der Pädagogik, sondern von der Medizin angestoßen worden; hier habe die Medizin auch weiterhin Vorrang vor der Pädagogik.

(6) *Zum Verhältnis von Sozialpädagogik und Wohlfahrtspflege*: Ein besonderes Problem stellt für Bäumer die Einordnung der Jugendwohlfahrt in die allgemeine Wohlfahrtspflege dar (Bäumer 1929b, 24). Es werde von einigen gefordert, sagt Bäumer, die Jugendwohlfahrt im Rahmen der Familienfürsorge durchzuführen, einmal weil eine ungünstige Entwicklung eines Kindes seine Ursache in der Notlage der Familie haben kann, zum anderen um durch eine Vereinheitlichung der Wohlfahrtspflege ein zerstückeltes Spezialistentum zu überwinden. Für Bäumer entstehen im Rahmen der Jugendwohlfahrtspflege aber auch Aufgaben, die intensiver aufgefaßt werden müssen, als das im Rahmen einer allgemeinen Familienfürsorge möglich ist, und die von pädagogisch ausreichend befähigten Kräften durchgeführt werden müssen.

„Wenn darum praktisch die *Jugendwohlfahrtspflege zweckmäßig in Verbindung mit der allgemeinen Wohlfahrtspflege* gebracht werden muß, so kann sie doch keineswegs in ihr aufgehen. Ihr Geist selbst, die richtunggebenden Ideen, die sie beherrschen, die Probleme, die bei ihr im Vordergrunde stehen, sind durchaus eigener Natur und stehen im Grunde in viel näherer innerer Beziehung zur Schule als zur allgemeinen Wohlfahrtspflege" (Bäumer 1929b, 25; 1929c, 217).

Kritisch wendet Bäumer gegen die Wohlfahrtspflege ein, daß die Zustände, die durch die schuldlose Verarmung des Mittelstandes und durch die ganzen übrigen wirtschaftlichen Kriegsfolgen entstanden seien, zu einer *Bevormundung* weiter Bevölkerungschichten durch die Wohlfahrtspflege geführt hätten. Diese Bevormundung sei ohne Zweifel in höchstem Maße bedenklich, und deren Abbau durch die allgemeine Gesundung der wirtschaftlichen Verhältnisse sobald wie möglich dringend erwünscht. Die Notwendigkeit der Jugendhilfe aber könne gleichviel in weitem Maße bestehen bleiben.

„Denn hier, in der Fürsorge für Kinder, die in irgendeinem Sinne besondere Schwierigkeiten bieten, wird ein für allemal eine der normalen Familie überlegene pädagogische Einsicht zur Verfügung gestellt werden müssen, um ein Stück Volkskraft zu retten oder die mit solchen Kindern für die Gesamtheit verbundene Belastung auf ein Mindestmaß einzuschränken" (Bäumer 1929b, 25).

Die *freie Wohlfahrtspflege* ist für Bäumer stets eine *Überschußleistung der sittlichen Energie der Bevölkerung*. Es kann mit ihr nicht im gleichen Sinne wie mit der *öffentlichen Fürsorge* gerechnet werden (Bäumer 1929, 10). Daher hat sich das Reichsgesetz für Jugendwohlfahrt (RJWG) die Aufgabe gestellt, die freie Tätigkeit mit der amtlichen in der Einheit des Werkes der Jugendhilfe so zu *verbinden*, daß beides zugleich zu seinem Recht kommt: die größere Beweglichkeit der mannigfaltigen freien Arbeit und der Vorzug der Stetigkeit und der Systematik der öffentlichen Leistungen (Bäumer 1929a, 11; 1929b, 18-26).

(7) *Die sozialpädagogische Ausbildung*: Der Ausgangspunkt der Ausbildung in den sozialen Schulen ist nach Bäumer der Gedanke, die künftigen sozialpädagogischen Kräfte instand zu setzen, auf Menschen in bestimmten sozialen Umständen zu wirken, und zwar so zu wirken, daß sie in ihnen die gesunden Kräfte berühren und beleben. Die sozialpädagogische Ausbildung hat es nach Bäumer mit *zwei Einheiten* zu tun: der des *Menschen* und der der *Gesellschaft*. In dieser Tatsache liegt für Bäumer das eigentliche Problem der Ausbildung. „Denn welche Wissenschaften gehören dazu, um diese beiden Einheiten verstehen zu können? Es gibt schlechthin keine Berufsausbildung, die in solche vielgestaltige Fülle von Lebens- und Wissensgebieten hineingreifen muß, um den Beruf ausreichend zu unterbauen" (Bäumer 1929c, 220). Für die sozialpädagogische Arbeit ist das Leben nach Bäumer eine äußerst komplexe Erscheinung, und die Ausbildung muß dahin führen, es in dieser seiner Komplexität, aber auch als Einheit zu erfassen (Bäumer 1929c, 220). Die pädagogischen Wissenschaften sind nach

Meinung Bäumers in ihrer bisherigen Entwicklung auf die Bedürfnisse der Sozialpädagogik nicht zugeschnitten. Für Bäumer „gibt es als wissenschaftliche Grundlage für die Ausbildung in der sozialen Erziehungsfürsorge eigentlich nur *eine* Wissenschaft: *richtig verstandene Soziologie* – eine *soziale Lebenskunde* mit der Möglichkeit der Zuspitzung auf die Möglichkeit praktischen Einwirkens" (Bäumer 1929c, 221).

6.6. BEDEUTUNG FÜR DIE SOZIALE ARBEIT

Die Bedeutung Bäumers für die Soziale Arbeit wird m.E. weitgehend unterschätzt bzw. noch kaum gesehen. Der Band „Sozialpädagogik" des von Nohl und Pallat herausgegebenen „Handbuchs der Pädagogik" wird stets unter dem Namen der beiden Herausgeber verhandelt; die Beiträge zur Sozialpädagogik, die man dort eigentlich von Herman Nohl erwarten könnte, stammen jedoch von Gertrud Bäumer. Und kann man Bäumer zur „Schülerin Nohls" erklären, wie das z.b. Helga Marburger tut (Marburger, 1981, 67ff.)? Bäumer ist sechs Jahre älter als Nohl und bevor sich Nohl – erst unter dem Druck seiner Schwestern (siehe S. 199ff.) – mit Problemen der Jugendhilfe befaßte, hatte Bäumer bereits zusammen mit Marie Baum die Soziale Frauenschule und das Sozialpädagogische Institut in Hamburg geleitet, das fünfbändige „Handbuch der Frauenbewegung" zusammen mit Helene Lange herausgegeben und war im Berliner Innenministerium als Ministerialrätin für sozialpolitische und -pädagogische Fragen zuständig. Die Aussagen Bäumers werden zudem häufig verkürzt angeführt, z.B. dann, wenn ihr Satz „Sozialpädagogik ist alles, was Erziehung, aber nicht Schule und nicht Familie ist" wie ein geflügeltes Wort im Sinne einer prägnanten Definition für Sozialpädagogik als Teilgebiet der Pädagogik weitergegeben wird, ohne die für ihr Verständnis von Sozialpädagogik weitreichende Ergänzung zu beachten, wissenschaftliche Grundlage für „soziale Erziehungsfürsorge sei eigentlich richtig verstandene Soziologie, eine soziale Lebenskunde" und nicht Pädagogik (Bäumer 1929a, 3; 1929c, 221). Bäumers Bedeutung für die Soziale Arbeit kann allein auch schon wegen ihres Einflusses auf die Gesetzgebung hinsichtlich der Verbesserung der Lebensbedingungen für Kinder, Jugendliche, Frauen und Familien bis in die Gegenwart hinein nicht hoch genug eingeschätzt werden. Die Ausführungen und Forderungen Bäumers zur Ausbildung und ihrer wissenschaftlichen Grundlegung sind auch heute noch aktuell, insbesondere ihre Überlegungen zu einer „Grundlagenwissenschaft" für die soziale Fürsorge. Die von Bäumer vertretenen Thesen, daß Sozialpädagogik sich im Kern um gesellschaftlich notwendige Aufgaben kümmern, dabei an generelle Problemlagen anknüpfen (nicht an individuellen Defiziten), offensiv die Durchsetzung und Gestaltung günstiger Lebensbedingungen für Kinder und Familien vertreten und aus dem Glauben an einen machbaren sozialen Fortschritt leben soll, haben für die heutige Soziale Arbeit m.E. nichts an ihrer Bedeutung verloren.

6.7. LITERATUR ZUM VERTIEFEN

Die für die Soziale Arbeit wichtigen Gedanken Bäumers befinden sich vor allem in ihren Beiträgen im fünften Band des von Nohl und Pallat herausgegebenen „Handbuch der Pädagogik" (1929): In dem Aufsatz „Die historischen und sozialen Voraussetzungen der Sozialpädagogik und die Entwicklung ihrer Theorie" (Bäumer 1929a, 3-17) sind die Grundgedanken ihrer Theorie zusammengefaßt. In dem Aufsatz über „Das Jugendwohlfahrtswesen" (Bäumer 1929b, 18-26) werden einzelne Aspekte vertieft, und in dem Aufsatz „Die sozialpädagogische Erzieherschaft und ihre Ausbildung" (Bäumer 1929c, 209-226) werden einige Punkte – insbesondere zur wissenschaftlichen Grundlegung – differenziert und weitergeführt. Einen guten Überblick über Leben und Werk Gertrud Bäumers gibt die Biographie mit einer knappen Bibliographie von Marie Luise Bach (1989); leider erwähnt Bach die sozialpädagogischen Schriften nur am Rande und die Zusammenarbeit mit Herman Nohl gar nicht, dafür aber die mit Alice Salomon und Marie Baum.

7. Persönlich fürsorgen – Hans Scherpner (1898-1959)

„Seine (Hans Scherpners, E.E.) Spezialität war die Verbindung von Forschung und Lehre mit praktischer Jugendfürsorgearbeit, Praxisausbildung und Fortbildung der Sozialarbeiter. Die seltene Fähigkeit, aktuelle Theorie und Praxis zusammenzuschauen mit ihrem geschichtlichen Werdegang und Menschen von früher aus Bedingungen jeweils ihrer Epoche heraus zu verstehen, kam allen seinen Vorlesungen und Schriften ... zugute" (Otto Fichtner, zit. nach: Scherpner 1984, IV).

7.1 HISTORISCHER KONTEXT

Von den Arbeiten an seiner Promotion und Habilitation abgesehen, die Hans Scherpner noch in der Zeit der Weimarer Republik fertigstellt, beginnt er seine berufliche Laufbahn unter dem nationalsozialistischen Regime mit seiner Berufung zum Dozenten für Volkswohlfahrtspflege (siehe Ausführungen S. 238ff.). Öffentlich wirksam in der Sozialen Arbeit und Einfluß darauf nimmt Scherpner erst nach dem Zweiten Weltkrieg im Rahmen der Reorganisation des Fürsorgewesens in der amerikanischen Besatzungszone und in den ersten Jahren der jungen Bundesrepublik.
Der Zerfall der herkömmlichen Sozialordnung im 19. Jahrhundert führt bei vielen Menschen – insbesondere bei jungen Menschen – in Deutschland einerseits zum Orientierungsverlust bei der Gestaltung des individuellen Lebens, eröffnet aber andererseits neue Möglichkeiten individueller Gestaltung, die es bislang nicht gab. Als Reaktion auf die einschneidenden Veränderungen der Lebensformen und -strukturen und die damit verloren gegangene Orientierung werden zu Beginn des 20. Jahrhunderts Erziehungsberatungsstellen eingerichtet (siehe Ausführungen S. 159ff.). Aufgabe der Erziehungsberatungsstellen ist es, den einzelnen bei der Gestaltung seiner neuen sozialen Freiräume zu beraten und zu unterstützen. In den dreißiger Jahren gibt es in den meisten deutschen Städten Erziehungsberatungsstellen; diese sind häufig den Jugendämtern angeschlossen. In der Zeit nach 1933 ist die Tätigkeit der Erziehungsberatungsstellen zunächst unbedeutend, da die Nationalsozialistische Volkswohlfahrt (NSV) die Erziehung der jungen Menschen in die Hand nimmt, ihre Bedeutung wächst aber ab 1939 wieder, als die NSV Erziehungsberatungsstellen innerhalb ihrer Organisation etabliert und systematisch aufbaut (siehe Kadauke-List 1989). Die Stellen auf Ortsgruppen- bzw. Kreisebene werden von übergeordneten Stellen – meist auf Gauebene – kontrolliert. In den meisten Fällen arbeiten die Leiter der übergeordneten Stellen (zumeist handelt es sich um Psychologen) nur nebenamtlich. Die Aufgaben der nationalsozialistischen Erziehungsberatungs-

stellen sind unter anderem: Beratung der Ratsuchenden, Begutachtung von „Erbgesundheit" und „Aufwandwürdigkeit" bei Zuweisungen von Kindern und Jugendlichen zu Pflegestellen, Heimen, Tagesstätten oder Elternteilen bei Ehescheidungen, die Entfernung von „innerlich haltlosen Elementen aus der Gemeinschaft" usw. Nach dem Ende des Dritten Reiches erhalten die Erziehungsberatungsstellen in der neu gegründeten demokratischen Bundesrepublik Deutschland neue Aufgaben und ihre Zahl wächst sehr rasch: 1992 gibt es in Deutschland circa 1.000 Erziehungsberatungsstellen, ein Drittel der MitarbeiterInnen sind Dipl.-SozialarbeiterInnen. Es besteht ein Rechtsanspruch der Erziehungsberechtigten auf Erziehungsberatung.

Die sozialen und politischen Bedingungen in den ersten Nachkriegsjahren zwingen die Hilfebedürftigen in weiten Bereichen zur Selbsthilfe und die sozialen Akteure zu weitgehend improvisierten Hilfeformen. Das Reichsjugendwohlfahrtsgesetz (RJWG) von 1922 wird überarbeitet, den veränderten Verhältnissen angepaßt und in der Neufassung unter der Bezeichung „Gesetz zur Jugendwohlfahrt" (JWG) 1961 erlassen. Nach dem JWG haben die Jugendämter von eigenen Einrichtungen abzusehen, soweit die Träger der freien Jugendhilfe – meistens kirchliche Verbände – solche unterhalten, erweitern oder schaffen (siehe Ausführungen S. 255ff.). Der Entwurf eines Bundessozialhilfegesetzes (BSHG) wird von der Bundesregierung 1960 im Bundestag eingebracht. In den Mittelpunkt aller Vorschriften stellt das BSHG die Hilfe für den einzelnen Menschen. Ihm zu einer der Würde des Menschen entsprechenden Lebensführung zu verhelfen, ist oberstes Ziel der Sozialhilfe (siehe Ausführungen S. 255ff.).

Der 1929 in Genf gegründete „International Social Service" erhält mit seiner deutschen Zweigstelle „Internationaler Sozialdienst" (ISD), die 1951 in Frankfurt a.M. wieder eröffnet wird, wegen der vielen Millionen MigrantInnen (Vertriebene, Flüchtlinge) in den fünfziger Jahren eine herausragende Bedeutung, zugleich wird die deutsche Soziale Arbeit durch den ISD in die internationalen Abkommen, Arbeitsgemeinschaften und Austauschprozesse einbezogen.

Erst im Zuge der politischen Neustrukturierung und des wirtschaftlichen Aufschwungs ab den frühen fünfziger Jahren finden wir in den Bemühungen zur Reorganisation des Wohlfahrtssystems verstärkt theoretische Ansätze zur Ursachenanalyse und Vorschläge zur konzeptionellen Ausgestaltung. In beidem aber zeigen sich diese als ein mehr oder weniger bruchloses Anknüpfen an die Konzepte und Praxis der Weimarer Zeit (siehe Ausführungen S. 127ff.). Nicht nur darin, daß Scherpner die Arbeit von Christian J. Klumker, seinem Vorgänger, fortsetzt (siehe Ausführungen S. 159ff.), kommt diese Kontinuität zum Ausdruck. Er bringt – wie kein anderer und entsprechend folgenreich – das vor 1933 in der Weimarer Republik rechtlich fixierte, organisierte und theoretisch begründete System öffentlicher Wohlfahrt auf den Begriff und macht dieses Konzept wieder verfügbar.

7.2. BIOGRAPHISCHER KONTEXT

Hans Scherpner wird 1898 geboren (Scherpner 1974; 1979; 1984). Als Neunzehnjähriger studiert er ab 1917 zunächst an der Frankfurter Universität bei Christian-Jasper Klumker „Fürsorgewesen", wechselt dann aber nach Tübingen und später nach Marburg und studiert dort evangelische Theologie mit dem Schwerpunkt „Kirchengeschichte". Nachdem er 1922 seine erste theologische Prüfung abgelegt hat, geht er zum weiteren Studium wieder nach Frankfurt zu seinem Lehrer und Förderer Klumker an das Fürsorgeseminar zurück. Dort wird er 1923 zum Dr. phil. promoviert und wird außerplanmäßiger Assistent bei Klumker. Sein Dissertationsthema lautet: „Die Kinderfürsorge in der Hamburgischen Armenreform von 1788". Von 1926 bis 1929 hat Scherpner ein Forschungsstipendium einer amerikanischen Stiftung. Auf Klumkers Anregung hin forscht Scherpner in niederländischen Archiven; das Ergebnis seiner Studien ist seine Habilitationsschrift „Die Anschauungen über das Armenwesen beim Übergang vom Mittelalter zur Neuzeit – ein Beitrag zur Entstehensgeschichte der modernen Fürsorge" von 1932. Scherpner hält seine Antrittsvorlesung als Privatdozent über „Fürsorge und Politik" an der Universität Frankfurt a.M.; 1933 erscheint sein Buch „Fürsorge und Politik" in Berlin. Von 1933 an ist Scherpner Dozent für Volkswohlfahrt auf dem ehemaligen Klumker-Lehrstuhl für Fürsorgewesen an der Frankfurter Universität und hat zugleich die Leitung der übergeordneten NSV-Erziehungsberatungsstelle des Gaues Hessen-Nassau in Frankfurt a.M. inne; ihm sind Psychologen, Psychiater und Volkspflegerinnen als MitarbeiterInnen unterstellt (siehe Schrapper 1993, 234). 1935 wird Scherpner zum stellvertretenden Direktor des „Forschungsinstitutes für Fürsorgewesen und Sozialpädagogik" ernannt.

Nach dem Ende des Naziregimes gründet Scherpner 1949 die erste hessische Erziehungsberatungsstelle und übernimmt ihre Leitung, wird außerordentlicher Professor an der Frankfurter Universität und hält Vorlesungen an den Pädagogischen Hochschulen Lugenheim und Weilburg. Ein Jahr später übernimmt er die Leitung des neu gegründeten, von der US-Militärregierung geförderten „Institutes für Sozialarbeit und Erziehungshilfe e.V." und des „Seminars für Fürsorgewesen und Sozialpädagogik", das zur Wirtschafts- und Sozialwissenschaftlichen Fakultät der Universität Frankfurt gehört. Noch in demselben Jahr wird Scherpner außerdem Vorsitzender des Berufsverbandes männlicher Sozialarbeiter e.V. und des Internationalen Sozialdienstes in Frankfurt a.M. Von 1952 bis zu seinem Tode ist Scherpner Mitglied im Hauptausschuß des Deutschen Vereins für öffentliche und private Fürsorge in Frankfurt a.M. und beeinflußt mit diesem Gremium (zusammen mit Wilhelm Polligkeit, Hans Muthesius u.a.) die soziale Gesetzgebung mit seiner Theorie der Fürsorge. 1958 wird er zum wissenschaftlichen Rat an der Universität Frankfurt a.M. ernannt.

Scherpner publiziert im Vergleich zu seinem Lehrer und Vorgänger Klumker sehr wenig (siehe Scherpner 1974, 11). Sein von ihm noch konzipiertes Hauptwerk „Theorie der Fürsorge" erscheint erst postum (1962); ebenfalls postum erscheinen seine Arbeiten über die „Geschichte der Jugendfürsorge" (1966) und seine „Studien zur Geschichte der Fürsorge" (1984). Hans Scherpner stirbt im Jahre 1959 in Frankfurt a.M.

7.3. FORSCHUNGSGEGENSTAND UND -INTERESSE

Scherpners wissenschaftliches Interesse gilt hauptsächlich der Fürsorgegeschichte. An den Anfang seiner Forschung stellt er die Fragen: „Welche Stellung nimmt grundsätzlich die Fürsorge im Leben der Gesellschaft ein? Wo, an welcher Stelle und warum, durch welche Motivationen ist sie im Aufbau des Ganzen verankert?" (Scherpner 1974, 18). Scherpner fragt nach dem Wesen der Fürsorge als gesellschaftlicher Erscheinung. Diese Fragestellung drängt sich ihm auf, wenn er sich die Lage der Fürsorge anschaut und darüber nachdenkt. Da diese Frage für Scherpner nur durch eine historische und theoretische Betrachtung der gesellschaftlichen Praxis von Fürsorge in den verschiedenen Epochen aufgehellt und beantwortet werden kann, ergeben sich für ihn sehr viele Einzelfragen und -interessen. Um die geistesgeschichtliche Herkunft der modernen Fürsorgeprinzipien aufzudecken, forscht Scherpner nach der Entwicklung der Fürsorge von der Zeit des Übergangs vom Mittelalter bis in die Neuzeit, indem er die gefundenen Aussagen und Grundsätze zur Armenpflege miteinander vergleicht und so die Wesenszüge der Fürsorge herausarbeitet. Die Suche nach historischen Quellen und die wissenschaftliche Aufbereitung dieser Quellen zur Beantwortung seiner Fragestellung machen folglich einen großen Teil seines gesamten Forschungsinteresses aus.

7.4. WISSENSCHAFTSVERSTÄNDNIS

Scherpner hat von seinem Lehrer Klumker als selbstverständlich übernommen, daß ein Sozialwissenschaftler sich auch historisch mit dem jeweiligen Forschungsgegenstand befassen muß. Die Beschäftigung mit der Geschichte ist notwendig, um dem Nachdenken über die gegenwärtige Lage ein solides Fundament zu geben.
Die Fürsorgewissenschaft ist nach Scherpner eine Wirklichkeitswissenschaft. In einer Theorie der Fürsorge muß daher nach Scherpner versucht werden, die Erscheinungen der Fürsorge in der (geschichtlichen) Wirklichkeit aus ihren letzten – metaphysischen – Voraussetzungen heraus zu verstehen und diese Erkenntnisse systematisch einzuordnen. Scherpner grenzt

die Theorie der Fürsorge als Wirklichkeitswissenschaft deutlich und entscheidend ab von allen dogmatisch gebundenen Disziplinen, die Normen aufzeigen wollen, nach denen jedes Gebiet praktischen Handelns und auch die Fürsorge zu ordnen und zu regeln ist. Die Caritaswissenschaft und die Diakonie sowie jede irgendwie weltanschaulich begründete Sozialethik bezeichnet er folglich als normative Wissenschaftsdisziplinen und nicht als Wirklichkeitswissenschaften, da sie der Orientierung des Handelns dienen. Die Fürsorgewissenschaft als Wirklichkeitswissenschaft kann nach Scherpner keine normative Wissenschaft sein (Scherpner 1974, 20-22).

Das Wesen der Fürsorgetätigkeit als einer geschichtlichen Erscheinung ist in einer Gesamtschau zu erfassen, die es erlaubt, die Vielgestaltigkeit der Wirklichkeit zu ordnen. Theoretisches Erkennen und praktisches Handeln, Wissenschaft und Politik sind nach Scherpner ausdrücklich zu trennen. Dennoch ist die Fürsorge nur aus ganz bestimmten Perspektiven zu sehen, und diese sind uns durch die eigene geschichtliche Situation vorgegeben, weil jeder – auch der Wissenschaftler – an der geschichtlichen Wirklichkeit beteiligt ist. Das hebt aber die Verpflichtung nicht auf, bei der Denkarbeit sich immer wieder der letzten Voraussetzungen bewußt zu bleiben und mit ganzer Kraft danach zu streben, der Wirklichkeit und damit der Wahrheit näher zu kommen. Ein endgültiges System ist für die Theorie der Fürsorge niemals zu entwerfen, da Fürsorge immer dem historischen Wandel unterworfen ist. Es ist nach einem Begriff der Fürsorge zu suchen, der auf die jeweilige historische Epoche abzielt; dabei geht es aber letztlich immer um die grundsätzliche Bedeutung der geschichtlichen Erscheinungen, nicht um ihre einmalige historische Wirkung.

Scherpner geht wissenschaftstheoretisch gesehen nach einer hermeneutisch-phänomenologischen Methode vor; d.h. die historisch sich wandelnden Erscheinungsweisen der Fürsorge werden auf ihren Wesensgehalt hin untersucht (siehe Lukas 1979, 183).

7.5.   THEORIE

Für Scherpner ist „die gegenwärtige Gestalt der Fürsorge ... zu verstehen als das Ergebnis der hinter uns liegenden geschichtlichen Entwicklung, als Produkt von Kräften, die in der Geschichte der Fürsorge wirksam waren und die in der Gegenwart vielleicht noch wirksam sind und in die Zukunft hinüberführen" (Scherpner 1984, VII); daher beginnt er seine Ausführungen zur Theorie der Fürsorge mit geschichtlichen Untersuchungen über die geistesgeschichtliche Herkunft der modernen Fürsorgeprinzipien. Scherpner setzt beim Übergang vom Mittelalter zur Neuzeit (den er im 13. Jahrhundert sieht) an, um die Grundzüge der Sichtweisen zu erforschen, die bis in die Gegenwart für die Entwicklung der Fürsorge gelten. Mit großer Sorgfalt stellt er Fürsorgetheorien seit dem 13. Jahrhundert dar, z.B. die Theorien von Thomas von Aquin, Geiler von Kaysersberg, John Major, Erasmus von Rotterdam, Juan Luis Vives, Adam Smith, Robert T. Malthus und Karl Marx (Scherpner 1974, 23-121).

(1) *Fürsorge und Jugendfürsorge*: Unter *Fürsorge* versteht Scherpner

> „organisierte Hilfeleistung der Gesellschaft an einzelnen ihrer Glieder, die in Gefahr stehen, sich aus dem Gemeinschafts- und Gesellschaftsgefüge, aus ihrer Ordnung und ihrem Leben herauszulösen und ihr zu entgleiten. Konkreter gesagt: die Fürsorge versucht Menschen, die den Anforderungen des Gemeinschafts- und Gesellschaftslebens – sei es in wirtschaftlicher, sei es in moralischer Hinsicht – nicht genügen können, zu stützen und zu halten, oder, wenn es sein muß, sie an anderer geeigneterer Stelle einzugliedern, damit sie aus eigener Kraft am Leben des Ganzen teilnehmen können. Das ist die Zielrichtung jeder Fürsorge" (Scherpner 1979, 10).

Ziel des Bemühens der *Jugendfürsorge* ist es,

> „dem Jugendlichen die ihm gemäßen Entwicklungsmöglichkeiten zu sichern und ihn in den Gesamterziehungsprozeß, das heißt in die regulären Gemeinschaftsbindungen hineinzuführen, damit er zum mündigen und selbstverantwortlichen Glied der Gesellschaft heranwächst. Damit ist im allgemeinen umschrieben, was wir heute unter Jugendfürsorge verstehen, und es ist doch wohl auch das eigentlich Charakteristische deutlich geworden, daß die Jugendfürsorge nur immer da eingreift, und nur da mit Recht eingreift, wo die ‚normalen' Erziehungsbemühungen von Gemeinschaft und Gesellschaft nicht ausreichen" (Scherpner 1979, 12).

In der Geschichte der Fürsorge erkennt Scherpner folgende *drei Grundsätze*, die seiner Meinung nach auch heute noch im *Fürsorgewesen* gelten:

(a) die Individualisierung der Hilfe,

(b) die Arbeitspflicht der Armen,

(c) die rationale planmäßige Gestaltung der Unterstützung (Scherpner 1974, 23).

Am Ende seiner historischen Studien nennt Scherpner *drei Wesenszüge*, „die die Armenpflege, die Fürsorge oder wie sonst man die soziale Hilfeleistung nennen will, zu allen Zeiten, im Mittelalter wie in der Neuzeit, bestimmen" (Scherpner 1974, 120):

(a) Fürsorge ist stets eine *gesellschaftliche Erscheinung*, getragen von Gemeinschaftsgefühlen und -anschauungen.

(b) Fürsorge ist eine *persönliche Fürsorge*, die auf die Not des einzelnen reagiert und Abhilfe zu schaffen versucht.

(c) Fürsorge ist eine *planmäßig, rational organisierte Hilfeleistung*, die sich nach gesellschaftlichen Zielsetzungen richtet (Scherpner 1974, 120f.).

(2) *Die Urkategorien „Hilfe" und „Kampf"*: Der einfachste Grundtatbestand, um den es sich nach Scherpner bei der Fürsorge handelt, ist die Hilfeleistung (siehe Scherpner 1974, 122-138). Jede Fürsorgehandlung zielt für Scherpner auf Hilfe ab; daher gilt es am Anfang einer Theorie der modernen Fürsorge, in das Wesen des Begriffs „Hilfe" einzudringen. *Hilfe* ist für Scherpner eine Urkategorie des menschlichen Handelns, ein Begriff, der nicht weiter zurückführbar ist außer auf den des menschlichen Handelns überhaupt. Hilfe ist wie ihr Gegenteil, der Kampf, eine *Grundform des Verhaltens von Menschen zueinander*. Es ist als Grundtatbestand einfach gegeben, daß Menschen sich gegenseitig helfen. Helfen ist eine gesellschaftliche Kategorie und bezeichnet ein Verhalten im menschlichen Zusammenleben. Damit der *Akt des Helfens* zustande kommt, sind *mindestens zwei Menschen nötig*; der Hilfebedürftige und der Helfer müssen zusammentreffen und miteinander handeln. Die beiden Akteure sind jeweils mit bestimmten Menschen verbunden, die ihrerseits auf den Akt des Helfens einwirken. Helfen ist wie jedes menschliche Verhalten *durch Gemeinschaftsbindungen bestimmt* und keine isolierte Handlung der beiden Akteure. Der objektive Sinn eines Hilfeaktes ist bestimmt von der gesellschaftlichen Situation, in der er geschieht. Wer hilfebedürftig ist, wer als hilfebedürftig gilt und an welchen Zielen die Hilfe ausgerichtet wird, das alles bestimmt nicht der einzelne Helfende allein, sondern das ist bedingt durch die Anschauungen der Gesellschaft, in der Helfer und Hilfeempfänger gemeinsam leben.

Hilfe ist die *Gegenkategorie zu Kampf*. Der Sinn des Kampfes ist für Scherpner letzten Endes immer die Vernichtung des Feindes aus der Verneinung seines Rechtes auf Existenz. Hilfe setzt dagegen immer die Bejahung des anderen und seiner Existenz voraus, die ihren Grund darin hat, daß wir ihn als „zu uns" gehörig anerkennen. Die Hilfeleistung erfolgt aus der Verbundenheit in der menschlichen Gemeinschaft, die die volle menschliche Existenz aller ihrer Glieder in sich einbezieht und bejaht. Die Hilfe ist eine Funktion der „Gemeinschaft" im idealtypischen Sinn dieses Begriffs. Scherpner folgt hier der Unterscheidung zwischen Gemeinschaft und Gesellschaft von Ferdinand Tönnies (1926). Die Gemeinschaft ist dem einzelnen Menschen vorgegeben; in sie wird der Mensch hineingeboren. Die Familie ist ein solches Gemeinschaftsgebilde. Die Gesellschaft dagegen ist der „nachträgliche" Zusammenschluß einzelner zu bestimmten Zwecken. In allen humanen Formen der Gesellschaft lebt aus ihrer Durchdringung mit echtem Gemeinschaftswillen auch die Bereitschaft zur Hilfe an den in Not befindlichen Gliedern. *Hilfe ist immer Lebensfunktion einer menschlichen Gemeinschaft*, sie dient ihrer *Erhaltung* und *Festigung*, da jede Gemeinschaft grundsätzlich labil ist. Aus dem Wesen des Menschen stammt ein Gespanntsein allen Gemeinschaftslebens, und aus den daraus entstehenden Reibungen entspringt schließlich auch das Angewiesensein des

Menschen auf Hilfe. Dagegen ist der Wille zur Hilfe in den zusammenhaltenden Tendenzen der Gemeinschaft begründet. Eine Gemeinschaft, die die Hilfe nicht mehr anerkennen und nicht mehr tätig erweisen wollte, wäre sehr schnell dem Verfall ausgeliefert.

(3) *Fürsorgerische Hilfe*: Unter diesem Begriff versteht Scherpner eine besondere Form *des allgemeinen Helfens*. Jedes Glied einer Gemeinschaft ist auf allgemeine Hilfe, d.h. auf die Unterstützung durch andere Menschen angewiesen. Fürsorgerische Hilfe entstammt sowohl der *Sorge* für die *Glieder der Gemeinschaft*, die sich aus irgendwelchen Gründen in der Gemeinschaft nicht halten können oder den Anforderungen des Gemeinschaftslebens nicht gewachsen sind, als auch der *Sorge für die Existenz der Gemeinschaft*, die durch einzelne oder eine größere Zahl von Gliedern, die den Anforderungen der Gemeinschaft nicht gewachsen sind und sich nicht halten können, gefährdet ist. Beide Gesichtspunkte gehören zusammen, und der eine kann nach Scherpner nicht ohne den anderen existieren (Scherpner 1974, 128-138). Indem die fürsorgerische Hilfe den Hilfebedürftigen in seiner persönlichen Existenz innerhalb der Gemeinschaft zu stützen und zu erhalten trachtet, sichert und stärkt sie auch das Leben des Ganzen, d.h. der Gemeinschaft. Es geht der fürsorgerischen Hilfe dabei sowohl um den materiellen Bestand der Gemeinschaft als auch um die Erhaltung ihrer geistig-sittlichen Werte.

Die *Aufgabe des Staates* ist der *Ausgleich der Antagonismen* zwischen den einzelnen und den Teilgruppen innerhalb der Gesamtgesellschaft. Das spezifische Mittel des Staates, um die Gemeinschaft zu organisieren, ist das politische Handeln, d.h. als letzte Maßnahme die Anwendung physischer Gewalt, um den Bestand der Gemeinschaft zu erhalten. Fürsorgerisches Helfen ist für Scherpner zwar Bestandteil der Politik, aber selbst kein politisches Handeln im Sinne des Kämpfens um Macht. Fürsorgerisches Helfen ist den allgemeinen politischen Zielsetzungen des Staates untergeordnet und nicht autonom. Durch Politisierung wird fürsorgerische Hilfe nach Scherpner in ihrem Wesen und in ihrer Funktion verfälscht. Die geltenden Wertorientierungen und Anschauungen der Gemeinschaft regeln das Leben der Gemeinschaft und setzen auch den Rahmen für die fürsorgerische Hilfe fest. Es kommt also darauf an, welche Werte eine Gemeinschaft in ihrer geschichtlichen Lage mit ihren schwachen Gliedern verbindet, deren Realisation durch die fürsorgerische Hilfe der Gesamtheit in ihrer Lebensbehauptung und Lebensentwicklung zugute kommt oder in Zukunft zugute kommen wird. Nur unter dieser Voraussetzung wird sie diese Glieder als hilfebedürftig anerkennen können.

Diese Besonderheit fürsorgerischen Helfens führt nach Scherpners Auffassung zur Ausbildung eines eigenen Berufsethos und Menschentyps für die Fürsorge. Der *Idealtypus des Fürsorgers* wird am deutlichsten in der Ge-

genüberstellung zum *Typus des Politikers*. Der Politiker ist von der Richtigkeit seiner Ziele und Werte überzeugt und strebt nach Macht und Herrschaft; er kämpft und setzt sich notfalls rücksichtslos durch, um die Macht zu erlangen. Der Helfer dagegen ist in seiner ganzen menschlichen Haltung und in seinen Motivationen durch eine spontane Hilfebereitschaft dem Schwachen und Hilflosen gegenüber bestimmt. Aus Sympathie mit den Menschen kann der Helfer nicht anders, als allen Menschen, die in Not sind, zu helfen.

(4) *Zwei Grundformen der Hilfebedürftigkeit*: Nach Scherpner kann man je nach der Art der Gemeinschaftsansprüche, die die Hilfebedürftigen nicht erfüllen können, zwei Grundformen der Hilfebedürftigkeit unterscheiden (Scherpner 1974, 138-157):

(a) *Armut*: Die erste Grundform der Hilfebedürftigkeit hat für Scherpner ihren Grund in der *Unangepaßtheit* des einzelnen *an die materiellen Lebensbedingungen* der Gesellschaft, entspringt also einem *Versagen den wirtschaftlichen Erfordernissen des Lebens gegenüber*. Scherpner nennt diese *wirtschaftliche Hilfebedürftigkeit Armut*. Armut ist in ihrer typischen Ausprägung ein Notzustand der Erwachsenen. Die Antwort auf Armut ist *wirtschaftliche Hilfe*. Die Ursachen von Verarmung können subjektiv und objektiv gegeben sein. Objektive Ursachen sind z.B. nach Scherpner Massenarbeitslosigkeit infolge von Krieg, Katastrophen, Hungersnöten und Seuchen, für die der einzelne nichts kann und in denen die Fähigkeiten des einzelnen verschwinden bzw. nicht zur Geltung kommen können. Subjektive Ursachen sind schwerste körperliche und geistige Defekte. Diese extremen Typen der Verursachung von Armut bezeichnen die Grenzen, zwischen denen sich Verarmung in der sozialen Wirklichkeit – in der sich menschliche Unfähigkeit und wirtschaftliche Anforderung mischen – abspielt. Der Prozeß der Verarmung wird hervorgerufen durch subjektive Unangepaßtheiten an die sich wandelnden wirtschaftlichen Verhältnisse und durch die Unfähigkeit des Armen, den konkreten Wirtschaftsanforderungen zu entsprechen. Der Typus des Armen wandelt sich nach Schepner mit der Änderung der wirtschaftlichen Verhältnisse. Prozesse der Verarmung spielen sich demzufolge in allen Bevölkerungsschichten ab. Die Armen regenerieren sich nicht aus sich selbst. Die Frage nach der Schuld für die Verarmung bleibt offen; sie ist nach Scherpner für jeden Einzelfall separat zu beantworten.

(b) *Verwahrlosung*: Die zweite Grundform der Hilfebedürftigkeit beruht auf der *Unzulänglichkeit gegenüber der moralischen Ordnung* der Gemeinschaft und den sich aus der moralischen Ordnung an den einzelnen ergebenden Anforderungen. Diese *erzieherische Hilfebedürftigkeit* bezeichnet Scherpner als *Verwahrlosung*, die aus Mangel an Erziehung und Bewahrung, aus dem „Wahrlos-Sein" hervorgeht. Die Verwahrlosung kann als typische Erscheinungsform jugendlicher Hilfebedürftigkeit angesehen werden. Die Antwort auf Verwahrlosung ist *erzieherische Hilfe.* Subjektive Qualitäten des Kindes sowie des Jugendlichen und objektive Gegebenheiten – die formenden Gemeinschaftskräfte mit ihren Ansprüchen – wirken bei der Entstehung von Verwahrlosung zusammen. Zunächst entsteht beim Zusammentreffen der beiden Komplexe die Gefährdung; dann vollzieht sich stufenweise der Prozeß zur vollen Verwahrlosung. Im Endstadium versagt der Verwahrloste gegenüber den moralischen Anforderungen und der Wertordnung der Gemeinschaft überhaupt; er stellt sich außerhalb der Gemeinschaft. Der *Asoziale* ist nach Scherpner das Endergebnis einer solchen Entwicklung.

Beide Grundformen der Hilfebedürftigkeit stehen *in wechselseitiger Beziehung zueinander.* Die Armut kann wesentlich mitverursacht sein durch den Verwahrlosungszustand, in dem der Arme sich befindet, und umgekehrt kann die Verwahrlosung durch die Armut wesentlich mitbedingt sein, in der sich der Verwahrloste befindet.

(5) *Persönliche Fürsorge:* Fürsorgerische Hilfe ist für Scherpner immer *persönliche Hilfe,* eine persönliche Begegnung des Helfers und des Hilfebedürftigen. Der Hilfebedürftige wird durch den Helfer als für die Gesellschaft wertvoll anerkannt und um seines Eigenwertes und seiner Eigenexistenz willen bejaht. Eine Veränderung der Verhältnisse, in denen der Hilfebedürftige lebt, kann zwar Gefährdungsvorbedingungen beseitigen, aber nicht das fehlerhafte Verhalten des Hilfebedürftigen aus der Welt schaffen. Die *Hilfeaktion* muß *auf die Person des Hilfebedürftigen gerichtet* sein. Nur persönliche Beeinflussung kann Abhilfe schaffen. Abhilfe schaffen heißt, den Hilfebedürftigen zur richtigen Einstellung auf die Anforderungen der Gesellschaft zu bringen, zu versuchen und zugleich sich zu bemühen, diese Ansprüche so zu gestalten, daß sie seinen Kräften und seiner Eigenart angemessen sind. Persönliche Fürsorge ist heute nach Scherpner zugleich *individualisierende Hilfe.* Es gibt für ihn in der Bundesrepublik Deutschland keinen Stand der Armen mehr, auf den sich die Hilfe insgesamt richten kann. Wohl aber gibt es viele einzelne Hilfebedürftige, denen jeweils individuell zu helfen ist.

Das Wesen der persönlichen Fürsorge ergibt für Scherpner, daß der Hilfebedürftige zum Herrn der fürsorgerischen Situation wird, da er in seiner individuellen Persönlichkeit der alleinige Beziehungspunkt aller Hilfebemühungen ist. Den in der persönlichen Fürsorge auf die Person des Hilfebedürftigen ausgerichteten Bemühungen entspricht ebensosehr das persönliche Moment des Helfenden. Der Helfer handelt in der ursprünglichen Form fürsorgerischen Helfens aus persönlicher Hilfebereitschaft, getrieben von *persönlichem Hilfewillen,* der seinen Ursprung in der Verbundenheit von Helfer und Hilfebedürftigem in der Gemeinschaft hat. Deshalb fühlt sich der Helfer persönlich für seinen Schützling verantwortlich. Für eine echte Fürsorge sind die Hingabe des Helfers an den Hilfebedürftigen und sein persönlicher Einsatz für dessen Erhaltung oder Rettung die charakteristischen Merkmale.

In der *modernen Fürsorge* ist für Scherpner das persönliche Element aus der Fürsorge fast ganz verschwunden, ausgenommen in der Jugendhilfe. Die Wiederentdeckung der persönlichen Fürsorge hält er für notwendig, um die Entwicklung der Fürsorge zu einer schematisierenden bürokratischen Fürsorge aufzuhalten. Mit dem Beginn der Neuzeit ist die Fürsorge für Scherpner in das Stadium der *planmäßigen* Organisation eingetreten; damit besteht das ungelöste Problem, wie trotzdem der Charakter der *Fürsorge als persönliche Hilfe* gewahrt bleiben kann. Die Frage ist für Scherpner außerdem, wie sich die ursprünglich freie persönliche Hingabe des Helfers, die oft auch den vollen Einsatz seiner wirtschaftlichen Mittel einschloß, mit einer bezahlten, zur Verbeamtung tendierenden Berufstätigkeit verträgt (siehe Scherpner 1974, 157-168).

(6) *Organisierte Hilfe*: Sobald der soziale Aufbau einer Gemeinschaft differenzierter wird, wird auch die Ausbildung besonderer Hilfeeinrichtungen und Fürsorgeformen notwendig: *Die fürsorgerische Hilfe muß organisiert werden* (siehe Scherpner 1974, 168-200). Fürsorge wird damit, im Unterschied zur spontanen persönlichen Hilfe, für Scherpner zur institutionalisierten, rational organisierten persönlichen Hilfe. Der Preis, der für die moderne Form der Hilfe zu zahlen ist, ist der *Verzicht auf den Gemeinschaftscharakter der Fürsorge*. Durch ihre Einbeziehung in die rational-gesellschaftlichen Formen der modernen Verwaltung löst sie sich von ihrer Lebensgrundlage, ihrer Verwurzelung in den naturgegebenen Gemeinschaftsgebilden. Bedeutet dieser elementare Wandel der Hilfe das Ende der persönlichen und spontanen Hilfe überhaupt? fragt Scherpner. Die organisierte private Fürsorge ist für ihn ihrem Ursprung nach ein Erwachen der spontanen Hilfekräfte der Gesellschaft, die in den engeren Gemeinschaftsgebilden bereitliegen. Die *organisierte private Fürsorge* bildet als persönliche und spontane Fürsorge den *Gegenpol zur behördlichen, rational organisierten, öffentlichen Fürsorge*.

Die *grundsätzliche Problematik der modernen Fürsorge* liegt für Scherpner darin, daß die persönliche Fürsorge heute zugleich institutionelle Fürsorge ist und damit in Gefahr steht, von Organisation und Verwaltung, die geschaffen worden sind, ihr zu dienen, überfremdet und erdrückt zu werden. Mit der zunehmenden Kompliziertheit der wirtschaftlichen und sozialen Struktur der Gesellschaft schafft der Staat neue feste Formen des sozialen Schutzes, Sozialleistungen, die nicht Fürsorge sind, sondern der sozialen Sicherheit dienen. Diese Arbeitsformen der sozialen Sicherung haben wie die Fürsorge ihren jeweiligen Eigenwert, ergänzen sich aber auch wiederum gegenseitig. Während die Arbeitsformen der sozialen Sicherung nach dem Prinzip der Vorleistung und der Gegenleistung erfolgen, sollen die der Fürsorge den Hilfebedürftigen beeinflussen und befähigen, mit den Anforderungen seiner sozialen Situation fertig zu werden.

7.6. BEDEUTUNG FÜR DIE SOZIALE ARBEIT

Scherpner hat den Theorieansatz seines Lehrers Christian J. Klumker und weitere Ansätze aus der älteren Fürsorgewissenschaft aufgenommen und in seiner Theorie der Fürsorge weitergeführt. Damit steht Scherpner in der Tradition der herkömmlichen, hermeneutisch orientierten und altruistisch-sozialintegrativen Fürsorgetheorien und gilt für viele geradezu als Repräsentant dieser Tradition (z.B. Lukas 1979, 181-187; Matthes 1979).

Auf der einen Seite hat das dazu geführt, daß Scherpner wegen seines theoretischen Ansatzes scharf kritisiert wird. VertreterInnen kritisch-rational und kritisch-dialektisch orientierter Theoriebildungen werfen Scherpner (und den traditionellen Fürsorgetheorien) vor, daß die gewählten Begriffe unklar und nicht trennscharf, die Kategorien „Hilfe", „Gemeinschaft" und „Gesellschaft" zu allgemein und die Begriffe in hohem Maße inkonsistent seien, daß eine systematische und empirische Erforschung des Handlungsfeldes und ein expliziter gesellschaftlicher Bezug des Handlungsfeldes fehlen und das Ziel die Sozialintegration und die Erhaltung des Systems und damit der Herrschaft des Kapitals sei (siehe Rössner 1975; Lukas 1979; Matthes 1979).

Auf der anderen Seite wird Scherpners Theorie dagegen mit großer Zustimmung angenommen und übernommen. Zentrale Begriffe von Scherpners Theorie, wie etwa „Hilfe", „Gemeinschaft", „Fürsorge" und „Verwahrlosung", und manche Theoreme, z.B. über die Aufgaben des Staates, die Abgrenzung der Fürsorge zur Politik, die Gemeinschaftsfunktion der Hilfe, den Substanzcharakter der Person, sind in die Sozialgesetzgebung der Bundesrepublik nach dem Zweiten Weltkrieg und in die programmatischen Erklärungen der Wohlfahrtsverbände einbezogen worden (siehe Matthes 1979, 205).

Scherpners Aufbereitung von Fürsorgetheorien aus der Geschichte der Sozialen Arbeit ist in der Tat „eine Art Dogmengeschichte der Theorie der Fürsorge" geworden, so wie Scherpner seine eigene Arbeit selbst angesehen hat (Scherpner 1974, 22). Viele AutorInnen greifen auf Scherpners Studien zurück, sie tun es nicht selten, ohne ihre Quelle anzugeben. Für die große Verbreitung seiner Theorie in den sechziger, siebziger und achtziger Jahren spricht zudem, daß zwei seiner drei postumen Werke ein zweites Mal aufgelegt wurden. Bei vielen PraktikerInnen und LaienhelferInnen der Sozialen Arbeit sind Scherpners Auffassungen auch heute noch weit verbreitet. Scherpners Theorie entspricht ihrer Alltagstheorie; das zeigt sich besonders deutlich in Gesprächen über das berufliche Selbstverständnis. Die Idee der/des geborenen und besonders berufenen Helferin/Helfers fasziniert viele PraktikerInnen, stimmt sie doch mit ihrer Selbsteinschätzung überein und verbalisiert ihr berufliches Selbstverständnis als professionelle Altruisten (siehe Dewe/Ferchhoff 1987, 150-152).

7.7. LITERATUR ZUM VERTIEFEN

Scherpners Ehefrau, Hanna Scherpner, gab nach seinem Tod einen Tonbandmitschnitt der Vorlesung Scherpners aus dem Wintersemester 1955/56 unter dem Titel „Theorie der Fürsorge" (1962) heraus, den er selbst vor seinem Tod noch hatte herstellen lassen. Scherpner hatte nach Angaben seiner Ehefrau die Herausgabe seiner Untersuchungen über das Wesen und die Formen der Fürsorge noch selbst geplant. Die zweite, durchgesehene Auflage der „Theorie der Fürsorge" erschien 1974.

Von Hanna Scherpner wurden weitere, bislang unveröffentlichte Studien ihres Ehemannes bearbeitet und in den beiden Büchern „Geschichte der Jugendfürsorge" (1966) und „Studien zur Geschichte der Fürsorge" (1984) herausgegeben. In der „Geschichte der Jugendfürsorge" – die in der zweite Auflage vorliegt (1979) – wird die Entwicklung der Kinder- und Jugendfürsorge von ihren Anfängen im ausgehenden Mittelalter bis zum Reichsjugendwohlfahrtsgesetz (RJWG) im ersten Drittel des 20. Jahrhunderts beschrieben.

Von den Arbeiten Scherpners bietet sich sein Hauptwerk „Theorie der Fürsorge" zum vertiefenden Studium an, seine anderen Studien zur Geschichte der Fürsorge sind nicht weniger lesenswert. Aufschlußreich und anregend ist es, den Artikel von Joachim Matthes als kritischen Kommentar zu Scherpners Theorie zu lesen (Matthes 1979).

8. Sozial-rassistisch auslesen und ausschalten – Hans Muthesius (1885-1977)

„Hans Muthesius entwickelte in seinem jeweiligen Aufgabengebiet – von der kommunalen Kriegsfürsorge über die nationalsozialistische Jugendhilfe bis hin zur Grundkonzeption bundesrepublikanischer Sozialhilfe – unter ökonomisch und politisch sehr unterschiedlichen Bedingungen die jeweils passenden Fürsorgekonzepte und deren praktische Umsetzung in der öffentlichen Verwaltung" (Christian Schrapper 1993, 227).

8.1. HISTORISCHER KONTEXT

Die Tätigkeit von Hans Muthesius im Bereich der Sozialen Arbeit umfaßt zum einen die zwei Jahrzehnte des Ersten Weltkrieges und der Weimarer Republik, zum anderen die nationalsozialistische Diktatur sowie die ersten zwei Jahrzehnte nach dem Zweiten Weltkrieg. Wie wir dies in anderen beruflichen oder politischen Feldern auch vorfinden, gelingt es Muthesius, nicht nur in durchaus verantwortlicher Position sowohl im parlamentarisch-demokratischen System der Weimarer Republik tätig zu sein, sondern auch nach dem Zweiten Weltkrieg entscheidend an der Reorganisation und Neugestaltung des bundesdeutschen Wohlfahrtssystems beteiligt zu sein, obwohl er im nationalsozialistischen System in verschiedener Funktion und an diversen Maßnahmen der nationalsozialistischen „Fürsorge"-Politik beteiligt ist (siehe Ausführungen S. 127ff.).

Zwar beginnen einige Gemeinden bereits vor dem Ersten Weltkrieg mit der Umgestaltung der traditionellen Armenpflege und ihrer Ausgestaltung als „sociale Fürsorge" bzw. mit der behördlichen Organisation und Professionalisierung der Fürsorgearbeit (siehe Straßburger System 1905). Doch erst die Bedingungen im Ersten Weltkrieg und dann in der Weimarer Republik bringen dem Deutschen Reich den Wohlfahrtsstaat, d.h. den Auf- und Ausbau einer behördlichen, rational organisierten öffentlichen und organisierten privaten Fürsorge (siehe Ausführungen S. 127ff.). Mit der Übernahme wohlfahrtsstaatlicher Tätigkeiten gilt es, die „moderne" behördliche Familien- und Jugendfürsorge effektiv und effizient auszugestalten, durch Qualifizierung der MitarbeiterInnen (Ausbildung, Fortbildung), durch Systematisierung der Aufgaben, durch Rationalisierung der Aufbau- und Ablauforganisation und anderes mehr. Die Gesamtzahl der im Deutschen Reich laufend von den Bezirksfürsorgeverbänden unterstützten Parteien verdreifacht sich in der Zeit vom Juli 1928 bis zum Dezember 1932 fast, sie wächst von 1.634.100 auf 4.608.200. Die Zahl der unterstützten Personen wächst bis zum September 1932 auf 8.728.943 an, d.h. Ende 1932 wird jede/r dritte EinwohnerIn im Deutschen Reich von den Bezirksfürsorgeverbänden laufend unterstützt. Von dieser Entwicklung und Dynamik ist der Ausbau des öffentlichen, kommunalen Fürsorgesystems geprägt (siehe Sachße/Tennstedt 1992, 84-97). Bei der in Berlin vorbildhaften Ausgestaltung der Bezirksfürsorge wirkt Muthesius bis 1933 an entscheidender Stelle mit. Nach der Machtergreifung der Nationalsozialisten werden in kurzer Zeit die Grundzüge der „neuen Fürsorge" formuliert. Diese hat allein dem Nutzen der „Volksgemeinschaft" und des „Volkskörpers" zu dienen. „Gemeinschaftsschädliche", „Minderwertige" und „Unnütze" erhalten keine Hilfe mehr oder werden liquidiert. Die über 700.000 „Krüppel" und „geistig Gebrechlichen", die 1925/26 in der Reichsgebrechlichenzählung ermittelt werden, sind den Nationalsozialisten ein wesentlicher Ansatzpunkt für ihre Antifürsorge, die zu Aussonderung und Vernichtung führt (siehe Sachße/Tennstedt 1992, 173-177). Muthesius ist schon nach wenigen Jahren als ein Mit-Denker und in Teilen auch als Mitgestalter der sozial-rassistischen Fürsorgekonzeption der Nationalsozialisten zu finden – zunächst publizistisch, später im Bereich der Administration.

Die sozialen und politischen Bedingungen in den ersten Jahren nach dem Zweiten Weltkrieg sind so, daß sich die Hilfebedürftigen in weiten Bereichen selbst helfen und die sozialen Akteure bei ihren Hilfen weitgehend improvisieren müssen. Erst in den fünfziger Jahren beginnen in der Bundesrepublik die Vorbereitungen zur systematischen Neugestaltung der Sozialpolitik und der Fürsorge (siehe „Rothenfelser Denkschrift"). Der Deutsche Verein für öffentliche und private Fürsorge fordert in den Nachkriegsjahren, als das einheitliche deutsche Fürsorgerecht zu zersplittern droht, zur Einheitlichkeit zurückzukehren und bringt die Fürsorgerechtsvereinbarung auf den Weg. Dabei wird zwar zunächst an die Konzepte und die Praxis der Weimarer Republik angeknüpft; die Konzepte werden jedoch sehr bald im Sinne einer Sozialreform erweitert und modifiziert: Abkehr von einer stark obrigkeitsstaatlich konzipierten Fürsorge, in deren Mittelpunkt der Schutz und die Entlastung der sozialen Gemeinschaft stehen, und die Hinwendung zu einem Sozialstaatsverständnis mit viel weitergehenden Verpflichtungen und zu einem „modernen" Verständnis sozialer Hilfen. Zu Beginn der sechziger Jahre finden diese Konzepte Eingang in die neu geschaffenen Rechtsgrundlagen des Bundessozialhilfegesetzes (BSHG) und des Jugendwohlfahrtsgesetzes (JWG) (siehe Ausführungen S. 255ff.). An dieser Neuausrichtung der Sozialpolitik und des sozialen Sicherungssystems wirkt Muthesius an entscheidender Stelle mit.

8.2. BIOGRAPHISCHER KONTEXT

Hans Karl Muthesius wird 1885 in Weimar als Sohn des Seminardirektors Johannes Karl Muthesius und seiner Frau Bianca geboren (siehe Orthbandt

1985, Schrapper 1993). Nach der Reifeprüfung 1904 studiert er Rechtswissenschaften an den Universitäten Grenoble, Berlin, Jena und Leipzig, promoviert 1909 zum Dr. jur., besteht beide juristischen Staatsprüfungen und arbeitet von 1914 an in der Magistratsverwaltung in Berlin-Schöneberg. Seine berufliche Karriere verläuft steil: 1917 wird er besoldeter Stadtrat mit den Aufgabengebieten Armendirektion und Jugendfürsorge und bereits 1921 wird er für zwölf Jahre zum Stellvertreter des Bürgermeisters von Berlin-Schöneberg gewählt. Als Vertreter des Magistrats nimmt Muthesius von 1915 an an Tagungen und Jahresversammlungen des „Deutschen Vereins für Armenpflege und Wohlthätigkeit", seit 1919 „Deutscher Verein für öffentliche und private Fürsorge", in Frankfurt a.M. teil; 1925 wird er in den Hauptausschuß des Deutschen Vereins gewählt. Nebenher unterrichtet Muthesius an der Sozialen Frauenschule Berlin-Schöneberg, leitet das Seminar für Jugendwohlfahrt in Berlin, ist im Vorstand der von Alice Salomon gegründeten Deutschen Akademie für soziale und pädagogische Frauenarbeit und publiziert zahlreiche Aufsätze und auch Monographien zur Fürsorge. 1933 verliert er wegen seiner Zugehörigkeit zur Deutschen Demokratischen Partei (DDP) seine Stelle als Stadtrat und zieht nach Frankfurt a.M., weil er dort eine Anstellung beim Deutschen Verein findet. In demselben Jahr wird er – bislang praktizierender Demokrat – Mitglied der neu gegründeten Nationalsozialistischen Volkswohlfahrt (NSV). 1935 wird Muthesius Leiter des sozialpolitischen Referates des Reichsrechnungshofs in Berlin. Die Mitgliedschaft in der NSDAP beantragt Muthesius 1939; in demselben Jahr wechselt er ins Reichsministerium des Inneren, ist dort als Referent zuständig für die Sachgebiete „Jugendwohlfahrt" und „Besondere Fürsorgemaßnahmen aus Anlaß des Krieges" und gehört damit zu den „informierten Kreisen". In die NSDAP wird er 1940 aufgenommen. Bei seinen Vorgesetzten gilt Muthesius als loyal und politisch zuverlässig. Die drei Schwerpunkte seiner Arbeit sind: Mitwirkung an einem Gemeinschaftsfremdengesetz und an den Erlassen für die sogenannten polizeilichen Jugendschutzlager, Ausgestaltung der Fürsorge und der Jugendwohlfahrt in den sogenannten eingegliederten Ostgebieten im besetzten Polen sowie einzelne Verwaltungshandlungen im Sinne sozial-rassistischer Volkspflege.
Auf Initiative von Wilhelm Polligkeit arbeitet Muthesius vom August 1946 an für den Deutschen Verein und zieht in die Nähe von Frankfurt a.M. In seinem Entnazifizierungsverfahren wird er 1947 als Mitläufer eingestuft. 1948 wird Muthesius Beigeordneter im Beamtenverhältnis beim Deutschen Städtetag. Zum Vorsitzenden der Arbeitsgemeinschaft für Jugendpflege und Jugendfürsorge (AGJJ) wird er 1950 für zwei Jahre gewählt, und noch in demselben Jahr wird er Nachfolger von Wilhelm Polligkeit als Vorsitzender des Deutschen Vereins; dieses Amt hat er bis 1964 inne. Muthesius ist überdies Lehrbeauftragter und Honorarprofessor an der Frankfurter Universität und

außerdem an der Entstehung und dem Wortlaut des Bundessozialhilfegesetzes maßgebend beteiligt. Er erhält viele Ehrungen und Auszeichnungen und gilt national und international als Leitfigur der deutschen Sozialarbeit. Sein umfangreiches Schrifttum, in dessen Mittelpunkt Darstellungen und Erläuterungen, aber auch gedankliche Weiterführungen von Verordnungen, Erlassen, Gesetzen und Vereinbarungen, darüber hinaus aber auch viele thematische Abhandlungen stehen, zeugt von seiner großen Schaffenskraft. Die Mehrzahl seiner Aufsätze ist im Nachrichtendienst des Deutschen Vereins veröffentlicht. Prof. Dr. jur. Dr. h.c. Hans Muthesius – Träger des Großen Bundesverdienstkreuzes mit Stern und Ehrenvorsitzender des Deutschen Vereins – stirbt 1977 nach kurzer Krankheit im 92. Lebensjahr. Das Haus und die Ehrenplakette des Deutschen Vereins werden nach ihm benannt. Acht Jahre nach seinem Tod erscheinen die ersten Publikationen, in denen die Einbindung von Muthesius in den Nationalsozialismus offengelegt wird. 1990 macht der Vorstand des Deutschen Vereins unter dem Druck der dokumentierten Fakten die Benennung des Hauses des Deutschen Vereins und der Ehrenplakette nach Hans Muthesius rückgängig.

8.3.   FORSCHUNGSGEGENSTAND UND -INTERESSE

Der Jurist, leitende Beamte, Organisator, Autor und Dozent folgt in den meisten seiner Publikationen den Fragen: Wie kann die öffentliche Fürsorge so systematisiert und rationalisiert werden, daß die vorhandenen Organisations-, Personal- und Finanzmittel optimal genutzt werden können? Und wie müssen die gesetzlichen Voraussetzungen aussehen, die dieses ermöglichen? Das Interesse von Muthesius an leistungsfähigen, effizient arbeitenden Fürsorgebehörden mit qualifizierten Fachkräften steht folglich im Vordergrund seiner vielen Kommentare und Erläuterungen rechtlicher Grundlagen der Wohlfahrtspflege bzw. der Fürsorge (Fürsorgerecht, Reichsjugendwohlfahrtsgesetz, Bundessozialhilfegesetz, Jugendwohlfahrtsgesetz usw.) einschließlich der Reflexion von Möglichkeiten, diese in der Administration umzusetzen. Seinem sozialpolitischen Interesse folgend entwirft Muthesius aber auch zahlreiche neue Vorschriften, Gesetze und Verwaltungsmaßnahmen, um seiner Meinung nach dringend nötige Sozialmaßnahmen rechtlich zu fundieren (z.B. ein Bewahrungsgesetz).

8.4.   WISSENSCHAFTSVERSTÄNDNIS

Muthesius bewegt sich in seinen Arbeiten reduktiv-deduktiv vom Besonderen zum Allgemeinen, vom Zufälligen zum Grundsätzlichen – und zurück zur konkreten Einzelheit. Das Verständnis der Vergangenheit versteht er als unerläßliche Voraussetzung zum Verständnis der jeweiligen Gegenwart. Tatbestände, Bestrebungen, Zusammenhänge der Jugendarbeit und der Sozialarbeit sollen nach Muthesius mit den Ergebnissen der Soziologie, der Psychologie, der Pädagogik, der Sozialmedizin, der Rechtswissenschaft und der Verwaltungslehre konfrontiert werden, um daraus eine Theorie der Sozialarbeit und der Jugendarbeit zu erarbeiten (siehe Muthesius 1961, nach Orthbandt 1985, 354).

8.5. THEORIE

Muthesius übernimmt von 1933 bis 1945 die von den Nationalsozialisten vorgegebene sozial-rassistische Konzeption der Volkspflege und vertritt sie in Schrift und Tat:

> „Die neue Wertung, die der Nationalsozialismus dem Einzelnen entgegenbringt, die jede Aufwendung von Kräften und Mitteln der Volksgemeinschaft in Beziehung zu dem setzt, was der Einzelne für diese Gemeinschaft leistet oder nach menschlicher Voraussicht leisten wird, ergreift in steigendem Maße auch die öffentliche Fürsorge. ...

> Denn aus der Überzeugung von dem verschiedenen Wert des Einzelnen für den Bestand und das Wachstum der Volksgemeinschaft folgt, daß diese ihre Mittel auch nur in einem dieser Verschiedenartigkeit angepassten verschiedenen Umfang zur Verfügung stellen kann. ...

> Das kommende Fürsorgerecht wird z.B. Erbgesundheit, Kinderreichtum, Erhaltung der Arbeitskraft als gleichberechtigte Gesichtspunkte für die Aufnahme in die gehobene Fürsorge neben Anerkennung früherer Leistungen (Kriegsopfer, Opfer der Bewegung, Rentner) stellen, bei allen Schädlingen der Volksgemeinschaft aber noch über den Rahmen des jetzigen § 13 RGr. hinaus die Bemessung des notwendigen Lebensunterhaltes auf das Unerläßliche beschränken. Das Ziel ist also nicht die schematische ‚Einheitsfürsorge‘ auf der Basis der jetzigen gehobenen Fürsorge, sondern die Verwirklichung der Wertung des Einzelnen nach seinen Leistungen für die Volksgemeinschaft auch in der öffentlichen Fürsorge durch entsprechende Abstufung der Richtsätze" (Muthesius 1940; zit. nach Schrapper 1993, 156).

(1) *Grundlegende Annahmen und Ziele nationalsozialistischer Volkswohlfahrtspflege*: Hitler reduziert in seiner politischen Programmschrift „Mein Kampf" alle Phänomene des sozialen und politischen Lebens auf einige wenige, von ihm selbst für wahr gehaltene Grundsätze (siehe Radler 1982). Deren Kerngedanke lautet: Die nordische Rasse – das *Herrenvolk* – ist zu *stärken* und die *Minderwertigen* – insbesondere die Juden – sind zu *vernichten* (Hitler 1939, 280-323; Bullock 1964). Um diese einfache Aussage herum kreist Hitlers gesamtes Denken und Handeln:

„Der Stärkere hat zu herrschen und sich nicht mit dem Schwächeren zu verschmelzen, um so die eigene Größe zu opfern. ... Denn da das Minderwertige der Zahl nach gegenüber dem Besten immer überwiegt, würde bei gleicher Lebenshaltung und Fortpflanzungsmöglichkeit das Schlechtere sich so viel schneller vermehren, daß endlich das Beste zwangsläufig in den Hintergrund treten müßte. Eine Korrektur zugunsten des Besseren muß also vorgenommen werden. Diese aber besorgt die Natur, indem sie den schwächeren Teil so schweren Lebensbedingungen unterwirft, daß schon durch sie die Zahl beschränkt wird, den Überrest aber endlich nicht wahllos zur Vermehrung zuläßt, sondern hier eine neue, rücksichtslose Auswahl nach Kampf und Gesundheit trifft" (Hitler 1939, 281f.).

Das gesamte Weltbild Hitlers ist getragen von seinem unendlichen Haß gegen die *Juden*. Der „Blutjude und Völkertyrann" ist für ihn der *böse Gegenspieler der „edlen Germanen"*. Überall auf der Welt und in der Geschichte sieht er „den Juden" am Werk, um die Ordnung der Welt zu zersetzen und seine eigene Weltherrschaft aufzubauen. Die Juden hätten sich nach Hitlers Meinung zwar als Religionsgemeinschaft getarnt, seien in Wahrheit aber ein „Volk mit bestimmten rassischen Eigenschaften", aus denen ihre verderbliche Rolle in der Geschichte der Menschheit zu erklären sei (Hitler 1939, 299).

Hitler übernimmt die Thesen des englischen Kulturphilosophen Houston Stewart *Chamberlain* (1855-1927), daß die Rasse das letztlich bestimmende Element aller Kulturentwicklung und die germanische Rasse das höchstwertige und entscheidende Kulturferment sei und daß die Indogermanen die Kultur begründet hätten und tragen würden. Bei den Indogermanen ragen für Hitler wiederum die Adelsgruppen, die Arier, als erobernde Oberschicht heraus. Diese Rasse sei gegenüber allen anderen Rassen durch eine idealistische Gesinnung ausgezeichnet, die sich vor allem im Opferwillen und in der Bereitschaft zu arbeiten zeige. Hierin liege die *einzigartige schöpferische Qualität der arischen Rasse*. Hitler versteht unter Idealismus nur die Aufopferungsfähigkeit des einzelnen für die Gesamtheit. Die Rasse der Arier sei höherwertiger als die der Juden und müsse nach dem Recht des Stärkeren handeln. Aufgabe des Kampfes sei es, die Rasse des germanischen Menschen rein zu erhalten, die Juden als die Todfeinde der Germanen zu vernichten und alle minderwertigen Völker zu unterdrücken.

Der *Staat* sei nur ein *Mittel zum Zweck*. Sein Zweck liege in der Erhaltung und Förderung einer Gemeinschaft physisch und seelisch gleichartiger Lebewesen. Diese Erhaltung selber umfasse erst den rassemäßigen Bestand und gestatte dadurch die freie Entwicklung aller in dieser Rasse schlummernden Kräfte (Hitler 1939, 384):

„Somit ist der höchste Zweck des völkischen Staates die Sorge um die Erhaltung derjenigen rassischen Urelemente, die, als kulturspendend, die Schönheit und Würde eines höheren Menschtums schaffen. Wir, als Arier, vermögen uns unter einem Staat also nur den lebendigen Organismus eines Volkstums vorzustellen, der die Erhaltung dieses Volkstums nicht nur sichert, sondern es durch Weiterbildung seiner geistigen und ideellen Fähigkeiten zur höchsten Freiheit führt" (Hitler 1939, 385).

Der „germanische Staat deutscher Nation" solle die wertvollsten Bestände an rassischen Urelementen zur beherrschenden Stellung emporführen, und dieser Staat sei auf den mit absoluten Vollmachten ausgestatteten Führer auszurichten. *Befehl des Führers und Gehorsam des Volkes sollen die Prinzipien der inneren Verfassung sein* (Hitler 1939, 437). Jeder einzelne Mensch stehe voll und ganz im Dienste der Volksgemeinschaft. Die Außenpolitik des völkischen Staates habe die Existenz der durch den Staat zusammengefaßten Rasse sicherzustellen. Dieses Ziel sei nur durch Krieg, Unterdrückung der minderwertigen Völker und Germanisierung des Ostraumes zu erreichen.

Die gesamte *Wissenschaft* hat für Hitler die Aufgabe, die nationalsozialistische Weltanschauung und Politik zu untermauern und zu unterstützen. Die *Erziehung* hat den „deutschen Menschen herauszumodellieren", so wie Hitler ihn sich wünscht und wie er sich nach seiner Meinung auch aus den Erkenntnissen der Rassenlehre und der Geschichte ergibt:

„Körperlich gestählte Menschen mit einer nordischen Seele – eine Jugend, der Rassesinn und Rassegefühl in Herz und Hirn gebrannt ist – Menschen, die fanatisch an die Kraft und Überlegenheit der eigenen Rasse glauben – Menschen mit einer unbegrenzten Einsatzbereitschaft sowie einem blinden Gehorsam gegenüber der politischen Führung" (Hitler 1939, 400ff.).

Erziehung ist bei Hitler wegen seiner biologischen Orientierung *Züchtung und Formung*. Nach dem Prinzip der Gefolgschaft und der Treuebindung an den Führer soll eine „rassebewußte Nation mit geschlossener Macht, mit einheitlicher politischer Haltung und Willensrichtung" erzogen werden. Die Kerntugenden der deutschen Menschen sind für ihn: Mut und Wille, die Kunst des Gehorchens und des Befehlens, Zähigkeit und Rücksichtslosigkeit, Durchsetzungskraft und Opferbereitschaft für die neue Volksgemeinschaft (Hitler 1939, 408f.).

(2) *Nationalsozialistische Volkswohlfahrt*: Bis 1933 sind die Sozialpolitik und die Wohlfahrtspflege überhaupt nicht in Hitlers Blickfeld. Die Sozialgesetze der Weimarer Republik (Reichsversicherungsordnung, Fürsorgepflichtverordnung und Arbeitslosenversicherung) bleiben auch nach 1933 noch in Kraft. Konkrete Vorstellungen, Theorien oder Programme zu sozialen Fragen werden erst allmählich nach der Machtergreifung aus den Thesen Hitlers abgeleitet. Danach kennt der Nationalsozialismus keine Fürsorge um der Befürsorgung willen, und es geht ihm nicht um das *Wohl* des einzelnen, sondern das des *ganzen Volkes*; nur in völkischem Interesse

soll dem einzelnen geholfen werden. Das Individuum habe nur soviel Rechte wie es auch Pflichten gegenüber der Allgemeinheit anzuerkennen und zu erfüllen bereit sei. Die Staatsbürger seien aufgrund ihrer unterschiedlichen Erbanlagen verschieden (Althaus 1937, 8). Diese Auffassungen werden nach 1932 in rechtsverbindliche Gesetze umgemünzt. Später werden auch ohne gesetzliche Grundlagen „Programme" zur Behandlung der „Minderwertigen" beschlossen und ausgeführt. Nach der Machtergreifung kommt die öffentliche Fürsorge wie alle anderen politischen Bereiche in die Hände der NS-Regierung. Der erste wichtige organisatorische Schritt in der nationalsozialistischen Wohlfahrtspflege besteht darin, einen eigenen Wohlfahrtsverband, die *Nationalsozialistische Volkswohlfahrt* (NSV) zu gründen (1933). Die private Wohlfahrt wird mehr und mehr von der NS-Volkswohlfahrt übernommen. Als *Richtlinien* für die Arbeit der NS-Volkswohlfahrt gelten folgende nationalsozialistische Maxime: Wie auf allen Gebieten soll auch auf dem Gebiete der Wohlfahrtspflege und Fürsorge nationalsozialistisches Denken und Wollen seinen Ausdruck finden. Da der Versuch, einen sozialen Wohlfahrtsstaat aufzurichten, das Volk wirtschaftlich und seelisch an den Rand des Abgrundes gebracht und der bisherige „Wohlfahrtsstaat" das Verantwortungsgefühl des einzelnen Volksgenossen gegenüber der Gemeinschaft durch Züchtung von Unterstützungsempfängern geschwächt habe, müsse der in Not Befindliche wieder dazu erzogen werden, daß er neben seinem Recht an die Volksgemeinschaft seine Pflicht anerkenne, selbst zur Besserung seines Zustandes beizutragen. Die Nationalsozialisten setzen alles daran, die „ungesunde Verweichlichung und das übertriebene Ich-Denken" durch Erziehung umzukehren zu einem größeren Volksbewußtsein, zu mehr Gemeinschaft und zur Bereitschaft, sich für das Volk zu opfern. Die nationalsozialistische Jugendfürsorge müsse gegen die Verwahrlosung und Aufsässigkeit auf dem Willen der Jugend zur Zucht, zur Gemeinschaft und zur Ehre aufbauen (Orthbandt 1980, 282f.). *Drei Ziele* ergeben sich aus Hitlers Grundsätzen für die Wohlfahrtspflege (siehe Kühn 1986, 322f.):

(a) *Reduzierung von öffentlicher (materieller) Fürsorge*: Die Fürsorge während der Weimarer Zeit sei zu großzügig gewesen, und die Unterhaltsmittel seien falsch verteilt worden. Die Vorsorge müsse in den Vordergrund treten. Die unwirtschaftliche Fürsorge für die „sozial Untüchtigen" müsse radikal gekürzt werden.

(b) *Orientierung am Volksganzen*: Die Orientierung am Einzelschicksal müsse zugunsten einer Orientierung am „Volksganzen" aufgegeben werden. Die „Befürsorgung minderwertiger Menschen" sei ganz aufzugeben. Die Nationalsozialistische Volkswohlfahrt (NSV) soll nur „förderungswürdige erbgesunde und wertvolle" Familien betreuen. Die Sorge für die „Minderwertigen" – damit sind „Zigeuner, Kriminelle, Obdachlose, Arbeitsscheue, Erbkranke, Anstaltsinsassen aller Art usw." gemeint – solle den kirchlichen Wohlfahrtsverbänden überlassen bleiben.

(c) „*Kranken Erbstrom*" *abdrosseln*: Die abendländische Kultur habe die natürlichen Folgen aus der Rassenhierarchie und -hygiene vermindert. Vor allem die Fürsorge habe eine „natürliche Auslese" des gesunden Erbgutes verhindert. Mit gezielten Maßnahmen müsse daher das gesunde Erbgut im Volkskörper erhalten und der „kranke Erbstrom abgedrosselt" werden. Die Deutsche Volksgemeinschaft solle mit all ihren Menschen zur Gesundung zurückgeführt werden. Ziel aller Maßnahmen sei die „erbgesunde und arische" Familie.

(3) *Wandererfürsorge – Ausschaltung asozialer Elemente*: Nichtseßhafte wandernde Menschen werden von Muthesius und anderen führenden VertreterInnen des Deutschen Vereins schon während der Zeit der Weimarer Republik als sehr problematisch angesehen. Bei der „Wandererfürsorge" decken sich ihre Auffassungen und Ziele mit denen der Nationalsozialisten, und der Deutsche Verein – Muthesius ist maßgeblich beteiligt – beantragt 1933 ein „Reichsgesetz zur Regelung der Wandererfürsorge" („Bewahrungsgesetz"):

> „Es bestätigt sich jedoch immer wieder die gleiche Erfahrung, dass das Vorgehen einzelner Länder und Provinzen nicht zu dem Ziele führen kann, dem ungeordneten Wandern und dem damit verbundenen Unwesen nachhaltig entgegenzusteuern. Die aus den bisherigen Zuständen sich ergebenden Schäden liegen einerseits in einer weitgehenden Brandschatzung der Bevölkerung durch Bettelei der ungeordneten Wanderer, andererseits in einer Belastung der Wohlfahrtsämter. Das Fehlen eines Bewahrungsgesetzes macht es unmöglich, die Landstrasse von verwahrlosten und gemeinschädlichen Landstreichern zu säubern und erschwert es zugleich, die Wandererfürsorge so einzurichten, wie es den Bedürfnissen des arbeitsfähigen und arbeitsuchenden Wanderers entspricht" (Deutscher Verein 1933, zit. nach Schrapper 1993, 93).

Für Muthesius und den Deutschen Verein ist es einleuchtend, daß die unbedingte Wahrung des Rechtes auf Freizügigkeit nicht mehr im Vordergrund stehen kann und damit auch kein „Anspruch, den Stand der Seßhaftigkeit beliebig aufzugeben", besteht, weil eine grundsätzlich gewandelte Auffassung von Volk und Staat, von Gemeinwohl und Einzelwohl, ein neues Gefühl für Wert und Unwert des Einzelnen für die Gesamtheit dem Gesamtproblem des Wanderwesens und der Wandererfürsorge gegenüber zu neuen Fragestellungen und neuen Antworten kommen wird, ohne damit bewährtes Gedankengut der bisherigen Entwicklung zu vernachlässigen.

> „Von grundsätzlicher Bedeutung für die Haltung des nationalsozialistischen Staates zur Wandererfürsorge ist die verschiedene Bewertung des Einzelnen und seiner Bedeutung für die nationale und kulturelle Förderung der Volksge-

meinschaft, insbesondere die Unterscheidung von geistig und körperlich Gesunden, Normalen und den Kranken, Schwachen, Anormalen" (Muthesius 1934, zit. nach Schrapper 1993, 93f.).

Das Reichsgesetz zur Regelung der Wandererfürsorge reicht Muthesius noch nicht, er fordert 1937 darüber hinaus ein einheitliches Gesetz für die „Bewahrung Asozialer und sonstiger offensichtlich unwirtschaftlicher Personen, die den Anforderungen nicht genügen, die das Leben in der Volksgemeinschaft an sie stellt und die infolgedessen die Volksgemeinschaft gefährden" (zit. nach Erinnern und Schweigen 1990). Muthesius strebt 1936 „die Ausschaltung gewisser Elemente – im allgemeinen als asozial bezeichnet – aus der freien Volksgemeinschaft durch Einweisung in Anstalten oder anstaltsähnliche Einrichtungen und ihre Bewahrung in diesen auf öffentliche Kosten" an. Ziel der Bewahrung ist es für ihn, „den Bewahrten entweder so zu beeinflussen, daß er den Mindestanforderungen wieder gerecht wird, oder, falls das nicht möglich ist, ihn dauernd von der freien Volksgemeinschaft fernzuhalten" (zit. nach Schrapper 1993, 94f.). Muthesius macht für ein Bewahrungsgesetz geltend, daß es eine unentbehrliche Ergänzung für die Durchführung des Gesetzes zur Verhütung erbkranken Nachwuchses und auch ein Erziehungsmittel zur Bekämpfung gewisser Volksseuchen wie Geschlechtskrankheiten und Tuberkulose sei.

(4) *Jugendwohlfahrt – Jugendschutzlager und Jugendverwahranstalten*: Muthesius orientiert sich während der Zeit des Dritten Reiches in der Jugendwohlfahrt an dem „deutschen Erziehungsziel", wie es das Gesetz über die Hitler-Jugend enthält. Für Muthesius hat dieses Gesetz den Wert eines Erziehungsgrundgesetzes: „Die gesamte deutsche Jugend ist außer in Elternhaus und Schule in der Hitler-Jugend körperlich, geistig und sittlich im Geiste des Nationalsozialismus zum Dienst am Volk und zur Volksgemeinschaft zu erziehen" (Muthesius 1944, 115). Die Unterscheidung zwischen „guten", „rassisch wertvollen" und „arisch reinen" Kindern und Jugendlichen einerseits und „minderwertigen", „verwahrlosten" und „gemeinschaftsfremden" Kindern und Jugendlichen andererseits kennzeichnet die nationalsozialistische Jugendpflege, und diese Unterscheidung wird auch von Muthesius vertreten:

„Den Erziehungsweg aussuchen, eröffnen und überwachen, das ist die Aufgabe der öffentlichen Jugendhilfe. Der Erziehungsnotstand reicht vom einfachsten Fall über zahlreiche Zwischenstufen bis zum schwierigsten Fall, von dem gewissermaßen urtümlichen Notstand des Kindes, dessen Eltern beide gestorben sind, oder des Kindes, dessen Vater im Feld, dessen Mutter ins Krankenhaus gebracht wird, bis hinüber zu dem schwierigen Kind, dessen Eltern verzweifelt am Ende ihrer Erziehungskunst stehen, oder jenem anderen Kind, das als asozial eine Gefahr für seine Familie, seine Umgebung und andere Kinder bildet. Unendlich verschieden sind die Rechtsformen und daran anschließend die Verwaltungsformen, in denen sich diese Eröffnung eines Erziehungsweges bewegen muß, ... Aber über diesen Rechts- und Verwaltungsformen darf der Inhalt, nämlich die Gestaltung des Erziehungsschicksals eines deutschen Kindes nicht vergessen werden. Wir wollen sie als die Hilfsmittel benutzen, den richtigen Erziehungsweg zu finden von der einfachen vorübergehenden Unterbringung des plötzlich schutzlos gewordenen Kindes bei der Nachbarin oder bei einem Gliede der Sippe über die Dauerpflegestellen in Familien, die NSV-Jugendheimstätten, andere Erziehungsheime, die Fürsorgeerziehungs-Anstalten bis zu den Einrichtungen der Landesfürsorgeverbände für gemeinschaftsfremde Jugendliche und bis zu den Jugendschutzlagern" (Muthesius 1944, 122).

Muthesius wirkt federführend an einem *Gemeinschaftsfremdengesetz*, an den Erlassen für die sogenannten *polizeilichen Schutzlager* und an der Ausgestaltung der Fürsorge und Jugendwohlfahrt in den sogenannten eingegliederten Ostgebieten im besetzten Polen, insbesondere an der Umsiedlerkreisfürsorge, der „Zwangsgermanisierung" polnischer Kinder und bei der Einrichtung des „Polenjugendverwahrlagers" in Lodz mit.

Die neue Einrichtung der „Verwahrlager" im Rahmen der polizeilichen vorbeugenden Verbrechensbekämpfung gilt nach Muthesius

„Jugendlichen, für die trotz ihres kriminellen oder asozialen Verhaltens Fürsorgeerziehung wegen Aussichtslosigkeit ... nicht angeordnet oder aufrecht erhalten werden kann. Die Unterbringung im Jugendschutzlager trägt keinen Straf- oder Sühnecharakter. Ihr Zweck ist rechtzeitiger Schutz der Gemeinschaft vor Asozialen und Kriminellen" (Muthesius 1940, zit. nach Erinnern und Schweigen 1990).

Muthesius erklärt 1942 zur Unterbringung „fremdvölkischer", insbesondere polnischer Minderjähriger:

„Die Fürsorgeerziehung wurde bisher, insbesondere in den eingegliederten Ostgebieten dadurch belastet, daß aus Mangel an besonderen Einrichtungen fremdvölkische, insbesondere polnische Jugendliche der deutschen Fürsorgeerziehung überwiesen wurden.

Der Reichsführer-SS und Chef der Deutschen Polizei – Reichssicherheitshauptamt – hat nunmehr, auch auf meine Anregung hin, ein Lager für polnische Jugendliche und zwar das Polen-Jugendverwahrlager Litzmannstadt errichtet, in das vom 1. Dezember 1940 an eingewiesen wird.

Ich ersuche, dafür zu sorgen, daß

1. von der Fürsorgeerziehungsbehörde alle zur Zeit in Fürsorgeerziehung befindlichen polnischen Minderjährigen sofort der zuständigen Kriminalpolizeistelle zur Einweisung in das Polen-Jugendverwahrlager gemeldet werden,
2. in Zukunft seitens der Jugendämter Anträge auf Fürsorgeerziehung für polnische Minderjährige nicht mehr gestellt werden,
3. die Jugendämter unterrichtet werden, daß Fälle von drohender oder eingetre-

tener Verwahrlosung polnischer Minderjähriger unverzüglich der zuständigen Kriminalpolizeileitstelle mit dem Hinweis mitzuteilen sind, daß zum Schutz der deutschen Jugend die Aufnahme des polnischen Minderjährigen in das Polen-Jugendverwahrlager notwendig ist" (zit. nach Schrapper 1993, 154).

1943 regt Muthesius an, auch bei allen deutschen Fürsorgezöglingen, die über 16 Jahre alt sind, regelmäßig zu überprüfen, ob ein Antrag auf Unterbringung im Jugendschutzlager zu stellen ist. Gründe, aus denen ins Lager eingewiesen wird, sind z.b. verbotener Umgang mit einem Fremdarbeiter, Vermittlung von Briefwechsel der Zivilarbeiter mit ihren Angehörigen in Polen, Sammlung feindlicher Flugblätter (Muthesius 1943, zit. nach Erinnern und Schweigen 1990).

Hinter der Einrichtung von Jugendschutzlager steht die „Idee des Jugendkonzentrationslagers als pädagogisches Ideal" (Peukert 1989, 111). Die Jugendlichen werden in den Lagern eingeteilt in „Untaugliche" und „Dauerversager", die bei Erreichen der Volljährigkeit in Heilanstalten oder Konzentrationslager überwiesen werden, in „Gelegenheitsversager", „fraglich Erziehungsfähige" und „Erziehungsfähige", die in den Reichsarbeitsdienst bzw. in die Wehrmacht entlassen werden. Kinder und Jugendliche wurden in dem Jugendverwahrlager als Arbeitssklaven eingesperrt, abgerichtet und ausgebeutet; sie sind nicht nur durch Hunger und Prügel, sondern auch durch Arbeit ermordet worden (siehe Schrapper 1993, 121-126).

8.6. BEDEUTUNG FÜR DIE SOZIALE ARBEIT

Drei Behauptungen kennzeichnen nach Detlev Peukert sozialen Rassismus:

(a) Menschen müßten nach dem Maßstab ihrer gesellschaftlichen Nützlichkeit eingeordnet werden, wer nicht nützlich und brauchbar sei, der sei „minderwertig".

(b) Das Wohl des „Volkskörpers" stehe immer über dem Wohl des Individuums.

(c) Die diagnostizierte soziale „Minderwertigkeit", in „genetischen Codes verankert", sei erblich, daher keinen pädagogischen oder fürsorgerischen Beeinflussungen zugänglich, sie könne nur durch Sterilisation an der Vermehrung gehindert oder durch physische Vernichtung, Ermordung, „beseitigt" werden (Peukert 1989, 121).

Hitler und seine Gefolgsleute haben ihre – in diesem Sinne – „sozial-rassistische Theorie" mit tödlicher Konsequenz für viele Millionen Menschen verwirklicht. Als die Mitglieder einer britischen Kommission 1945 erstmals das Konzentrationslager Buchenwald bei Weimar betraten, sprachen sie angesichts der grauenvollen Bilder, die sie sehen mußten, von einem

Tiefpunkt des Menschenmöglichen (siehe Semprun 1995). Zahlreiche FürsorgerInnen, VolkswohlfahrtspflegerInnen und GesundheitspflegerInnen, nicht nur Muthesius, haben sich ebenfalls aktiv daran beteiligt. Wir kommen außerdem nicht umhin wahrzunehmen, daß der sozialarbeiterische Diskurs in der Zeit vor, während und auch nach dem „Dritten Reich" von sozialdarwinistischen und sozial-rassistischen Ideen geprägt war (siehe etwa Reyer 1991). In den Schulen für soziale Berufe haben LehrerInnen ihre SchülerInnen und an den Hochschulen haben HochschullehrerInnen ihre StudentInnen darin unterrichtet, und die ganz große Mehrheit hat Hitlers Lehren von der „sozial-rassistischen Volkspflege" für sich übernommen und später in der Praxis umgesetzt. Sozialdarwinistische Zeitströmungen bilden zudem einen fruchtbaren Nährboden für Antisemitismus und biologisch begründeten Nationalismus (siehe Kappeler 1994).

Soziale Arbeit verfolgt nach dem Selbstverständnis fast aller SozialarbeiterInnen ausschließlich gute und wertvolle Ziele. Zur selbstkritischen Reflexion Sozialer Arbeit gehört es m.E. auch, Theorien und Praktiken mit „unmenschlichen" Zielen bzw. Werten zu bedenken und sie nicht – mit welcher Rechtfertigung auch immer – zu verdrängen oder „teuflischen Menschen" zuzuschreiben. Die Gefahr, die ich sehe, besteht darin, so zu tun, als sei „so etwas" heute nicht mehr möglich und als würden nur menschliche Monstren, die eigentlich gar keine Menschen sind, andere Menschen ausgrenzen und vernichten. Muthesius hat sich in der Weimarer Republik als Demokrat für eine moderne und leistungsfähige Fürsorge eingesetzt und zugleich ein „Bewahrungsgesetz" gefordert, in der Zeit des Nationalsozialismus sozial-rassistische Konzepte vertreten und in der jungen Bundesrepublik für ein demokratisches wohlfahrtsstaatliches Fürsorgesystem gestritten; er verkörpert scheinbar unvereinbare Widersprüche und Ambivalenzen in sich und hat sie nicht nur ausgehalten, sondern aktiv und erfolgreich gelebt. Vielleicht ist er gerade deswegen zu einer so bedeutsamen Leitfigur der deutschen Sozialen Arbeit geworden, mit der sich viele (heimlich/unbewußt) identifizieren konnten (können)? Wer will leugnen, daß in Deutschland und in vielen anderen Ländern immer noch sozial-rassistische Konzeptionen und Forderungen gedacht und praktiziert werden? AsylbewerberInnen werden ausgesondert und in ehemalige Kasernen einquartiert; psychisch kranke und geistig behinderte Menschen werden weit weg von den Zentren der Städte und Dörfer untergebracht; alte und verwirrte Menschen werden in abseits liegende Heime abgeschoben; für „schwerst erziehbare und kriminelle Kinder und Jugendliche" werden besondere Jugendbewahranstalten gefordert. Die Dynamik des Auslesens und Ausgrenzens endet schneller im „Ausschalten" als wir denken bzw. wahrhaben wollen. Hans Muthesius mag uns Beispiel und Warnung zugleich sein.

8.7. LITERATUR ZUM VERTIEFEN

Mit Christian Schrappers Buch „Hans Muthesius (1885-1977). Ein deutscher Fürsorgejurist und Sozialpolitiker zwischen Kaiserreich und Bundesrepublik" (1993) liegt eine mit vielen Dokumenten fundierte Biographie über Leben und Werk des Hans Muthesius vor. Schrappers Arbeit ist eine entscheidende und notwendige Korrektur der Darstellung in dem Buch von Eberhardt Orthbandt „Hans Muthesius. Sein Lebenswerk in der Sozialen Arbeit" (1985), weil Orthbandt Leben und Wirken von Muthesius zwischen 1933 und 1945 ausklammert bzw. einfach überspringt. In beiden Büchern sind zeitlich geordnet die Veröffentlichungen von Muthesius selbst und Sekundärliteratur aufgeführt, auch hier läßt Orthbandt die Jahre von 1933 bis 1945 aus.

Teil 3
Vom Befriedigen der Grundbedürfnisse bis zum gerechten Austauschen – Theorien der Sozialen Arbeit in der zweiten Hälfte des 20. Jahrhunderts

Einleitung

Die in Teil 1 und 2 dargestellten „Theorien" aus der Geschichte der Sozialen Arbeit gehen von recht unterschiedlichen Erfahrungen, Lebenswelten und Zielen für die Soziale Arbeit aus. Die meisten „Theorien" sind einseitig und erfassen nur einen kleinen Ausschnitt aus der Wirklichkeit Sozialer Arbeit. Trotz dieser Einseitigkeiten geben diese „Theorien" wichtige Impulse für ein besseres Verständnis gegenwärtiger Sozialer Arbeit.

Kennzeichnend für die Theorien der Sozialen Arbeit nach dem Zweiten Weltkrieg ist, daß nun auch in Europa soziale Probleme und ihre Lösungen als eigener Gegenstand wissenschaftlicher Reflexion verstanden werden und dafür mit gegenwärtig anerkannten wissenschaftlichen Methoden Aussagensysteme, also Theorien, entwickelt werden. An dieser Theoriebildung für Soziale Arbeit beteiligen sich zunächst vornehmlich PädagogInnen, die an Universitäten Lehrstühle inne haben und sich für sozialpädagogische Fragestellungen interessieren. Ende der sechziger Jahre gewinnen die politisierten Sozialwissenschaften auch auf die Theoriebildung in der Sozialen Arbeit Einfluß. Zum einen wenden sich diese kritisch gegen die vorherrschenden theoretischen Grundlagen, die im wesentlichen aus Methodiken zur Sozialen Arbeit mit einzelnen („case work") und kleinen Gruppen („group work") bestanden, zum anderen reflektieren sie die Frage nach der gesellschaftlichen Bedeutung und nach den Konsequenzen für eine Professionalisierung der Sozialen Arbeit. Die AutorInnen, die in den sechziger und siebziger Jahren Theorien entworfen haben, entstammen allen Fachdisziplinen, die sich in irgendeiner Form mit sozialen Fragen und Problemen befassen. Es gibt sowohl Theorien aus der Sozialen Arbeit als auch Theorien über die Soziale Arbeit. Viele dieser Theorieentwürfe sind innerhalb der Sozialen Arbeit nicht weiter verfolgt worden (z.B. Haag u.a. 1979). Eine große Zahl dieser TheoretikerInnen befaßt sich heute nicht mehr mit Fragen der Sozialen Arbeit, sondern folgt anderen Interessen.

Die Etablierung der (Sozial-)Pädagogik an den Universitäten und der Sozialen Arbeit an den Fachhochschulen in den siebziger Jahren führt – meiner Einsicht nach – dazu, daß an den Hochschulen und in ihrem Umfeld vermehrt Theorien für die Soziale Arbeit entworfen werden. Es bleibt auch nicht mehr bei „Eintagsentwürfen", sondern einzelne Theorien werden von „Schulen" getragen, die an einer kontinuierlichen Weiterentwicklung ihrer Theorien interessiert sind.

Die historischen Rahmenbedingungen sind für nahezu 50 Jahre für alle AutorInnen in etwa gleich: In der Bundesrepublik wie auch in anderen Ländern des deutschsprachigen Raumes – verschont von Kriegen und Katastrophen – verbessern sich in diesen Jahrzehnten generell die materiellen Grundlagen der Bevölkerung und die sozialstaatlichen Leistungen kontinuierlich. Der lang anhaltende allgemeine Wohlstand der deutschen Bevölkerung ist m.E. nicht ohne Wirkung auf die neuen Ansätze zur Gegenstandsbestimmung der Sozialen Arbeit in Deutschland geblieben; in den Mittelpunkt des Interesses treten stärker Fragen der (allgemeinen) Lebensführung. Die sich in den neunziger Jahren abzeichnende Verschlechterung der wirtschaftlichen Grundlagen und der damit einhergehende Abbau sozialstaatlicher Leistungen ist noch zu jung, um sich schon in Theorien der Sozialen Arbeit niederzuschlagen. Eine andere Gemeinsamkeit besteht gegenwärtig darin, daß sich die jeweiligen AutorInnen mit ihrer Theorie ausdrücklich in eine Tradition der Reflexion sozialer Probleme einreihen, diese Tradition mehr oder weniger aufgreifen und sie für die gegenwärtige wissenschaftliche Diskussion fruchtbar machen. Die sozialarbeiterische oder sozialpädagogische Tradition, in der die einzelnen AutorInnen stehen bzw. sich stellen, ist für das Verständnis der jeweiligen Theorie sehr wichtig.

In diesem einführenden Abschnitt soll der Verlauf der wirtschaftlich-politischen und gesellschaftlichen Zusammenhänge und damit der Kontext der (deutschsprachigen AutorInnen von) Theorien Sozialer Arbeit im Zeitraum von 1946 bis heute kurz skizziert werden. In den einzelnen Kapiteln dieses Teils werde ich im Abschnitt „Historischer Kontext" jeweils auf diese Einleitung Bezug nehmen und nur dort, wo zusätzliche Informationen zum Verständnis einer Theorie oder Biographie erforderlich sind, weitergehende Informationen zum Kontext geben und jeweils die Tradition benennen, in der die Theorie anzusiedeln ist.

(1) DEUTSCHLAND NACH DEM KRIEGE (1945 BIS 1965)

Der größte Land-, Luft- und Seekrieg der Weltgeschichte fordert – so schätzen ExpertInnen – 55 Millionen Tote, 35 Millionen Verwundete und 3 Millionen Vermißte; etwa 30 Millionen EuropäerInnen (davon 60% Deutsche) verlieren ihre Heimat. Ein Zehntel der deutschen Bevölkerung findet den Tod, zwei Fünftel sind auf der Flucht, da ein Drittel des Wohnungsbestandes zerstört ist, leben über sieben Millionen ohne Obdach.

Wenige Wochen nach dem Ende des Zweiten Weltkrieges – am 26. Juni 1945 – gründen 50 Nationen die Vereinten Nationen (UN) mit den Zielen: Sicherung des Weltfriedens, Schutz der Menschenrechte, Gleichberechtigung aller Völker und Besserung des allgemeinen Lebensstandards in der Welt. Mitglieder können grundsätzlich alle Staaten werden, die die Charta der UN anerkennen und deren Verpflichtungen nachzukommen bereit sind. In den Menschenrechtspakten der UN werden jedem Menschen sein Selbstbestimmungsrecht sowie weitere bürgerliche und politische, wirtschaftliche, soziale und kulturelle Rechte garantiert; Rassendiskriminierung, Apartheid, Völkermord, Sklaverei, Folter und Zwangsarbeit werden dagegen geächtet und unter Strafe gestellt (siehe Menschenrechte 1979). Die Allgemeine Erklärung der Menschenrechte und ihre Fortschreibungen durch die UN bilden fortan zugleich die Grundlage für „The Ethics of Social Work – Principles and Standards" der International Federation of Social Workers (Ifsw) und die Wertediskussion in der Sozialen Arbeit (siehe Ausführungen S. 363ff.).

Bei der Lösung konkreter Konflikte stoßen die Interessen der beiden Weltmächte USA und UdSSR jedoch sehr bald schroff aufeinander, und beide blockieren durch ihr Verhalten (Nutzung des Veto-Rechts) die Wirksamkeit der UN gravierend. Europa verliert endgültig seine Führungsrolle in der Welt; diese ist nun in zwei große Lager gespalten.: Der Westen unter Führung der USA und der Osten unter Führung der UdSSR stehen einander feindlich gegenüber und führen „Kalten Krieg". Beide Lager betreiben eine intensive Bündnispolitik. Im Westen werden die Organisation Amerikanischer Staaten (OAS), der Pazifik-Pakt (Anzus), der Südostasien-Pakt (Seato), die Nordatlantik-Pakt-Organisation (NATO) u.a. zur Erhaltung demokratischer Freiheiten durch kollektive Verteidigung, politische und wirtschaftliche Zusammenarbeit gegründet. Im Osten werden bilaterale Militär-Verträge und der Warschauer Pakt geschlossen, um sich vor Angriffen aus der westlichen Welt zu schützen und sowohl politisch als auch wirtschaftlich zusammenzuarbeiten. Ein „heißer Draht" verbindet Moskau und Washington, um Krisen im Verhältnis der beiden Weltmächte schnell managen zu können und so einen Dritten Weltkrieg zu verhindern.

Für Deutschland verabschieden die Siegermächte auf der Konferenz von Potsdam 1945 das Potsdamer Abkommen, in dem u.a. die Aufteilung Deutschlands in vier Besatzungszonen bis zu einer Friedensregelung, die Beseitigung von Nationalismus und Militarismus (Verbot der NSDAP), die Kontrolle der Industrie, Reparationen und die Demontage von Industrieanlagen beschlossen werden. Im Nürnberger Prozeß (1945/46) werden hauptverantwortliche NS-Führer aus Militär, Verwaltung, Politik, Gesundheitswesen und Industrie angeklagt und verurteilt. Deutschland wird in vier Besatzungszonen, die amerikanische, britische, französische und sowjetische, und außerdem in Länder aufgeteilt. Berlin erhält einen Sonderstatus. Bei sechs Millionen Deutschen werden im Zuge der „Entnazifizierung" Fragebogen- und Spruchkammerverfahren durchgeführt, und viele werden wegen ihrer „Nazi-Vergangenheit" aus ihren Ämtern entfernt; aber einer nicht unbedeutenden Zahl ehemaliger aktiver und einflußreicher NSDAP-Mitglieder gelingt es dennoch, sich zu tarnen und hohe Positionen beim Neuaufbau Deutschlands einzunehmen (siehe Ausführungen S. 238ff.)

Politische Parteien werden ab 1945 wieder zugelassen; es entstehen die Sozialdemokratische Partei Deutschlands (SPD), die Christlich-Demokratische Union (CDU), die Freie Demokratische Partei (FDP), in Bayern die Christlich-Soziale Union (CSU), die Kommunistische Partei Deutschlands (KPD) u.a.; in der sowjetisch besetzten Zone (SBZ) werden SPD und KPD zur Sozialistischen Einheitspartei Deutschlands (SED) zusammengeschlossen. Die UdSSR bezieht als Besatzungsmacht ihre Zone, die Ostzone (SBZ), sehr bald in ihren Machtbereich mit ein und gründet auf diesem Gebiet 1949 die Deutsche Demokratische Republik (DDR) mit dem Ziel, die Klassengesellschaft zu beseitigen und den Sozialismus aufzubauen. Auf dem Gebiet der Deutschen Demokratischen Republik leben 1946 18,4 Millionen Menschen, 1964 sind es noch 17 Millionen. Jedem einzelnen werden durch die Verfassung Grundrechte auf Arbeit, Erholung und Fürsorge garantiert, und jeder ist zum Dienst an den sozialistischen Errungenschaften verpflichtet. Der Sozialismus wird angesehen als die erste Phase der kommunistischen Gesellschaftsformation und als eine qualitativ neue Etappe der gesellschaftlichen Entwicklung gegenüber dem Kapitalismus, die den Übergang zur höheren Phase, der kommunistischen Gesellschaft, vorbereitet. Die politischen Programme der Deutschen Demokratischen Republik und der Sowjetunion sind aufeinander abgestimmt und bauen auf Thesen von Karl Marx (1818-1883) und Wladimir I. Lenin (1870-1924) auf. Das Studium an den Hochschulen schließt neben den Fachdisziplinen obligatorische gesellschaftswissenschaftliche Studien auf der Basis des Marxismus-Leninismus ein („Einheitswissenschaft"). Alle Parteien und Massenorganisationen sind in der nationalen Front zusammengeschlossen, die ihrerseits unter der Führung der staatstragenden Partei, der SED, steht. Als unantastbare Grundlagen der sozialistischen Gesellschaftsordnung nennt die Verfassung das feste Bündnis der Arbeiterklasse mit den Genossenschaftsbauern, der werktätigen Intelligenz und anderen Volksschichten, das sozialistische Eigentum an den Produktionsmitteln sowie das Prinzip der Leitung und Planung (sozialistische Planwirtschaft), das insbesondere die Wirtschaft betrifft (siehe Ausführungen S. 311ff.). Am 17. Juni 1953 erheben sich Arbeiter und Bauern gegen das SED-Regime, doch der Aufstand wird von den Machthabern mit russischen Panzern niedergeschlagen.

Die westlichen Besatzungsmächte beschließen, auf dem Gebiet ihrer Zonen einen provisorischen westdeutschen, demokratischen Staat unter ihrer Kontrolle zu bilden. Die staatliche Ordnung der Bundesrepublik Deutschland (BRD) wird durch das am 8. Mai 1949 vom Parlamentarischen Rat beschlossene und am 23. Mai 1949 verkündete Grundgesetz (GG) bestimmt. In dem Grundgesetz bekennt sich das Deutsche Volk zu unverletzlichen und unveräußerlichen Menschenrechten als Grundlage jeder menschlichen Gemeinschaft, des Friedens und der Gerechtigkeit in der Welt. Die staatliche Versorgungswirtschaft wird unter dem Einfluß der Westmächte von marktwirtschaftlichen Ordnungsprinzipien (freier Wettbewerb, Marktpreise) abgelöst. Eine „Soziale Marktwirtschaft" ist das Leitbild für die westdeutsche Wirtschaft, und diese „freie Marktwirtschaft" wird zur Grundlage eines „Wirtschaftswunders" (siehe Ausführungen S. 66ff.). Für Männer und Frauen besteht Arbeitspflicht.

Mit der Unterzeichung des Vertrages über die Gründung der Europäischen Gemeinschaft für Kohle und Stahl von 1951 durch Belgien, Niederlande, Luxemburg, Frankreich, Italien und die Bundesrepublik Deutschland wird der Grundstein zu einem Vereinten Europa gelegt. Im Deutschlandvertrag von 1952 wird der Besatzungsstatus aufgehoben. Durch die Pariser Verträge von 1954 tritt die Bundesrepublik Deutschland der Westeuropäischen Union (WEU) und der NATO bei. Die Moskauer Ostblockkonferenz erklärt eine Wiedervereinigung nunmehr für aussichtslos, und die UdSSR vertritt die Zwei-Staaten-Theorie, wonach eine Wiedervereinigung allein durch Verständigung der beiden deutschen Teilstaaten ohne Änderung der sozialistischen Errungenschaften der Deutschen Demokratischen Republik möglich sei. Am 5. Mai 1955 erhält die Bundesrepublik Deutschland von den Westmächten die Stellung eines souveränen Staates. Die KPD wird verboten (1956), und im Godesberger Programm (1959) verzichtet die SPD auf marxistische Ideen. Ab 1956 wird die Bundeswehr aufgebaut, und die Bundesrepublik Deutschland wird fest in das westliche militärische Bündnissystem eingebaut.

1946 leben auf dem Gebiet der späteren Bundesrepublik Deutschland (einschließlich West-Berlin) 46,2 Millionen Menschen. Die Entwicklung nach 1945 ist gekennzeichnet durch die Aufnahme von rund 12 Millionen Vertriebenen und Flüchtlingen, die vor allem aus den Ostgebieten des früheren Deutschen Reiches kommen; 22% der bundesdeutschen Bevölkerung sind Flüchtlinge. Die Fluchtbewegung aus der Deutschen Demokratischen Republik in die Bundesrepublik Deutschland findet ihren Höhepunkt 1953; zwischen 1944 und 1961 fliehen 3,1 Millionen Menschen aus dem Gebiet der Deutschen Demokratischen Republik und Ostberlin in die Bundesrepublik Deutschland. Mit dem Bau der Berliner Mauer 1961 und dem Befehl an die Wachtposten, auf Flüchtlinge zu schießen, stoppt der Flüchtlingsstrom unverzüglich.

Circa 600.000 schwerkriegsbeschädigte Menschen sind 1949 zu versorgen, und fast zwei Millionen Kinder und Jugendliche haben im Krieg ihren Vater – häufig auch ihre Mutter – verloren, für diese Waisen muß der Staat ebenfalls sorgen. Eines der dringendsten Probleme aber stellt die Reintegration der Jugend dar, deren durch Kriegs- und Nachkriegserfahrungen geprägtes Wert- und Normverständnis vielfach von der gesellschaftlichen Normalität abweicht. Schädigungen oder Verlust der Familie, anhaltende Jugendarbeitslosigkeit und fehlende Ausbildungsmöglichkeiten forcieren die Jugendproblematik. Mehr als 510.000 Jugendliche sind 1949 berufs- und heimatlos (siehe Ausführungen S. 225ff.). Die Bombardements haben Städte und Wohnungen zerstört, es herrscht eine ungeheure Wohnungsnot. Der Fehlbestand an Wohnungen wird für 1950 auf fünf Millionen Wohnungen geschätzt. Der Häufigkeiten der Geburten und Sterbefälle bleiben in der Bundesrepublik Deutschland weitgehend stabil, mit der Bevölkerungsfluktuation weiten sich die Ballungsgebiete aus. 31% der Bevölkerung sind unter 20 Jahre alt, 51% sind 20 bis 59 Jahre alt und nur 15% sind 60 Jahre und älter.

Zahlreiche Gesetze und Maßnahmen werden in der Bundesrepublik erlassen, um diese ungeheuren sozialen Probleme in den Griff zu bekommen: Bundessozialhilfegesetz (BSHG), Jugendwohlfahrtsgesetz (JWG), Wohnungsbauförderungsgesetz, Bundesjugendplan, Arbeitslosenversicherung, Lastenausgleich usw. usw. Das Bundessozialhilfegesetz als grundlegende gesetzliche Rahmenordnung für Prinzipien, Leistungen und Organisation der Sozialhilfe tritt 1962 in Kraft und löst die überkommenen fürsorgerechtlichen Regelungen ab. Die individuelle Betreuung und Hilfe für den einzelnen im Falle seiner Bedürftigkeit wird durch konkrete, genau beschriebene Angebote und Leistungen geregelt. Die Entwicklung von der Armenfürsorge zur umfassenden sozialen Hilfe wird mit dem BSHG abgeschlossen; das Verhältnis der öffentlichen Träger zu den freien Trägern der Wohlfahrtspflege wird geregelt. Das überarbeitete Reichsjugendwohlfahrtsgesetz (RJWG) wird 1953 wieder als wichtigste Grundlage des Jugendhilferechts eingeführt und 1961 mit wesentlichen Änderungen als Gesetz für Jugendwohlfahrt (JWG) neu verkündet. Es behandelt die Jugendwohlfahrtsbehörden (Jugendamt) und ihre Aufgaben sowie deren Verhältnis zur freien Jugendhilfe. Jedes Kind hat nach dem JWG ein Recht auf Erziehung zur leiblichen, seelischen und gesellschaftlichen Tüchtigkeit.

Die Spitzenverbände der Freien Wohlfahrtspflege – Arbeiterwohlfahrt, Deutscher Caritasverband, Diakonisches Werk, Deutscher Paritätischer Wohlfahrtsverband, Deutsches Rotes Kreuz und die Zentralwohlfahrtsstelle der Juden in Deutschland – nehmen nach dem Krieg sofort einzeln und als Bundesarbeitsgemeinschaft der Freien Wohlfahrtspflege e.V. ihre Tätigkeiten wieder auf. Der Deutsche Verein für öffentliche und private Fürsorge ist mit seinen Vorsitzenden Wilhelm Polligkeit (1876-1960) und Hans Muthesius (siehe die Ausführungen S. 238ff.) und seinen Ausschüssen, zu deren Mitgliedern auch Hans Scherpner gehört (siehe die Ausführungen S. 225ff.), von Anfang an maßgeblich am Aufbau des Sozialwesens in der Bundesrepublik Deutschland beteiligt.

Das zweigeteilte Deutschland erlebt als verkleinertes „Modell der Weltspaltung" alle Spannungen und Konflikte der Großmächte hautnah und unmittelbar. Die Errichtung der Mauer, die Räumung der Grenzzone und der Schießbefehl des SED-Regimes zementieren 1961 die Teilung in zwei deutsche Staaten. Die atomare Bewaffnung der Bundeswehr und die Notstandsgesetzgebung – obwohl heftig umstritten – werden durchgesetzt. In der Bundesrepublik Deutschland führt die „freie Marktwirtschaft" in kurzer

Zeit zum deutschen „Wirtschaftswunder" mit Vollbeschäftigung, Lohnerhöhungen und Arbeitszeitverkürzungen. „Gastarbeiter" werden im europäischen Ausland von amtlichen deutschen Stellen gezielt in ihren Heimatländern angeworben, um den Mangel an Arbeitskräften zu beseitigen; 1964 leben mehr als eine Million Italiener, Griechen, Türken, Spanier, Jugoslawen als ausländische Gastarbeiter in der Bundesrepublik Deutschland, dabei handelt es sich fast ausschließlich um junge alleinstehende Männer oder Familienväter, deren Familien in der Heimat geblieben sind. Die Spitzenverbände der freien Wohlfahrtspflege übernehmen die sozialarbeiterische Betreuung der ausländischen Arbeitnehmer; einzelne Nationalitäten werden bestimmten Verbänden zugeordnet.

Das Institut für Sozialforschung an der Universität Frankfurt a.M. mit den Forschungsschwerpunkten Industrie-, Gewerkschafts- und Bildungssoziologie wird 1950 von Max Horkheimer (1895-1973) und Theodor W. Adorno (1903-1969) wieder gegründet. Eine entscheidende Rolle spielt dieses Institut für die Entwicklung von neuen Theorien der Sozialen Arbeit durch seine kritischen (neomarxistischen) Impulse auf gesellschaftskritischem, wissenschaftstheoretischem und pädagogischem Gebiet und im Zusammenhang mit den studentischen Bewegungen der Neuen Linken (siehe dazu die Ausführungen S. 284ff.).

Die Ausbildung für die Soziale Arbeit wird an Höheren Fachschulen für Sozialarbeit und/oder Sozialpädagogik durchgeführt. Die Entwicklung der Ausbildung wird teilweise von DozentInnen bestimmt, die – vermittelt durch Austauschprogramme – in den USA Social Work studiert haben (z.B. Heinrich Schiller, Hans Pfaffenberger, C.W. Müller u.a.). Theorien und Ausbildungskonzepte des amerikanischen „Social Work" werden in Westdeutschland bereitwillig aufgenommen. Auf dem Hintergrund wissenschaftstheoretischer Strömungen macht die Sozialpädagogik in den sechziger Jahren in der Theoriebildung eine realistische Wendung durch: Die traditionelle geisteswissenschaftliche pädagogische Forschung wird durch eine empirisch arbeitende Forschung, die sich ebenfalls hermeneutischer Erkenntnisverfahren bedient, abgelöst. Statt Normen zu setzen, soll die real vorfindliche Lebenswelt empirisch erforscht werden. (Siehe zum Gesamten C.W. Müller 1988b, 13-123; Landwehr/Baron 1991, 219-299.)

(2) DEUTSCHLAND VON 1966 BIS 1979

Nach den großen Erfolgen des „Wirtschaftswunders" kommt es Mitte der sechziger Jahre zur ersten wirtschaftlichen Flaute in der Bundesrepublik Deutschland. Steigende Preise, Löhne und Staatsausgaben sowie Strukturprobleme im Ruhrbergbau (Absatzkrise bei Kohle) führen 1966 zu einer unerwarteten Wirtschaftskrise. Eine Große Koalition unter Bundeskanzler

Kurt G. Kiesinger (CDU) und Außenminister Willy Brandt (SPD) soll die Finanzen des Staates sanieren und der Wirtschaft neue Impulse geben. „Konzertierte Aktionen" der Sozialpartner werden durchgeführt. Im Herbst 1967 bildet sich eine Außerparlamentarische Opposition (APO) als Reaktion auf die Große Koalition und eine zunehmende Erstarrung des Bundestags; zugleich ist die 1964 gegründete rechtsradikale Nationaldemokratische Partei (NPD) bei Landtagswahlen erfolgreich. 1968 wird die Mehrwertsteuer eingeführt, um die Staatsschulden zu senken.

Truppen der fünf Warschauer-Pakt-Staaten marschieren 1968 in die Tschechoslowakei (CSSR) ein und beenden den dortigen Reformkurs („Prager Frühling"). Im Osten wird die Einbindung der Mitgliedsstaaten in das sozialistische Lager und in die sozialistische Wirtschaft intensiviert.

Eine Koalitionsregierung aus SPD und FDP setzt ab 1969 unter Willy Brandts Leitung den Schwerpunkt ihrer Politik auf die Normalisierung der Beziehungen mit den Oststaaten. 1970 werden der Moskauer und der Warschauer Vertrag unterzeichnet; in diesen Verträgen verzichten die Vertragspartner (die Bundesrepublik Deutschland und die UdSSR bzw. Polen) auf die Anwendung von Gewalt und erkennen die in Europa bestehenden Grenzen einschließlich der Oder-Neiße-Linie als polnische Westgrenze an. Der Bundestag stimmt den Ostverträgen 1972 zu.

Im Westen wird die Europäische Gemeinschaft 1972 zur Gemeinschaft der Zehn erweitert; 1978 wird das Europäische Währungssystem (EWS) mit der Europäischen Währungseinheit (ECU) gegründet. Das Streben der kolonialisierten Völker nach Selbständigkeit und ihre wirtschaftlich-sozialen Probleme lassen die Entwicklungshilfe zu einer weltweiten Herausforderung werden. 1973 wird die Konferenz für Sicherheit und Zusammenarbeit Europas (KSZE) in Helsinki eröffnet, und in der Schlußakte der KSZE werden 1975 garantiert: die Unverletzlichkeit der Grenzen, die Nichteinmischung in innere Angelegenheiten anderer Staaten, vor allem aber die Achtung der Menschenrechte und der Grundfreiheiten. Es folgen weitere KSZE-Folgekonferenzen zu Umwelt, Wirtschaft und Menschenrechte.

Ab 1969 wird die Deutsche Demokratische Republik zunehmend auch von Staaten außerhalb des Ostblocks anerkannt und damit wird der Alleinvertretungsanspruch der Bundesrepublik Deutschland für Deutschland infrage gestellt. Ein „Grundvertrag" über die Grundlagen der Beziehungen zwischen der Bundesrepublik Deutschland und der Deutschen Demokratischen Republik wird 1973 geschlossen. Die heftig umstrittene „Ostpolitik" der sozialliberalen Koalitionsregierung wird zur Zerreißprobe der jungen deutschen Demokratie. Die Bundesrepublik Deutschland und die Deutsche Demokratische Republik werden 1973 gleichzeitig in die Vereinten Nationen aufgenommen, nachdem mit dem Grundlagenvertrag die Hallstein-Doktrin („Alleinvertretungsanspruch"), nach der die Bundesrepublik Deutschland keine Beziehungen zu Staaten unterhält, die ihrerseits Beziehungen zur Deutschen

Demokratischen Republik haben, verabschiedet worden war. In demselben Jahr wird die Sechsergemeinschaft der EU um Dänemark, Irland und Großbritannien erweitert. Nach dem Rücktritt von Willy Brandt 1974 wird Helmut Schmidt (SPD) Bundeskanzler; er führt die Ostpolitik seines Vorgängers weiter. Das Europäische Parlament, das über wichtige Entscheidungs- und Kontrollbefugnisse verfügt, wird 1979 zum ersten Mal direkt gewählt; von nun an finden alle fünf Jahre Direktwahlen zum Europäischen Parlament statt.

Junge Menschen fordern in der Bundesrepublik Deutschland und in vielen anderen Staaten einschneidende Reformen. Das Verhältnis der Generationen zueinander ist konfliktreich und angespannt (siehe die Ausführungen S. 284ff.). Die ältere Generation befürchtet, daß die jüngere den „Generationenvertrag" nicht einhalten könnte. Die Denkschrift des Sozialistischen Deutschen Studentenbundes (SDS) „Hochschule in der Demokratie" artikuliert die Reformziele vieler StudentInnen. Die StudentInnenbewegung lebt geistig in hohem Maße vom Marxismus-Leninismus („Marx an die Uni!"). Eines ihrer Ziele ist die Verbindung mit der Arbeiterbewegung, um so gemeinsam Universität und Gesellschaft zu revolutionieren. Die aus der Reformbewegung entstehende Rote-Armee-Fraktion (RAF) und ihr Kampf/blutiger Terror gegen den Staat verbreiten Schrecken und Todesangst in der Bevölkerung und bei führenden Repräsentanten des Staates. Zur selben Zeit werden die Lehren von Marx und Lenin auch für die Theorie und Praxis der Sozialarbeit entdeckt. Es werden marxistisch-leninistisch orientierte Theorien zur Sozialen Arbeit, z.B. von Hollstein/Meinhold (1973) und Khella (siehe die Ausführungen S. 311ff.), entworfen und Kollektive (Rote Zellen) gebildet, die diese Theorien diskutieren und in der Praxis umsetzen wollen.

1968 leben in der Bundesrepublik Deutschland 95.400 Minderjährige in Heimen, das sind 67% aller außerhalb ihrer eigenen Familie im Rahmen der Jugendhilfe untergebrachten Kinder. Die schlechte finanzielle und personelle Ausstattung der Einrichtungen, das zumeist nicht für die Heimerziehung ausgebildete Personal mit geringen pädagogischen Kompetenzen und die generelle Konzeption der Heimerziehung werden in der „Heimkampagne" heftig kritisiert; die Hauptvorwürfe sind: Die praktizierte Heimerziehung isoliere und stigmatisiere die Betreuten, „fessele die Jugendlichen" und fördere kriminelle Karrieren. Die radikale Kritik führt zu Reformen der Heimerziehung unter den Stichpunkten: Dezentralisierung, Normalisierung, Entspezialisierung und Professionalisierung der MitarbeiterInnen (siehe die Ausführungen S. 284ff., S. 324ff. und S. 338ff.).

1974 leben in der Bundesrepublik Deutschland (einschließlich West-Berlin) 61,33 Millionen Menschen; die Zahl der AusländerInnen ist auf 4,5 Millionen, ein Drittel davon sind TürkInnen, angewachsen. Als Folge von Rationalisierungsmaßnahmen steigt die Arbeitslosenquote von 1970 bis

1975 von 0,7% auf 4,7%. Mit der verschärften Situation auf dem Arbeitsmarkt werden restriktive Maßnahmen gegen ausländische ArbeitnehmerInnen beschlossen: Anwerbestopp, Rückkehrförderung, Familiennachzugsbeschränkung u.a. Die längere Verweildauer der ausländischen GastarbeiterInnen, der zunehmende Familiennachzug, die relativ hohe Geburtenzahl und zahlreiche Entlassungen von ausländischen Arbeitskräften aus ihren Arbeitsverhältnissen verändern die Lebensverhältnisse der ausländischen Wohnbevölkerung in Deutschland gravierend. Schlagworte wie „soziale Eingliederung", „Integration auf Zeit", „Multi-Kulti-Gesellschaft" und „Ausländer-Raus" kennzeichnen die damit verbundenen sozialen Problematiken.

Der Wandel der Wirtschafts- und Sozialstruktur hat Folgen für die Systeme der sozialen Sicherung. Nachdem die SozialwissenschaftlerInnen und SozialpolitikerInnen lange von einem Verschwinden materieller Armut in der Bundesrepublik Deutschland, einem der reichsten Länder der Erde, ausgegangen waren und Armut lediglich bei einzelnen Randgruppen gesehen hatten, belebt der Sozialpolitiker Heiner Geißler (CDU) mit seiner These von der „neuen sozialen Frage" die Armutsdiskussion neu. Absolute materielle Armut (wie z.B. in Ländern der Dritten Welt) wird von relativer Armut (auch in reichen Ländern) unterschieden; relative Armut ist danach eine extreme Form sozialer Ungleichheit. Die Lebenslage von Personen, Haushalten bzw. Gruppen wird dabei im Verhältnis zum durchschnittlichen Lebensstandard der Gesellschaft betrachtet (siehe die Ausführungen S. 311ff.).

Etwa 700.000 Deutsche konsultieren jährlich einen niedergelassenen Nervenarzt; etwa 200.000 psychisch kranke Menschen werden jährlich stationär behandelt, dabei handelt es sich um 50% Ersterkrankungen. In der im Auftrag des Parlamentes erstellten Psychiatrie-Enquête wird 1975 von Fachleuten eine Fülle grundsätzlicher Neuordnungen für die Versorgung psychisch kranker und seelisch behinderter Menschen angeregt. Als Ergebnis der Diskussionen über diese Anregungen wird ein „Modellprogramm Psychiatrie" zur Erprobung extramuraler Versorgungsnetze (ambulante, teilstationäre und komplementäre Dienste wie Sozialpsychiatrische Dienste, Tages- und Nachtkliniken, Wohngemeinschaften usw.) aufgelegt. Dieses Programm ist sehr erfolgreich und bewirkt eine neue, gemeindenahe Versorgungsstruktur (Sozialpsychiatrie), die vor allem von Ärzten und SozialarbeiterInnen getragen wird.

In Deutschland führt ebenfalls in den siebziger Jahren eine allgemeine Unzufriedenheit mit der Lebensqualität zu der Konfrontation „Ökologie gegen Ökonomie". Der Bericht des Club of Rome über die Grenzen des Wachstums (1972), der „Ölschock" (1973/74), die Vergiftung der Flüsse und der Meere, die Atombombenversuche, die Kernkraftwerke, das Waldsterben, die Erwärmung des Klimas, das Ozonloch, die Katastrophe von Tschernobyl usw. führen dazu, daß immer mehr Menschen sich selbst durch die

Zerstörung der Umwelt bedroht fühlen und sich tatkräftig für den Schutz der Umwelt einsetzen. Viele Organisationen werden zu diesem Zweck gegründet (z.b. der Bund Naturschutz, Greenpeace usw.). Die ökologische Bewegung wird schließlich von vielen Menschen, Parteien und Interessengruppen unserer Gesellschaft entdeckt und für sich genutzt. Alle geben sich ökologisch und verstehen doch jeweils etwas anderes darunter. Die soziale Komponente der ökologischen Bewegung wird durch die Verbindung von „ökologisch" und „alternativ" hergestellt. Die alternativ-ökologische Bewegung zielt auf „anders leben" und „anders arbeiten". Sehr viele SozialarbeiterInnen sind in alternativ-ökologischen Projekten engagiert, und ökologisches Denken wird auch in der deutschen Sozialen Arbeit wichtig (siehe die Ausführungen S. 350ff.)

Der sogenannte „Positivismusstreit" in den sechziger und siebziger Jahren spaltet vor allem die SozialwissenschaftlerInnen in zwei Lager. Auf der einen Seite stehen VertreterInnen des Kritischen Rationalismus, also einer empirisch-analytischen Wissenschaftstheorie in der Tradition des Positivismus, mit den Wortführern Karl R. Popper (1902-1994) und Hans Albert (1921*). Auf der anderen Seite kämpfen VertreterInnen der Kritischen Theorie („Frankfurter Schule"), also einer dialektisch-kritischen Wissenschaftstheorie in der Tradition der Emanzipationsbewegungen mit den Wortführern Theodor W. Adorno, Max Horkheimer und Jürgen Habermas (1929*). Der Streit um die richtige Wissenschaftsauffassung geht einher mit einer Politisierung der Sozialwissenschaften einerseits sowie der Akzeptanz und Ausweitung der sozialempirisch-erfahrungswissenschaftlichen Forschungsmethoden andererseits.

In Deutschland wird der „Positivismusstreit" auch in der Pädagogik ausgetragen und führt zu einer emanzipatorischen Wendung in der Theoriebildung der siebziger Jahre. Die geisteswissenschaftlich orientierte Pädagogik der ersten Hälfte des 20. Jahrhunderts wird sowohl von den VertreterInnen der Kritischen Theorie als auch von den VertreterInnen des Kritischen Rationalismus infrage gestellt. Wolfgang Brezinka (1928*) fordert z.B. für die Pädagogik einen radikal positivistischen Methodenmonismus auf der Grundlage des kritischen Rationalismus (siehe die Ausführungen S. 298ff.). In der Auseinandersetzung zwischen positivistischem und kritischem Lager wird Emanzipation zum gesellschaftskritischen Schlüsselbegriff. Eine Vermittlung von hermeneutischen, empirischen und kritischen Methoden wird angestrebt (siehe die Ausführungen S. 284ff. und S. 324ff.).

Im Zuge der Bildungsreform (1969) werden die pädagogischen Hochschulen den Universitäten zugeordnet, und an deutschen Universitäten werden erstmals Studiengänge für Pädagogik mit dem Abschluß „Diplom-Pädagoge/Pädagogin" eingerichtet. Da Sozialpädagogik eine der Studienrichtungen dieses neuen Studienganges ist, werden für das Pädagogikstudium auch Lehrstühle für Sozialpädagogik geschaffen. Zugleich wird die Ausbildung für Sozialarbeit und/oder Sozialpädagogik von den Höheren Fachschulen an die 1969 neu geschaffenen Fachhochschulen verlegt. Bundesweit gibt es an circa 50 Fachhochschulen den Studiengang Sozialwesen bzw. Sozialarbeit bzw. Sozialpädagogik. Die Studienordnungen der einzelnen Fachhochschulen unterscheiden sich beträchtlich voneinander, und die Studienordnungen und -bedingungen für (Sozial-)Pädagogik an den Universitäten und Sozialwesen bzw. Sozialarbeit bzw. Sozialpädagogik an den Fachhochschulen sind inkompatibel.

Soziale Arbeit wird im Laufe der Nachkriegsjahre zu einem großen Beschäftigungsfeld. Nach der ersten gesetzlichen Festlegung sozialpädagogischer Arbeitsfelder im RJWG Anfang der zwanziger Jahre bringen insbesondere die Gesetzgebungen im Bildungs- und Sozialwesen neue Differenzierungen und Aufgabenfelder für SozialpädagogInnen und SozialarbeiterInnen; z.b: Ausweitung der Allgemeinen Sozialen Dienste, Heimerziehung mit neuen Betreuungsformen wie Wohngemeinschaften und betreutes Einzelwohnen, Sozialpsychiatrische Dienste, Erziehungsberatung, Frauenhäuser, Sucht- und Drogenarbeit, sozialpädagogische Familienhilfe, Schuldnerberatung usw. (siehe C.W. Müller 1988b, 133-165).

(3) DEUTSCHLAND AB 1980

In Bonn findet 1981 eine Friedensdemonstration mit rund 250.000 TeilnehmerInnen statt; die große TeilnehmerInnenzahl zeigt, daß die Friedensbewegung weite Teile der Bevölkerung erfaßt hat, und viele das Ende des „Kalten Krieges", den Abbau der Waffensysteme fordern und die zahlreichen internationalen Friedens- und Abrüstungskonferenzen unterstützen. Steigende Staatsverschuldung und Arbeitslosigkeit führen in der Bundesrepublik Deutschland zum Ende der sozialliberalen Regierungskoalition. Durch ein konstruktives Mißtrauensvotum wird die Regierung Schmidt (SPD) 1982 gestürzt und Helmut Kohl (CDU) Bundeskanzler. Die CDU/CSU-FDP-Regierung unter Kohl bleibt 16 Jahre im Amt und wird 1998 von einer SPD-Bündnis 90/Die Grünen-Koalition unter der Leitung von Gerhard Schröder (SPD) als Bundeskanzler abgelöst. Der Bundestag beschließt die Stationierung neuer US-Raketen. Mit dem Beitritt von Griechenland, Portugal und Spanien wird in den achtziger Jahren die Europäische Gemeinschaft zur Gemeinschaft der Zwölf erweitert. Menschenrechtsbewegungen in der UdSSR (1976-1988) werden mit Verhaftungen und Verurteilungen bekämpft, und die sowjetischen Truppen marschieren in Afghanistan ein. Michail Gorbatschow wird neuer Generalsekretär der KPdSU, bekämpft die Korruption, kritisiert Mißstände und verkündet auf dem XXVII. Parteitag (1986) die Umgestaltung („Perestrojka") der sowjetischen Verhältnisse und Offenheit („Glasnost"). Der Reaktorunfall

(GAU) in Tschernobyl (1986) wird in der ganzen Welt als reale atomare Bedrohung erlebt und löst heftige internationale Reaktionen aus. Zwischen der UdSSR und den USA wird auf vielen Ebenen über die Abrüstung verhandelt. Gorbatschow kündigt vor der UN-Vollversammlung (1988) einseitige Abrüstungsschritte an: Verringerung der Streitkräfte um 500.000 Mann und Abzug von Panzerdivisionen aus der Deutschen Demokratischen Republik, der CSSR und Ungarn.

In Ost-Berlin finden 1987/88 nicht genehmigte Friedensdemonstrationen statt, dabei werden Mitglieder unabhängiger Menschenrechtsgruppen festgenommen; „Solidaritätsandachten" werden in Ost-Berlin, Dresden und anderen Städten der Deutschen Demokratischen Republik gehalten; die Zahl der Menschen, die ihre Ausreise aus der Deutschen Demokratischen Republik beantragen, steigt sprunghaft an. Am 9. November 1989 öffnet die Regierung der Deutschen Demokratischen Republik die innerdeutsche Grenze, und am 3. Oktober 1990 tritt die Deutsche Demokratische Republik der Bundesrepublik Deutschland bei.

1981 leben in der Bundesrepublik Deutschland (einschließlich West-Berlin) rund 62 Millionen Menschen; davon sind circa 4,5 Millionen AusländerInnen, die Hälfte davon sind ArbeitnehmerInnen. Die Zahl der registrierten Arbeitslosen beträgt 1982 in Deutschland 1,9 Millionen. Staatsverschuldung und Arbeitslosigkeit wachsen weiter; dadurch geraten die wohlfahrtsstaatlichen Organisationsformen in eine tiefe Krise. Bundesweit steigt die Anzahl der Haushalte, die laufende Hilfe zum Lebensunterhalt beziehen, im Zeitraum von 1982 bis 1984 um circa 12% von 908.000 auf insgesamt 1.042.000. Der Verlust des Arbeitsplatzes ist die häufigste Ursache der Gewährung von Hilfe zum Lebensunterhalt (Hofmann 1987). Die finanziellen Probleme der öffentlichen Haushalte und der Sozialversicherungen führen dazu, daß die sozialen Hilfeleistungen erheblich eingeschränkt werden. Kinder und Jugendliche sind besonders stark von diesen Einschränkungen betroffen.

In den westeuropäischen Industriestaaten hat sich aufgrund der starken Abnahme von Geburten und der gleichzeitigen tendenziellen Verlängerung der Lebenswartung – für neugeborene Mädchen sind es 79 Jahre, für Jungen 73 Jahre – die Bevölkerungsstruktur stark verändert: immer mehr ältere Menschen stehen immer weniger jungen Menschen gegenüber. Die Altersstruktur der deutschen Bevölkerung sieht im Jahr 1992 so aus: 22% der Bevölkerung sind unter 20 Jahre alt, 58% sind 20 bis 59 Jahre alt und 20% sind 60 Jahre und älter. Hochrechnungen besagen, daß im Jahre 2040 auf 100 Deutsche im erwerbsfähigen Alter etwa 68 Personen im Alter von 60 Jahren und älter kommen, 1992 beträgt das Verhältnis 100 zu 34. Aus diesen demographischen Veränderungen ergeben sich neue soziale Probleme (Generationenproblem), sowohl bei der Versorgung und Erziehung der Kinder und Jugendlichen als auch bei der Betreuung und Pflege alter Menschen.

Die neuen deutschen Bundesländer werden 1990 in die Europäische Gemeinschaft eingebunden; 1995 werden Finnland, Österreich und Schweden
Mitglieder der Europäischen Union. Mehrere mittel- und osteuropäische
Staaten bewerben sich um den Beitritt. Durch die Abschaffung der Zölle
werden spektakuläre wirtschaftliche Erfolge der EWG erzielt. Die soziale
Dimension Europas wird in der Einheitlichen Akte verankert und 1989 in
der Gemeinschaftscharta der sozialen Grundrechte bekräftigt. Durch struk-
turpolitische Maßnahmen werden benachteiligte Regionen und Regionen
mit einem Entwicklungsrückstand durch technologischen Wandel und Um-
strukturierungen besonders gefördert. Ziel aller Maßnahmen ist die Verbesserung der Lebens- und Arbeitsbedingungen der europäischen BürgerInnen.

81 Millionen Menschen leben 1994 im wiedervereinten Deutschland, 4
Millionen von ihnen sind als arbeitslos gemeldet, rund 4 Millionen Menschen leben von der Sozialhilfe; 150.000 Menschen leben obdachlos auf
den Straßen und 800.000 Menschen wohnen in Notunterkünften, rund eine
halbe Million Kinder lebt in Obdachlosenheimen.

Infolge der Öffnungstendenzen des Ostblocks reisen viele AussiedlerInnen
– Deutsche, die ihren Wohnsitz 1945 in den ehemals deutschen Ostgebieten
bzw. in anderen osteuropäischen Gebieten hatten, und ihre Nachkommen –
in die Bundesrepublik Deutschland, um dort dauernd ihren Wohnsitz zu
nehmen. 1988 kommen über 200.000 AussiedlerInnen, 1990 sind es dop-
pelt soviele; fast die Hälfte von ihnen kommt aus den Folgestaaten der auf-
gelösten UdSSR. Die gesellschaftliche Integration dieser Menschen erweist
sich als schwierig und erfordert umfassende sprachlich-kulturelle Förderung und berufsintegrative Maßnahmen. Diese an sich schon große soziale
Problematik unter dem Stichwort MigrantInnen wird durch die riesige Zahl
der Menschen, die als AsylbewerberInnen nach Deutschland kommen, um
ein Vielfaches verschärft.

Im Herbst 1992 werden binnen weniger Wochen mehr KZ-Gedenkstätten,
Mahnmale und jüdische Friedhöfe geschändet als früher in einem ganzen
Jahr. Nazis und Neonazis treten dreist und gewalttätig auf, überfallen Menschen, weil sie „undeutsch" aussehen, lassen Ausländerheime brennen,
quälen behinderte Menschen und trampeln auf Obdachlosen herum.
Rechtsextremismus und rechtsradikale Gewalt versetzen Flüchtlinge, AsylbewerberInnen und AusländerInnen in Angst und Schrecken. Die Nationaldemokratische Partei (NPD) wird mit zweistelligen Prozentanteilen bei
Landtags- und Kommunalwahlen gewählt.

Die Zahl der Drogentoten überschreitet in Deutschland 1991 erstmals die
Zahl 2.000. Das Rauschdrogenproblem ist ein Phänomen unter jungen
Menschen, die meist in der Phase der Pubertät damit beginnen, Drogen zu
nehmen. Schätzungen von ExpertInnen gehen davon aus, daß ungefähr
80.000 bis 100.000 junge Menschen in Deutschland heroinabhängig sind

und eine weitaus größere Gruppe (drei Millionen) Alkohol, Cannabis und Medikamente konsumiert.

Aids steht für „Acquired Immuno Deficiency Syndrome" und wird 1981 erstmals als eigenständiges Krankheitsbild beschrieben; es stellt das Endstadium einer Erkrankung dar, die durch die Aufnahme von menschlichen Immundefektviren (HIV) verursacht wird. Die Viren werden übertragen, wenn virushaltige Körperflüssigkeiten (z.b. Blut, Samenflüssigkeit, Scheidensekret) in den Blutkreislauf anderer Menschen gelangen; das kann durch Sexualpraktiken, Bluttransfusionen, gemeinsame Benutzung von verunreinigten Nadeln und Spritzen geschehen. Die rasche und weltweite Verbreitung dieser „Killerseuche", der Umstand, daß es weder ein Heilmittel gegen die Erkrankung noch einen Impfstoff zum Schutz davor gibt, und der rasante tödliche Verlauf machen Aids zu einem globalen gesellschaftlichen und sozialen Problem beispielloser Größenordnung.

Mit Beginn der achtziger Jahre erscheinen die ersten leistungsfähigen Personal Computer (PC) auf dem Markt; damit beginnt der unaufhaltbare Siegeszug der Computerwissenschaften (Informatik) und der Kommunikationstechnologie. Die Elektronische Datenverarbeitung (EDV) eröffnet der Forschung bislang ungeahnte Möglichkeiten, organisiert Verwaltung und Wirtschaft rationaler und schafft weltweite Kommunikationsnetze (Internet), in das sich jede Frau und jeder Mann, die/der über einen PC verfügt, einbringen kann. Mit der Entwicklung der Kommunikationstechniken expandieren die Massenmedien: die audiovisuellen Medien (Fernsehen, Video, Film) und die „neuen Medien" (Kabel- und Satelittenfernsehen, Video- und Bildschirmtext, Computer, Telefax, Cyberspace) drängen die gedruckten „alten Medien" mehr und mehr in den Hintergrund. Global agierende Multi-Media-Konzerne präsentieren ihre Medien, prägen die Kommunikationskultur, selektieren die Informationen und versuchen, die KonsumentInnen für ihre Zwecke und Ziele zu instrumentalisieren.

In der Genforschung werden Kenntnisse und Methoden für den gezielten Eingriff in die Erbanlagen aller Lebewesen entdeckt und entwickelt; Erbträger (Gene) können entnommen und eingefügt, Aufbau und Eigenschaften von Pflanzen, Tieren und Menschen können verändert werden. Der Mensch verfügt damit erstmals über Möglichkeiten, durch gezielte Veränderungen in die Geschichte des Lebens einzugreifen. Die sich daraus ergebenden Risiken und Gefährdungen für das Leben des einzelnen und das Zusammenleben aller Menschen sind noch nicht erfaßt. Kommissionen entwickeln Regeln und Vorschriften für die Handhabung der Möglichkeiten, die weltweit verbindlich sein sollen.

Die neuen sozialen Problematiken (Aids, Drogen, MigrantInnen, Medien, Gewalt, alte Menschen usw.) fordern neue Antworten der Gesellschaft und des Staates. Die Nachfrage nach qualifizierten SozialarbeiterInnen für diese sozialen Problembereiche ist groß. Soziale Arbeit ist zwar nicht besonders angesehen, es fehlt ihr auch an Geld und Anerkennung, sie ist neben anderen Berufen im Sektor sozialer und pädagogischer Dienstleistungen randständig und in der Hierarchie der Professionen unten angesiedelt, aber letztlich werden von ihr (schnelle und billige) Lösungen für diese (von vielen BürgerInnen als ausgesprochen lästig empfundenen) Problematiken erwartet.

Hinter dem schwierigen Bild der Sozialen Arbeit liegen dennoch Strukturen und Entwicklungen, die zeigen, daß sich Soziale Arbeit im 20. Jahrhundert etabliert hat, und daß sie sich notwendig etablieren mußte, daß sie ein integrales und notwendiges Moment der modernen Gesellschaft ist (siehe Thiersch 1992b). Mit dem Auf- und Ausbau von Fachhochschulen und universitären Pädagogik-Studiengängen wird ab 1970 der Nachfrage durch eine spezifisch akademische Ausbildung der MitarbeiterInnen begegnet. Jährlich verlassen circa 7.000 AbsolventInnen der Studiengänge Sozialpädagogik/Sozialarbeit/Soziale Arbeit und der Pädagogik die deutschen Hochschulen und werden vom Arbeitsmarkt aufgenommen. Mit der Akademisierung der Ausbildung setzt eine kritisch-radikalisierte Selbstreflexion sozialarbeiterischen Handelns und seiner gesellschaftlichen Bedingungen ein. Konzepte einer neuen Professionalität der Sozialen Arbeit werden propagiert, in denen eine offene und dialogische Beziehung zwischen SozialarbeiterInnen und ihren KlientInnen gefordert wird. Einflußreiche öffentliche Träger der Sozialen Arbeit kritisieren die Ausbildung an den Hochschulen als praxisfern und ideologisch und setzen sich für eine an den Anforderungen der Praxis orientierte Ausbildung ein. Trotz eines gestiegenen Selbstbewußtseins im 20. Jahrhundert – was nicht zuletzt eng mit der Entwicklung eigener wissenschaftlicher Theorien zusammenhängt – wird die Bedeutung der Sozialen Arbeit für die Entwicklung der Gesellschaft zum modernen Sozialstaat allgemein als gering angesehen: SozialarbeiterInnen beraten und unterstützen zwar Menschen in ihren alltäglichen Lebensproblemen, die (Sozial-)PolitikerInnen aber entscheiden über die finanziellen, wirtschaftlichen, politischen und kulturellen Rahmenbedingungen. (Siehe zum Gesamten C.W. Müller 1988b, 167-201; Thiersch 1992b.)

Die in diesem Teil zusammengestellten acht Theorien Sozialer Arbeit sind von ihren AutorInnen ausdrücklich als Theorien bzw. Theorieansätze oder -entwürfe zur Sozialen Arbeit (bzw. Sozialpädagogik) qualifiziert worden. Mit der vorliegenden Auswahl möchte ich das weite Spektrum von Richtungen und Schulen in der gegenwärtigen Theoriebildung im deutschen Sprachraum präsentieren.

(Sozial-)Pädagogisch ausgerichtete AutorInnen wie Klaus Mollenhauer und Michael Winkler plädieren – trotz aller Unterschiede – gemeinsam für Sozialpädagogik als Teilbereich einer (autonomen) Pädagogik bzw. Erziehungswissenschaft und benutzen den Begriff „Soziale Arbeit" als Synonym für Sozialpädagogik. Für Hans Thiersch ist die Frage nach einer Leitwissenschaft entweder der Sozialarbeit oder der Sozialpädagogik (vor dem Hintergrund der Erziehungswissenschaft) obsolet, für ihn ist allein eine die unterschiedlichen Traditionen integrierende Handlungswissenschaft Soziale Arbeit angemessen. Lutz Rössner wird mit seinem ebenfalls erziehungswissenschaftlichen Ansatz von seinen KollegInnen aus der Erziehungswissenschaft, vermutlich wegen seiner empirisch-analytischen und technologischen Orientierung und seiner Definition der Erziehungswissenschaft als Subdisziplin der Soziologie, ebenso geschnitten und ausgegrenzt wie von anderen AutorInnen (wovon nicht nur das Ausbleiben jeglicher Resonanz auf dessen plötzlichen Tod zeugt). In ähnlicher Weise wird auch Karam Khella ignoriert, dessen Theorie bislang niemand aufgegriffen hat. Demgegenüber setzen sich Wolf Rainer Wendt und Silvia Staub-Bernasconi – wie andere AutorInnen auch – für eine eigenständige Sozialarbeitswissenschaft ein, die sie beide systemtheoretisch konzipieren. Während sich Staub-Bernasconi dabei ausdrücklich in die Tradition von Jane Addams, Ilse von Arlt und der internationalen „community" der Profession stellt, orientiert sich Wendt an angloamerikanischen sozialökologischen Konzepten. Wendt und Staub-Bernasconi sind beide im Vorstand der Deutschen Gesellschaft für Sozialarbeit.

1. Grundbedürfnisse befriedigen – Ilse von Arlt (1876-1960)

„Ilse Arlt hielt den Anblick großer Not oder krasser Verwahrlosung nicht aus, sie war in die Theorie der Hilfeleistung geflüchtet. Dafür gab sie aber den Schülern ihr beträchtliches Wissen auf den Weg mit. Man kann berechtigterweise sagen, daß sie ein System zur Beurteilung des Notstandes geschaffen hat" (Rosa Dworschack, zit. nach Ertl 1995, 16).

1.1. HISTORISCHER KONTEXT

In der zweiten Hälfte des 19. Jahrhunderts streiten sich in der Österreichisch-Ungarischen Monarchie die unterschiedlichen Nationalitäten. Kaiser Franz Joseph I. (1848-1916) hält den Vielvölkerstaat zwar mit Heer und Bürokratie zusammen, aber die Ungarn, Tschechen, Rumänen, Serben, Kroaten, Polen, Ukrainer, Slowenen streben nach politischer Eigenständigkeit. Die Kriegserklärung an Serbien löst 1914 den Ersten Weltkrieg aus, und mit dem Verlauf des Krieges wird Österreich-Ungarn immer enger an das Deutsche Reich gebunden. Nach der Niederlage wird der Vielvölkerstaat aufgelöst und die provisorische Nationalversammlung erklärt 1918 „Deutsch-Österreich" zur Republik und zum „Bestandteil der Deutschen Republik". Im Friedensvertrag von 1919 anerkennt Österreich die Selbständigkeit Ungarns, der Tschechoslowakei, Polens und Jugoslawiens. Die Siegermächte untersagen den ÖsterreicherInnen jedoch, sich dem Deutschen Reich anzuschließen und den Namen „Deutsch-Österreich" zu führen, außerdem legen sie ihnen hohe Reparationsleistungen auf. 1920 tritt die Verfassung der Ersten Republik in Kraft. Neben den direkt gewählten Nationalrat tritt eine Ländervertretung (Bundesrat); beide Gremien bilden zusammen die Bundesversammlung, die den Bundespräsidenten wählt.

Große Ernährungsschwierigkeiten, zentrifugale Bestrebungen der Bundesländer, die diktierten Friedensbedingungen und die Ansprüche der „Nachfolgestaaten" gefährden die junge Republik. Die Lebensmittelnot ist so groß, daß Hilfemaßnahmen anderer Länder (z.B. von Frankreich) erforderlich sind. Die Weltwirtschaftskrise verschärft diese Probleme zusätzlich. Die Spannungen zwischen den Bürgerlichen und den Sozialisten werden zum Teil in bürgerkriegsähnlichen Kämpfen von Wehrverbänden ausgetragen. Austrofaschistische Kräfte heben 1933 mit Hilfe des „Kriegswirtschaftlichen Ermächtigungsgesetzes" von 1917 die parlamentarische Verfassung auf und errichten ein autoritäres Regime. Bundeskanzler Dollfuß verbietet zunächst die Nationalsozialistische Partei, dann auch alle anderen Parteien. Beim Putsch der Nationalsozialisten 1934 wird Dollfuß ermordet. Seinem Nachfolger, Bundeskanzler Schuschnigg, gelingt es nicht, die Angriffe der Nationalsozialisten abzuwehren und die Republik zu festigen. 1938 wird eine Regierung aus Nationalsozialisten gebildet, deutsche Truppen marschieren in das Land ein, und Österreich wird an das Deutsche Reich angeschlossen. Die „Wiedervereinigung Österreichs mit dem Reich" wird durch Volksabstimmung bestätigt. Viele GegnerInnen des Anschlusses werden in Konzentrationslager interniert. Als Teil des Deutschen Reiches nimmt Österreich am Zweiten Weltkrieg teil. Nach dem Ende des Krieges wird die Zweite Republik Österreich gegründet. Sie baut auf der Verfassung der Ersten Republik auf, die nationalsozialistisch bestimmten Gesetze werden annulliert. Die Hauptstadt Wien ist eine der ältesten Siedlungen Mitteleuropas, vor allem vor dem Ersten Weltkrieg und auch danach ein Kristallisationspunkt verschiedener Kulturen und ein bevorzugter Schauplatz österreichischer und europäischer Geschichte mit einer Mittlerfunktion zwischen Ost und West (siehe die Ausführungen S. 172ff.).

1.2. BIOGRAPHISCHER KONTEXT

Ilse von Arlt wird 1876 in Wien geboren (siehe Arlt 1950; Ertl 1995; Steinhauser 1996). Ihr Vater ist Augenarzt und ihre Mutter Malerin. Ihr Großvater, der aus einer armen Bergbauernfamilie stammt, ist an der Wiener Universität ein berühmter Ordinarius für Augenheilkunde und wird wegen seiner Verdienste in den Adelsstand erhoben. Arlt lebt mit ihren Eltern und Geschwistern im Hause des Großvaters und ist somit von Kindheit an mit Wissenschaft und Wissenschaftlern vertraut. Sie erhält Privatunterricht und legt – mit Auszeichnung – die Schulprüfungen ab. Mit 20 Jahren besteht sie die Lehramtsprüfung für das Fach „Englisch"; wegen einer Erkrankung kann sie eine angebotene Stelle als Erzieherin nicht antreten, und außerdem möchte sie gern studieren. Da Universitäten Frauen zum Studium nicht zulassen und es „ihre Wissenschaft" – die Erforschung der Armut –, die sie studieren möchte, noch an keiner Universität gibt, studiert sie als Autodidaktin (Arlt 1950, 9). Nationalökonomie interessiert sie, aber auch Medizin und Pädagogik. Arlt besucht viele Plätze der Armut in Österreich, um sich selbst ein Bild davon zu machen und sie zu erforschen. Durch ihre Artikel über ihre Studien wird die Fachwelt auf sie aufmerksam. Wegen ihrer schwachen körperlichen Konstitution kann sie eine Stelle als Gewerbeinspektorin, für die sie dem Handelsministerium vorgeschlagen wird, nicht antreten. Arlt studiert daher weiter, publiziert und hält Vorträge. Es wird ihr schließlich von 1901 bis 1905 ausnahmsweise erlaubt, an der Wiener Universität Vorlesungen in Nationalökonomie zu hören; sie macht aber keinen universitären Abschluß. Den Gedanken, einen eigenen Beruf für die Armenpflege zu schaffen, verfolgt Arlt ab 1910 und gründet 1912 in Wien die erste Fürsorgerinnenschule. Die Sektion „Soziale Erziehung" des allgemeinen österreichischen Frauenvereins, die „Sozialpädagogische Gesellschaft" und die „Österreichische Gesellschaft für Kinderforschung" bilden gemeinsam den Trägerverein der Schule. Die „Vereinigten Fachkurse für Volkspflege" – so heißt die Schule – werden von Arlt geleitet. Sie selbst unterrichtet dort zusammen mit angesehenen Fachdozenten. Arlt wählt für ihre Schule den Namen „Volkspflege" statt des verbreiteten „soziale Arbeit", weil sie mit dem neuen Namen anzeigen will, daß sie für eine Hilfetätigkeit – nicht wie sie war, sondern wie sie werden sollte – ausbilden will.

Mit Subvention des Bundesministeriums für soziale Verwaltung erscheint 1921 ihr Buch „Die Grundlagen der Fürsorge", das als Studienbuch konzipiert ist. Arlt veröffentlicht viele Artikel zu Fragen der Armut und Ratgeber für die Lebenshaltung. In Anerkennung ihrer Leistungen erhält sie den Ehrentitel „Bundesfürsorgerat".

Als die Schule 1938 aus politischen Gründen von den Nationalsozialisten geschlossen wird, beginnt für Arlt eine Zeit größter Armut, da sie von Einkünften aus der Schule lebte, keinerlei finanzielle Rücklagen hat und auch keine Pension erhält. Die Tatsache, daß sie mütterlicherseits eine jüdische Großmutter hat (ein Meldezettel aus dieser Zeit trägt den „Mischlingsvermerk"), führt dazu, daß ihr auch das Publizieren verboten wird und ihre Bücher eingestampft werden. Die alleinstehende Frau zieht sich während der Kriegszeit zurück und wird von ihren Schülerinnen, Bekannten und Verwandten mit Lebensmitteln unterstützt.

Gleich nach dem Kriegsende 1946 eröffnet sie ihre Schule wieder, muß sie aber bereits 1950 wegen finanzieller Schwierigkeiten wieder – nun endgültig – schließen, denn in Wien werden die Schulen bzw. Akademien der Stadt und der Caritas durchgesetzt. 1955 wird Arlt mit dem Dr. Karl Renner-Preis ausgezeichnet. Ihr Buch „Wege zu einer Fürsorgewissenschaft", in dem sie ihre Grundannahmen von 1921/23 aufgreift, ergänzt und aktualisiert, erscheint 1958. Ihre zahlreichen Arbeiten und umfangreichen Materialsammlungen vermacht sie der Fürsorgeschule der Stadt Wien. Ilse von Arlt stirbt im Jahr 1960 im Alter von fast 84 Jahren. Ihr Leben und Werk geraten in Vergessenheit.

1.3. FORSCHUNGSGEGENSTAND UND -INTERESSE

Von frühester Kindheit an interessiert sich Arlt für menschliches Leid, besonders für die Armutsproblematik. Sie erkundet alles leidenschaftlich, was diesem Themenkreis zugehört. Doch niemand kann ihr sagen, wie man wirklich helfen könnte. Da jede Autorität und jedes Wissen fehlen, um ihre Fragen zu beantworten, forscht sie selbst (Arlt 1950). Arlt sieht bei ihren Studien an der Wiener Universität, daß die moderne Nationalökonomie die

Armut nicht als Gegenstand ihres Forschungs- und Lehrgebietes ansieht und entsprechend behandelt. Um diesen Mangel zu beheben, forscht sie selbst mit Hilfe der Methoden der deskriptiven Nationalökonomie. Sie nimmt selbst Untersuchungen vor, die sie wie Entdeckungsreisen gestaltet, um die Lage der armen und notleidenden Volksschichten kennenzulernen und systematisch zu erforschen. Arlt verwirft jedoch bald die Methode der deskriptiven Nationalökonomie als nicht eindeutig und wissenschaftlich wertlos, da man ihrer Meinung nach mit den Schilderungen der Armut nicht bis zu den letzten, nicht mehr teilbaren Tatsachen kommt, aus denen sich die Gesetzmäßigkeiten der Armut ergeben müßten. In „Die Entdeckung der Not" lehrt Arlt, daß es sich bei der Armut um eine Negation handelt, daher kann „sie nicht als Ausgangspunkt für positive Arbeit dienen, sondern das Positive muß ins Auge gefaßt werden, dessen Negation Armut heißt" (Arlt 1958, 60f.). Also sucht sie neue wissenschaftliche Forschungsmethoden, die der Eigenart ihres Forschungsgegenstandes, der Armut, entsprechen. Mittels weit angelegter analytisch-empirischer Untersuchungen und durch den Vergleich von Ist- und Sollzustand menschlichen Gedeihens erforscht sie die Lebenslagen von armen Menschen, um die Gesetzmäßigkeiten der Armut zu erkennen und so wissenschaftlich fundierte Möglichkeiten der Lebenshaltung und der Hilfetätigkeiten zu erarbeiten (Arlt 1950, 9; 1958, 60f.).

1.4. WISSENSCHAFTSVERSTÄNDNIS

Die Ergebnisse der naturwissenschaftlichen Forschung haben nach Meinung Arlts die Fürsorge zwar grundlegend umgestaltet, die naturwissenschaftliche Forschungsweise selbst ist der Fürsorge jedoch fremd geblieben. Daher fordert Arlt,

> „einerseits jene Beobachtungsmethode für die Wohlfahrt der Menschen anzuwenden, der wir so viel Einsicht in das Naturgeschehen verdanken, andererseits bei der Gestaltung der Fürsorge jenes Zweckbewußtsein und Verantwortungsgefühl walten zu lassen, das bei den angewandten Naturwissenschaften – Medizin, Technik – in Erscheinung tritt" (Arlt 1929, 29).

Von den Methoden der Naturwissenschaften ist nach Auffassung Arlts vor allem zu übernehmen: die genaue Beobachtung aller sich darbietenden Erscheinungen; die Aufzeichnung der meßbaren Erscheinungen nach derselben Methode, um die Ergebnisse der Beobachtungen verschiedener ForscherInnen vergleichbar zu machen; die sorgfältige Unterscheidung zwischen statischen und dynamischen Erscheinungen; die Ermittlung und Berücksichtigung von Fehlerquellen; die Beachtung der Vorgeschichte; die Beobachtung aller das Ergebnis beeinflussenden Faktoren, beim Objekt und beim Beobachter; die strenge Trennung der reinen Beobachtung einerseits und der Absichten, Pläne, Leistungen des Beobachters anderseits; das Anlegen archivartiger Sammlungen unendlich vieler Beobachtungen, dann erst das Schlußfolgern in Übereinstimmung mit den Gesetzen der großen Zahl (Arlt 1926; 1929).

1.5. THEORIE

Nur wenn das unerhörte Elend selbst, das in alle sozialen Schichten hineinreicht, die Basis für die zukünftigen Verbesserungen wird, kann der Gedanke an die Not der Zeit, so meint Arlt, überhaupt ertragen werden. Nur dann sei es möglich, freudig zu helfen, und nur dann würden sich lebenskräftige und freudespendende Menschen der Sozialen Arbeit widmen. Das Gelingen der modernen Fürsorgebestrebungen hängt für Arlt zudem davon ab, ob die ausführenden Arbeiten, die zugleich auch beobachtende und registrierende sind, im Zusammenhang mit den allgemeinen öffentlichen Zielen geschehen. Der Zugang zur Masse des Elends, den sich die Humanität durch die Gründung der einzelnen Anstalten geschaffen hat, bleibt aber eine Sackgasse, wenn die darin beschäftigten Personen nicht die Gesamtheit des Elends in seinen zahllosen Wirkungen und die Möglichkeit der Besserung vor Augen haben. Die Mannigfaltigkeit der Armutswirkungen soll die Hilfeeinrichtungen zwingen, allgemein nach jeder Richtung zu wirken (Arlt 1911, 471f.; 1925).

(1) *Die Unzulänglichkeit der Fürsorge*: Nach Arlts Auffassung ist alles bisherige Wissen über die Armut nicht wissenschaftlich fundiert. Zur wissenschaftlichen Fundierung der Fürsorge fehlen für sie die Abgrenzung des Arbeitsgebietes, die Feststellung der Meßmethoden und das Vorschreiten bis zu den kleinsten, nicht mehr teilbaren Einheiten, um damit eine Vergleichbarkeit von Erscheinungen und die Unterscheidung zwischen dynamischen und statischen Tatsachen zu erzielen (Arlt 1921, 7-20). Im einzelnen nennt sie *folgende Mängel*:

(a) Jede, auch die beste Hilfeeinrichtung bewirkt zwangsläufig *unerwünschte Nebenwirkungen*, die meistens nicht bekannt sind und unbekannt bleiben.

(b) Meistens ist die Zahl derer bekannt, denen geholfen wurde, nicht die der *Übrigbleibenden*.

(c) Die Durchführung der Hilfemaßnahmen in den an sich guten Einrichtungen ist oft fehlerhaft oder mangelhaft. Immer fehlen aber die *Leistungsbilanz* der Unterstützung und die Gesamtschau für jedes Individuum.

(d) Mangels eines anerkannten geistigen Forums können sich *Fehlmeinungen* jahrzehntelang breitmachen, ohne widerlegt zu werden; oder es werden

Gesetze erlassen, deren Auswirkungen durch die Wirklichkeit und nicht durch planmäßige Studien vorneweg überprüft werden.

(e) Im Unterschied zu vielen anderen gesellschaftlichen Betätigungen *fehlt* in der Fürsorge das *Urteil des Befürsorgten* (was häufig auch nicht anders möglich ist). Die Funktion, die sonst auf dem Markt die Nachfrage ausübt, unterbleibt hier.

(f) Mangels einer vom Gedeihen her orientierten und daher zielsicheren Beobachtung bleiben zahlreiche *Notstände* überhaupt oder dem Umfang nach unbemerkt. Selbst die täglichen Zeitungsmeldungen bleiben unausgewertet und vergehen mit dem Tag des Erscheinens, statt, zu Gruppen vereinigt, gesammelt zu werden.

(g) Die meisten Schöpfungen der Fürsorge sind als Reaktion auf einen krassen oder plötzlich erkannten Notstand entstanden und behalten oft *zu lange den Charakter der Improvisation.*

(h) Von der Menge der offensichtlichen Fürsorgevorkehrungen läßt sich nicht auf den *Erfüllungsgrad* der Hilfeverpflichtungen schließen.

(i) Manche *guten Ideen gehen verloren* und tauchen später plötzlich wieder neu auf (Arlt 1958, 5-33).

(2) *Fürsorge als angewandte Armutsforschung*: Eine noch zu erarbeitende planmäßig erforschte Geschichte der Armut würde – so Arlt – zeigen, daß Hilfetätigkeit und Fürsorge Korrelate der Armut sind, da Hilfetätigkeit und Fürsorge durch Armut ausgelöst werden; zugleich würden die tausendfältigen Beziehungen von Armut und Kultur sowie zwischen Armut und politischem Geschehen aufgedeckt.
Soll die Fürsorge ihren ungeheuren Aufgaben in der modernen Welt entsprechen und will sie ihre offenkundigen Unzulänglichkeiten beseitigen, so muß sie sich nach Arlt der Wissenschaft als Werkzeug bedienen. Deshalb muß eine *Grundwissenschaft von der Armut und ihrer Behebung* aufgebaut werden. Und alle anderen Wissenschaften (Medizin, Hygiene, Pädagogik, Psychologie, Jurisprudenz) sind dabei als wertvolle Helfer einzubeziehen. Wenn es bisher keine Fürsorgewissenschaft gibt, dann muß bewiesen werden, daß es eine solche geben kann, und wenn es eine geben kann, dann muß es sie auch geben (Arlt 1958, 51f.).
Fürsorge ist für Arlt angewandte Armutsforschung mit folgenden *Aufgaben*: Erkennen von eingetretenen und drohenden Schäden; Verstehen ihrer unmittelbaren und entfernteren Ursachen, ihrer weiterer Wirkungen, mögen sie der Person selbst oder der Umwelt anhaften; Verständnis für das Tempo der Lageverschlechterung; Analyse sämtlicher günstigen oder ungünstigen Faktoren; Kenntnis der möglichen oder der vorhandenen Hilfen und der Weisen zu helfen; Wege zu ihrer Einleitung; Überprüfen ihrer Wirksamkeit (Arlt 1958, 51). Um das zu erreichen, sind die Armutstatsa-

chen und Fürsorgeprobleme in ihren verschiedenen Formen wissenschaftlich zu erforschen und die Wechselbeziehungen zwischen der Fürsorgewissenschaft und anderen Wissenschaften zu nutzen.

(3) *Die Bedürfnisse als Ausgangspunkt aller Fürsorge*: Fürsorge im weitesten Sinne – darunter ist auch die Durchführung sozialpolitischer Maßnahmen zu verstehen, soweit sie die Soziale Arbeit am Menschen betrifft – hat nach Arlt dort einzutreten, wo die Bedürfnisbefriedigung von Menschen wesentlich hinter dem zu ihrem Gedeihen Notwendigen zurückbleibt:

> „Den Ausgangspunkt aller Fürsorge müssen die menschlichen Bedürfnisse abgeben; nur von ihrer genauen Einschätzung kann die folgerichtige und vollständige Behebung von Notständen ausgehen. Alle Arbeit von Gesichtspunkten des Rechtsanspruchs, der Volkswirtschaft, der Menschenliebe ist vom grundlegenden Begriff ‚Bedürfnisbefriedigung' und dieser von der Zerlegung nach Einzelbedürfnissen abhängig.

> Erst die Schulung unserer Auffassung in dieser Hinsicht kann uns befähigen, für jene mitzubestimmen, deren ganzer Lebensinhalt dauernd oder zeitweise in der Sorge um die Befriedigung der dringendsten augenblicklichen Bedürfnisse besteht. Die ungeheure Verantwortung, als Fürsorger in das Leben anderer einzugreifen, kann nur jener tragen, der die Grundlage aller Fürsorge, die genaue Kenntnis der Bedingtheit menschlichen Gedeihens, aus eigener Anschauung und im Geiste der Wissenschaft erworben hat" (Arlt 1921, 5f.).

Der Mensch kommt nach Arlt bedürftig zur Welt und bleibt bis zu der durch die äußere Kultur und das Klima gegebenen unteren Altersgrenze der Selbsterhaltung bedürftig und sinkt auch später unter bestimmten Umständen in die Bedürftigkeit zurück. Von diesen gegebenen Tatsachen ausgehend, muß jede Armutsbetrachtung die Gesamtheit des Volkes einbeziehen (Arlt 1932b, 65). Armut ist für Arlt der *Mangel an Mitteln zur richtigen Bedürfnisbefriedigung* und damit abhängig zum einen von der objektiven gesellschaftlichen Situation, in welcher die Bedürfnisse befriedigt werden, und zum anderen von psychischen Prozessen der Bedürfniswahrnehmung und -interpretation.

Die *Kulturgeschichte* ist für Arlt eine *Geschichte des Kampfes um das Entrinnen aus der Bedürftigkeit*. Mit steigender Zivilisation steigt nach Arlt die naturgegebene Bedürftigkeit des Menschen, weil

(a) ihm die Hilfsmittel der Natur entzogen sind und

(b) Gegenden besiedelt wurden, in denen das Leben nicht mehr mittels der natürlichen Umwelt gefristet werden kann, sondern gewisse technische Mittel (warme Kleidung, Heizung, Transporte von Nahrungsmitteln, Zuleitung von Wasser usw.) Voraussetzungen des Lebens sind.

Wichtig ist es für Arlt, sich davon Rechenschaft zu geben, mit welcher ungeheuren Mannigfaltigkeit die Menschen Vorsorge für ihr Leben getroffen haben. Die unzähligen Lösungen der Lebenshaltungsprobleme sind in ihrer Vielfalt bedingt durch:

(a) Erfordernisse der Umwelt (Schutz gegen Hitze, Kälte, nasses Klima usw.),

(b) Gegebenheiten der Umwelt (Flora, Fauna, Gesteinsarten für den Hausbau usw.),

(c) Erfordernisse der Menschengruppen (Verschiedenheiten nach Rassen und Individuen, nach Arbeit, Gesundheitszustand usw.).

Die Fragen der *Lebenshaltung* müssen das erste Arbeitsgebiet des Armutsforschers sein. Armut kann nicht allein aus den Erscheinungsformen zahlreicher beobachteter Fälle verstanden werden, sondern muß zugleich aus der vielfältigen Bedingtheit menschlicher Wohlfahrt gesehen werden. Ist diese festgestellt, so kann auf ihr die Erforschung der *Negation des Gedeihens*, eben der Armut, aufgebaut werden (Arlt 1932b, 66).

Untersucht man das menschliche Gedeihen, so zeigt sich nach Arlt, daß dessen Bedingtheit sich nach 13 Richtungen gliedert. Daraus ergeben sich für sie *13 Grundbedürfnisse* (B), die jeder Mensch von Geburt an hat: B I Ernährung, B II Wohnung, B III Körperpflege, B IV Bekleidung, B V Erholung, B VI Luft, B VII Erziehung, B VIII Geistespflege, B IX Rechtsschutz, B X Familienleben, B XI Ärztliche Hilfe und Krankenpflege, B XII Unfallverhütung und erste Hilfe, B XIII Ausbildung zur wirtschaftlichen Tüchtigkeit (diese einzelnen Bedürfnisse werden von Arlt noch weiter ausdifferenziert; siehe Arlt 1958, 62-68).

(4) *Meßbarkeit der Bedürfnisbefriedigung und des Notstandes*: Für jedes einzelne der menschlichen Bedürfnisse läßt sich nach Arlt eine genaue Notgrenze („Grenznot") erkennen; dadurch gelangt man überhaupt erst zur Meßbarkeit des Notstandes. Bei den Bedürfnissen „Ernährung", „Wohnung", „Körperpflege", „Luft", „Kleidung", „Krankenpflege" und „Unfallverhütung" läßt sich die *Notschwelle*, d.h. jener Punkt, unter den die Befriedigung nicht dauernd sinken darf, ohne Schädigung eines Individuums hervorzurufen, mit voller Genauigkeit bestimmen. Bei den Bedürfnissen „Erziehung", „Geistespflege", „Rechtsschutz", „Familienleben" und „Ausbildung zur wirtschaftlichen Tüchtigkeit" läßt sich diese Grenze nicht so scharf, aber immerhin genau genug erfassen. Beim Bedürfnis nach Erholung, das aus den Bedürfnissen nach Ruhe, Bewegung und Unterhaltung besteht, ist teilweise eine exakte, teilweise nur eine ungefähre Bestimmung möglich. So kann auch nach Arlt das Nichtgedeihen, die Armut, über das Ausmaß der Bedürftigkeit tatsächlich erfaßt werden.

Es liegen für Arlt zwei meßbare Tatsachengruppen vor: der Normalzustand der erforderlichen Bedürfnisbefriedigung und der jeweils im Einzelfall vorliegende tatsächliche Befriedigungszustand. Ersterer läßt sich allgemein bestimmen und auf Typen bringen, letzterer unterliegt so zahlreichen Variationen, daß tatsächlich jeder Fall nur für sich begriffen werden kann. Den Raum zwischen dem allgemein feststellbaren idealen Befriedigungszustand und dem jeweiligen Notzustand eines Individuums nennt Arlt „Bedürftigkeit" (Arlt 1932b, 68).

Da man für jedes einzelne Bedürfnis eine „Notschwelle" klar erkennen und benennen kann, ist im *Befriedigungsgrad* jedes der 13 menschlichen Grundbedürfnisse die exakt erhebbare Größe, die als Maß gelten kann, gefunden. Mit der Bestimmung des Befriedigungsgrades und der Grenznot ist für Arlt die theoretisch so wichtige Definition des Begriffes „Armut" und die in der Praxis unentbehrliche objektive Feststellung der Hilfebedürftigkeit gewonnen. Armut wird damit meßbar. Mit der Meßbarkeit ist die Möglichkeit wissenschaftlicher Arbeit gegeben und mit der Messung wird den Ergebnissen Dauer und Vergleichbarkeit verliehen; mit der Meßbarkeit wird dem Einzelfall gegenüber Gerechtigkeit gewonnen und mit dem Messen vor und nach der Hilfe ist ein Urteil über Methoden der Hilfegewährung möglich (Arlt 1958, 61). Da die Ganzheit des Lebens beachtet werden muß, müssen alle Bedürfnisse stets zugleich bedacht werden, denn zusammen machen sie jeden ökologischen Vorgang aus.

Ein Volk hätte keine Armen, wenn jedes einzelne Mitglied des Volkes die 13 Grundbedürfnisse voll befriedigt hätte, die Abstände vom „Richtigen" also Null wären. Die Zahl der „richtigen" Befriedigungen wäre also: die Bevölkerungszahl mal 13 befriedigte Bedürfnisse. Bedürftigkeit in einem Volk ist gleich der Zahl der Unterbefriedigungen. Wenn diese Zahl erhoben wird – was zumindest stichprobenweise möglich ist –, sagt sie Genaueres über den in einem Volk herrschenden Notzustand als jede andere Statistik aus. Theoretisch also ist für Arlt die Summe der Unterbefriedigungen der einzige allgemein feststellbare Anhaltspunkt für Vergleiche zwischen verschiedenen Ländern oder verschiedenen Zeiten; sie ist die Grundtatsache und sollte der Ausgangspunkt aller zahlenmäßigen Armutsforschung und zugleich eine wichtige Grundlage für alle feineren und höheren Untersuchungen sein. Statt Armenstatistik ist *Bedürftigkeitsstatistik* zu betreiben (Arlt 1932b, 68).

(5) *Ergebnisse bedürfniskundlicher Untersuchungen*: Normale Bedürfnisbefriedigung des normalen gesunden Menschen erfordert bestimmte wirtschaftliche Werte. Unterbleibt ein Teil der Befriedigung, so treten Schädigungen ein, die nun eine Verstärkung einzelner oder aller Bedürfnisse bewirken. Das Erfordernis bei demselben Individuum steigt nun über das Normale hinaus. Als erstes Ergebnis ihrer Erfassungsmethode zeigt sich für Arlt, daß die Armen oft größere Bedürfnisse haben als die Reichen. Als Beispiel für ihre These führt Arlt den gut gepflegten und ernährten Säugling an, der nach Vollendung des ersten Lebensjahres ein geringeres Maß an

Pflege, Nahrung, Heilmitteln, Sonnenkuren und Aufmerksamkeit braucht als das rachitische, unterernährte Kind mit schlecht gepflegter Haut, ungenügender Gewöhnung an Reinlichkeit usw.

Für Arlt ergeben sich aus ihren „Untersuchungen des unendlich Kleinen oder unendlich Kleinlichen des Alltags" weitere Verallgemeinerungen:

(a) Not ist kein Zustand, sondern eine Bewegung, ein *Prozeß*.

(b) Der Kulturzustand eines Landes wird nicht durch seine Höchstleistungen bestimmt, sondern durch seine *Grenznot*. Das ist die tiefste geduldete Entbehrung.

(c) Schon immer hat die Not *über die Landesgrenzen* hinausgegriffen.

(d) Ist für das Finden neuer Hilfewege der Blick *in die Zukunft* wichtig, so benötigt die Durchführung der Hilfe vor allem den Blick *in die Vergangenheit*.

(e) Die Armutsforschung besteht nicht bloß aus Elendsanalysen, sondern auch aus dem *Erkennen positiver Gegenkräfte*.

(f) Es ist kein Zufall, daß Völker während der Perioden ihrer größten *Machtentfaltung* meistens *zugleich das größte Elend* aufweisen.

(g) Sämtliche Faktoren der Armut und der Hilfe unterliegen starkem, oft raschem *Wechsel*.

(h) Das Gefährliche an länger andauernder Armut ist, daß sich eine Art *Harmonie der Unterbefriedigung* einstellt; d.h. man hat sich damit abgefunden.

(i) Manche Menschen *fügen sich bewußt* in die „Harmonie des Elends" ein.

(j) Den Willen zur *Selbsthilfe* zu stützen ist eine der vornehmsten Aufgaben der Fürsorge, aber mit äußerster Behutsamkeit anzuwenden.

(k) Die Hilfebedürftigen geben sich oft *keine Rechenschaft* davon, *was sie alles entbehren*. Und darin liegt ihr größtes Unglück (Arlt 1958, 71-102).

Diese – für Arlt – wissenschaftlich fundierten Erkenntnisse sind bei der praktischen Gestaltung der Fürsorge zu berücksichtigen. Damit die Armutswissenschaft schöpferisch, vorbauend und prophetisch wirken kann, hält Arlt es für erforderlich, bei den Prognosen die Gesamtheit des Volkes und nicht nur die Armutsschicht in Betracht zu ziehen, denn der Reiche von heute ist der Arme von morgen (Arlt 1932a, 1638).

(6) *Ziele der Fürsorge und der Ausbildung*: Arlt geht davon aus, daß es immer und überall gütige Menschen gegeben haben muß und daß der Wille zum Helfen eine der Grundkräfte des Menschen ist. Deshalb geht sie von der Arbeitshypothese aus, daß eine gewisse *Hilfebereitschaft* zu den wesentlichen Merkmalen des Menschen gehört. Die zwei Kernstücke der Hilfe sind für sie:

(a) die *Lebensfreude* als die unumstößliche Zielsetzung statt des bloßen Leidenlinderns und

(b) die *Gegenleistung*, nicht im Sinne einer Bezahlung, sondern einer Kunst, der Demütigung vorzubeugen, indem die Befürsorgten ihrerseits helfen können (Arlt 1958, 38).

Das Ziel der Armenpflege muß für Arlt immer das Bemühen bleiben, über die materiellen Leistungen hinaus durch Anleitung, Belehrung, Vermittlung und Beratung die *Selbsthilfe* der Armen, Verarmten und Verarmenden zu fördern. Eine rationelle Ausbildung der Fürsorgerinnen ist nach Meinung Arlts am ehesten geeignet, dieses zu erreichen, und daher muß diese vor allem anderen angestrebt werden. Durch soziologisch geschulte Helferinnen, die im engen Kontakt mit der Wissenschaft stehen, wird erst die Hebelkraft ausgelöst, die in den bloß humanitären Veranstaltungen ruht. Arlt möchte die gesamten, in die verschiedensten Berufsgruppen eingeteilten sozialen Frauenberufe im Beruf der „Wohlfahrtspflegerinnen" zusammenfassen: durch Festsetzung der Normen für das wünschenswerte Wissen und Können der sozialen Helferin, damit die allen sozialen Hilfegemeinschaften gemeinsamen geistigen Elemente in der Allgemeinheit richtig gewertet, die Stabilität der notwendigen Arbeit gewährleistet und der Gewinn wissenschaftlicher Erkenntnis praktisch genützt werden – „nicht im Sinne einer Verdrängung, sondern einer Stützung der freien Liebestätigkeit" (Arlt 1911, 471f.; 1912).

Arlt fordert, daß jede einzelne Fürsorgerin mit der wissenschaftlichen Forschungsmethode vertraut ist und mit ihr arbeitet. Nur so kann sie ihrer Meinung nach einerseits der Mannigfaltigkeit von Lösungen gerecht werden, denen sie bei ihren Familien begegnet, und andererseits aus der Fülle der planmäßig durchorganisierten Lösungen die wirklich zweckmäßigste Beratung erteilen (Arlt 1932b, 67). Das Wichtigste in der Fürsorge, die Menschenliebe, kann man nach Arlt aber nicht lernen; sie muß von vornherein da sein (Arlt 1958, 130).

1.6. BEDEUTUNG FÜR DIE SOZIALE ARBEIT

Im ersten Drittel des 20. Jahrhunderts sind Ilse von Arlts Arbeiten und ihre Theorie zu Armut und Armutsforschung im deutschsprachigen Raum, aber auch im weiteren europäischen Raum (z.B. in Dänemark und England) verbreitet. Ihre Aufsätze stehen in den bedeutenden Fachorganen, sie referiert auf internationalen Kongressen und ist in den Konferenzen der Sozialen Frauenschulen präsent und anerkannt. Ihr Buch „Die Grundlagen der Fürsorge" (1929) zählt zu den wichtigen Lehrbüchern der damaligen Zeit. Doch in der Zeit nach dem Zweiten Weltkrieg werden Arlt und ihre Theorie allmählich immer weniger beachtet. Zunächst wird sie in der internationalen Fachöffentlichkeit nicht mehr genannt, dann aber auch nicht mehr in Österreich. Selbst die Ehrung mit dem Dr. Renner-Preis (1955) und das Erscheinen ihres Buches „Wege zu einer Fürsorgewissenschaft" 1958 verhindern nicht den Weg ins Vergessen. Es drängt sich die Frage auf, warum die „Wege zu einer Fürsorgewissenschaft", die Arlt aufgewiesen hat, von der Sozialen Arbeit nicht genutzt worden und zugewachsen sind. Für Arlt müssen die Fürsorgewissenschaft und jede einzelne Fürsorgerin mit sozialempirischen und kritisch-rationalen Forschungsmethoden arbeiten, und nach ihrem Verständnis muß die Fürsorge effizient und effektiv sein und dies auch nachvollziehbar nachweisen. Diese Forderungen könnten – neben anderen Faktoren, wie etwa die begeisterte Rezeption angloamerikanischer Methodiken, – die Gründe für das „Vergessen" gewesen sein; denn sie entsprechen nur sehr bedingt dem bis heute weit verbreiteten beruflichen Selbstverständnis in der Sozialen Arbeit, dem Effizienznachweise und Qualitätskontrollen zumeist zuwider sind.

Eine Wiederentdeckung der Arbeiten Arlts steht an, und dieses verspricht sehr befruchtend für die Lösung nationaler und internationaler sozialer Probleme zu werden (Staub-Bernasconi 1997), vielleicht gerade unter dem zunehmenden öffentlichen Druck, daß Soziale Arbeit wie andere Dienstleistungen auch ihre Berechtigung, d.h. letztendlich ihre Wirksamkeit und ihre Wirtschaftlichkeit, mit sozialempirischen Methoden, nachweisen muß, wie es die Novellierung des § 93 des Bundessozialhilfegesetzes (BSHG) beispielsweise für die Leistungs- und Entgeltvereinbarungen mit Trägern der Sozialhilfe für die Hilfe in Einrichtungen vorschreibt.

1.7. LITERATUR ZUM VERTIEFEN

Arlts Erkenntnisse und ihre Theorie stehen in zahlreichen, heute weit verstreuten und häufig schwer zugänglichen Publikationen. Eine Bibliographie ihrer Publikationen ist m.W. noch nirgends veröffentlicht worden. Die beiden Hauptwerke „Die Grundlagen der Fürsorge" (1929) und „Wege zu einer Fürsorgewissenschaft" (1958) beinhalten Arlts zentrale Aussagen. Wer sich in diese Hauptwerke vertiefen will, sollte zunächst die „Wege zu einer Fürsorgewissenschaft" (1958) und dann „Die Grundlagen der Fürsorge" (1929) studieren, da die Gesamtkonzeption in „Wege zu einer Fürsorgewissenschaft" besser herausgearbeitet ist. Der Aufsatz von Silvia Staub-Bernasconi „Lebensfreude dank einer wissenschaftsbasierten Bedürfniskunde?! Aktualität und Brisanz einer fast vergessenen Theoretikerin Sozialer Arbeit: Ilse Arlt (1876-1960)" (Staub-Bernasconi 1996) ist ein hilfreicher Einstieg in Arlts Leben und Werk.

2. Anleiten, erwachsen zu werden – Klaus Mollenhauer (1928-1998)

„So ist denn das Interesse an der Struktur menschlicher Interaktion, das es auf die Details sozialer Beziehungen zwischen ‚Ich und Du' abgesehen hat, von den politischen Fragen nach Macht, Herrschaft und ihren ökonomischen Stützen nicht so weit entfernt, wie es scheinen mag" (Klaus Mollenhauer 1991, 11).

2.1. HISTORISCHER KONTEXT

Klaus Mollenhauer beginnt seine Ausbildung zum Volksschullehrer in Göttingen an der kurz zuvor von Herman Nohl ins Leben gerufenen Pädagogischen Hochschule zu derselben Zeit, in der die Bundesrepublik Deutschland gegründet und das Grundgesetz (1949) verabschiedet wird. Mit seiner zehn Jahr später erschienen Dissertation wird Mollenhauer zu einem der einflußreichen Meinungsführer im (sozial-)pädagogischen Diskurs und bleibt es bis zu seinem Tode im Jahre 1998, insofern sind die Arbeiten von Mollenhauer eng mit der gesamten Entwicklungsgeschichte der Bundesrepublik Deutschland und der (Sozial-)Pädagogik bzw. Erziehungswissenschaft verbunden (siehe die Ausführungen S. 257ff.).

Nach einer weit verbreiteten Auffassung macht die Sozialpädagogik auf dem Hintergrund gesellschaftlicher Veränderungen und wissenschaftstheoretischer Strömungen in der Theoriebildung seit 1960 drei „Wendungen" durch; diese tangieren und beeinflussen Mollenhauer nicht nur, sondern er gehört auch mit zu denen, die sie vorbereiten und tragen:

(a) Die realistische Wendung in den sechziger Jahren: Die traditionelle geisteswissenschaftliche pädagogische Forschung wird durch eine empirisch arbeitende Forschung, die sich ebenfalls hermeneutischer Erkenntnisverfahren bedient, abgelöst. Statt Normen zu setzen, soll die real vorfindliche Lebenswelt empirisch erforscht werden.

(b) Die emanzipatorische Wendung in den siebziger Jahren: In der Auseinandersetzung zwischen positivistischem und kritischem Lager wird Emanzipation zum gesellschaftskritischen Schlüsselbegriff. Eine Vermittlung von hermeneutischen, empirischen und kritischen Methoden wird angestrebt. Über den Methodenstreit geht der Kontakt zum sozialpädagogischen Handlungsfeld, dem Alltag in der Praxis, verloren.

(c) Die Wendung zum Alltag in den achtziger Jahren: Der Alltag wird neu entdeckt. Methodischer Ausdruck dieser neuen Orientierung ist das Konzept der Aktionsforschung, die sich in ihrer Zielsetzung als emanzipatorisch, in ihrer Methode als empirisch und hermeneutisch, in ihrem Objektbereich als auf Probleme des Alltags gerichtet versteht (Dießenbacher/Müller 1987).

Mollenhauer erlebt mehrfach am eigenen Leib die Probleme und Konflikte zwischen den Generationen, dem Wechsel der Werthaltungen, Lebensorientierungen, Einstellungen und Verhaltensformen

(a) von der Generation nach dem Ersten Weltkrieg und der Weimarer Republik

(b) zu der Generation, die während des Nazi-Regimes lebt und den Zweiten Weltkrieg mitmacht,

(c) zu der Generation, die die junge deutsche Demokratie und das Wirtschaftswunder aufbaut,

(d) zu der Generation, die gegen die politischen, wirtschaftlichen und gesellschaftlichen Strukturen der Errungenschaften dieser Generation protestiert und das Ende des Kapitalismus fordert,

(e) zu der Generation des Wohlstands und der Erbschaften.

Innerhalb einer Gesellschaft wirken stets mehrere Generationen an der Gestaltung des Alltags und der Verwirklichung sozialer, politischer und wirtschaftlicher Ziele mit. Generationskonflikte lassen sich auf altersspezifische Einstellungen, Autoritätsprobleme, unterschiedliche Anpassung an den zeitlichen Wandel sozialer Normen und Verhaltenstile zurückführen. Die ältere Generation befürchtet in der Regel, daß die jüngere Generation den Generationenvertrag, nach dem die Älteren für die Jüngeren und dann die Jüngeren für die Älteren zu sorgen haben, nicht einhalten könnte, und die jüngere Generation befürchtet und wehrt sich dagegen, daß die ältere Generation ihr ihre Normen, Verhaltensstile und Handlungsmuster aufzwingen will. VertreterInnen der älteren Generation sehen den erreichten Grad an Lebensstandard, Freiheit und Ordnung eher als unsicher und immer wieder gefährdet an und befürworten eher Werte, die der Sicherung des Erreichten (Leistung, Sparsamkeit, Einordnungsbereitschaft usw.) dienen. VertreterInnen der jüngeren Generation dagegen sprechen eher von dem, was über das Erreichte hinaus noch angestrebt werden soll (Risiko, Innovation, Kreativität usw.) und stellen somit die Lebensleistung der vorhergehenden Generation erst einmal grundsätzlich infrage.

2.2. BIOGRAPHISCHER KONTEXT

Klaus Mollenhauer wird 1928 als Sohn des Fürsorgers Wilhelm Mollenhauer in Berlin geboren (siehe Marburger 1981; Ackermann 1983; Niemeyer 1998, 191-226). Von 1948 bis 1950 studiert Mollenhauer an der Pädagogischen Hochschule in Göttingen und ist von 1950 bis 1952 in Bre-

men als Volksschullehrer und im Bereich von Freizeit- und Heimerziehung tätig. Im Anschluß daran studiert er Pädagogik, Soziologie und Germanistik an den Universitäten in Göttingen und Hamburg. Bei Erich Weniger, dem Nachfolger Herman Nohls in Göttingen, promoviert er 1958 zum Dr. phil. mit einer Dissertation über „Die Ursprünge der Sozialpädagogik in der industriellen Gesellschaft. Eine Untersuchung zur Struktur sozialpädagogischen Denkens und Handelns". Mollenhauers Dissertation (1959 veröffentlicht) und seine „Einführung in die Sozialpädagogik. Probleme und Begriffe der Jugendhilfe" von 1964 stoßen eine breite Diskussion in der Fachwelt über die Ursprünge von Sozialpädagogik und Sozialarbeit an und werden zu „Klassikern der Sozialpädagogik". Beruflich ist er von 1958 bis 1962 Assistent bei Erich Weniger und Heinrich Roth am Pädagogischen Seminar der Universität Göttingen; von 1962 bis 1965 ist er Akademischer Rat an der Freien Universität Berlin und 1965/66 außerplanmäßiger Professor an der Pädagogischen Hochschule in Berlin. Danach ist er drei Jahre lang Professor für Pädagogik an der Kieler Universität und dann nochmals drei Jahre an der Universität in Frankfurt a.M., bis er 1972 Professor für Allgemeine Pädagogik und Sozialpädagogik und Direktor am Pädagogischen Seminar der Universität Göttingen wird und dort bis zu seiner Emeritierung 1996 bleibt. 1986/87 ist Mollenhauer Mitglied des Wissenschaftskollegs in Berlin. Seine Arbeitsschwerpunkte sind Allgemeine Pädagogik, Ästhetische Bildung und Jugendhilfe. Mollenhauer hat einen großen SchülerInnenkreis, zu dem nicht wenige der deutschen HochschullehrerInnen für Erziehungswissenschaft an deutschen Universitäten zählen.
In den sechziger Jahren verfaßt Mollenhauer polemische Skizzen über „Erziehung und Emanzipation" (1968), veranlaßt durch praktische und theoretische Konstellationen in jenen Jahren, wozu die Stichworte lauten: Kindertagesstätten, Schülerbewegung, Studentenrevolte, Hochschulreform, Entdeckung der Sozialisation als eines erziehungswissenschaftlichen Gegenstandes und wissenschaftstheoretische Diskussionen in den Sozialwissenschaften. Mit seinem Buch „Theorien zum Erziehungsprozeß" (1972) und weiteren Publikationen versucht Mollenhauer eine systematische erziehungswissenschaftliche Begründung seiner polemischen Skizzen. Sein Ziel ist es, den dreidimensionalen Begründungszusammenhang der Erziehungswirklichkeit in Anthropologie, Pädagogik und Politik wiederherzustellen. Kritiker werfen Mollenhauer erhebliche methodologische und wissenschaftstheoretische Verstrickungen und Mängel bei diesem Versuch vor. Sozialpädagogische Fragestellungen sind für Mollenhauer in dieser Phase „aufgehoben" in einer Theorie spezieller Sozialisationshilfen, die als Bestandteil der „Theorien zum Erziehungsprozeß", als ein Element einer integralen Disziplin angesehen werden kann (Ackermann 1983, 117).
Ab Mitte der achtziger Jahre greift Mollenhauer wieder verstärkt sozialpädagogische Fragestellungen auf, beteiligt sich an der Diskussion über das

Verhältnis von Allgemeiner Pädagogik und Sozialpädagogik und an der Theoriebildung in der Sozialpädagogik bzw. Kinder- und Jugendhilfe (z.B. Mollenhauer 1988, 1992, 1996a,b,c,d). In den zusammen mit seinem Schüler Uwe Uhlendorff herausgegebenen Büchern „Sozialpädagogische Diagnosen. Über Jugendliche in schwierigen Lebenslagen" (1992) und „Sozialpädagogische Diagnosen II. Selbstdeutungen verhaltensschwieriger Jugendlicher als empirische Grundlage für Erziehungspläne" (1995) geben Mollenhauer und Uhlendorff Beispiele für eine sozialwissenschaftlich fundierte sozialpädagogische Praxis.

Klaus Mollenhauer stirbt völlig unerwartet im Frühjahr 1998 in Göttingen.

2.3. FORSCHUNGSGEGENSTAND UND -INTERESSE

Mollenhauer ist in der von Nohl und anderen begründeten „geisteswissenschaftlichen Pädagogik" aufgewachsen. Indem er sich zunächst dieser Tradition anschließt, stellt er genuin pädagogische Problemstellungen der europäischen Tradition für den Bereich der Sozialpädagogik in den Mittelpunkt seiner Forschungen.

Unter dem Eindruck der verschiedenen Reformbewegungen modifiziert Mollenhauer zwar seine Fragestellungen einige Male, aber nicht seine Forschungsinteressen. Die generelle Frage, die Mollenhauers ganzes Werk durchzieht, lautet: „Läßt sich ein autonomes, kritisches Individuum unter der Bedingung pädagogischer Heteronomie ‚herstellen'?" (Mollenhauer 1987, VI). Näherhin interessieren ihn das immer komplizierter werdende Verhältnis der Generationen und die Möglichkeiten, die entstehenden Konflikte zu entschärfen und die offenen Gräben zu überbrücken. Einen entscheidenden Zugang zu dieser Problematik sieht Mollenhauer in der Erforschung der Fragen: Was will eigentlich die ältere Generation mit der jüngeren? Wie leben Jugendliche, und was erwarten sie?

Es sind die „Herrschaftsmomente des Erziehungsvorganges", die Mollenhauer Unbehagen bereiten. Die Chancenungleichheit ärgert ihn, und die aufklärungsfeindlichen Tendenzen in der bürgerlichen Gesellschaft erregen seinen Widerwillen. Dieses Unbehagen und dieser Widerwille bewegen Mollenhauer, für den „Educandus" und für einen Erziehungsprozeß, der sich am Begriff der „Reflexion" orientiert, sowie für das Argument als des entscheidenden Instrumentes der Bildung Partei zu ergreifen (Mollenhauer 1977, 8).

2.4. WISSENSCHAFTSVERSTÄNDNIS

Für Mollenhauer ist die Pädagogik zunächst eine autonome geisteswissenschaftliche Disziplin. Ihre grundlegende Forschungsmethode ist die Hermeneutik. Unter dem Eindruck gesellschaftlicher Veränderungen und wissenschaftstheoretischer Diskussionen variiert Mollenhauer jedoch sein Wissenschaftsverständnis mehrfach und öffnet sich auch soziologischen und sozialgeschichtlichen Denk- und Arbeitsweisen (Mollenhauer 1987, Vff.).

Ab Mitte der sechziger Jahre übernimmt er wissenschaftstheoretische Positionen der „Kritischen Theorie" und vertritt eine kritische Erziehungswissenschaft mit einem emanzipatorischen Erkenntnisinteresse. Von einem am Symbolischen Interaktionismus orientierten Denken kommt er zum dreifachen Gegenstand der (Sozial-)Pädagogik und sozialwissenschaftlichen Forschung: Erziehung als „Kommunikation", „Interaktion" und „Reproduktion". Zum Verhältnis von Theorie und Praxis sagt Mollenhauer 1997:

> „Es mag manchem als Vorteil erscheinen, daß zwischen beiden (Theorie und Praxis, E.E.) eine Kontinuität angenommen wird, daß die Probleme der Praxis auch die der Theorie sein sollten oder umgekehrt. Obwohl es ziemlich schroff klingt: das halte ich heute für falsch. Wenn wir daran festhalten wollen, daß die Wissenschaft den Auftrag hat, aufklärend und kritisch sich auf die gesellschaftliche Praxis zu beziehen, dann benötigt sie Vokabularien und Blickpunkte, die Distanz zur Praxis halten. Besonders für Sozialpädagogen ist es häufig schwer einzusehen, daß eine Wissenschaft, die sich u.a. gesellschaftliches Handeln zum Gegenstand macht, vor allem zu klären hat, was der Fall *ist*, und nicht, was der Fall sein *sollte*. An der jüngeren Wissenschaftsgeschichte der Sozialpädagogik seit 1963 kann man studieren – etwa im Umkreis von Vokabeln wie ‚emanzipierte Erziehung‘, ‚antikapitalistische Jugendarbeit‘, ‚lebensweltorientierte Sozialpädagogik‘ – in welche Unklarheiten es führt, wenn zwischen praktischem und theoretischem Diskurs nicht sorgfältig unterschieden wird" (Mollenhauer in: Thole/Galuske/Gängler 1998, 319f.).

2.5. THEORIE

Für Mollenhauer gibt es in den sechziger Jahren die *Sozialpädagogik* als Wissenschaft zwar der „Sache" nach, aber von einer bereits vorhandenen Theorie zu sprechen oder gar einem systematischen Zusammenhang lehrbarer Forschungsergebnisse, wäre für ihn eine arge Übertreibung. Allerdings gibt es für ihn Forschungen im Bereich der Sozialpädagogik, doch nur in wenigen Ansätzen und ohne daß diese verschiedenen Ansätze in einem systematischen Zusammenhang stünden (Mollenhauer 1991, 12). Mollenhauer zählt beispielhaft für solche Ansätze die Arbeiten der AutorInnen Christian J. Klumker, Aloys Fischer, Gertrud Bäumer, Carl Mennikke und Herman Nohl auf. Für seine eigenen Überlegungen greift er auf die Theorien von Nohl und Bäumer zurück und entwickelt sie weiter. Und in dieser Tradition nimmt Mollenhauer Natorps Theorie nicht zur Kenntnis. Es ist mir hier nicht möglich, die verschiedenen „Häutungen" Mollenhauers bei seiner Theoriebildung aufzuzeigen (siehe Niemeyer 1998, 191-226), deswegen beschränke ich mich auf die Darstellung seiner durchgängigen und zuletzt formulierten Positionen.

(1) *Die Ursprünge der Sozialpädagogik*: Für Mollenhauer bilden der gesellschaftliche Strukturwandel und das soziale Bewußtsein in den letzten Jahrhunderten – insbesondere im 19. Jahrhundert – der deutschen Geschichte den Ausgangspunkt für eine Besinnung auf die Ursprünge der Sozialpädagogik. Die Sozialpädagogik ist nach Mollenhauer nicht nur an die industrielle, sondern an die bürgerliche Gesellschaft in ihrer ganzen Geschichte gebunden.

„Die *Anfänge* der Sozialpädagogik sollte man deshalb *in der frühneuzeitlichen Stadtkultur* suchen, jedenfalls als gesellschaftliche Praxis. Zu den Anfängen einer sozialpädagogischen Theorie kam es indessen freilich, darin möchte ich mir selbst nicht widersprechen, erst in der Spätaufklärung, allerdings in der merkwürdigen Form einer Umdeutung: Probleme der sozialen Struktur und der Reproduktion eines dazu passenden Habitus wurden interpretiert als Probleme aufgeklärter Menschenbildung" (Mollenhauer 1987, VIf.).

Die inhaltlichen Formulierungen der sozialen Problematik sind für Mollenhauer weniger auf die faktische Veränderung der gesellschaftlichen Situation zurückzuführen; „wir müssen sie vielmehr als einen Versuch ansehen, da die der gesellschaftlichen Wirklichkeit bisher zugeschriebene normative Überzeugungskraft nachließ, einen Ausweg aus diesem sozialen Dilemma zu finden" (Mollenhauer 1987, 30). Das soziale Leitbild der bürgerlichen Gesellschaft formte sich für ihn daher nicht an den sozialen Tatsachen, sondern in der Polemik gegen die in ihnen wirksamen Geistesrichtungen, die mit den Schlagwörtern „Radikalismus", „Kommunismus", „Liberalismus", „Indifferentismus", „Mammonismus" usw. belegt und diskriminiert waren. Aus dieser oppositionellen Haltung heraus wurden dann nach Auffassung Mollenhauers auch die sozialen Zustände gedeutet. Danach wirkten christliche Sozialethik und romantisch-ideologische Rechtfertigungen in der Sozialkritik in den Bemühungen um die unteren Volksschichten und um gefährdete einzelne und verwahrloste Jugendliche zusammen (Mollenhauer 1987, 30).
Als Antwort auf den pädagogischen Funktionsverlust, den die herkömmlichen erziehenden Gemeinschaften aufgrund der sich wandelnden Sozialstruktur und der daraus resultierenden geänderten Erziehungsanforderungen erlitten, wurden nach Mollenhauer nun *neue pädagogische Institutionen* hervorgebracht. Die Auflösung einer religiös sanktionierten Lebensordnung setzte sich in die Wirklichkeit des gesellschaftlichen Lebens hinein fort und erforderte eine neue pädagogische Antwort auf ein altes pädagogisches Problem: „das Verhältnis des Einzelnen zur Gemeinschaft und

Gesellschaft, sein Hineinwachsen in die vorgefundenen Sozialformen der älteren Generation" (Mollenhauer 1987, 54). Die Diskrepanz von Individuum und Gesellschaft wurde somit zum eigentlichen und zentralen sozialpädagogischen Problem. Die sozialpädagogischen Institutionen füllten nach Mollenhauer daher die Lücken, die durch die Unzulänglichkeit der den einzelnen Sozialformen zugehörigen Erziehungsleistungen offen gelassen wurden.

„Das Entstehen von Sozialpädagogik ist daher abhängig von bestimmten Schwierigkeiten, die im allgemeinen pädagogischen Zusammenhang auftauchen: von der Unzulänglichkeit der schulischen Erziehung, der Familienerziehung, der pädagogischen Leistungen der Berufswelt; von der mangelhaften sozialen Bindung, dem Auftreten eines unkontrollierten Raumes im Leben der Jugend, den auftretenden Erziehungsschäden. *Die Gesamtheit der institutionellen Mittel, die bereitgestellt wurden, um diese Diskrepanz auszugleichen, ihren praktischen und theoretischen Zusammenhang, nennen wir somit die Sozialpädagogik*, da diese mit der durch eine bestimmte besonders zugespitzte soziale Problematik – der der industriellen Gesellschaft nämlich – charakterisierten geschichtlichen Situation notwendig verbunden war und ist, von ihr ihren Anfang nahm und ihre Aufgaben erhielt" (Mollenhauer 1987, 55).

Es verändert Mollenhauers Begriff von Sozialpädagogik nicht, wenn er feststellt, daß die pädagogischen Probleme, deren Erörterung das Entstehen sozialpädagogischer Institutionen begleitet, allgemeine Probleme der Pädagogik überhaupt sind. Vielmehr bestätigt sich für ihn gerade dadurch der pädagogische Zusammenhang in allen Bereichen als im Grunde ein und derselbe, ohne daß die Konstituierung eines neuen Bereiches pädagogischer Wirksamkeit auf Grund einer besonderen geschichtlichen Zuspitzung bestimmter Grundprobleme geleugnet werden müßte.

(2) *Erziehung und Erziehungswissenschaft*: Erziehung ist für Mollenhauer „ein anthropologischer Grundsachverhalt menschlicher Existenz" (Mollenhauer 1996a, 171). Der Mensch kommt nicht fertig auf die Welt, und seine eigentümliche „Instinktoffenheit" begründet seine Bildsamkeit und damit die Notwendigkeit der Erziehung. Durch *angeleitetes Lernen* und nicht durch Reifung wird der Mensch nach Mollenhauer erwachsen; denn ohne Erziehung wäre der Mensch so wenig überlebensfähig wie ohne Arbeit. Mollenhauer nennt die Erziehung deswegen das „Insgesamt von Handlungen zwischen Erwachsenen und Unerwachsenen, die die kompetente Beteiligung am gesellschaftlichen Lebenszusammenhang zum Ziel haben" (Mollenhauer 1996a, 171). Dieses Generationsverhältnis ist mindestens durch drei Momente bestimmt:

(a) durch das *Angewiesensein* des menschlichen Organismus *auf Unterstützung* in einem relativ (im Vergleich zum Tier) langen und ungebrochenen Bildungsprozeß,

(b) durch die prinzipielle (nicht faktische) *Offenheit* dieses Prozesses im Hinblick auf seine „Bestimmung",

(c) durch die Nötigung der Erwachsenen, das Insgesamt der herrschenden Kultur durch ihre Person und ihre Handlungen in verstehbarer, sinnvoller Form der nachwachsenden Generation zu repräsentieren (Mollenhauer 1996a, 171).

In diesem Verständnis von Erziehung ist für Mollenhauer enthalten, daß die *Erziehung* je nach vorliegender historischer und soziokultureller Situation verschieden ist und auch *mißlingen kann*, wenn Unterstützung ausbleibt, die Anleitung zur Dressur entartet oder in Formlosigkeit zerfließt und die Repräsentation der Kultur mißglückt. Die Angehörigen der Generationen verfügen über viele und vielfältige Instrumente zum Erziehen (die Tätigkeiten der Erwachsenen, die Werkzeuge und Materialien, die Räume, die Zeitperspektiven, die Sprache, der Körper usw.), die mehr oder weniger gelingend eingesetzt werden. Zudem ist das Erziehungsverhältnis gesellschaftlich organisiert (Familie, Schule, Lehre usw.). Für Mollenhauer ist Erziehung zu einem wesentlichen Teil das „Instrumentieren der Interaktion zwischen den Generationen" (Mollenhauer 1996a, 171).

Die *Wissenschaft von der Erziehung* ist für Mollenhauer zunächst „das Insgesamt der methodisch kontrollierten Erkenntnisbemühungen, die sich ‚Erziehung' und ‚Bildung' zum Gegenstand machen" (Mollenhauer 1996b 181). Da diese Gegenstandsbestimmung von dem ursprünglichen Verständnis des Begriffs „Erziehen" ausgeht und nicht mehr alle Formen heutiger institutionalisierter Erziehung abdeckt, definiert Mollenhauer als Gegenstand der Erziehungswissenschaft oder Pädagogik

> „alle Handlungen, die die Funktion haben, *die nachwachsende Generation zum Status des Erwachsenen* zu führen, und zwar je nach Maßgabe des gesellschaftlich geltenden Begriffs von ‚Erwachsensein'; ferner alle Handlungen, die sich an den *Erwachsenen* wenden, sofern er *als Lernender* erscheint; das schließt Prozesse der Selbstbildung ebenso ein wie die Prozesse nachholenden Lernens, des Umlernens, der ‚Resozialisierung', also vor allem jene Vorgänge, die sich innerhalb des heranwachsenden Individuums abspielen, als Formierung seines Selbst- und Weltverhältnisses" (Mollenhauer 1996b, 181).

Die wissenschaftlichen Aufgaben der Erziehungswissenschaft sind eng verknüpft mit schwierigen wissenschaftstheoretischen Methodenproblemen:

(a) Mit welchen Methoden kann der *Sinn* der Erziehungswirklichkeit verstanden werden?

(b) Mit welchen Methoden können die *Regeln*, nach denen die Generationen in der Geschichte miteinander umgegangen sind, erkannt werden?

(c) Mit welchen Methoden können empirische *Annahmen* über Bedingungen, Ursachen und Folgen des Erziehungshandelns aufgenommen und überprüft werden?

(d) Mit welchen Methoden lassen sich *Zweck- bzw. Zielvorstellungen* erzieherischen Handelns erfassen und hinterfragen? (Mollenhauer 1996b, 181f.).

Die angestrebten *Handlungsziele* (Erziehungsziele) sind verschieden. Als nicht hintergehbares Ziel jeder pädagogischen Handlung bleibt nach Mollenhauer:

> „In ihr wird das Kind (der Jugendliche, der Klient, allgemein der ‚Educandus‘) nach Maßgabe seiner ‚Bildsamkeit und Bestimmung‘ (Roth), der Erziehungsvorgang als – freilich asymmetrischer – Dialog, die zu bewältigende Handlungsaufgabe als Herausforderung der möglichen Produktivität, der Handlungszusammenhang als sinnstiftend, darin sowohl Sinn tradierend als auch modifizierend, begriffen" (Mollenhauer 1996b, 182).

(3) *Das Pädagogische in der Sozialpädagogik*: Die Differenzierung im Zwischenfeld von Familie und Schule brachte nach Mollenhauer das verzweigte System der Erziehungseinrichtungen der Jugendhilfe hervor, das in sich nach je besonderen Arrangements unterschieden ist. Kann das Ensemble der Kinder- und Jugendhilfe als Gegenstandsfeld der Sozialpädagogik in forschungsrelevanten theoretischen Themen fundiert werden? fragt Mollenhauer, und weiter: Oder ist „Sozialpädagogik" von vornherein wegen der Vielfalt der im Gegenstandsfeld anzutreffenden Sachverhalte nur der ausbildungspragmatische Sammelname für Heterogenes und also theoretisch irrelevant? Läßt sich das Ensemble einem charakteristischen thematischen Profil zuordnen? Die Frage, ob der „Sozialpädagogik" innerhalb des Konzerts der vielen Teilpädagogiken oder auch im Hinblick auf Nachbardisziplinen so etwas wie eine „Eigenständigkeit" zukommt, beschäftigt Mollenhauer nicht. Er ist zufrieden, wenn man es „Pädagogik" nennt (und nennen kann) und damit eine Frage in den Vordergrund rückt, an der andere Disziplinen weniger interessiert sind (Mollenhauer 1996d, 869). Auch forschungsmethodologisch kann Mollenhauer für „Sozialpädagogik" kein Spezifikum ausmachen, das deren innere Konsistenz und Besonderheit verbürgen könnte. Bei einer sozialwissenschaftlichen Disziplin, die immer auch geisteswissenschaftlich-historische Problemstellungen mit sich führt, wäre das seiner Meinung nach ohnehin merkwürdig (Mollenhauer 1996d, 874-876).
Ausgehend von den in den Erziehungswissenschaften diskutierten Forschungsproblemen legt Mollenhauer konsequenterweise einen Entwurf für die Gliederung der Erziehungswissenschaften vor, in dem es keine „Teilpädagogiken" mehr gibt. Danach wird die Disziplin gegliedert in „Allgemeine Theorie der Erziehung/Bildung"; „Erziehungs- und Bildungsgeschichtsforschung"; „didaktische Forschung bzw. Theorie"; „Theorie der Mittel, Medien und Methoden"; „Theorie der Lebensalter und des Lebenslaufs"; „Devianz- und Therapieforschung" (Mollenhauer 1996b, 183f.).

Komponenten eines gegenwärtig nach wie vor notwendigen Begriffs von „Pädagogik" und damit auch von Sozialpädagogik sind für Mollenhauer:

(a) Die Annahme, daß das *Größer- und Älterwerden des Menschen ein Bildungsvorgang* ist, ist der wichtigste Bezugspunkt von „Pädagogik", d.h., daß wir uns selbst und andere im Lichte eines idealisierten Regulativs beurteilen, das Kontinuität in den Abfolgen der Ereignisse unterstellt.

(b) Die Rede vom „Bildungsvorgang" unterstellt eine *zeitliche Struktur*, in der mindestens Vergangenheit und Zukunft aufeinander bezogen sind. Eine menschliche Handlung kommt ohne die imaginierte Vorwegnahme eines möglichen nächsten Schrittes nicht zustande.

(c) Es gibt markante *Altersklassifikationen* in einer Gesellschaft, damit markante Differenzen im Bildungsvorgang zwischen Kindheit und Erwachsenen und folglich je spezifische Aufgaben, die zu bewältigen sind. Die Tatsache der Entwicklung ist ein pädagogischer Grundsachverhalt.

(d) Die Entwicklungstatsache ist je *historisch spezifischen „Strukturen"* ausgesetzt. Zu unterscheiden ist zwischen relativ zwanghaften und relativ zwanglosen Strukturen. Pädagogische Theorie und Forschung haben die kulturell passende und dem Einzelfall oder den Falltypen gerechte, erträgliche, entwicklungsförderliche Balance zu ermitteln.

(e) Pädagogik geschieht immer an einem *sozialen Ort*, an dem entwicklungs- und naturgemäß auf verschiedenen Niveaus der „Bildung" Probleme gelöst, Aufgaben erfüllt und Themen behandelt werden. Pädagogisch daran ist die differentielle Anforderungs- und Antwortstruktur.

(f) Das *gesellschaftliche Umfeld* ist immer mit im Spiel. Insofern präsentiert jedes pädagogische Milieu mindestens einen Ausläufer dessen, was auch sonst gerade gesellschaftlich-kulturell bedeutsam und aktuell ist. Das jeweilige pädagogische Milieu ist als gewählte Lebensform von den Erziehenden zu verantworten und zu rechtfertigen (Mollenhauer 1988, 57).

Pädagogische und damit auch sozialpädagogische Forschung haben nach Mollenhauer die Ereignisse in diesen sechs oben genannten Hinsichten zu beschreiben.

Die *Handlungskompetenz* von MitarbeiterInnen der Jugendhilfe zeigt sich für ihn darin, daß ihre professionellen Entscheidungen *säkular* (d.h. sich nicht auf Glaubenssätze berufen), *empirisch* gehaltvoll (d.h. auf Erfahrungen gründen) und *begrifflich klar* sind (Mollenhauer 1992b, 114ff.).

(4) *Sozialpädagogik als Kinder- und Jugendhilfe*: Gibt es eine thematische Kohärenz von Problemstellungen – so fragt Mollenhauer –, die in den anderen Teildisziplinen der Pädagogik zurücktritt oder wegen dort dringlicherer Fragen nicht recht erkennbar wird? Mollenhauer greift bei der Beantwortung dieser seiner Auffassung nach schwierigen und kaum zu beantwortenden

Frage auf Friedrich D.E. Schleiermacher (1768-1834) zurück; nach diesem bedarf es neben Schule und Hauswesen eines „Supplements, das wohl am besten in einem gemeinsamen Leben der Jugend selber gegeben sein möchte" (Mollenhauer 1996d, 876). Dieses pädagogische Praxis- und Problemfeld wird für Mollenhauer als „kulturtheoretisch relevante deskriptive Aufgabe der Erziehungswissenschaft" mit folgenden vier Fragestellungen bzw. Aufgabenfelder im Rahmen einer forschungs- und themenbezogenen Wissenschaft „Sozialpädagogik" als Kinder- und Jugendhilfe erkennbar:

(a) *Generation*: Die Abfolge der Generationen und das Generationenverhältnis sind Themen der Erziehungswissenschaft, sowohl der Allgemeinen Pädagogik als auch der Sozialpädagogik. Die Jugendhilfe hat es mit *kritischen sozialen Lagen*, mit kritischen Lebenssituationen *junger Menschen* zu tun, die sich zumeist in biographischen Brüchen, in den Konfrontationen von Generationsdifferenzen und in Konflikten mit den auf generationelle Kontinuität hin ausgelegten pädagogischen Institutionen manifestieren. Generationenverhältnisse haben aber nicht nur mit Formen des personbestimmten intergenerationellen Handelns zu tun, sondern in der Form von „Verträgen" auch mit gleichsam vertragsambivalenten Strukturfragen, z.B. bei der Verknappung von Lehrstellen (Mollenhauer/Uhlendorff 1992, 1995; Mollenhauer 1996d, 877f.).

(b) *Normalitätsbalancen*: Trotz aller institutionellen Differenzierungen des Erziehungs- und Bildungssystems muß es für Mollenhauer einen Grundkonsens über die normativen Orientierungen geben. Von Beginn an bestimmte zwar die Abweichung von den gesellschaftlich herrschenden Normalitätsentwürfen die sozialpädagogischen Diskurse. Das, was als Randproblem erschien, wird nach Mollenhauer heute „fast als ein Grundzug des Heranwachsens" beschrieben. Die Sozialpädagogik kann als Ort verstanden werden zu fragen, welche Entwürfe für die „Normalität" eines Lebens Geltung beanspruchen dürfen. Zu erforschen sind weiterhin unter anderem folgende Fragen: Über welche Normalitätsgewißheiten verfügen die Jugendlichen? Wie wird der Bezug zu den institutionalisierten Normalitätsentwürfen gesehen? Sozialpädagogik muß mit der Normalität des Unterschiedes rechnen, also z.B. mit der des Unterschiedes zwischen öffentlichen und privaten Normalitätsentwürfen (Mollenhauer 1996d, 878f.).

(c) *Armut*: Der überwiegende Teil der sozialpädagogischen Klientel entstammt nach Mollenhauer solchen Bevölkerungsgruppen, die (mindestens) von der Armut bedroht sind. *Sozialpädagogische Armutsforschung* müßte danach fragen, welche Art von Problemen ein Milieu mit sich führt, in dem die Sozialisationserwartungen unter dauerhafter Armut oder Armutsbedrohung stehen.

Mollenhauer beklagt, daß die akademische sozialpädagogische Forschung sich mit dieser Frage nicht befaßt hat, und argwöhnt, daß „die Furcht vor einem ‚minderen gesellschaftlichen Status' der Sozialarbeit als Praxis ... hier in Theorie und Forschung hineingewirkt haben könnte, so als riskiere auch eine sozialpädagogische Armutsforschung *akademische Deklassierung*" (Mollenhauer 1996d, 879f.). Die pädagogische Problematik von Armutsmilieus und die Strategien und Folgen der Sozialhilfe sollten zu den ausgezeichneten Forschungsgegenständen der Sozialpädagogik gehören.

(d) *Interkulturalität*: Generationenprobleme, Normalitätsentwürfe und Armutslagen bündeln und kumulieren sich nach Mollenhauer gleichsam angesichts der Tatsache, daß die Verschiedenheit kultureller Herkunft nicht nur aktuell zum Problem des Erziehungssystems geworden ist, sondern vermutlich auch dessen Zukunft wesentlich mitbestimmt. Die Sozialpädagogik hat es mit den Bedingungen und Folgen von *Integrations- und Assimilationserwartungen* zu tun. Hier ist ein weites sozialpädagogisches Handlungsfeld, das durch fragmentierte oder konkurrierende Identitäten bestimmt ist, jedenfalls mit lebensgeschichtlich relevanten Fragen nach Zugehörigkeiten. Für die Sozialpädagogik als wissenschaftliche Aufklärung über die Probleme der Kinder- und Jugendhilfe ist die Interkulturalität somit ein relevantes Forschungsthema (Mollenhauer 1996d, 880f.).

Mollenhauer verkennt nicht, daß sich die *Professionalisierung* pädagogisch relevanter Berufe teilweise von der Erziehungswissenschaft wegbewegt; dazu stellt er fest:

> „Wie also künftig eine Erziehungswissenschaft beschaffen sein wird, die sich um die Aufklärung der Frage bemüht, wie die Generationen in verschiedenen Gesellschaften faktisch miteinander umgehen und wie sie miteinander umgehen sollten, läßt sich gegenwärtig nicht zuverlässig sagen" (Mollenhauer 1996b, 184).

Wenige Wochen vor seinem Tod führt Mollenhauer diesen Gedanken weiter:

> „Die Sozialpädagogik braucht, wie jede andere Wissenschaft auch, einen Gesichtspunkt, mit dessen Hilfe sie ihr Gegenstandsfeld konstruiert, jedenfalls sofern sie nicht nur ein Sammelbecken für Verschiedenes sein will. Dieser Gesichtspunkt muß nicht den Namen ‚Erziehung' tragen, aber er muß oder sollte aus dem problematisch gewordenen Umgang mit der heranwachsenden Generation innerhalb unserer Gesellschaft und Kultur gewonnen werden, denn keine andere Wissenschaft rückt dieses Thema in den Mittelpunkt ihrer Aufmerksamkeit" (Mollenhauer in: Thole/Galuske/Gängler 1998, 320).

2.6. BEDEUTUNG FÜR DIE SOZIALE ARBEIT

Mollenhauers Arbeiten beeinflussen seit den sechziger Jahren, nunmehr also fast 40 Jahre lang, die Diskussionen und die Entwicklung der Sozialpädagogik als Teilgebiet der Erziehungswissenschaft. Er gehört zu den „großen Theoretikern der Erziehungswissenschaft und zu den Gründungsvätern und Leitfiguren einer modernen Sozialpädagogik" (Hans-Uwe Otto und Hans Thiersch). Seine Publikationen haben in den sozialpädagogischen Diskussionen im deutschsprachigen Raum nach dem Zweiten Weltkrieg ein beträchtliches Gewicht. Mollenhauers „Einführung in die Sozialpädagogik. Probleme und Begriffe der Jugendhilfe" (1964) hält auch heute noch Studierende zur komplexen Bearbeitung der drei Ebenen ihrer künftigen Tätigkeitsbereiche an, urteilt C.W. Müller in einem Nachwort zur neunten Auflage des Werkes (Mollenhauer 1991, 169). Angemerkt sei, daß bisher vermutlich kein anderes deutschsprachiges sozialpädagogisches Fachbuch eine so hohe Auflage erreicht hat wie Mollenhauers „Einführung in die Sozialpädagogik". Christian Marzahn weist 1987 in seinen Notizen beim Wiederlesen der „Ursprünge" zur Erscheinung des Reprints der Originalausgabe von 1959 darauf hin, daß dieses Erstlingswerk Mollenhauers die erste historisch orientierte Untersuchung der Sozialpädagogik nach dem Zweiten Weltkrieg, aber keine Geschichte der Sozialpädagogik, auch keine Geschichte ihrer Anfänge gewesen sei; dem Verfasser sei es vielmehr um die „Einheit" und den „eigentümlich pädagogische(n) Kern" der Sozialpädagogik, der im Rückgriff auf die Geschichte bestimmt werden sollte, gegangen (Mollenhauer 1987, X). Dieser Intention ist Mollenhauer bei seiner wissenschaftlichen Arbeit stets treu geblieben, unabhängig von seiner jeweiligen erkenntnis- bzw. wissenschaftstheoretischen Position. Mollenhauers jüngste Beiträge zu den Auseinandersetzungen über das Verhältnis von Allgemeiner Pädagogik und Sozialpädagogik und zur Theoriebildung in der Sozialpädagogik bzw. Kinder- und Jugendhilfe (z.B. Mollenhauer 1988, 1992, 1996a, b, c, d) bezeugen diese Kontinuität bis heute. Dieser mit vielen fundierten Argumenten durchgehaltene Bezug zum „pädagogischen Kern" macht nicht zuletzt die große Bedeutung Mollenhauers aus. Aus Anlaß seines Todes haben die Herausgeber der Zeitschrift „neue praxis" Hans-Uwe Otto und Hans Thiersch ein Sonderheft (Heft 5 (28) 1998) über Mollenhauers Arbeiten und sein Wirken mit Beiträgen von Weggefährten und Fachkollegen angekündigt.

2.7.   LITERATUR ZUM VERTIEFEN

Aus dem umfangreichen publizistischen Werk Mollenhauers sind zunächst seine zwei zu den „Klassikern der Sozialpädagogik" zählenden Arbeiten zu empfehlen: „Die Ursprünge der Sozialpädagogik in der industriellen Gesellschaft. Eine Untersuchung zur Struktur sozialpädagogischen Denkens und Handelns" (1959) mit einem neuen Vorwort Mollenhauers und Notizen von Christian Marzahn im Reprint aus dem Jahr 1987 und die „Einfüh-

rung in die Sozialpädagogik. Probleme und Begriffe der Jugendhilfe"
(1964) mit einem Nachwort von C. Wolfgang Müller in der neunten Auflage aus dem Jahr 1991. Eine Literaturzusammenstellung der Publikationen
bis 1983 befindet sich bei Ackermann (1983, 118-120). Zur Orientierung
über Mollenhauers gegenwärtige Positionen empfehle ich seine Artikel
„Erziehung" und „Erziehungswissenschaft" im „Wörterbuch Soziale Arbeit" (1996a, b) und den Aufsatz „Kinder- und Jugendhilfe. Theorie der Sozialpädagogik – ein thematisch-kritischer Grundriß" in der Zeitschrift für
Pädagogik (1996d). Die Bücher „Sozialpädagogische Diagnosen I und II",
die Mollenhauer zusammen mit Uwe Uhlendorff 1992 bzw. 1995 veröffentlicht hat, sind überzeugende Beispiele für die Verknüpfung von sozialwissenschaftlicher Forschung, Theorie und Praxis.

3. Technologisch normalisieren – Lutz Rössner (1932-1995)

Lutz Rössner trat „immer als engagierter Vertreter spezifischer Wissenschaftskonzeptionen an die Öffentlichkeit, die geeignet waren, den Widerspruch Andersdenkender hervorzurufen. Andererseits gilt Rössner durch den Aufbau jeweils alternativer Entwürfe zu etablierten Lehrmeinungen als jemand, der ein nicht zu übergehendes eigenes Gedanken- und Theoriekonzept anzubieten hat" (Lutz M. Alisch 1983, 142).

3.1. HISTORISCHER KONTEXT

Als Lutz Rössner in den fünfziger und sechziger Jahren an der Universität in Frankfurt a.M. studiert, stehen in den Sozialwissenschaften die Frage der praktischen Bedeutung der Methoden und die Frage der Wertfreiheit im Brennpunkt der methodologischen Diskussionen. Während die einen (z.b. Helmut Schelsky) auf die praktische Funktion der Sozialwissenschaften hinweisen, stellen andere (z.b. Hans Albert) die Sozialwissenschaften als normative Wissenschaften in Frage. Diese – verkürzt – „Positivismusstreit" genannten Auseinandersetzungen in den sechziger und siebziger Jahren spalten die SozialwissenschaftlerInnen in zwei Lager. Das Institut für Sozialforschung der Frankfurter Universität mit Max Horkheimer, Theodor W. Adorno und Jürgen Habermas („Frankfurter Schule") vertritt eine markante Position in dieser gesellschaftskritisch, wissenschaftstheoretisch und pädagogisch höchst relevanten Diskussion. Gegenspieler dieser „Kritische Theorie" genannten Richtung sind VertreterInnen einer wissenschaftstheoretischen Philosophie – dem Kritischen Rationalismus –, die von dem englischen Philosophen österreichischer Herkunft Karl R. Popper (1902-1994) ausging. Sein technologisches Erkenntnisinteresse brachte ihn in einen scharfen Gegensatz zu den VertreterInnen der Kritischen Theorie, die für ein emanzipatorisches Erkenntnisinteresse eintreten. Gemeinsam ist vielen Kritischen TheoretikerInnen der Rückgriff von Karl Marx auf Georg Friedrich Wilhelm Hegel und damit eine Neubegründung der dialektischen Theorie der Gesellschaft. Wichtig ist bei ihnen auch die Rezeption und schöpferische Kritik von Sigmund Freud bzw. der Psychoanalyse. Arbeiten der Kritischen Theorie betreffen alle nur denkbaren soziologischen und sozialphilosophischen Themen. Die Frage, wie an einem kritischen Vernunftbegriff unter den Bedingungen des Industriesystems und der „instrumentellen Vernunft" (Max Horkheimer) nicht nur festgehalten werden kann, sondern Wissenschaft, Technik und Aufklärung unter ihren Primat gestellt werden können, durchzieht die Arbeiten Kritischer TheoretikerInnen. In der traditionellen Theorie sei die Erkenntnisleistung auf Teilaspekte beschränkt, sie reproduziere nur ihre vorgefundene Lage und bekräftige daher die gesellschaftlichen Bedingungen, unter denen sie entsteht. Es müsse aber um eine grundlegende Kritik des gesellschaftlichen Systems gehen. Kritische Theorie zielt auf die Aufdeckung und Überwindung emanzipationsfeindlicher Tendenzen in den Industriegesellschaften.

Nach dem Kritischen Rationalismus sind Aussagen jedoch nur dann sinnvoll und wissenschaftlich, wenn Verfahren zu ihrer Widerlegung möglich sind; Aussagen sind nur so lange gültig, wie sie nicht widerlegt sind. Sozialwissenschaftlich soll eine „Stückwerk-Technologie" (Popper) die gesellschaftlichen Verhältnisse Schritt für Schritt verbessern, eine Umwandlung oder ein Umsturz der Gesellschaftsform wird nicht angestrebt. Die weit angelegten Geschichts- und Gesellschaftstheorien der Kritischen TheoretikerInnen werden von den VertreterInnen des Kritischen Rationalismus als Ideologien kritisiert und strikt als wissenschaftlich abgelehnt.

Während viele PsychologInnen – insbesondere die VertreterInnen des Behaviorismus – für eine kritisch-rationale Psychologie und weitaus weniger für eine Kritische Psychologie im Sinne der Kritischen Theorie plädieren, ist es in der Pädagogik genau umgekehrt; nur eine kleine Minderheit setzt sich für den Kritischen Rationalismus in der Pädagogik ein und eine große Mehrheit dagegen für kritisch-theoretische, kritisch-dialektische und kritisch-emanzipatorische Methoden bzw. Theorien (siehe dazu die Ausführungen S. 284ff. und S. 324ff.)

Eine zweite methodologische Herausforderung trifft in den sechziger und siebziger Jahren die deutsche Pädagogik: Die bislang vor allem geisteswissenschaftlich orientierte Pädagogik der ersten Hälfte des 20. Jahrhunderts wird mit empirischen (quantitativen und qualitativen) Sozialforschungen zum Kindes- und Jugendalter von ausländischen PsychologInnen und PädagogInnen in großer Zahl konfrontiert, und vielfach werden unter diesem Einfluß sozialempirische Forschungsmethoden übernommen. Damit wandelt sich für viele die Pädagogik zur Erziehungswissenschaft; und seitdem konkurrieren VertreterInnen einer geisteswissenschaftlich-philosophisch ausgerichteten Pädagogik und einer sozialempirisch ausgerichteten Erziehungswissenschaft miteinander.

Der zum Professor für Erziehungswissenschaft an die Technische Universität Braunschweig berufene Pädagoge und Psychologe Lutz Rössner entscheidet sich bei seiner Theoriebildung gegen den Hauptstrom in der Pädagogik und folgt dem Hauptstrom in der Psychologie, indem er sich für den Kritischen Rationalismus als Metatheorie einer Sozialarbeitswissenschaft entscheidet. Zugleich wählt er für seinen erziehungswissenschaftlichen Studiengang den bis dahin ungebräuchlichen Begriff „Sozialarbeitswissenschaft", während an allen deutschen Universitäten für denselben Bereich nur von „Sozialpädagogik" gesprochen wird.

3.2. BIOGRAPHISCHER KONTEXT

Lutz Rössner wird 1932 in Neundorf (Anhalt) geboren (siehe Alisch 1983, 125-127). Er studiert an den Fakultäten für Philosophie und Naturwissenschaften der Universität Frankfurt a.M. Philosophie, Psychologie, katholische Theologie, Pädagogik und Soziologie. 1957 promoviert er in Philosophie mit einer Dissertation über „Kritische Reflexionen über Edmund Husserls Cartesianische Meditationen" und erlangt außerdem das Diplom in Psychologie; danach legt er noch die Staatsprüfung für das Lehramt an Volks- und Realschulen ab.

Nach praktischen Tätigkeiten als Werbepsychologe, Volksschullehrer und Schulpsychologe in Frankfurt a.M. wird er 1965 als Dozent für Sozialpädagogik an die Pädagogische Hochschule Oldenburg berufen. 1966 nimmt Rössner einen Ruf zum Professor für Erziehungswissenschaft an der Pädagogischen Hochschule Niedersachsen, Abteilung Braunschweig, an. Nach der Integration der Pädagogischen Hochschule in die Technische Universität Braunschweig lehrt und forscht Rössner dort im erziehungswissenschaftlichen Fachbereich als Leiter der Abteilung Sozialarbeitswissenschaft im Seminar für Soziologie und Sozialarbeitswissenschaft. Die Namensgebung stammt von Rössner selbst.

Zusammen mit MitarbeiterInnen und StudentInnen erarbeitet er im sogenannten „Freitags-Kreis" die wissenschaftstheoretische Grundlegung und die Grundgedanken seiner Theorie der Sozialarbeit, die er 1973 unter dem Titel „Theorie der Sozialarbeit" (1975) veröffentlicht. Die Orientierung am Kritischen Rationalismus in seiner frühen Schaffensphase weicht in seinen Arbeiten ab den achtziger Jahren mehr einem rein technologischen Interesse. Rössner trennt dabei erkenntnisorientierte von praxisrelevanten, effektivitäts-orientierten und technologischen Forschungen (Rössner 1977; Alisch/Rössner 1990). Für seine Studierenden schreibt er 1982 eine „Elementar-Einführung in Probleme und Funktionen des Studiums der Sozialarbeitwissenschaft" (1992a).

In den letzten Jahren vor seinem Tod befaßt sich Rössner vorwiegend mit Studien zur (empirischen) Pädagogik der Aufklärung in Italien und England; hierüber hat er mehrere Publikationen vorgelegt. Im Mittelpunkt der von Rössner herausgegebenen wissenschaftlichen Buchreihe „Braunschweiger Studien zur Erziehungs- und Sozialarbeitswissenschaft", deren erster Band von jetzt 34 Bänden 1980 erscheint, steht die Frage, wie Theorien der Erziehungs- bzw. Sozialarbeitswissenschaft beschaffen sein müssen, um eine erfolgreiche Praxis zu ermöglichen. Rössners umfangreiche Publikationsliste bezeugt seine vielfältigen pädagogischen Interessen; so hat er sich zur Schulreform, Schulsozialarbeit, Tanzpädagogik, Musikpädagogik, Sexualpädagogik, Jugendarbeit, Erwachsenenbildung und Altenhilfe geäußert. An seinem Lebensende schreibt Rössner nach dem sich selbst vorgegebenen Leitsatz

„Mit der Zurückhaltung ist es so einfach nicht und: Groll muß heraus" die Trilogie „Kritik der Pädagogik: Konstruktives und Polemisches zu einer Disziplin, die als Wissenschaft soll gelten können" (1992b), „Über Pädagogik und Pädagogen. Skeptisch-polemische Anschlußbetrachtungen" (1993) und „Praktische Ethik für vergnügte Pädagogen" (1995). Lutz Rössner stirbt, für seine Umgebung völlig überraschend, im Januar 1995. Die Erfahrung, daß Kernbereiche seines Schaffens keine Akzeptanz erfahren hatten, und der Erlaß des niedersächsischen Wissenschaftsministeriums – wenige Monate vor seinem Tod – an ihn, daß er selbst seinen in 25 Jahren aufgebauten Studiengang Sozialarbeitswissenschaft (ein Unikat in Deutschland) aufgrund von Sparmaßnahmen bis zum Sommersemester 1999 endgültig einzustellen habe, haben ihn tief getroffen und verbittert.

3.3. FORSCHUNGSGEGENSTAND UND -INTERESSE

Rössner teilt den LeserInnen seines Buches „Über Pädagogik und Pädagogen" (1993) sein persönliches Forschungsinteresse mit folgenden Worten mit:

„Zum *Nutzen von Pädagogik und Erziehung* hoffe ich, von einer durchaus als ex-zentrisch charakterisierbaren Position aus, einiger Pädagogik gefährlich sein zu können. Diese Hoffnung ist angestiftet und wird gestützt durch das 7. Gebot des Auch-Pädagogen Bertrand Russell. Es lautet: ,Fürchte dich nicht davor, exzentrische Meinungen zu vertreten; jede heute gängige Meinung war einmal exzentrisch'" (Rössner 1993, 16).

Die von Rössner verfaßten Vorworte zu seinen Publikationen lassen bei ihm ein durchgehendes Interesse erkennen, „Neuland zu betreten" oder von einer exzentrischen Position aus andere, gängige Positionen anzugreifen. So beginnt Rössner z.B. schon bei seiner Theoriebildung in den siebziger Jahren mit einer generellen und radikalen Kritik an allen vorliegenden Theorien der Sozialpädagogik bzw. Sozialarbeit: „Wir gehen von der Tatsache aus, daß uns bisher keine hinreichend umfassende wissenschaftliche Theorie der Sozialarbeit bzw. eine ,Sozialarbeitswissenschaft' vorliegt" (Rössner 1975, 15ff.). Im einzelnen vermißt Rössner bei den vorhandenen Ansätzen eine zureichende methodologische Basis, die sorgfältige Trennung von Tatsachenerkenntnissen und Wert- bzw. Normvorstellungen, konsistente Begriffe und präzise Begriffssysteme. Folglich nennt Rössner als wichtigste Aufgaben für seine Theorie, eine gute methodologische Basis zu schaffen, die Begriffe eindeutig festzulegen, ein logisches Begriffssystem aufzubauen und werturteilsfrei

„den Realitätsausschnitt, auf den sich Sozialarbeit bezieht, zu ordnen, begreifbar, ja, wenn man will, beobachtbar bzw. erfahrbar zu machen. Der Theorie-

Entwurf schafft gewissermaßen erst eine systematisch geordnete Realität ‚Sozialarbeit' – selbstverständlich ausgehend von einer (direkt oder vermittelt) erfahrenen und somit vorkonstituierten Realität" (Rössner 1975, 55).

3.4. WISSENSCHAFTSVERSTÄNDNIS

Rössner legt so sorgfältig wie kaum ein anderer Autor einer Theorie für Soziale Arbeit seine wissenschaftstheoretische Grundlegung dar (Rössner 1975, 20-49). Basis seiner Theorie ist im Anschluß an den Pädagogen Wolfgang Brezinka der Kritische Rationalismus wie er von Karl R. Popper und Hans Albert vertreten wird. Rössner ist der Auffassung, „daß allein die methodologische Basis des Kritischen Rationalismus es ermöglicht, uns zu brauchbaren wissenschaftlichen Theorien auch für den Bereich der Sozialarbeit zu verhelfen, daß von dieser Basis aus die Probleme der Erziehung in unserer Gesellschaft bewältigt werden können" (Rössner 1975, 20). Diese normative Entscheidung für eine methodologische Basis kann nicht wissenschaftlich begründet werden, da sie ein subjektives Werturteil darstellt und somit eine moralische und keine intellektuelle Angelegenheit ist. Von einem anderen Standpunkt aus kann die Entscheidung für eine methodologische Basis ganz anders ausfallen. So geht für Rössner auch der Kritische Rationalismus auf ein irrationales Moment zurück.

Die Sozialarbeitswissenschaft wird von ihm als technologische Disziplin angesehen; sie informiert nur über die Mittel und Wege zu bestimmten Zielen, sie legt aber weder die Ziele selbst fest, noch legt sie etwa die Anwendung oder Vermeidung gewisser Mittel nahe (Rössner 1975, 40). Der Praxis als Anwendungsbereich nutzen nach Rössner wissenschaftliche Erkenntnisse am ehesten, wenn möglichst exakte Aussagen über den Handlungsbereich des Praktikers vorliegen. Eine wert- und zweckfreie Beschreibung hat für Rössner bereits aufklärerischen Charakter, denn verantwortliches Handeln wird durch eine erklärende Theorie ermöglicht. Es werden den PraktikerInnen Handlungsalternativen mit den jeweiligen Folgen aufgezeigt. Wenn aber nun eine derartige Theorie angewendet werden soll, muß vorher eine Entscheidung über die Ziele des Handelns getroffen werden. Das kann aber nicht mehr die Aufgabe der Wissenschaft sein. Darüber – so sagt Rössner – entscheiden letztlich die Mächtigsten einer Gesellschaft.

3.5. THEORIE

Rössner zieht den Begriff „Sozialarbeit" dem Terminus „Sozialpädagogik" vor, weil der Begriff „Sozialpädagogik" im deutschen Sprachraum für ihn ein noch höheres Maß an Vieldeutigkeit aufweist als der Begriff „Sozialarbeit", was für ihn nicht zuletzt mit dem Stammwort „Pädagogik" zusammen-hängt. Des weiteren ist Rössner der Auffassung, daß der Begriff „Sozialar-beit" eher an die internationale Fachsprache anschließe und sich außerdem besser eigne, zwischen der Sozialarbeit selbst als Praxis und der Theorie der Sozialarbeit zu unterscheiden. Für Rössner schließt die Theorie der Sozialar-beit die Theorie der Sozialpädagogik ein (Rössner 1975, 120-124).

(1) *Grundannahmen*: Die Theorie der Sozialarbeit und die Praxis der Sozi-alarbeit beziehen sich nach Rössner auf jeweils gesonderte Problem- und Gegenstandsbereiche:

(a) Die *Sozialarbeit als Praxis* ist für Rössner „das von einer Sozialität (Ge-sellschaft) institutionalisierte soziale Verhalten der *Registrierung von auf-fälligem Verhalten*" (Rössner 1975, 199f.). Die Sozialadministration ist da-für die Registrierinstitution. Die SozialarbeiterInnen registrieren auf-fälliges Verhalten, stellen eine vorläufige Diagnose und kontrollieren, ob die jeweilige Diagnose zutrifft oder nicht. Die bestätigte soziale Diagnose, daß auffälliges Verhalten vorliegt, stellt für die zu ergreifenden prophylak-tischen, kompensierenden oder korrigierenden Maßnahmen die Basis dar. Diese Maßnahmen können, müssen aber nicht unbedingt von den Sozialar-beiterInnen selbst durchgeführt werden. „Nicht der ‚Notleidende' als sol-cher, nicht der Kranke als solcher, sondern eben der Dissozialisierte, also derjenige, der in der Sozialität störend, belastend usf. wirksam ist, stellt dem Sozialarbeiter Aufgaben" (Rössner 1975, 203).

(b) Als Gegenstands- oder Problembereich der *Sozialarbeitswissenschaft* oder *Theorie der Sozialarbeit* betrachtet Rössner allgemein das Verhalten der SozialarbeiterInnen und das Verhalten der Klienten, näherhin die einer Sozialen Diagnose folgenden prophylaktischen, kompensierenden und kor-rigierenden Maßnahmen, die im Hinblick auf ein von der diagnostizieren-den Instanz erwartetes oder festgestelltes dissoziales Verhalten durchzu-führen sind (Rössner 1975, 183).

Rössner setzt für die *Sozialarbeitswissenschaft* fest (siehe Rössner 1975; Alisch/Rössner 1990; Rössner 1992a):

(a) Die Sozialarbeitswissenschaft ist eine Subwissenschaft der Erziehungs-wissenschaft und diese wiederum ist eine *Subwissenschaft der Soziologie*.

(b) Erziehungswissenschaft ist vorwiegend eine *anwendungs- bzw. effekti-vitätsorientierte Disziplin*, deren Hauptaufgabe darin besteht, technologi-sche Theorien zu konstruieren. Erkenntnisorientierte Aufgaben fallen der Erziehungswissenschaft nur peripher zu. Das sind eher Aufgaben der Psy-chologie und Soziologie.

(c) Teildisziplinen der Erziehungswissenschaft wie z.B. die Sozialpädago-gik bzw. Sozialarbeitswissenschaft stellen Spezialisierungen allgemeiner erziehungswissenschaftlicher Annahmen und allgemeiner erziehungswissenschaftlicher technologischer Theorien dar. Sozialarbeitswissenschaft ist für Rössner ein *Spezialfall allgemein-erziehungswissenschaftlicher Forschung*.

(d) „Lernen" ist das Erwerben oder Ändern von Dispositionen des Menschen durch Verarbeiten von Informationen. „Erziehen" ist das absichtsvolle, geplante Zuführen von Impulsen mit dem Ziel, daß der zu Erziehende diese Impulse als Informationen so verarbeitet, daß er Verhaltensbereitschaften gemäß den in einem Zeitraum vorhandenen Soll-Zuständen des Erziehers bewahrt, erwirbt oder ändert (Alisch 1983, 129).

(e) Erkenntnistheoretisch ist es innerhalb der Erziehungswissenschaft zweckmäßig, vom Konzept des *epistemologischen Individualismus* auszugehen; d.h. man geht stets davon aus, daß Individuen handeln und Individuen eine Beziehung gestalten.

(f) Die primäre Sozialisation des Menschen findet in der primären Mitwelt des Kindes (z.b. der Familie) statt (Rössner 1975, 145f.). Die sekundäre Sozialisation, z.b. die Schule, ergänzt die primäre Sozialisation oder folgt ihr nach (Rössner 1975). In beiden Fällen werden Werte und Normen vermittelt, die zu internalisieren sind. Sozialpädagogisches Handeln des Sozialarbeiters ist tertiäres Erziehen oder tertiäres Sozialisieren und soll Dissozialisationen (Normabweichungen) verhindern oder aufheben (Rössner 1977, 107).

(2) *Verhaltensnormen und soziale Diagnose*: Rössners Theorie der Sozialarbeit selbst besteht aus 48 Sätzen („Axiomen" oder „primitiven Festlegungen") und davon abgeleiteten *Thesen* mit einer zum Teil großen Anzahl von Untersätzen, die nach dem Dezimalsystem differenziert und geordnet sind. Zu den einzelnen Sätzen gibt Rössner erklärende Hinweise und Beispiele. Die ersten drei Sätze enthalten nicht näher definierte Begriffe: „Es gibt *Menschen*. Es gibt *Verhalten*. Es gibt *menschliches Verhalten*" (Rössner 1975, 57).
Über die Aussagen: „Es gibt *menschliches soziales Verhalten*" und „Es gibt (mindestens) eine *Gesamtheit von Menschen*" gelangt Rössner zu den für die Soziale Arbeit zentralen Aussagen: „Der Prozeß der Übernahme von Werten und Normen ist ein *Lernprozeß*" und „das Lernen von Normen heißt *Sozialisation*" (Rössner 1975, 69). Das Verhalten eines Individuums heißt für Rössner dann sozialisiertes Verhalten, wenn es den Verhaltensnormen (den Verhaltenserwartungen, -forderungen, -vorschriften) des das Individuum umgebenden sozialen Gebildes entspricht. Jedes soziale Gebilde („Gruppe") hat seine *Verhaltensnormen*. Sich gegenseitig tolerierende soziale Gebilde stellen ein soziales System, eine Gesellschaft, dar. In den realen Gesellschaften existiert eine *Normenpluralität*, da die Gesellschaft ja aus mehreren sozialen Gebilden besteht, die jeweils eigene Normen ha-

ben. Bezogen auf eine Norm ist das sozialisierte Verhalten verschiedener Menschen ein „symmetrisches" Verhalten. Allerdings gibt es keinen Menschen, der bezogen auf andere Menschen symmetrisch sozialisiert ist. Jeder Mensch behält immer noch einen Unterschied gegenüber anderen bei. Letztlich scheitert eine vollständige Symmetrie daran, daß jeder seinen eigenen Körper hat. Daraus folgt Rössner: „Es gibt nur asymmetrisch sozialisierte Menschen" (Rössner 1975, 86ff.).

Jede Gesellschaft erwartet daher von ihren Mitgliedern eine asymmetrische Sozialisation, also nur asymmetrisch sozialisierte Menschen, toleriert aber nur einen bestimmten Grad der Abweichung innerhalb von Asymmetrie-Toleranz-Grenzen. Jede Gruppe oder Gesellschaft versucht zu erreichen, daß sich ihre Mitglieder innerhalb der von ihr gesteckten Asymmetrie-Toleranz-Grenzen bewegen.

Wenn ein Verhalten nicht der Norm der Gruppe entspricht, dann wird dieses Verhalten von dieser Gruppe als nicht sozialisiertes, als dissozialisiertes Verhalten diagnostiziert. Ein Verhalten ist entweder *sozialisiert* oder *dissozialisiert*. Es gibt dissozialisiertes Verhalten, das von der diagnostizierenden Gruppe toleriert, und anderes, das von ihr nicht toleriert wird. Die Bewertung eines Verhaltens durch eine diagnostizierende Gruppe ist eine Funktion der Normen der Gruppe. Das Verhalten eines Individuums kann als *„sozialisiert"* (*„normal"*), *„auffällig"*, *„gefährdet"*, *„dissozialisiert"*, *„übersozialisiert"* und *„asozialisiert"* diagnostiziert werden (Rössner 1975, 103f.).

Rössner definiert die Begriffe im einzelnen wie folgt: *Normalität*: wenn ein Individuum (eine Gruppe) sich innerhalb des erwarteten Asymmetrie-Spielraums bewegt bzw. verhält, dann wird es von der diagnostizierenden Instanz als normalisiert („normal") angesehen; *Auffälligkeit*: wenn ein Individuum (eine Gruppe) sich außerhalb des erwarteten, aber innerhalb des tolerierten Asymmetrie-Spielraums bewegt bzw. verhält, dann wird es von der diagnostizierenden Instanz als auffällig angesehen; *Gefährdung*: ein Individuum (eine Gruppe) ist aus der Sicht einer diagnostizierenden Instanz ein gefährdetes, wenn sein Persönlichkeitszustand (seine Verhaltenskomplexion) zum Zeitpunkt der Diagnose die diagnostizierende Instanz befürchten läßt, daß das Individuum zu einem späteren Zeitpunkt (seiner Entwicklung) dissozialisiert sein wird und daß damit der diagnostizierenden Instanz korrigierende Maßnahmen notwendig erscheinen (Rössner 1975, 129f.); *Dissozialität*: wenn ein Individuum (eine Gruppe) sich außerhalb des tolerierten Asymmetrie-Spielraums bewegt bzw. verhält, dann wird es von der diagnostizierenden Instanz als dissozialisiert angesehen; *Übersozialität*: wenn ein Individuum (eine Gruppe) den von der diagnostizierenden Instanz erwarteten (für normal gehaltenen) Asymmetrie-Spielraum nicht (aus-)nutzt, dann weist das Individuum aus der Sicht der diagnostizierenden Instanz einen Asymmetrie-Mangel auf, d.h. es ist übersozialisiert;

Asozialität: wenn ein Individuum von allen Gruppen einer Gesellschaft als dissozial diagnostiziert wird, dann ist es asozialisiert (asozial) (Rössner 1975, 105ff.). Wenn von einer diagnostizierenden Instanz nicht tolerierbares dissozialisiertes Verhalten eines Individuums (einer Gruppe) bzw. Dissozialität des Individuums (der Gruppe) befürchtet wird, dann motiviert dies die diagnostizierende Instanz zu entsprechender *sozialer Kontrolle* (Rössner 1975, 196).
Die Bewertung des Verhaltens einzelner Individuen und von Gruppen nennt Rössner „Soziale Diagnose". Er definiert *Soziale Diagnose* wie folgt:

> „Unter Sozialer Diagnose wird die bewertende Beurteilung eines sozialen Verhaltens bzw. einer sozialen Verhaltenskomplexion (eines Verhaltensträgers, eines Individuums) durch eine (diagnostizierende) Instanz (Individuum, Soziales Gebilde, (gesellschaftliche) Gruppe, Gesellschaft) auf der Basis des Vergleichs des realisierten Verhaltens bzw. des (sozial) auftretenden Individuums mit dessen früherem Verhalten bzw. Gesamtverhalten, das von der diagnostizierenden Instanz als normal akzeptiert wurde, oder mit anderem Verhalten von Individuen bzw. anderen Individuen, die als normal akzeptiert werden, verstanden" (Rössner 1975, 118).

(3) *Erzieherische Maßnahmen*: Erziehen ist für Rössner stets ein *planvolles, bewußtes und damit ein rational-technologisches, also letztlich wissenschaftliches Handeln* (Rössner 1977, 68-81). Mit dem Begriff „erziehen" bezeichnet Rössner das soziale Handeln, durch das ein Mensch versucht, auf das Lernen eines anderen Menschen absichts- und planvoll so Einfluß zu nehmen, daß dieser andere Mensch Verhalten realisiert, das den Verhaltens-Erwartungen (Normen) des Erziehers (und/oder seines Auftraggebers) entspricht. Durch die Merkmale „absichts- und planvoll" grenzt Rössner Erziehen von sozialer Beeinflussung ab. Rössner spricht nur dann von „erziehen", wenn das soziale Beeinflussen durch ein *Absichtshandeln*, d.h. ein reflektiertes Abwägen eines Mitteleinsatzes, ein exaktes Beachten der Störvariablen, eine reflektierte Antizipation der Neben- und Folgewirkungen des sozialen Beeinflussens usw., und durch eine sorgfältige *Planung* (Planungshandeln) fundiert ist. Wenn „absichts- und planvoll fundiert" durch „rational" ersetzt wird, dann bezeichnet Rössner mit „erziehen" rationales soziales Beeinflussen (Rössner 1990a, 15). Rössner unterscheidet zwischen

(a) einem *primären oder sekundären prophylaktischen Erziehen*, das aufgrund einer Dissozialisations- bzw. Dissozialitäts-Erwartung auf primäre und sekundäre Sozialisation gerichtet ist und in primären und sekundären Erziehungsinstitutionen (Familie, Schule) realisiert wird;

(b) einem *tertiären prophylaktischen Erziehen*, das aufgrund einer Dissozialisations-Feststellung bzw. Dissozialitäts-Befürchtung einer primären und sekundären Dissozialisation folgt und auf tertiäre Sozialisation gerichtet ist;

(c) einem *tertiären korrigierenden Erziehen*, das aufgrund einer Dissozialitäts-Feststellung bzw. -Befürchtung einer primären und sekundären Dissozialisation folgt und auf tertiäre Sozialisation gerichtet ist.

Wenn die soziale Diagnose anders als „sozialisiert" oder „normalisiert" lautet, dann sind *prophylaktische, kompensierende* oder *korrigierende* Maßnahmen notwendig. Sowohl korrigierende als auch prophylaktische und kompensierende Maßnahmen sind erzieherische Maßnahmen. Erziehen ist hier Lernhilfe beim Erlernen der „richtigen" Normen, also eines sozialisierten Verhaltens im Sinne der erziehenden Instanz. Erziehung im tertiären Bereich ist *Sozialisations-Hilfe* („Resozialisation") (Rössner 1975, 124). Die korrigierende Wirksamkeit der einer Dissozialitäts-Diagnose folgenden korrigierenden Maßnahmen ist letztlich abhängig von der Mächtigkeit der diagnostizierenden Instanz (Rössner 1975, 288).

Tertiäre Sozialisation wird nur dann erfolgreich sein, wenn wissenschaftliches Erziehen diese Sozialisation leitet. Je bewährter die Technologien bzw. technologischen Theorien tertiären Erziehens sind, desto höher sind die Aussichten auf Erfolg; wissenschaftliches Erziehen verlangt damit aber besonders geschulte Spezialisten. Rössner ersetzt den Begriff „tertiäres Erziehen" durch den Begriff „Sozialarbeit" und nennt die Spezialisten für diese Arbeit „Sozialarbeiter" (Rössner 1977, 138). Zur Resozialisation werden verschiedene Verfahren und Verfahrenstechniken, vom beratenden Gespräch bis zum Strafvollzug, angewandt, um das dissozialisierte Verhalten von Individuen oder Gruppen wieder zu normalisieren. Rössner benutzt statt des traditionellen Begriffs „Methoden" der Sozialarbeit den technologischen Begriff „Verfahren" (Verfahrenstechniken).

(4) *Technologische Theorien und der Technokratie-Vorwurf*: Rössner weist den Vorwurf, seine Theorie sei „technokratisch", als unberechtigt zurück. Einmal werde das Prädikat „technokratisch" zumeist sehr vage und inkonsistent verwendet, zum anderen diene es der Herabsetzung technologischer bzw. auf praktische Zwecke hin orientierter wissenschaftlicher Forschung. Die Zurückweisung des Technokratie-Vorwurfs begründet Rössner damit, daß er

(a) einen Erziehungsbegriff verwende, der u.a. durch das Merkmal „rational" definiert wird, und

(b) ein Technologie-Konzept verwende, dessen Aussagen sich nicht nur auf einfache Mittel-Zweck-Relationen beschränken (Rössner 1990b, 71).

Das bedeutet, daß der rationale soziale Beeinflusser nicht unreflektiert ein (anscheinend) bewährtes Mittel anwendet, um einen gewollten Zustand zu erreichen, sondern er bezieht in die Mittelanwendung Wert- oder normative Überlegungen mit ein. Konkret heißt das nach Rössner: der Beeinflusser versucht, Wirkungen zu vermeiden, die von Situationsbeteiligten negativ bewertet werden, da solche Wirkungen sich als störend im Hinblick auf das Erreichen und die Stabilität des Zielzustandes erweisen.

„Gerade Technologische Theorien bieten Grundlagen für solches Handeln bzw. soziales Beeinflussen, durch das negative Wirkungen in der Perzeption aller Situationsbeteiligten vermieden oder wenigstens minimiert werden können, und dies ist notwendig, wenn das Risiko des Mißerfolgs minimiert werden soll. Daran zeigt sich, daß die Aufforderung zur Rationalität nicht durch einen – in seiner Wirksamkeit zweifelhaften – moralischen Appell an den Altruismus des sozialen Beeinflussers fundiert werden muß; zur Rationalität beim sozialen Beeinflussen ist genötigt, wer Erfolg haben will! Daraus läßt sich wiederum die Einsicht gewinnen, daß Technokraten auf Dauer nicht erfolgreich sein dürften; denn ein Handeln und somit auch ein soziales Beeinflussen, durch das nicht zugleich versucht wird, das Risiko des Mißerfolgs zu minimieren – und dies heißt auch vor allem, das Risiko des Mißerfolgs zu minimieren, daß das Beeinflussen Zustände bewirkt, die von Situationsbeteiligten negativ bewertet werden –, wird auf Dauer nicht erfolgreich sein (es sei denn durch brutalen Zwang) und sollte deshalb auch nicht als ‚rationales' bezeichnet werden" (Rössner 1990b, 75).

(5) *Sozialtechniker und Sozialingenieure*: Für die berufliche Sozialarbeit differenziert Rössner zwischen *Praktikern* und *Metapraktikern* (Alisch/ Rössner 1990). Der Metapraktiker oder Sozialingenieur versucht die Probleme zu lösen, die der Praktiker beim Erziehen hat, und stellt dem Praktiker einen Lösungsplan (Therapieplan) zur Verfügung. Der Sozialarbeiter als Praktiker oder Sozialtechniker führt aus, was der Metapraktiker entwickelt hat. Der Sozialarbeiter ist Praktiker, Spezialist für allgemeine – also nicht jede beliebige – tertiäre Sozialisation und für die Koordination im Bereich des tertiären Erziehens. Er stellt Diagnosen, wertet sie aus und ordnet sie. Weiterhin vermittelt und koordiniert er die meist durch andere Therapiespezialisten zu ergänzenden notwendigen Verfahren auf der Basis des Therapieplanes. Es ist die Aufgabe sozialarbeitswissenschaftlicher Forschung, dem Sozialarbeiter als tertiärem rationalem sozialem Beeinflusser Handlungsorientierungen bzw. -möglichkeiten zur Verfügung zu stellen, also sozialarbeitswissenschaftliche technologische Theorien, durch die er sein tertiäres Erziehen mit Erfolgsaussicht fundieren kann.

3.6. BEDEUTUNG FÜR DIE SOZIALE ARBEIT

Da Rössners Theorie der Sozialarbeit zu den ausformulierten Theorien der Sozialarbeit gehört und außerdem auf einem klar profilierten wissenschaftstheoretischen Fundament basiert, ist sie allein schon deswegen im deutschen Sprachraum von Bedeutung. Diese Bedeutung zeigt sich auch in der heftigen Kritik, die Rössner insbesondere wegen seines „technologischen Ansatzes" auf sich zieht. Angekreidet werden ihm mangelnde Problematisierung der gesellschaftlichen Verhältnisse, das bewußte Ausblenden einer Gesellschaftstheorie (Lukas 1979, 195), das Negieren der geschichtlichen Dimension (Lukas 1979, 195), Wirklichkeitsfremdheit, Reduktion der Klienten auf Dissozialisierte, verwirrende Sprachspiele usw. Kaum ein anderer Ansatz ist von WissenschaftlerInnen so heftig attackiert, aber von vielen PraktikerInnen in den siebziger und achtziger Jahren so dankbar aufgenommen worden. Die Idee Rössners, den Sozialarbeiter als „Sozialingenieur" zu definieren, sprach viele SozialarbeiterInnen mit dem Wunsch, konkrete technologische Hilfen für ihre Praxis zu erhalten, an (siehe Dewe/Ferchhoff 1986, 152f.).

Seit Mitte der achtziger Jahre werden die Arbeiten Rössners jedoch kaum noch von einer größeren Öffentlichkeit beachtet. Mitunter weisen einzelne Autoren auf die ihrer Meinung nach nicht hinreichend rezipierten Arbeiten Rössners hin (z.B. Winkler 1988, 337), allerdings ohne erkennbare positive Resonanz. In den Literaturverzeichnissen der einschlägigen Fachlexika und Handbücher zur Sozialen Arbeit, die von Eyferth/Otto/Thiersch (1987), Kreft/Mielenz (1996) und vom Deutschen Verein (1997) herausgegeben worden sind, wird Rössner mit seinen Arbeiten beispielsweise überhaupt nicht erwähnt. Dies begründet die Vermutung, daß es eine Erziehungs- bzw. Sozialarbeitswissenschaft analytisch-empirischer Prägung in Deutschland schwer hat. Wenn das so ist, müßte m.E. nachgesehen werden, warum das so ist. VertreterInnen der Bezugswissenschaften Sozialer Arbeit (insbesondere verhaltenswissenschaftlich orientierte PsychologInnen) bedauern jedenfalls, daß der kritisch-rationale Ansatz bei der Theoriebildung in der Sozialen Arbeit so stark vernachlässigt wird; das Bemühen um begriffliche und theoretische Klarheit von Rössner und seiner Schule würde ihrem wissenschaftlichen Anspruch und Verständnis weitaus mehr als andere (geisteswissenschaftliche) Ansätze entsprechen. Verhaltenswissenschaftliche bzw. technologische Theorien, Konzepte und Methoden der Sozialen Arbeit sind in angloamerikanischen Ländern verbreitet (vgl. Howe 1994, Payne 1994, Lishman 1994).

3.7.   LITERATUR ZUM VERTIEFEN

Nach Angaben des Rössner-Schülers Lutz Michael Alisch und eigenen Recherchen liegen von Rössner etwa 200 Publikationen (darunter viele Monographien) vor, die meisten von ihnen zu Fragen der Sozialarbeitswissenschaft und der Pädagogik. Nach meiner Einschätzung bietet sich als Einstieg in Rössners Gedankenwelt die von Rössner selbst für Studierende verfaßte „Elementar-Einführung in Probleme und Funktionen des Studiums der Sozialarbeitswissenschaft" (1992a) an. Für den, der Rössners „Theorie der Sozialarbeit" fundierter kennenlernen möchte, verbleiben nach wie vor Rössners: „Theorie der Sozialarbeit" (1975) und „Erziehungs- und Sozialarbeitswissenschaft" (1977) zum Studium. Eine hilfreiche Einführung in Rössners Arbeiten gibt Alischs Aufsatz „Sozialpädagogische und sozialarbeitswissenschaftliche Theoriebildung bei Rössner" (Alisch 1983).

4. Ausbeutung und Verelendung überwinden – Karam Khella (1934*)

„Mir ist bewußt, daß ich mit der Kritik an der Sozialpolitik heißes Eisen anfasse. Auch den Lesern möchte ich Mut zusprechen, heißes Eisen anzufassen. Faßt viele heiße Eisen an, sie werden in euren Händen schmelzen wie der Schnee in der Sonne,, (Karam Khella 1982, 96).

4.1. HISTORISCHER KONTEXT

Der in Ägypten aufgewachsene Karam Khella kommt 1958 aus Kairo in die Bundesrepublik Deutschland. Kairo, die Hauptstadt am Nil, ist mit circa fünf Millionen EinwohnerInnen in den fünfziger Jahren die größte Stadt Afrikas und politischer, geistiger und wirtschaftlicher Mittelpunkt Ägyptens – im Großraum Kairo leben circa 14 Millionen Menschen. Die Bevölkerungszuwachsrate ist sehr hoch, und der Unterschied zwischen wohlhabenden und armen ÄgypterInnen ist kraß. Der ägyptische König Faruk I. ist durch einen Militärputsch 1952 abgesetzt und ins Exil geschickt worden; ab 1954 übernimmt Gamal Nasser (1918-1970) diktatorisch die volle Regierungsgewalt und kooperiert auf vielen Ebenen mit dem Ostblock, insbesondere mit der UdSSR. Ägypten und Syrien schließen sich 1958 zur Vereinigten Arabischen Republik (VAR) zusammen. Ständige wirtschaftliche Schwierigkeiten können auch durch den „arabischen Sozialismus" (Verbesserung der Wirtschafts- und Sozialstruktur durch staatliche Eingriffe) nicht überwunden werden.

Khella kommt in das geteilte Deutschland, erlebt hier zunächst die festgefahrenen Fronten im Kalten Krieg zwischen West- und Ostblock, sodann das Aufbegehren der jungen Generation im Europa der sechziger Jahre. Viele junge Menschen, die sich im Westen an der Protestbewegung beteiligen, sympathisieren mit sozialistischen und kommunistischen Ideen, wie sie in den politischen Programmen auf der Grundlage des Marxismus-Leninismus von der UdSSR und der DDR vertreten werden. Das gemeinsame Ziel ist, die Klassengesellschaft zu beseitigen und den Sozialismus aufzubauen.

Karl Marx hat in der Mitte des 19. Jahrhunderts parallel zur Arbeiterbewegung seine neue Philosophie, den historischen Materialismus, entwickelt. Danach vollzieht sich die Geschichte nach exakten Gesetzen. Vom „Unterbau" des Menschen und seiner Geschichte hängt der „Überbau" ab. Mit dem „Unterbau" sind die ökonomischen und sozialen Verhältnisse, das Sein, gemeint; mit dem „Überbau" ist das Bewußtsein gemeint, das sich in Wissenschaft, Kunst, Recht und Staat ausdrückt. Produktionskräfte und Produktionsverhältnisse bestimmen den Produktionsfortschritt. Eigentumsbildung und Arbeitsteilung entfremden die Menschen von ihrer Arbeit und von sich. Klassenkämpfe zwischen den Arbeitern und dem Kapital treiben die Geschichte voran und führen notwendig zu Revolutionen, die die Basisspannungen ausgleichen, den Überbau ändern und eine qualitativ höherwertige Periode der Menschheit einleiten. Die Geschichte spannt sich vom Urkommunismus bis zum klassenlosen Endkommunismus, in dem Ausbeutung und Selbstentfremdung des Menschen aufgehoben sein werden (siehe die kurze Zusammenfassung bei Störig 1989, 490-499). Diese Thesen wurden von vielen ArbeiterInnen und Intellektuellen in Europa übernommen und bilden die Basis für die Programme der Arbeiterparteien, in Deutschland von SPD, KPD und SED. In der Bundesrepublik Deutschland wird das Gedankengut von Marx und Lenin bis zu den Studentenunruhen (1968) nicht nur wenig beachtet, sondern ausdrücklich bekämpft (Verbot der KPD seit 1956; siehe die Ausführungen S. 256ff.255ff).

Die (gesellschafts-)kritischen Konzeptionen und Theorien zur Sozialen Arbeit entstehen im letzten Drittel der sechziger Jahre im Zusammenhang mit den Aktivitäten und Zielsetzungen der Außerparlamentarischen Opposition (APO) und der Studentenbewegung. Zu Beginn werden Konzepte „emanzipatorischer Sozialarbeit und Sozialpädagogik" entwickelt (siehe die Ausführungen S. 284ff.). Impulse dieser Ansätze werden in der sozialliberalen Reformpolitik von 1969 bis 1972 übernommen. Doch dann werden auch die emanzipatorischen Theorien wegen eines fehlenden „ökonomischen Realismus" scharf kritisiert. In bundesweit verbreiteten „Arbeitskreisen Kritische Sozialarbeit" (AKS) wird der Übergang von systemimmanenten zu systemübergreifenden Reformen und die ständige, kritische Auseinandersetzung mit den Trägern der Sozialen Arbeit gefordert; eine rein theoretische Arbeit wird abgelehnt. Der herkömmlichen Sozialarbeit wird vorgeworfen, sie sei „sozialintegrativ", diene nur den Feinden der Arbeiterklasse und halte die kapitalistische Gesellschaft am Leben. „Antikapitalistische" und marxistisch-leninistische Theorieansätze zur Sozialen Arbeit sollen in der Praxis umgesetzt werden. Dagegen wehren sich die Angegriffenen vehement, nicht zuletzt durch Berufsverbote und Eingriffe in die Ausbildungsordnungen. Und der Terror der Rote-Armee-Fraktion (RAF) sorgt mit dafür, daß die Bevölkerung in ihrer ganz großen Mehrheit diese Reform- bzw. Revolutionsideen als „Gespinste kranker Hirne" ablehnt (siehe Hollstein/Meinhold 1973; Lukas 1979, 208-215; Pfüller 1983 u.a.).

4.2. BIOGRAPHISCHER KONTEXT

Karam Khella wird 1934 in Asjut in Ägypten geboren und wächst in einem – nach seinen eigenen Angaben – sehr konservativen und frommen Elternhaus auf. 1952 beginnt er auf Wunsch seines Vaters in Kairo Betriebswirtschaft zu studieren, um später als Manager im väterlichen Betrieb zu arbeiten. Nach einem Jahr bricht er das Betriebswirtschaftsstudium ab, da es nicht seinen Interessen entspricht, und schreibt sich in den Studienfächern „Theologie" und „Sprachwissenschaften" ein. Während des Studiums arbeitet er in Sozialprojekten zur Betreuung von Bauern, die in der Industrie arbeiten, und von ausländischen StudentInnen mit. Er ergänzt die praktische soziale Tätigkeit intensiv durch die Lektüre sozialpädagogischer Fachliteratur. 1958 kommt Khella im Rahmen eines Dozentenaustauschprogramms in die Bundesrepublik Deutschland und unterrichtet am Institut für Geschichte und Kultur des Vorderen Orients in Hamburg.

Von 1966 bis 1969 ist er Studentenpfarrer in Stuttgart und wird dort von Arbeitern für die Arbeiterfrage sensibilisiert. Danach leitet er ein Forschungsprojekt über das Studium von Ausländern in Europa. Neben seiner Berufstätigkeit studiert er noch in Kiel Geschichte und in Hamburg Medizin. In dieser Zeit geht er zur Theologie zunehmend auf Distanz. Von 1971 bis 1982 ist er als Dozent beim Sozialpädagogischen Zusatzstudium (SPZ) an der Universität Hamburg tätig, an dessen Aufbau und Ausrichtung an einer arbeiterorientierten Wissenschaft er mitarbeitet. Das SPZ ist kein eigenständiger universitärer Studiengang, sondern ein Aufbau- und Kontaktstudium ohne berufsqualifizierenden Abschluß für Nicht-Studierende bzw. als Nebenfach für Studierende. Khella veröffentlicht in dieser Zeit mehrere Bücher: „Theorie und Praxis der Sozialarbeit und Sozialpädagogik" (1980a), „Wörterbuch der Sozialarbeit, Sozialpädagogik und Sonderpädagogik" (1980b), „Sozialarbeit von unten. Praktische Methoden fortschrittlicher Sozialarbeit" (1982), „Einführung in die Sozialarbeit und Sozialpädagogik" mit Teil 1: „Adressaten der Sozialarbeit und Sozialpädagogik. Daten, Analysen, Praxis" (1983a) und Teil 2: „Die soziale Frage in der Bundesrepublik" (1983b). Nach vielen politischen und wissenschaftlichen Auseinandersetzungen um dieses Zusatzstudium, insbesondere wegen seiner „Arbeiterorientierung", wird es 1982 aus dem Lehrangebot der Hamburger Universität gestrichen. Khella wird die Stelle an der Universität gekündigt. Der nun arbeitslose Ägypter Karam Khella soll auf Weisung der Ausländerbehörde die Bundesrepublik verlassen. Khella wirbt und kämpft öffentlich für sein Bleiben. Da er mehr als 15 Jahre Tätigkeit im öffentlichen Dienst nachweisen kann, stellt das Arbeitsgericht seine Unkündbarkeit fest. Damit muß auch der Ausweisungsbescheid zurückgenommen werden. Khella bleibt an der Universität Hamburg angestellt.

Ab 1985 vermindert Khella aus Enttäuschung über die zerschlagenen Reformillusionen immer mehr sein öffentliches Engagement. Er beklagt, daß in Deutschland eigentlich niemand wirkliche Reformen will, und zieht sich aus dem Hochschulbereich und der Sozialen Arbeit zurück.

4.3. FORSCHUNGSGEGENSTAND UND -INTERESSE

Karam Khella ist in seiner ägyptischen Heimat hautnah von den sozialen und wirtschaftlichen Problemen der armen Landbevölkerung, besonders aber von den Problemen der armen Bauern und ihrer Familien, die vom Land in die riesige Industriestadt Kairo gekommen waren, um dort Arbeit und Wohnung zu finden, berührt worden. Die Probleme dieser „proletarisierten Bauern" und dann später auch die Probleme der ArbeiterInnen in der reichen Industriestadt Stuttgart sensibilisieren Khella und veranlassen ihn, nach Lösungen für diese Probleme zu suchen. Sozialpädagogik und Sozialarbeit sind für Khella Leistungen zur Betreuung von Menschen in sozialen Problemlagen. Diese Probleme ergeben sich aus den Mängeln in den Lebensverhältnissen und ihren ökonomischen Grundlagen. Sozialarbeit und Sozialpädagogik beziehen sich stets auf Defizite. Die soziale Praxis wird durch Maßnahmen der Erziehung („pädagogische Versorgung") und gegebenenfalls der Behandlung („therapeutische Versorgung") ergänzt. Die Ursachen für die jeweiligen Mängel sind in der konkreten Gesellschaft zu erforschen. Deshalb sind das ökonomische und politische System der Bundesrepublik Deutschland, näherhin die Bedingungen des sozialen Elends und die Ursachen von Deklassierung in ihr, genau zu analysieren. Aus den Ergebnissen dieser Analyse sind die konkreten Aufgaben der Sozialarbeit und Sozialpädagogik zu bestimmen. Khella bekennt sich zur materialistischen Wissenschaft, die auf den Thesen von Marx und Engels basiert, und will „das Mandat der Arbeiterklasse in Lehre und Forschung wahrnehmen" (Khella 1980a, 62-64; 1983a, 11-40).

4.4. WISSENSCHAFTSVERSTÄNDNIS

Khella unterscheidet zwei Wege in der Wissenschaft: den „bürgerlichen" und den „materialistischen" Weg (Khella 1980a, 60-64). Alle philosophischen und wissenschaftstheoretischen Schulen lassen sich nach Khella einem dieser zwei Wege zuordnen. Je nachdem wie sich WissenschaftlerInnen bei der Zuordnung von Natur und Geist, Sein und Bewußtsein, Materialismus und Idealismus entscheiden, gehört jede Wissenschaft zu der einen oder der anderen Gruppe. Eine materialistische Wissenschaft bekennt sich zur Ursprünglichkeit der Natur gegenüber dem Geist, der Priorität des Seins gegenüber dem Bewußtsein und der Materie gegenüber der Idee; im Unterschied zu den „bürgerlichen" (idealistischen) WissenschaftlerInnen, die sich für die Ursprünglichkeit des Geistes gegenüber der Natur, für die Priorität des Bewußtseins gegenüber dem Sein und der Idee gegenüber der Materie aussprechen. Da es für Khella nur die Entscheidung zwischen diesen beiden Wegen gibt, entscheidet er sich für den materialistischen Weg.

314

Das Sein der Menschen ist für ihn gleichbedeutend mit der Produktionstätigkeit der Menschen. Für Khella verbinden sich beim dialektischen und historischen Materialismus zwei sich ergänzende philosophische Ansätze. Der materialistische Ansatz gibt die Basis ab: Das gesellschaftliche Sein bestimmt das gesellschaftliche Bewußtsein. Das dialektische Prinzip hilft, die Widersprüche in Sein und Bewußtsein aufzuzeigen, zu verstehen und zu handeln. Die Anwendung des dialektischen Materialismus auf eine konkrete Gesellschaft eröffnet die Möglichkeit zur historischen Analyse, die damit ein Sonderfall des dialektischen Materialismus ist. Die Sozialarbeit verlangt für Khella ihrer Natur nach nach einer Methode, die von den grundlegenden Gegebenheiten der ökonomischen Verhältnisse („Basis") her die sozialen Probleme als Folgeerscheinungen begreift, die ihrerseits durch Rechtsordnung, Öffentlichkeit, Hilfesysteme usw. („Überbau") verfestigt werden. Gerade unter diesem Gesichtspunkt erweist sich für Khella die Überlegenheit des historischen Materialismus gegenüber anderen wissenschaftlichen Erkenntnis- und Handlungsmethoden (Khella 1980a, 72).

4.5. THEORIE

Khella folgt der Philosophie von Karl Marx und nimmt mit Hilfe des dialektischen Materialismus eine Gesellschaftsanalyse vor.

(1) *Armut und Armutsforschung*: Die Soziale Arbeit hat nach Khellas Auffassung mit den Mängeln in der Gesellschaft zu tun. Diese zeigen sich beispielsweise am Phänomen der Armut. Daher beginnt für Khella eine Theorie Sozialer Arbeit mit der *sozialempirischen Erforschung* der Armut in einer Gesellschaft. Khella kommt nach seiner empirischen Untersuchung der Armut in der Bundesrepublik Deutschland zu dem Ergebnis: „Ein Vergleich läßt vermuten, daß *ein Drittel bis zur Hälfte der Bevölkerung knapp am Existenzminimum lebt*" (Khella 1983b, 72).
Khella behauptet, die Armen würden aus der Gesellschaft verdrängt und schreibt diesen „Erfolg" der Sozialadministration zu, da Gesetze und Verordnungen den Armen verbieten, in Erscheinung zu treten. Die massierte Armut wird durch Mauern und Zäune weitgehend abgeschirmt. Als Perspektive der Armut in der Bundesrepublik Deutschland sieht Khella, daß die Armut weiter ansteigen und eine anstehende Sparpolitik des Staates auf dem Rücken der Lohnabhängigen und der armen Bevölkerung abgewälzt wird. Ein besonderes Problem ist es, daß die Armen einschließlich der Sozialhilfeempfänger (noch) sehr schlecht organisiert sind. Deshalb sollen die Sozialhilfeempfänger ihre Organisationsansätze weiter entwickeln und den weiteren Abbau der sozialen Sicherung abwehren.

Menschen, die in Armut leben, sind ein explosives Potential für jede Gesellschaft, da sie nichts mehr verlieren können. Eine grundlegende Veränderung der gesellschaftlichen Strukturen kann nur in ihrem Interesse sein. Deshalb stehen die Armenviertel und die proletarisch geprägten Stadtteile nach Meinung Khellas unter ständiger sozialer und polizeilicher Kontrolle. „Bewältigung der Armut durch Verdrängung" ist nach Khella die einzige Möglichkeit für den bürgerlichen Staat, mit dem Phänomen „Armut" umzugehen. Gegen die Armen wird stille Gewalt ausgeübt. Die verbreitete Armut fordert die Sozialarbeiter zur Parteilichkeit heraus. Es sind die Diskriminierung und Unterdrückung der Armen durch die Reichen, die die Solidarität mit dieser Bevölkerungsgruppe begründen. Ziel der bürgerlichen Politik und deshalb auch der offiziellen Sozialarbeit ist es, eine *Solidarisierung aller Armen* zu verhindern. Khella sagt, daß die Sozialadministration nach dem Prinzip der „Entsolidarisierung" funktioniere; dagegen sei die Solidarisierung der Armen miteinander und die Solidarisierung der Sozialarbeiter mit den Klienten das Prinzip „fortschrittlicher Sozialarbeit" (Khella 1983b, 78f.).

(2) *Gesellschaftsanalyse*: Die Theorie zur Sozialarbeit und Sozialpädagogik ergibt sich für Khella aus der Frage „Warum existiert soziales Elend?" Die empirische Sozialforschung stellt die Existenz von sozialem Elend fest. Die Aufgabe der Theorie ist – für Khella – aber nicht „festzustellen", sondern zu *erklären*, warum die empirisch festgestellten Erscheinungen auftreten (Khella 1983b, 135). Deshalb beantwortet die Theorie im Sinne von Khella die Frage: „*Warum* entsteht die *Verelendung*? Welche *Bedingungen* führen dazu?" Theorie und Empirie dürfen nicht gegeneinander ausgespielt werden, sie dürfen aber auch nicht miteinander verwechselt oder gar gleichgesetzt werden. Theorie und Empirie sind zwei Seiten einer Wissenschaft (Khella 1983b, 135).

Die sozialen Prozesse und Entwicklungsverläufe in einem gegebenen System zu verstehen, setzt für Khella eine Gesellschaftsanalyse voraus. Sie gibt Auskunft über die objektiven Bedingungen, die den Veränderungen innerhalb dieses Systems Grenzen setzen. Die unterschiedlichen sozialen Verhältnisse der Menschen ergeben die Notwendigkeit, sie in gleichartige Gruppen aufzuteilen. Mit Gesellschaftsanalyse meint Khella im besonderen die *Klassifizierung der Gesellschaft* in solche Gruppen, die voneinander durch objektiv, ökonomisch bedingte soziale Schranken getrennt sind und deshalb als „Klassen" bezeichnet werden. Gesellschaftsanalyse ist für Khella in diesem Fall mit „Klassenanalyse" identisch. Sozialarbeit und Sozialpädagogik können auf eine Klassenanalyse nicht verzichten, weil sie zeigt, ob *Verelendung* und *Deklassierung* (Herausfallen aus der Klasse) auf subjektive, d.h. selbst verschuldete, oder durch objektiv bedingte, an gesellschaftlich vorstrukturierte systemimmanente Faktoren gebunden ist. Im letzteren Fall spricht

Khella von einer klassenspezifischen Verelendung, gegebenenfalls von Deklassierung. In der Regel liegen die Verhältnisse so, daß einer Veränderung der Lage der Gesellschaftsmitglieder eine Veränderung der sozialökonomischen, klassengebundenen Bedingungen vorausgehen muß.
Auf die gesellschaftsanalytische Frage „Ist die Bundesrepublik Deutschland eine Klassengesellschaft?" antwortet Khella: „Wir leben in der Bundesrepublik Deutschland in einer *Klassengesellschaft*." Die Produktionsweise in der Bundesrepublik Deutschland ist für Khella charakterisiert durch gesellschaftliche Produktion (durch Lohnarbeiter) und private Aneignung des gesellschaftlichen Reichtums. Damit erfüllt für Khella die Bundesrepublik Deutschland seine Kriterien der *Klassengesellschaft*. Für ihn existieren zwei Grundklassen: die Arbeiterklasse und das Monopolkapital. Die kapitalistische Produktionsweise bedingt den Widerspruch zwischen Lohnarbeit und Kapital, schafft die materielle Basis für die beiden Grundklassen der Gesellschaft und ruft damit den *sozialen Widerspruch* hervor. Jede Klasse ist bestrebt, die Macht an sich zu reißen, sie für sich selbst aufrecht zu erhalten und die andere Klasse zu unterdrücken. Auf der Seite der Arbeiter nimmt nach Meinung von Khella das soziale Elend zu, auf der Seite des Kapitals geht der Prozeß der Konzentration und der Zentralisierung weiter.
Die Erscheinungsformen des sozialen Elends sind klassenspezifisch, denn sie ergeben sich aus den konkreten materiellen Arbeits- und Lebensbedingungen. Die extremste Stufe der Verelendung ist die Deklassierung, worunter Khella das Herausfallen aus dem ökonomischen, sozialen und kulturellen Zusammenhang der eigenen Klasse versteht.

(3) *Ziele und Aufgaben einer „Sozialarbeit von unten"*: Khella vertritt mit seiner Theorie Sozialer Arbeit eine „Sozialarbeit von unten". Er sieht sie als Antithese zur etablierten, offiziell geförderten, von den staatlichen oder „freien" Trägern getragenen Sozialarbeit. Die gesamte institutionalisierte Sozialarbeit, die sich als Sozialarbeit auf dem Boden der freiheitlich-demokratischen Grundordnung versteht, bezeichnet Khella als *„Sozialarbeit von oben"* (Khella 1982).
Der Sozialarbeit kommt nach Khella keine prinzipiell gesellschaftsverändernde, sondern allenfalls eine *unterstützende Funktion bei der Gesellschaftsveränderung* zu. Der fortschrittlichen Sozialarbeit und Sozialpädagogik kommt es darauf an, sich in die Klassenbewegung zu integrieren. Ihr kommt nicht die Verantwortung zu, die Arbeiter zu organisieren, denn dies ist die Aufgabe der Gewerkschaften und Parteien. Die Sozialarbeit hat dabei nach Khella die Funktion, das Bewußtsein vom sozialen Elend und von der Deklassierung, die jeden Werktätigen bedrohen, in die Arbeiterbevölkerung und in die Arbeiterorganisation zu tragen. Denn die Armen und die Arbeiter sind sich ihrer gesellschaftlichen Lage meist nicht bewußt. Dieses

Bewußtsein muß ihnen erst durch Sozialarbeiter vermittelt werden. Das entscheidende Ziel dabei ist, eine *Solidarität* zwischen den produktiven Arbeitern und dem deklassierten Proletariat, also den Arbeitern in Not, herzustellen. Diese Praxis vermag es, die Verelendung der eigenen Klasse zumindest quantitativ abzuwehren und die Lage der Deklassierten graduell zu verändern. Sozialarbeit hat dieses zu leisten, denn sie ist für Khella eine *arbeiterorientierte Wissenschaft*, eine Wissenschaft der Arbeiter im Interesse der Arbeiter.

Die Sozialarbeit hat es mit Menschen in sozialer Not zu tun. Gescheitert sind diese Menschen an objektiven gesellschaftlichen Bedingungen. Meistens haben sie bereits einige Versuche zur Lösung ihrer Problemlage unternommen; ein Erfolg ist ihnen jedoch versagt geblieben. Warten auf ein Wunder, das mit einem Schlag alle Probleme löst, und Resignation, wenn das Wunder ausbleibt, charakterisieren die Situation dieser Menschen in Not. Sie glauben schließlich das, was ihnen auf vielen Kanälen mitgeteilt wird: Sie sind an ihrer Lage selbst schuld. Nur selten sind die Armen und die Arbeiter der Auffassung, daß ihr soziales Elend gesellschaftlich bedingt ist.

Was soll ein Sozialarbeiter in dieser Problemlage tun? Es gibt AutorInnen, die ihre Theorie Sozialer Arbeit ebenfalls auf den Ansatz des Marxismus/ Leninismus stützen und die Auffassung vertreten, daß die Soziale Arbeit bei den gegebenen Verhältnissen in einer Gesellschaft unter kapitalistischen Produktionsbedingungen grundsätzlich abzulehnen sei. Die Soziale Arbeit würde dabei nur als „Krankenschwester des Kapitalismus" handeln (Hollstein/Meinhold 1973). Khella lehnt diese Position ab; er hält sie gegenüber der aktuellen Not der Klienten sogar für zynisch. Die Soziale Arbeit hat sich nach seiner Auffassung *auch mit den akuten sozialen Problemen*, die nach sofortiger Lösung verlangen, zu *befassen*. Für ihn verlangt die Frage „Wie kann der Kleinkrieg um die Wiedereingliederung der Klienten mit dem politischen Kampf um historische Veränderung verbunden werden?" eine Antwort und „Der ,Sozialarbeit von unten' stellt sich die Frage, wie sich Deklassierte durch Wiedereingliederung in ihren Klassenzusammenhang zum Kampfpotential zur politischen, ökonomischen und sozialen Befreiung ihrer gesamten Klasse wenden" (Khella 1982, 31). Die „Sozialarbeit von unten" ist für Khella eine Übung im Widerstand und im Kampf.

(4) *Aufbau und Arbeitsweise der „Sozialarbeit von unten"*: Die „Sozialarbeit von unten" ist für Khella ein konstruktiver Ansatz. Sie zieht Konsequenzen aus der Kritik an den institutionalisierten Methoden der Sozialarbeit und versteht sich als eine Alternative zur „Sozialarbeit von oben". Sie ist „eine praxisorientierte Antithese zum therapeutischen Immobilismus, dem pädagogischen Pessimismus, den karitativen Ansätzen und der subkulturellen Orientierung" (Khella 1982, 32).

Die Entartung der „Therapie" im institutionalisierten Gesundheitssystem hat nach Khella in fortschrittlichen Kreisen zu allgemeiner Ablehnung geführt. Diese Ablehnung richtet sich gegen rückständige, den Patienten schädigende Methoden (geschlossene Psychiatrie, Konditionierung, Psychopharmaka usw.). Eine grundsätzliche und generelle Verweigerung der Therapie ist nach der Auffassung von Khella jedoch schädlich, da dabei die Notwendigkeit übersehen wird, gestörtes Verhalten zu korrigieren. Als Therapie bezeichnet Khella eine störungsspezifische, individuumbezogene Auseinandersetzung mit dem einzelnen mit der Absicht, ein Verhaltenskorrektiv zu erzielen. Die ökonomischen und sozialen Benachteiligungen der arbeitenden Bevölkerung, insbesondere der unteren Einkommensschichten, führen seiner Meinung nach zu Defiziten, Störungen und Krankheiten; damit ergibt sich für ihn bereits die Notwendigkeit der Therapie. Khella sieht die Therapie als wesentliche Aufgabe der Sozialarbeit an, denn die *bürgerliche Therapie* (der Psychologie und Psychoanalyse) zielt seiner Meinung nach auf Individualisierung, Entsolidarisierung und Anpassung, während die *fortschrittliche Therapie* der Sozialarbeit den Zusammenschluß, die Bildung tragfähiger Kollektive, Solidaritätserfahrung und Solidaritätsausübung sowie eine Stärkung des Widerstands gegen Unterdrückung und Ausbeutung anstrebt. Nach Khella wirken die tragfähigen Beziehungen im Kollektiv und die Solidaritätserfahrungen von selbst als Verhaltenskorrektiv.

Aus methodischen Gründen unterteilt Khella den Aufbau der therapieorientierten Sozialarbeit in zehn Schritte. Einem theoretischen Schritt folgt entsprechend dem dialektischen Prinzip immer ein praktischer Schritt, da Theorie und Praxis, Erkenntnis und Handeln nach Khella nie voneinander getrennt sind. Die Adressaten sind vom Inhalt eines jeden Schrittes zu informieren und von der Notwendigkeit bestimmter Aufgaben zu überzeugen. *Eigeninitiativen*, die von den Klienten selbst kommen, müssen von der Sozialarbeit aber ebenso ernstgenommen, diskutiert und gegebenenfalls in den Plan aufgenommen werden. Die inhaltliche und praktische Ausfüllung des Programms kann einmal aus der Analyse der konkreten Situation durch den Sozialarbeiter, zum anderen von den Betroffenen selbst kommen. Die bewußte Anleitung, die die sozialen Mitarbeiter vornehmen, läßt sich nur durch die Überzeugung und Unterstützung der Betroffenen legitimieren. Genauer genommen soll die 'Sozialarbeit von unten' die *Eigeninitiativen der Betroffenen aktivieren, planen, programmieren und ihnen zum Erfolg verhelfen.*

Die zehn Schritte sind im einzelnen (Khella 1982):

(a) *Sensibilisierungsphase* (Theorie): Die Adressatengruppe – die Betroffenen – sollen sich ihrer Lage bewußt werden. Die Sozialarbeit soll von der Frage ausgehen „Wie sehen Sie die Verhältnisse hier?". Die Menschen sollen ihre eigenen Interessen erkennen und die Notwendigkeit, dafür einzutreten, einsehen. Außerdem müssen die Vereinzelung und Aktionslosigkeit durch Solidarisierung überwunden werden. In dieser Phase sollen durch Informations- und Überzeugungsarbeit die nächsten Schritte vorbereitet werden.

(b) *Kollektivierung* (Praxis): Unter den Betroffenen sollen dann gemeinschaftliche Beziehungen geschaffen, die Entsolidarisierung überwunden und die Vorteile der Bildung tragfähiger Gruppen, die zur Durchführung eigener Interessen in der Lage sind, eingesehen werden.

(c) *Aktion – Aktivierung und Durchführung der Aktion* (Theorie und Praxis): Die Betroffenen müssen die Aktion als notwendig erkennen, umreißen und planen, bevor sie durchgeführt wird. Die Aktivierung ist dann erfolgreich verlaufen, wenn die Aktion beschlossen ist. Die gemeinsame Aktion verstärkt das Zugehörigkeitsgefühl und das kollektive Bewußtsein. Die Betroffenen sind von der Sozialarbeit zum Protest zu befähigen. Die soziale Aktion ist als Ausdruck einer gesellschaftlich bewußten Gruppe zu verstehen.

(d) *Reflexion* (Theorie): Jeder Aktion soll die Reflexion folgen, die Auswertung der Aktion hinsichtlich Fehler und Verbesserungsmöglichkeiten. Im Falle des Mißerfolgs soll dieser Schritt der Resignation vorbeugen und im Falle des Erfolges Euphorie dämpfen. In jedem Fall soll sie einen langen Kampf ermöglichen. Jede einzelne Aktion soll von solcher Reflexion begleitet werden.

(e) *Mobilisierung* (Praxis): Nach der Reflexion ist die Aktion mit größerem Nachdruck zu wiederholen. Die Aktionserfahrung stärkt die Kampfmoral und die Widerstandsbereitschaft der Gruppe. Die Betroffenen entdecken ihre eigene Kraft, sie vertrauen auf sich selbst und lernen, ihr Schicksal in die eigene Hand zu nehmen. Sie fangen an, nicht länger nur Objekt der Geschichte zu sein.

(f) *Orientierung* (Theorie): Nach der Durchführung ist die Aktion wiederum zu reflektieren. Herauszuarbeiten sind die Erfahrungswerte, die bei der Aktion gemacht worden sind. Die Selbstsicherheit, das Bewußtsein und das Vertrauen in die eigene Kraft der Betroffenengruppe sind anzuheben. In dieser Phase lösen sich die Sozialarbeiter langsam von der Adressatengruppe. Aus der einst passiven, individualisierten Gruppe ist eine Bewegung geworden.

(g) *Wiedereingliederung* (Praxis): Ziel jeder demokratischen Sozialarbeit ist die Rückgliederung der Klienten in den ökonomischen, sozialen, gewerkschaftlichen, politischen und kulturellen Zusammenhang der Klasse. Die Rückgliederung ist stark von der Anpassung an Verhältnisse zu unterscheiden. Eine erneute Entsolidarisierung ist zu vermeiden. Mit „Wiedereingliederung" meint Khella die Wiederherstellung der durch die Deklassierung verloren gegangenen sozialen, kulturellen und materiellen Zusammenhänge zur eigenen Klasse.

(h) *Qualifikation* (Theorie): Khella geht vom Grundsatz „Wissen ist Macht" und „Unwissen ist Ohnmacht" aus, d.h. optimales Wissen ist die Voraussetzung effektiven Handelns. Sowohl im fachlichen als auch im politischen Bereich sind deshalb höhere Qualifikationen anzustreben. Ohne richtige Theorie gibt es keine richtige Praxis.

(i) *Organisierung* (Praxis): Aufgabe der Organisationen der Arbeiterklasse ist es, die Bedingungen von Ausbeutung und Verelendung insgesamt zu überwinden. Diese revolutionäre Perspektive geht über den Rahmen der Sozialarbeit hinaus. Der fortschrittlichen Sozialarbeit kommt nicht die Aufgabe zu, die Strategie der Revolution zu entwickeln, sondern nur den Adressaten den Weg in diese historische Erfahrung zu ebnen.

(j) *Veränderung* (Theorie und Praxis): Organisiert und mit revolutionärem theoretischem Rüstzeug bewaffnet eröffnet sich für die Betroffenen, die sich einst aus eigener Kraft nicht mehr helfen konnten, die Perspektive für eine gesellschaftsverändernde Praxis. Ein Zustand völliger Störung wird so selbst zerstört. Aus Deklassierten werden Klassenbewußte. Aus dem Objekt der Geschichte geht so ihr Subjekt hervor.

„Sozialarbeit von unten" setzt sich das Ziel, die Rückgliederung der Klienten in den Klassenzusammenhang, aus dem sie herausgefallen sind, zu fördern, denn die Deklassierung geht mit Individualisierung und Atomisierung des Klienten einher. Die Wiederherstellung der Klassensolidarität ist die Lösung, die die fortschrittliche Sozialarbeit optimal leisten kann. Eine Entscheidung zugunsten der „Sozialarbeit von unten" bedeutet nach Khella eine Entscheidung für ständige kritische Auseinandersetzung mit den jeweils zuständigen staatlichen, kommunalen, kirchlichen und anderen Trägern der Sozialen Arbeit, die in der Regel eine „Sozialarbeit von oben" vertreten, und zwar so lange bis die Verelendung der Armen beseitigt ist. Die konkrete Tätigkeit der Sozialarbeit ist für Khella stets doppelgleisig: Zum einen ist sie bemüht, ein gegebenes Problem des Einzelfalls oder einer sozialen Gruppe zu lösen, zum anderen achtet sie auf die *Eingliederung der Betroffenen in den gesamtgesellschaftlichen Zusammenhang* und in die *geschichtsverändernde Praxis*. „Die Klienten der Sozialarbeit hören damit auf, Objekt der Geschichte zu sein. Sie handeln nunmehr als historisches Subjekt" (Khella 1983b, 400).
Sozialarbeit ist für Khella – zwar nicht formal, aber inhaltlich – so alt wie die Klassengesellschaft und wird seiner Meinung nach so lange existieren, wie die Klassen bestehen. Die Aufgabe aller fortschrittlichen Sozialarbeit aber ist für ihn, sich selbst überflüssig zu machen, sich aufzuheben. Dies bedeutet, daß die Sozialarbeit in dem Maß fortschrittlich ist, wie sie den Kampf gegen das System, das soziales Elend produziert, den Kapitalismus, unterstützt (Khella 1983b, 401).

4.6. Bedeutung für die Soziale Arbeit

Khella hat seine Publikationen zur Praxis und Theorie der Sozialen Arbeit zwischen 1974 und 1984 veröffentlicht, in einer Zeit, in der über die Notwendigkeit systemimmanenter und -überwindender Reformen heftigst diskutiert und gestritten wurde. Zahlreiche Studierende und PraktikerInnen der Sozialen Arbeit haben im Zuge der 68er-Ereignisse die Arbeiten Khellas begierig aufgenommen. Innerhalb weniger Jahre sind fast alle seine Bücher in zweiter Auflage erschienen. In vielen Städten gab es Arbeitskreise kritischer SozialarbeiterInnen und SozialpädagogInnen, die eigene Konzeptionen kritischer Sozialarbeit und Sozialpädagogik entworfen haben, häufig in Auseinandersetzung bzw. auf der Grundlage der Thesen Khellas. Spätestens seit Mitte der achtziger Jahre hört im Zuge der nachlassenden gesellschaftlichen Reformen das Interesse an Khellas Theorien und Büchern fast schlagartig auf. Es erscheinen keine Neuauflagen oder Ergänzungen mehr. In der deutschsprachigen Fachliteratur werden marxistisch-leninistische Ansätze sozialarbeiterischer Theoriebildung kaum noch erwähnt. Diese Ausgrenzung durch Nichtthematisierung erreicht ihren Höhepunkt mit dem Zusammenbrechen der sozialistischen Staaten des ehemaligen Ostblocks Ende der achtziger Jahre, als die enormen sozialen, wirtschaftlichen und politischen Probleme und Konflikte, die „hinter den Mauern und Zäunen des realen Sozialismus und Kommunismus" geherrscht haben, offenbar wurden. Ab 1989 wird das praktische Versagen kommunistischer Herrschaft gegen jeden theoretischen Ansatz marxistisch-leninistischen Denkens in der Sozialen Arbeit – wie anderswo auch – lautstark ins Feld geführt; insbesondere wird auf menschenverachtendes Verhalten kommunistischer und sozialistischer Parteien in allen Lebensbereichen hingewiesen. Es ist allerdings mehr als fraglich, ob eine solche Argumentation, die eine unerwünschte kritische Theorie mit dem Versagen eines politischen Systems ad absurdum führen will, tragfähig ist. Immerhin handelt es sich um eine Theorie, die sich auf eine Jahrhunderte alte Denktradition stützen kann und aus der nicht zuletzt die internationale Arbeiterbewegung ihre Impulse und ihre Rechtfertigung erhalten hat.
Aufschlußreich ist es, daß in angloamerikanischen Lehrbüchern über Theorien der Sozialen Arbeit auch weiterhin marxistische Ansätze dargestellt werden (siehe Howe 1994, Payne 1994).

4.7. Literatur zum Vertiefen

Aus den zahlreichen Publikationen Khellas bietet sich für an der Praxis Sozialer Arbeit orientierte LeserInnen das Buch „Sozialarbeit von unten. Praktische Methoden fortschrittlicher Sozialarbeit" (1982) zu einem vertiefenden Studium an. Dort hat Khella seine wichtigsten Thesen dargestellt und für die praktische Arbeit aufbereitet. Das Grundgerüst seiner Theorie findet sich in „Theorie und Praxis der Sozialarbeit und Sozialpädagogik" (1980a). Zusammenfassende Darstellungen von „Theorieansätzen einer sich kritisch verstehenden Sozialpädagogik" sind bei Helga Marburger (1981, 111-161) und Matthias Pfüller (1983) zu finden.

5. Einen gelingenderen Alltag ermöglichen – Hans Thiersch (1935*)

„So wie in der antiken Sage der Riese Antheus hilflos und ohnmächtig war, wenn es gelang, ihn vom Boden hochzuheben, er aber kräftig blieb, solange er auf dem Boden stand, so zeigen sich Nöte und gestaltbare Aufgaben dem, der sich auch auf Erfahrungen und Aufgaben im Alltag einläßt. – Daß mit solchem Alltagsengagement der so bedrohliche Kampf um die Entwicklung unserer Gesellschaft nicht entschieden ist, ist evident; die Relativierung dieses Engagements aber ist kein Einwand gegen seine Notwendigkeit" (Hans Thiersch 1986, 54).

5.1. HISTORISCHER KONTEXT

Hans Thiersch wird 1970 Professor für Erziehungswissenschaft und Sozialpädagogik an der Universität Tübingen; in diesem Jahr beginnt in Deutschland zugleich eine neue Ära in der Ausbildung zu sozialen Berufen: an den neu gegründeten Fachhochschulen werden Studiengänge für Sozialarbeit, Sozialpädagogik bzw. Sozialwesen eingerichtet, und an den Universitäten gibt es erstmals Studiengänge für Pädagogik bzw. Erziehungswissenschaft mit einem eigenen Diplom-Abschluß und mit einer Studienrichtung Sozialpädagogik. Die Weiterführung und Ausgestaltung dieser Ausbildung wird von Thiersch an einflußreichen Stellen von Anfang an mitgestaltet.

Die (gesellschafts-)kritischen Konzeptionen und Theorien zur Sozialen Arbeit mit den Zielen emanzipatorischer und antikapitalistischer Sozialarbeit und Sozialpädagogik werden in den sechziger und siebziger Jahren an den Hochschulen diskutiert und wirken auf die Ausbildung der SozialarbeiterInnen und SozialpädagogInnen. Die heftigen Angriffe von HochschullehrerInnen auf die traditionelle Sozialarbeit und die Versuche, marxistisch-leninistische Theorieansätze in der Lehre durchzusetzen, bleiben nicht ohne Resonanz. Der Gesamtvorstand der Bundesvereinigung der kommunalen Spitzenverbände greift seinerseits mit einer Entschließung im Jahr 1976 die Ausbildung und Verwendbarkeit des SozialarbeiterInnennachwuchses massiv an. Es wird unter anderem kritisiert, daß die AbsolventInnen an den Fachhochschulen zu theoretisch und nicht ausreichend auf ihren praktischen Beruf vorbereitet würden, sie falsche Vorstellungen und Auffassungen von den Pflichten, der Haltung und der Loyalität eines Mitarbeiters in der kommunalen Selbstverwaltung hätten, sie in ihrer Behörde Konflikte verursachen statt lösen würden. An den auf der Universität ausgebildeten Diplom-PädagogInnen wird kritisiert, daß sie häufig von den sozialen Berufen in der Praxis keine oder kaum Vorstellungen hätten; für sie gäbe es in dem Personalgefüge der kommunalen Anstellungsträger praktisch keine adäquaten Einsatzmöglichkeiten. Aus der Sicht der kommunalen Spitzenverbände sei die Ausbildung für soziale Berufe auf Universitätsebene nicht erforderlich. Dieser harschen Kritik und den präzisen Wünschen an die Ausbildung schließen sich weitere Anstellungsträger an, und es folgt eine mehrjährige hitzige Debatte über die Ausbildung und ihre Ziele. Zugleich wird über politische Gremien und Wissenschaftsministerien versucht, Studienreformen durchzusetzen. Im Auftrag der Kultusministerkonferenz (KMK) und der Hochschulrektorenkonferenz (HRK) erarbeitet eine Studienreformkommission Pädagogik/Sozialpädagogik/Sozialarbeit Empfehlungen für von vielen Seiten gewünschte Studienreformen (Sekretariat der ständigen Konferenz 1984, 1988). Grundlage der Kommissionsempfehlungen für den Ausbildungsbereich Sozialwesen ist eine Analyse der Studiensituation des Ausbildungsbereichs Sozialwesen, in der festgestellt wird, daß sowohl im angelsächsischen als auch im deutschsprachigen Raum die Entwicklung hin zu einer generellen sozialarbeiterischen und sozialpädagogischen Praxis auf der Basis einer Sozialarbeitswissenschaft gekennzeichnet sei und daß sich eine Sozialarbeitsforschung entwickelt habe. Die Kommission empfiehlt einen eigenständigen und einheitlichen Studiengang für Sozialwesen (Sozialpädagogik/Sozialarbeit) an Fachhochschulen mit praxisbezogener Ausbildung auf wissenschaftlicher Grundlage, aufgrund dessen der Abschlußgrad „Diplom-Sozialarbeiter" bzw. „Diplom-Sozialarbeiterin" verliehen wird. Die Studienreformkommission erklärt außerdem, daß für die Diplomstudiengänge Erziehungswissenschaft und Sozialwesen die gleichen allgemeinen Studienziele gelten und in den beiden Studiengangstypen auf institutionenspezifisch unterschiedliche Weise realisiert werden sollen. Die beiden Diplomstudiengänge werden von ihr aber nicht aufeinander abgestimmt, sondern als zwei eigenständige und getrennte Studiengänge vorgelegt und empfohlen. Die „Rahmenordnung der Diplomprüfung für den Studiengang Erziehungswissenschaft" von 1989 (Sekretariat der ständigen Konferenz 1989) und die „Empfehlungen für eine Studienordnung im Studiengang Sozialwesen" von 1988 (Sekretariat der ständigen Konferenz 1984, 1988) sind im Aufbau und im Inhalt inkompatibel.

Im Jahr 1978 erscheint der Aufsatz von Hans Thiersch „Alltagshandeln und Sozialpädagogik", der als Datum für den Beginn eines neuen sozialpädagogischen Diskurses gilt. Thiersch setzt sich in diesem Aufsatz auch mit der Kritik der Kommunalen Spitzenverbände u.a. an der Ausbildung auseinander. Seine Theorie einer alltags- und lebensweltorientierten Sozialen Arbeit kann auch als eine Antwort auf diese tiefgreifende Kritik verstanden werden; mit seiner Theorie weiß sich Thiersch ebenso in der geisteswissenschaftlichen Tradition seines Lehrers Erich Weniger wie in der Alltagstheorie von Alfred Schütz (siehe Thiersch 1978; 1996a).

5.2. Biographischer Kontext

Hans Thiersch wird 1935 in Recklinghausen geboren und studiert Pädagogik, Philosophie und Philologie an der Göttinger Universität (siehe Buchkremer 1995, 94-98; Niemeyer 1998, 227-253). Seine Promotion zum Dr.
phil. erfolgt 1962 ebenfalls in Göttingen; das Thema seiner Dissertation
lautet: „Die kosmischen Visionen Jean Pauls und die kosmischen Vorstellungen in der deutschen Dichtung des 18. Jahrhunderts". Im Anschluß an
seine Promotion wird Thiersch in Göttingen – wie zuvor Klaus Mollenhauer – Assistent von Erich Weniger und Heinrich Roth; 1967 folgt er einem
Ruf als Professor für Pädagogik an die Pädagogische Hochschule in Kiel.
Seine Habilitation erfolgt 1970. Noch in demselben Jahr wird Thiersch Ordinarius für Erziehungswissenschaft und Sozialpädagogik auf einem für
dieses Lehrgebiet neu eingerichteten Lehrstuhl an der Universität Tübingen
und leitet seitdem als Direktor das dortige Institut für Erziehungswissenschaften I mit dem Arbeitsbereich „Sozialpädagogik".

In der Deutschen Gesellschaft für Erziehungswissenschaft ist Thiersch von
1978 bis 1982 Mitglied des Vorstandes und Vorsitzender. Als Mitglied der
Studienreformkommission „Pädagogik/Sozialpädagogik/Sozialarbeit" arbeitet er von 1980 bis 1984 maßgeblich an den Empfehlungen der Studienreformkommission für die Studiengänge Sozialwesen und Erziehungswissenschaft mit. Als Mitglied der Sachverständigenkommission hat er den „8.
Jugendbericht. Bericht über Bestrebungen und Leistungen der Jugendhilfe"
des Bundesministers für Jugend, Familie, Frauen und Gesundheit (1990)
mitverfaßt. Thiersch ist außerdem Mitglied des Kuratoriums des Deutschen
Jugendinstitutes. Neben zahlreichen eigenen Publikationen ist Thiersch
auch Mitherausgeber der Zeitschrift für Sozialarbeit, Sozialpädagogik und
Sozialpolitik „neue praxis", der „Sozialwissenschaftlichen Literatur Rundschau", der „Edition Soziale Arbeit" im Juventa-Verlag und des „Handbuchs zur Sozialarbeit/Sozialpädagogik" (Eyferth/Otto/Thiersch 1987); die
Artikel zur „Theorie der Sozialarbeit/Sozialpädagogik" in diesem Handbuch und im Wörterbuch „Soziale Arbeit" (Kreft/Mielenz 1996) sind von
ihm verfaßt. Einige Arbeiten hat Hans Thiersch zusammen mit seiner Ehefrau, Renate Thiersch, publiziert. Kontakt zur sozialpädagogischen Praxis
hat Thiersch unter anderem durch seine Mitarbeit im Tübinger Verein für
sozialtherapeutische Wohngruppen.

Mit dem Artikel „Alltagshandeln und Sozialpädagogik" in der Zeitschrift
„neue praxis" beginnt Thiersch 1978 seine Veröffentlichungen zu seiner lebensweltorientierten Theorie der Sozialen Arbeit. Diesem Aufsatz folgen
dann die Monographien „Die Erfahrung der Wirklichkeit. Perspektiven einer alltagsorientierten Sozialpädagogik" (1986), „Lebensweltorientierte
Soziale Arbeit. Aufgaben der Praxis im sozialen Wandel" (1992a) und „Lebenswelt und Moral. Beiträge zur moralischen Orientierung Sozialer Ar-

beit" (1995). Diese Monographien beinhalten kein systematisch ausgear-
beitetes und durch trennscharfe Begriffe und präzise Definitionen ausdiffe-
renziertes geschlossenes Aussagensystem (Theorie), sondern in ihnen hat
Thiersch überarbeitete Artikel und Vorträge zu einer lebensweltorientierten
Theorie der Sozialen Arbeit zusammengestellt. Das Heft 3 (25) 1995 der
Zeitschrift „neue praxis" ist mit Beiträgen von 25 AutorInnen Thiersch zum
60. Geburtstag gewidmet. 1996 werden ihm Ehrenpromotionen der Universitäten Dresden und Lüneburg verliehen.

5.3. FORSCHUNGSGEGENSTAND UND -INTERESSE

Thierschs Arbeitsschwerpunkte sind die Hermeneutik als wissenschaftliche Grundlage der sozialpädagogischen Theorie(bildung), Probleme der
Definition abweichenden Verhaltens, Probleme der Beratung, der Heimerziehung und der sozialpädagogischen Jugendarbeit. Der Alltag (bzw. die
Lebenswelt) der sozialpädagogischen AdressatInnen ist für Thiersch der
Gegenstand der Sozialen Arbeit, und er ist nicht nur sein persönlicher Forschungsgegenstand, dem sein gesamtes wissenschaftliche Interesse gilt,
sondern auf ihn richten sich auch seine sozialpolitischen Reformbestrebun-
gen. Dieser Alltag besteht aus den den Menschen zur Bewältigung aufge-
gebenen Lebensproblemen. Gegenstand der Theorie der Sozialen Arbeit
sind für Thiersch somit die sozialen Probleme und Lernprobleme ebenso
wie die spezifischen sozialpädagogischen Interventionsformen als gesellschaftliche Reaktion auf sie (Thiersch/Rauschenbach 1987, 1000f.).
Die in einer Theorie der Sozialen Arbeit zu beantwortende Frage lautet für
Thiersch folgendermaßen: Trägt „der prinzipielle Zusammenhang von gegebenen Lebensproblemen und institutionalisierter, professionalisierter
und pädagogischer Hilfe noch ..., oder – produktiv formuliert – (können)
die in der Entwicklung deutlich werdenden Widersprüchlichkeiten zugege-
ben, geprüft und angegangen werden ..., damit die umfassende Idee der
Aufklärung mit ihrer Hoffnung auf eine verantwortete Gestaltung unserer
Lebensverhältnisse realisierbar und in sinnvolle Formen transformierbar
bleibt?" (Thiersch/Rauschenbach 1987, 999).

5.4. WISSENSCHAFTSVERSTÄNDNIS

„Verstehen als Verständigung" bildet für Thiersch die Basis der menschlichen Kultur (Thiersch 1986, 198-215). Als Pädagoge möchte er Menschen
verstehen, um zu wissen, ob und wie er ihnen helfen kann. Es gibt viele
Weisen menschlichen Verstehens. Eine davon ist für Thiersch das wissenschaftliche Verstehen, das ein spezialisiertes Verstehen darstellt: Es soll die

Komplexität des Gegenstands aufgliedern und spezifizieren. Dies vermag eine hermeneutisch orientierte Wissenschaft, die die Eigenart ihres Gegenstandsbereichs herausarbeitet, ihr Thema festlegt und es präzisiert, den Zusammenhang von Voraussetzungen und Folgen klärt, nachvollziehbare Methoden ausweist und die Reichweite der Aussagen bestimmt. Um verantwortbare Aussagen machen zu können, vermag die Wissenschaft durchaus einen Beitrag zu leisten, auch wenn sie nicht alles kann. Und sie tut dies in der bestimmten Weise einer prüfbaren und damit öffentlichen Reflexivität. Da Wissenschaft nur etwas und nicht alles kann, kommt es darauf an, sich für einzelne Ansätze zu entscheiden, auf sie zu setzen, damit sich in Reflexion, Kenntnis und Umgang allmählich wenn auch beschränkte, aber doch verläßliche Handlungsstrategien ergeben. Das Wissen um diese Begrenztheiten der (theoretischen Fundierung von) Handlungsstrategien muß nach Thiersch offensiv gewendet werden; es verlangt den Verzicht auf Allzuständigkeit ebenso wie ein geklärtes Wissen um Zuständigkeit und Nicht-Zuständigkeit. Das Wissen um diese Grenzen führt notwendigerweise zur Kooperation der Akteure und gegenseitigem Verweisen/Angewiesensein auf die verschiedenen Handlungskonzepte (Thiersch 1986, 206). Es ist die Aufgabe der Wissenschaft, die Formen der Reflexivität so herauszuarbeiten, daß dadurch die verschiedenen Rationalitätsebenen und Erkenntnisinteressen und die darin liegenden Widersprüche aushaltbar gemacht und schließlich füreinander in der Aufklärung und Verbesserung der gegebenen gesellschaftlich konkreten Praxis produktiv genutzt werden können (Thiersch/Rauschenbach 1987, 1011).

Insofern muß jede Theorie der Sozialen Arbeit eine reflexive Theorie sein, deren Aufgabe die Vermittlung der verschiedenen Ebenen in den Möglichkeiten und Grenzen der Sozialen Arbeit als Wissenschaft, also die Beantwortung der Fragen nach der Reichweite und dem Verhältnis von generellen und speziellen Aussagen, von lebensweltorientierten und professionellen Analysen und der Vernetzung von Praxiswissen, Berufswissen und Wissenschaftswissen ist. Thiersch charakterisiert seine Wissenschaftsauffassung abgrenzend zu einer hermeneutisch-pragmatischen Wissenschaftsauffassung als kritisch, hermeneutisch, progressiv und emanzipativ (Thiersch 1986, 14 und öfters).

5.5. Theorie

„Perspektiven einer alltagsorientierten Sozialpädagogik" überschreibt Thiersch 1986 seinen Theorieansatz. Unter dem Eindruck der wissenschaftlichen Diskussion in Deutschland wählt er 1992 die Formulierung „Lebensweltorientierte Soziale Arbeit" und ersetzt den Begriff „Sozialpädagogik" durch den Begriff „Soziale Arbeit". Thiersch folgt mit dem Namenswechsel der – wie er sagt – allgemein üblichen Entwicklung, nach der der Doppelname „Sozialarbeit/Sozialpädagogik" durch den Begriff „Soziale Arbeit" ersetzt wird. Sozialpädagogik, Jugendhilfe und Sozialarbeit werden von ihm aber weiterhin arbeitsfeldspezifisch unterschiedlich verwandt, jedoch nicht streng voneinander unterschieden (Thiersch 1992a, 6; 1996a, b).

„Soziale Arbeit" ist für Thiersch „zum einen die Doppelgestalt von Aufgaben, die aus den Traditionen der Sozialarbeit und Sozialpädagogik zusammengewachsen sind, sie ist zum anderen die Doppelgestalt, die sich aus der Integration der traditionellen Aufgaben von Sozialpädagogik und Sozialarbeit und der neuen, aus Brüchen und Schwierigkeiten heutiger Normalität erwachsender Probleme ergibt" (Thiersch 1996b, 11).

Die Begriffe „Lebensweltorientierung" und „Alltagsorientierung" gebraucht Thiersch weitgehend synonym.

(1) *Sozialpädagogik, Erziehungswissenschaft und eine Wissenschaft der Sozialen Arbeit*: Die *Sozialarbeit* hat nach Thiersch Probleme der Unterprivilegierung, der fehlenden materiellen Ressourcen, also der Armut und der Unterstützung in belasteten, unterprivilegierten, ausgegrenzten Lebensverhältnissen, zum Gegenstand. Die *Sozialpädagogik* versteht sich nach Thiersch als ein Moment der spezifisch neuzeitlichen gesellschaftlichen Reaktion auf die „Entwicklungstatsache" (Bernfeld). Sie zielt – für Thiersch begründet im besonderen Entwicklungs- und Lernstatus der Kinder – auf Hilfe-, Erziehungs- und Bildungsangebote für Kinder, Heranwachsende und ihre Familien in ihrem Lebensfeld. Die beiden Traditionen verbinden sich endgültig und definitiv für Thiersch seit den fünfziger Jahren, nachdem die Sozialarbeit sich den sozialpädagogischen Fragestellungen angenähert und die Sozialpädagogik sich zu den Ansätzen der Sozialarbeit hin geöffnet hat (Thiersch 1996a, 619).

Thiersch versteht lange Zeit die Theorie der *Sozialpädagogik/Sozialarbeit* als eine Theorie innerhalb der Erziehungswissenschaft, allerdings als einer *Erziehungswissenschaft*, die ihrerseits *sozialwissenschaftlich orientiert und gesellschafts- sowie handlungstheoretisch konzipiert* ist (Thiersch/ Rauschenbach 1987, 1009). Die Sozialpädagogik/Sozialarbeit kann als wissenschaftliche Disziplin für Thiersch nur als

„methodisch-offener Ansatz praktiziert werden, als Verbundsystem unterschiedlicher, hypothesenprüfend-empirischer, beobachtend-interpretierender sowie Handlungen strukturierender Ansätze. Die derzeit zu konstatierende Präferenz für Handlungsforschungs- (und innovative Entwicklungs-)Projekte, für teilnehmende Beobachtung, Interpretation und Kasuistik, wie sie sich aus der Kritik empirischer Methodologie sowie in der Reinterpretation traditioneller geisteswissenschaftlicher Hermeneutik und ethnomethodologischer Forschungsansätze entwickelt hat, darf nicht zurückgenommen werden, wenn-

gleich künftig darauf insistiert werden muß, daß daneben die zur Zeit vernach-
lässigten traditionellen Aufgaben der Evaluationsforschung, der quantitativen
Erhebung, der Sozialstatistik, der detaillierten Vergleichs- und Längsschnittstu-
dien sowie vor allem der Sozialepidemiologie ... wieder angeeignet und aufge-
arbeitet werden müssen" (Thiersch/Rauschenbach 1987, 1010).

Soziale Arbeit ist jetzt für Thiersch eine *praxis-bezogene, kritische Handlungswissenschaft*, die die unterschiedlichen Traditionen von Sozialpädagogik und Sozialarbeit integriert, da die Konzepte von Professionalisierung und Alltagsorientierung auf das Handeln in konkreten Situationen zielen. Die Aussage, Soziale Arbeit müsse sich am Erziehungsbegriff und
damit an der Erziehungswissenschaft orientieren, ist für Thiersch obsolet
und verweist seiner Meinung nach sicher nur auf eine überfällige Diskussion innerhalb der Erziehungswissenschaft hin (Thiersch 1996a, 620ff.).
Theorie der Sozialen Arbeit kann nur eine Theorie einer *sozialwissenschaftlich fundierten* Handlungswissenschaft sein; daß darin *historische
und philosophische Bezüge* notwendig integriert sind, ist für Thiersch
selbstverständlich (ebd. 621). Grundlage für eine *Theorie* der Sozialen Arbeit ist für ihn eine Gesellschaftstheorie, die die Erzeugung und Definition
von sozialen Problemen und Lernproblemen ebenso thematisiert wie die
spezifischen Interventionsformen als gesellschaftliche Reaktionen auf sie.
Der gesellschaftliche Ort von Sozialer Arbeit ist aufgrund dieser Prämisse
zu diskutieren.

Folgende *fünf Sachdimensionen* strukturieren nach Thiersch eine Theorie
der Sozialen Arbeit:

(a) die Lebenswelt sozialpädagogischer AdressatInnen,

(b) die gesellschaftliche Funktion der Sozialen Arbeit,

(c) die Institutionalisierung der Sozialen Arbeit,

(d) die sozialpädagogische *Handlungskompetenz*,

(e) der Wissenschaftscharakter der Sozialen Arbeit (Thiersch 1996a, 618).

(2) *Zur Lebenswelt sozialpädagogischer AdressatInnen*: Auszugehen ist
nach Thiersch von den Fragen „Wie leben die Menschen? Wie sieht ihr Alltag aus?". Der Alltag der sozialpädagogischen AdressatInnen ist für
Thiersch der Ansatzpunkt für eine Hilfe zur Selbsthilfe, die – indem sie Le-
bensmöglichkeiten freisetzt und stabilisiert und Randbedingungen verändert – vielleicht Möglichkeiten eines menschlicheren, also freieren und
selbstbestimmteren Lebens zutage befördert (Thiersch 1986). Thiersch
denkt beim *Alltag* vor allem an einen Alltag in seinen Widersprüchen und
den in ihm erlittenen Enttäuschungen und verschütteten Hoffnungen der
Menschen. Alltag ist ein Aspekt von Wirklichkeit, der gegeben ist und wie
alle Wirklichkeit „verstanden" werden muß. Mit präzisierenden Unterscheidungen macht Thiersch transparent, was von ihm als Alltag gesehen

und in welchem Interesse Alltag verstanden werden kann. Dabei greift Thiersch auf die Studie des Tschechen Karel Kosík zur Problematik des Menschen und der Welt unter dem Titel „Die Dialektik des Konkreten" zurück (Kosík 1967).

Der Begriff „Alltag" reklamiert für Thiersch die Lebenserfahrung aller Menschen, nicht nur die der herausgehobenen, bedeutenden Menschen. *Alltagsleben* in sozialer, zeitlicher und räumlicher Überschaubarkeit ist für ihn unter anderem dadurch bestimmt, daß Menschen sich als Subjekte in eigenen Erfahrungen und Aufgaben wahrnehmen, daß Menschen sich in einem sozialen Umfeld vorfinden, daß vielfältige und unterschiedliche Aufgaben in- und nebeneinander bewältigt werden müssen, daß die Erledigung der Aufgaben pragmatisch orientiert und mit dem Verzicht auf Begründungen verbunden ist, daß die Bewältigung der Aufgaben nur möglich ist durch Entlastungen in Regeln und Routinen (Thiersch 1986, 16).

Unter *„Alltäglichkeit"* versteht Thiersch generell geltende Verstehens- und Handlungsmuster im Alltag (Thiersch 1986, 10-41). Alltagswelten sind konkrete Lebensfelder, in denen Alltäglichkeit sich darstellt. Alltäglichkeit ist soziales Handeln, das nur „verstanden" werden kann. Alltag als „buntscheckiges, widersprüchliches Gemenge" kann aber nicht aus sich heraus verstanden werden, sondern nur im Zusammenhang mit den historisch-gesellschaftlichen Verhältnissen, die ihn bestimmen. Alltäglichkeit ist das Verhältnis eines jeden zu seiner konkreten gesellschaftlichen Wirklichkeit. Dieses Verhältnis stellt sich in Alltagswelten dar. Die konkrete gesellschaftliche Wirklichkeit läßt viele Ungleichheiten unter Menschen erkennen. Die unterschiedlichen Ressourcen einzelner Menschen, um ihren Alltag zu bewältigen, haben ihren Grund im Faktum dieser *Ungleichheiten in unserer Gesellschaft.*

Emanzipationsbewegungen, die diese Ungleichheiten aufheben wollen, werden durch die gegebenen Bedingungen gebremst. Außerdem bestimmt moderne Rationalität mit ihrer technologisch-wissenschaftlich geprägten Organisations- und Handlungsstruktur die Rahmenbedingungen für den heutigen Alltag und die konkreten Arrangements der Alltagswelten. Die heutigen Schwierigkeiten und Offenheiten im Alltag zeigen sich für Thiersch als Ergebnis einer Verunsicherung in Verstehens- und Handlungsmustern, die ihren Grund ebenso in einer durch demokratische Prozesse gebrochenen Aufgabenzuweisung hat wie in den Verschiebungen von Alltagsaufgaben infolge der Überschaubarkeit bezüglich Ort und Zeit, Informationen und Zuständigkeiten. Unsicherheit, Verweigerung, Protest, Experimente und Überlastung als Reaktionen in dieser offen-widersprüchlichen Situation drängen nach Thiersch zu Interpretationsmustern, die Orientierung möglich machen.

(a) Das *konservative Konzept*, den Alltag zu deuten, greift nach Thiersch letztlich auf alttradierte Herrschafts- und Disziplinierungsmechanismen zurück, um die elenden Verhältnisse zu erklären; danach sollen sich die Menschen den angeblichen Sachzwängen unterwerfen und auf den Kampf um ihre Rechte verzichten. „Der Schafspelz gegebener Alltagsplausibilität ist notwendig, damit der Wolf nackter Gesellschaftsinteressen ungehindert voranschreiten kann" (Thiersch 1986, 31).

(b) Das *emanzipative Alltagskonzept* versteht dagegen Alltag vor allem als Protestpotential und versucht, die in ihm angelegten Widersprüche zu nutzen, um daraus Perspektiven zur Arbeit an einem humaneren Leben zu gewinnen. Unter „Alltag" versteht Thiersch mit Kosík etwas Pseudo-konkretes, eine „Gemengelage von Täuschung und Wahrheit" (Thiersch 1986, 35). Die Erscheinung des Alltags zeigt sein Wesen und verbirgt es zugleich. Die Täuschung muß destruiert, die Wahrheit aber gestärkt und unterstützt werden. Die Soziale Arbeit muß vorrangig nach den Handlungs- und Deutungsmustern der AdressatInnen fragen, diese aber dann mit den im „pseudo-konkreten Alltag" verborgenen Widersprüchen, Versagungen und verschütteten Hoffnungen konfrontieren.

Trotz aller Schwierigkeiten und Selbstzweifel ist für Thiersch dabei das Prinzip der Unterscheidung und zwar der elementaren Unterscheidung von „wahr und falsch" und der Verantwortung für solche Unterscheidungen unverzichtbar (Thiersch 1986, 54). Die für das Bestehen des Alltags notwendigen Unterscheidungen begründen eine legitime Aufklärung und einen Anspruch auf Bildung und Hilfe. Von der Frage nach den Handlungs- und Deutungsmustern des Alltags her können auch die Aufgaben und Verfehlungen der professionellen Sozialen Arbeit bestimmt werden (Thiersch/ Rauschenbach 1987, 1002).

Ziel sozialpädagogischer Arbeit ist nach Thiersch nicht der gelungene, sondern *der gelingendere Alltag*, da Aussagen über die alltägliche Praxis, die sich aus der Dialektik von Erfüllung und Perspektive ergeben, nur relativ und nicht absolut sein können. Ein gelingenderer Alltag ist eine Aufgabe; ein gelungener Alltag wäre die Vollendung. Die Momente des gelingenderen Lebens und die der uneingelösten Sehnsucht sind zu entdecken, bewußt und wach zu halten, zu stützen und zu mehren.

(3) *Zur gesellschaftlichen Funktion der Sozialen Arbeit*: Im Zentrum dieser Sachdimension steht bei Thiersch die Frage „Welche gesellschaftlichen Funktionen haben sozialpädagogische Institutionen und Interventionsformen?". Eine Antwort auf diese Frage setzt notwendigerweise eine Gesellschaftstheorie voraus, von der aus die Funktionen der Sozialen Arbeit in und für die Gesellschaft bewertet werden können. Die Soziale Arbeit als Institution unserer Gesellschaft ist für Thiersch geprägt durch den konstitutiven Widerspruch zwischen gegebener struktureller Gewalt und Sozialstaatsansprüchen, zwischen dem Auftrag, die bestehende Machtverteilung zu stützen und Konflikte und Schwierigkeiten unauffällig und unaufwendig

zu befrieden, und der Vertretung der Lebensrechte aller, vor allem der Zu-Kurz-Gekommenen, Hilflosen, Unterprivilegierten und Schwachen. Diesen Widerspruch zu nutzen, gegebene Handlungsfreiräume zu sehen und, vor allem, Freiräume im Arrangement von Institutionen wie im Umgang mit ihnen zu erweitern, bedeutet einen strapaziösen Kampf, in dem Soziale Arbeit als *Stachel im Fleisch bestehender Machtverhältnisse* agiert (Thiersch 1986, 43f.). Thiersch beklagt, daß sich die Soziale Arbeit zu wenig in politische und soziale Angelegenheiten von öffentlichem Interesse einmischt und eher ohnmächtig ausführt, was die Mächtigen der Gesellschaft ihr auftragen (Thiersch/Rauschenbach 1987, 1004f.).

Alltagsorientierte Sozialpädagogik (Soziale Arbeit) will nach Thiersch *Hilfe zur Selbsthilfe* leisten, indem sie hilft, *den AdressatInnen einen gelingenderen Alltag zu ermöglichen* (Thiersch 1986, 42). Die Frage an eine alltagsorientierte Soziale Arbeit kann also nur die sein, ob es gelingt, die institutionellen und professionellen Ressourcen zu nutzen, um mit ihrer Hilfe AdressatInnen zu einem gelingenderen Alltag zu verhelfen, und dabei die in der Form moderner Sozialer Arbeit angelegten Gefahren zu unterlaufen, die dieses Ziel immer wieder desavouieren. Das Ziel aber, den sozialpädagogischen AdressatInnen zu einem gelingenderen Alltag zu verhelfen, gelingt nur da, wo die Soziale Arbeit in ihrer konkreten Arbeit auch versucht, – provokativ, verfremdend und stützend – den AdressatInnen aus Armut, aus Hilflosigkeit und Verstrickung im Alltag herauszuhelfen, Elend und Blindheit eines bornierten Alltagspragmatismus aufzulösen und, zugleich damit, Verhältnisse sozialpolitisch zu ändern (Thiersch 1986, 43).

(4) *Zur Institutionalisierung der Sozialen Arbeit*: Der Alltag der AdressatInnen und die institutionell-professionellen Möglichkeiten moderner Sozialer Arbeit sind aber nach Thiersch in schwieriger Weise miteinander verknüpft. Eine alltagsorientierte Soziale Arbeit gelingt, wenn die institutionellen Möglichkeiten vom Alltag aus ebenso kritisiert werden, wie die institutionellen Möglichkeiten wiederum den Alltag kritisieren. Um einen Zugang zu diesen Möglichkeiten zu erhalten, ist zu fragen: „Wie haben sich welche spezifischen sozialpädagogischen Institutionen herausgebildet?". Gefragt werden muß einerseits nach den disziplinierenden, unterdrückenden und stigmatisierenden Mechanismen der sozialpädagogischen Institutionen und andererseits nach ihren spezifischen Leistungen. Dafür kommt nach Thiersch nur eine differenzierende Diskussion der sozialpädagogischen Institutionen von staatlichen, öffentlichen und privaten Trägern infrage. Die Organisationskritik und die analoge Entwicklung in der Praxis drängen unabhängig von derartigen, notwendigen Differenzierungen nach Thiersch zu neuen, weniger rigiden, stärker überschaubaren und dezentralisiert-offenen Institutionalisierungen,

„also zu eher informellen Angeboten, beispielsweise der Familienhilfe, der Stützung von Jugendinitiativen oder der Straßensozialarbeit, zu lebensfeldorientierten Beratungsinstitutionen, zu Wohngemeinschaften, dezentralisiert-autonomen Kleinheimen, Pflegefamilien, zum Verbund der stadtteilbezogenen Sozialen Dienste, vor allem aber zum professionellen Rückzug aus Aufgaben, die von den Betroffenen selbst oder in Initiativgruppen mit der vorhandenen, eigenen Kompetenz angegangen werden können" (Thiersch/Rauschenbach 1987, 1006).

(5) *Zur sozialpädagogischen Handlungskompetenz:* Die Frage nach der zunehmenden Professionalisierung geht für Thiersch mit der Institutionalisierung von Sozialer Arbeit einher. Er fragt, wie weit die pädagogische Professionalisierung in einem Arbeitsfeld, das offensichtlich nicht gänzlich professionalisiert werden muß und soll und in dem Professionelle und Nichtprofessionelle mit- und nebeneinander wirken können und müssen, gehen soll. *Professionalisierung,* die in ihrer Arbeitsform verantwortlich, überprüfbar und ausweisbar gestaltet sein muß, bildet – um sich als qualifiziert zu erweisen – *eigene Handlungs- und Sprachmuster* aus, wodurch die Sozialpädagogik zur Klientel gewisse *Distanz* einnimmt und immer *auch Formen von Herrschaft* ausübt. Für Thiersch stellt sich deshalb die Frage, inwieweit durch pädagogische Professionalisierung Lebensfelder und -aufgaben von Menschen, die besser der Selbstregulierung im Alltag, d.h. der Kompetenz der eigenen Erfahrungen von den Betroffenen überlassen bleiben sollten, umstrukturiert und damit enteignet bzw. „kolonialisiert" werden (Thiersch/Rauschenbach 1987, 1007).
Demgegenüber soll sozialpädagogisches Handeln zu einem gelingenderen Alltag beitragen, d.h. vorhandene Kompetenzen zum Handeln im Kontext gegebener Alltagserfahrungen aufgreifen und einbeziehen und – ebenso – aus seinen eigenen, produktiven Möglichkeiten heraus Lernprozesse zu initiieren, Alltag zu strukturieren, aufzuklären und zu verbessern. Der Bezug zwischen Menschen, die sich so aufeinander einlassen, soll zum einen kein autoritär-hierarchisches Verhältnis, sondern *ein prinzipiell reversibler Umgang wechselseitigen Lernens und Helfens* sein, soll aber zum anderen gleichwohl den Betroffenen Angebote zu neuen Erfahrungen und notwendigen Klärungen verhelfen und auch Hilfen vermitteln, die als Aufgaben aus der Situation heraus ausgewiesen werden müssen. „Dabei muß sich derjenige, der auf Einsicht oder Hilfe angewiesen ist, an der Zumutung seiner eigenen Entfaltungsmöglichkeiten und in seinen Fähigkeiten, *sich als Subjekt selbst zu bestimmen,* erfahren können" (Thiersch/ Rauschenbach 1987, 1008). Für pädagogische Handlungskompetenzen, die sich als praktisches Handeln in den Aufgaben der Situation, also im Widerspruch zu den Erwartungen und Aufgaben realisieren sollen, setzt Thiersch informierte (damit meint er wissenschaftlich gestützte) Reflexivität und gemeinsame Reflexion in wechselseitiger Kritik, Selbstkritik und Bestärkung zum konstitutiven Merkmal voraus. Diesem Ziel kann wiederum nur eine in sich offene, widersprüchliche Berufsidentität entsprechen (Thiersch/Rauschenbach 1987, 1009).

(6) *Zur moralischen Orientierung Sozialer Arbeit*: In den Ungleichheiten der Lebensverhältnisse, in dem wiedererstarkenden Primat der Ökonomie, in der Unübersichtlichkeit sich verändernder, zerbrechender und sich öffnender Lebensordnungen sieht Thiersch den Grund dafür, daß moralische Themen z.Zt. Konjunktur haben. Gewalt, Vollkasko-Mentalität, Korruption, rücksichtslose Selbstbehauptung in der Konkurrenz, Verdrängung der Schwächeren, Ausgrenzung der Fremden und vieles andere mehr verweisen nach Thiersch auf Fragen nach der Moral, bringen kritische Anfragen an Selbstbedienung und Anstand, an Anspruchsberechtigung und Eigenverantwortung, Gleichheit und Gerechtigkeit auf die Tagesordnung (Thiersch 1995, 7f.). Diese Themen beziehen sich direkt auf die Verantwortlichkeiten im unmittelbaren Handeln von Fachkräften und Klienten, auf die in Institutionen und Strukturen repräsentierte Moral, auf die Moral des Sozialstaates. Diese moralischen Gesinnungen und Strukturen müssen in ihrer Eigensinnigkeit nach Thiersch wie auch in ihrem Zusammenhang bedacht werden.

Mit den vorgegebenen, traditionellen Werten können diese *neuen moralischen Fragen* nach Thierschs Auffassung nicht beantwortet werden. Diese Fragen „verweisen auf mühsame Verhandlungen in Situationen, Sachzwängen und Erklärungsmustern im Horizont moralischer Maximen, die in den sich wandelnden Verhältnissen neu bestimmt werden müssen; sie verweisen auf eine ‚moralisch inspirierte Kasuistik'" (Thiersch 1995, 7). Thiersch legt beispielhaft solche moralisch-inspirierten Kasuistiken zu Themen wie „Gerechtigkeit im Sozialstaat" (ebd., 25-45), „Mitleid als Problem im modernen Wohlfahrtsstaat" (ebd., 46-59), „Das Konfessionsmonopol und Sinnfragen in der säkularisierten Erziehung" (ebd., 60-73), „Macht und Verhandlung in der Erziehung" (ebd., 74-91), „Gewalt und Jugendgewalt" (ebd., 138-172) vor und kommt zu dem Schluß, daß die in einer lebensweltorientierten Sozialen Arbeit angelegte Radikalität bisher nicht hinreichend praktiziert wurde: Diese verlangt seiner Meinung nach *ein neues Verständnis von Selbsthilfe*, einen neuen Bezug auf heutige, widersprüchlich-brüchige Lebensverhältnisse und eine neue Anstrengung um transparente Organisations- und Handlungsstrukturen, damit die Soziale Arbeit sich in den Umbrüchen und Entwicklungen unserer Gesellschaft als produktiv erweisen kann (Thiersch 1995, 8).

Die psychosozialen Belastungen und technologischen Verfremdungen der hochindustrialisierten Gesellschaftsformationen und systembezogenen Sachzwänge erzeugen nach Thiersch bei vielen Menschen *Orientierungskrisen* und bedrohen deren Alltagsleben. Darin liegt für die Soziale Arbeit eine besondere Chance, die es im Kampf um die Veränderung des Alltags ebenso zu nutzen gilt wie in den Auseinandersetzungen um die Veränderung der gesellschaftlichen Verhältnisse, die einen humanen, freundlichen und freien Alltag verhindern. „Dieser in seinen Vermittlungen und Aushandlungsprozessen so strapaziöse, schwierige und auch immer wieder unsichere Kampf ist getragen von Hoffnung; es ist ein Kampf in Perspektive" (Thiersch 1986, 53). Thiersch pointiert seine Theorie, indem er auf ein Zitat von Nohl zurückgreift: „Alltag, das ist der auf hartnäckige Arbeit umgestellte Traum" (Thiersch/Rauschenbach 1987, 1013).

5.6. BEDEUTUNG FÜR DIE SOZIALE ARBEIT

Thiersch hat unter denen, die sich in den vergangenen 20 Jahren in Deutschland wissenschaftlich mit Sozialpädagogik bzw. Sozialer Arbeit befassen, eine hervorragende und einflußreiche Rolle inne. Unbestritten wird er bereits jetzt zu den „Klassikern der Sozialpädagogik" gezählt. Seine Monographien erscheinen in eigener Edition im Juventa-Verlag. Seine Auffassungen von Sozialpädagogik bzw. Sozialer Arbeit stehen in den für die allgemeine Meinungsbildung relevanten Fachzeitschriften und Handbüchern und werden ausführlich gewürdigt und berücksichtigt. Um Thiersch ist eine „Tübinger Schule" entstanden. Nur selten werden seine Thesen öffentlich kritisiert oder gar als „unwissenschaftlich" abgewertet, wie z.b. von Winkler (1986a, 69f.; 1988b), Mollenhauer/Uhlendorf (1992, 12f.) und Erath/Göppner (1996). Mir scheint allerdings, daß seine neue Position zur Disziplinbildung der Sozialen Arbeit (siehe Thiersch 1996a,b) noch nicht überall wahrgenommen worden ist. Für Hans-Uwe Otto ist Hans Thiersch

„durch seine wissenschaftlichen Analysen, seine programmatischen Herausforderungen und seine Bereitschaft, für die und in der Praxis zu wirken, ein akademischer Sozialpädagoge sui generis geworden: Unverwechselbar in seinem theoretischen Ansinnen, im Duktus des Vortragens und im Stil seiner Annäherung an das Publikum sowie seiner paradigmatischen Orientierung, die sozialwissenschaftliche Wende der Pädagogik aufnehmend und weitertragend in eine moderne Verbindung von Struktur und Individuum, von Subjekt und Norm und von Gesellschaft und Institution" (Otto 1995, 214).

5.7. LITERATUR ZUM VERTIEFEN

Hans Thiersch hat zur Theoriebildung in der Sozialen Arbeit viele Aufsätze und Bücher geschrieben. Um seine Position zu studieren, eignet sich meiner Meinung nach folgende Vorgehensweise: Der Artikel „Alltag" im Fachlexikon der Sozialen Arbeit (1993) führt hin zu Thiersch Verständnis des Alltagsparadigmas. Sein Artikel „Theorien der Sozialarbeit/Sozialpädagogik" im Wörterbuch „Soziale Arbeit" (1996a) kann allgemein über historische und systematische Aspekte der Theoriebildung in der Sozialen Arbeit orientieren. In den drei Monographien „Die Erfahrung der Wirklichkeit. Perspektiven einer alltagsorientierten Sozialpädagogik" (1986), „Lebensweltorientierte Soziale Arbeit. Aufgaben der Praxis im sozialen Wandel" (1992a) und „Lebenswelt und Moral. Beiträge zur moralischen Orientierung Sozialer Arbeit" (1995) findet man Vertiefungen und Ausweitungen seines Theorieansatzes und der Aufgaben, die sich daraus für die Praxis ergeben. Im Heft 3 (25) 1995 der Fachzeitschrift „neue praxis" zeigen die dort zusammengestellten Beiträge, wie unterschiedlich die Zugangsweisen und Anwendungsfelder des Alltags-Paradigmas sein können. Die kritischen Arbeiten von Reinhard Hörster (Hörster 1988) und Michael Winkler (Winkler 1988b) über die alltagsorientierte Wende in der Pädagogik können eine eigene Meinungsbildung über die Theorie von Thiersch anregen.

6. Subjektivität rekonstruieren – Michael Winkler (1953*)

Die Grammatik des Diskurses als eigentlicher Forschungsgegenstand „bildet nämlich nicht nur den Gegenstand der Theorie der Sozialpädagogik, sondern zugleich auch die Sachstruktur der Sozialpädagogik. Darin liegt nach der Bestimmung des Diskurses als Objekt der Forschung die entscheidende Entdeckung in der jüngeren Theoriebildung (insbesondere – wie mit aller Eitelkeit eingestanden sein soll – in dem von mir vorgelegten Versuch ‚Eine Theorie der Sozialpädagogik‘)" (Michael Winkler 1995, 108).

6.1. HISTORISCHER KONTEXT

Als Michael Winkler in den achtziger Jahren seine Habilitation über die Theorie der Sozialpädagogik schreibt, ist die Heimkampagne in Deutschland schon seit einigen Jahren vorbei, und es zeigen sich bereits qualitative und quantitative Veränderungen in den Angeboten für Kinder, Jugendliche und ihre Familien. Die Heime sind vor allem verkleinert und haben sich von 1976 mit einer durchschnittlichen Platzzahl von 47,4 auf 33,3 im Jahr 1986 verringert. Mit dem Rückgang der Platzzahlen sind auch die absoluten Zahlen von Kindern und Jugendlichen in Heimen zurückgegangen. Dieser Rückgang wird mit einem Geburtenrückgang in den siebziger Jahren, aber auch mit einem Ausbau des Pflegekinderwesens und der ambulanten Hilfen erklärt. Seit den neunziger Jahren steigen die Zahlen wieder: 1992 leben 70.682 junge Menschen bis zum Alter von 21 Jahren in Heimen, davon sind 57.468 minderjährig, was einem Anteil an dieser Altersgruppe der Bevölkerung von 3,7% entspricht. Der Anteil der Mädchen liegt 1982 bei 38,7% und 1992 bei 40,7%, der Anteil der ausländischen Kinder und Jugendlichen beträgt 1982 4,9%, 1992 dagegen 12,2%.

Die Heimerziehung hat eine lange Geschichte, und diese beginnt bereits im Mittelalter mit Häusern für in Not geratene Waisen und ausgesetzte Findelkinder. Später werden Arbeits-, Armen- und Zuchthäuser eingerichtet, in denen bettelnde, vagabundierende und verwahrloste Kinder (zusammen mit ihren Eltern) eingesperrt und zur Arbeit gezwungen werden (siehe die Ausführungen S. 53ff.). Obgleich es im Laufe der Zeit immer wieder Kritik an der „Waisenhauserziehung" und Reformansätze gibt (siehe die Ausführungen S. 78ff.), greifen in Deutschland erst nach dem Zweiten Weltkrieg wirkliche Reformen. Der Skandal der insgesamt isolierenden, stigmatisierenden und im Rahmen der geschlossenen Unterbringung strafenden Heimerziehung, die eher kriminelle als gesunde Entwicklungen der Betreuten förderte, wurde mit der „Heimkampagne" öffentlich gemacht. Im Zentrum der Kritik standen die schlechte finanzielle und personelle Ausstattung der

Einrichtungen, das zumeist unausgebildete Personal und der niedrige sozialpädagogische Standard. Statt dessen herrschte in vielen Heimen ein ritualisierter, die Subjektivität der Kinder zerstörender Alltag (siehe Birtsch 1996).
Das Buch des Münchener Soziologen Ulrich Beck „Risikogesellschaft. Auf dem Weg in eine andere Moderne" erscheint 1986 und wird sofort zu einem wissenschaftlichen Bestseller; es thematisiert die Ungewißheitszunahme, die sich aus den gesellschaftlichen Veränderungen ergibt, als konstitutives Merkmal der Modernisierung selbst und die daraus entstehenden Risiken für die Menschen. Becks Thesen wirken auch auf den sozialpädagogischen Diskurs.
In Ost-Berlin finden in den Jahren 1987 und 1988 nicht genehmigte Friedensdemonstrationen statt, und die Zahl der Ausreiseanträge steigt sprunghaft an. Viele Anzeichen deuten auf das Ende der Deutschen Demokratischen Republik hin. Am 9. November 1989 öffnet die DDR-Regierung die innerdeutsche Grenze, und am 3. Oktober 1990 tritt die Deutsche Demokratische Republik der Bundesrepublik Deutschland bei. Das Hochschulwesen der Deutschen Demokratischen Republik wird nach dem Beitritt zur Bundesrepublik Deutschland „abgewickelt" und neu aufgebaut. An den neu gegründeten Fachhochschulen werden Studiengänge für das Sozialwesen und an den Universitäten neue Studiengänge für Pädagogik eingerichtet. In den neuen Bundesländern werden alle Lehrstühle für Pädagogik bzw. Erziehungswissenschaft ausschließlich mit BewerberInnen aus den westdeutschen Bundesländern besetzt; ErziehungswissenschaftlerInnen aus der ehemaligen DDR werden nicht berücksichtigt.

6.2. BIOGRAPHISCHER KONTEXT

Michael Winkler wird 1953 in Wien geboren (http://www.uni-jena). An der Universität Erlangen-Nürnberg studiert er Pädagogik, Germanistik, Neuere Geschichte und Philosophie; seine Promotion zum Dr. phil. erfolgt 1979 und seine Habilitation 1986, beides ebenfalls in Erlangen-Nürnberg. Als Privatdozent nimmt er unter anderem Gastprofessuren für Allgemeine Pädagogik an Hochschulen in Berlin und Graz wahr. Seit 1992 ist Winkler Professor für Allgemeine Pädagogik an der Friedrich-Schiller-Universität Jena. Seine Lehrthemen sind: Allgemeine Pädagogik; Geschichte und Theorie der Pädagogik, der Sozialpädagogik und Jugendhilfe. Winkler ist Mitglied mehrerer Beiräte, z.B. bei der Sozialakademie Thüringen e.V. und beim „Kinderhaus Berlin-Mark Brandenburg" (Hohenschönhausen bei Berlin).
Als Schüler und Mitarbeiter von Wolfgang Sünkel am Institut für Pädagogik der Universität Erlangen-Nürnberg arbeitet Winkler in den achtziger

Jahren an (s)einem Entwurf für eine Theorie der Sozialpädagogik. Dieser Entwurf entsteht aus dem Diskurs mit Erlanger Studenten und Kollegen der Universitäten Erlangen, Bielefeld, Frankfurt und Tübingen sowie mit Kollegen der Evangelischen Stiftungsfachhochschule Nürnberg. Winkler gewinnt nach eigenen Angaben durch die Auseinandersetzungen im Verein für sozialpädagogische Jugendbetreuung mehr Einblick in die Sozialpädagogik als aus dem langjährigen Studium der wissenschaftlichen Literatur (Winkler 1988a, 10). Einen Teil dieser Einsichten veröffentlicht er in den Aufsätzen „Alternativen sind nötig und möglich! Plädoyer für eine neue Heimkampagne" (Winkler 1988c) und „Normalisierung der Heimerziehung? Perspektiven der Veränderung in der stationären Unterbringung von Jugendlichen" (Winkler 1990).

1984 veröffentlicht Winkler eine „Längere Notiz im Blick auf eine mögliche Theorie der Sozialpädagogik" (1984), deren Grundgedanken er bereits 1982 auf dem Regensburger Kongreß der Deutschen Gesellschaft für Erziehungswissenschaft vorgetragen hat. Das Buch „Eine Theorie der Sozialpädagogik: über Erziehung als Rekonstruktion der Subjektivität", Winklers Habilitationsschrift, erscheint 1988. Er verfaßt in den Jahren danach mehrere Aufsätze und Rezensionen; z.B. „Modernisierungsrisiken. Folgen für den Begriff der Sozialpädagogik" (1992), „Hat die Sozialpädagogik Klassiker?" (1993) und „Bemerkungen zur Theorie der Sozialpädagogik" (1995). Winkler zensiert nicht selten die Arbeiten von KollegInnen scharf und abwertend; so spricht er z.B. Thierschs Theorie einer alltagsorientierten Sozialpädagogik ab, wissenschaftlich zu sein: „Mehr als die unbezweifelbare Wahrheit, daß man den Alltag tunlichst im Alltag erfährt, kann man kaum entdecken" (Winkler 1986, 69f.). Und Mollenhauer hält er vor, er bleibe „seiner eigenen, nun dogmatisierten Gewißheit schuldig, den Rechtfertigungsgrund für diese von ihm genannten Probleme und Themen zu nennen" (Winkler 1996, 911).

6.3. Forschungsgegenstand und -interesse

Winkler fragt danach, was ein Professioneller überhaupt über die Praxis der Sozialarbeit/Sozialpädagogik wissen kann, wie also der Modus des Wissens in der Pädagogik aussieht und was die Kompetenz eines Pädagogen ausmacht? Diese Fragen führen nach Winkler in den „Bannkreis jener Bestimmung des Verhältnisses von Theorie und Praxis, welche das pädagogische Denken seit der Entstehung der Disziplin beschäftigt hat" (Winkler 1984, 216). Diesen Fragen geht Winkler nach und sucht Antworten auf sie. Winklers wissenschaftliches Interesse gilt der „Systematisierung von Problemen, die eine theoretische Bearbeitung als Probleme der Sozialpädagogik erst noch erfordern" (Winkler 1988a, 8). Mit seinem Ansatz möchte

Winkler diese Probleme einfangen und in einen wissenschaftstheoretischen Kontext bringen, da seiner Auffassung nach die Voraussetzungen und Grundlagen für eine Theorie der Sozialpädagogik fehlen bzw. ungeklärt und ungewiß sind. Keinesfalls sieht er darin schon die Möglichkeit, die ausfindig gemachten Probleme zu lösen. Auch will er keine Erklärungen oder gar schon Aussagen über Gesetzmäßigkeiten anbieten, die vielleicht technologisch oder prognostisch und technisch genutzt werden können. Winkler möchte die Theorie der Sozialpädagogik topologisch aufbauen und topographisch vorgehen, d.h. die konstanten sozialpädagogischen Problemfelder erfassen und die Eigenschaften dieser Probleme beschreiben. Er möchte eine Theorie entwerfen, die in ihrer Gesamtheit ein Netz von Beziehungen repräsentiert, in welchen sich das sozialpädagogische Terrain darstellt. Seine Theorie soll also die Materie ordnen. Mit diesem systematischen Zusammenhang möchte Winkler zugleich eine sprachliche Verständigung über die Probleme der Sozialpädagogik ermöglichen. Es geht Winkler letztlich um die Beantwortung der Fragen: „Was ist Sozialpädagogik?", „Was zeichnet sie aus?", „Wie funktioniert sie?", „Warum funktioniert sie oder warum funktioniert sie nicht?" (Winkler 1995, 103). Da für Winkler eine Theorie der Sozialpädagogik fehlt, die systematisch-theoretisch historisches Material auswertet, will er selbst eine solche Theorie skizzenhaft umreißen (Winkler 1988a, 15-18).

6.4.   WISSENSCHAFTSVERSTÄNDNIS

Winkler geht von der These aus: „Theorie ist Theorie und Praxis ist Praxis; normativ gewendet könnte man sie (diese These, E.E.) so formulieren: Die eine hat ihre Berechtigung, die andere ebenso, doch darf man nicht erwarten, daß jene, also die Theorie, dieser, also der Praxis, irgendwo weiter- oder gar aufhilft" (Winkler 1995, 102). Für die Wissenschaft, die Lehre und die Praxis in der Sozialpädagogik bestehen nach Winkler ungleiche Ausgangslagen:

> „Praktiker und Lehrende haben nicht nur andere Probleme als Wissenschaftler, als Forscher und Theoretiker, sondern sie stellen andere Fragen: Theoretiker sind Spieler, die Probleme konstruieren, Theoreme aufnehmen und für ihre Untersuchungen prüfen und wieder fallen lassen. Schließlich entwickeln sie Annahmen, die dann – empirisch, argumentativ oder diskursiv – überprüft und insofern für die Wissenschaft erledigt werden, obwohl sie in der sozialen Wirklichkeit alle Beteiligten weiterhin bedrängen. ... Praktiker haben dagegen Probleme zu lösen, die weitgehend durch soziale Definitionen und Kontextbedingungen, durch Arbeitsroutinen, schließlich auch durch solche Trivialitäten wie materielle Ressourcen schon bestimmt sind" (Winkler 1995, 103).

Die Sicherheit, die PraktikerInnen und Lehrende von der Theorie erwarten, können sie nach Winkler nicht erhalten. Die Theoretiker der Sozialpädagogik versuchen nach Winkler zu beschreiben und zu analysieren, was die Bedingungen, die Strukturen, die Situationen und Prozesse der Sozialarbeit und Sozialpädagogik auszeichnet; sie beschreiben und analysieren Sachverhalte und Wissen, die die Praktiker in der Regel auf ihre Weise durchaus kennen. Für Winkler ist die Theorie auch in der Sozialarbeit und Sozialpädagogik ein

> „Produkt des Elfenbeinturmes; sie interessiert und beschäftigt zunächst den Theoretiker, den Forscher, die Gemeinschaft der Wissenschaftler. Deren Ansprüchen muß sie genügen. Sie hat sich im Wissenschaftssystem zu bewähren, also den dort gültigen Bedingungen zu gehorchen, ist letztlich der regulativen Idee von Wahrheit, aber nicht der von praktischer Verwendbarkeit verpflichtet,, (Winkler 1995, 105).

6.5. THEORIE

Als Ausgangslage für seine Theoriebildung beschreibt Winkler das Paradoxon, daß es Theorie der Sozialpädagogik gibt und zugleich doch nicht gibt. Die Sozialpädagogik als *Theoriearbeit* zeigt sich für Winkler in zahlreichen Publikationen auf drei nebeneinander bestehenden, in ihrer Ausrichtung unterschiedlichen Ebenen, die aber nicht miteinander vermittelt werden:

(a) auf der Ebene der allgemeinen Reflexion, in der es um ein abstraktes Verständnis von Sozialpädagogik geht,

(b) auf der Ebene der Überlegungen und Untersuchungen, die sich einem phänomenologischen Zugriff nähern oder in ihrer Fragehaltung und Forschungsintention wesentlich durch andere Disziplinen beeinflußt werden,

(c) auf der Ebene der „sozialpädagogischen Alltagspublizistik", die als Brücke zur Alltagsreflexion von Sozialarbeitern und Sozialpädagogen führt (siehe Winkler 1995, 102).

(1) *Zur Theoriekonstitution*: Die sozialpädagogische Theorie kann nach Winkler prinzipiell über das Geschehende aufklären, vielleicht auch Verdeutlichungen möglicher Entwicklungstrends leisten. Da sie es mit zu vielen und zu großen Schwierigkeiten zu tun hat, kann sie möglicherweise nicht einmal dieses tun (Winkler 1995, 106).
Die erste Schwierigkeit der sozialpädagogischen Theoriebildung besteht darin, daß „wir keinen Begriff von der Sache ‚Sozialpädagogik'" (ebd.) haben. Vorliegende Definitionsversuche können die begriffliche Unsicherheit laut Winkler nicht beseitigen, da es eine Eigentümlichkeit der Sozialarbeit ist, mit

Ungewißheitssituationen zu operieren, die sich eben nur bedingt regelmäßig strukturieren lassen. Zu der situativen Ungewißheit kommt eine doppelte geschichtliche Ungewißheit hinzu: Die jeweiligen Handlungssituationen mit den Klienten sind in Vorgänge gesellschaftlichen Wandels eingebunden, und der soziale Sektor selbst ist einer eigentümlichen Dynamik unterworfen. Außerdem müssen bei der Theoriebildung (wie auch in der Praxis) der Sozialarbeit und Sozialpädagogik zu viele Momente und Themen gleichzeitig verarbeitet werden. Eine Grenze für die Reflexionen läßt sich nicht erkennen. Pädagogische Handlungssituationen lassen sich als Ungewißheitssituationen nicht bestimmen, sondern müssen von den Beteiligten in ihrem pädagogischen Sinngehalt stets aufs neue bestimmt und ausgehandelt werden. Angesichts dieser Schwierigkeiten zieht Winkler *zwei Konsequenzen für die Theoriebildung*: Einer Theorie ist es aufgegeben,

(a) eine *Ordnung des Wissens* zu ermöglichen, eine Topologie der Wissenselemente innerhalb der Sozialpädagogik zur Verfügung zu stellen, die nicht nur die systematischen Orte der einzelnen Elemente, sondern auch die Verbindungslinien zwischen diesen zeichnet, und

(b) den *paradigmatischen Kern* der Sozialpädagogik anhand der vorliegenden Materialien und mittels konkreter historisch-systematischer Analyse herauszuarbeiten (Winkler 1995, 107f.).

Winkler verzichtet darauf, einen abstrakten Begriff der Sozialpädagogik zu definieren, weil eine solche Lösung für ihn ein – vor allem erkenntnistheoretisches – Prinzipienproblem aufwirft, wo eine empirische Lösung notwendig ist. Daher schlägt er vor,

„den empirischen Diskurs der Sozialpädagogen und Sozialarbeiter zu beobachten und danach zu untersuchen, wie sie die in diesem vorkommenden Materialien organisieren. Theoriebildung geht nach Winkler also von dem Material aus, das durch die Diskussion über Sozialpädagogik selbst zur Verfügung gestellt wird; sie prüft aber nicht das Material als solches, sondern fragt nach den semantischen Merkmalen an ihm, die seine Verknüpfung ermöglichen, und versucht dann, die Struktur dieser Verknüpfung, die Grammatik des Diskurses herauszuarbeiten" (Winkler 1995, 108).

(2) *Zur Theoriekonstruktion*: Die „Grammatik des Diskurses" als eigentlicher Forschungsgegenstand bildet für Winkler zugleich den Gegenstand der Theorie der Sozialpädagogik und die Sachstruktur der Sozialpädagogik, weil die Sozialpädagogik als Sozialpädagogik eine wesentlich kommunikative Struktur hat. „Sozialpädagogisches Handeln läßt sich als solches nicht beobachten. Denn sozialpädagogisches Handeln ist immer ein reflektiertes Handeln, das erst durch die Reflexion in den Bestimmungen des sozialpädagogischen Diskurses zum sozialpädagogischen Handeln wird" (Winkler 1995, 109).

Daraus folgt für Winkler, daß eine Theorie der Sozialpädagogik zwei Ebenen verknüpfen muß:

(a) Die *reale Sache* der Sozialpädagogik, d.h. ihre Voraussetzungen, Bedingungen, Strukturen, Funktionen und Grenzen, und

(b) die Verarbeitung dieser Elemente durch die *Reflexionsleistung* der Beteiligten, insofern die Sozialpädagogik auf eine soziale Konstruktion durch diejenigen zurückgeht, die sich und ihre Handlungsvollzüge als sozialpädagogisch bestimmen.

Damit hat nach Winkler die Sozialpädagogik die schwierigste Theoriesituation vor sich, die sich überhaupt denken läßt: „Theorie muß nämlich die Realität und die Begrifflichkeit thematisieren, mit der diese Realität als eine besondere Realität, nämlich als sozialpädagogische Realität erfaßt wird" (Winkler 1995, 109). Dazu muß die Theorie dieses so Erkannte auch noch nachweisen und begründen, also die Bedingungen angeben, unter denen eben diese Konstellation zustandekommt. Außerdem muß sie noch die Geschichte der Sozialpädagogik als Realentwicklung und als Entwicklung der Begriffe verarbeiten, in welcher die Realität der Sozialpädagogik zu einer Realität der Sozialpädagogik wird.

(3) *Die Grundthese*: Soziale Arbeit und Sozialpädagogik stellen für Winkler eine reflexiv gesteuerte Praxis in einem gesellschaftlich ausdifferenzierten Bereich dar; sie sind immer schon durch Theorie aufgeladen und bestehen nur im Zusammenhang eines in bestimmter Weise organisierten begrifflichen, Sinnbeziehungen herstellenden Zusammenhangs. Diese Praxis wird durch eine bestimmte Semantik konstituiert. Begriff und Sache der Sozialpädagogik gehören zusammen.

> „Erst in der Reflexion mithilfe des semantischen Zusammenhangs Sozialpädagogik enthüllt sich sozialpädagogisches Handeln als solches; sozialpädagogisches Tun läßt sich nicht von der sozialpädagogischen Reflexion trennen, in welcher vermittelt über den Zusammenhang sozialpädagogischer Semantik ihm ein sozialpädagogischer Sinn erst zugewiesen wird" (Winkler 1995, 113).

Die entscheidenden, historisch-analytisch zu findenden *konstituierenden Elemente sozialer Arbeit* sind für Winkler:

(a) Neuzeitliche Gesellschaften konstituieren sich über eine Differenz des Innen und Außen, mithin über den Unterschied von normal und abweichend; wobei die Normalität selbst nur in der Abweichung und an der Drohung mit dem Ausschluß in den Bereich der Abweichung identifiziert wird.

(b) Ökonomische, soziale, kulturelle und demographische Reproduktionsprobleme, die nicht mehr intern gelöst werden können, werden ausgelagert (z.B. die Auslagerung psychisch Kranker in die Irrenhäuser außerhalb der Städte).

(c) Die Gesellschaft schafft so einen Bereich außerhalb ihrer selbst, der zugleich funktional bedeutsam für den Wandel des Gesellschaftssystems wird, weil er zur Lösung der Probleme notwendig ist.

(d) An diesem externen Ort sollen die ausgelagerten Individuen verändert werden; das bedeutet die Pädagogisierung der sozialen Probleme.

(e) Die Gesellschaft setzt den externen oder auch exterritorialen Bereich autonom und gleichzeitig in ein Funktionsverhältnis zu sich selbst.

(f) Dieser exterritoriale Bereich ist ein sozialer Sektor, in dem soziale Arbeit geleistet werden soll. Hier ist Entwicklungsarbeit an der Gesellschaft zu leisten, die in der Gesellschaft nicht möglich ist.

(g) Wegen der Autonomiesetzung des sozialen Sektors müssen die dort tätigen Sozialarbeiter eine eigene Anschauung, eigene Problemdefinitionen, eigene Gründe, Strukturen, Verfahren ihres Tuns entwickeln.

(h) Der Bezug zur Gesellschaft ist bei der sozialen Arbeit immer zu beachten; die Gesellschaft selbst ist zum Gegenstand der pädagogischen Praxis zu machen (Winkler 1995, 110-113).

Der soziale Sektor bildet für Winkler das Referenzobjekt, „über das die Beteiligten nachdenken, um diesen und dann sich selbst zu bestimmen. Sie identifizieren sich also durch eine auf die eigene Situation und die eigene Praxis bezogene theoretische Reflexion" (Winkler 1995, 113). Erst durch die Reflexionsleistung, in welcher ein eigener gedanklicher und sinnhafter Zusammenhang hergestellt wird, können die Beteiligten überhaupt Sozialpädagogik als solche entwickeln.

Winkler führt – sich auf Herman Nohl (siehe S. 199ff.) beziehend – als „geistige Energien", die die Reflexion geleistet haben, diejenigen Energien an, die die Impulse für den sozialpädagogischen Diskurs in der Geschichte der Sozialpädagogik geben und diesem seine Materialien verschaffen: „Theologie, Strafe-Verfolgung-Resozialisierung, Arbeit, Armut, Pflege und Heilung einschließlich von Psychiatrie, Psychoanalyse und Therapie, dann Politik, schließlich Pädagogik" (Winkler 1995, 113). Diese müssen in einer durch die Theorie zu präsentierenden Grundstruktur vermittelt werden.

(4) *„Subjekt" und „Ort" als Grundbestimmungen sozialpädagogischen Handelns*: Zwei Kernideen erlauben für Winkler historisch und mit systematischer Notwendigkeit, daß die Beteiligten die Situationen im sozialen Sektor reflexiv als Sozialpädagogik erfassen können: die Kernidee des „Subjektes" und die Kernidee des „Ortes". Beide Kernideen – Winkler spricht auch von „Grundideen" – ermöglichen es, sowohl die Problemstruktur als auch die Handlungsstruktur der Sozialpädagogik zu bezeichnen und zu analysieren (Winkler 1988a, 263-282; 1995, 113f.).

(a) In der *Grundidee des „Subjektes"* mündet nach Winkler eine zentrale Vorstellung des neuzeitlich bürgerlichen Selbstverständnisses. Der Begriff macht deutlich, daß es die Sozialpädagogik mit Menschen zu tun hat, die in einer selbsttätig hergestellten, durch Handlungen verwirklichten Beziehung zu ihrer Umwelt stehen und sich in dieser Beziehung verändern können. Der Begriff „Subjekt" ist für Winkler mit dem der „Pädagogik" auf eine eigentümliche Weise verbunden: „Wer vom Subjekt spricht, muß von Erziehung sprechen" (Winkler 1988a, 99). Als sozialpädagogisch problematisch ist nach Winkler zu bestimmen, wenn die Strukturen von sozialen Zusammenhängen dazu führen, daß „ein potentielles menschliches Subjekt aufgrund der ihm entstandenen Schwierigkeiten bei der Aneignung von Lebensbedingungen seiner Subjektivität verlustig geht und die Kontrolle über sich und seine Verhältnisse verliert" (Winkler 1995, 114).

(b) Mit der *Grundidee des „Ortes"* wird die faktische Voraussetzung der Ausgrenzung auf ihren abstrakten Gehalt, nämlich die bloße Räumlichkeit als Lebensvoraussetzung der Betroffenen und Beteiligten gebracht und zugleich auch der positive, für die Organisation sozialpädagogischer Handlungen maßgebende Gedanke benannt. Sozialpädagogisches Handeln realisiert sich nach Winkler „in letzter Instanz immer durch die Bereitstellung eines Ortes, an welchem Lebensprozesse ermöglicht werden. Das Denken auf einen Ort hin bildet also, wenn man so formulieren darf, die praktische Grundbestimmung der Sozialpädagogik, die aber doch erst in ihrer Theorie sichtbar wird" (Winkler 1995, 114).

Beide Kernideen werden als Grundelemente gebraucht, die erst sozialpädagogische Realaussagen ermöglichen. Mit Hilfe dieser Begriffe können nach Winkler die sozialpädagogischen Sachverhalte als solche überhaupt erst gesehen werden: „Wir können die individuellen Subjekte in ihrer individuellen Subjektivität aufsuchen und entdecken. Denn die Theorie gibt uns den Begriff der individuellen Subjektivität als sachlich notwendig, verlangt aber von uns, daß wir das von ihr als notwendig Bestimmte in der Wirklichkeit erst aufsuchen" (Winkler 1995, 115). Im sozialpädagogischen Diskurs stehen die Kernbegriffe „Subjekt" und „Ort" in einer dialektischen Beziehung zueinander. Die Notwendigkeit, sozialpädagogisches Handeln über den Ortsbegriff zu steuern, ergibt sich für Winkler aus dem Subjektbegriff selbst. „Und umgekehrt findet das sozialpädagogische ‚Ortshandeln' ein Korrektiv im Begriff des Subjekts. Wenn nämlich beispielsweise sozialpädagogische Orte die Entwicklung des Subjekts verhindern, haben sie ihre eigene Dignität verloren – die Kritik an den Erziehungsheimen exemplifiziert dieses Vorgehen" (Winkler 1995, 116).

(5) *Allgemeine Pädagogik, Sozialpädagogik und ihre Aufgaben*: Probleme, Ereignisse und Vorgänge im sozialpädagogischen Feld können nach Winkler nur als Probleme, Ereignisse und Vorgänge der Erziehung schlechthin

thematisiert werden. „Der Sozialpädagoge ist mithin Pädagoge – aber er ist Pädagoge unter spezifischen Bedingungen; der Sozialpädagoge erzieht – aber er leistet spezifische Erziehung" (Winkler 1988a, 100). Allgemeine Pädagogik und Sozialpädagogik unterscheiden sich für Winkler praktisch nur in der Realisierung des pädagogischen Problems unter bestimmten historischen Zusammenhängen, die die Erscheinungsform des Problems und des auf es reagierenden Handelns prägen.

> „Daher kann auch eintreten, daß die Sozialpädagogik real zur historischen Gestalt der Pädagogik überhaupt wird, somit sachlich identisch wird mit dem, was eine Allgemeine Pädagogik zu verhandeln sucht. Mehr noch: im Wort vom pädagogischen Ernstfall deutet sich an, daß in der Sozialpädagogik Momente real und konkret werden, die in der Allgemeinen Pädagogik nur begrifflich erfaßt werden. Insofern könnte man allerdings auch sagen, daß die Sozialpädagogik eine Probe auf die Pädagogik schlechthin darstellt" (Winkler 1988a, 102).

Aufgabe der Sozialpädagogik ist für Winkler die *Rekonstruktion der Subjektivität des Zöglings*. Erziehung ist für Winkler dann gelungen, wenn sich der Zögling selbst annehmen, somit in seinem eigenen Zustand einen Gegenstand seiner Selbsttätigkeit finden kann.

> „Erziehung glückte, wenn er (der Zögling; E.E.) seine Gegenwart aushalten und in die Veränderung seiner Lebensumstände dort eintreten kann, wo er in Gemeinsamkeit mit anderen Subjekten ihren Wandel für nötig befindet. Die Pädagogik genügt aber ihrem Begriffe, sobald das Subjekt gegenwärtig und künftig ein Leben führen kann, welches ihm selbst wert- und sinnvoll, somit so lebenswert erscheint, daß es dieses als eine Lebensform tradieren und anderen Subjekten überantworten will, ohne deren Subjektivität in Frage zu stellen" (Winkler 1988a, 336).

Nach Winklers Auffassung findet sich ein Maßstab für die Gültigkeit seiner Theorie in der Möglichkeit, den empirisch geführten Diskurs zu rekonstruieren, und ein anderer darin, wieweit die Theorie helfen kann, überhaupt erst die sozialpädagogischen Probleme und Handlungen begrifflich zu erfassen. Trotz seiner Thesen zum Verhältnis von Theorie und Praxis betont Winkler die Relevanz seiner Theorie für die Lehrenden und Lernenden – und damit auch für die Praxis – in Sozialarbeit und Sozialpädagogik; da auch Sozialpädagogik für ihn nicht mehr aus dem Zusammenhang einer sich verwissenschaftlichenden Gesellschaft gelöst werden kann, ist sie den Prozessen von Rationalisierung und Verwissenschaftlichung unterworfen. Insofern sind theoretische Grundlagen für die sozialpädagogische Praxis nicht nur unvermeidlich, sondern sie haben einen unübersehbaren praktischen Nutzen, da sie Distanz schaffen gegenüber dem unmittelbar praktischen Geschehen (Winkler 1995, 117).

6.6. BEDEUTUNG FÜR DIE SOZIALE ARBEIT

Winkler hat seine Theorie der Sozialpädagogik durch mehrere Publikationen vor- und nachbereitet; häufig wird sie zu den wichtigen sozialpädagogischen Theorien gezählt und in den Literaturverzeichnissen zur Theoriebildung in der Sozialen Arbeit aufgeführt. Trotz dieser zugeschriebenen großen Bedeutung wird Winklers Theorie in der wissenschaftlichen Fach- und Studienliteratur wenig und in der Praxis noch weniger beachtet, und bislang ist es bei der ersten Auflage seines vor zehn Jahren erschienen Buches geblieben. Man könnte versucht sein, diese Sachlage mit mangelndem Interesse an Theorie und Reflexion oder/und mit fehlender Kompetenz für ein anspruchsvolles wissenschaftliches Arbeiten in der Sozialen Arbeit zu erklären. Eine andere Erklärung könnte sein, daß Winklers Theorieansatz nicht so originär und nicht so originell ist, wie behauptet wird.

Auf diese These weisen die Erörterungen über Wissenschaft, Grammatik, soziale Realität, soziale Pädagogik, Denken und Wollen, die Paul Natorp vor 100 Jahren in seiner „Sozialpädagogik" (Natorp 1974) veröffentlicht hat, sowie die Bestimmung vom „Wesen und Auftrag der Sozialpädagogik" von Helmut Rünger in seiner „Einführung in die Sozialpädagogik" (1964) hin. Rünger legt bei seiner Bestimmung Mollenhauers dreifache Unterscheidung von Sozialpädagogik aus dem Jahre 1959 (Mollenhauer 1987) zugrunde:

> „1. Sozialpädagogik als erziehungswissenschaftliche Kategorie zur Bezeichnung eines formalen Problems jeder Erziehung: Die Berücksichtigung und ausdrückliche Einbeziehung des sozialen Phänomens in Ziel und Prozeß der Erziehung
> 2. Sozialpädagogik als Inbegriff durch bestimmte Verhältnisse der gegenwärtigen Gesellschaft notwendig gewordener pädagogischer Aufgabenbereiche
> 3. Sozialpädagogik als eine inhaltlich bestimmte Gegenwartsaufgabe in einem umfassenden Sinn, als besondere Gestalt der Erziehung in unserer Zeit, als Bildungsideal" (Rünger 1964, 12).

Winkler greift bei seiner Theoriebildung ebenfalls auf Mollenhauers Problemstellung zurück (Winkler 1988a, 21f.), die er nach Meinung Sünkers mit seiner Studie „verlängert und zugleich radikalisiert" (Sünker 1995b, 75). Und auch Winklers These, daß „Subjekt" und „Ort" die zwei Grundbestimmungen sozialpädagogischen Handelns sind, wird schon von Rünger vertreten. Für Rünger ist es Aufgabe der Sozialpädagogik:

> „1. Dem jungen Menschen einen, seinem Reifestand entsprechenden, von der Welt der Erwachsenen ungefährdeten Entwicklungs- und Erziehungsraum zu schaffen.
> 2. Den jungen Menschen aus diesem geschützten Entwicklungsraum heraus plan- und zielvoll in die Welt der Erwachsenen mit all ihren Problemen und

Gefahren einzuführen. ...
3. Den jungen Menschen zur selbständigen, kritischen und wertenden Stellungnahme der modernen Gesellschaft und all ihren Gefahren und Fehlhaltungen
gegenüber und über sie hinaus zu einem eigenen Lebensstil zu erziehen" (Rünger 1964, 45, 76).

Ein Hinweis auf Rüngers Theorieansatz und Publikation fehlt bei Winkler.
Das umfangreiche Material, ein 25 Seiten langes Literaturverzeichnis, die
Fülle an Kunstwörtern, eigenwilligen Metaphern und gespreizten Phrasen
sowie die forschen Wertungen verbergen, daß sich Winkler mit seinem
Entwurf mitten im breiten Strom einer herkömmlichen geisteswissen-
schaftlichen (sozial-)pädagogischen Denktradition bewegt.

6.7. LITERATUR ZUM VERTIEFEN

Da Winkler bislang nur diese eine Monographie über seinen Theorieansatz
vorgelegt hat, liegt das Studium seines Buches „Eine Theorie der Sozialpädagogik: über Erziehung als Rekonstruktion der Subjektivität" (Winkler
1988a) nahe. Eine knappe Zusammenfassung seiner Theorie gibt Winkler
in seinem Aufsatz „Bemerkungen zur Theorie der Sozialpädagogik"
(Winkler 1995). Einzelne Aspekte seiner Überlegungen sind z.B. in den
Artikeln „Modernisierungsrisiken. Folgen für den Begriff der Sozialpädagogik" (Winkler 1992) und „Hat die Sozialpädagogik Klassiker?" (Winkler 1993) weitergeführt.

7. Ökosozial denken und handeln – Wolf Rainer Wendt (1939*)

„Menschen sind in ihrem Dasein aufeinander, auf soziale Gelegenheiten und auf öffentliche Güter angewiesen. Wenn wir soziale Arbeit auf die Ökologie eines humanen Lebensunterhalts hin konzipieren, verbietet es sich, die Leute nach Hilfsbedürftigkeit und solchen, die sich selbst zu helfen wissen, zu sortieren" (Wolf Rainer Wendt 1990, 11).

7.1. HISTORISCHER KONTEXT

Als Wolf Rainer Wendt zum Ende der siebziger Jahre eine Theorie der Sozialarbeit entwirft, ist die Umweltdebatte in Deutschland gerade auf einem Höhepunkt, und die ökologischen Zusammenhänge werden mit den zu derselben Zeit ins Zentrum sozialwissenschaftlicher Theorieentwicklung getretenen Systemtheorien reflektiert. Obwohl der Systembegriff selbst bereits seit der Antike in Gebrauch ist, benutzt ihn der in den USA lebende Österreicher und Biologe Ludwig von Bertalanffy (1901-1972) erst in den zwanziger Jahren als zentralen Begriff in seinem Entwurf von Grundzügen einer allgemeinen Systemtheorie. Auf dieser Grundlage kommt es nach weiteren Anstößen (seitens der Kybernetik, der Informationstheorie usw.) zu weiteren Differenzierungen. Gemeinsam ist dabei allen Entwürfen, daß aus der Realität ein als „System" bezeichneter Teil als Untersuchungsgegenstand ausgegrenzt wird, dessen Elemente samt ihrer Eigenschaften und Beziehungen untereinander, aber auch zwischen diesem System und seiner Umwelt festgestellt werden sollen.

Der Begriff „Ökologie" wird von dem Zoologen und Naturphilosophen Ernst Haeckel (1834-1919) als Bezeichnung für „die gesamte Wissenschaft von den Beziehungen des Organismus zur umgebenden Außenwelt" im Jahre 1866 eingeführt, aber auch im Sinne von „Haushalt der Natur" herangezogen. Haeckel erforscht die Wechselwirkungen zwischen Organismen und zwischen Organismen und ihrer Umwelt. Aufgrund seiner Beobachtungen über die Anpassung der Lebewesen an ihre Umwelt verficht er die Abstammungslehre von Darwin. Als Teilgebiet der Biologie breitet sich Ökologie ständig weiter aus (Wendt 1982, 78f.). Der ökologische Gedanke – Wechselwirkungen bestimmen das Leben – wird auch in anderen Disziplinen aufgegriffen, bisweilen aber unter anderem Namen. In der Sozialen Arbeit denkt Jane Addams (1860-1935) bereits Ende des 19. Jahrhunderts in Chicago ökologisch und handelt entsprechend (siehe die Ausführungen S. 144ff.). Die Friedensnobelpreisträgerin verändert allerdings den biologistischen Charakter von Ökologie, indem sie Natur und Ökologie mit der

Frage nach der Gerechtigkeit in den sozialen Systemen verbindet. Sie untersucht die armselige Ausstattung der Slumbewohner Chicagos unter Berücksichtigung ihres Lebensmilieus, faßt die Stadt als Lebensraum auf, in dem Armut entsteht, und fragt nach nationalen und internationalen Zusammenhängen bei der Entstehung von menschlichem Leid. Der ökologische Aspekt behält in den Sozialwissenschaften der USA eine wichtige Bedeutung. In den siebziger Jahren bringen nordamerikanische SozialarbeitswissenschaftlerInnen den ökologischen Gedanken verstärkt in die Diskussion über Theorien und Konzepte Sozialer Arbeit ein. Für Carel B. Germain und Alex Gitterman besagt die ökologische Perspektive, daß die menschlichen Bedürfnisse und Probleme aus den Transaktionen zwischen den Menschen und ihren Umweltverhältnissen entstehen. Die Ökologie versucht nach ihrem Verständnis die Wechselwirkungen zwischen Organismen und ihren Umweltbedingungen zu verstehen: Wie sich die Arten durch Nutzung ihrer Umwelt selbst erhalten, indem sie diese gemäß ihrer Bedürfnisse umformen, ohne sie zu zerstören; und wie diese Anpassungsprozesse umgekehrt die Vielfalt der Umweltbedingungen vermehrt und ihre lebenserhaltenden Eigenschaften steigert. Und die Ökologie fordere dazu auf, die Menschen innerhalb der evolutionären, ökologischen und sozialen „Ganzheiten" zu betrachten, deren Teile sie sind (Germain/Gitterman 1983, 1-11). Der Mensch befindet sich in ständigem, wechselseitigem Austausch mit allen Elementen seiner Umwelt, einem adaptiven, evolutionären Prozeß. Menschen verändern ihre physische und soziale Umwelt und werden von ihr durch kontinuierliche, reziproke Anpassungsprozesse verändert. Im günstigen Fall unterstützt die reziproke Anpassung Wachstum und Entwicklung der Menschen und führt zur Herausbildung der lebenserhaltenden Qualität der Umwelt. Wenn die reziproke Anpassung jedoch stockt, können die physische und soziale Umwelt verdorben werden (ebd., 5).
Für den Psychologen Wendt spielt selbstverständlich auch die Feldtheorie Kurt Lewins (1890-1947) eine Rolle bei seiner ökosozialen Theoriebildung. Und in den späten siebziger Jahren beeinflußt Urie Bronfenbrenners Programm der ökologischen Sozialforschung die Theoriebildung in der deutschen Sozialen Arbeit und auch Wendt in erheblichem Maße.

7.2. BIOGRAPHISCHER KONTEXT

Wolf Rainer Wendt wird 1939 in Schwerin/Mecklenburg geboren, studiert in Tübingen und Berlin Philosophie, Psychologie, Soziologie und Kunstgeschichte, erwirbt das Diplom in Psychologie. 1969 wird er in Tübingen zum Dr. phil. promoviert, sein Doktorvater ist der Philosoph und Pädagoge Otto Friedrich Bollnow.

Nach dem Studium ist er zunächst als Erziehungsberater tätig; danach wird er Abteilungsleiter im Jugendamt von Stuttgart. Seit 1978 leitet Wendt als Professor den Ausbildungsbereich „Sozialwesen" der Berufsakademie Stuttgart. Neben einer umfangreichen publizistischen Tätigkeit ist er an Praxis- und Forschungsprojekten beteiligt, die sich am Case-Management-Konzept orientieren (Wendt 1993; 1997) und sich mit Fragen der Zivilgesellschaft befassen (Wendt 1996). Seit Gründung der Deutschen Gesellschaft für Sozialarbeit im Jahre 1989 ist Wendt Mitglied des Vorstandes der Gesellschaft und seit 1994 ihr Vorsitzender. Wendt ist unter anderem Mitherausgeber der „Brennpunkte Sozialer Arbeit" und der „Schriftenreihe der Deutschen Gesellschaft für Sozialarbeit" sowie Mitglied des Redaktionsbeirates der „Blätter der Wohlfahrtspflege. Deutsche Zeitschrift für Sozialarbeit".

Wendts Publikationsschwerpunkte in der Sozialen Arbeit liegen in der Geschichte der Sozialen Arbeit, der Theorieentwicklung, dem Case-Management und der Zivilgesellschaft. Sein Werk „Geschichte der Sozialen Arbeit. Von der Aufklärung bis zu den Alternativen und darüber hinaus" (1995c) liegt bereits in vierter, überarbeiteter und erweiterter Auflage vor. Das Werk entsteht in den Jahren 1981 bis 1983 und ist als Arbeitsbuch für den Gebrauch in Vorlesungen und Seminaren gedacht. Nach Wendts Meinung trägt die Aneignung der Geschichte der Sozialen Arbeit wesentlich zur Selbstaktualisierung der Sozialen Arbeit bei. Auf das Thema „Ökologie und Soziale Arbeit" kommt Wendt aus „ziemlich partikulären Gründen" (Wendt 1982, 1). Der Mangel an übergreifenden Konzepten, das Fehlen eines Bezugsrahmens, die fehlende Attraktivität der Sozialen Arbeit und die Nachfrage der Studierenden veranlassen ihn, sich mit dem Thema „Ökologie und Soziale Arbeit" zu befassen. In dieser Verbindung sieht er eine wichtige Ressource für die Soziale Arbeit. Seine Theorie zur Sozialen Arbeit unter ökologischer Perspektive liegt in zwei verschiedenen Ausgaben vor. Der erste Entwurf erscheint 1982 unter dem Titel „Ökologie und soziale Arbeit", der zweite 1990 unter dem Titel „Ökosozial denken und handeln. Grundlagen und Anwendungen in der Sozialarbeit". In der zweiten Arbeit, so sagt Wendt, faßt er die Überlegungen des ersten Entwurfs zusammen und entwickelt sie weiter. In der Zeit zwischen diesen beiden Büchern veröffentlicht Wendt zu demselben Thema mehrere Zeitschriftenartikel. 1989 verteidigt er seine Thesen gegen heftige Angriffe von Silvia Staub-Bernasconi (Staub-Bernasconi 1989; Wendt 1989). Weitere Buchveröffentlichungen Wendts sind „Ritual und rechtes Leben. Studien zwischen den Kulturen" (1995d), „Zivilgesellschaft und soziales Handeln" (1996) und als Herausgeber „Ambulante sozialpflegerische Dienste in Kooperation" (1993), „Sozial und wissenschaftlich arbeiten" (1994) und „Soziale Arbeit im Wandel ihres Selbstverständnisses" (1995e).

7.3. Forschungsgegenstand und -Interesse

Während seiner beruflichen Tätigkeit in der Erziehungsberatung und im Stuttgarter Jugendamt erlebt Wendt soziale Probleme unter verschiedenen Hinsichten und auf verschiedenen Ebenen. Da ist zunächst das Erleben der Menschen, die die Beeinträchtigungen und Mißstände persönlich und „am eigenen Leibe" erfahren, dann das Erleben der SozialarbeiterInnen, die sich bemühen, die schlechten Lebensverhältnisse zu verbessern, und dann das Erleben eines Jugendamtsleiters in einer Großstadt, der die methodischen, strukturellen und personalen Anforderungen, Möglichkeiten und Rahmenbedingungen der Sozialarbeit in der Praxis erfährt. Aus diesen unterschiedlichen Erlebnisweisen erwachsen Wendts Forschungsgegenstand und -interesse; generell sind es die sozialen, kulturellen, ethischen, politischen und pragmatischen Aspekte des menschlichen Zusammenlebens, im speziellen sind es dieselben Aspekte im Hinblick auf die Theorie und Praxis der Sozialen Arbeit. Für die Erforschung dieser vielfältigen Fragen und Probleme hat Wendt sich die Geschichte und ihre Erforschung als „historische Leine gewählt, um daran oikos, alte und neue soziale Fragen, den deutschen Sonderweg der Sozialpädagogik, das Verhältnis von sozialen Bewegungen und beruflicher Arbeit, den Zeitgeist usw. aufzuhängen".

7.4. Wissenschaftsverständnis

Wendt will, daß seine Untersuchung „selbst zu dem diskursiven Geschehen der sozialen Arbeit gerechnet" wird, „einem Prozeß, der politische Aktionen, konkrete Interventions- und Hilfepraxis, öffentliche Diskussionen und theoretisches Reflektieren gleichermaßen umfaßt" (Wendt 1982, 1). Das ökologische Denkmuster („Paradigma") ist ihm generelles Grund- und Leitmuster für Soziale Arbeit. Eine Theorie der Sozialen Arbeit profitiert Wendts Meinung nach nur von diesem Denkmuster (Wendt 1990, 7-10).

„Im topischen Blickwinkel ortet Ökologie die Lebenserscheinungen in einem Raum von Beziehungen, wobei unsere Wissenschaft in dem Moment, da sie sich der sozialen Angelegenheiten annimmt, nicht mehr darüber hinweg kann, daß sie selbst zu ihnen zählt, auch gerechnet werden will, und in dem bezeichneten Raum untergebracht ist. Was theoretisch erst ein Problem sein mag, gereicht dem ökologischen Ansatz praktisch zu einer eigentümlichen Selbstrechtfertigung. Er befaßt sich mit offenen, dynamischen Zuständen hoher Komplexität; zugleich meldet sich in dem veranstalteten ökologischen Denken ein Bedürfnis nach Geschlossenheit (nach Übersicht, Fertigwerden, Übereinstimmung), das in die transzendentalen Voraussetzungen unseres Vorstellens und Fühlens reicht: Es verlöre sich sonst alles" (Wendt 1982, 5).

Das ökologische Vorgehen ist für Wendt assoziativ, synkretistisch, zirkulär und präskriptiv (Wendt 1982, 6, 13). Assoziatives Vorgehen bedeutet, Gedanken miteinander zu verknüpfen, von denen der eine den anderen hervorgerufen hat. Synkretistisches Vorgehen heißt, Verschiedenes ohne innere Verbindung zu vermischen. Zirkuläres Denken bedeutet, einzelnes aus seinen Zusammenhängen und Zusammenhänge aus einzelnem zu erkennen und zu erklären. Präskriptive Aussagen schreiben vor, wie zu verfahren ist. Den Bezugsrahmen für seine Theorie findet Wendt in einem lebendigen, natürlichen und gesellschaftlichen Zusammenhang und in „Zeitgenossenschaft" vor. Diesen Kontext prinzipiell als ganzen wahrzunehmen und zu berücksichtigen, damit in ihm angemessen gehandelt wird, verlangt der ökologische Denkansatz.

> „Die Theorie orientiert auf Zusammenhänge. Die grundlegenden Aussagen sind präskriptiver Natur: sie schreiben vor, ganzheitlich, haushaltend, pflegend usw. zu verfahren. Den Grundsätzen entsprechend wird das Geschehen im Gegenstandsbereich der Theorie von ihr beschrieben. Die Handlungsanforderungen bleiben dabei im Blick, denn der Bezugsrahmen (das Praxisfeld) schließt sie ein" (Wendt 1990, 13).

Wendt qualifiziert seine Theorie als ökosoziale Handlungstheorie (Wendt 1990, 132).

7.5. THEORIE

Für Wendt bietet eine Wissenschaft der Sozialen Arbeit den Reflexions- und Interpretationsrahmen für die Praxis der Sozialarbeit. Sie erforscht, rekonstruiert und deutet Sachverhalte und Tatbestände, die in dieser Praxis Gegenstand werden. Die *Sozialarbeitswissenschaft* fragt – so Wendt – nach den Bedingungen der Möglichkeit, persönlich im Leben und im sozialen Geschehen zurechtzukommen und darin mit Konflikten, in Krisen und mit Schwierigkeiten fertigzuwerden. Wissenschaft bringt – nach Wendt – ihren Stoff in einem eigenständigen kognitiven System unter. Wendt legt seinem Theorieansatz ein einfaches Modell zugrunde, nach dem sich das Verhalten von Menschen und die Umstände des menschlichen Verhaltens „häuslich" (aus politischer Perspektive: „privat"), „politisch" (aus der privaten Perspektive: „öffentlich") und im Blick auf die kulturelle und ethische Regulierung begreifen und theoretisch einteilen lassen (Wendt 1995b, 5f.).

(1) *Der Gegenstandsbereich*: Wendt benennt an verschiedenen Stellen seiner Arbeiten mit verschiedenen sprachlichen und inhaltlichen Wendungen den Gegenstand der Sozialen Arbeit. So definiert er Soziale Arbeit etwa als den Vorgang, in einer Gesellschaft *an den Lebensverhältnissen* ihrer Angehörigen *Anstoß* zu *nehmen* und etwas mit dem Ziel zu tun, *diese Verhältnis-*

se zu *bessern.* Dieser Vorgang darf sich nicht in einzelnen Akten der Hilfe erschöpfen, sondern muß von der Gesellschaft als notwendige Aufgabe wahrgenommen werden und in ihr als ständiges Bemühen in Erscheinung treten (Wendt 1982, 1). Gegenstand der Sozialen Arbeit ist das komplexe menschliche Leben in dessen alltagspraktischen Zusammenhängen (Wendt 1982, 2). Die Soziale Arbeit darf als das Insgesamt der in der Gesellschaft vorkommenden Aktivitäten bezeichnet werden, die mit dem Ziel vorgenommen werden, die Lebensverhältnisse innerhalb des Gemeinwesens für die ihm angehörenden Menschen zu verbessern. Gegenstand der Theorie von Sozialer Arbeit bzw. der Sozialen Arbeit als Wissenschaft ist die Untersuchung und Gestaltung des beruflichen Handelns, das auf der Grundlage des ökologischen Paradigmas reflektiert wird (Wendt 1990, 7f.). Im zweiten Entwurf seiner Theorie formuliert Wendt den Gegenstand der Sozialarbeitswissenschaft und seiner Theorie wie folgt:

„Die Sozialarbeit hat spezifische Mißstände und Beeinträchtigungen zum Gegenstand, von denen einzelne Angehörige oder Gruppen der Gesellschaft betroffen sind. Sozialarbeiter begeben sich mit den Problemen, denen sie sich widmen, in komplexe Zusammenhänge hinein, die von individuellen Lebensgeschichten über Familienverhältnisse, lokale Verwicklungen und wirtschaftlichen Wandel bis zu übergreifenden Prozessen und Strukturen reichen." (Wendt 1990, 7) Praktische Aufgabenstellung der Sozialen Arbeit ist „Menschen in verwickelten und ‚unwirtlichen' Verhältnissen zu helfen‴ (Wendt 1990, 8). „Gegenstand ist die gesellschaftliche und die individuelle Lebensführung in den empirischen Details ihres Gelingens oder Mißlingens" (ebd., 105). „Ökologisch orientiert, nimmt sich die Sozialarbeit eine im Gemeinwesen verbreitete gesellschaftliche Problematik zum Gegenstand, die in den Lebenslagen einzelner Menschen und der Situation sozialer Gruppen hervortritt" (ebd., 131).

(2) *Leitende Kategorien*: Denkend und handelnd bewegen sich die Menschen, so zitiert Wendt den Anthropologen Gregory Bateson, innerhalb des Systems, das sie bedenken und behandeln wollen (Wendt 1990, 20). Allgemein wird nach Wendt unter „Ökologie" heute das Verhältnis von Mensch und Umwelt verstanden, also das ganze System, in dem der Mensch lebt. Wendt benutzt dagegen den Begriff „*ökosozial*" und grenzt dessen Bedeutung ausschließlich auf das *Feld und* den *Raum menschlicher Lebensgestaltung* ein (ebd., 10). Es ist deshalb für Wendt möglich, eine soziale Ökologie im strengen Sinne des Wortes zu schreiben, ohne ein einziges Mal das Wort „Umwelt" zu benutzen. Die Soziale Arbeit erledigt nach Wendt innen, wofür außen der Umweltschutz da sein soll. Der Unwirtlichkeit, welche die Ausbeutung der Natur nach sich zieht, entspricht die *Unwirtlichkeit der modernisierten Lebensumstände vieler Menschen* (ebd., 22).
Der Durchblick, daß *Unterstützung und Hilfe* innerhalb eines Ökosystems von Lebenstätigkeiten gebraucht werden, stellt für Wendt auch die Per-

spektive des ökosozialen Ansatzes dar. „Gemäß der Ökologie des konkreten Lebenszusammenhangs, in den Funktionen seines Systems und unter Ausnutzung der Gelegenheiten, die er bietet, müssen wir vorgehen, um den Menschen in Schwierigkeiten und Not wirksam helfen zu können" (ebd., 20). Wendt beschreibt als *leitende Begriffe* bzw. „*Kategorien*" seines ökosozialen Konzeptes (Wendt benutzt die Begriffe „Theorie", „Konzept" und „Ansatz" ohne ausdrückliche Differenzierung):

(a) *Haushalt und Lebensordnung*: Paradigmatisch zieht Wendt das Modell des Haushalts (griechisch: „oikos") heran, um komplexe Lebenszusammenhänge und -ordnungen denkend und handelnd zu begreifen. Haushalten nötigt stets zur bewußten Wahrnehmung und Berücksichtigung eines ganzen Kranzes ökologischer Bedingungen. Haushalten und die Kompetenzen dafür lassen sich lernen. Wirtschaften bedeutet stets, daß mit Werten umgegangen wird. Haushalt als zentraler Grundbegriff knüpft die Gestaltung und Bewältigung des Alltags im einzelnen an den Ertrag im ganzen Leben, an gesellschaftliche Kooperation und Verantwortung für die Natur im Haushalt der Schöpfung.

(b) *Ökologische Bilanzierung*: Haushaltend werden die Vor- und Nachteile, der Nutzen und die Kosten abgewogen, wenn Ansprüche und Bedürfnisse im Feld des Zusammenlebens sich zeigen. Hin und wieder muß abgerechnet und die Bilanz des Erreichten gezogen werden.

(c) *Selbstorganisation*: Die beteiligten Organismen erhalten und variieren ihr Ökosystem in fortlaufender Selbstorganisation. In zirkulärer Weise arbeitet sich der ökologische Zusammenhang an Differenzen ab. Es sind die sozialen Differenzen, die die Dynamik in der Ökologie menschlichen Zusammenlebens erzeugen und bestimmen. Die gesellschaftliche Selbstorganisation erfolgt im wesentlichen durch wirtschaftliche, politische und kulturelle Tätigkeiten. Sozialarbeit erscheint in diesem Rahmen als eine spezifische Bezugnahme auf problematische interne Zustände der Gesellschaft.

(d) *Lebenslage*: Die Lebenslage eines Menschen als Ergebnis eines zirkulären Prozesses läßt sich nach Wendt mit den vier Dimensionen *Lebensgeschichte*, *Perspektiven*, *Innenwelt* und *Umwelt* beschreiben. Die dazu erhobenen Daten sind jeweils vom Sozialarbeiter und vom Klienten zusammen einzuschätzen. Diese gemeinsame Einschätzung („assessment") bildet die Grundlage für das weitere Handeln. Das Konzept der Lebenslage erfüllt für Wendt seinen Zweck darin und hilft, die aktuellen Verwicklungen von Menschen ziemlich weitgehend und vielseitig „aufzudröseln", damit diese Menschen beim Weiterweben ihres eigenen Lebens mit den Fäden wieder besser zurechtkommen.

(e) *Nischen und Kompetenzen*: Eine Nische bedeutet eine von einem Lebewesen aktiv unterhaltene Konstellation von Beziehungen, mit denen von ihm Freiheiten genutzt werden, welche ein Lebensraum samt allem, was ihm angehört, der bestimmten Lebensform bzw. ihren individuellen Ausprägungen läßt. Die Nische bezeichnet den für ein Lebewesen relevanten Ausschnitt aus der sozialen Realität als sein aktives Handlungsfeld, im Unterschied zum allgemeinen Verständnis von Nische als einem überlassenen Schlupfwinkel. Aktiv sind die Lebewesen in diesem Handlungsfeld über die Kompetenzen. Diese bestehen aus einer Einheit aus Gelegenheiten und Fähigkeiten, die notwendig sind, um Lebensprobleme zu bewältigen.

(f) *Ressourcen*: Eine Ressource läßt sich sehen als ein Vermögen in einer bestimmten Beziehung, in der dieses Vermögen durch geeignete Verfahren nutzbar oder zu Nutzungen herangezogen wird. Sozial und ökologisch gleichermaßen bedeutsam ist die Strategie des Umgangs mit Ressourcen.

(g) *Bewältigung* („coping"): Die Prinzipien des Haushaltens, der Selbstorganisation und der Kompetenz führen zu einem Verständnis von aktivem Bewältigungsverhalten, das weit über die traditionellen Unterstützungskonzepte hinausgeht. Die Strategie der Sozialarbeit hat von den Stärken (im Sinne von Ressourcen) der Einzelpersonen, Familien und Gruppen auszugehen und ist nicht distributiv-konsumtiv wie in der herkömmlichen Sozialarbeit, sondern produktiv.

(h) *Unterstützung*: Die Selbstsorge von Menschen bezieht soziale Leistungen ein, die in der Familie, durch soziale Institutionen und im gesellschaftlichen Verkehr insgesamt erbracht werden. Durch instrumentelle und informelle Unterstützung, durch Bewertungsvorgänge sowie durch emotionale und soziale Unterstützung wird die selbstorganisierte Lebensbewältigung genährt und werden Schwächen kompensiert.

(i) *Vernetzung*: Jeder Mensch lebt in einem Netz, d.h. in einem Geflecht informeller und formeller Verknüpfungen zwischen handelnden Menschen. Die Netze können von den Menschen innerhalb und außerhalb des Netzes recht unterschiedlich – als konstruktiv oder belastend – bewertet werden (Wendt 1990, 21-78).

(3) *Humanökosystem, Selbstmanagement und Management der Sozialen Arbeit*: Nach Wendt bedarf jede wissenschaftliche Ökologie einer Modellbildung des von ihr erkannten und zu analysierenden komplexen Zusammenhanges. Mit Hilfe der *Systemtheorie* können die Grundzüge – *Struktur* und *Prozeß* – des Haushalts veranschaulicht werden. Ein „*Humanökosystem*" besteht nach Wendt auf einer materiellen Basis aus Komponenten (Einzelpersonen und Gruppen), die in Austauschprozessen verschiedener Art zirkulär aufeinander angewiesen sind und gemeinsam durch interne Regulation und Reproduktion ein differenziert funktionierendes Ganzes bilden: die Gesellschaft mit ihren Teilsystemen „Wirtschaft", „Politik" und

„Kultur" (Wendt 1990, 78f.). Zu unterscheiden sind Makro-, Meso- und Mikrosysteme. Wendt verbindet systemische und lebensweltliche Orientierung und verteidigt diese Vermischung als „pragmatische Indifferenz" (ebd. 1990, 86).

In früheren Zeiten fielen die *individuelle und die soziale Lebensführung* („life management") nach Meinung Wendts zusammen; man brauchte und konnte sie nicht voneinander scheiden. In der modernen Zeit ist das anders: Die soziale Lebensführung wird weithin von Systemen (z.B. Rechts-, Sicherungs- und Dienstleistungssystemen) geregelt, und in der alltäglichen Ausgestaltung der persönlichen Lebensführung werden diese Systeme von den einzelnen beansprucht. Die *persönliche Lebensführung* („Selbstmanagement") schließt nach Wendt die Fähigkeit ein, sich in diesen Systemen zurechtzufinden, d.h. z.B. im Bildungssystem voranzukommen, im Beschäftigungssystem einen Arbeitsplatz zu finden und finanziell Bescheid zu wissen. Das *Unterstützungsmanagement* („case management") kann nach Wendt verstanden werden als eine Antwort aus dem sozialen Dienstleistungssektor auf die zu geringen Chancen vieler Menschen, bei ihrem „life management" allein mit den Mitteln und Möglichkeiten des sozialen (und gesundheitlichen) Versorgungssystems zurechtzukommen.

Für die Soziale Arbeit folgert Wendt daraus, daß sie in der Arbeit mit einzelnen, mit Gruppen und im Gemeinwesen aufzuklären hat, was im lebensweltlichen Rahmen geleistet und was systemisch angegangen werden muß, und daß alle Seiten des Prozesses wahrzunehmen sind, in dem sich die einzelnen Menschen, die Gruppen und das Gemeinwesen entwickeln.

Sozialarbeit geschieht nach Wendt innerhalb eines Haushalts des Gemeinwesens in Form von beruflich und dienstlich abgesteckten Bewältigungsverfahren. *SozialarbeiterInnen* müssen *GeneralistInnen* in der Problembearbeitung sein und dabei die Tätigkeiten von SpezialistInnen verschiedener Gebiete integrieren und koordinieren. Sinn- und Werterfahrungen gehören zum Leben im Haus dazu. Daher muß die Sozialarbeit im ökosozialen Kontext auch hermeneutische Aufgaben übernehmen (ebd., 114). Die Ökologie des Miteinanderlebens und -auskommens verlangt ein konzeptionsorientiertes Handeln; Planen, Organisieren und Kontrollieren gehören zum Lebensmanagement.

Zur methodischen Gestaltung des Lebensmanagements durch die Soziale Arbeit greift Wendt auf Managementtheorien aus der Betriebswirtschaft zurück. Er unterscheidet dabei zwischen verschiedenen Formen und Aufgaben des Managements in der Sozialen Arbeit. Zwei wichtige Formen sind für ihn das *Einflußmanagement* und das *Unterstützungsmanagement*. Einflußmanagement zielt auf Einflußnahme mittels Öffentlichkeitsarbeit, Social Marketing, politischer Gremienarbeit usw. bei politischen Entscheidungen hin, während das Unterstützungsmanagement die Arbeitsmethode bei der Sozialen Arbeit mit einzelnen und Familien ist. Wendt beschreibt sechs Phasen des „Case Managements", die bei ihrer Anwendung selbstverständlich auf die Gegebenheiten des Einzelfalles zugeschnitten werden müssen:

(a) Finde-Phase (Einstieg, „Engaging", „Intake"),

(b) Einschätzung und Bewertung („Assessment"),

(c) Planung und Ressourcenvermittlung,

(d) Management der Durchführung von Unterstützung,

(e) Kontrolle und Evaluation,

(f) Beendigung (ebd., 151-166; 1995a).

Im Management der sozialen Unterstützung einzelner, von Gruppen und bürgerschaftlichem Engagement bleibt die berufliche Sozialarbeit nach Meinung Wendts in ihrer genuin sozialen Funktion erhalten.

(4) *Moralische Ökonomie und Ethos der Sozialarbeit*: In der Praxis erfüllt für Wendt die Soziale Arbeit die verschiedensten Aufgaben. Daher fragt er: Was macht in dieser Vielfalt das „*Proprium der Sozialarbeit*" aus? Was charakterisiert die Soziale Arbeit als Soziale Arbeit? In den Überlegungen zur moralischen Ökonomie geht Wendt mehrere Antwortmöglichkeiten durch. Für ihn reichen *persönliche Motive der Helfenden als Antwort nicht* aus. Sie ändern sich leicht und sind nicht allgemein.

> „Mit dem Anspruch auf *Allgemeinverbindlichkeit* sagt uns die Moral, daß soziales Engagement unerläßlich sei. Die christliche Moral fordert tätige Nächstenliebe. Eine aufgeklärte (kantianische) Moral verlangt Pflichterfüllung dergestalt, daß aus ‚Achtung für die Vernunft' gehandelt wird, – und es ist zweifellos vernünftig, anderen vernünftigen oder potentiell vernunftbegabten Menschen auf vernünftige Weise zu helfen und möglichst auch beizutragen zum Bau einer vernünftigen Gesellschaft. ... Die eine wie die andere Moral beruft sich auf Zusammengehörigkeit" (ebd., 208).

Aus *Zusammengehörigkeit* folgt für Wendt *Solidarität*. Dieser Begriff erfüllt für ihn faktisch nur eine ideologische Funktion und erklärt nichts. Aus einem Bekenntnis zur Brüderlichkeit oder zum Gemeinsinn erwächst für ihn noch keine konkrete Soziale Arbeit.

> „Die anfangs als Leerformel auftretende Parole ‚Solidarität' hält uns kraft ihrer öffentlichen Vertretung in einem zirkulären Prozeß dazu an, den Begriff zu füllen und Solidariät zu üben, im historischen Fortschritt solidarisch zu werden mit immer mehr Menschen, wie unterschiedlich sie sein mögen in ihrer Gruppen-, Schicht- und Rassenzugehörigkeit" (ebd., 209).

Die Soziale Arbeit reklamiert nach Wendt Solidarität dort, wo sie praktisch fehlt. Solidarität kann für Wendt „füglich nicht der Beweggrund für Sozialarbeit sein, den wir suchen" (ebd., 209). Für Wendt erweisen sich außerdem die allgemeinen Forderungen nach *Verteilungsgerechtigkeit* und Behebung von Not als *Leerformeln* angesichts der Fakten des individuellen Daseins und des Alltags im menschlichen Zusammenleben (ebd., 212). Wendt resümiert, keiner sollte von einer Wissenschaft der Sozialen Arbeit erwarten, daß sie ein einheitliches Sachprogramm für das berufliche Handeln fertigbringt und objektiv begründet. „Darauf kann auch das ökosoziale Konzept nicht aus sein. Der Eigensinn der Leute und die Wechselfälle des Lebens durchkreuzen jedes Programm, somit auch eine Grundlegung von Sozialarbeit in ihm" (ebd., 211). Wendt möchte „auf unser *Gemeinschaftsgefühl* setzen und das Vertrauen, das es hervorruft, pragmatisch zu seiner Fundierung nutzen. ... Das ökosoziale Konzept läuft darauf hinaus, *die soziale Abstimmung* (wie eine Situation einzuschätzen und was zu tun ist) *in den ökologischen Zusammenhängen* zu *begründen*, die am jeweiligen Ort und zur fraglichen Zeit aktuell sind" (ebd., 211f.). Diese Einschätzung soll auf der Basis empirischer Daten, die Ergebnis einer sich nicht unbedingt wertneutral verhaltenden Forschung sind, erfolgen. Der ökonomisch orientierte, auf Verträglichkeit abgestellte soziale Diskurs hat konstruktive objektive Folgen für die an ihm beteiligten Menschen.

Die moralische Ökonomie der Sozialarbeit besteht für Wendt darin, *an dem objektiven Wert einer Verbesserung des Leben-Könnens von Menschen festzuhalten*. Leben-Können ist weithin eine *Gestaltungsaufgabe*: das Einräumen von Aktions- und Entfaltungsmöglichkeiten, die Pflege lebensfreundlicher Orte, die Aktivierung von Lebenskultur und die strukturelle Ermöglichung von Teilnahme und Teilhabe dienen ihm. Die ökologische Konzentration auf problematische Lebenslagen begegnet der intersubjektiven Ausuferung von Bedürfnissen und Besserungsabsichten. Die *SozialarbeiterInnen* nehmen *berufstätig Verantwortung stellvertretend für die Gesellschaft* wahr. „*Aufgabe der Sozialarbeit ist die Konstruktion von Solidarität*, soweit sie sich in Form von Unterstützung realisieren läßt" (ebd., 215). Wendt empfiehlt eine Strategie, die die Menschen wieder zu *Heimisch-Sein und Zugehörigkeit* hinführt (ebd., 218).

Die Frage, worin das *Ethos* einer ökologisch begründeten Sozialen Arbeit liegen kann, beantwortet Wendt wie folgt: Das *Spezifikum Sozialer Arbeit* ist für ihn nicht der persönlich hingebungsvolle Dienst, sondern ist *in einem Zustand des Mangels, der Behinderung* oder *in einer wünschenswerten Erfüllung des Leben-Könnens von Menschen begründet* (ebd., 216). Wendt sagt, daß der Mensch eine Kreatur sei und dem Menschen daher sein sozialer Einsatz ohnedies „*zur Ehre Gottes*" gereiche. Der bedürftige Zustand der uns anvertrauten Schöpfung erfordere in allen einzelnen Belangen – wenigstens kompensatorisch – eine soziale Haushaltung. „An dem Haus und in ihm eine detaillierte und differenzierte Milieuarbeit zu leisten, auf das es vielerlei Mitwirkung erlaubt und verlangt, darin könnte das Ethos einer ökologisch begründeten Sozialarbeit liegen" (ebd., 220f.).

7.6. BEDEUTUNG FÜR DIE SOZIALE ARBEIT

„Ökologie" als Metapher und Paradigma findet seit den siebziger Jahren in der Sozialen Arbeit zunehmend Beachtung. Das ökologische Denkmodell hat individualisierende Denkmodelle herkömmlicher Fürsorgetheorien und Berufsauffassungen weitgehend abgelöst und die Mensch-Umwelt-Beziehung sowie die Mensch-Mensch-Beziehungen in den Mittelpunkt von Theorie und Praxis der Sozialen Arbeit gestellt. Die ökologische Perspektive in der Sozialen Arbeit haben in den achtziger Jahren vor allem Carel B. Germain und Alex Gitterman mit ihrem „Life Model" (Germain/Gitterman 1983) entworfen und publik gemacht. Die Rezeption dieses amerikanischen Modells hierzulande geht entscheidend auf die Expertise von Louis Lowy zurück (Lowy 1983). Das pragmatisch gehaltene Buch von Germain und Gitterman mit seinen einfachen Thesen wird m.W. in der Lehre vor allem zur Vermittlung beruflicher Handlungsmethoden der Sozialen Arbeit und weniger zur Theoriediskussion herangezogen; hierbei werden meistens die Arbeiten Wendts sowie der anderen VertreterInnen einer sozialökologisch orientierten Sozialarbeit benutzt, z.b. auch die Arbeiten von Angelika Ehrhardt-Kramer (1989) und Albert Mühlum (1994). Beide Theorie-Bücher zur Ökologie der Sozialen Arbeit von Wendt sind bislang nur einmal aufgelegt worden. Daraus kann eine geringe öffentliche Rezeption seiner Theorie abgeleitet werden, was möglicherweise auch der nicht immer leicht zu verstehenden sprachlichen Gestaltung dieser Texte geschuldet ist. Wendts praxisnahes Buch über „Case Management in der Sozialarbeit" (1995a), in dem das ökosoziale Denkmodell für die Praxis aufbereitet ist, liegt dagegen bereits in zweiter Auflage vor.

Die universitären SozialpädagogInnen ignorieren in ihrer Diskussion über Theorien und Theoriebildung und in ihren Literaturlisten Wendts Entwurf zu einer sozialökologischen Theorie der Sozialarbeit. Das mag vermutlich damit zusammenhängen, daß Wendt sich energisch für die Etablierung einer eigenständigen „Sozialarbeitswissenschaft" einsetzt, immer wieder auf den „Sonderweg der deutschen Sozialpädagogik" hinweist und weder die Erziehungswissenschaft noch die Soziologie als Leitwissenschaft für die Sozialarbeit akzeptiert.

7.7. LITERATUR ZUM VERTIEFEN

Da Wendt frühere Überlegungen und Publikationen zum Thema „Ökologie und Soziale Arbeit" in seinem Buch „Ökosozial denken und handeln. Grundlagen und Anwendungen in der Sozialarbeit" (1990) eingearbeitet hat, empfehle ich dieses Werk zum vertiefenden Studium in seine Theorie der Sozialen Arbeit. Seine beiden Bücher „Case Management in der Sozialarbeit" (1995a) und „Case Management im Sozial- und Gesundheitswesen" (1997) empfehle ich allen, die das Konzept des „Case Management" mit seinen historischen und theoretischen Grundlagen als „einzelfallbezogene Steuerung von Humandiensten" zur Förderung der Zusammenarbeit aller an der Sozialen Arbeit Beteiligten und seine konkreten Umsetzungsmöglichkeiten in der Praxis kennenlernen möchten.

8. Gerecht austauschen – Silvia Staub-Bernasconi (1936*)

„Träume, Utopien und Handlungstheorien müssen an der Praxis, der Erfahrung scheitern können, um neuen Träumen, differenzierteren Utopien, angemesseneren Theorien und menschen- wie gesellschaftsgerechteren Lebensformen Platz zu machen" (Silvia Staub-Bernasconi 1986, 59).

8.1. HISTORISCHER KONTEXT

Von der zweiten Hälfte des 19. Jahrhunderts an empören sich Frauen sowohl in Europa als auch in den USA über das unermeßliche menschliche Elend, das die vom Frühkapitalismus produzierte Massenarmut mit sich gebracht hat. Sie engagieren sich und arbeiten, um durch praktische und konkrete Hilfemaßnahmen die Not zu lindern. Zugleich protestieren diese Frauen aber auch gegen die Art und Weise, wie Kommunen, Staat, Gewerkschaften und Kirchen mit den sozialen Problemen umgehen. Und schließlich protestieren sie gegen ihre eigene Benachteiligung in einer von Männern beherrschten Welt, in der sie weder Stimmrecht haben noch zum Universitätsstudium zugelassen werden. Die Frauen bleiben nicht bei der verbalen Empörung stehen, sondern organisieren sich, um ihre Rechte zu erlangen und die Armut besser zu bekämpfen. Die soziale Frage und die Frauenfrage werden von den Frauen zudem mit dem Verlangen nach Frieden eng verknüpft. Die Frauen- und Friedensbewegungen sowie die Settlement-Bewegung sind Formen, in denen diese Anliegen konkret miteinander verbunden werden. Zugleich werden neue Wege erprobt, um die Massenarmut mit sozialwissenschaftlichen Methoden zu erforschen und ihre Ursachen wissenschaftlich zu reflektieren. Die gemeinsamen Ziele sind Brot und Frieden für alle Menschen. Zentren und herausragende Frauen dieser Bewegungen sind beispielsweise in Chicago Jane Addams und Ellen Starr, in London Henrietta Barnett und Octavia Hill, in Berlin Alice Salomon und Gertrud Bäumer und in Wien Ilse von Arlt.

In der Tradition dieser Frauen der Sozialen Arbeit stehen im deutschsprachigen Raum gegenwärtig beispielsweise Marianne Meinhold in Berlin, Marianne Hege in München, Teresa Bock in Köln, Ruth Brack in Bern und Silvia Staub-Bernasconi in Zürich und Berlin. In herausragender Weise engagieren sie sich über viele Jahre hinweg für Soziale Arbeit in der Praxis, in der wissenschaftlichen Reflexion und in der Ausbildung. Ihr gemeinsames Ziel ist es, Soziale Arbeit über Methodenpluralismus und Methodeneklektizismus hinauszuführen und mit einem neuen – wissenschaftlich und theoretisch fundierten – Selbstbewußtsein auszustatten.

Im einzelnen engagieren sich Frauen in der Sozialen Arbeit während der letzten Jahrzehnte

(a) gegen eine Mißachtung des Individuums zugunsten einer Gesellschaftsveränderung wie sie durch viele Theorien zur Sozialen Arbeit in den siebziger Jahren vertreten wird,

(b) gegen eine Vernachlässigung gesellschaftlicher Aspekte und der Machtfragen in der Sozialen Arbeit wie sie in den herkömmlichen Fürsorgetheorien verbreitet ist,

(c) gegen eine praxisferne wissenschaftliche Reflexion Sozialer Arbeit wie sie von Nicht-SozialarbeiterInnen (PsychologInnen, PolitologInnen, SoziologInnen usw.) betrieben wird,

(d) gegen eine Ausgrenzung der Frauen in der Sozialen Arbeit von leitenden Positionen in der Praxis und in der Ausbildung, wie sie von Männern praktiziert wird,

(e) gegen den Zwang, daß Soziale Arbeit sich dauernd – auf unwürdige Weise – für ihre Existenz rechtfertigen muß.

Silvia Staub-Bernasconi und Johann Heinrich Pestalozzi haben gemeinsam Zürich als Geburtsort; 190 Jahre liegen allerdings dazwischen. Zürich ist heute die größte Stadt der Schweiz und wirtschaftlicher Mittelpunkt des Landes. Sein internationaler Flughafen steht zugleich für die Internationalität der Stadt. Die Ausbildung der SozialarbeiterInnen findet in der Schweiz an eigenen Schulen für Sozialarbeit statt. Übergreifende Ausbildungsziele, Ausbildungsbedingungen und Inhalte der Ausbildung werden durch die Schweizerische Arbeitsgemeinschaft der Schulen für Soziale Arbeit (Sassa), die ihren Sitz in Zürich hat, festgelegt. Zur Zeit erhalten die Schulen für Soziale Arbeit den Status von Fachhochschulen – wie in Deutschland und Österreich.

8.2.   BIOGRAPHISCHER KONTEXT

Silvia Staub-Bernasconi wird 1936 in Zürich (Schweiz) geboren. Nach ihrer Ausbildung zur Sozialarbeiterin an der Schule für Soziale Arbeit in Zürich studiert sie als UNO-Stipendiatin Social Work in den USA, unter anderem an der University of Minnesota, Minneapolis, bei Gisela Konopka und an der University of Columbia in New York bei William Schwartz. Ihr anschließendes Studium der Soziologie, Sozialethik und Pädagogik an der Universität Zürich schließt sie mit der Promotion zur Dr. phil. ab. Als Sozialarbeiterin ist sie in der Streetwork mit Straßenjugendlichen, im Sozialdienst und in Projekten im Jugend- und Ausländerbereich tätig.
Von 1967 an ist Staub-Bernasconi Dozentin an der Schule für Soziale Arbeit in Zürich. Viele Impulse für ihre wissenschaftliche Arbeit erhält sie aus der

Begegnung mit den Studierenden und aus dem DozentInnenteam, insbesondere von Werner Obrecht (1993, 1994, 1996a,b). Neben zahlreichen Vorträgen im In- und Ausland und Publikationen nimmt sie Lehraufträge über theoretische Ansätze der Sozialen Arbeit an den Universitäten Trier und Siegen (Deutschland) und am Lehrstuhl für Sozialarbeit in Fribourg (Schweiz) wahr; außerdem ist sie Dozentin und Mitglied des Leitungsteams des „Interdisziplinären Universitätslehrganges für Sozialwirtschaft, Management und Organisation Sozialer Dienste" (Ismos) der Wirtschaftsuniversität Wien. Seit 1994 ist sie zweite Vorsitzende der Deutschen Gesellschaft für Sozialarbeit und leitet die Theorie-Arbeitsgemeinschaft der Gesellschaft.

1996 habilitiert sie sich am Institut für Sozialpädagogik der Technischen Universität Berlin, und im gleichen Jahr wird sie Titularprofessorin der Universität Fribourg (Schweiz). Seit 1998 ist sie Professorin an der Technischen Universität Berlin.

Staub-Bernasconi hält während all dieser Jahre enge Verbindungen zur Praxis der Sozialen Arbeit: Sie ist im schweizerischen Frauenrat für Außenpolitik sowie Gründungs- und Redaktionsmitglied der „Olympe – Feministische Arbeitshefte zur Politik". Zudem ist sie an einem mehrjährigen Handlungsforschungsprojekt über interkulturelle Konflikte und Gewalt im öffentlichen Raum, ferner in einem interkulturellen Begegnungszentrum für MigrantInnen in Zürich, in mehreren schweizerischen Frauenprojekten und in verschiedenen internationalen Projekten engagiert, in denen es um die Bearbeitung sozialer Probleme geht.

Mit ihrer Dissertation „Soziale Probleme – Dimensionen ihrer Artikulation. Umrisse einer Theorie Sozialer Probleme als Beitrag zu einem theoretischen Bezugsrahmen Sozialer Arbeit" (1983b) legt Staub-Bernasconi 1983 das Fundament für den Aufbau einer eigenen Theorie. In der Publikation „Soziale Arbeit als eine besondere Art des Umgangs mit Menschen, Dingen und Ideen" (1986) umreißt sie erstmals die Konturen ihrer Theorie Sozialer Arbeit auf einer handlungstheoretischen Wissensbasis. Eine überarbeitete Fassung legt sie 1994 in ihrem Aufsatz „Soziale Probleme – Soziale Arbeit – Soziale Praxis" (Staub-Bernasconi 1994) vor. In zahlreichen weiteren Publikationen wie auch in Vorträgen entwickelt Staub-Bernasconi sowohl einzelne Aspekte und/oder Elemente als auch ihre gesamte Theorie weiter. In ihrem Buch „Systemtheorie, soziale Probleme und Soziale Arbeit: lokal, national, international oder: vom Ende der Bescheidenheit" (1995a) stellt sie weitere Beiträge zu ihrer Theoriebildung zusammen.

8.3. FORSCHUNGSGEGENSTAND UND -INTERESSE

Als „gelernte Sozialarbeiterin" wehrt sich Staub-Bernasconi gegen den Gedanken, daß der „Werkzeugkoffer der Sozialen Arbeit" leer sei und SozialarbeiterInnen deshalb für ihre Arbeit „Hilfe von außen" holen müßten. Sie bezweifelt entsprechende Positionen und erforscht mit diesem Erkenntnisinteresse die internationale Wissens- und Methodengeschichte der Sozialen Arbeit. Dabei stellt sie fest, daß der Werkzeugkoffer der Sozialen Arbeit viel voller ist, als immer behauptet wird, und daß es außerdem eine gehaltvolle und umfangreiche nationale und internationale Literatur zur Sozialen Arbeit gibt, die – da vielfach vergessen oder verschwiegen – nur wieder entdeckt werden muß. Nach diesen Erkenntnissen fragt Staub-Bernasconi: „Was hindert uns daran, die Entwicklung unseres beruflichen Wissens wieder in die eigenen Hände zu nehmen oder zumindest unüberhörbar problem-, im Unterschied zu prestigebezogenes Wissen zu fordern?" (Staub-Bernasconi 1986, 2f.). Staub-Bernasconi will darum einen Prozeß der Selbstreflexion in der Sozialen Arbeit in Gang bringen und zugleich einen Weg aus der theoretischen Verlegenheit der Sozialen Arbeit zeigen.

Die Soziale Arbeit ist für Staub-Bernasconi eine „sozial gebündelte, reflexive wie tätige Antwort auf bestimmte Realitäten, die als sozial und kulturell problematisch bewertet werden" (Staub-Bernasconi 1991, 3). Dieses Verständnis der Sozialen Arbeit führt bei ihr zu einer Fülle von Forschungsgegenständen und -interessen: soziale Probleme, Soziale Arbeit als Gegenstand von Theorie, Wissenschaft und Handlungstheorie; Soziale Arbeit und Systemtheorie; Methodengeschichte der Sozialen Arbeit; Macht und Ermächtigung; Interkulturelle Arbeit; Verständigung und Gewalt – Rassismus; Soziale Arbeit, Frauen und Europa; Soziale Arbeit und Ökonomie – Sozialverträglichkeit der Wirtschaft; frühe Sozialarbeitstheoretikerinnen.

8.4.   WISSENSCHAFTSVERSTÄNDNIS

Soziale Arbeit kommt nach Staub-Bernasconi nicht ohne Reflexion ihres besonderen gesellschaftlichen Standortes und damit der sehr unterschiedlichen Zugänglichkeit ihrer AkteurInnen, PraktikerInnen und AusbildnerInnen zu den gesellschaftlichen Sektoren wie „Bildung", „Wirtschaft", „Kultur", „Familie" und „Politik" aus. Die Wissenschaft hat mit der Beantwortung der Frage nach dem real Gewordenen, seinen Entstehungs- und Veränderungsbedingungen diese Reflexion zu leisten. Sie erhält dadurch ihren Stellenwert und ihre kritische Funktion auch für die Soziale Arbeit (Staub-Bernasconi 1986, 24). Die Komplexität und Widersprüchlichkeit der Wirklichkeit, mit der es die Soziale Arbeit zu tun hat, erfordert eine Theorie- und Methodenentwicklung, die dieser Herausforderung standhält. Es ist nach einer Wissensbasis zu suchen, die der komplexen Realität Sozialer Arbeit gerecht wird. Ein einzelner theoretischer und methodologischer Zugang kann das nicht leisten. Deshalb plädiert Staub-Bernasconi für eine wissenschaftliche Metatheorie, die mehrere Zugangsmöglichkeiten miteinander verbinden kann.

„Es geht darum, zu wissen, was problematisch ist und deshalb nach verändernder Praxis ruft, warum etwas im Sinne seiner Verursachung problematisch ist, aber auch aufgrund welcher Werte ein Sachverhalt als problematisch beurteilt wird. Es geht aber im weiteren auch darum zu bestimmen, wer, womit, woraufhin und wie etwas zu verändern suchen soll, und dies mit welchem Ergebnis" (ebd., 8).

Folgende Konstruktionselemente einer komplexen Handlungstheorie für die Soziale Arbeit benennt Staub-Bernasconi:

(a) Das *Gegenstandswissen* antwortet auf die Frage: „Was ist los?". Es erfaßt ein Problem in raum-zeitlicher Hinsicht und beantwortet entsprechend die Fragen nach seiner Beschaffenheit, seiner Ereignisgeschichte sowie seiner geographischen und kulturellen Variationsbreite.

(b) Das *Erklärungswissen* antwortet auf die Frage: „Warum ist das so?". Es erhellt die Entstehung eines problematischen Sachverhaltes sowie die Bedingungen seines Fortbestandes oder Wandels.

(c) Das *Wert- oder Kriterienwissen* antwortet auf die Frage: „Woraufhin soll verändert werden?". Dieses – philosophisch-ethische – Wissen (Bilder von erwünschten Sachverhalten und Handlungen) ermöglicht die Be- und Verurteilung problematischer Sachverhalte und Strategien sowie den Entwurf wünschbarer Zustände und Prozesse, welche in Zielformulierungen eingehen.

(d) Das *Verfahrenswissen* antwortet auf die Frage: „Wie kann was verändert werden?". Dieses Wissen gibt an, mit welchen Mitteln und Verfahren problematische Sachverhalte in erwünschte verwandelt werden können, und was in jeder Prozeßphase unter Berücksichtigung der Diagnosen und Erklärungen zu einer Problemsituation zu tun ist.

(e) Das *Evaluationswissen* im Sinne eines konkreten Bezugs einer Handlungssequenz oder eines Prozesses auf die Veränderung oder Erhaltung der Ausgangssituation (des Problems) antwortet auf die Frage: „Was ist geschehen?". Dieses Wissen ist das Produkt einer systematischen empirischen Auswertung zum einen der Haupt- und Nebeneffekte, die bei den davon betroffenen KlientInnen und benachbarten Teilsystemen durch bestimmte Arbeitsweisen erzielt worden ist, und zum anderen der Rückwirkungen auf umfassendere Systeme (ebd., 8f.).

Die Zusammenschau und systematische Verknüpfung dieser fünf Wissensformen bzw. der damit verbundenen Aussagen bezeichnet Staub-Bernasconi als wissenschaftlich begründete Handlungstheorie. Handlungstheorien sind für sie Produkte von sich und ihre Umwelt erfühlenden, wahrnehmenden, deutenden, bewertenden und verändernden Akteuren. Die

Entstehung und die Zielsetzung von Handlungstheorien sind deshalb bei der Diskussion und Anwendung von Handlungstheorien zu berücksichtigen.

8.5. THEORIE

Menschliche Arbeit läßt sich nach Staub-Bernasconi als bewußter, zielgerichteter Umgang mit der Natur und ihren Ressourcen (physikalische, biologische und technische Systeme), Menschen und deren Organisationsformen (psychische und soziale Systeme) und den dabei entstandenen wie entstehenden Ideen (Bedeutungssysteme, Bilder und kulturelle Codes) verstehen (Staub-Bernasconi 1986, 4). Die Industrialisierung als eine neue Form des Umgangs mit menschlicher Arbeit hat im 19. Jahrhundert zu ökonomischer, bildungsmäßiger, psychischer und kultureller Armut von einzelnen, Familien und gesellschaftlichen Gruppen geführt und damit zu vielfältigen sozialen Problemen. Soziale Arbeit ist eine Antwort auf diese sozialen Probleme. Soziale Arbeit reagiert auf soziale Probleme, die mit besonderer Intensität, meist längerer Dauer und vor allem sich mehrfach überlagernd („kumulativ") auftreten. *Soziale Arbeit* ist für Staub-Bernasconi *Umgang mit leidenden Menschen, den damit zusammenhängenden sozialen Organisationsformen, mit Dingen/Ressourcen und mit Ideen.* Das Ziel Sozialer Arbeit ist die Besorgung des ganzen Menschen.

(1) *Prozeß- und Systemtheorie „Menschen-in-der-Gesellschaft"*: Für die wissenschaftliche und zugleich metatheoretische Reflexion sozialer Probleme wendet Staub-Bernasconi das *prozessual-systemische Paradigma* anstelle des atomistisch-substantialistischen Paradigmas an. Die Wirklichkeit des Menschen, der Gesellschaft und der Kultur ist demnach prozessual-systemisch beschaffen, d.h.:

(a) Alles was ist, ist in Bewegung, ist vergänglich und veränderbar und somit Prozessen unterworfen (*Zeitkomponente*).

(b) Alles was ist, ist in Systemen eingewoben und steht somit in Beziehung zueinander (*Raumkomponente*) (Staub-Bernasconi 1983b, 36-181).

Dabei lehnt Staub-Bernasconi sich eng an die wissenschaftlichen Arbeiten von Werner Obrecht und das systemphilosophische und -theoretische Werk von Mario Bunge (in ersten Schriften an Ervin Laslo) an. Nach dem alten, atomistischen Paradigma gibt es kein Ganzes, sondern nur untereinander unverbundene Teile. Das holistische Paradigma kennt im Unterschied zu dem atomistischen Paradigma nur Ganzheiten ohne Teile. Nach dem prozessual-systemischen Paradigma ist das „Ganze" ein *System*, das aus einer Anzahl von Komponenten besteht (Zusammensetzung), die untereinander eine Menge von Beziehungen unterhalten (interne Struktur), die sie untereinander mehr binden als gegenüber anderen „Dingen", so daß sie sich gegenüber anderem abgrenzen (Umwelt). Mit seiner Umwelt ist ein System über jene (schwächeren) Beziehungen verbunden, die seine Komponenten mit Systemen außerhalb von ihm unterhalten (externe Struktur). Die allgemeinste Hypothese heißt nun, daß alles, was existiert, entweder ein System oder eine Komponente eines Systems ist. Die Menge der existierenden Dinge ist das Ergebnis eines räumlich und zeitlich ausgedehnten Differenzierungsprozesses (Evolution/Geschichte). Dieser *Prozeß* beruht auf der Fähigkeit der Systeme bzw. „Dinge" zur „Selbstvereinigung" und zur „Selbstorganisation" und auf dem Auftreten neuer (Emergenz) und dem Verlust alter (Submergenz) Eigenschaften bei der Bildung neuer Systeme (Differenzierung). Es existieren verschiedene Arten von Systemen, die in ihrem Entstehen, Aufbau und Verhalten gesetzeshaft sind (Staub-Bernasconi 1995a, 127f.; Obrecht 1994). *Menschen* sind von Geburt an *Mitglieder sozialer Systeme* und lernen nach und nach, in mehr oder weniger großen Bereichen ihrer Struktur, Funktionen zu übernehmen.

Menschen sind nach Obrecht und Staub-Bernasconi *„selbstwissensfähige Biosysteme" mit* – bezogen auf die Form der Befriedigung – biologischen, psychischen, sozialen und kulturellen *Bedürfnissen,* und sie sind zugleich lernfähige Organismen bezüglich der Gestaltung der Wechselwirkungen von Empfinden, Affekte, Aufmerksamkeit, Gedächtnis, Lernen, Wahrnehmung, Denken und Absicht. Damit knüpfen beide an die bedürfnistheoretische Tradition in der Theoriebildung zur Sozialen Arbeit an (siehe die Ausführungen S. 272ff.).

Wie alle Biosysteme neigen Menschen dazu, in bestimmten Zuständen zu sein, und sie versuchen, wenn dieses nicht der Fall ist, die entstandenen Abweichungen zu kompensieren. Affekte, d.h. Triebe, Emotionen, Gefühle und moralische Empfindungen, zeigen den Mangel an und motivieren zu einem bedürfnisbefriedigenden Verhalten. Die *Befriedigung eines Bedürfnisses* ist sowohl abhängig von der Menge und Verfügbarkeit bedürfnisbefriedigender Güter und Situationen wie auch von der Fertigkeit des Individuums, die faktisch erreichbaren Möglichkeiten zu nutzen und neue zu schaffen. Es kann angenommen werden, daß es Bedürfnisse gibt, die allen Menschen gemeinsam sind, sich aber in Vorrangigkeit und Befriedigungsweisen unterscheiden, die sozialkulturell vermittelt, erlernt und (sozial)politisch ausgehandelt werden, z.B. „physische" Bedürfnisse aufgrund von Stoffwechsel- und Selbsterneuerungsprozessen (Luft, Wasser usw.), Bedürfnis nach physischer Integrität und Unversehrtheit, nach sexueller Aktivität, nach emotionaler Zuwendung, nach Orientierung und Sinn, nach sozialer Anerkennung, Gerechtigkeit usw. (Obrecht 1944, Staub-Bernasconi 1995a, 129f.).

Menschen stehen nach Staub-Bernasconi und Obrecht in ihrem Leben *Problemen der Bedürfnisbefriedigung und der Wunscherfüllung* gegenüber und haben zu *lernen*, innerhalb der Struktur sozialer Systeme und in Kooperation und Konflikt mit anderen Menschen, Lösungen hierfür zu suchen. Diese Aufgabe setzt voraus, daß sich Menschen ein Bild von der (Um-)Welt machen, sie erfassen, beschreiben, bewerten, erklären und das verfügbare Wissen in Pläne und Verhalten zur Veränderung ihrer selbst oder der Umwelt umsetzen.

(2) *Soziale Probleme als Gegenstandsbereich*: Die Unterscheidung und getrennte Institutionalisierung von *Sozialarbeit und Sozialpädagogik* als Fürsorge/Hilfe gegenüber Erziehung/Bildung ist für Staub-Bernasconi auf dem Hintergrund einer systemischen Metatheorie kaum mehr zu begründen, und ebensowenig ist in ihren Augen getrennte Behandlung bedürfnis- und lerntheoretischer Aspekte noch zu halten. Soziale Probleme und die Antworten darauf sind *gemeinsamer Gegenstand* der wissenschaftlichen Reflexion und der Praxis der SozialarbeiterInnen (Staub-Bernasconi 1983b, 11-13, 1995a, 104f.). Soziale Arbeit selbst ist eine *gesellschaftliche Antwort auf soziale Probleme in der Gesellschaft* und hat sich als intervenierende Größe mit kumulativen sozialen Problematiken (Problemkonstellationen), insbesondere mit der kumulativen Wirkung von Ausstattungs-, Beziehungs- und Kriterien-Problemen in Wechselwirkung mit sozialen Behinderungen (Machtstrukturen), auseinanderzusetzen (Staub-Bernasconi 1983b, 224). Gegenstand der Sozialen Arbeit ist die Randständigkeit („*Marginalisierung*"), und zwar in einer mehrfach sich überlagernden Gestalt, z.B. als Armut an materiellen Gütern, als Armut an Gefühlen, als Armut des Bewußtseins, Armut an Symbolen, als Armut der Sprache, als Armut der Kommunikation, als Armut an Macht. Da mehrfache Randständigkeit für Staub-Bernasconi die Folge mehrfacher sozialer *Ausschließungsmechanismen* ist, bilden diese Prozesse und die Systeme, in denen diese Mechanismen stattfinden, insgesamt mit allen daran Beteiligten den Objektbereich der Sozialen Arbeit als Wissenschaft (Staub-Bernasconi 1983a, 26).

Mit dem Begriff „*Problem*" kann nach Staub-Bernasconi bezeichnet werden ein Zustand, mit dem ein Bedürfnisbefriedigung suchendes, zielbewußtes Individuum unzufrieden ist oder/und dafür keine Problemlösung kennt oder/und keinen Zugang zu problemlösungsangemessenen Ressourcen hat. *Soziale Probleme* ergeben sich nach Staub-Bernasconi in einem allgemeinsten Sinne dadurch, daß

> „(a) wir die anderen für unser Überleben, die Befriedigung unserer Bedürfnisse und Wünsche brauchen und die anderen uns ... brauchen,
>
> (b) diese Bedürfnisse unterschiedlich elastisch sind,
>
> (c) wir in sozialen Systemen leben, in denen mit unterschiedlichen, realen wie künstlich hergestellten Knappheiten in bezug auf unterschiedlich elastische Bedürfnisse – die Grundlage für Macht – umgegangen werden muß,

(d) gleichzeitig die individuellen Wünsche grenzenlos sein und mithin deren Erfüllung die Befriedigung der Bedürfnisse anderer Menschen beeinträchtigen können,

(e) wir anderen Leid zufügen oder helfen, andere ausschließen, bekämpfen oder mit ihnen kooperieren können,

(f) wir als lernfähige, bewußte Individuen Probleme überhaupt feststellen, zwischen wahr, richtig und falsch unterscheiden können und innerhalb bestimmter Grenzen frei sind, das Richtige, Wahre oder Falsche zu wählen,

(g) wir schließlich für die Befriedigung unserer Bedürfnisse und Wünsche behindernde oder begrenzende Regeln/Normen durchsetzen und mithin behindernde oder begrenzende Machtstrukturen aufbauen können" (Staub-Bernasconi 1995a, 135).

(3) *Ausstattungs-, Austausch-, Macht- und Kriterienprobleme*: Nach Staub-Bernasconi ist die Tatsache, daß Menschen für ihr Überleben, ihre Existenzsicherung und ihr Wohlbefinden nicht nur auf eine natur- und menschengerechte ökologische Umwelt, sondern auch auf eine menschengerechte Gesellschaft angewiesen sind, nicht nur die Basis für Probleme der individuellen Bedürfnis- und Wunscherfüllung (*Ausstattungsprobleme*), sondern auch Ausgangspunkt für Probleme der Kooperation, der Verständigung, des symmetrischen wie des asymmetrischen Austausches zwischen den Menschen (*Austauschprobleme*) sowie für Probleme der abgesicherten Besitznahme, der unfairen Arbeitsteilung und Herrschaft (*Machtprobleme*) in sozialen Systemen. Die dabei entstehenden Regeln des Zugangs zu und der Verteilung von Ressourcen, sozialen Mitgliedschaften und Positionen und die Werte, Verfahren und vergesellschafteten, öffentlichen Kriterien, welche die entstandenen fairen oder unfairen Verteilungsmuster legitimieren und stützen (*Kriterienprobleme*), sind nach Staub-Bernasconi für eine Gegenstandsbestimmung Sozialer Arbeit ebenfalls von Bedeutung (Staub-Bernasconi 1994, 14):

(I) *Ausstattungsprobleme*: Soziale Ausstattungsprobleme eines Menschen sind die Probleme, die mit der unterschiedlichen Teilhabe an medizinischen, psychischen, sozialen und kulturellen Ressourcen oder Errungenschaften einer Gesellschaft zusammenhängen. Defiziten in der Ausstattung stehen Überschüsse in der Ausstattung gegenüber. Bei Defiziten reicht z.B. die Ausstattung mit Gütern nicht mehr, um den Grundbedarf an Nahrung, Kleidung, Wohnung, aber auch psychischen und sozialen Bedürfnissen zu sichern. Bei Überschüssen liegt die Ausstattung mit Gütern z.B. weit über ein für jeden Lebensbereich notwendiges Maß und kann als „Luxus" bezeichnet werden. Als sozial problematisch sind insbesondere hohe Ausstattungsdefizite und hohe Ausstattungsüberschüsse anzusehen. Diese „Problemrealität" teilt Staub-Bernasconi in sechs Dimensionen auf, in denen soziale Probleme entstehen oder vorhanden sein können:

(a) *körperliche Ausstattung*: Zu dieser Dimension gehören Eigenschaften wie Gesundsein, Unversehrtheit, Geschlecht, Größe, Gewicht, Alter, Hautfarbe, physische Attraktivität, ferner die Funktion der Gehirnstrukturen als Grundlage für Erkenntnis- und Handlungsmöglichkeiten;

(b) *sozioökonomische und sozialökologische Ausstattung*: Diese Dimension bezieht sich auf Bildung, Arbeit, Einkommen, Vermögen als Grundlage für die gesellschaftliche Position eines Menschen, ferner auf Konsum-, Komfort- und soziales Sicherheitsniveau, Wohnsituation, Wohnumwelt als sozialökologische Infrastruktur;

(c) *Ausstattung mit Erkenntniskompetenzen*: Diese Dimension umfaßt die Prozesse des Empfindens, Fühlens, der Aufmerksamkeit, des Lernens, des Denkens, der Begriffsbildung und -verknüpfung einschließlich des Bewertens von Sachverhalten, der Bildung von Zielen und Plänen sowie die Ermöglichung von (Selbst-)Bewußtsein auf der Grundlage der Gehirnfunktionen. Außerdem gehören übergeordnete Grundorientierungen oder Erlebensmodi dazu;

(d) *symbolische Ausstattung*: Diese Dimension bezieht sich auf Begriffe, Aussagen und Aussagesysteme, z.B. in Form von Denkmodellen, Bildern, Symbolen, Theorien, und entspricht dem Bedürfnis nach Sinn und Orientierung im Alltag, im Leben, in der Welt und nach Selbstdefinition;

(e) *Ausstattung mit Handlungskompetenzen*: Dieser Dimension entsprechen Bedürfnisse nach gestaltender, zweckgerichteter Aktivität bzw. nach Handlungskompetenz. Handeln ist für Staub-Bernasconi ein Prozeß, in dessen Rahmen über kognitive Operationen motorische Operationen erzeugt und sequenziert werden; sie unterscheidet routinisiertes, rollenbezogenes und kognitiv-innovativ gesteuertes Verhalten;

(f) *Ausstattung mit sozialen Beziehungen und Mitgliedschaften*: Dieser Dimension entsprechen Bedürfnisse nach körperlichen, sinnstiftenden und produktiven Beziehungen zu anderen Menschen, z.B. nach Verbunden sein, Mitglied sein, Kontakt haben (Staub-Bernasconi 1983b, 119-181; 1994, 15-20).

(II) *Austauschprobleme* (horizontale Organisationsprinzipien): Alle Menschen sind zur Existenzsicherung auf den Austausch mit anderen Menschen und mit ihrer Umwelt angewiesen. Die Ausstattung eines Menschen bietet das Potential für den Austausch mit anderen Menschen. Der Austausch von Gütern, Wissen, Kompetenzen usw. kann symmetrisch sein, d.h. am Ende einer Tauschbeziehung sind beide TauschpartnerInnen in etwa gleichgestellt, oder er erfolgt asymmetrisch, d.h. am Ende der Tauschbeziehungen verfügt der eine über immer mehr und der andere über immer weniger. Soziale Probleme ergeben sich aus solchen asymmetrischen Austauschprozessen, wenn diese zum Nachteil eines Austauschpartners verlaufen.

(III) *Machtprobleme* (vertikale Organisationsprinzipien): Der Zugang zu den verschiedenen Ressourcen und zu Teilsystemen der Gesellschaft (wie Familien, Gemeinden, Regionen oder Organisationen der Bildung/Wissenschaft, Wirtschaft, Politik und Kultur) ist nicht nur von den menschlichen Bedürfnissen und Fähigkeiten, sondern auch von der Verfügung über Machtquellen abhängig. *Machtquellen* sind begehrte Ressourcen, die von Menschen zum Auf- und Abbau von Einfluß und Machtstrukturen eingesetzt werden. Das führt zu vertikalen Differenzierungen der Gesellschaft, d.h. die einen haben mehr und die anderen weniger, die einen können ihre Ziele und Befehle durchsetzen und die anderen müssen gehorchen und Befehle ausführen usw. Wichtige Machtquellen sind physische, körperliche Stärke, Bodenbesitz, ökonomisches Kapital und Bildungskapital, Artikulationsvermögen, gesellschaftliche Stellung und soziale Beziehungen. Regeln zur Verteilung von Macht können begrenzend oder behindernd sein. Bei der Begrenzung bleibt der Zugang zu allen Lebensbereichen zwar grundsätzlich offen, wird aber teilweise begrenzt, um soziale Gerechtigkeit zu ermöglichen. Behinderung schließt einzelne oder Gruppen von der Teilhabe an Ausstattung, Austausch, Macht und/oder Wertfindung aus.

(IV) *Vergesellschafte Werte und Kriterienprobleme*: Werte sind für Staub-Bernasconi von (fast) allen, vielen oder wenigen geteilte Vorstellungen des Wünschbaren bei der Beurteilung von unerwünschten Sachverhalten; sie sind also Elemente einer bestimmten Kultur. Kriterien sind vergesellschafte Werte mit einem mehr oder weniger ausgebauten sozialen Kontrollapparat, um ihre Umsetzung zu ermöglichen und zu überwachen (z.B. die Menschenrechte mit einem minimalen und der Schutz des Eigentums – über das Strafgesetz – mit einem maximal ausgebauten Kontrollapparat). Kriterien für bestimmte Problembereiche können in einer Gesellschaft bestehen oder auch fehlen. Bestehende Kriterien können gerecht, willkürlich oder nicht angewendet werden. Soziale Probleme gibt es dann, wenn Kriterien für bestimmte Problembereiche fehlen oder bestehende Kriterien willkürlich oder nicht angewendet werden. Frauen werden beispielsweise trotz gesetzlich zugesagter Gleichberechtigung im Beruf und Einkommen Männern gegenüber benachteiligt (Staub-Bernasconi 1994, 12-46).

Alle vier Problemkategorien können einzeln oder miteinander *vernetzt und aufeinander bezogen* vorkommen. Was jeweils zutrifft, das muß empirisch erhoben werden. In ihrem Modell entwirft Staub-Bernasconi die menschliche Wirklichkeit unter Einbezug materieller wie geistiger, emotional-intuitiver wie kognitiv-rationaler und produktiver Prozesse sowie fortwährender Austauschbeziehungen. Soziale Probleme bezeichnen nach Staub-Bernasconi Unterschiede, die zwischen Menschen nicht sein müssen. Soziale Probleme sind also das *Ergebnis von Praktiken und Strukturen, die eine befriedigende Bedürfniserfüllung aller Menschen verhindern.*

(4) *Werte und Ziele der Sozialen Arbeit*: Die *Werte und Kriterien*, die nach Staub-Bernasconi *anzustreben* sind, können den einzelnen Problemkategorien zugeordnet werden; das sind beispielsweise für

(I) Ausstattungsprobleme: körperliche Unversehrtheit, Gesundheit, soziale Gerechtigkeit, Rechtsgleichheit, Bewußtheit, Echtheit, Selbstkongruenz, Wahrheit, Richtigkeit, Sinn- und Zweckhaftigkeit, Leistungsfähigkeit, Wertrationalität, Funktionalität, Effizienz und soziale Unentbehrlichkeit, Autonomie als Kontrolle eigener Lebensumstände;

(II) Austauschprobleme (horizontale Organisationsprinzipien): Reziprozität, Austauschgerechtigkeit, Nächstenliebe, herrschaftsfreie Kommunikation, Kooperation und Teilnahme;

(III) Machtprobleme (vertikale Organisationsprinzipien): Begrenzungsmacht als faire Regeln bezüglich Verteilungsgerechtigkeit und integraler Demokratie, Legitimationsverfahren der Machtausübung, Gewaltlosigkeit;

(IV) Kriterienprobleme: Humanität/Menschenwürde, Freiheit, Teilhabe und soziale Gerechtigkeit.

Staub-Bernasconi übernimmt damit Werte, die explizit oder implizit in der UNO-Menschenrechtscharta von 1948 enthalten sind und die Grundlage für die Konzipierung der Sozialen Arbeit als „Menschenrechtsprofession" durch die internationalen Professions- und Ausbildungsvereinigungen (International Association of Schools of Social Work, International Federation of Social Workers) bilden.

Die Ziele der Sozialen Arbeit verbinden individuelle und soziale Werte, nämlich

(a) *individuelle Bedürfnis- und teilweise Wunscherfüllung* im Zusammenhang mit der Erweiterung des Wissens- und Handlungsspektrums als auch nach der Maßgabe der verfügbaren physischen, sozio-materiellen und kulturellen Ressourcen und

(b) *fairer Ausgleich von Rechten und Pflichten zwischen Menschen und sozialen Gruppen*, ferner Regeln der Machtbegrenzung wie der gerechten Machtverteilung als Bedingung für sozialen (familiären, organisationellen, gesellschaftlichen) Frieden (Staub-Bernasconi 1995a, 135f.).

(5) *Professionelles Handeln*: Staub-Bernasconi geht gemäß ihres prozessual-systemischen Theorieverständnisses von problembezogenen Arbeitsweisen in der Praxis Sozialer Arbeit aus und legt ein entsprechendes *professionelles Handlungsmodell* vor. Der Aufbau dieses Handlungsmodells gleicht dem Aufbau ihrer Handlungstheorie Sozialer Arbeit mit den fünf Wissensdimensionen (Gegenstands-, Erklärungs-, Wert-, Verfahrens- und

Evaluationswissen). Die Fragen eröffnen jeweils einen Reflexions- und/ oder Handlungsschritt auf das jeweils vorliegende soziale Problem hin. *Die einzelnen Schritte* sind:

(a) Was? – Beschreibung des sozialen Problems (Daten/Bilder);

(b) Warum? – Erklärung des sozialen Problems durch wissenschaftliche Theorien (z.B. aus den Bezugswissenschaften Medizin, Anthropologie, Psychologie, Soziologie, Ökonomie, Kulturtheorie, Recht usw.);

(c) Woraufhin? – Bewertung des sozialen Problems und wertende Zielsetzung für die Lösung (Bezug zur Philosophie/Sozialphilosophie, Ethik, Theologie usw.);

(d) Wer? – Bestimmung der Subjekte bzw. AkteurInnen, welche in die Problemlösung einbezogen werden sollen und Formulierung von Aufgaben;

(e) Womit? – Bestimmung von Arbeitsweisen (Methoden) bezogen auf Ressourcen;

(f) Wie? – Bestimmung von Handlungsanweisungen (Pläne, Techniken);

(g) Ob? – Auswertungen und Erfolgskontrollen (siehe Staub-Bernasconi 1983c).

Die Arbeitsweisen folgen der Eigenart der sozialen Problematik, um die es jeweils geht; diese sind z.B. bei

(I) Ausstattungsproblemen: Ressourcenerschließung und Anwaltsplanung, Sozialplanung und Sozialpolitik, Bewußtseinsveränderung, Bildung, Modellveränderung, Innovation, Handlungs-, Verhaltens-, Kreativitätstraining, Veränderung des sozialen Beziehungsnetzes und Vermittlung sozialer Kontakte.

(II) Austauschproblemen (horizontale Organisationsprinzipien): Neuorganisation des Austausches und der Vernetzung zwischen bestimmten AustauschpartnerInnen.

(III) Machtproblemen (vertikale Organisationsprinzipien): Neuorganisation der Ressourcenverteilung, Veränderung der Zugangsregeln, Neuorganisation der sozialen Anordnung von Menschen (Mitbestimmung, Mitverwaltung), der kollektivierten Übereinkünfte und der Anwendung von Erzwingungsmacht.

(IV) Kriterienproblemen: Anrufung der gesellschaftlich anerkannten, institutionalisierten Kriterien, Mitwirken beim Schaffen und Verändern von Kriterien (u.a. Menschenrechte, Verfassungen, Gesetze), Aufdecken von Willkür und Anrufen der Öffentlichkeit zur Aufhebung von Willkür.

(6) *Soziale Arbeit als Profession*: Das *berufliche Spezifikum* der Sozialarbeiterin und des Sozialarbeiters ist es, *spezialisierte GeneralistInnen* zu sein, die dank eines metatheoretischen Bezugsrahmens wie desjenigen ei-

ner „Prozeß- und Systemtheorie" an alte und neue soziale Probleme Fragen stellen, altem und neuem Wissen wie Können einen bestimmten Stellenwert geben und damit seine Bedeutung für die Lösung bestimmter Probleme einschätzen. SozialarbeiterInnen können als *„soziale ErfinderInnen" von sozialen Problemlösungen unter schwierigen gesellschaftlichen Bedingungen* mit folgenden *Kompetenzen* betrachtet werden:

(a) Fähigkeit zur Identifizierung sozialer Problematiken auf der individuellen, zwischenmenschlichen wie gesellschaftlichen Ebene und deren Zusammenschau,

(b) Fähigkeit, Prioritäten so zu setzen (nach Leiden, Dringlichkeit, Verursachung, Ressourcen und Kompetenz), daß gehandelt werden kann,

(c) Fähigkeit, Wissen und soziale Phantasie, Motivation und Können, Improvisation und Stabilität beim problemorientierten Arbeiten zu verbinden,

(d) Fähigkeit zur Zusammenarbeit mit Laien, freiwilligen HelferInnen, VertreterInnen anderer sozialer Berufe, PolitikerInnen usw.,

(e) Fähigkeit, die eigene Praxis sozialarbeitswissenschaftlich zu reflektieren und so nicht zuletzt auch für das persönliche Wohlbefinden zu sorgen.

In der Sozialen Arbeit als System- und Handlungstheorie geht es für Staub-Bernasconi um die *komplexe Verknüpfung von Liebe, Macht und Erkenntnis* – eine Kombination, die an die Person der Sozialtätigen hohe Anforderungen stellt. Daß sie nicht unerfüllbar sind, zeigen historische, theoretische wie praktische Vorbilder (Staub-Bernasconi 1995a, 137).

8.6. BEDEUTUNG FÜR DIE SOZIALE ARBEIT

Staub-Bernasconi gehört zu den wenigen VerfasserInnen von Theorien Sozialer Arbeit, die in einer umfassenden Weise den Gegenstand Sozialer Arbeit als Wissenschaft und als Praxis aus eigener beruflicher Erfahrung kennen, reflektieren, eine Metatheorie und eine Objekttheorie entwickeln sowie den Bezug ihrer Theorie zur Praxis und zur Ausbildung herstellen. Die prozessual-systemische Theorie Sozialer Arbeit von Staub-Bernasconi ist durch viele Aufsätze, Vorträge und Workshops von Staub-Bernasconi in der Schweiz, in Deutschland, Österreich und darüber hinaus bekannt. In den deutschen Hand- und Wörterbüchern zur Sozialen Arbeit werden ihre Arbeiten zunehmend erwähnt, nachdem sie viele Jahre lang ignoriert worden sind. Ein Grund für dieses Ignorieren mag in Staub-Bernasconis engagiertem Einsatz für eine eigenständige Wissenschaft Sozialer Arbeit bzw. darin liegen, daß dieser Anspruch erziehungswissenschaftlich fixierte SozialpädagogInnen, die an Machtstellen des Wissenschaftsbetriebes sitzen, nicht „ins Konzept paßt". Viele PraktikerInnen der Sozialen Arbeit entdekken immer häufiger die Theorie der Sozialer Arbeit von Staub-Bernasconi als eine wissenschaftliche und handlungsorientierte Unterstützung für ihren Berufsalltag. Das zeigt sich unter anderem auch darin, daß in vielen sozialen Diensten und Einrichtungen der Sozialen Arbeit Arbeitsmaterialien (z.b. für die Erhebung der sozialen Problematiken und die Ausarbeitung von Handlungsplänen bzw. Hilfeplänen) auf der Grundlage ihrer Theorie erstellt und benutzt werden, einschließlich der Entwicklung von Programmen für die elektronische Datenverarbeitung.

8.7. LITERATUR ZUM VERTIEFEN

Seit der Grundlegung ihrer Theorie in dem Buch „Soziale Probleme – Dimensionen ihrer Artikulation" (1983b) hat Staub-Bernasconi ihren Theorieansatz ständig weiterentwickelt. Sie hat seitdem viele Aufsätze und Abhandlungen geschrieben, in denen sie meistens aber nur einzelne Aspekte ihrer prozessual-systemischen Theorie behandelt. Ich empfehle drei Arbeiten, mit deren Lektüre man sich über die gesamte Theorie Staub-Bernasconis gut informieren kann: zum einen die Publikation aus dem Jahre 1986 „Soziale Arbeit als eine besondere Art des Umgangs mit Menschen, Dingen und Ideen. Zur Entwicklung einer handlungstheoretischen Wissensbasis Sozialer Arbeit" (1986), sodann den Beitrag „Soziale Probleme – soziale Berufe – soziale Praxis" aus dem Jahre 1994 in dem (inzwischen mehrfach aktualisierten) Sammelband, den sie unter dem Titel „Methodisches Handeln in der Sozialen Arbeit" mit Maja Heiner, Marianne Meinhold und Hiltrud von Spiegel herausgegeben hat, und schließlich ihr Buch „Systemtheorie, soziale Probleme und Soziale Arbeit: lokal, national, international oder: vom Ende der Bescheidenheit" (1995a), in dem wichtige Aufsätze aus den letzten Jahren und ein – unvollständiges – Verzeichnis ihrer Publikationen zu finden sind.

Zum Schluß

In der Geschichte der Sozialen Arbeit, das zeigen die hier dargestellten Theorieansätze und Theorien für mich überzeugend, ist nicht nur spontan handelnd auf die sozialen Notlagen reagiert worden, sondern zu allen Zeiten sind soziale Probleme und mögliche Antworten darauf auch reflektiert und die Erkenntnisse in Aussagesysteme zusammengefaßt worden. Soziale Arbeit ist reich an vielfältigen praktischen und mehr oder weniger theoretisch unterlegten Antworten auf soziale Probleme. So diffizil, unübersichtlich, komplex und widersprüchlich wie unsere Lebenswelt ist, so diffizil, unübersichtlich, komplex und widersprüchlich sind auch die Antworten der Sozialen Arbeit (Thiersch 1986, 204). Wie sollte es auch anders sein. Ein großer Reichtum an Alltagswissen, Berufswissen und wissenschaftlichem Wissen zu sozialen Fragen hat sich bis heute angesammelt. Eine Reduktion der Geschichte Sozialer Arbeit auf Armenpflege oder Jugendhilfe verkennt die Vielfalt der epochalen und kulturabhängigen Formen des Umgangs mit sozialen Problemen. Den Reichtum der Geschichte Sozialer Arbeit gilt es zu entdecken und so aufzubereiten, daß er für die Lösung der gegenwärtig anstehenden globalen und regionalen sozialen Probleme genutzt werden kann. Das Alte ist für das Neue fruchtbar zu machen. Das bedeutet: das vorhandene, weit zerstreute nationale und internationale wissenschaftliche Wissen und das Berufs- und Alltagswissen müssen zusammengetragen, gesichtet, geordnet, ausgewertet und weiter entwickelt werden. Dieses ist eine der Aufgaben der Sozialen Arbeit als Wissenschaft. Es ist eine Aufgabe, wie alle anderen Wissenschaften sie auch haben, nämlich die zentrifugale Tendenz allen wissenschaftlichen Wissens durch wiederholte zentripetale Anstrengungen systematisch zusammenzufassen. Und das bedeutet nichts anderes als immer neu wissenschaftliche Theorien zu bilden (siehe Rombach 1974). Dabei kann ein solcher neuer Theorieansatz theoretisch überzeugend und praxistauglich sein, ohne daß damit alle anderen früheren Ansätze für falsch oder untauglich erklärt werden müssen.
Eines zeigen die hier dargestellten Theorieansätze und Theorien allerdings sehr deutlich: Sie können in ihrer Gesamtheit keine eindeutige, sichere und feste professionelle Identität stiften, und sie tun das auch nicht. Die Erkenntnismethoden und Inhalte der einzelnen Theorien unterscheiden sich zu sehr, um das leisten zu können. Und eine schlichte Einteilung der Theorien in „gute" und „schlechte" verbietet sich allein schon wegen der Ambivalenzen und Widersprüche im Alltag Sozialer Arbeit und wegen der Verstrickungen der AutorInnen in die Dialektik von Herrschaft und Emanzipation sozialarbeiterisch-sozialpädagogischen Handelns – mit ihren Auswirkungen auf die jeweils von ihnen entwickelten Theorien (siehe Kappeler 1998). Die Theorien können die Bildung einer professionellen Identität unterstützen, aber die erforderliche persönliche Reflexion und Selbstreflexion der eigenen Tätigkeit und der Sozialen Arbeit insgesamt nicht ersetzen.

Soziale Arbeit ist für Silvia Staub-Bernasconi die einzige Profession, die – im Unterschied zu MitarbeiterInnen von Gewerkschaften, Parteien, sozialen Bewegungen usw. – ihre Verpflichtung zur Solidarität mit den Leidenden in und an der Gesellschaft als auch in und an ihrer Kultur nicht aufgeben kann, ohne ihren Berufsinhalt aufzugeben. Ihr Gegenstand sind soziale Probleme im engen und weiten Sinn und ihre Aufgabe ist die Lösung dieser Probleme. „Soziale Arbeit ist also ... sozial gebündelte, reflexive wie tätige Antwort auf bestimmte Realitäten, die als sozial und kulturell problematisch bewertet werden" (Staub-Bernasconi 1991, 3). Soziale Arbeit als berufliche Praxis zielt auf das Handeln, deshalb ist die Soziale Arbeit als Wissenschaft eine praktische Wissenschaft, die auf das Handeln ausgerichtet sein muß. Handlungen sind komplex, und in den Theorien gilt es folglich, Komplexität zu verarbeiten, statt auf Simplizität zu reduzieren (Staub-Bernasconi 1983b, 182f.). Die Soziale Arbeit verfügt als Handlungswissenschaft über Wissensbestände und wissenschaftlich ausgewiesene und anerkannte Methoden, die die unterschiedlichen Interessen von WissenschaftlerInnen, PraktikerInnen und KlientInnen miteinander verbinden kann. Die bereits vorhandenen Meta- und Objekttheorien sind eine gute Ausgangsposition, um über partikuläre, zum Teil isolierte ad-hoc-Perspektiven und Ansätze hinauszukommen. Da Theorien sich in zirkulär oder spiralförmig verlaufenden Prozessen bilden, sollten WissenschaftlerInnen weiter an dem Vorhandenen arbeiten und nicht ständig auf neue Ansätze und Anfänge ausweichen.

In einer handlungswissenschaftlich orientierten Sozialen Arbeit lassen sich mannigfaltige Aspekte aus unterschiedlichen Disziplinen zusammenbringen. Zusammenbringen und Verknüpfen darf jedoch nicht mit Vereinheitlichen gleichgesetzt werden. Vereinheitlichungsbestrebungen mißachten die qualitative Vielfalt und Differenziertheit des Wirklichen, der Menschen wie der Gesellschaft und ihrer Problematiken (Staub-Bernasconi 1983b, 306). Es gibt nicht einen richtigen Ansatz und sonst lauter falsche, sondern nur das Gespräch der VertreterInnen aller Ansätze miteinander, um gemeinsam Antworten auf die vielen Fragen und Lösungen für die bedrängenden Probleme zu finden. Es ist für mich ein menschliches Problem, wenn man sich (s)einen Ansatz zur ganzen Weisheit macht. Die Idee der Koexistenz, Interaktion und Komplementarität von Theorien wird von SozialwissenschaftlerInnen immer wieder gefordert, aber äußerst selten gelebt. Die Lust an Zweiteilungen, die sich in Alternativen wie „entweder-oder", „richtig oder falsch", „für mich oder gegen mich" und „mein oder dein" ausdrückt, ist weit verbreitet und verhindert eine mögliche und notwendige Konzentration auf das Erforderliche und Gemeinsame.

Soziale Arbeit als Wissenschaft, Praxis und Ausbildung hat eine hoffnungsvolle Zukunft, wenn sie sich jetzt darauf besinnt, was sie aus der Vergangenheit an Ressourcen mitbringt und über welche reichen Ressourcen sie eigentlich verfügt.

Es scheint so zu sein, daß in der Praxis tätige SozialarbeiterInnen von der Sozialen Arbeit als Wissenschaft kaum Unterstützung erwarten; von theoretischen Reflexionen und wissenschaftlichen Theorien halten sie oft wenig. Diese sind ihnen vielfach zu abgehoben und fern ihrer beruflichen Realität. Manche SozialarbeitswissenschaftlerInnen erwarten dagegen sehr viel von einer wissenschaftlichen Reflexion Sozialer Arbeit und einer noch zu entwickelnden Zentraltheorie für die Soziale Arbeit und sind darauf fixiert, daß Soziale Arbeit erst dann eine eigenständige Wissenschaft sein kann, wenn endlich – lang ersehnt wie der erlösende Kuß des Prinzen bei Dornröschen – die Zentraltheorie Sozialer Arbeit gefunden ist, die alles in sich vereint und von allen als die Theorie Sozialer Arbeit anerkannt wird (Lukas 1979, 221). Eine solche Erwartung ist für mich in vierfacher Hinsicht als völlig verfehlt anzusehen:

(a) Es wird die Realität verkannt, daß alle wissenschaftlichen Disziplinen sowohl über mehrere Metatheorien als auch über mehrere Objekttheorien verfügen, die nebeneinander benutzt werden.

(b) Der Reichtum, über den die Soziale Arbeit nachgewiesenermaßen verfügt, wird nicht wahrgenommen, oder aber das Wahrgenommene wird mißachtet.

(c) Der Prozeß der wissenschaftlichen Ausdifferenzierung der Organisationselemente einer Handlungswissenschaft Soziale Arbeit – mit Gegenstandsbereich, Erkenntnismethoden, Theoriebildung, Forschung sowie Wertsetzungen – muß nicht erst noch begonnen werden, sondern ist bereits weit fortgeschritten.

(d) Zentrale Theorien sind charakteristisch für Einheitswissenschaften und dogmatisch-autoritäre Strukturen. Die Unterordnung jeglicher Fürsorge unter die nationalsozialistische Rassentheorie während des Nazi-Regimes sollte genügend abschrecken.

Vereinheitlichungsbestrebungen mißachten die qualitative Vielfalt und Differenziertheit des Wirklichen, der Menschen wie der Gesellschaft und ihrer Problematiken. Der Komplexität und der systemhaften Verflechtung der sozialen Probleme muß und wird zunehmend auch eine projektorientierte Verschränkung der betroffenen wissenschaftlichen Disziplinen und ihrer Theorien und die Kooperation der zuständigen WissenschaftlerInnen und PraktikerInnen entsprechen. Theorien der Sozialen Arbeit werden daher vermutlich in Zukunft nicht mehr von einzelnen entworfen und entwickkelt, sondern von Gruppen, weil ein Mensch allein damit überfordert ist. „Wir haben noch in den finstersten Zeiten ein Recht," macht Hannah Arendt allerdings aufmerksam, „eine gewisse Erleuchtung zu erwarten. Sie kommt wahrscheinlich weniger von Theorien und Begriffen als von dem ungewissen, flackernden und oft schwachen Licht, das einige Männer und

Frauen durch ihr Leben und Werk unter fast allen Umständen entzünden und auf die Zeitspanne werfen, die ihnen auf Erden gegeben ist" (zit. nach: Young-Bruehl 1991, 12).

Literatur

Ackermann, Karl-Ernst 1983: Die Entwicklung der sozialpädagogischen Fragestellung im Werk von Klaus Mollenhauer. In: Wollenweber, Horst (Hrsg.): Modelle sozialpädagogischer Theoriebildung. Paderborn, München 91-120

Addams, Jane 1902: Democracy and Social Ethics. New York

Addams, Jane 1907: Newer Ideals of Peace. New York

Addams, Jane 1913: Zwanzig Jahre sozialer Frauenarbeit in Chicago. Nebst dem Bildnis der Verfasserin und einem Geleitwort von Alice Salomon. Übersetzt von Else Münsterberg. München

Addams, Jane 1922: Peace and Bread in Time of War. New York

Addams, Jane 1960: A Centennial Reader. New York

Addams, Jane 1981: Twenty Years at Hull House with Autobiographical Notes. New York 1. Aufl.: 1910

Adler, Alfred 1972: Über den nervösen Charakter. Frankfurt a.M. 1. Aufl.: 1928

Adler, Alfred 1973a: Heilen und Bilden. Frankfurt a.M. 1. Aufl.: 1914

Adler, Alfred 1973b: Der Sinn des Lebens. Frankfurt a.M. 1. Aufl.: 1933

Adler, Alfred 1977: Studie über Minderwertigkeit von Organen. Frankfurt a.M. 1. Aufl.: 1907

Adler, Alfred 1979: Das Leben gestalten. Vom Umgang mit Sorgenkindern. Frankfurt a.M. 1. Aufl.: 1930

Adler, Alfred 1980: Praxis und Theorie der Individualpsychologie. Frankfurt a.M. 1. Aufl.: 1930

Adler, Alfred 1981a: Lebenskenntnis. Frankfurt a.M. 1. Aufl.: 1929

Adler, Alfred 1981b: Menschenkenntnis. Frankfurt a.M. 1. Aufl.: 1927

Adler, Alfred 1981c: Individualpsychologie in der Schule. Frankfurt a.M. 1. Aufl.: 1929

Alisch, Lutz-Michael 1983: Sozialpädagogische und sozialarbeitswissenschaftliche Theoriebildung bei Lutz Rössner. In: Wollenweber, Horst (Hrsg.): Modelle sozialpädagogischer Theoriebildung. Paderborn 121-146

Alisch, Lutz-Michael / Rössner, Lutz 1990: Grundlagen der Sozialarbeitswissenschaft und sozialarbeitswissenschaftlichen Forschung. Braunschweig. 2. erweiterte Aufl.

Althaus, Hermann 1937: Nationalsozialistische Volkswohlfahrt. Wesen, Aufgaben und Aufbau. Berlin

Ansbacher, Heinz L. / Ansbacher, Rowena R. 1982: Alfred Adlers Individualpsychologie. Eine systematische Darstellung seiner Lehre in Auszügen aus seinen Schriften. München, Basel

Ansbacher, Heinz L. 1989: Alfred Adlers Sexualtheorien. Frankfurt a.M.

Arlt, Ilse von 1911: Die fachliche Ausbildung sozialer Helferinnen. In: Dokumente des Fortschritts. Internationale Revue 7 (4) 471-474

Arlt, Ilse von 1912: Jugendfürsorge als Frauenberuf. In: Zeitschrift für Kinderforschung (17) 311-316

Arlt, Ilse von 1921: Die Grundlagen der Fürsorge. Wien

Arlt, Ilse von 1925: Armutsforschung. In: Deutsche Zeitschrift für Wohlfahrtspflege 4 (1) 145-153

Arlt, Ilse von 1926: Das Beobachten sozialer Tatsachen. In: Deutsche Zeitschrift für Wohlfahrtspflege 4 (2) 169-173

Arlt, Ilse von 1929: Armutsforschung als Grundlage des Fürsorgeunterrichts. In: Blätter des Deutschen Roten Kreuzes. Wohlfahrt und Sozialhygiene 1 (8) 29-32

Arlt, Ilse von 1930: Armutsforschung. In: Soziale Arbeit 1-3 (28) 48-51

Arlt, Ilse von 1932a: Planmäßige Armutsforschung. In: Soziale Praxis 51/52 (41) 1634-1638

Arlt, Ilse von 1932b: Exakte Armutsforschung als Hilfsmittel in der Fürsorgekrise. In: Keller, Franz (Hrsg.): Jahrbuch der Caritaswissenschaft 1932. Freiburg i.Br. 65-75

Arlt, Ilse von 1950: Nekrolog der ersten österreichischen Fürsorgeschule. In: Österreichisches Wohlfahrtswesen. Monatsblätter für soziale Fürsorge 8, 8-10

Arlt, Ilse von 1958: Wege zu einer Fürsorgewissenschaft. Wien

Bach, Marie Luise 1989: Gertrud Bäumer. Biographische Daten und Texte zu einem Persönlichkeitsbild. Mit einem Vorwort von Line Kossolapow. Weinheim

Barth, Christian M. (Hrsg.) 1977: Thomas Robert Malthus. Das Bevölkerungsgesetz. München

Bartlett, Harriett M. 1979: Grundlagen beruflicher Sozialarbeit. Integrative Elemente einer Handlungstheorie für Sozialarbeiter/Sozialpädagogen. Freiburg i.Br.

Bauer, Rudolph 1986: Vom Roten Kreuz zum Totenkreuz. Zur Wohlfahrtsverbände-Politik im Nationalsozialismus. In: neue praxis 4 (16) 311-321

Bauer, Rudolph 1989: Eine „andere„ Alice Salomon. Die „Begründerin des sozialen Berufs" und die „Reaktionäre – männlich wie weiblich". In: Sozialwissenschaftliche Literatur Rundschau 19 (12) 37-41

Bäumer, Gertrud 1929a: Die historischen und sozialen Voraussetzungen der Sozialpädagogik und die Entwicklung ihrer Theorie. In: Nohl, Herman / Pallat, Ludwig (Hrsg.): Handbuch der Pädagogik, Band 5. Sozialpädagogik. Langensalza. (Reprint 1981) Weinheim, Basel 3-17

Bäumer, Gertrud 1929b: Das Jugendwohlfahrtswesen. In: Nohl, Herman / Pallat, Ludwig (Hrsg.): Handbuch der Pädagogik, Band 5. Sozialpädagogik. Langensalza. (Reprint 1981) Weinheim, Basel 18-26

Bäumer, Gertrud 1929c: Die sozialpädagogische Erzieherschaft und ihre Ausbildung. In: Nohl, Herman / Pallat, Ludwig (Hrsg.): Handbuch der Pädagogik, Band 5. Sozialpädagogik. Langensalza. (Reprint 1981) Weinheim, Basel 209-226

Berger, Manfred 1998: Alice Salomon. Pionierin der sozialen Arbeit und der Frauenbewegung. Frankfurt a.M.

Berndt, Heide 1997: Wissenschaft und Widerspruch – Alice Salomon und die Anfänge von Sozialarbeit und Sozialwissenschaft in Deutschland. Alice-Salomon-Fachhochschule Berlin. Unveröffentlichtes Manuskript

Birtsch, Vera 1996: Heimerziehung. In: Kreft, Dieter / Mielenz, Ingrid (Hrsg.): Wörterbuch Soziale Arbeit. Aufgaben, Praxisfelder, Begriffe und Methoden der Sozialarbeit/Sozialpädagogik. Weinheim, Basel 4., vollständig überarbeitete und erweiterte Aufl. 277ff.

Bismarck, Otto von 1929: Die gesammelten Werke. Bd. 12. Berlin

Böll, Heinrich 1984: Thomas von Aquin. Summa Theologica. In: Raddatz, Fritz J. (Hrsg.): Die ZEIT-Bibliothek der 100 Sachbücher. Frankfurt a.M. 40-45

Böttcher, Hans 1975: Sozialpädagogik im Überblick. Versuch einer systematischen Agogik. Freiburg i.Br.

Bornemann, Ernst 1982: Einführung in das Werk Alfred Adlers. In: Ansbacher, Heinz L. / Ansbacher, Rowena R. 1982: Alfred Adlers Individualpsychologie. Eine systematische Darstellung seiner Lehre in Auszügen aus seinen Schriften. München, Basel 17-39

Buchkremer, Hansjosef 1995: Handbuch Sozialpädagogik. Dimensionen sozialer und gesellschaftlicher Entwicklungen durch Erziehung. Darmstadt

Bullock, Allan 1964: Hitler. Eine Studie über Tyrannei. 2 Bde. Frankfurt a.M.

Chenu, Marie-Dominique 1995: Thomas von Aquin mit Selbstzeugnissen und Bilddokumenten. Reinbek bei Hamburg 7. Aufl., 1. Aufl.: 1960

Cogoy, Renate / Kluge, Irene / Meckler, Brigitte (Hrsg.) 1989: Erinnerung einer Profession. Erziehungsberatung, Jugendhilfe und Nationalsozialismus. Münster i.W.

Corsini, Raymond J. (Hrsg.) 1983: Handbuch der Psychotherapie. 2 Bde. Weinheim, Basel

Deuringer, Karl 1966: Vives, Juan Luis. In: Lexikon für Theologie und Kirche. Bd. X. Freiburg i.Br. 829f.

Deutscher Verein für öffentliche und private Fürsorge (Hrsg.) 1997: Fachlexikon der sozialen Arbeit. Frankfurt a.M. 4. vollständig überarb. Aufl.

Dewe, Bernd / Ferchhoff, Wilfried 1987: Abschied von den Professionen oder die Entzauberung der Experten? Zur Situation der helfenden Berufe in den 80er Jahren. In: Archiv für Wissenschaft und Praxis der sozialen Arbeit 3 (23) 147-182

Dewe, Bernd / Scherr, Albert 1990: Gesellschafts- und kulturtheoretische Bezugspunkte einer Theorie sozialer Arbeit. In: neue praxis 2 (23) 124-143

Dießenbacher, Hartmut / Müller, Albrecht 1987: Wissenschaftstheorie und Sozialpädagogik. In: Eyferth, Hanns / Otto, Hans-Uwe / Thiersch, Hans (Hrsg.): Handbuch zur Sozialarbeit/Sozialpädagogik. Studienausgabe. Neuwied, Darmstadt 1251-1262

dtv-Brockhaus-Lexikon 1982: 20 Bände. Wiesbaden

Dupâquier, J. u.a. (Hrsg.) 1983: Malthus Past and Present. London, New York

Eberhart, Cathy 1995: Jane Addams: Sozialarbeit, Sozialpädagogik und Reformpolitik. Rheinfelden, Berlin

Edelbluth, Theodor 1912: Johann Ludwig Vives' pädagogische Hauptschriften: „Die Erziehung der Christin" und „Über die Wissenschaften" aus dem Lateinischen übersetzt und mit einer Einleitung und erklärenden Anmerkungen versehen. Paderborn

Ehrhardt-Kramer, Angelika 1989: Ökologische Konzepte der Sozialarbeit. In: Archiv für Wissenschaft und Praxis der sozialen Arbeit 4 (18) 219-233

Elias, Norbert 1976: Über den Prozeß der Zivilisation. Soziogenetische und psychogenetische Untersuchungen. 2 Bde. Frankfurt a.M.

Engelke, Ernst 1992: Soziale Arbeit als Wissenschaft. Eine Orientierung. Freiburg i.Br.

Erath, Peter / Göppner, Hans-Jürgen 1996: Einige Thesen zur Begründung und Anlage einer Sozialarbeitswissenschaft. In: Puhl, Ria (Hrsg.): Sozialarbeitswissenschaft: neue Chancen für theoriegeleitete Soziale Arbeit. Weinheim, München 187-204

Erinnern & Schweigen 1990. Zeitschrift für den Deutschen Verein für öffentliche und private Fürsorge. 3. Ausgabe

Erler, Michael 1994: Soziale Arbeit. Ein Lehr- und Arbeitsbuch zu Geschichte, Aufgaben und Theorie. Weinheim, München

Ertl, Ursula 1995: Ilse Arlt. Studien zur Biographie der wenig bekannten Wissenschaftlerin und Begründerin der Fürsorgeausbildung in Österreich. Unveröffentlichte Diplomarbeit an der Fachhochschule Würzburg-Schweinfurt-Aschaffenburg

Eschenburg, Theodor 1984: Otto Fürst von Bismarck. Gedanken und Erinnerungen. In: Raddatz, Fritz J. (Hrsg.): Die ZEIT-Bibliothek der 100 Sachbücher. Frankfurt a.M. 210-212

Euchner, Walter 1989: Einleitung zu den Zwei Abhandlungen über die Regierung. In: Locke, John: Zwei Abhandlungen über die Regierung. Hrsg. und eingeleitet von Walter Euchner. Frankfurt a.M. 9-59

Eyferth, Hanns / Otto, Hans-Uwe / Thiersch, Hans (Hrsg.) 1987: Handbuch zur Sozialarbeit/Sozialpädagogik. Studienausgabe. Neuwied, Darmstadt

Feustel, Adriane (Hrsg.) 1998: Alice Salomon. Frauenemanzipation und soziale Verantwortung. Ausgewählte Schriften in drei Bänden. Neuwied, Kriftel

Fèvre, Louis 1993: Le travail social. Théories et pratiques. Lyon

Geißler, Georg 1979: Herman Nohl. In: Scheuerl, Hans (Hrsg.): Klassiker der Pädagogik. Bd. 2. München 225-240

Germain, Carel B. / Gitterman, Alex 1983: Praktische Sozialarbeit: das „life model„ der sozialen Arbeit. Stuttgart 1. Aufl.: 1980

Grundmann, Herbert (Hrsg.) 1988: Gebhardt – Handbuch der deutschen Geschichte. 22 Bde. München

Gruschka, Andreas (Hrsg.) 1996: Wozu Pädagogik? Die Zukunft bürgerlicher Mündigkeit und öffentlicher Erziehung. Darmstadt

Haag, Fritz / Parow, Eduard / Pongratz, Lieselotte / Rehn, Gerhard 1979: Überlegungen zu einer Metatheorie der Sozialarbeit. In: Otto, Hans-Uwe / Schneider, Siegfried (Hrsg.): Gesellschaftliche Perspektiven der Sozialarbeit. Bd. 1. Neuwied, Darmstadt 167-192

Habermann, Gerd 1994: Der Wohlfahrtsstaat. Die Geschichte eines Irrwegs. Berlin

Hasenclever, Christa 1985: Sozialreform als Emanzipation. In: Sozialwissenschaftliche Literatur Rundschau 11 (8) 31-34

Hebenstreit, Sigurd 1996: Johann Heinrich Pestalozzi. Leben und Schriften. Freiburg i.Br.

Heine, Rudolf 1881: Joh. Ludwig Vives. Ausgewählte pädagogische Schriften. Übersetzt und mit Einleitung und Anmerkungen versehen. Leipzig

Hering, Sabine 1998: KlassikerInnen der Sozialen Arbeit: Gertrud Bäumer. In: rundbrief gilde soziale arbeit – GiSA 1 (52) 58-62

Hirschberger, Johannes 1961: Geschichte der Philosophie. Bd. I: Altertum und Mittelalter. Basel, Freiburg i.Br., Wien

Hirschberger, Johannes 1963: Geschichte der Philosophie. Bd. II: Neuzeit und Gegenwart. Basel, Freiburg i.Br., Wien

Hitler, Adolf 1939: Mein Kampf. Jubiläumsausgabe zum 50. Geburtstag. München

Höffner, Josef 1963: Christliche Gesellschaftslehre. Kevelaer

Hofmann, Hans-Jürgen 1987: Ausmaß und Bedingungen der Neuen Armut. In: neue praxis 2 (17) 181ff.

Hollstein, Walter / Meinhold, Marianne (Hrsg.) 1973: Sozialarbeit unter kapitalistischen Produktionsbedingungen. Frankfurt a.M.

Hollstein-Brinkmann, Heino 1993: Soziale Arbeit und Systemtheorien. Freiburg i.Br.

Holmsten, Georg 1996: Jean-Jacques Rousseau mit Selbstzeugnissen und Bilddokumenten. Reinbek bei Hamburg

Hörster, Roland 1988: Alltagsorientierte Wende in der Pädagogik. Ihre didaktische und ihre sozialwissenschaftliche Pointe. In: neue praxis 5 (18) 376-385

Howe, David 1994: An Introduction to Social Work Theory. Cambridge, Brookfield

Howe, David 1995: Attachment Theory for Social Work Practice. Houndmills, Basingstoke, Hampshire, New York

Kadauke-List, Anne Marie 1989: Erziehungsberatungsstellen im Nationalsozialismus. In: Cogoy, Renate / Kluge, Irene / Meckler, Brigitte (Hrsg.): Erinnerung einer Profession. Erziehungsberatung, Jugendhilfe und Nationalsozialismus. Münster i.W. 182-192

Kappeler, Manfred 1994: Rassismus: Über die Genese einer europäischen Bewußtseinsform. Frankfurt a.M.

Kappeler, Manfred 1999: Rückblicke auf ein sozialpädagogisches Jahrhundert. Essays zur Dialektik von Herrschaft und Emanzipation im sozialpädagogischen Handeln. Frankfurt a.M.

Kerber, Walter / Ertl, Heimo / Heinz, M. (Hrsg.) 1991: Katholische Gesellschaftslehre im Überblick. 100 Jahre Sozialverkündigung der Kirche. Frankfurt a.M.

Khella, Karam 1980a: Theorie und Praxis der Sozialarbeit und Sozialpädagogik. Hamburg

Khella, Karam 1980b: Wörterbuch der Sozialarbeit, Sozialpädagogik und Sonderpädagogik. Hamburg

Khella, Karam 1982: Sozialarbeit von unten. Praktische Methoden fortschrittlicher Sozialarbeit. Hamburg

Khella, Karam 1983a: Einführung in die Sozialarbeit und Sozialpädagogik. Teil 1: Adressaten der Sozialarbeit und Sozialpädagogik. Daten, Analysen, Praxis. Hamburg

Khella, Karam 1983b: Einführung in die Sozialarbeit und Sozialpädagogik. Teil 2: Die soziale Frage in der Bundesrepublik. Hamburg

Kinder, Hermann / Hilgemann, Werner 1991: dtv-Atlas zur Weltgeschichte. 2 Bde. München

Kirchenamt der Evangelischen Kirche in Deutschland u.a. (Hrsg.) 1996: Zur wirtschaftlichen und sozialen Lage in Deutschland. Diskussionsgrundlage für den Konsultationsprozeß über ein gemeinsames Wort der Kirchen. Hannover, Bonn

Klumker, Christian Jasper 1911: Zur Theorie der Armut. In: Zeitschrift für Volkswirtschaftliche Sozialpolitik und Verwaltung. XIX. Band. Wien 1-25

Klumker, Christian Jasper 1918: Fürsorgewesen. Einführung in das Verständnis der Armut und der Armenpflege. Leipzig

Klumker, Christian Jasper 1930: Woran krankt die deutsche Fürsorge der Gegenwart? In: Freie Wohlfahrtspflege 8 (5) 337-343

Klumker, Christian Jasper 1931: Vom Werden deutscher Jugendfürsorge. Zugleich eine Geschichte der deutschen Berufsvormünder. Berlin

Kohlberg, Lawrence 1981: The Philosophy of Moral Development. Moral Stages and the Idea of Justice. New York

Kohlberg, Lawrence 1984: The Psychology of Moral Development. The Nature and Validity of Moral Stages. New York

Kosík, Karel 1967: Die Dialektik des Konkreten. Eine Studie zur Problematik des Menschen und der Welt. Frankfurt a.M.

Kramer, David 1983: Das Fürsorgesystem im Dritten Reich. In: Landwehr, Rolf / Baron, Rüdeger (Hrsg.): Geschichte der Sozialarbeit. Hauptlinien ihrer Entwicklung im 19. und 20. Jahrhundert. Weinheim, Basel 173-217

Kreft, Dieter / Mielenz, Ingrid (Hrsg.) 1996: Wörterbuch Soziale Arbeit. Aufgaben, Praxisfelder, Begriffe und Methoden der Sozialarbeit/Sozialpädagogik. Weinheim, Basel 4., vollständig überarbeitete und erweiterte Aufl.

Krieck, Ernst 1932: Nationalsozialistische Erziehung. Leipzig

Krüger, Heinz-Hermann / Rauschenbach, Thomas (Hrsg.) 1994: Erziehungswissenschaft. Die Disziplin am Beginn einer neuen Epoche. Weinheim, München

Kühn, Dietrich 1986: Entwicklung des Jugend- und Gesundheitsamtes im Nationalsozialismus. In: neue praxis 4 (16) 322-332

Kurz, Heinz D. (Hrsg.) 1991: Adam Smith (1723-1790). Ein Werk und seine Wirkungsgeschichte. Marburg

Landwehr, Rolf / Baron, Rüdeger (Hrsg.) 1991: Geschichte der Sozialarbeit. Hauptlinien ihrer Entwicklung im 19. und 20. Jahrhundert. Weinheim, Basel 1. Aufl. 1983

Lattke, Herbert 1968: Soziale Arbeit und Erziehung in unserer Zeit. In: Röhrs, Hermann (Hrsg.): Die Sozialpädagogik und ihre Theorie. Frankfurt a.M. 111-126

Lehner, Markus 1997: Caritas – Die Soziale Arbeit der Kirche: eine Theoriegeschichte. Freiburg i.Br.

Leitbild des Deutschen Caritasverbandes 1997. In: caritas 7 (98) 343-354

Lepenies, Wolf 1984: Thomas Robert Malthus. Das Bevölkerungsgesetz. In: Raddatz, Fritz J. (Hrsg.): Die ZEIT-Bibliothek der 100 Sachbücher. Frankfurt a.M. 126-129

Liedtke, Max 1979: Johann Heinrich Pestalozzi (1746-1827). In: Scheuerl, Hans (Hrsg.): Klassiker der Pädagogik. Bd. 1. München 170-186

Liedtke, Max 1989: Johann Heinrich Pestalozzi mit Selbstzeugnissen und Bilddokumenten. Reinbek bei Hamburg

Lishman, Joyce (Hrsg.) 1994: Handbook of Theory for Practice Teachers in Social Work. London and Bristol

Locke, John 1989: Zwei Abhandlungen über die Regierung. Hrsg. und eingeleitet von Walter Euchner. Frankfurt a.M. 1. Aufl.: 1690

Lowy, Louis 1983: Sozialarbeit/Sozialpädagogik als Wissenschaft im angloamerikanischen und deutschsprachigen Raum. Stand und Entwicklung. Freiburg i.Br.

Lukas, Helmut 1979: Sozialpädagogik/Sozialarbeitswissenschaft. Entwicklungsstand und Perspektive einer eigenständigen Wissenschaftsdisziplin für das Handlungsfeld Sozialarbeit/Sozialpädagogik. Berlin

Malthus, Thomas R. 1977: Das Bevölkerungsgesetz. Hrsg. und übersetzt von Christian M. Barth. München

Marburger, Helga 1981: Entwicklung und Konzepte der Sozialpädagogik. München

Matthes, Joachim 1979: Soziale Stereotype in der Theorie der Fürsorge. In: Otto, Hans-Uwe / Schneider, Siegfried (Hrsg.): Gesellschaftliche Perspektiven der Sozialarbeit. Bd 1. Neuwied, Darmstadt 193-212

Mayr, Ernst 1997: This is Biology. The Science of the Living World. Cambridge, London

Menschenrechte. Ihr internationaler Schutz. Textausgabe 1979. München

Merten, Roland / Sommerfeld, Peter / Koditek, Thomas (Hrsg.) 1996: Sozialarbeitswissenschaft – Kontroversen und Perspektiven. Neuwied, Kriftel, Berlin

Merten, Roland 1997: Autonomie der Sozialen Arbeit. Zur Funktionsbestimmung als Disziplin und Profession. Weinheim und München

Merten, Roland (Hrsg.) 1998: Sozialarbeit – Sozialpädagogik – Soziale Arbeit: Begriffsbestimmungen in einem unübersichtlichen Feld. Freiburg i.Br.

Mittelstraß, Jürgen (Hrsg.) 1996: Enzyklopädie Philosophie und Wissenschaftstheorie. Band 4: SP-Z. Stuttgart, Weimar

Mollenhauer, Klaus 1973: Bewertung und Kontrolle abweichenden Verhaltens – Aporien bürgerlich-liberaler Pädagogik. In: Giesecke, Hermann (Hrsg.): Offensive Sozialpädagogik. Göttingen 7-23

Mollenhauer, Klaus 1977: Erziehung und Emanzipation. Polemische Skizzen. München 7. Aufl., 1. Aufl.: 1968

Mollenhauer, Klaus 1982: Theorien zum Erziehungsprozeß. Zur Einführung in erziehungswissenschaftliche Fragestellungen. München 4. Aufl., 1. Aufl.: 1972

Mollenhauer, Klaus 1987: Ursprünge der Sozialpädagogik in der industriellen Gesellschaft. Eine Untersuchung zur Struktur sozialpädagogischen Denkens und Handelns. Weinheim, Berlin (Reprint) 1. Aufl.: 1959

Mollenhauer, Klaus 1988: Erziehungswissenschaft und Sozialpädagogik/Sozialarbeit oder „Das Pädagogische" in der Sozialarbeit/Sozialpädagogik. In: Sozialwissenschaftliche Literatur Rundschau 17 (11) 53-58

Mollenhauer, Klaus 1991: Einführung in die Sozialpädagogik. Probleme und Begriffe der Jugendhilfe. Weinheim, Basel 9. Aufl., 1. Aufl.: 1964

Mollenhauer, Klaus 1992: Jugendhilfe. Modernitätsanforderungen und Traditionsbestände für die sozialpädagogische Zukunft. In: Rauschenbach, Thomas / Gängler, Hans (Hrsg.): Soziale Arbeit und Erziehung in der Risikogesellschaft. Neuwied, Kriftel, Berlin 101-117

Mollenhauer, Klaus 1996a: Erziehung. In: Kreft, Dieter / Mielenz, Ingrid (Hrsg.): Wörterbuch Soziale Arbeit. Weinheim, Basel 171f.

Mollenhauer, Klaus 1996b: Erziehungswissenschaft. In: Kreft, Dieter / Mielenz, Ingrid (Hrsg.): Wörterbuch Soziale Arbeit. Weinheim, Basel 181-184

Mollenhauer, Klaus 1996c: Über Mutmaßungen zum „Niedergang" der Allgemeinen Pädagogik – eine Glosse. In: Zeitschrift für Pädagogik 2 (42) 277-285

Mollenhauer, Klaus 1996d: Kinder- und Jugendhilfe. Theorie der Sozialpädagogik – ein thematisch-kritischer Grundriß. In: Zeitschrift für Pädagogik 6 (42) 869-885

Mollenhauer, Klaus / Uhlendorff, Uwe 1992: Sozialpädagogische Diagnosen. Über Jugendliche in schwierigen Lebenslagen. Weinheim, München

Mollenhauer, Klaus / Uhlendorff, Uwe 1995: Sozialpädagogische Diagnosen II. Selbstdeutungen verhaltensschwieriger Jugendlicher als empirische Grundlage für Erziehungspläne. Weinheim, München

Mühlum, Albert 1994: Das ökosoziale Paradigma und die Zukunft der Sozialarbeit. In: Archiv für Wissenschaft und Praxis der sozialen Arbeit 1 (25) 3-21

Mühlum, Albert 1997: Theorien der Sozialarbeit/Sozialpädagogik. In: Deutscher Verein für öffentliche und private Fürsorge (Hrsg.): Fachlexikon der sozialen Arbeit. Frankfurt a.M. 953-956

Mühlum, Albert / Bartholomeyczik, Sabine / Göpel, Eberhard 1997: Sozialarbeitswissenschaft, Pflegewissenschaft, Gesundheitswissenschaft. Freiburg i.Br.

Müller, C. Wolfgang 1987: Soziale Arbeit und ihre Berufe. In: Müller, C. Wolfgang (Hrsg.): Einführung in die Soziale Arbeit. Weinheim, Basel 2. korrigierte Aufl. 9-45

Müller, C. Wolfgang 1988a: Wie Helfen zum Beruf wurde. Band 1: Eine Methodengeschichte der Sozialarbeit 1883-1945. Weinheim, Basel

Müller, C. Wolfgang 1988b: Wie Helfen zum Beruf wurde. Band 2: Eine Methodengeschichte der Sozialarbeit 1945-1985. Weinheim, Basel

Müller, C. Wolfgang 1996: Sozialarbeit/Sozialpädagogik. In: Kreft, Dieter / Mielenz, Ingrid (Hrsg.): Wörterbuch Soziale Arbeit. Aufgaben, Praxisfelder, Begriffe und Methoden der Sozialarbeit/Sozialpädagogik. Weinheim, Basel 503-506

Müller, Siegfried / Otto, Hans-Uwe / Peter, Hilmar / Sünker, Heinz (Hrsg.) 1982: Handlungskompetenz in der Sozialarbeit/Sozialpädagogik I: Interventionsmuster und Praxisanalysen. Bielefeld

Müller, Siegfried / Otto, Hans-Uwe / Peter, Hilmar / Sünker, Heinz (Hrsg.) 1984: Handlungskompetenz in der Sozialarbeit/Sozialpädagogik II: Theoretische Konzepte und gesellschaftliche Strukturen. Bielefeld

Muthesius, Hans 1928: Fürsorgerecht. Enzyklopädie der Rechts- und Staatswissenschaft. Berlin

Muthesius, Hans 1944: Die öffentliche Jugendhilfe im Kriege. In: Deutsches Jugendrecht 4 (-) 113-123

Muthesius, Hans 1950: Reichsjugendwohlfahrtsgesetz. Kommentare. Stuttgart

Muthesius, Hans (Hrsg.) 1958: Alice Salomon. Die Begründerin des sozialen Frauenberufs in Deutschland. Ihr Leben und Werk. Köln

Natorp, Paul 1907: Der Streit um den Begriff der Sozialpädagogik. Wieder abgedruckt in: Wollenweber, Horst (Hrsg.) 1983: Sozialpädagogische Theoriebildung. Quellenband. Paderborn, München 18-35

Natorp, Paul 1922: Gesammelte Abhandlungen zur Sozialpädagogik. 1., 2. und 3. Heft. Stuttgart

Natorp, Paul 1974: Sozialpädagogik. Besorgt von Richard Pippert. Paderborn

Nearing, Scott 1972: Ein Leben gegen den Strom. Die Autobiographie von Scott Nearing. Schaafheim

Neises, Gerd 1968: Christian Jasper Klumker. Schriften zur Jugendhilfe und Fürsorge. Ausgewählt und eingeleitet von Gerd Neises. Frankfurt a.M.

Neue praxis 1995: Hans Thiersch zum 60. Geburtstag. 3 (25)

Niemeyer, Christian 1992: Entstehung und Krise der Weimarer Sozialpädagogik. In: Zeitschrift für Pädagogik 3 (38) 437-453

Niemeyer, Christian / Schröer, Wolfgang / Böhnisch, Lothar (Hrsg.) 1997: Grundlinien Historischer Sozialpädagogik. Traditionsbezüge, Reflexionen und übergangene Diskurse. Weinheim und München

Niemeyer, Christian 1998: Klassiker der Sozialpädagogik. Einführung in die Theoriegeschichte einer Wissenschaft. Weinheim und München

Nohl, Herman 1927: Jugendwohlfahrt. Sozialpädagogische Vorträge von Herman Nohl. Leipzig

Nohl, Herman / Pallat, Ludwig (Hrsg.) 1929: Handbuch der Pädagogik. Bd. 5: Sozialpädagogik. Langensalza. (Reprint 1981) Weinheim, Basel

Nohl, Herman 1965: Aufgaben und Wege der Sozialpädagogik. Vorträge und Aufsätze von Herman Nohl. Vorwort von Elisabeth Blochmann. Kleine pädagogische Texte. Band 35. Hrsg. von Furck, Carl-Ludwig / Geißler, Georg / Klafki, Wolfgang / Siegel, Elisabeth. Weinheim

Nohl, Herman 1967: Herman Nohl. Ausgewählte pädagogische Abhandlungen. Besorgt von Josef Offermann. Paderborn

Nohl, Herman 1970: Charakter und Schicksal. Eine pädagogische Menschenkunde. Frankfurt a.M. 7. Aufl., 1. Aufl.: 1938

Nohl, Herman 1983: Johann Heinrich Pestalozzi 1746-1827. In: Die großen Deutschen. Hrsg. von Herman Heimpel u.a. Bd. 2. Frankfurt a.M., Berlin, Wien 283-299 1. Aufl.: 1935

Nohl, Herman 1988: Die pädagogische Bewegung in Deutschland und ihre Theorie. Die Theorie der Bildung. Frankfurt a.M. 1. Aufl.: 1935

Obrecht 1993: Sozialarbeit und Wissenschaft. Ein Beitrag zur Sozialarbeitstheorie. In: Sozialarbeit 9 (24) 23-38

Obrecht, Werner 1994: Kulturelle Codes und soziale Systeme. Eine naturalistische systemische Metatheorie für die Sozialwissenschaften. Unter besonderer Berücksichtigung der Soziologie. Typoskript. Zürich

Obrecht, Werner 1996a: Sozialarbeitswissenschaft als integrative Handlungswissenschaft. In: Merten, Roland / Sommerfeld, Peter / Koditek, Thomas (Hrsg.): Sozialarbeitswissenschaft – Kontroversen und Perspektiven. Neuwied, Kriftel, Berlin 121-160

Obrecht, Werner 1996b: Ein normatives Modell Rationalen Handelns. Umrisse einer wert- und wissenstheoretischen allgemeinen normativen Handlungstheorie für die Soziale Arbeit. In: Verein zur Förderung Sozialer Arbeit als akademische Disziplin (Hrsg.): Symposium Soziale Arbeit: Beiträge zur Theoriebildung und Forschung in Sozialer Arbeit. Köniz 109-202

Oelkers, Jürgen / Schulz, Wolfgang K. / Tenorth, Heinz-Elmar (Hrsg.) 1989: Neukantianismus. Kulturtheorie, Pädagogik und Philosophie. Weinheim

Olk, Thomas / Otto, Hans-Uwe (Hrsg.) 1987: Soziale Dienste im Wandel 1: Helfen im Sozialstaat. Neuwied, Darmstadt

Olk, Thomas / Otto, Hans-Uwe (Hrsg.) 1989: Soziale Dienste im Wandel 2: Entwürfe sozialpädagogischen Handelns. Neuwied, Darmstadt

Orthbandt, Eberhard 1980: Der Deutsche Verein in der Geschichte der deutschen Fürsorge. Frankfurt a.m.

Orthbandt, Eberhard 1985: Hans Muthesius. Sein Lebenswerk in der sozialen Arbeit. Eine Auswahl aus seinen Schriften mit eingearbeiteter Darstellung der biographischen und zeitgeschichtlichen Zusammenhänge. Frankfurt a.m.

Orywa, Renate / Dröge, Annette 1989: Alice Salomon in ihren Schriften: eine Bibliographie. Hrsg. von der Fachhochschule für Sozialarbeit und Sozialpädagogik Berlin. Berlin

Osterwalder, Fritz 1996: Zum 250. Geburtstag Pestalozzis – rationale Argumentation und Kult des Pädagogischen. In: Zeitschrift für Pädagogik 2 (42) 149-163

Otto, Hans-Uwe / Schneider, Siegfried (Hrsg.) 1979: Gesellschaftliche Perspektiven der Sozialarbeit. 2 Bde. Neuwied, Darmstadt 3. Aufl.

Otto, Hans-Uwe / Sünker, Heinz (Hrsg.) 1986: Soziale Arbeit und Faschismus. Volkspflege und Pädagogik im Nationalsozialismus. Bielefeld

Otto, Hans-Uwe 1995: Hans Thiersch zum 60. Geburtstag. In: neue praxis 3 (25) 214

Payne, Malcolm 1994: Modern Social Work Theory: A Critical Introduction. Houndmills and London 1. Aufl.: 1991

Pestalozzi, Johann Heinrich 1945: Schriften aus der Frühzeit 1765-1783. Zürich

Pestalozzi, Johann Heinrich 1946a: Schriften aus der Zeit 1792-1797. Zürich

Pestalozzi, Johann Heinrich 1946b: Schriften aus den Jahren 1798-1804. Zürich

Pestalozzi, Johann Heinrich 1949a: Schriften aus den Jahren 1805-1826. 1. Teil. Zürich

Pestalozzi, Johann Heinrich 1949b: Schriften aus den Jahren 1805-1826. 2. Teil. Zürich

Peters, Helge 1978: Die Geschichte der sozialen Versicherung. St. Augustin

Peukert, Detlev 1989: Rassismus als Bildungs- und Sozialpolitik. In: Cogoy, Renate / Kluge, Irene / Meckler, Brigitte (Hrsg.): Erinnerung einer Profession. Erziehungsberatung, Jugendhilfe und Nationalsozialismus. Münster i.W. 111-123

Pfaffenberger, Hans (Hrsg.) 1974: Grundbegriffe und Methoden der Sozialarbeit. Neuwied, Berlin 2. durchgesehene Aufl.

Pfüller, Matthias 1983: Theorieansätze einer sich kritisch verstehenden Sozialpädagogik. In: Wollenweber, Horst (Hrsg.): Modelle sozialpädagogischer Theoriebildung. Paderborn, München 147-178

Pippert, Richard 1974: Paul Natorp. Sozialpädagogik. Paderborn

Pippert, Richard 1983: Paul Natorps Sozialpädagogik. In: Wollenweber, Horst (Hrsg.): Sozialpädagogische Theoriebildung. Quellenband. Paderborn, München 11-35

Preyser, Dora 1958: Alice Salomon. Ein Lebensbild. In: Muthesius, Hans (Hrsg.): Alice Salomon. Die Begründerin des sozialen Frauenberufs in Deutschland. Ihr Leben und Werk. Köln

Radler, Rudolf 1982: „Mein Kampf". In: Kindlers Literaturlexikon. Bd V. Weinheim 6155-6158

Rang, Martin 1979: Jean-Jacques Rousseau. In: Scheuerl, Hans (Hrsg.): Klassiker der Pädagogik. Bd. 1. München 116-134

Rattner, Josef 1978: Alfred Adler in Selbstzeugnissen und Bilddokumenten. Reinbek bei Hamburg

Rawls, John 1993: Eine Theorie der Gerechtigkeit. Frankfurt a.M. 1. Aufl.: 1971

Reble, Albert 1981: Geschichte der Pädagogik. Frankfurt a.M., Berlin, Wien

Recktenwald, Horst Claus (Hrsg.) 1993: Adam Smith. Der Wohlstand der Nationen. Eine Untersuchung seiner Natur und seiner Ursachen. München

Reyer, Jürgen 1991: Alte Eugenik und Wohlfahrtspflege. Entwertung und Funktionalisierung der Fürsorge vom Ende des 19. Jahrhunderts bis zur Gegenwart. Freiburg i.Br.

Robertis, Cristina de (Hrsg.) 1993: Le contrat. Un outil pour le travail social. Paris

Rombach, Heinrich 1974: Wissenschaft, Forschung, Theorie. In: Rombach, Heinrich (Hrsg.) Wissenschaftstheorie 2. Freiburg i. Br., Basel, Wien 7-29

Rössner, Lutz 1975: Theorie der Sozialarbeit. Ein Entwurf. München, Basel

Rössner, Lutz 1977: Erziehungs- und Sozialarbeitswissenschaft. München, Basel

Rössner, Lutz 1989: Einleitende Erörterungen zum Theorie-Praxis-Problem. Braunschweig

Rössner, Lutz 1990a: Zur Systematik der Sozialarbeitswissenschaft. In: Alisch, Lutz-Michael / Rössner, Lutz: Grundlagen der Sozialarbeitswissenschaft und sozialarbeitswissenschaftlichen Forschung. Braunschweig 2. erweiterte Aufl. 13-22

Rössner, Lutz 1990b: Anmerkungen zum Technologie-Vorwurf gegenüber einer technologisch orientierten Sozialarbeitswissenschaft. In: Alisch, Lutz-Michael / Rössner, Lutz: Grundlagen der Sozialarbeitswissenschaft und sozialarbeitswissenschaftlichen Forschung. Braunschweig 2. erweiterte Aufl. 71-100

Rössner, Lutz 1992a: Elementar-Einführung in Probleme und Funktionen des Studiums der Sozialarbeitswissenschaft. Braunschweig

Rössner, Lutz 1992b: Kritik der Pädagogik: Konstruktives und Polemisches zu einer Disziplin, die als Wissenschaft soll gelten können. Aachen

Rössner, Lutz 1993: Über Pädagogik und Pädagogen. Skeptisch-polemische Anschlußbetrachtungen. Aachen

Rössner, Lutz 1995: Praktische Ethik für vergnügte Pädagogen. Aachen

Rousseau, Jean-Jacques 1981: Emil oder Über die Erziehung. Paderborn, München, Zürich 1. Aufl.: 1762

Rousseau, Jean-Jacques 1990: Diskurs über die Ungleichheit. Discours sur l'inégalité. Paderborn, München, Zürich 2. durchges. und erg. Aufl., 1. Aufl.: 1755

Rousseau, Jean-Jacques 1995: Politische Schriften. Paderborn, München, Wien, Zürich 1. Aufl.: 1762

Ruhloff, Jörg 1966: Paul Natorps Grundlegung der Pädagogik. Freiburg i.Br.

Rünger, Helmut 1964: Einführung in die Sozialpädagogik. Witten

Sachße, Christoph 1983: Fremdhilfe als Selbsthilfe – Die bürgerliche Frauenbewegung und die Entstehung beruflicher Sozialarbeit. In: neue praxis 1 (13) 30-36

Sachße, Christoph 1985: Sozialreform als Emanzipation. In: Sozialwissenschaftliche Literatur Rundschau 11 (8) 25-30

Sachße, Christoph 1986: Mütterlichkeit als Beruf. Sozialarbeit, Sozialreform und Frauenbewegung 1871-1929. Frankfurt a.M.

Sachße, Christoph / Tennstedt, Florian 1980: Geschichte der Armenfürsorge in Deutschland: Vom Spätmittelalter bis zum Ersten Weltkrieg. Stuttgart, Berlin, Köln, Mainz

Sachße, Christoph / Tennstedt, Florian 1988: Geschichte der Armenfürsorge in Deutschland Bd. 2: Fürsorge und Wohlfahrtspflege 1871 bis 1929. Stuttgart, Berlin, Köln, Mainz

Sachße, Christoph / Tennstedt, Florian 1992: Geschichte der Armenfürsorge in Deutschland Bd. 3: Der Wohlfahrtsstaat im Nationalsozialismus. Stuttgart, Berlin, Köln, Mainz

Salomon, Alice 1917: Soziale Frauenbildung und soziale Berufsarbeit. Leipzig, Berlin

Salomon, Alice 1926: Soziale Diagnose. Berlin

Salomon, Alice 1927: Die Ausbildung zum sozialen Beruf. Berlin

Salomon, Alice 1928: Leitfaden der Wohlfahrtspflege. Berlin 3. Aufl.

Salomon, Alice 1932: Soziale Führer. Ihr Leben, ihre Lehren, ihre Werke. Leipzig

Salomon, Alice 1983: Charakter ist Schicksal. Lebenserinnerungen. Hrsg. von Baron, Rüdeger / Landwehr, Rolf. Weinheim, Basel

Schenk, M. / Chassé, K.A. (Hrsg.) 1991: Bibliographie Hans Pfaffenberger. Berichte und Studien aus der Pädagogischen Abteilung der Universität Trier. Trier

Scherpner, Hans 1974: Theorie der Fürsorge. Hrsg. von Hanna Scherpner. Göttingen 1. Aufl.: 1962

Scherpner, Hans 1979: Geschichte der Jugendfürsorge. Aus dem Nachlaß hrsg. von Hanna Scherpner, mit einem Vorwort von Gerd Neises. Frankfurt a.M. 2. Aufl., 1. Aufl.: 1966

Scherpner, Hans 1984: Studien zur Geschichte der Fürsorge. Aus dem Nachlaß hrsg. von Hanna Scherpner, mit einer Vorbemerkung von Gerd Neises. Frankfurt a.M.

Scheuerl, Hans (Hrsg.) 1979: Klassiker der Pädagogik. Bd. 1 und 2. München

Schille, Hans-Joachim 1997: Zu Einflüssen der Individualpsychologie auf die Sozialpädagogik zwischen 1914 und 1933. In: Niemeyer, Christian / Schröer, Wolfgang / Böhnisch, Lothar (Hrsg.): Grundlinien Historischer Sozialpädagogik. Weinheim und München 217-225

Schilling, Johannes 1997: Soziale Arbeit: Entwicklungslinien der Sozialpädagogik/Sozialarbeit. Neuwied, Kriftel, Berlin

Schmidbauer, Wolfgang 1977: Die hilflosen Helfer. Über die seelische Problematik der helfenden Berufe. Reinbek bei Hamburg

Schmidt, Hans-Ludwig 1981: Theorien der Sozialpädagogik: Kritische Bestandsaufnahme vorliegender Entwürfe und Konturen eines handlungstheoretischen Neuansatzes. Rheinstetten

Schnerb, Robert 1983: Europa im 19. Jahrhundert. Europa als Weltmacht. München

Schrapper, Christian 1993: Hans Muthesius (1885-1977). Ein deutscher Fürsorgejurist und Sozialpolitiker zwischen Kaiserreich und Bundesrepublik. Münster i.W.

Schumann, J. Chr. Gottlob 1899: Leitfaden der Pädagogik. 2. Teil: Geschichte der Pädagogik. Hannover, Berlin

Seidel, Ulrich 1983: Individualpsychologie. In: Corsini, Raymond J. (Hrsg.): Handbuch der Psychotherapie. Bd 1. Weinheim, Basel 390-413

Sekretariat der Deutschen Bischofskonferenz (Hrsg.) 1987: Verlautbarungen des Apostolischen Stuhls 82. Enzyklika „Sollicitudo Rei Socialis" von Papst Johannes Paul II. Bonn

Sekretariat der Ständigen Konferenz der Kultusminister der Länder der Bundesrepublik Deutschland (Hrsg.) 1984: Entwurf. Empfehlungen der Studienreformkommission Pädagogik/Sozialpädagogik/Sozialarbeit. Band 2: Ausbildungsbereich Sozialwesen. Bonn

Sekretariat der Ständigen Konferenz der Kultusminister der Länder der Bundesrepublik Deutschland (Hrsg.) 1988: Rahmenprüfungsordnung Sozialwesen mit Erläuterungen. Bonn

Sekretariat der Ständigen Konferenz der Kultusminister der Länder der Bundesrepublik Deutschland (Hrsg.) 1989: Rahmenordnung für die Diplomprüfung im Studiengang Erziehungswissenschaft. Bonn

Semprun, Jorge 1995: Schreiben oder Leben. Frankfurt a.M.

Smalley, Ruth E. 1967: Theory for Social Work Practice. Columbia. In Deutsch 1974: Praxisorientierte Theorie der Sozialarbeit. Weinheim und Basel

Smith, Adam 1993: Der Wohlstand der Nationen. Eine Untersuchung seiner Natur und seiner Ursachen. Hrsg. von Horst Claus Recktenwald. München 1. Aufl.: 1776

Smith, Adam 1994: Theorie der ethischen Gefühle. Hrsg. von Walther Eckstein. Mit einer Bibliographie von Günter Gawlik. Hamburg 1. Aufl.: 1759

Sommer, Theo 1994: Stehplatz für Miliarden? In: ZEIT-Punkte. Sonderdruck der ZEIT zum Thema „Weltbevölkerung. Wird der Mensch zur Plage?" Hamburg 4

Staub-Bernasconi, Silvia 1983a: Theoriebezogene Fort- und Weiterbildung in der Sozialarbeit. In: Sozialarbeit 11 (15) 20-36

Staub-Bernasconi, Silvia 1983b: Soziale Probleme – Dimensionen ihrer Artikulation. Umrisse einer Theorie Sozialer Probleme als Beitrag zu einem theoretischen Bezugsrahmen Sozialer Arbeit. Diessenhofen

Staub-Bernasconi, Silvia 1983c: Ein ganzheitliches Methodenkonzept – Wunschtraum? Chance? Notwendigkeit? Problembezogene Arbeitsweisen in der Sozialen Arbeit. In: Staub-Bernasconi, Silvia u.a. (Hrsg.): Theorie und Praxis der Sozialen Arbeit. Entwicklung und Zukunftsperspektiven. Bern, Stuttgart 277-316

Staub-Bernasconi, Silvia 1986: Soziale Arbeit als eine besondere Art des Umgangs mit Menschen, Dingen und Ideen. Zur Entwicklung einer handlungstheoretischen Wissensbasis Sozialer Arbeit. In: Sozialarbeit 10 (18) 2-71

Staub-Bernasconi, Silvia 1989: Soziale Arbeit und Ökologie 100 Jahre vor der ökologischen Wende. Ein Vergleich der theoretischen Beiträge von Jane Addams (1860-1935) und Wolf Rainer Wendt (1982). In: neue praxis 4 (19) 283-309

Staub-Bernasconi, Silvia 1991: Das Selbstverständnis Sozialer Arbeit in Europa: frei von Zukunft – voll von Sorgen? In: Sozialarbeit 2 (23) 2-32

Staub-Bernasconi, Silvia 1994: Soziale Probleme – soziale Berufe – soziale Praxis. In: Heiner, Maja / Meinhold, Marianne / Spiegel, Hiltrud von / Staub-Bernasconi, Silvia: Methodisches Handeln in der Sozialen Arbeit. Freiburg i.Br. 11-101

Staub-Bernasconi, Silvia 1995a: Systemtheorie, soziale Probleme und Soziale Arbeit: lokal, national, international oder: vom Ende der Bescheidenheit. Bern, Stuttgart, Wien

Staub-Bernasconi, Silvia 1995b: Das sanfte Entschwinden einer Nobelpreisträgerin Sozialer Theorie und Arbeit – Jane Addams' Friedenstheorie und -praxis. In: Staub-Bernasconi, Silvia: Systemtheorie, soziale Probleme und Soziale Arbeit: lokal, national, international oder: vom Ende der Bescheidenheit. Bern, Stuttgart, Wien 25-41

Staub-Bernasconi, Silvia 1997: Lebensfreude dank einer wissenschaftsbasierten Bedürfniskunde?! Aktualität und Brisanz einer fast vergessenen Theoretikerin Sozialer Arbeit: Ilse Arlt (1876-1960). In: Sozialarbeit 5 (28) 18-31

Steinhauser, Werner 1996: Ilse von Arlt. Unveröffentlichtes Manuskript. Wien

Störig, Hans Joachim 1989: Kleine Weltgeschichte der Philosophie. Frankfurt a.M.

Stratenwerth, Irene 1990: „Das Gefühl, die Welt ein Stück weiterbringen zu müssen". Jane Addams (1860-1935), Friedensnobelpreis 1931. In: Kerner, Charlotte (Hrsg.): Nicht nur Madame Curie ... Frauen, die den Nobelpreis bekamen. Weinheim, Basel 34-59

Streminger, Gerhard 1989: Adam Smith in Selbstzeugnissen und Bilddokumenten. Reinbek bei Hamburg

Sünker, Heinz 1989: Bildung, Alltag und Subjektivität. Elemente zu einer Theorie der Sozialpädagogik. Weinheim

Sünker, Heinz 1990: Soziale Arbeit im Nationalsozialismus: „Endlösung der sozialen Frage?" In: neue praxis 4 (20) 354-360

Sünker, Heinz (Hrsg.) 1995a: Theorie, Politik und Praxis Sozialer Arbeit. Einführung in Diskurse und Handlungsfelder der Sozialarbeit/Sozialpädagogik. Bielefeld

Sünker, Heinz 1995b: Theoretische Ansätze, gesellschaftspolitische Kontexte und professionelle Perspektiven Sozialer Arbeit. In: Sünker, Heinz (Hrsg.): Theorie, Politik und Praxis Sozialer Arbeit. Einführung in Diskurse und Handlungsfelder der Sozialarbeit/Sozialpädagogik. Bielefeld 72-99

Sünker, Heinz 1996: Soziale Arbeit im Nationalsozialismus. In: Kreft, Dieter / Mielenz, Ingrid (Hrsg.): Wörterbuch Soziale Arbeit. Aufgaben, Praxisfelder, Begriffe und Methoden der Sozialarbeit/Sozialpädagogik. Weinheim, Basel 4. vollständig überarbeitete und erweiterte Aufl. 511-514

Thiersch, Hans 1978: Alltagshandeln und Sozialpädagogik. (neu abgedruckt) In: neue praxis 3 (25) 215-234

Thiersch, Hans 1986: Die Erfahrung der Wirklichkeit. Perspektiven einer alltagsorientierten Sozialpädagogik. Weinheim, München

Thiersch, Hans / Rauschenbach, Thomas 1987: Sozialpädagogik/Sozialarbeit: Theorie und Entwicklung. In: Eyferth, Hanns / Otto, Hans-Uwe / Thiersch, Hans (Hrsg.): Handbuch zur Sozialarbeit/Sozialpädagogik. Studienausgabe. Neuwied, Darmstadt 984-1016

Thiersch, Hans 1992a: Lebensweltorientierte Soziale Arbeit. Aufgaben der Praxis im sozialen Wandel. Weinheim, München

Thiersch, Hans 1992b: Das sozialpädagogische Jahrhundert. In: Rauschenbach, Thomas / Gängler, Hans (Hrsg.): Soziale Arbeit und Erziehung in der Risikogesellschaft. Neuwied, Kriftel, Berlin

Thiersch, Hans 1993: Alltag. In: Deutscher Verein für öffentliche und private Fürsorge (Hrsg.): Fachlexikon der Sozialen Arbeit. Frankfurt a.M. 17-19

Thiersch, Hans 1995: Lebenswelt und Moral. Beiträge zur moralischen Orientierung Sozialer Arbeit. Weinheim, München

Thiersch, Hans 1996a: Theorie der Sozialarbeit/Sozialpädagogik. In: Kreft, Dieter / Mielenz, Ingrid (Hrsg.): Wörterbuch Soziale Arbeit. Aufgaben, Praxisfelder, Begriffe und Methoden der Sozialarbeit/Sozialpädagogik. Weinheim, Basel 4. vollständig überarbeitete und erweiterte Aufl. 618-623

Thiersch, Hans 1996b: Sozialarbeitswissenschaft: Neue Herausforderung oder Altbekanntes? In: Merten, Roland / Sommerfeld, Peter / Koditek, Thomas (Hrsg.): Sozialarbeitswissenschaft – Kontroversen und Perspektiven. Neuwied, Kriftel, Berlin 1-19

Thole, Werner / Galuske, Michael / Gängler, Hans (Hrsg.) 1998: KlassikerInnen der Sozialen Arbeit. Sozialpädagogische Texte aus zwei Jahrhunderten – ein Lesebuch. Neuwied, Kriftel

Thomas von Aquino 1985a: Summe der Theologie. Bd. 1: Gott und die Schöpfung. Hrsg. von J. Bernhart. Stuttgart 1. Aufl.: um 1270

Thomas von Aquino 1985b: Summe der Theologie. Bd. 2: Die sittliche Weltordnung. Hrsg. von J. Bernhart. Stuttgart 1. Aufl.: um 1270

Thomas von Aquino 1985c: Summe der Theologie. Bd. 3: Der Mensch und sein Heil. Hrsg. von J. Bernhart. Stuttgart 1. Aufl.: um 1270

Tönnies, Ferdinand 1926: Gemeinschaft und Gesellschaft. Berlin 6. Aufl., 1. Aufl.: 1887

Tuggener, Heinrich 1971: Social Work – Versuch einer Darstellung und Deutung im Hinblick auf das Verhältnis von Sozialarbeit und Sozialpädagogik. Weinheim, Basel

Turner, Michael (Hrsg.) 1986: Malthus and his Time. London

Vahsen, Friedhelm 1975: Einführung in die Sozialpädagogik. Bildungspolitische und theoretische Ansätze. Stuttgart

Vives, Juan Luis 1881: Ausgewählte pädagogische Schriften. Übersetzt und mit Einleitung und Anmerkungen versehen von Rudolf Heine. Leipzig 1. Aufl.: um 1520

Vives, Juan Luis 1912: Pädagogische Hauptschriften. Übersetzung, Einleitung und Anmerkungen von T. Edelbluth. Paderborn 1. Aufl.: um 1530

Vogt, Theodor / Sallwürk E. von (Hrsg.) 1876: J. J. Rousseau. Langensalza

Wendt, Wolf Rainer 1982: Ökologie und soziale Arbeit. Stuttgart

Wendt, Wolf Rainer 1989: Ökologisch das Soziale neu erzeugen. Eine Replik auf Silvia Staub-Bernasconis Beitrag „Soziale Arbeit und Ökologie 100 Jahre vor der ökologischen Wende" in np 4/89. In: neue praxis 6 (19) 523-525

Wendt, Wolf Rainer 1990: Ökosozial denken und handeln. Grundlagen und Anwendungen in der Sozialarbeit. Freiburg i.Br.

Wendt, Wolf Rainer (Hrsg.) 1993: Ambulante sozialpflegerische Dienste in Kooperation. Freiburg i.Br.

Wendt, Wolf Rainer (Hrsg.) 1994: Sozial und wissenschaftlich arbeiten. Status und Positionen der Sozialarbeitswissenschaft. Freiburg i.Br.

Wendt, Wolf Rainer 1995a: Unterstützung fallweise: Case Mangement in der Sozialarbeit. Freiburg i.Br. 2. erw. Aufl.

Wendt, Wolf Rainer 1995b: Wissen ordnen für die soziale Arbeit. In: Blätter der Wohlfahrtspflege 1+2 (142) 5-7

Wendt, Wolf Rainer 1995c: Geschichte der sozialen Arbeit. Von der Aufklärung bis zu den Alternativen und darüber hinaus. Stuttgart 4. überarbeitete und erweiterte Aufl.

Wendt, Wolf Rainer 1995d: Ritual und rechtes Leben. Studien zwischen den Kulturen. Stuttgart

Wendt, Wolf Rainer (Hrsg.) 1995e: Soziale Arbeit im Wandel ihres Selbstverständnisses. Freiburg i.br.

Wendt, Wolf Rainer 1996: Zivilgesellschaft und soziales Handeln. Freiburg i.Br.

Wendt, Wolf Rainer 1997: Case Mangement im Sozial- und Gesundheitswesen. Freiburg i.Br.

Wieler, Joachim 1987: Er-Innerung eines zerstörten Lebensabends. Alice Salomon während der NS-Zeit (1933-1937) und im Exil (1937-1948). Darmstadt

Winkler, Michael 1984: Pädagogische Denktradition und Handlungskompetenz – Längere Notiz im Blick auf eine mögliche Theorie der Sozialpädagogik. In: Müller, Siegfried / Otto, Hans-Uwe / Peter, Hilmar / Sünker, Heinz (Hrsg.): Handlungskompetenz in der Sozialarbeit/Sozialpädagogik II: Theoretische Konzepte und gesellschaftliche Strukturen. Bielefeld 215-230

Winkler, Michael 1986: Einzelbesprechung: Hans Thiersch. Die Erfahrung der Wirklichkeit. Perspektiven einer alltagsorientierten Sozialarbeit. In: Sozialwissenschaftliche Literatur Rundschau 13 (9) 67-70

Winkler, Michael 1988a: Eine Theorie der Sozialpädagogik: über Erziehung als Rekonstruktion der Subjektivität. Stuttgart

Winkler, Michael 1988b: „Ideen braucht man nur, wenn man nichts erlebt." Sieben Notizen zur alltagsorientierten Pädagogik. In: neue praxis 5 (18) 386-401

Winkler, Michael 1988c: Alternativen sind nötig und möglich! Plädoyer für eine neue Heimkampagne. In: neue praxis 1 (18) 1-12

Winkler, Michael 1990: Normalisierung der Heimerziehung? Perspektiven der Veränderung in der stationären Unterbringung von Jugendlichen. In: neue praxis 5 (20) 429-439

Winkler, Michael 1992: Modernisierungsrisiken. Folgen für den Begriff der Sozialpädagogik. In: Rauschenbach, Thomas / Gängler, Hans (Hrsg.): Soziale Arbeit und Erziehung in der Risikogesellschaft. Neuwied, Kriftel, Berlin 60-80

Winkler, Michael 1993: Hat die Sozialpädagogik Klassiker? In: neue praxis 3 (23) 171-185

Winkler, Michael 1995: Bemerkungen zur Theorie der Sozialpädagogik. In: Sünker, Heinz (Hrsg.): Theorie, Politik und Praxis Sozialer Arbeit. Einführung in Diskurse und Handlungsfelder der Sozialarbeit/Sozialpädagogik. Bielefeld 102-119

Winkler, Michael 1996: Die Glosse als systematische Darstellungsform. In: Zeitschrift für Pädagogik 6 (42) 905-913

Wintergerst, Theresia 1995: Philosophische Theorie und Berufsethos der Sozialarbeit bei Alice Salomon. Unveröffentlichte Magisterarbeit an der Ludwig-Maximilians-Universität München. München

Wollenweber, Horst (Hrsg.) 1983a: Modelle sozialpädagogischer Theoriebildung. Paderborn, München

Wollenweber, Horst (Hrsg.) 1983b: Sozialpädagogische Theoriebildung. Quellenband. Paderborn, München

Wyss, Dieter 1977: Die tiefenpsychologischen Schulen von den Anfängen bis zur Gegenwart. Entwicklung, Problem, Krisen. Göttingen

Young-Bruehl, Elisabeth 1991: Hannah Arendt. Leben, Werk und Zeit. Frankfurt a.M.

Zeller, Susanne 1987: Volksmütter: Frauen im Wohlfahrtswesen der zwanziger Jahre. Düsseldorf

Zeller, Susanne 1995: Zur Entwicklung der Sozialarbeitswissenschaft. Abriß einer Ideengeschichte von der Antike bis zum Ende des 19. Jahrhunderts. In: Soziale Arbeit 9-10 (44) 297-306

Autor

Ernst Engelke, 1941 in Hildesheim geboren; Studien der Philosophie, Theologie und Psychologie in Freiburg i.Br. und Würzburg; Dr. theol. und Diplom-Psychologe, Klinischer Psychologe/Psychotherapeut (BDP), Supervisor (BDP). Berufliche Tätigkeiten in verschiedenen Bereichen der Jugendarbeit, Klinikseelsorge, Ehe-, Familien- und Lebensberatung und Psychiatrie, als Supervisor und Lehrtherapeut für Psychodrama, Gruppenpsychotherapie und Soziometrie. Seit 1980 Professor für Soziale Arbeit an der Fachhochschule Würzburg-Schweinfurt-Aschaffenburg. Von 1993 bis 1995 Mitglied der Fachrichtungskommission „Sozialwesen", die im Auftrag des Bayerischen Staatsministeriums für Unterricht, Kultus, Wissenschaft und Kunst eine neue Rahmenstudienordnung für den Fachhochschulstudiengang Soziale Arbeit in Bayern erarbeitet hat. Lehr- und Forschungsgebiete: Soziale Arbeit als Wissenschaft, Theorien und Handlungslehre der Sozialen Arbeit, Thanatologie und Sozialpsychiatrie sowie Hochschuldidaktik.

Wichtige Buchpublikationen: Signale ins Leben. Begegnungen mit Sterbenskranken. München (1977); Sterbenskranke und die Kirche. München (1980); Psychodrama in der Praxis. Anwendung in Therapie, Beratung und Sozialarbeit. (Hrsg.) München (1981); Soziale Arbeit als Wissenschaft. Eine Orientierung. Freiburg i.Br. (1992); Soziale Arbeit als Ausbildung. Studienreform und -modelle. (Hrsg.) Freiburg i.Br. (1996).